傅筑夫（1902 — 1985）

傅筑夫文集（第一辑）

中国封建社会经济史

两宋卷

傅筑夫 ◎ 著

首都经济贸易大学出版社
Capital University of Economics and Business Press

·北京·

图书在版编目(CIP)数据

中国封建社会经济史. 两宋卷 / 傅筑夫著. -- 北京：首都经济
贸易大学出版社，2023.4
ISBN 978-7-5638-3416-7

Ⅰ. ①中… Ⅱ. ①傅… Ⅲ. ①封建经济—经济史—中国—
宋代 Ⅳ. ①F129.3

中国版本图书馆 CIP 数据核字(2022)第 166726 号

中国封建社会经济史(两宋卷)
ZHONGGUO FENGJIAN SHEHUI JINGJISHI（LIANGSONG JUAN）
傅筑夫 著

责任编辑	彭伽佳
封面设计	砚祥志远·激光照排 TEL: 010-65976003
出版发行	首都经济贸易大学出版社
地　　址	北京市朝阳区红庙(邮编 100026)
电　　话	(010)65976483　65065761　65071505(传真)
网　　址	http://www.sjmcb.com
E - mail	publish@ cueb.edu.cn
经　　销	全国新华书店
照　　排	北京砚祥志远激光照排技术有限公司
印　　刷	唐山玺诚印务有限公司
成品尺寸	170 毫米×240 毫米　1/16
字　　数	636 千字
印　　张	36.25
版　　次	2023 年 4 月第 1 版　2023 年 4 月第 1 次印刷
书　　号	ISBN 978-7-5638-3416-7
定　　价	165.00 元

序　言

2020 年 6 月 20 日,笔者应首都经济贸易大学出版社之邀为"傅筑夫文集"申请国家出版基金所写的《推荐意见》略云:

傅筑夫先生是我国最负盛名的经济史学家之一,系中国经济史学科的重要奠基人与推动者,其论著深刻影响了四代学人,且今后还会深远影响国内外学术界尤其经济史学界。

傅筑夫先生的主要代表作包括五卷本《中国封建社会经济史》、三卷本《中国经济史论丛》(上、下、补编)、《中国古代经济史概论》等。此次整理出版,除上述著作外,还计划加入《傅筑夫论著补编》。主要内容有:傅筑夫自述;新中国成立前发表在《东方杂志》《中国经济》《文史杂志》《社会科学丛刊》《图书评论》等刊物上的文章,如《中国经济结构之历史的检讨》《由经济史考察中国封建制度生成与毁灭的时代问题》《中国经济衰落之历史的原因》《研究中国经济史的意义及方法》《由汉代的经济变动说明两汉的兴亡》;等等。另外还包括其未刊的笔记、书信等等。

傅筑夫先生全面探讨了从西周至宋代两千多年中国经济发展、经济制度演进变迁的历程,以及就中国经济史的分期、一些重大问题的性质和原因等提出了独具特色、自成体系的一系列见解。作者的核心观点包括:一是中国奴隶制发展与古代希腊、罗马相比,发展很不充分,但其在殷商末年崩溃之后,残存的时间却又很长,几乎与迄近代为止的全部历史相始终。二是长达两千余年的封建社会可分为前后两个不同阶段,即典型的封建制度和变态的封建制度。前者产生于西周初年,崩溃于东周前期,其基本特征是领主制经济;后者产生于东周前期,一直延续到鸦片战争前的清代,其核心内容以地主制经济为主。说其是变态的封建制,是因为其与原来纯粹的封建社会不同,当中夹杂着一些资本主义因素。三是中国在战国时期的社会经济结构中已经有了资本主义因素的萌芽,出现了产生资本主义的前提条件,并有了一定程度的发展。四是中国封建社会经济发展长期停滞,资本主义因素不能正常发展,小农经济是总的根源。五是不赞成以朝代标名中国经济史的分期,因为中国历史发展的一个非常明显的特点，就是社会经济的发展轨迹并不是一条直线，而是呈现为一种动荡不定的波浪状态，经济发展的周期有长有短，并不与朝代的兴衰完全同步。

上述观点自成体系，独树一帜。我们不得不折服于作者对汗牛充栋的史料的搜集、整理、甄别与解读之功力，对于中国历史发展演变的整体把握，对于中国世界地位的准确判断，对于理论体系的严谨构建，等等。傅筑夫先生的著作，系通古今之变、成一家之言的学术精品。

傅筑夫先生的论著，有些出版时间较早，学者已无法购买；有些系零散见于新中国成立前的杂志，查阅非常不便；有些论著还没有整理出版，学界深以为憾。"傅筑夫文集"的编辑出版，系功德无量之举，经济学界、历史学界尤其经济史学界将翘首以盼！

傅筑夫，1902 年 9 月 27 日生于今河北省邯郸市永年区，名作楫，以字显。1911—1915 年在家乡念私塾，1918 年 8 月至 1922 年 7 月在当时直隶第十三中学读书，后报考北京高等师范学校理化预科，1924 年进入改名的北京师范大学理化系。当时学术空气浓厚，思想活跃，学派林立，校方允许学生跨系听课，也允许学生自由更换专业，充分尊重学生的兴趣。傅筑夫当时旁听了梁启超、鲁迅、黄侃、钱玄同、马裕藻、杨树达等名师的课，对其影响非常大，使其学习兴趣发生了变化，便于第二学期转入国文系。在国文系，傅筑夫系统学习了文字学、音韵学、训诂学等，选修了古典文学、文艺理论和外国文学名著等。在此期间，他逐渐对艺术和宗教问题产生了兴趣。后来，在鲁迅先生的建议与指导下，傅筑夫从事中国古代神话的研究与资料搜集工作。众所周知，当时鲁迅先生正在撰写《中国小说史略》。这样的训练，无疑为傅筑夫从浩瀚古籍中搜集、整理与甄别资料，为后来主要从事中国经济史研究和教学奠定了坚实基础。

20 世纪初，正是中国社会转型的重要时期。作为一个才华横溢且有远大理想的青年才俊，傅筑夫关注社会变革，将学业攻读方向转向社会科学尤其是经济史。早在 20 世纪 20 年代，傅筑夫便开始用马克思主义的经济理论来分析和研究中国的社会经济问题，并写成约 23 万字的专著《中国社会问题之理论与实际》，于 1931 年 4 月由天津百花书局出版，这是其计划中的"农民问题与中国革命"研究的一部分。可见傅筑夫的研究顺应当时中国的社会变革之大势，他的学术研究自觉参与了中国命运的大论战，应该说是非常接地气，具有理论高度的。

1937 年 1 月至 1939 年 5 月，傅筑夫自费赴英国伦敦大学政治经济学院留学,先后在罗宾斯(L. Robins)教授和陶尼(H. Taweny)教授的指导下研究经济理论和经济史。在伦敦大学期间,胡寄窗先生也在这里留学,他们时常在一起探讨经济史方面的学术问题,二位最后均成为享誉海内外的经济史、经济思想史的学术大师。傅筑夫先生在英国留学期间,省吃俭用购买了约800本专业书籍,这些书籍辗转运到重庆沙坪坝时却遭到日本飞机轰炸,最后只留下一张书单,这是傅筑夫先生心头永远的痛①。

归国后的1939年7月至1945年7月六年间,傅筑夫在重庆国立编译馆任编纂并兼任四川教育学院教授。在傅筑夫教授发起并亲自主持下,大后方开展了规模庞大的中国古代经济史资料的搜集与整理工作。编译馆当时给傅筑夫先生配备了4名辅助人员以及10余位抄写员。与此同时,傅筑夫先生还邀请了著名农史学专家、时为国立复旦大学经济史教授的王毓瑚先生参加整理工作②。傅筑夫先生等充分利用当时优越的学术研究环境,系统收集整理了大量经济史史料,这在当时可谓蔚为壮观,至今仍然让人叹为观止!傅筑夫先生认为,中国经济史本是一门重要的基础学科,但长期以来研究者非常少,资料不易搜集是造成这种状况的主要原因之一。另外,当时国立编译馆具有从事中国经济史资料搜集整理得天独厚的条件。由于有傅筑夫先生和王毓瑚诸先生的领衔主持并不断商讨定夺,工作进行得非常顺利,到抗战胜利前夕,第一轮搜集经济史资料的工作告一段落。课题组用纵条格厚纸做卡片,用毛笔抄写的资料多达数大箱,这些卡片分纲列目,分类条编,每章均有简明扼要的说明与分析。尽管傅筑夫先生主持的工作成果在当时还只是资料卡片,却已经构成了中国经济史研究的雏形或初步框架。

1947年1月至7月,傅筑夫离开四川去东北大学,任商学院院长兼学校教务长,讲授中国经济史和经济学。鉴于当时沈阳地区社会秩序混乱,教学和科研工作及生活均受到严重影响,傅筑夫便举家前往天津。1947年8月,傅筑夫任南开大学教授,同时讲授中国经济史、外国经济史两门课,另外还承担了经济研究所研究生的课程授课任务。除此之外,傅筑夫先生还兼任经济研究所研究生指导委员会主任委员。1947年8月至1948年10月,傅筑夫先生还兼任天津《民国日报》副总主笔,读书、教书、撰写社论是他在这一阶段的主要工作,可谓处于连轴转状态。新中国成立后,傅筑夫先生在南开大学开设了《资本论》研

---

① 瞿宁武:《傅筑夫传》,原载《晋阳学刊》,收入《中国当代社会科学家》(传记丛书)第4辑,北京:书目文献出版社1983年版。

② 杨直民:《王毓瑚传略》,收入王广阳等编《王毓瑚论文集·附录》,北京:中国农业出版社2005年版。

究的课程,同时为在校大学生开设中国经济史和外国经济史两门课。值得一提的是,傅筑夫先生与讲授政治经济学的谷书堂先生兴趣相同,他们时常共同探讨学术问题,讨论的成果便是 1957 年由天津人民出版社出版的合著《中国原始资本积累问题》。1957 年,傅筑夫被错划为右派,被迫离开了他心爱的讲台。在这种环境下,傅筑夫先生开始了第二轮的经济史资料的收集与整理工作,虽然这次的条件与第一次不可同日而语,但是在认真总结以前经验教训的基础上,这次经济史资料整理的搜集范围进一步扩展,使得内容更加完备与充实。令人痛心的是,"文革"中傅筑夫先生多年积累的关于明清时期中国经济史的资料被付之一炬,以至于先生计划撰写七卷本的《中国封建社会经济史》只完成了前五卷,因资料缺失而没有明、清两卷,这成为经济史学术界不可弥补的巨大损失。直到 20 世纪 80 年代末的 40 年左右的时间里,傅筑夫先生积累的经济史资料在数量上居全国之冠是没有疑义的,尽管"文革"中丢失了大量明清时期的资料。据张汉如教授 1987 年春天目睹傅筑夫先生尚存资料做出的保守估计,这些资料的总字数不会少于百万字。

1978 年夏天,傅筑夫先生的学术研究环境得到了很大的改善,当然这与我国进入改革开放时代密不可分,同时对其来说还有一个机缘是,傅筑夫先生被借调到北京工作。这样,他离开工作生活了 30 年的南开大学,来到北京经济学院即今天的首都经济贸易大学,主要承担国家科学发展规划重点项目"中国经济通史"的研究工作。学术界认为,傅筑夫先生领衔完成这一重大课题在当时是不二人选。

从南开大学调动到北京之后的 6 年多时间里,傅筑夫先生虽然年逾古稀且体弱多病,但他为研究和撰写中国经济史论著殚精竭虑,甚至到了废寝忘食的程度。在此期间,傅筑夫先生先后完成并出版了 312.8 万字的 9 本专著,平均以每年撰写超过 50 万字的速度在与时间赛跑。据专家不完全统计,这些论著引证的史料和当代考古资料约 10 319 条[1],平均每万言引证史料约 33 条。这充分体现了傅筑夫先生学术根基之深,言必有据,文必有引,同时也足见先生养心治学的繁括功夫与老而弥坚的探索精神。在北京的岁月,傅筑夫先生几乎每天都要工作到午夜,工作时间超过 12 个小时。

傅筑夫先生著作等身,研究领域广泛,观点鲜明,见解深刻,文笔清新,其研

---

[1] 张汉如:《学贯中西　博通古今——傅筑夫的学术道路和思想研究》,天津:南开大学出版社 2009 年版。

究独树一帜,系蜚声海内外的著名经济史学家。傅筑夫先生构建了一个理解我国传统经济的系统性分析框架,其论著具有理论深度和历史厚重感,展现了一代学术大师成一家之言的宽广视野与学术创新能力。傅筑夫先生是研究中国经济史的大家,他兼蓄经济学眼界与历史胸襟。

傅筑夫先生一再强调,研究经济史不仅要系统地积累资料,而且要熟知经济理论、经济规律,才能辨别经济史料的真正价值,在甄别史料方面要有沙里淘金的功夫。从傅筑夫先生对经济史研究的理论和方法中我们可以清晰地体会到,研究经济史需要历史知识、经济知识,还需要有一定的自然科学知识,尤其要有坚实的古文修养。不仅如此,学习和研究经济史还需要学贯中西,要进行必要的中外比较。这是傅筑夫研究者通过对傅筑夫先生的学术成就和治学方法深入研究后得出的结论。

傅筑夫先生通过对英国历史的研究,提出问题:尽管中国早在战国时期就已经大量使用金银做货币,有大量商业资本,又有雇佣劳动,为什么资本主义萌芽没有发展为资本主义生产方式?他认为,中国自秦汉以来主要发展地主经济,商业资本没有转化为产业资本,而是用来兼并土地,这成为中国历代统治者面临的最大难题。阻碍中国经济发展的主要因素是封建统治者实行了抑商政策,用限制市场经济的办法限制商品经济的发展,连军队装备和供应宫廷需要的东西也要抛开市场,成立专门机构来供应。因此,他认为汉代桑弘羊的盐铁专卖政策扼杀了中国的商品经济,是使中国经济长期停滞的千古罪人。

傅筑夫先生的论著多有独到见解,如他认为,思想意识上的"谋生"与"谋利"是有根本区别的,"谋生"基本上属于自然经济的范畴,"谋利"则属于市场经济的范畴。傅筑夫先生的这些经济史结论,实为老一代学者学贵自得、成一家之言的心得记录。通读傅筑夫先生的论著,我们可以从中真切地体味到其尽管经历了难以想象的艰难曲折,但自始至终坚守严谨求实的学风,坚持追求真理的大无畏精神。面临中国传统社会浩如烟海的史料,他能够深入浅出,既坚持论从史出,又敢于提出质疑,不泥古,不拘陈说,不守藩篱,不望风阿世,通过自己艰辛的学术跋涉,刻志兢兢,形成独树一帜的学术思想。

傅筑夫先生作为著名教育家,对教学与研究者提出了独具特色的评价标准:熟悉本专业业务而无创见,充其量只能算个教书匠,要想成为大师,必须要有系统的创见,要想成为宗师,则必须形成学派,后继有人。傅筑夫先生无疑是学术宗师,而他对教学的高见无疑是在长期的教学第一线的实践与教学管理工作中得出的。1932年7月至1936年10月,傅筑夫在中央大学任校长秘书时兼任教授,教授中国经济史,由此开始了其全力研究经济史的学术生涯。傅筑夫是中国国内最早教授中国经济史的教授之一,同时也为教学相长提供了一个成功案例。傅筑夫在中国人民大学近代经济史研究生班的任教,为其教育生涯留下了浓墨重彩的一笔。1953 年,中国人民大学在全国招收了 16 名中国近代经济史研究生,他们均是各大学德才兼备的在职人员,学制是 3 年。1954 年 9 月,傅筑夫被聘为中国历史研究室国民经济史教授,系近代经济史研究生班的任课老师。傅筑夫到中国人民大学兼职伊始,就一边授课一边编写讲义,并指导研究生撰写论文。傅筑夫在中国人民大学研究生班的讲义最后形成 80 万字的《中国近代经济史》。当年中国人民大学的这 16 位研究生,后来均成为我国经济史研究与教学的领军人物。今天仍然活跃在学术界的经济史大师、新中国经济史奠基者之一赵德馨教授,就是其中一位。

在学习傅筑夫先生论著的过程中,我深深为先生治学精神的恢宏壮阔、学术造诣的博大精深、追求真理的顽强精神所折服,同时敬仰先生丰富多彩的社会阅历和贯通古今中外的学术视野以及传道授业解惑的名师风范。傅筑夫先生在近现代学术史尤其在经济史领域具有非常重要的地位。傅筑夫先生独树一帜的学术品格,彰显的追求真理的科学态度,在社会发生剧烈转型、不少地方学术风气浮躁的今天,更显得弥足珍贵!

以我学习经济史的肤浅经历,实在没有资格为经济史大师傅筑夫先生的文集作序,只是我就职的中国社会科学院经济所的老同事杨春学教授受出版社之托,一再邀我写序。春学教授清楚我是学习传统经济史的,也知道我读研究生时曾于 1983 年春天在北京访学时就购买了《中国封建社会经济史》《中国经济史论丛》等著作。我只好勉为其难,以上面的学习体会,表达对傅筑夫先生的敬意并聊以为序。

魏明孔

中国社会科学院"登峰战略"学科带头人

中国经济史学会会长

目　　录

第一章　宋代的经济地理

第一节　各地经济概况与物产分布

（一）全国各地区经济的普遍发展

从唐代中叶的安史之乱起，至五代十国的大分裂止，连绵二百余年的天灾人祸——特别是兵祸，把社会经济破坏到荡然无存，连人类自身也被屠戮殆尽。并且五代十国的分裂，乃是全国性的大分裂，北起朔漠，南迄闽粤，东自东海，西至巴蜀，无一地能置身战乱之外，其为祸之烈，实远过于东晋和"十六国"时期。那时虽有过一百三十多年的大混乱和大屠杀，但动乱范围主要是在中国北部。这一次兵燹遍全国的大混乱竟长达二百零五年，直到公元九六〇年，后周禁军统帅赵匡胤发动兵变，推翻后周王朝，建立了以"宋"为国号的新王朝之后，才使长达二百余年的大混乱和大破坏告一段落。从这时起，不仅使砑丧殆尽的社会经济得到了迅速的恢复，并且使整个国民经济的发展开始了一个跃进局面，成为战国以后国民经济的又一次起飞时代。这首先是把全国各个经济区——包括原来不发达的经济区，密切地交织在国民经济的整体之中，使之普遍地得到了发展。尤其是组成国民经济体系的各个部门，包括农业、手工业、国内商业和对外贸易等等，都在向前所未有的高峰迈进。特别是当整个国民经济向广度方面和深度方面迅速发展的同时，经济的结构形态和经营方式亦发生了重大变化，具体说，都在由古代型向近代型转化。如果说唐代已初露端倪（见《中国封建社会经济史》隋唐五代卷第六章），是这个变化的开始阶段，宋代则是这个变化的完全确立时代。例如城市商业即系由宋代起，完全改变了自古以来的市场制度，打破了自古以来市场必须设置在城内的固定地点、按政府规定的固定时间进行交易，过时即散，以及市场的范围仅占城厢的两坊之地等等的限制，使商人获得完全自由，各人可以根据自己的营业需要，把店铺、货肆自由设置在自选的适宜地点，以昼夜进行交易。总之，过去对商业营运所加的种种束缚，包括地区限制和时间限制，现在都解除了。

当商业组织的形式发生这样本质性变化的同时，商业经营的性质也发生了同样变化，即随着交通运输条件的改变，从而改变了自古以来单纯贩运奢侈品的贩运性商业，市中店铺货肆出售的商品，已不像唐代两京那样，完全是"四方珍奇"等高贵奢侈品，而更多的是可以大量运销的生活必需品，即商业不再是为少数富人服务，而变成供应广大人民的大规模商业。这在性质上是一种革命性的变化，是一次具体而微的商业革命。商业革命是工业革命的历史前提，因为这个变化标志着生产过程已开始与流通过程相结合，是商品生产的工业迈向新阶段的起点。所有这些变化的具体情况，将于工商业章中阐述，这里只是简单提一下，宋代乃是战国以后古代经济的又一次起飞时期。不幸，这样飞跃发展起来的国民经济，被两次边患和落后生产方式的移入完全打断了。

从宋初起，全国各经济区之所以能密切地交织在一起，并取得重大的发展和一定的质的变化，是因为一方面扫除了经济发展的障碍，另一方面受到了政府全面发展经济政策的大力推动。

宋太祖"黄袍加身"，建立了宋王朝之后，立即开始了统一全国、消灭割据的军事行动，从建隆四年（公元九六三年）直到太宗太平兴国四年（公元九七九年），先后消灭了荆南、湖南（楚）、后蜀、南汉、南唐、吴越、北汉等小王朝，结束了唐中叶安史之乱以后的分裂局面。国家的统一，是国民经济体系赖以形成和发展的先决条件。

宋太祖采取的另一重大行动，是从根本上消除藩镇称兵倡乱的战祸根源。唐朝实行府兵制度，各地藩镇皆拥强兵，并掌握着地方财权和司法权，这样，每一个藩镇辖地就是一个小的独立王国。在唐王朝的统治力量削弱之后，一些强大的藩镇多跋扈不臣，甚至觊觎王位，严重威胁着唐王朝的统治地位。五代各王朝之所以都是短命的王朝，就是由于拥兵将帅的篡夺，赵匡胤本身就是其中之一。要巩固自己的统治地位，必须改变唐代藩镇掌握兵权的制度，不把将帅的兵权剥夺，皇帝的宝座就保不住，也就不能彻底消弭祸乱的根源，所以赵匡胤于即皇帝位后，即毅然采取了果断措施，导演了一出"杯酒释兵权"，解除了禁军将领石守信、王审琦等的兵权。

这样，长期干戈扰攘的祸乱根源被彻底铲除了，这是一个重大的战略部署，从根本上扭转了自汉以来祸乱相循的历史。汉代由于郡守掌兵，造成了汉末的军阀割据和三国分立。唐朝的府兵制度，藩镇掌兵，亦造成许多半独立王国，致朝廷政令不出都门，最后亦招致了长期混乱。宋太祖接受了这些历史教训，于夺回兵权之后，即废除了府兵制度，将全国军队集于中央，由朝廷直接控制，以枢密院掌管，枢密院长官以文人充任，这样便收到强干弱枝之效，从根本上消除了割据作乱的因素。

但是把全国兵力集于京师，给养困难问题便首当其冲，这绝不是任何一个地方力量所能及的，而必须依靠全国的财力物力才能解决。于是与上述战略部署相联系的另一个重大的战略决策就是必须把首都设在一个交通便利、四通八达、特别是大规模漕运可以直达的地方，而不能设在位置遥远、运道梗塞的地方。因此，宋王朝遂改变过去的传统，放弃周、秦、汉、唐相继建过都的长安和洛阳，而将首都设在无险可守、从来没有人以之作为首都的汴梁。这是一个大胆的决定，然而又是一个深谋远虑的战略决策，是权衡了全国的政治和经济的格局后决定的。当时人秦观曾有一番一针见血的评论，指出宋建都汴河之滨开封的必要性和正确性：

开封地平四出，诸道[1]辐凑，南与楚境，西与韩境，北与赵境，东与齐境，无名山大川之限，而汴蔡诸水参贯，巾车错毂，蹄踵交遝，轴舻衔尾，千里不绝，四通五达之郊也，故其地利战，自古号为战场。……夫雍为天府，梁为战场，周为天下之咽喉，而臣以为汉唐之都必于周雍，本朝之都必于梁而后可者，汉唐以地为险，本朝以兵为险故也。……盖汉蹑秦车，郡国背道，材官有变，则以符檄发之，京师惟有南北两军，有期门、羽林、孤儿以备扈从。唐分天下为十道，置兵六百三十四府，其在关中者，惟二百六十有一府。府兵废，始置神策为禁军，亦不过数万人，以此见汉唐之兵皆在外也。故非都四塞之国，则不足以制海内之命，此所谓以地为险者也。本朝惩五季之弊，举天下之兵宿于京师，名挂于籍者号百余万，而衣食之给，一毫已上，皆仰县官，又非若府兵之制一寓之于农也。非都四通五达之交，则不足以养天下之兵，此所谓以兵为险者也。夫以兵为险者，不可以都周雍，犹以地为险者，不可以都梁也。而昧者乃以梁不如周，周不如雍，呜呼，亦不达于时变矣。夫大农之家，连田阡陌，积粟万斛，兼陂池之利，并林麓之饶，则其居必卜于郊野。大贾之室，敛散金钱，以逐什一之利，出纳百货，以收倍称之息，则其居必卜于市区。何则？所操之术殊，则所托之地异也。今梁据天下之衡，岁漕东南六百万斛，以给军食，犹恐不赡，矧欲袭汉唐之迹，而都周雍之墟，何异操大贾之术，而欲托大农之地也。①

这是一篇极为中肯的议论，击中了问题的要害。把全国兵力集于京师，"挂名于籍"的正规军有一百多万，则后勤人员和相应的行政管理人员亦必不在少数，不算朝廷官府和普通人民的日用所需，仅仅军队和有关人员的衣食和军用物资的供应，即非集合全国的财力物力来作供应不可，决非任何一个地区的力量所能承受，所以促进全国各个地区的经济发展和便利交通运输，就必须摆在一切工作的首位。这就决定了首都必须设在四河交汇的汴梁，这一点朝廷在历次诏令中都有说明。例如：

> 国家建都河汴，仰给江淮，岁漕资粮，溢于唐汉。繄经制之素定，有常守而不逾。六路所供之租，各输于真楚；度支所用之数，率集于京师。②

可见军需民食都是由江南、荆湖、两浙等地先输于真楚，然后再经大运河转运京师。开封有四条河负担着漕运任务：

> 宋都大梁，有四河以通漕运：曰汴河，曰黄河，曰惠民河，曰广济河，而汴河所漕为多。太祖起兵间，有天下，惩唐季五代藩镇之祸，蓄兵京师，以成强干弱枝之势，故于兵食为重。建隆以来，首浚三河，令自今诸州岁受税租及管榷货利（按即国营盐铁酒酤茶矾香药宝货等项收入），上供物帛，悉官给舟车，输送京师，毋役民妨农。③
>
> 今天下甲卒百千万人，战马数十万匹，萃在京师，仍以七亡国

---

① 秦观：《安都》，《淮海集》卷十三。
② 《宋大诏令集》卷一百八十四；《宋会要辑稿》，《食货四二之一九》。
③ 《宋史》卷一百七十五，《食货志上三》。

之士民集于辇下，比汉唐京十倍其人矣。虽甸服时有水旱，不致艰歉者，惠民、金水、五丈、清汴四渠，派引脉分，咸会天邑，舳舻相接，给赡公私，所以无匮乏也。唯汴横亘中国，首承大河，漕引江湖，利尽南海，半天下之财赋，悉由此路而进。[①]

这样，大运河的作用，到宋才充分发挥出来，使分离了的政治和经济中心密切地结合起来，当年隋文帝开运河的远大理想，至宋才完全实现。宋又扩大而充实之，使全国各个经济区都被交织在水陆交错的联运网中，都成为整个国民经济体系中的一个组成部分而密切联系起来，不再有任何一个经济区或任何一个州郡可以与外地隔绝而孤立存在。每一个州郡都成为朝廷的一个有效供应者，所有"江南、淮南、两浙、荆湖路租籴，于真、扬、楚、泗州置仓受纳，分调舟船溯流入汴，以达京师……诸州钱帛、杂物、军器上供亦如之。陕西诸州菽粟，自黄河三门沿流入汴，以达京师……粟帛自广济河而至京师者，京东之十七州……由石塘、惠民河而至京师者，陈、颍、许、蔡、光、寿六州……河北卫州东北有御河达乾宁军……广南金银、香药、犀象、皮货，陆运至虔州，而后水运。川益诸州金帛及租、币之布，自剑门列传置，分辇负担至嘉州，水运达荆南，自荆南遣纲吏运送京师"[②]。朝廷为了能够从各个经济区和各个州郡征调尽可能多的赋税、金帛、缗钱以及各种上供物资，故对每一个州郡，特别是富庶的地方，都力促其发展，例如各州凡有可资开发的水利，可供垦辟的荒田，都积极劝导人民加以利用，或由政府加以开发；凡有矿藏之处，即于其处设官，开采冶炼。

唐也是仰赖"岁漕东南之粟"来维持其政权的，其仰赖的程度与宋代同样迫切，并以之作为唯一的活命之源。同样是仰赖大运河的漕运，但对唐王朝而言则是一个致命的错误，因为建都于"四[2]塞之国"的腹部长安，就不能完全依靠漕运；要依靠漕运，就不能建都于四塞之国，两者不可得兼，理由很简单、也很明显，就是运河不能直达长安，要把东南之粟运到长安，要经过黄河与三门之险两大难关，大运河只是运输全程中的一段，江南漕船只能运到黄河口为止，江南舵工不习黄河水性，须改由河船转运，经此周折，损耗惊人，而漕粮转入河船后，不是随时可航，因黄河不是一个良好航道，

---

① 曾巩：《隆平集》卷三。

② 《宋史》卷一百七十五，《食货志上三·漕运》。

水大水小，皆不能行船：水大，则波涛汹涌，沉溺相系；水小，则泥沙淤浅，船不能行进；等到水位高低适中，而又时间短暂，转瞬即过，以致运量不多，到达三门后，漕船不能飞越，不能转入关中水系，政府虽想尽了一切办法，均不能使漕船"升于安流"，其困难艰险情况，在《中国封建社会经济史》第四卷中已作了详细论述。漕船既无法通过三门之险，不得已于该处设仓，将漕粮搬储入仓，然后改由陆运，其损耗之大、运费之高、时间之长，均十分惊人，故有"斗钱运斗米"之说，千辛万苦，旷日持久，运抵京师后，已所剩无几，对[3]于朝廷的迫切需要，无异于杯水车薪。漕运虽已如此困难，一旦中原有事，大运河即被阻断，安史之乱后，大运河经常被阻断，这时连"斗钱运斗米"也不可得，朝廷立即陷入绝境。平时既不重视发展关中农田水利，已不能指望畿甸人民接穗以供，故经常发生六军乏食，宫厨断粮，皇帝后妃、朝廷百官，都将成为饿殍。所以同样是仰赖"岁漕东南之粟"，因首都的地理位置不同，客观条件不同，在宋是富国强兵的重要依据，在唐则成为一种慢性自杀。如《中国封建社会经济史》第四卷所指出，唐王朝实际上是在饥饿中逐步走向衰亡的。

（二）全国各地的物产分布

《宋史·地理志》、王存等《元丰九域志》、乐史《太平寰宇记》等书，皆详载了各路州府的应贡物品。土贡是各地方的著名物产，不论是农产品、畜产品、矿产品还是手工业制造品，或因其质量优异，或因其产量众多，或因其有世代相传的特殊技术，使其产品有显著的地方特色而驰名遐迩。总之，贡品都是各地的著名物产。宋代各州的贡品，与唐代大同小异，但数量种类比唐代多，其中手工业制造品特别是丝织品的种类远超过唐代。这里根据《宋史·地理志》所载各路州府的土贡名称和各路的经济概况，引述如下：

京畿路：

开封府，……贡方纹绫、方纹纱、芦席、麻黄、酸枣仁。

京东路：

青州，……贡仙纹绫、梨、枣。

密州，……贡绢、牛黄。

济南府，……贡绵、绢、阳起石、防风。

沂州，……贡仙灵脾、紫石英、茯苓、钟乳石。

登州，……贡金、牛黄、石器。

莱州，……贡牛黄、海藻、牡蛎、石器。

潍州，……贡绫丝素绝。

淄州，……贡绫、防风、长理石。

淮阳军（徐州下邳县，并以宿迁来属）……贡绢。

［京］西路：

应天府［归德，大中祥符七年（公元一〇一四年）建为南京］，……贡绢。

袭庆府（兖州），……贡大花绫、墨、云母、紫石英、防风、茯苓。

徐州，……贡双丝绫、绸[4]、绢。

监二：宝丰［元丰六年（公元一〇八三年）置，铸铜钱，八年废］。利国（主铁冶）。

兴仁府（曹州），……贡绢、葶苈子。

东平府（郓州），……贡绢、阿胶。

单州，……贡蛇床、防风。

濮州（濮阳），……贡绢。

开封府，京东路，分为东西两路，得兖、豫、青、徐之域，……西抵大梁，南极淮、泗，东北至于海，有盐铁丝石之饶。其俗……勤耕纴。浚郊处四达之会，故建为都。政教所出，五方杂居。睢阳当漕舟之路，定陶乃东运之冲，其后河截清水，颇涉艰阻。兖、济山泽险迥，盗或隐聚。营丘东道之雄，号称富衍，物产尤盛。登、莱、高密，负海之北，楚高兼凑……

京西路，京西路旧分南北两路，后并为一路。熙宁五年（公元一〇七二年），复分南北两路。

南路：

襄阳府，……贡麝香、白谷、漆器。

邓州，……贡白菊花。

随州，……贡绢、绫、葛、覆盆子。

金州（安康），……贡麸金、麝香、枳壳实、杜仲、白胶香、黄檗。

房州，……贡麝香、纻布、钟乳石、笋。

均州，……贡麝香。

郢州，……贡白纻。

唐州（淮安），……贡绢。

北路：

河南府（洛阳），……贡蜜、蜡、磁器。

河清，……熙宁八年（公元一○七五年）闰四月置铁监。

监一，……阜财。熙宁七年（公元一○七四年）置，铸铜钱。

颖昌府，……贡绢、芦席。

郑州，……贡绢、麻黄。

滑州，……贡绢。

孟州，……贡梁米。

蔡州，……贡绫。

淮宁府，……贡绸、绢。

顺昌府，……贡绸、绝、绵。

汝州，……贡绝、绢。

信阳军，……贡纻布。

京西南、北路，本京西路，盖《禹贡》冀、豫、荆、兖、梁五州之域，而豫州之壤为多……东暨汝、颍，西被陕服，南略鄢、郢，北抵河津。丝、枲、漆、纩之所出。而洛邑为天地之中……然土地褊薄，迫于营养。盟津、荥阳、滑台、宛丘、汝阴、颍川、临汝在二京之交，其俗颇同。唐、邓、汝、蔡，率多旷田，盖自唐季之乱，土著者寡。太宗迁晋、云、朔之民于京、洛、郑、汝之地，垦田颇广，民多致富，……①

河北路旧分东西两路，后并为一路。熙宁六年（公元一○七三年），再分为

---

① 《宋史》卷八十五，《地理志一》。

两路。

东路：

大名府〔庆历二年（公元一〇四二年）建为北京〕，……贡花绸、绵绸、平绸、紫草。

开德府（澶渊），……贡莨莠席、南粉。

沧州，……贡大绢、大柳箱。

冀州，……贡绢。

河间府，……贡绢。

博州，……贡平绢。

棣州，……贡绢。

莫州（文安），……贡绵。

雄州，……贡绸。

霸州，……贡绢。

德州，……贡绢。

滨州，……贡绢。

恩州（清河），……贡绢、白毡。

永静军（唐景州），……贡簟、绢。

清州，……贡绢。

西路：

真定府，……贡罗。

相州（彰德），……贡暗花、牡丹花纱、知母、胡粉、绢。

中山府，……贡罗、大花绫。

信德府（钜鹿），……贡绢、白磁盏、解玉砂。

怀州，……贡牛膝、皂角。

卫州，……贡绢、绵。

监一：黎阳。熙宁七年（公元一〇七四年）置，铸铜钱。

洺州（广平），……贡绸。

深州，……贡绢。

磁州，……贡磁石。

祁州，……贡花绝。

庆原府（赵郡），……贡绢、绵。

保州（莫州清苑县），……贡绢。

安肃军，……贡素绝。

广信军（易州），……贡绸、栗。

顺安军（高阳），……贡绢。

河北路，盖《禹贡》兖、豫、青三州之域，而冀、兖为多。……南滨大河，北际幽、朔，东濒海，西压上党。茧丝、织纴之所出。……土平而近边，习尚战斗。有河漕以实边用，商贾贸迁，刍粟峙积。宋初募置乡义，大修战备，为三关，置方田以资军廪。契丹数来侵扰，人多去本，及荐修戎好，益开互市，而流庸复来归矣。大名、澶渊、安阳、临洺、汲郡之地，颇杂斥卤，宜于畜牧。浮阳际海，多鬻盐之利。①

河东路：

太原府，……贡大铜鉴、甘草、人参、矾石。

隆德府（上党郡，本潞州），……贡人参、蜜、墨。

平阳府，……贡蜜、蜡烛。

务二：炼矾、矾山。

绛州，……贡防风、蜡烛、墨。

泽州，……贡白石英、禹余粮、人参。

代州，……贡麝香、青、碌。

忻州，……贡解玉砂、麝。

汾州，……贡土绝、石膏。

辽州，……贡人参。

宪州，……贡麝香。

岚州，……贡麝香。

石州，……贡蜜、蜡。

隰州，……贡蜜、蜡。

麟州，……贡柴胡。

府州，……贡甘草。

丰州，……贡甘草、柴胡。

威胜军，……贡土绝。

---

① 《宋史》卷八十六，《地理志二》。

平定军，……贡绢。

岢岚军，……贡绢。

宁化军，……贡绢。

火山军，……贡柴胡。

保德军，……贡绢。

河东路，盖《禹贡》冀、雍二州之域，而冀州为多。……其地东际常山，西控党项，南尽晋、绛，北控云、朔，当太行之险地，有盐、铁之饶。其俗……勤农织之事业，寡桑柘而富麻苎[5]。善治生，多藏畜，其靳啬尤甚。朔方、楼烦，马之所出，岁增贸市，以充监牧之用。①

陕西路：

永兴军路：

京兆府，……贡靴毡、蜡、席、酸枣仁、地骨皮。

监二：熙宁四年（公元一〇七一年）置，铸铜钱，八年（公元一〇七五年）置，铸铁钱。

河中府，……贡五味子、龙骨。

龙门，……元祐二年（公元一〇八七年），置铸钱监二。

解州，……贡盐花。

陕州，……贡绸、绝、括蒌根，柏子仁。

商州，……贡麝香、枳壳实。

虢州，……贡麝香、地骨皮、砚。

同州，……贡白蒺藜、生熟干地黄。

韩城，元祐二年，置铸钱监。

华州，……贡茯苓、细辛、茯神。

监二：熙宁四年置，铸铜钱；八年置，铸铁钱。

耀州，……贡磁器。

延安府，……贡黄蜡、麝香。

监一：熙宁八年（公元一〇七五年）置，铸铁钱。

鄜州，……贡麝香，今改贡蜡烛。

坊州，……贡弓弦麻、席。

---

① 《宋史》卷八十六，《地理志二》。

庆阳府，……贡紫茸白花毡、麝香、黄蜡。

环州，……贡甘草。

邠州，……贡火筋、荜豆、剪刀。

宁州，……贡庵闾、荆芥、砚、席。

秦凤路：

秦州（天水郡），……贡席、芎䓖。

凤翔府，……贡蜡烛、榛实、席。

监一：司竹。

陇州，……贡席。

汧源，望。有古道银场。

成州，……贡蜡烛、鹿茸。

凤州，……贡蜜、蜡烛。

河池，……固镇。有水银务。

监一：开宝。建隆三年（公元九六二年），两当县置银冶。开宝五年（公元九七二年），升为监。

阶州，……贡羚羊角、蜡烛。

渭州，……贡绢、苁蓉。

泾州，……贡紫茸、毛毼段。

原州，……贡甘草。

德顺军，……贡甘草。

镇戎军，……贡白毡。

熙州，……贡毛毼段、麝香。

河州，……贡麝香。

巩州，……贡麝香。

岷州，……贡甘草。

兰州，……贡甘草。

陕西路，盖《禹贡》雍、梁、冀、豫四州之域，而雍州全得焉。……西接羌戎，东界潼、陕，南抵蜀、汉，北际朔方。有铜、盐、金铁之产，丝、枲、林木之饶，其民慕农桑，好稼穑。鄠、杜、南山，土地膏沃，二渠灌溉，兼有其利。……梁泉少桑麻之利，布泉、盐酪资于他郡。①

两浙路：

　　临安府，……贡绫、藤纸。

　　　钱塘，……有盐监。

　　　昌化，……有紫溪盐场。

　　绍兴府，……贡越绫、轻庸纱、纸。

　　　诸暨，……有龙泉一银坑。

　　平江府，……贡葛、蛇床子、白石脂、花席。

　　镇江府，……贡罗、绫。

　　湖州，……贡白纻、漆器。

　　婺州，……贡绵、藤纸。

　　庆元府（奉化），……贡绫、干山蓣、乌贼鱼骨。

　　常州，……贡白纻、纱、席。

　　瑞安府（温州永嘉郡），……贡鲛鱼皮、蠲糨纸。

　　　平阳，……有天富盐场。

　　　瑞安，……有双穗盐场。

　　台州，……贡甲香、金漆、鲛鱼皮。

　　　黄岩：有于浦、杜渎二盐场。

　　处州，……贡绵、黄连。

　　　龙泉，……有高亭一银场。

　　　遂昌，……有永丰银场。

　　衢州，……贡绵、藤纸。

　　建德府，……贡白纻、簟。

　　　监一：神泉。熙宁七年（公元一〇七四年）置，铸铜钱，寻罢。庆元三年（公元一一九七年）复。

　　嘉兴府，……贡绫。

　　　海盐，……有盐监，沙腰、芦沥二盐场。

　　两浙路，盖《禹贡》扬州之域。……东南际海，西控震泽，北又滨于海。有鱼盐、布帛、粳稻之产，人性……善进取，急图利，而奇技之巧出焉。余杭、四明，通蕃互市，珠贝外国之物，颇充于

---

① 《宋史》卷八十七，《地理志三》。

中藏云。①

江南东路：

  江宁府，……贡笔。

  宁国府，……贡纻布、黄连、笔。

  徽州，……贡白苎、纸。

  池州，……贡纸、红白姜。

   监一：永丰，铸铜钱。

  饶州，……贡麸金、竹簟。

   监一：永平。铸铜钱。

  信州，……贡蜜、葛粉、水晶器。

  太平州，……贡纱。

  南康军（江州星子县），……贡茶芽。

  广德军（宣州广德县），贡茶芽。

江南西路：

  隆兴府（豫章郡），……贡葛。

  江州（浔阳郡），……贡云母、石斛。

   监一：广宁。铸铜钱。

  赣州，……贡白纻。

  赣，……有蛤湖银场。

  虔化，……有宝积铅场。

  会昌，……有锡场。

  吉州，……贡纻布、葛。

  袁州，……贡纻布。

   分宜，……雍熙元年（公元九八四年）置，有贵山铁务。

  抚州（临川郡），……贡葛。

  端州，……贡纻。

  兴国军（鄂州永兴县），……贡纻。

   大冶，……有富民钱监及铜场、磁湖铁务。

  南安军（虔州大庾县），……贡纻。

   南康，……有瑞阳锡务。

---

 ① 《宋史》卷八十八，《地理志四》。

上犹，……有上田铁务。

临江军（筠州清江），……贡绢。

建昌军，……贡绢。

南城，……有太平等四银场。

江南东、西路，盖《禹贡》扬州之域……东限七闽，西略夏口，南抵大庾，北际大江。川泽沃衍，有水物之饶。……而茗荈、冶铸、金帛、粳稻之利，岁给县官用度，盖半天下之入焉。[①]

福建路：

福州，……贡荔枝、鹿角菜、紫菜。元丰贡红花、蕉布。

古田，……有保兴银场，古田金坑。

永福，……有黄洋、保德二银场。

长溪，……有玉林银场及盐场。

长乐，……有海坛山盐场。

建宁府，……贡火箭、石乳、龙茶。元丰贡龙凤等茶、绨[6]。

建安，……有北苑茶焙、龙焙监库及石舍、永兴、丁地三银场。

浦城，……有余生、蕉溪、舠竹三银场。

嘉禾，……有瞿岭四银场。

政和，……有天受银场。

监一：丰国。咸平[7]二年（公元九九九年）置，铸铜钱。

泉州，……贡松子。元丰贡绵、蕉、葛。

同安，……有安仁上下马栏、庄坂四盐场。

永春，……有倚洋一铁场。

安溪，有青阳铁场。

德化，……有赤水铁场。

南剑州，……贡土茴香。元丰贡茶。

剑浦……有大演、石城二银场，雷、大熟等五茶焙。

将乐，……有石牌、安福二银场。

沙，……有龙泉银场。

尤溪，……有尤溪、宝应等九银场。

---

① 《宋史》卷八十八，《地理志四》。

漳州，……贡甲香、鲛鱼皮。

龙溪，……有吴慣、沐犊、中栅三盐场。

漳浦，……有黄敦盐场。

龙岩，……有大济、宝兴二银场。

汀州，……贡蜡烛。

长汀，……有上宝锡场，归禾、拔口二银务，苎溪铁务。

上杭……有钟[8]寮金场。

邵武军，……贡纻。

邵武，……有黄土等三盐场，龙须铜场，宝积等三铁场。

泰宁，……有螺嶙金场、江源银场。

建宁，……有龙门等三银场。

兴化军，……贡绵、葛布。

福建路，盖古闽越之地。其地东南际海，西北多峻岭抵江。王氏窃据垂五十年，三分其地。宋初，尽复之。有银，铜、葛越之产，茶、盐海物之饶。民安土乐业，川源浸灌，田畴浸沃，无凶年之忧。而土地迫狭，生籍繁颗；虽硗确之地，耕耨殆尽，亩直浸[9]贵，故多田讼。其俗……与江南、二浙略同。①

淮南路。〔旧为一路，熙宁五年（公元一〇七四年），分为东西两路〕。

［淮］东路：

扬州，……贡白布、莞席、铜镜。

亳州，……贡绉纱、绢。

宿州，……贡绢。

楚州，……贡苎布。

盐城，……有九盐场。

海州，……贡绢、獐皮、鹿皮。

泰州，……贡隔织。

泗州，……贡绢。

滁州，……贡绢。

真州，……贡麻纸。

---

① 《宋史》卷八十九，《地理志五》。

通州，……贡獐皮、鹿皮、鳔胶。

[淮] 西路：

寿春府，……贡葛布、石斛。

庐州府，……贡纱、绢、蜡、石斛。

蕲州，……贡苎布、簟。

和州，……贡苎布、練布。

安庆府，……贡白术。

濠州，……贡绢、糟鱼。

光州，……贡石斛、葛布。

黄州，……贡苎布、连翘。

天为军，……贡绢。

庐江，……有昆山矾场。

淮南东、西路，本淮南路，盖《禹贡》荆、徐、扬、豫四州之域，而扬州为多。……东至于海，西抵濉、涣，南滨大江，北界清、淮。土壤膏沃，有茶、盐、丝、帛之利。人性轻扬，善商贾，廛里饶富，多商贾之家。扬、寿皆为巨镇，而真州当运路之要，符离、谯、亳、临淮、朐山皆便水运，而隶淮服。其俗与京东西略同。①

扬州土产莞席、锦绮、白绫、铜镜，柘木。江都：江都县大铜山，在县西七十二里，即《汉书》称吴王濞即山铸钱，此其处也。《蜀冈图经》云：今枕禅智寺，即随之故宫冈，有茶园，其茶甘香，味如蒙顶。②

楚州土产丝、绢、赀布、淮白鱼。盐城县：阮升之《南兖州记》曰：上有南兖州盐亭一百二十三所，县人以渔盐为业，略不耕种，擅利巨海，用致饶沃，公私商运充实，四远舳舻往来，恒以千计。此吴王所以富国强兵，而抗汉室也。③

成都府路：

成都府，……贡花罗、锦、商绫布、笺纸。

眉州，……贡麸金、巴豆。

崇庆府，……贡春罗、单丝罗。

---

① 《宋史》卷八十八，《地理志四》。
② 乐史：《太平寰宇记》卷一百二十三。
③ 乐史：《太平寰宇记》卷一百二十四。

彭州，……贡罗。

九陇，……有鹿角寨，堋口、木头二茶场。

绵州，……贡绫、纻布。

汉州，……贡纻布。

嘉定府，……贡麸金。

监一：丰远，铸铁钱。

邛州，……贡丝布。

临邛，……监一：惠民。铸铁钱，建炎三年（公元一一二九年）罢。

简州，……贡绵绸、麸金。

黎州，……贡红椒。……飞越县有博易务。

雅州，……贡麸金。……州城内一茶场。熙宁九年（公元一〇七六年）置。

茂州，……贡麝香。

汶州，……有博马场。

威州，……贡当归、羌活。

通化，……有博易场。

仙井监，……贡苦药子、续随子。……盐井一。[①]

益州：按《十道志》云：巴蜀土地肥美，有江水、沃野、山林、竹木、蔬食、果实之饶，桔柚之园，郊野之富，号为近蜀，丹青文采，家有盐泉之井，户有橘柚之园，纸维十色，竹则九种。邛竹蒟（音矩）酱。……又《郡国志》云：嘉鱼（细鳞似鳟鱼，蜀中谓之拙鱼，蜀郡山中处处有之，每年春从石穴出，大者长五尺）。《本草·菜部》苦茶（一名游冬，生益州山谷，凌冬不死，三月三日采干为饮，令人不睡）。花有山茶（出雅州，红类海石榴）、梅棠花（此树尤多繁艳，未开时如朱砂烂熳，稍白，半落如雪，天下所无也）、桐花、旌节花、千叶刺榆、长乐花、荼蘼花（香甚，可以为酒）。九壁锦（按《游蜀记》云：成都有九壁村，出美锦），旧贡薛涛十色笺（短而狭，才容八行）、雪山朴硝（其色如玉）、单丝罗、高柠衫缎、交梭纱、琵琶捍拨、蜀漆铜盆。菜有龙葵。今贡绫（出

---

① 《宋史》卷八十九，《地理志五》。

成都、华阳、新都、新繁、郫县)、罗(出广都、双流、温江)、高柠布(出新都)、丝(出郫县)、椑布衫缎(出新都)、柘蚕丝(出犀浦)、绝、绵、绢、布、麻(十县皆出)。①

潼川府路:

潼川府(梓潼郡),……贡绫、兽青、空青。

郪,……有三十四盐井。

中江,……有盐井。

涪城,……有四镇、二十七盐井。

射洪,……有盐井。

盐亭,……有六盐井。

通泉,……有三铁冶。

飞鸟,……有五盐井。

铜山,……有铜冶。

东关,……有四盐井。

遂宁府,……贡樗蒲绫。

顺庆府(南充郡),……贡丝布、天门冬。

资州(资阳郡),……贡麸金。

磐石,……有一十八盐井、一铁冶。

普州,……贡葛、天门冬。

昌州,……贡麸金、绢。

叙州,……贡葛。

合州,……贡牡丹皮、白药子。

荣州,……贡班布。

资官,……有盐井。

应灵,……有盐井。

渠州,……贡绵绸、买子木。

怀安军,……贡绸。

宁西军,……贡绢。

富顺监,……本泸州之富义县。掌煎盐。……贡葛。……盐井一。

---

① 乐史:《太平寰宇记》卷七十二。

利州路：

兴元府（汉中郡），……贡胭脂、红花。

西有锡冶一务。茶场一。

利州，……贡金、钢铁。

洋州，……贡隔织。

阆州，……贡莲绫。

隆庆府（剑州普安郡），……贡巴戟。

巴州，……贡绵绸。

文州，……贡麝香。

　　曲水，……有水银务一。

沔州，……贡蜜[10]、蜡。

　　监一：济众铸铁钱。

蓬州，……贡纻丝绫、绵绸。

政州（江油郡），……贡麸金、羚羊角、天雄。

夔州路：

夔州，……贡蜜、蜡。

绍庆府（本黔州黔中郡），……贡朱砂、蜡。

施州，……贡黄连、木药子。

　　监一：广积……铸铁钱。

咸淳府，……贡绵绸。

万州，……贡金、木药子。

开州，……贡白纻、车前子。

达州，……贡绸。

涪州（涪陵郡），……贡绢。涪陵，……有白马盐场。

重庆府，……贡葛布、牡丹皮。

云安郡……贡绢。

云安……有玉井盐场、团云盐井。

梁山军，……贡绵。

大宁监（夔州大昌县盐泉所建为监）……贡蜡。

川峡四路，盖《禹贡》梁、雍、荆三州之地，而梁州为多。……南至荆、峡，北控剑、栈，西南接蛮夷。土植宜柘，茧丝织文纤丽者穷于天下。地狭而腴，民勤耕作，无寸土之旷，岁三四收。其所获多为遨游之费，踏青、药市之集尤盛焉，动至连月。①

　　剑南东道梓州：土产绫、锦、银、空青、曾青、石碌、地黄、红花、沙糖、甘橘、枇杷。《十道记》云：广汉之地，有盐井、铜山之富，本南夷，周末，秦并为郡。有蔬食、果实之饶（旧进丙熟、乌头、纹绫、水波绫）。铜山县，本蜀道铜山之治，汉文帝时邓通铸钱，即此也。唐贞观二十三年（公元六四九年），置监，上元元年（公元六七四年）废监为县，以铜山为名。私熔山，在县西二十四里，高一里，出铜，昔时任百姓采铸，俗呼私熔山。可蒙山，在县西北三十里，高一里，出铜。赖应山，在县北三十里，周二里，出铜，及空青。出铜山甚多，此略书三所。铜官山，在县西南五十八里，长二里。《蜀记》云：县西南有铜官山，阔八丈，高出众峰，邓通、卓王孙冶铸之所也。②

[荆湖] 北路：

　　江陵府，……贡绫、纻、碧涧茶芽、柑橘。

　　鄂州（武昌），……贡银。

　　　监一：宝泉熙宁七年（公元一〇七四年）置，铸铜钱。

　　德安府，……贡青纻。

　　常德府，……贡纻、布、练布。

　　澧州，……贡绫、竹簟。

　　峡州（夷陵），……贡五加皮、芒硝、杜若。

　　　夷陵，……有铅锡场。

　　　长杨，……有汉流、飞鱼二盐井。

　　岳州（巴陵郡），……贡纻。

　　归州（巴东郡），……贡纻。

　　　秭归，……有橙礼寨、青林盐井。

　　辰州，……贡朱砂、水银。

　　沅州，……贡朱砂、水银。

　　靖州，……贡白绢。

[荆湖] 南路：

---

① 《宋史》卷八十九，《地理志五》。
② 乐史：《太平寰宇记》卷八十二。

潭州（长沙郡），……贡葛、茶。

衡山，……有黄鞢银场。

安化，……元祐三年（公元一〇八八年），置博易场。

浏阳，……有永兴及旧溪银场。

衡州（衡阳郡），……贡麸金、犀。

衡阳，……有熙宁钱监。

常宁，……有茭源银场。

道州，……贡白纻、零陵香。

江华……有黄富铁场。

永州（零陵郡），……贡葛、石燕。

郴州（桂阳郡），……贡纻。

郴……有新塘、浦溪二银坑。

桂阳，……有延寿银坑。

宝庆府（邵阳郡），……贡犀角、银。

全州，……贡葛、零陵香。

桂阳军，……贡银。

平阳，……有大富等九银坑。

荆湖南、北路，盖《禹贡》荆州之域。……东界鄂渚，西接溪洞，南抵五岭，北连襄汉。……大率有材木、茗荈之饶，金铁、羽毛之利。其土宜谷稻，赋入稍多。而南路有袁、吉壤接者，其民往往迁徙自占，深耕概种，率致富饶。[1]

涪州土产：连头獠布、金、文铁、席。段氏《蜀记》云：涪州出扇，为时贵之。涪陵县，锦绣洲，……巴土盛以此洲人能织锦屬，故以名之。[2]

广南东路：

广州，……贡胡椒、石发、糖霜、檀香、肉豆蔻、丁香母子、零陵香、补骨脂、舶上茴香、没药、没石子。元丰贡沉香、甲香、詹糖香、石斛、龟壳、水马、鼍皮、藤篁。

番禺，……有银炉、铁场。

① 《宋史》卷八十八，《地理志四》。
② 乐史：《太平寰宇记》卷一百二十。

清远，……有大富银场，静定铁场，钱斜铅场。

怀集，……有大利银场。

东管，……有桂角等二银场，静康等三盐场，海南、黄田三盐栅。

新会，有千岁锡场，海晏等六盐场。

韶州，……贡绢、钟乳。

曲江，……有永通钱监，灵源等三银场，中子铜场。

翁源，……有大湖银场、大富铅场。

乐昌，……有黄坑等二银场、太平铅场。

仁化，……有大众、多田二铁场，多宝铅场。

循州，……贡绢、藤盘。……兴宁……有夜明银场。长乐……有罗翊等四锡场。

潮州，……贡蕉布、甲香、鲛鱼皮。

海阳，……有三河口盐场、丰济银场、横衡等二锡场。

连州，……贡绉布、官桂。元丰贡钟乳。

桂阳，……有同官银场。

阳山，……有铜坑、锡场。

梅州，……贡银、布。

程乡，……有乐口银场、石坑铅场、龙坑铁场。

南雄州，……贡绢。

英德府，……贡绉布。

真阳，……有钟岫银场、礼平铜场。

浛光，……有贤德等三银场。

贺州，……贡银。

临贺，……有大平银场。

封州，……贡银。

肇庆府，……贡银、石砚。

高要，……有沙利银场、浮芦铁场。

四会，……有金场、银场。

新州，……贡银。

德庆府，……贡银。

端溪，……有云烈锡场。

泷水，……有罗磨、护峒二银场。

南恩州，……贡银。

阳江，……有铅场。

阳春，……有榄径铁场。

惠州，……贡甲香、藤箱。

归善，……有阜民钱监，酉平、流坑二银场，永吉、信上、永安三锡场，淡水盐场。

海丰，……有灵溪、杨安、劳谢三锡场，古龙、石桥二盐场。

河源，……有立溪、和溪、永安三锡场。

博罗，……有铁场。

广南西路：

静江府，……贡银、桂心。

容州，……贡银、珠砂。

邕州，……贡银。

金场一：镇乃。

融州，……贡金、桂心。

象州（来宾县），……贡金、藤器、穗子。

昭州，……贡银。

梧州，……贡银、白石英。

藤州，……贡银。

龚州，……贡银。

浔州，……贡银。

柳州，……贡银。

贵州，……贡银。

庆远府（本宜州龙水郡），……贡生豆蔻、草豆蔻。元丰贡银。

河池，……有银场。

宾州，……贡银、藤器。

横州，……贡银。

化州，……贡银、高良姜。

高州，……贡银。

信宜，……有银场。

雷州，……贡良姜。元丰贡斑竹。

钦州，……贡高良姜、翡翠毛。

白州，……贡银、缩砂。

郁林州，……贡缩砂。元丰贡银。

廉州，……贡银。

琼州，……贡银、槟榔。

南宁军（本儋州），……贡高良姜。元丰贡银。

万安军（旧万安郡），……贡银。

吉阳军（本朱崖郡，即崖州），……贡高良姜。

广南东、西路，盖《禹贡》荆、扬二州之域，……南滨大海，西控夷洞，北限五岭。有犀象、玳瑁、珠玑，银铜、果布之产。……宋初，以人稀旷，并省州县。然岁有海舶贸易，商贾交凑。①

广州土产：明珠、大贝、文犀、盐、席、水马皮、玳瑁、蕉布、鲛鱼皮、竹布、石斛、五色藤、沉香、大甲香、簟、蕃舶、鼊、柑子。草有大千金、小千金、守房郎、千里回、万里忆、蕃人香。乐有昆仑犀、萬头母、渡洛崖。造酒草药有甜娘、蒲楼藤、乌龟□、五劳草、鸡头根、双筋木叶。花有仙鹤、麝脐、遥怜、向日莲、红茉莉、白茉莉、紫水蕉。②

潮州土产：水马、甲香、鲛鱼皮、海桐皮、蕉布、乌药、地黄、千金钓药。煮海为盐，稻得再熟，蚕亦五收。③

以上是各路州府的全部上贡物品。贡品只是各州府物产中的一小部分，系从地方所产的许多物品中选出一两种作为贡品，并不是各州府将该地所产的所有物品均以其中的一份上贡，故各书所载的贡品种类，颇有出入，说明各地方物产只要不被官府宣索，即不列入贡品之内。但是贡品虽不反映全国各地物[11]产的全貌，却代表了全国各地的主要物产，其中多数还是各地方的名产或特产，而为其他州府所无。例如广州的明珠、大贝、文犀、玳瑁、珠玑、蕉布、竹布、沉香、甲香等等，都是其他州府不能出产的。贡品中许多手工业产品，都是全国著名产品，如扬州铜镜，始终独霸着全国市场。又如

---

① 《宋史》卷九十，《地理志六》。
② 乐史：《太平寰宇记》卷一百五十七。
③ 乐史：《太平寰宇记》卷一百五十八。

贡品中种类繁多、名目不同的丝织品，更都是各地方的特殊物产，不仅表现了地方特色，也反映出生产者的绝技，所以土贡虽不是全国物产清单，却反映了一个大概轮廓，不失为全国物产的一个橱窗。

（三）新兴的商业城市

宋代是国民经济普遍发展的时期，由于宋代政府需要从全国各地得到尽可能多的物资供应，故力促全国各地都能普遍发展，因而各路州府县治都根据其地理位置、自然条件，各尽其能地发挥本地区的优势。如位于交通便利的地方，更都不同程度地发展了商品经济，首先是在水陆交通的枢纽地点和沿江沿海的州府县城发展成为新兴的商业城市。例如开封，就是宋代新兴的一个最大的商业大都会。由于开封是宋代的首都，亦即全国的政治中心，人文荟萃，户口浩瀚，本身就是全国最大的一个商货市场，又因位于四河交汇之处，为全国漕运的集中地点，不仅全国商货运集首都，供应市民所需，而且是全国商货的中转码头，由此再转贩全国各地，故开封全城内外的大街小巷，无不是店铺林立，商货充盈，日日夜夜在进行着商业活动，已完全成为近代型的一个商业大都会。关于东京商业兴旺繁华的具体情况，当于后文商业章节中详细阐述。另有一些城市，在唐代已是著名的商业城市，有的还是重要的国际市场，但在唐末大乱中遭到破坏，到宋代又恢复起来，例如扬州就是这样一个典型，它在唐末已被夷为平地，其成为新兴的一个商业都市则是宋代的事，其情况有如下述：

> 迁徙贸易，皆出扬州。沈存中谓自淮南之西，大江之东，南至五岭蜀汉，十一路百州之迁徙贸易之人，往还皆出扬州之下，舟车日夜灌输京师者，居天下十之七。①

江南各地有优越的自然条件，农业都比较发达，人民富庶，这给商品经济的发展提供了有利条件，故若干交通便利的城市都发展成为大小不等的商业城市，著名的有以下诸城：

杭州：杭州为南宋的行在，人烟稠密，商贾麇[12]集，故发展成为与开封不相上下的大商业都会，其具体情况，见后文。因其有发展商业的便利条件，

---

① 王象之：《舆地纪胜》卷三十七，《淮南东路·扬州》。

在北宋时即已为江南的一个大商业都会[13]：

> 嘉祐二年（公元一○五七年），龙图阁直学士尚书吏部郎中梅公出守于杭，于其行也，天子宠之以诗，于是始作有美之堂，盖取赐诗之首章而名之，以为杭人之荣。……若乃西方之所聚，百货之所交，物盛人众，为一都会，而又能兼有山水之美，以资富贵之娱者，惟金陵钱塘。……独钱塘自五代时知尊中国，效臣顺，及其亡也，顿首请命，不烦干戈，今其民幸富完安乐。又其习俗工巧，邑屋华丽，盖十余万家，环以湖山，左右映带，而闽商海贾，风帆浪舶，出入于江涛浩渺、烟云杳霭之间，可谓盛矣。①

明州：

> 明得会稽郡之三县，三面际海，带江汇湖，土地沃衍，视昔有加。古鄞县乃取贸易之义，居民喜游贩鱼盐，颇易抵贸，而镇之以静，亦易为治。南通闽广，东接倭人，北距高丽，商舶往来，物货丰溢。出定海，有蛟门虎蹲天设之险，实一要会也。②

> 带江濒海之地，蛮舶之贾于明，明舟之贩于他郡，率由此出入。蛟门虎蹲，可以叙缆，谓之泊潮。……人物阜繁，鱼盐富衍，士习相承，皆诗书礼义之训。而山谷之民，耕桑乐业，有老死不识县邑者。③

明州：

> 东渐巨海，西通五湖，南畅无垠，北渚浙江。明之为州，实越之东部，观舆地图则僻在一隅，虽非都会，乃海道辐凑之地。故南则闽广，东则倭人，北则高句丽，商舶往来，物货丰衍，东出定海，有蛟门虎蹲天设之险，亦东南之要会也。④

> 按《隋书》：江南之俗，火耕水耨，食鱼与稻，以渔猎为业，虽无蓄积之资，然亦无饥馁之患。……小人多商贩，君子资官禄，市廛列肆，埒于二京，人杂五方，故俗颇相类。京口东通天会，南接江湖，西连都邑，亦一都会也。……会稽郡亦然，川泽沃衍，有

---

① 欧阳修：《有美堂记》，《欧阳文忠公集》卷四十。
② 罗濬：《宝庆四明志》卷一，《风俗》。
③ 罗濬：《宝庆四明志》卷十八；《定海县志》卷一，《风俗》。
④ 张津等：《乾道四明图经》卷一，《分野》。

海陆之饶，珍异所聚，故蕃汉商贾并凑。①

华亭：

> 华亭据江瞰海，富室大家，蛮商舶贾，交错于水陆之道，为东南一大县。胡马南渡，所过燔灭一空，而华亭独亡恙。②

川陕地处山区，山川梗阻，无沿江沿海的便利交通，本无发展商业的便利条件，但因其地壤土衍沃，物产丰饶，且多特产，为全国人民所喜好，故商业亦颇发达，不少交通便利的城市，皆发展为繁华的商业城市，如濒临汉水的洋州，就是一个商业发达的大城市：

> 右臣切见本州守治之所，正居汉水之上，川陆平衍，广袤千里，东北诸山，萦带联属，径路盘屈，隙穴深远，上通荆楚，旁出岐雍，其中所产济人急用之助，品目甚众，旦夕赢辇，道路不绝，闾巷井邑，百货填委，实四方商贾质易毕至之地，衣被秦蜀，有是仰者。汉唐之际，已名重郡。③

兴元府亦是一个性质相同的新兴商业城市：

> 右臣窃见本府，自三代已来，号为巨镇。疆理所属，正当秦蜀出入之会，下褒斜，临汉沔，平陆延衷，凡数百里，壤土演沃，堰塍棋布，桑麻粳稻之富，引望不及。西南逾栈道，抵剑门，下趣成都，岐雍诸山，遮迤东北，深蟠远跱，孕畜云雨，罅道百出，相拱加辐。远通樊邓，旁接秦陇。贸迁有无者望利而入。旧制中州之人，不得久居于此，今复弛禁，一切不问，故四方来者，颇自占业。殊习异尚，杂处闾里，天下物货，种列于市，金缯漆枲，衣被他所。近岁洮河所仰茶产巨意，公籴私贩，辇负不绝，诚山西浩穰之奥区，而朝廷所宜留意之剧地也。④

---

① 张津等：《乾道四明图经》卷一，《风俗》。
② 孙觌：《宋故右中奉大夫直秘阁致仕朱公墓志铭》，《鸿庆居士文集》卷三十四。
③ 文同：《奏为乞修洋州城并添兵状》，《丹渊集》卷三十四。
④ 文同：《奏为乞修兴元府城及添兵状》，《丹渊集》卷三十四。

大氐阆中、清化、始宁、符阳诸郡，所仰二川产殖，缯、锦、枭、纩、荈茗、刺绣、镂刻、髹治之物，与所市易牛、骡、羊、彘、丝、茧、椒、密之货，日夜旁午络绎，它负赢揭，抗蹄裂肩，如水上下，故北出之道，趾踵相织。①

蜀中富饶，罗纨锦绮等物甲天下，言事者竞商榷功利。又土狭民稠，耕种不足给，由是兼并者益籴贱贩贵以规利。②

以上记载所描述的都是内地的商业城市，在一般情况下，这些地方因交通不便本不适于发展商业。但在宋代，随着整个国民经济的普遍发展，虽川陕四塞之区，也被交织在商品经济的体系中，适应着山区的特殊条件，亦使地方商业有所发展。商贾趋利，无孔不入，他们通过褒斜，沿古栈道去贩运"缯、锦、丝、枭、纩、荈茗、刺绣、镂刻、髹治之物"，把罗绮锦绣和珍异玩好以及各种土特产转贩于国内和国外市场，在宋代国内外商业的商品构成中占一重要地位。

岭南地区即广南东西路，只有广州自古以来就是最大的一个商业城市，长期以来，一直是对外贸易最大的一个聚散中心，所有犀象、玳瑁、珠玑、银铜、果布之产以及千奇百怪的香药宝货，都是由番舶运来，宋代正是这种"市舶"贸易的最发达时期，北宋时已非常发达，南宋时又进一步发展，有关情况，均于后文详之，这里仅概略指出，广州在宋仍是岭南的一个最主要商业城市：

广南东、西路……有犀象、玳瑁、珠玑、银铜、果布之产。
……然岁有海舶贸易，商贾交凑。③

南广川峡……土之所产，又极富衍，明珠、大贝、纨锦、布帛，皆极精好，陆负水载出境，而其利百倍。④

① 文同：《梓州永泰县重建北桥记》，《丹渊集》卷二十三。
② 《宋史》卷二百七十六，《樊知古传》。
③ 《宋史》卷九十，《地理志六》。
④ 苏洵：《嘉祐集》卷四，《重远》。

第二节 全国人口数量与分布

（一）全国人口数量

宋代是一个相对升平时代，国内没有发生过大规模的战争，虽偶有边患，但多为区域性骚扰，为害不烈，没有搅乱全局；水旱虫蝗等自然灾害虽亦不断出现，但没有造成毁灭性饥馑和人口的大量死亡，故宋代人口一直在自然增殖之中，而其增殖的趋势亦并不迅猛，一直保持着一种缓慢的上升趋势。除宋初承五代长期凋敝之后，人口大量死亡，户籍之数锐减外，待政局稳定后，户口数即在缓慢回升，例如：

> 太祖元年，有州一百一十一，县六百三十，户九十六万七千三百五十三。末年，州二百九十七，县一千八百六，户二百五十万八千九百六十五。①

《宋史》、《宋会要辑稿》、李焘《续资治通鉴长编》、马端临《文献通考》、李心传《建炎以来系年要录》等书，皆载有两宋历朝户口数目，惟其中多系从赋役角度分别登记主户与客户数目，这里仅将其所载户口总数逐朝逐年引述于下，借[14]以观察人口的升降变迁，其仅载户数而无口数者从略：

> 〔至道二年（公元九九六年）〕是岁大有年。天下户三百五十七万四千二百五十七。②
>
> 太宗至道三年（公元九九七年），天下主客户四百一十三万二千五百七十六。③

可知到太宗朝，已从初年的九十六万余户猛增到四百一十余万户，到真宗朝，即四十六年之后，又增到七百余万户：

---

① 曾巩：《元丰类稿》卷四十九，《户口版图》。
② 李焘：《续资治通鉴长编》卷四十。
③ 《宋会要辑稿》，《食货一一之二六》。

〔景德四年（公元一○○七年）秋七月丙子〕权三司使丁谓言：
"景德三年（公元一○○六年）新收户三十三万二千九百九十八，
流移者四千一百五十，总旧实管七百四十一万七千五百七十户，一
千六百二十八万二百五十四口，比咸平六年（四年前）计增五十五
万三千四百一十户，二百万二千二百一十四口。赋入总六千三百七
十三万一千二百二十九贯、石、匹、斤，数比咸平六年计增三百四
十六万五千二百九。"①

真宗朝是北宋社会经济的兴旺繁荣时期，同时户口的增长亦较为迅速，
紧接景德之后，户口数又在增长：

〔大中祥符元年（公元一○○八年）〕是岁，天下户七百九十万
八千五百五十五，口一千七百八十万三千四百一。②

〔大中祥符二年（公元一○○九年）〕是岁，天下户八百四十万
二千五百三十七。③

〔大中祥符七年（公元一○一四年）〕……天下户九百五万五千
七百二十九，口二千一百九十七万六千九百六十五。④

〔大中祥符七年〕是岁，天下户九百五万五千七百二十九，口
二千一百九十九万六千九百六十五。⑤

〔天禧三年（公元一○一九年）〕是岁天下户八百五十四万五千
二百七十六，口一千九百四十七万一千五百五十六。⑥

真宗天禧五年，天下主客户八百六十七万七千六百七十七，口
一千九百九十三万三百二十。⑦

仁宗天圣七年（公元一○二九年），天下主客户一千一百六万
二千六百八十九，口二千六百五万四千二百三十八。⑧

---

① 李焘：《续资治通鉴长编》卷六十六。
② 李焘：《续资治通鉴长编》卷七十。
③ 李焘：《续资治通鉴长编》卷七十二。
④ 《宋史》卷八，《真宗本纪三》。
⑤ 李焘：《续资治通鉴长编》卷八十三。
⑥ 李焘：《续资治通鉴长编》卷九十四。
⑦ 《宋会要辑稿》，《食货一一之二六》。
⑧ 《宋会要辑稿》，《食货一一之二六》。

〔庆历〕八年（公元一〇四八年），天下主客户一千七十二万三千六百九十五，口二千一百八十三万六千四。①

仁宗朝是北宋的全盛时期，天下户口又有了大量增长，包拯在皇帝的垂询下，退而遍考诸史，究历代户口增减本末，作《论历代并本朝户口》〔皇祐二年（公元一〇五〇年）作〕一文云：

臣近者获登云陛，亲奉德音，询及本朝并唐编户多少之数。臣虽粗陈梗概，不足以上对清问；退而遍考诸史，尽见历代本末。窃以三代虽盛，其户口记籍莫得而详。国史所起，惟两汉最备。谨按前汉元始二年（公元二年），人户千二百二十三万三千；及后汉光武兵革渐息之后，户四百二十七万六百三十，永寿二年（公元一五六年），增至一千六十七万九百六十；此两汉极盛之数也。三国鼎峙，干戈日寻，版籍岁减，当时才百四十余万耳。晋自武帝平吴之后，编户二百四十五万九千八百。自后南北幅裂，户无常数，少者不盈百万，多者不过三倍。隋文帝平一天下，至大业二年（公元六〇六年），户八百九十万七千五百三十六。及乎唐之初年，人户不满三百万；至高宗永徽元年（公元六五〇年），渐增至三百八十万；明皇天宝十三载（公元七五四年）已前，最为全盛，只及九百六万九千一百五十四；自安史构乱之后，屠戮生灵几尽，乾元已后，仅满一百至二百万耳；至武宗会昌年中，其间相距百余岁，才增至四百九十五万五千一百五十一。降及五代，战伐相躁，日益耗散，是时四分窃据之地，逐处户口各有数十万。太祖皇帝建隆之初，有户九十六万七千三百五十三，自后取剑南，平岭表，下江左，辟湖湘，所得户口方逾百万；至开宝九年，渐加至三百九万五千四户；太宗皇帝至道二年（公元九九六年），已增至四百五十一万四千二百五十七；真宗皇帝天禧五年（公元一〇二一年），又增至八百六十七万七千六百七十七。陛下御宇已来，与民休息，至天圣七年（公元一〇二九年），凡计编户一千一十六万二千六百八十九；至庆历二年（公元一〇四二年），增至一千三十万七千六百四十八户；八年（公

---

① 《宋会要辑稿》，《食货一一之二六》。

元一〇四八年），又增至一千九十六万四千四百三十四。臣以谓前代户口之目，三代已降，跨唐越汉，未有若今之盛者也。臣闻蚩蚩生聚，蕃息衰耗，一出于时政之所陶化。是故明主知其然也，则必薄赋敛，宽力役，救饥馑。三者不失，然后幼有所养，老有所终，无夭阏之伤，无庸调之苦。此乃陛下日慎一日，以致其盛。若遂与之休养，则可封之俗，不异二帝之世矣。①

在仁宗朝，全国人口一直保持着缓慢上升趋势，在包拯纵论历代户口消长的二十余年之后，这个趋势仍在继续之中：

嘉祐三年（公元一〇五八年），天下主客户一千八十二万五千五百八十，口二千二百四十四万二千七百九十一。②

〔嘉祐〕八年（公元一〇六三年），天下主客户一千二百四十六万二千三百一十七，口二千六百四十二万一千六百五十一。③

仁宗以后，这样的发展趋势仍在继续：

〔英宗治平元年（公元一〇六四年）〕是岁户一千二百四十八万九千四百八十一，丁二千八百八十二万三千二百五十二。④

〔治平二年（公元一〇六五年）〕是岁户一千二百九十万四千七百八十三，丁二千九百七万七千二百七十三。⑤

英宗治平三年（公元一〇六六年），天下主客户一千二百九十一万七千二百二十一，口二千九百九万二千一百八十五。⑥

神宗熙宁二年（公元一〇六九年），天下主客户一千四百四十一万四千四百四十三，口二千三百六万八千二百三十。⑦

〔熙宁〕五年（公元一〇七二年），天下主客户一千五百九万一

---

① 《包拯集》卷七。
② 《宋会要辑稿》，《食货一一之二六》。
③ 《宋会要辑稿》，《食货一一之二六》。
④ 李焘：《续资治通鉴长编》卷二百三。
⑤ 李焘：《续资治通鉴长编》卷二百六。
⑥ 《宋会要辑稿》，《食货一一之二六》。
⑦ 《宋会要辑稿》，《食货一一之二七》。

千五百六十，口二千一百八十六万七千八百五十二。①

神宗熙宁六年（公元一〇七三年）十月十二日，时上论及天下户口之数，王安石等奏曰：户口之盛，无如今日，本朝太平百年，生民未尝见兵革。昨章惇定湖南保甲，究见户口之众，数倍前日，盖天下举皆类此。上曰：累圣以来，咸以爱民为心，既未尝有征役，又无离宫别馆营缮之事，生齿蕃息，盖不足怪。②

〔熙宁〕八年（公元一〇七五年），天下主客户一千五百六十八万四千五百二十九，口二千三百八十万七千一百六十五。③

〔熙宁〕十年（公元一〇七七年）天下主客户一千四百二十四万五千二百七十，口三千八十万七千二百一十一。④

元丰元年（公元一〇七八年），天下主客户一千六百四十万二千六百三十一，口二千四百三十二万六千一百二十三。⑤

〔元丰〕三年（公元一〇八〇年），天下主客户一千六百七十三万五百四，口二千三百八十三万七百八十一。⑥

〔元丰〕六年（公元一〇八三年），天下主客户一千七百二十一万一千七百一十三，口二千四百九十六万九千三百。⑦

哲宗元祐元年（公元一〇八六年），天下主客户一千七百九十五万七千九十二，口四千七万二千六百六。⑧

〔元祐〕三年（公元一〇八八年），天下主客户一千八百二十八万九千三百七十五，口三千二百一十六万三千一十二。⑨

〔元祐〕六年（公元一〇九一年），天下主客户一千八百六十五万五千九十三，口四千一百四十九万二千三百一十一。⑩

绍圣元年（公元一〇九四年），天下主客户一千九百一十二万

---

① 《宋会要辑稿》，《食货一一之二七》。
② 《宋会要辑稿》，《食货一二之三》。
③ 《宋会要辑稿》，《食货一一之二七》。
④ 《宋会要辑稿》，《食货一一之二七》。
⑤ 《宋会要辑稿》，《食货一一之二七》。
⑥ 《宋会要辑稿》，《食货一一之二七》。
⑦ 《宋会要辑稿》，《食货一一之二七》。
⑧ 《宋会要辑稿》，《食货一一之二七》。
⑨ 《宋会要辑稿》，《食货一一之二七》。
⑩ 《宋会要辑稿》，《食货一一之二七》。

九百二十一，四千二百五十六万六千二百四十三。①

〔绍圣〕四年（公元一〇九七年），天下主客户一千九百四十三万五千五百七十，口四千三百四十一万一千六百六。②

徽宗崇宁元年（公元一一〇二年），天下主客共升户三十万三千四百九十五，口四十万九千一百六十三。③

〔崇宁〕二年（公元一一〇三年），天下升户二十五万九千七百五十八，口六十五万七千六百九十一。④

大观二年（公元一一〇八年），天下所升户增一十二万四千一百七十三，口一十九万二千四十六。⑤

〔大观〕三年（公元一一〇九年），天下所升户二十三万四千二百，口五十六万八百九十三。⑥

金人的南下和北宋的灭亡，把一百四十余年的繁荣发展顿时打断，社会经济破坏殆尽，人口亦大量减少。高宗南渡后，偏安江南一隅，江淮以北已不在版图之内。北方人民纷纷南渡，而江南人口本来稠密，故南宋时全国人口虽比北宋有所减少，但减少并不甚多：

国初，杭、粤、蜀、汉未入版图，总户九十六万七千五百五十三，至开宝末，增至二百五十万八千六十五户。太宗拓定南北，户犹三百五十七万四千二百五十七，此后递增，至徽庙，有一千八百七十八万之多，亿可谓盛矣。及乘舆南渡，江淮以北，悉入虏廷，今上主户，亦至一千一百七十万五千六百有奇，生息之繁，视宣和以前，仅减七百万耳，尚令此虏假气游魂何也。⑦

〔绍兴二十九年（公元一一五九年）〕是岁……两浙等十六路上户部，主户七百六十四万，口一千二百八十万，客户三百四十四万，口三百九十五万皆有奇。都计户一千一百九万一千八百八十五，口

① 《宋会要辑稿》，《食货——之二七》。
② 《宋会要辑稿》，《食货——之二七》。
③ 《宋会要辑稿》，《食货——之二八》。
④ 《宋会要辑稿》，《食货——之二八》。
⑤ 《宋会要辑稿》，《食货——之二八》。
⑥ 《宋会要辑稿》，《食货——之二八》。
⑦ 袁褧：《枫窗小牍》卷上。

一千六百八十四万二千四百一。①

〔绍兴三十年（公元一一六〇年）〕是岁……诸路上户部，主客户一千一百五十七万五千七百三十三，口一千九百二十二万九千八。②

〔绍兴〕三十一年（公元一一六一年），天下主客户一千一百三十六万四千三百七十七，口二千四百二十万二千三百一。

三十二年（公元一一六二年），天下主客户一千一百一十三万九千八百五十四，口二千三百一十一万三千三百二十七。

三十二年，诸路主客户一千一百五十八万四千三百三十四，口二千四百九十三万一千四百六十五。

寿皇帝（孝宗）隆兴元年（公元一一六三年），诸路主客户一千一百三十一万一千三百八十六，口二千二百四十九万六千六百八十六。

乾道元年（公元一一六五年），诸路主客户一千一百七十万五千六百六十二，口二千五百一十七万九千一百七十七。

二年（公元一一六六年），诸路主客户一千二百三十三万五千四百五十，口二千五百三十七万八千六百四十八。

三年（公元一一六七年），诸路主客户一千一百八十万三百六十六，口二千六百八万六千一百四十六。③

淳熙元年（公元一一七四年），诸路主客户一千二百九万四千八百七十四，口二千七百三十七万五千五百八十六。④

十六年（公元一一八九年），诸路主客户一千二百九十万七千四百三十八[15]，口二千七百五十六万四千一百六。⑤

〔嘉定十二年（公元一二一九年）〕是岁，两浙路户二百八十九万八千七百八十二，口五百八十三万九千七百八十七。福建路户一百六十八万六千六百一十五，口三百四十八万九千六百一十八。⑥

〔景定五年（公元一二六四年）〕是岁，两浙、江东西、湖南

① 李心传：《建炎以来系年要录》卷一百八十三。
② 李心传：《建炎以来系年要录》卷一百八十七。
③ 《宋会要辑稿》，《食货一一之二八》。
④ 《宋会要辑稿》，《食货一一之二九》。
⑤ 《宋会要辑稿》，《食货一一之三〇》。
⑥ 刘克庄：《玉牒初草》卷二。

北、广东西、福建、成都、京西，潼川、夔、利路户五百六十九万
六千九百八十九，口一千三百二万六千五百三十二。①

（二）人口分布

史籍中对各路州府军皆载有户数和口数，可据以计算出每户平均口数，从而可以看出各地方的人口分布情况。惟全国诸路州府军共二百九十，每州府军又有数县或十数县，如将全部数字录出过于冗长，占篇幅太多，这里按几个大区，酌选一部分：以京东西路代表中原地区，河北东西路代表华北地区，两浙路与江南东西路代表江南地区，荆湖南北路代表华中地区，成都府路、潼川府路和利州路代表西南地区，其他州府从略，有九路州府的数字残缺不全，或只有户数而无口数，亦皆从略。兹将上述各州府军的户数、口数与每户平均口数列表如下（见表1）。

表 1　各州府户数、口数及每户平均口数

路、州、府、军		户数	口数	每户平均口数
京畿路	开封府	261 117	442 940	1.70
京东东路	青　州	95 158	162 837	1.71
	密　州	144 567	327 340	2.26
	济南府	133 321	214 067	1.61
	沂　州	82 893	165 230	1.99
	莱　州	97 427	198 908	2.04
	潍　州	44 677	109 549	2.45
	淄　州	61 152	96 110	1.57
	淮阳军	76 887	154 130	2.00
京东西路	应天府	79 741	157 404	1.97
	袭庆府	71 777	217 734	3.03
	徐　州	64 430	152 237	2.36
	兴仁府	35 980	68 931	1.92
	东平府	130 305	396 063	3.04
	济　州	50 718	159 137	3.14
	单　州	61 409	116 969	1.90
	濮　州	31 747	52 681	1.66

① 《宋史》卷四十六，《度宗本纪》。

续表

路、州、府、军		户数	口数	每户平均口数
京西南路	襄阳府	87 307	192 605	2.21
	邓　州	114 117	297 550	2.61
	随　州	30 804	67 021	2.18
	金　州	39 636	65 674	1.66
	房　州	33 151	47 941	1.45
	均　州	30 107	44 796	1.49
	郢　州	47 281	78 727	1.67
	唐　州	89 955	202 172	2.26
京西北路	河南府	127 727	233 280	1.83
	颍昌府	66 041	160 193	2.43
	郑　州	30 976	41 848	1.35
	滑　州	26 522	81 988	3.09
	孟　州	33 481	70 169	2.10
	蔡　州	98 502	185 013	1.88
	淮宁府	32 094	159 017	4.97
	顺昌府	78 174	160 628	2.05
	汝　州	41 587	141 495	3.40
	信阳军	9 954	20 050	2.01
河北东路	大名府	155 253	568 976	3.66
	开德府	31 878	82 826	2.60
	沧　州	65 851	118 218	1.80
	冀　州	66 244	101 030	1.53
	河间府	31 930	60 206	1.89
	博　州	46 493	91 333	1.96
	棣　州	39 137	57 234	1.46
	莫　州	14 660	31 992	2.20
	雄　州	13 013	52 967	4.07
	霸　州	15 918	21 516	1.35
	德　州	44 591	82 025	1.84
	滨　州	49 991	114 984	2.30
	恩　州	51 342	85 986	1.67

续表

路、州、府、军		户数	口数	每户平均口数
河北东路	永静军	34 193	39 022	1.14
	清 州	6 619	12 078	1.82
	信安军	715	1 437	2.01
	保定军	1 029	2 484	2.41
河北西路	真定府	92 353	163 197	1.77
	相 州	36 340	71 635	1.97
	中山府	65 935	186 305	2.83
	信德府	53 613	95 552	1.78
	浚[16]州	3 176	3 202	1.01
	卫 州	23 304	46 365	1.99
	洺 州	38 817	73 600	1.90
	深 州	38 036	83 710	2.20
	怀 州	32 311	88 185	2.73
	磁 州	36 491	96 922	2.66
	祁 州	24 484	49 975	2.04
	庆源府	34 141	60 137	1.76
	保 州	27 456	230 234	8.39
	安肃军	7 197	14 757	2.05
	广信军	4 445	8 738	1.97
	顺安军	8 605	16 578	1.93
两浙路	临安府	203 574	296 615	1.46
	绍兴府	279 306	367 390	1.32
	平江府	152 821	448 312	2.93
	镇江府	63 657	164 566	2.59
	湖 州	162 335	361 698	2.23
	婺 州	134 080	261 678	1.95
	庆元府	116 140	220 017	1.89
	常 州	165 116	246 909	1.50
	瑞安府	119 640	162 710	1.36

路、州、府、军		户数	口数	每户平均口数
两浙路	台 州	156 792	351 955	2.24
	处 州	108 523	260 536	2.40
	衢 州	107 903	288 858	2.68
	建德府	82 341	107 521	1.31
	嘉兴府	122 813	228 676	1.89
江南东路	江宁府	120 713	200 276	1.66
	宁国府	147 040	470 749	3.20
	徽 州	108 316	167 896	1.55
	池 州	135 059	206 932	1.53
	饶 州	181 300	336 845	1.86
	信 州	154 364	334 097	2.16
	太平州	53 261	80 137	1.50
	南康军	70 615	112 343	1.59
	广德军	41 500	100 722	2.43
江南西路	隆兴府	261 105	532 446	2.04
	江 州	84 569	138 590	1.64
	赣 州	272 432	702 127	2.58
	吉 州	335 710	957 256	2.85
	抚 州	161 480	373 652	2.85
	袁 州	132 299	324 353	2.45
	瑞 州	111 421	204 564	1.84
	兴国军	63 422	105 356	1.66
	南安军	37 721	55 582	1.47
	临江军	91 699	202 656	2.21
	建昌军	112 887	185 036	1.64
荆湖北路	江陵府	85 801	223 284	2.60
	鄂 州	99 769	140 767	1.45
	德安府	59 186	143 892	2.43
	常德府	58 297	130 865	2.24

续表

路、州、府、军		户数	口数	每户平均口数
荆湖北路	澧　州	81 673	236 921	2.90
	峡　州	40 980	116 400	2.84
	岳　州	97 791	128 450	1.31
	归　州	21 058	52 147	2.48
	辰　州	10 730	23 350	2.18
	沅　州	9 659	19 157	1.98
	靖　州	18 692	—	—
荆湖南路	潭　州	439 889	962 853	2.19
	衡　州	163 095	308 253	1.83
	道　州	41 535	86 553	2.08
	永　州	89 387	243 322	2.72
	郴　州	39 392	138 599	3.52
	宝庆府	98 861	218 160	2.21
	全　州	34 663	106 432	3.07
	桂阳军	40 476	115 900	2.86
成都府路	成都府	182 090	589 930	3.24
	眉　州	72 809	192 384	2.64
	崇庆府	67 835	273 050	4.03
	彭　州	57 524	—	—
	绵　州	122 915	230 409	1.87
	汉　州	120 900	527 252	4.36
	嘉定府	71 652	210 472	2.94
	邛　州	79 279	193 032	2.43
	简　州	41 888	95 619	2.28
	黎　州	2 722	9 080	3.34
	雅　州	27 464	62 378	2.27
	茂　州	568	1 377	2.42
	威　州	2 020	3 013	1.49
	仙井监	32 853	104 545	3.18

路、州、府、军		户数	口数	每户平均口数
潼川府路	潼川府	109 609	447 505	4.08
	遂宁府	49 132	102 555	2.09
	顺庆府	55 493	130 313	2.35
	资 州	32 287	47 219	1.46
	普 州	32 118	73 221	3.28
	昌 州	36 456	92 055	2.53
	叙 州	16 443	36 668	2.23
	泸 州	44 611	95 410	2.14
	合 州	48 277	84 484	1.75
	荣 州	16 667	52 087	3.13
	渠 州	32 877	63 830	1.94
	怀安军	29 625	174 985	5.91
	宁西军	47 057	111 754	2.37
	富顺监	11 241	23 716	2.11
利州路	兴元府	60 234	123 540	2.05
	利 州	25 373	51 539	2.03
	洋 州	45 490	98 567	2.17
	阆 州	43 936	100 907	2.30
	隆庆府	35 023	107 573	3.07
	巴 州	23 337	41 516	1.78
	文 州	12 531	22 078	1.76
	沔 州	12 430	19 678	1.53
	蓬 州	27 827	51 472	1.86
	政 州	3 523	9 294	2.64
	大安军	6 075	10 891	1.79

  宋承唐末五代丧乱之后，兵燹饥馑，连年不断，致人口大量减耗，广大地区常常是千里无烟。入宋以后，逐步剪除了军阀割据，国家统一，社会经济在政府的大力推动下获得了恢复和发展，人口亦在缓慢增长，慢慢摆脱了

初年的凋敝情况，人口由真宗景德初的一千六百余万，增至哲宗元祐三年（公元一〇八八年）的三千二百余万，在八十二年之中，人口增加了一倍。这说明在没有天灾人祸等毁灭性因素存在的情况下，人口的自然繁殖是成倍增长的。但是由于全国的幅员广大，平均人口密度并不很大，根据北宋崇宁元年（公元一一〇二年）与南宋嘉定十六年（公元一二二三年）的统计，合计北宋土地面积为：二百五十万四千九百八十七点六十五平方公里，人口总数为四千五百三十二万四千一百二十四，平均每平方公里口数为十八点七；南宋时全国土地面积为一百七十二万四千三百五十六点八一平方公里，人口总数为二千八百三十二万零八十五，平均每平方公里口数为十六点四。一般说，经济发达的地区，人口的密度较大，如成都府路，每平方公里为五十七人，其次是两浙路、淮南东路、潼川府路，每平方公里均在三十人以上，其他大都是每平方公里为四、五人，可以说大部分地区是人口稀疏的。

第二章　宋代的交通运输

第一节　漕　运

（一）漕运对宋王朝的重要性

上文曾根据秦观的《安都》一文，说明了宋王朝为什么放弃周、秦、汉、唐历代相沿的古都长安或洛阳，而都于四通八达、无山河之险可以防守的开封，这是由当时政治和经济的新格局所决定的一个新的战略部署。原因很明显，因为开封位于四河交汇之处，有便利的漕运，可仰赖全国各路州府的财赋供应，以为中央政府的经济支柱，其所依赖的不止是东南之粟，还有全国各地的物资，即全国各地的经济都通过漕运与中央密切地结合成为一个国民经济的整体，每一个地方的物产，都是中央政府的一份营养剂。前此灭亡不久的唐王朝也曾采取了同样的战略决策，把中央政府的经济支柱一股脑儿放在"岁漕东南之粟"一着之上，而完全放松了大有发展前途的关中农田水利，不在就近为自己生产一点活命之源，而一味坐等江淮财赋的到来，但江淮漕运又完全没有保证，结果造成一个致命的错误。由于运河不能直达，漕运极端困难，终于在漕运时常中断，每致六军乏食，宫厨断粮，唐王朝常处于饥饿状态之中而逐步走向死亡。所以坚持漕运政策，是唐王朝的一大失策，但是对于宋王朝，则是一个巨大的战略成功，通过便利的漕运，造成北宋王朝的长期繁荣，使长期变态的封建社会经济得到一次飞跃发展，初步具备了全面起飞的条件。因为各条运河向京师输送的不止是漕粮，而且通过官私船只的大量运输还促进了全国各经济区的物资交流和大规模的商货运输。大规模商业的开始，是大规模工业生产的历史前提，这样的继续发展是意义重大的，即为国民经济的起飞创造了条件，这是社会经济自战国秦汉以后，又一次出现的一个有利形势。北宋王朝的长期繁荣，汴河漕运起了很大作用，神宗时张方平就汴河漕运的重要性，纵论了整个国家政治经济形势：

〔熙宁八年（公元一〇七五年）冬十月〕壬辰，宣徽北院使中太一宫使张方平为宣徽南院使，判应天府。方平在朝虽不任职，然多所建明，尝论汴河曰：臣窃惟今之京师，古所谓陈留，天下四冲八达之地者也，非如函秦天府百二之固，洛宅九州之中，表里山河，形胜足恃。自唐末朱温受封于梁因而建都，至于石晋割幽、蓟之地以入契丹，遂与强敌共平原之利，故五代争夺，戎狄内侵，其患由乎畿甸无藩篱之限，本根无所庇也。祖宗受命，规模必讲，不还周、秦之旧，而梁氏是因，岂乐是而处之，势有所不获已者。大抵利漕运而赡师旅，依重师而为国也。则是今日之势，国依兵而立，兵以食为命，食以漕运为本，漕运以河渠为主。国家初浚河渠三道，通京城漕运，自后定立上供年额，汴河斛斗六百万石，广济河六十二万石，惠民河六十万石。广济河所运，多是杂色粟豆，但充口食马料。惠民河所运止给太康、咸平、尉氏等县军粮而已，惟汴河所运一色粳米，相兼小麦，此乃太仓畜积之实。今仰食于官廪者，不惟三军，至于京师士庶以亿万计，大半待饱于军稍之余，故国家于漕事至急至重。京大也，师众也，大众听聚，故谓之京师，有食则京师可立，汴河废则大众不可聚，汴河之于京师，乃是建国之本，非可与区区沟洫水利同言也。近岁已罢广济河，而惠民河斛斗不入太仓，大众之命，惟汴河是赖。今陈说利害以汴河为议者多矣，臣恐议者不已，屡作改更，必致汴河日失其旧，国家大计，殊非小事。惟陛下特回圣鉴，深赐省察，留神远虑，以固基本。①

"大众之命，惟汴河是赖"，说明汴河漕运是宋王朝赖以立国的根本，换言之，没有汴河漕运，宋王朝是根本不可能存在的。吴曾在所著《能改斋漫录》中对唐宋两朝漕运米数作了一个比较："唐居长安，所运米数，天宝中二百五十万石，大中中一百四十万七千八百八十六石，盖唐自大中以后，诸侯跋扈，四方之米渐不至故年。惟本朝东南岁漕米六百万石，以此知本朝取

---

① 李焘：《续资治通鉴长编》卷二百六十九；张方平：《乐全集》卷二十七，《论汴河利害事》。

米于东南者为多，然以今日计，诸路共六百万石，而江西居三之一，则江西所出为尤多。"① 其实朝廷不止取米于东南，而且两淮、江浙、荆湖、川广、山东、河东、河北等路州府通过四条运河，从不同方向把各地财赋向京师输纳，此外发运使还自备钱货，从产地选购"上供之物"，从而扩大了各地的商品流通，对于繁荣各地经济起了一定的促进作用。后来又兼提举茶、盐及九路坑冶、市舶之事，益加重了各河漕运的负荷：

> 发运使、副判官，掌经度山泽财货之源，漕淮、浙、江、湖六路储廪以输中都，而兼制茶盐、泉宝之政，及专举刺官吏之事。熙宁初，辅臣陈升之、王安石领制置三司条例，建言："发运使实总六路之出入，宜假以钱货，继其用之不给，使周知六路之有无而移用之。凡上供之物，皆得徙贵就贱，甩近易远，令预知在京仓库之数所当办者，得以便宜蓄买以待上令，稍收轻重敛散之权归于公上，则国用可足，民财不匮矣。"从之。既又诏六路转运使弗协力者宜改择，且许发运使薛向自辟其属。又令举真、楚、泗守臣及兼提举九路坑冶、市舶之事。元祐中，诏发运使兼制置茶事。至崇宁三年（公元一一〇四年），始别差官提举茶盐。政和二年（公元一一一二年），罢转般仓，六路上供米径从本路直达中都，以发运司所拘纲船均给六路。宣和初，诏："发运司视六路丰歉和籴上供，乃祖宗旧制，曩缘奸吏侵用籴本，遂坏良法。自今每岁加籴一百万石，同年额输京。"三年（公元一一一三年），方腊初平，江、浙诸郡皆未有常赋，乃诏陈亨伯以大漕之职经制七路财赋，许得移用，监司听其按察。于是亨伯收民间印契及鬻糟醋之类为钱凡七色，是后州县有所谓经制钱，自亨伯始。六年（公元一一一六年），诏复转般仓，命发运判官卢宗原措置。寻以靖康之难，迄不能复。渡江后，惟领给降籴本，收籴未解，广行储积，以备国用。绍兴二年（公元一一三二年），用臣僚言省罢，以其职事分委漕臣。八年（公元一一三八年），户部复言广籴储积之便，再置经制发运使。②

① 吴曾：《能改斋漫录》卷十三，《唐宋运漕米数》。
② 《宋史》卷一百六十七，《职官志七》。

漕运是宋王朝的立国根本，宋政府特设发运使一职专司其事，以漕运淮、浙、江、湖及其他诸路储廪，输纳京师。其后又扩大职权，兼管茶、盐、泉宝之政，凡各地财货收入须通过漕运转送京师的，皆由发运使经理。后又假以钱货，令其考究各地物价贵贱，"皆得徙贵就贱"，就地购买凡可上供的土特产。这样，发运使又兼管采购上供物资，"令预知在京仓库之物所当办者，得以便宜蓄买"，以"稍收轻重敛散之权，归于公上"，含有调剂市场、平衡物价的作用。这样，发运司又变成一个国营商业的主管部门，还兼管"九路坑冶、市舶之政"和提举茶、盐，即所谓"以大漕之职，经制七路财赋"。一个专管漕运的部门，变成了政府的商业部和财政部，因为所有这些业务，都要通过漕运辗转运送到中央，达到"国用可足，民财不匮"的目的。这一切都充分说明宋王朝的统治基础，完全建立在漕运上。并且宋代漕运，不完全是专运粮食，而且兼营百货运输。公私船舶，舳舻相接，来往交驰于运河之上，南北商货赖以交流，从而扩大了国内市场，对全国的商业发展起了很大的促进作用。政府自备本钱，在物价低廉之处大量采购上供物资，平衡了各地的物价差额，繁荣了地方市场。政府除禁榷茶、盐外，对一般的商货运输则听其自由往来，并未垄断，宋代是一个商业自由时代，政府并没有用传统的抑商政策，对商业经营横加干涉和阻挠，故北宋的开封和南宋的杭州，都能发展为巨大的自由商业都会。例如北宋的开封是：

> 东京华夷辐凑，水陆会通，时向隆平，日增繁盛。……加以坊市之中，邸店有限，工商外至，络绎无穷，僦赁之资，增添不定，贫乏之户，供办实多。[①]
>
> 东京相国寺乃瓦市也……凡商旅交易，皆萃其中，四方趋京师以货物求售转售他物者，必由于此。[②]

杭州是南宋的行在，中外商贾云集，其商业繁荣的程度，较之北宋的东京殆有过之无不及：

---

① 《五代会要》卷二十六。
② 王林：《燕翼贻谋录》卷二，《东京相国寺》。

> 杭城富室，多是外郡寄寓之人……其寄寓人多为江商海贾，穹桅巨舶，安行于烟涛渺莽之中，四方百货，不趾而集，自此成家立业者众矣。[①]

没有便利的水路运输，两京要成为巨大的商业都会和商业的特殊繁荣，都是不可能的。

（二）汇集京师的主要运河及各河负担的漕运任务

宋建都开封，迁就漕运是其原因之一。集百万大军于京师，不从全国各路州府运集大量军粮民食，则宋王朝的统治地位就不可能巩固，甚至根本不可能存在。其所以选定开封为建都地点，就是由于开封是四河交汇之处，所有江淮、两浙、荆湖乃至川广，皆可由水路把上供之物特别是粮食，辗转运抵京师。负担着漕运任务的河流主要有四条，即汴河、黄河、惠民河、广济河，四河以汴河为主。隋炀帝修凿运河，就在于沟通汴水与淮水，以形成纵贯南北的一条运河。它南通江淮，北连黄河，唐宋两代所谓"岁漕东南之粟"，就是指通过汴河的漕运。运河在中国历史上所起的不可估量的重大作用，汴河占了一个很大的份额。所以唐宋两代的漕运，实际上主要是汴河一河的漕运，于是妥善管理汴河及汴河漕政，使汴河漕运畅通无阻，遂成为宋王朝的一切政务之首。其具体情况，有如下述：

> 宋都大梁，有四河以通漕运：曰汴河，曰黄河，曰惠民河，曰广济河，而汴河所漕为多。太祖起兵间，有天下，惩唐季五代藩镇之祸，蓄兵京师，以成强干弱支之势，故于兵食为重。建隆以来，首浚三河，令自今诸州岁受税租及笑榷货利、上供物帛，悉官给舟车，输送京师，毋役民妨农。开宝五年（公元九七二年），率汴、蔡两河公私船，运江、淮米数十万石以给兵食。是时京师岁费有限，漕事尚简。至太平兴国初，两浙既献地，岁运米四百万石。所在雇民挽舟，吏并缘为奸，运舟或附载钱帛、杂物输京师，又回纲转输外州，主藏吏给纳邀滞，于是擅贸易官物者有之，八年（公元九七五年），乃择干强之臣，在京分掌水陆路发运事。凡一纲计其舟车役

---

① 吴自牧：《梦粱录》卷十八，《恤贫济老》。

人之直，给付主纲吏雇募，舟车到发、财货出纳，并关报而催督之，自是调发邀滞之弊遂革。①

从江淮岁运米四百万石，遥遥千里，尽率民船，又须雇民挽舟，沿途勘给主船军人粮食，漕船又附载钱帛杂物，逐处勘查，吏缘为奸，管理漕政，确非易事，但一经能吏整顿，却又井井有条，下引记载，即为一例：

〔太平兴国九年（公元九八四年）九月〕辛未，度支使左卫大将军陈从信卒。从信字思齐，谯郡人也。上在藩邸，命从信典财用之出入，恭谨强力，心计精敏，府中无事大小悉委之。开宝二年（公元九六九年）秋，有司言太仓储廪，止于明年二月，请分屯诸军仍尽率民船，以资江淮粮运。太祖大怒，切责计司曰：国无九年之蓄曰不足，汝不素为计度，而使仓储垂尽，乃请分屯兵师，括率民船，以资馈运，是可卒致乎？且设汝何用，苟有所阙，必尔乎取之。三司使楚昭辅惶惧，计不知所出，乃诣晋邸，见上泣告，乞于太祖解释，稍宽其罪，使得尽力营办，上许之。昭辅出，上召从信告之曰：理将安出？对曰：从信尝游楚泗间，见粮运停阻之由，盖是逐处勘给主船军人粮食，是以凝滞，若令往复自初起程，即令计日并支沿路日食，便可责其定限。又楚泗间运米入船及至京辇米入仓，皆令促其程限，如此每运可减数十日，楚泗至京千里，旧八十日一运，一岁三运，若此则岁可增一运焉。今又闻三司使令籍民船，无好恶皆取之，则冬中京师薪炭殆绝。不若以新好船令运粮，恶者任民载樵薪，则公私俱济。今市中米贵，官乃定价令斛计钱七十，商贾闻之，以不获利，无敢载至京师者，虽富人储物，亦隐匿不粜，是以益贵，而贫民将忧其馁殍也。今若听其自便，四方商旅皆至，即米多而价自贱矣。上曰：然。明日俱以白太祖，尽从其言，于是事集焉。②

政府对漕政一方面进行如陈从信所建议的整顿和改革，另一方面，则以

---

① 《宋史》卷一百七十五，《食货志上三·漕运》。
② 《太宗皇帝实录》卷二十一。

严刑峻法惩处主粮吏贪污克扣舟卒口粮及舟人侵盗官物，例如：

> 初，荆湖、江、浙、淮南诸州，择部民高赀者部送上贡物，民多质鲁，不能检御舟人，舟人侵盗官物，民破产不能偿。乃诏牙吏部送，勿复扰民。大通监输铁尚方铸兵器，锻炼用之，十才得四五；广南贡藤，去其粗者，斤仅得三两。遂令铁就冶即淬治之，藤取堪用者，无使负重致远，以劳民力。汴河挽舟卒多饥冻，太宗令中黄门求得百许人，蓝缕枯瘠，询其故，乃主粮吏率取其口食。帝怒，捕鞫得实，断腕徇河上三日而后斩之，押运者杖配商州。①

原来漕船由官家出钱，雇佣牵船役夫，既十分劳扰，又难免经手官吏从中贪污渔利，于是太平兴国八年（公元九八三年）改为每船计值，给与舟人，令自召募，不令官吏经手，既免劳扰，公私两便。漕政的另一弊端，是漕船抵达京师后，由于三司使主管吏因循泄沓，对运到漕粮及附载之皮革、赤烟、铅锡、苏木及其他香药等物，守藏吏不即时受纳，延误漕船航期，常因此耽误漕运次数。为此政府对主管官吏亦严加惩处：

> 〔太平兴国〕八年九月，以儒州刺史许昌裔、洛苑使澶州刺史王宾同、知水路发运军器库使领顺州刺史王继升，驾部员外郎刘蟠，同知陆路发运。先是，每岁运江、淮米四、五百万斛，以给京师，率用官钱僦牵船役夫，颇为劳扰。至是，每船计其直，给与舟人令自召募，甚以为便。既而舟数百艘，留河津月余不得去，计吏自言有司除常载外，别科置皮革、赤烟、铅锡、苏木等物，守藏者不即受故也。太宗怒夺三司使一月俸，分命昌裔等领水陆发运，自是贡输无滞也。(按赤烟，《续通鉴长编》卷二十四及《太宗皇帝实录》卷二十六，皆作"赤垩")②
>
> 先是，岁漕江浙熟米四百万硕赴京，以备军食，皆和雇百姓驾船。虽有和雇之名，其实扰人。太宗闻之，时令给每船所用人数雇召之直，委主纲者取便雇人，不得更差扰百姓。及是有舟船数十纲

---

① 《宋史》卷一百七十五，《食货志上三·漕运》。
② 《宋会要辑稿》，《职官四二之一五》。

到京，卸毕月余，不能离岸者，帝访知，乃责有司，且问其故，乃省司乘南来运船于力胜外，别附皮革杂用之物，至京而掌库者不时受纳，是有停滞之患，判使而下减夺俸以励之。①

和雇客船运江淮漕粮，实不劳扰百姓，亦因商贾趋利，损害公家，遂于大中祥符元年（公元一〇〇八年）命令停止：

〔大中祥符元年二月〕江淮运粮多和雇客船，上谓宰相曰："商旅趋利，若此必阻贸易，又恐都下粒食增价。"乙卯，令有司勿复和雇。②

雍熙四年（公元九八七年），又一次整顿漕政，对主纲吏卒盗用官物及用水土杂糅官米，或毁败舟船致沉溺者，皆处极法：

雍熙四年，并水陆路发运为一司。主纲吏卒盗用官物，及用水土杂糅官米，故毁败舟船致沉溺者，弃市，募告者厚赏之；山河、平河实因滩碛风水所败，以收救分数差定其罪。③

诸路漕运纲船皆距京师遥远，若漫无限制，则旷日持久，贻误良多，政府遂根据各路航程远近，分别订立程限，令漕船按期运行：

〔熙宁十年（公元一〇七七年）秋七月甲寅〕三司言：江淮东西、荆湖南北路、两浙，各乞别立限般上供年额斛斗，今年欲令淮南东西二路第一限十二月，第二限二月，第三限四月，止令在本路州军封椿外，江东第一限十二月，第二限三月，第三限五月，江西、荆湖南北、两浙第一限二月，第二限四月，第三限六月，从之。④

早年漕政立法严明，组织管理亦比较完善，历届发运使多由能臣担任，

① 《宋会要辑稿》，《食货四二之一》。
② 李焘：《续资治通鉴长编》卷六十八。
③ 《宋史》卷一百七十五，《食货志上三·漕运》。
④ 李焘：《续资治通鉴长编》卷二百八十三。

岁漕江淮、荆湖诸路之粟六、七百万石，皆能如数运抵京仓，故国用充足，运用自如。惟日久玩生，漕政渐见废弛，诸路每因用度不足，多截留上供之物为本地支用，而各路应解之数，又或因水旱，本地财力不足以充赈粜，或因军政员额增加，费用浸广，无力上缴应进之物，种种弊端，不一而足，致京师仓储空匮，财用支绌。哲宗元祐中，刑部侍郎王觌曾详陈其事云：

〔元祐六年（公元一○九一年）九月甲寅〕刑部侍郎王觌言：伏见东南诸路曩岁财用最为足，故自祖宗以来，军国之费多出于东南。大中祥符三年（公元一○一○年）九月，江淮发运使李溥言：今春运米六百七十九万石，诸路各留三年支用，更留准备上供及赈粜等米万数至多。天禧元年（公元一○一七年）正月，赦江淮等路上供米，特罢今年春运一次。臣窃思祥符中诸路上供之外，既有三年之蓄矣，天禧赦书又特罢春运一次，又有以见真宗皇帝深思远虑，不惟悯漕运之劳，而亦欲东南诸路蓄积常多也。今东南财用，窘耗日甚，郡县鲜有兼岁之储，两浙今岁苏、湖、秀三州水灾，本路转运司及常平之物，不足以充赈粜，近取于江淮，远籴于荆湖，然后仅能苏三州之民，则无备可谓甚矣。淮南去岁皆无大灾伤，而转运使以军粮急阙诉于朝廷，每年冬供发运司米二十万以充军粮，不幸有方数千里之水旱，则何以为谋？臣近者备员发运使，在职岁余，所领六路，以上供钱粮，不应期限，而转运司官吏该勘劾者凡四路。非独今岁也，前此逐路欠数亦多。彼转运司官吏岂不以失期冒法为惧哉，盖力既不足，虽重得罪无所避也。缘此诸路但务为逃责浅近之计，而无暇及生财长久之道，深可嗟惜。臣所见者虽止于东南诸路，传闻其他路分亦多类此。臣亦尝询访转运司财用日耗之因，虽不能尽究其本末，然有灼然易见者，逐路用度浸广，而朝廷封桩浸多也。且以数事言之。选人添俸，逐路添将兵，诸路添公使物，务监官添员，外置准备差遣大使臣，凡此虽政事所系，因时之宜，不得不尔，然若计其费，则皆祖宗所未有也。用度浸广既如此，又所谓封桩者浸多，若卖盐宽剩钱、阙额禁军请受减省造船钱之类，名目甚多，本皆转运司之物，而一切封桩，归于朝廷者浸多，则转运司安得而不窘乎。臣固知封桩之物，非以奉游宴，广宫室，饰苑囿，侈舆马也，不过欲蓄积稍多，而有以待军国缓急之用而已。然所谓蓄积者，经费之外有余，然后可以为积蓄，岂可辄有司之经费使不足用，而名之蓄积乎？今所谓封桩者，有司不得辄用，彼经费既阙，反致岁额上供之物公然负欠而不可诘，又借贷于朝廷者，虽经违限勘劾，而竟亦不能偿，此岂长久之计耶？臣伏望朝廷熟讲而深图之，凡上供封桩之物，前日祖宗所不取者，皆付之转运司，使诸路转运司稍得自足，乃天下万民之幸也。[1]

在这篇议论中，王觌充分陈述了中央与地方财政收入上的矛盾：由于地方政府的经费开支日益增加，而中央由各地征收的财赋尽行封桩，即把由各地方得来的财物就地封存在地方，以待军国缓急之用。所有这些上供封桩之物，原可作为地方经费，而地方有司却不能动用，不得已乃截留漕粮，作为向朝廷借贷，事实上则又无力偿还。截留又增，负欠不还，京师粮储遂因之空虚，致国用不足，影响非小，所以这个矛盾如不能妥善解决，则在漕运上造成恶性循环，中央地方两受其弊。

漕运虽系为官家运输，为了使舟人不延误运程，不盗窃官物或毁坏船只，特许舟人附载私货，使其有利可图，自然积极操舟。后来发运司忽又改变办法，禁止官舟私载货物，造成舟弊人困，舟人多盗窃官物，官物损失过多，难于到京缴纳，每每凿沉船只，以沉溺上闻，结果公私两受其害。元祐中，苏轼建议复旧，听任舟人私载，不得留难，其弊始除：

〔元祐〕七年（公元一○九二年），徙扬州。旧发运司主东南漕法，听操舟者私载物货，征商不得留难。故操舟者辄富厚，以官舟为家，补其弊漏，且周船夫之乏，故所载率皆速达无虞。近岁一切禁而不许，故舟弊人困，多盗所载以济饥寒，公私皆病。轼请复旧，从之。[2]

到了徽宗朝，在奸臣蔡京当政下，任意擅改成法，对行之已久的漕政亦多所变更。影响较大的，一是罢发运司，二是罢转般仓，结果都使漕政受到损害。原来漕政完全由发运司主管，一切按照成规，循旧章行事。崇宁中，

---

① 李焘：《续资治通鉴长编》卷四百六十六。
② 《宋史》卷三百三十八，《苏轼传》。

臣僚还上言肯定发运司成绩，主张于例行漕运之外，别给籴本数百万缗，另置一司，专司和籴，以增加储积。据"崇宁八年（公元一一〇九年）四月二十二日，户部侍郎李弥逊言：祖宗之法有便于国、利于民、可行于今者，发运一司是也。当于经费之外，别给籴本数百万缗，复置一司，广行储积，分毫不得取供近用，惟以待经远恢复之须，积之一年，必见其效，三年之间，当有一年之蓄，加以数年，仓廪有丰实之渐，田亩有休息之期，公私之利，不可胜言。伏望参酌利病，断以不疑而力行之。从之"①。但是距李弥逊上言不到一年，即在三省措置下，诏罢发运司，撤销了行之有效的发运司一职：

> 〔崇宁〕九年（公元一一一〇年）正月十六日，诏罢发运司，其籴买经制等事，令户部侍郎专领，三省措置。先是参知政事李光言，发运使本以总六路财赋，以漕赴中都。兵兴以来，既无转输，今乃委以籴买，本钱尽从朝廷给降，凡五六百万缗，又以淮南总制司及诸路回易市易官军等钱数又不下数十万缗，此国用所以窘也。乞罢发运司。有旨令三省措置。至是三省言：欲除去发运二字，只作经制使司，差户部长贰一员兼领。……从之。②

这样一来，便大大降低了漕运效率。

由于江淮、两浙、荆湖等路漕船皆系直达，航程遥远，舟人穷年累月处于舟中，道里既远，情弊斯多，一切弊端皆生于稽留。如江南东西、荆湖南北，有终岁不能行一运者，舟人往往抛失舟船，逃匿流散。政府乃于真、楚、泗州建立转般仓，成为江南漕运的中途站，江南荆湖等路漕船卸载于转般仓，另由纲船运京师。缩短了航程，舟人可以轮换休整，也节省了时间，并避免了相应而生的种种弊端，实是漕政的一个重要改革。到徽宗政和二年（公元一一一二年），忽然下诏拆毁真、楚、泗转般诸仓，复行直达纲，臣僚纷纷反对，要求恢复。例如：

> 政和二年，复行直达纲，毁拆转般诸仓。谭稹上言："祖宗建立真、楚、泗州转般仓，一以备中都缓急，二以防漕渠阻节，三则纲

---

① 《宋会要辑稿》，《职官四二之三一》。
② 《宋会要辑稿》，《职官四二之三二》。

船装发，资次运行，更无虚日。自其法废，河道日益浅涩，遂致中都粮储不继，淮南三转般仓不可不复。乞自泗州为始，次及真、楚，既有瓦木，顺流而下，不甚劳费。俟岁丰计置储蓄，立法转般。"淮南路转运判官向子諲奏："转般之法，寓平籴之意，江、湖有米，可籴于真，两浙有米，可籴于扬，宿、亳有麦，可籴于泗。坐视六路丰歉，有不登处，则以钱折斛，发运司得以斡旋之，不独无岁额不足之忧，因可以宽民力。运渠旱干，则有汴口仓，今所患者，向来籴本岁五百万缗，支移殆尽。"

宣和五年（公元一一二三年），乃降度牒及香、盐钞各一百万贯，令吕淙、卢宗原均籴斛斗，专备转般。江西转运判官萧序辰言："转般道里不加远，而人力不劳卸纳，年丰可以广籴厚积，以待中都之用。自行直达，道里既远，情弊尤多，如大江东西、荆湖南北有终岁不能行一运者，有押米万石欠七八千石，有抛失舟船、兵梢逃散、十不存一二者。折欠之弊生于稽留，而沿路官司多端阻节，至有一路漕司不自置舟船，截留他路回纲，尤为不便。"诏发运司措置。六年（公元一一二四年），以元额上供钱物并六路旧欠发斛斗钱，贮为籴本，别降三百万贯付卢宗原，将湖南所起年额，并随正额预起抛欠斛斗于转般仓下卸，却将已卸均籴斗斛转运上京，所有直达，候转般斛斗有次第日罢之。①

靖康元年（公元一一二六年），令东南六路上供额斛，除淮南、两浙依旧直达外，江、湖四路并措置转般。②

转般仓虽已正式恢复，而北宋王朝已经到了覆亡的前夕，漕运制度即将发生根本变化，惟南渡之初，犹在大力恢复转般仓制度：

〔建炎元年（公元一一二七年）秋七月丙午〕同知枢密院事张悫[1]言："户部财用，惟东南岁运，最为大计，自治平、嘉祐岁以前，输发运使一员在真州催督江浙等路粮运，一员在泗州催促自真州至京粮运。自奸臣误国，变祖宗转般仓良法以来，每岁失陷粮斛，

---

① 《宋史》卷一百七十五，《食货志上三·漕运》。
② 《宋史》卷一百七十五，《食货志上三·漕运》。

不可胜计，望依旧法，责发司官分认逐季地分，各行检察催促。"
从之。①

（三）主要运道与历朝漕运定额

宋王朝的财政来源主要是靠漕运。由于政府的规模不断扩大，费用亦日益浩繁，对漕运所需遂逐年增长，因而历届朝廷对各路岁额时有变更，所有诸路岁收税租及管榷货利和金帛缗钱以及珠宝香药等上供之物，皆岁有增加。如漕粮，国初京师岁费有限，漕事尚简，各河公私船只运江淮米不过数十万石，以后即逐年增加，最高额达七百万石，其他上供金帛缗钱等亦屡有变更，各朝概况，大致如下引文献所述：

> 〔朝水运〕四河所运，江淮沿溯入汴，陕西自黄河三门沿溯入汴，陈、蔡自惠民河而至，京东自广济而至。国初未有定制，太平兴国六年（公元九八一年），始至汴河岁运江、淮粳米三百万石，豆百万石。大中祥符初七百万石，此最高之数也。天禧末，诸州水陆运上供金帛缗钱二十三万一千余贯两端匹，珠宝香药二十七万五千余斤。太宗时，岁增江、浙米四百万石。景德三年（公元一〇〇六年），上供六百万石，永为定制。天圣四年（公元一〇二六年），每年五百五十万石。②
>
> 〔太平兴国二年（公元九七七年）秋七月戊寅〕自江南平，岁漕米数百万石给京师，增广仓舍，命常参官掌其出纳，内侍副之。③

可知在平定江南以后，始大量漕运南粮，在太宗太平兴国初，一切均系草创，官制未立，仓舍新建，并令内侍掌其出纳，直到真宗大中祥符初，才完善了有关漕政的各项制度，各路岁运之数亦有了明确规定：

> 端拱元年（公元九八八年），罢京城水陆发运，以其事分隶排岸司及下卸司。先是，四河所运未有定制，太平兴国六年，汴河岁

---

① 李心传：《建炎以来系年要录》卷七。
② 吕祖谦：《历代制度详说》卷四。
③ 李焘：《续资治通鉴长编》卷十八。

运江、淮米三百万石，菽一百万石；黄河粟五十万石，菽三十万石；惠民河粟四十万石，菽二十万石；广济河粟十二万石。凡五百五十万石。非水旱蠲放民租，未尝不及其数。至道初，汴河运米五百八十万石，大中祥符初，至七百万石。江南、淮南、两浙、荆湖路租籴，于真、扬、楚、泗州置仓受纳，分调舟船溯流入汴，以达京师，置发运使领之。诸州钱帛、杂物、军器上供亦如之。陕西诸州菽粟，自黄河三门沿流入汴，以达京师，亦置发运司领之。粟帛自广济河而至京师者，京东之十七州；由石塘、惠民河而至京师者，陈、颍、许、蔡、光、寿六州，皆有京朝官廷臣督之。河北卫州东北有御河达乾宁军，其运物亦廷臣主之。广南金银、香药、犀象、百货，陆运至虔州而后水运。川益诸州金帛及租、市之布，自剑门列传置，分辇负担至嘉州，水运达荆南，自荆南遣纲吏运送京师。①

《墨庄漫录》：发运使，淳化四年（公元九九三年）始建官焉。陆路转输于京师者，至六百二十万石，通、泰、楚、海四州煮海之盐以供陆路者三百二十余万石，复运陆路之钱以供中都者，常不下五六十万贯。淳化四年（公元九九三年）额，上供米六百二十万石，内四百八十五万石赴阙，一百三十五万石南京畿送纳。淮南一百五十万石，一百二十五万石赴阙，二十万石咸平、尉氏，五万石太康。江南东路九十九万一千一百石，七十四万五千一百石赴阙，二十四万五千石赴拱州。江南西路一百二十万八千九百石，一百万八千九百石赴阙，二十万石赴南京。湖南六十五万石尽赴阙，湖北三十五万石尽赴阙。两浙一百五十五万石，八十四万五千石赴阙，四十万三千三百五十二石陈留，二十五万一千六百四十八石雍丘。②

宋兴承周制，置集津之运，转关中之粟以给大梁，故用侯赟典其任，而三十年间县官之用无不足，及收东南之地，兴国初始漕江淮粟四五百万石至汴。至道间，杨允恭漕六百万石，自此岁增广焉。③

可知宋在建国之初，只是预见到汴河潜力，而这种巨大潜力在国初还不

① 《宋史》卷一百七十五，《食货志上三·漕运》。
② 《宋会要辑稿》，《食货四二之二》。
③ 曾巩：《元丰类稿》卷四十九，《漕运》。

可能发挥，由于全国尚未统一，江南之地亦未收复，三十年间京师所需，系转关中之粟，转漕江淮之粟，系在收复东南之地以后，至太宗末年时已达到六百万石，是在汴河成为主要运道后，漕运出现了猛增之势。至真宗朝，又重新规定了各路漕运定额，包括匹帛、珠宝、香药之类：

> 景德三年（公元一〇〇六年），发运使李溥奏：请取十年酌中之数为额，故六路上供六百万石，其后或增或减，然其大约，以景祐所定岁额为准。[①]
>
> 大中祥符二年（公元一〇〇九年），召近臣观书龙图阁，上《元和国计图[2]》，三司丁谓曰：唐自江淮岁运米四十万至长安，今江淮岁运米五百余万，即知今府库充实，仓廪盈衍。上曰：诚赖天地宗庙，而国多备，亦自计臣也。谓再拜。[②]
>
> 〔大中祥符三年（公元一〇一〇年）九月〕己亥，江淮发运使李溥言："今春运米凡六百七十九万石，诸路各留三年支用。江南留百七十万石，外有上供五十万石；淮南留三百三十万石，外有上供五十七万石，所留以备赈粜。两浙有米百五十万石，上供外，有九十一万石，备淮南赈粜。"[③]
>
> 承平时，岁运江淮米输京师，才三百五十万斛，至发运使李溥，乃增至六百万斛，遂立为额。李实才吏，然而以墨败官，岂但用其才，不复责备于廉隅耶。[④]

仁宗朝因荆、湖、江、淮四路地方官追求完成上供额数，以为劳绩，和籴过多，致米价上涨，民间阙食。臣僚上言，乞先查清京仓实存粮数，于咸平、景德以来逐年上供米数内酌中一年，立为定额。经三司详定，将天圣元年（公元一〇二三年）定额六百万石减少五十万石，每年以五百五十万石为定额：

> 先是，诸河漕数岁久益增，景德四年（公元一〇〇七年），定

---

① 《宋会要辑稿》，《职官四二之一六》。
② 《宋会要辑稿》，《食货四二之四》。
③ 李焘：《续资治通鉴长编》卷七十四。
④ 周煇：《清波别志》卷下。

汴河岁额六百万石。天圣四年（公元一〇二六年），荆湖、江、淮州县和籴上供，小民阙食，自五年后权减五十万石。庆历中，又减广济河二十万石。后黄河岁漕益减耗，才运菽三十万石。岁创漕船，市材木，役衙前，劳费甚广；嘉祐四年（公元一〇五九年），罢所运菽，减漕船三百艘。自是岁漕三河而已。①

　　〔天圣四年〕闰五月，臣僚上言：经过荆、湖、江、淮四路州军，体问逐州在市米价，或七八十有至百文足者。率言州县和籴场紧急，欲籴及万数，充郡秋税斛斗上供，小民阙食者。伏睹咸平、景德中，发运司递年上供斛斗不过四百五十万，是时江、淮人民富乐，国家储蓄有备。其后本司惟务添及万数，以为劳绩，比至近年，上供已及六百五十万。欲乞先勘会在京见管斛斗数，即于咸平、景德已来逐年上供数内酌中取一年立为定额。诏下三司详定。三司言：勘会在京所支人粮马料斛斗万数浩大，全借[3]向南诸路船般应副，今欲酌中，于天圣元年（公元一〇二三年）额定船般斛斗六百万硕上供数内，权减五十万硕，起自天圣五年（公元一〇二七年）后，每年以五百五十万硕为额，从之。②

　　天圣中，都官员外郎吴耀卿言：景德中江淮漕米，岁不过四百五十万石，其后增至六百五十万，故江淮之间，谷常贵而民益贫，请约咸平、景德中数，立为中制。上诏发运使岁减漕米五十万石。③

不久定额即被突破，各河漕运之数又有所增长。英宗在位不久，诸路漕船大增，各河漕运量如下：

　　治平二年（公元一〇六五年），漕粟至京师，汴河五百七十五万五千石，惠民河二十六万七千石，广济河七十四万石。又漕金帛缗钱入左藏、内藏库者，总其数一千一百七十三万，而诸路转移相给者不预焉。由京西、陕西、河东运薪炭至京师，薪以斤计一千七百一十三万，炭以秤计一百万。是岁，诸路创漕船二千五百四

---

① 《宋史》卷一百七十五，《食货志上三·漕运》。
② 《宋会要辑稿》，《食货四二之一一》。
③ 曾巩：《隆平集》卷三。

十艘。①

神宗朝是北宋王朝变法维新、对旧制度多所更张的时期，漕政关系国家大计，前朝良法多所废弛，如江淮上供谷至京师者三分不及一，更必须大加整顿，如原来漕运四河，因广济河所运止给太康，运量不多，曾一度废止，神宗熙宁中又加以疏浚[4]，增置漕舟，能岁漕京东谷六十万石：

> 是岁〔熙宁七年（公元一〇七四年）〕，江淮上供谷至京师者三分不及一，令督发运使张颉丞办来岁漕计。宣徽南院使张方平言："今之京师，古所谓陈留，天下四冲八达之地，利漕运而赡师旅。国初，浚河渠三道以通漕运，立上供平额，汴河六百万石，广济河六十二万石，惠民河六十万石。广济河所运，只给太康、咸平、尉氏等县军粮，唯汴河运米麦，乃太仓蓄积之实。近罢广济河，而惠民河斛斗不入太仓，大众所赖者汴河。议者屡作改更，必致汴河日失其旧。"十二月，诏浚广济河，增置漕舟。其后河成，岁漕京东谷六十万石。②
> 〔元丰八年（公元一〇八五年）十一月丁巳〕寿州寿春县令充曹州教授周谞言："所谓广济河，实京师漕运三河之数，下则通于江淮二浙，上则达于京师，故京东一路所产，与夫江淮二浙皆得以有无相易，而致诸京师，京东之民赖此为业者众矣。故祖宗以来，辇运之官置之于曹，京东钱谷皆自济至于曹，自曹至于京师不过四五百里耳。比者李察迎宋用臣清汴之策，遂移辇运置于淮扬，京东钱谷自济入泗，由泗入清汴而达于京师，迂曲辽远近二千里，臣欲乞辇运复置于曹，则不惟便于上供，而京东之民亦得蒙其利也。"诏令户部相度条析利害闻奏。③

徽宗朝蔡京当政，不学无术，他所任用的尽皆奸邪无能之辈，庶政混乱，漕政良法，多被废止，如改盐法、罢转般仓等，使漕政大坏，吕祖谦曾详论

---

① 《宋史》卷一百七十五，《食货志上三·漕运》。
② 《宋史》卷一百七十五，《食货志上三·漕运》。
③ 李焘：《续资治通鉴长编》卷三百六十一。

其沿革云：

《漕政详说》：到得本朝，定都于汴。是时漕运之法分为四路，东南之粟自淮入汴至京师；若是陕西之粟，便自三门白波转黄河入汴至京师；若是陈、蔡一路粟，自惠民河至京师；京西之粟自广济河至京师。四方之粟，有四路四条河至京师，当时最重者，惟是汴河最重。何故？河西之粟，江无阻，及入汴，大计皆在汴。其次北方之粟，自三门白波入关，自河入汴入京师，惟惠民、广济来处不多，其势也轻。本朝置发漕两处，最重者是江淮，至真州，陆路转输之劳。其次北之粟，底柱三门，舟楫之利，若其他置发运，如惠民河、广济河虽尝立官，然不如两处之重，此本朝之大略如此。然而本朝所谓岁漕六百万石，所专倚办江淮，其所谓三门白波之类，非大农仰给之所，惟是江淮最重。在祖宗时，陆路之粟至真州入转般仓，自真方入船，即下贮发运司入汴，方至京师。诸州回船，却自真州请盐，散于诸州，诸州虽有费，亦有盐以偿之，此是本朝良法。凡以江淮往来迟速，必视风势，本朝发运使相风旗，有官专主管相风旗，合则无罪，如不合便是奸弊。夫船之迟速，何故以风为期？盖缘风动四方，万里只是一等，所以使得相风旗。真州便是唐时扬子江，后来本朝改号曰真州。运法未坏，诸州船只到真州请盐回，其次入汴入京师。后来发运岁造船，谓之发运官船，与诸州载来，发运申明，汴船不出江，诸州又自造船，虽有此约束，诸州船终不应副，因此，漕法渐坏，惟发纲发运未罢。乃蔡京为相，不学无术，不能明考祖宗立法深意，遂废改盐法，置直达江，无水次不如此。是时奸吏多，虽有运漕之官，不过催督起发，其官亦有名而无实。大抵用官船逐处漕运时，便都无奸计，若用直达江，经涉岁月长远，故得为奸，所费甚多，东南入京之粟亦少，故太仓之粟少，东南富积，发运有名无实，此召乱之道也。本朝漕运之法，坏自蔡京。东南发运本原，大略如此。[①]

可知汴河漕运到北宋王朝覆亡前夕，已被蔡京等人所破坏，致东南之粟

---

① 吕祖谦：《历代制度详说》卷四。

入京大减，太仓为之匮乏，这实际上是动摇了宋王朝的立国基础，可以说宋王朝的命运是被蔡京断送的。

金人渡河，东京失守后，漕运断绝，汴河亦因无人经理，堤岸崩塌，汴流久绝，入京之粟与过去相比，不到百分之一，而各路勤王之师方向京师汇集，但京仓无粮，兵士乏食，将不战自溃，形势十分严重。这时政府虽已南渡，而汴河漕运仍不得不设法维持，这由建炎初邓肃的一个奏疏中可略见其梗概：

> 臣窃观发运司岁计五百余万，每岁入贡，舻尾相衔，略无虚日，崇墉比栉，不容升合之欠，朝廷费出，且无余者，今年不知何以处之。去冬自遭围闭，运漕不通，今夏又以堤岸失防，汴流久绝，较之每岁所入，盖未有百分之一也。窃闻之，已入汴口者有百六十万，此数之外，未有继者，朝廷欣然，便以为有余。殊不知京师所积，止于八月、九月已后，候去年冬计每月之费，在京师者以二十万为率，在行在者以十万为率，又有籴场二十四所，并勤王军兵郡门巡防人兵口食等，并非泛取索数目，会入汴口之数仅支五月日耳，五月之外将如之何。倘虏人绝迹，不复南渡，则漕运相继，未有害也。若犬狼猖獗，再干我师，不知军民鳌之，将焉就食，此事最急，不可以仓卒备也。舟船有限，日数甚迫，虽发运百人，亦无如之何矣。臣愚欲乞诸州选才干官员代发运司各运逐州岁计，往赴京师近地，期以十月已前足五十余万之数，凡舟船人兵与其余所费之物，各责办知通，乃以公使钱代支。国家艰难之时，虽二三年间公使缺乏，未为要务，协数十州之力，人各自劝，又立赏罚从而驱之，则粮道又何患哉。[①]

进入南宋后，不再运东南之粟输往东京，汴河漕运全停，运河暂时结束了自己的历史使命。南宋建都杭州，江河辐凑，运输便利，而南宋版图亦主要在大江以南，这时漕运范围，不出两浙、江东西、荆湖南北等州，所有漕粮、钱帛等上供之物，均以行在为最终目的地。总之，南宋漕运已经改变了原来的性质：

---

① 邓肃：《辞免除左正言第十六札子（建炎元年）》，《栟榈文集》卷十二。

绍兴初，因地之宜，以两浙之粟供行在，以江东之粟饷淮东，以江西之粟饷淮西，荆湖之粟饷鄂、岳、荆南。量所用之数，责漕臣将输，而归其余于行在，钱帛亦然。雇舟差夫，不胜其弊，民间有自毁其舟，自废其田者。[①]

由于南宋漕运系完全征调民船，道里虽不遥远，而小民却因之失业，故不惜自沉其船，以避其役。于是臣僚上言，政府应自设船场造船，募兵卒牵挽，使臣管押，以免骚扰百姓：

〔绍兴〕五年（公元一一三五年）十月，以旧职除两浙路转运使，言："祖宗都大梁，岁漕东南六百余万斛，而六路之民无飞挽之扰，盖所运者官舟，所役者兵卒故也。今驻跸浙右，漕运地里不若中都之远，而公私苦之，何也？以所用之舟大半取于民间，往往凿井沉船以避其役。如温、明、虔、吉州等处所置造船场，乞委逐州守臣措置，募兵卒牵挽，使臣管押，庶几害不及民，可以渐复漕运旧制。"诏工部措置。[②]

江南为产米之区，逐处可得，不需由外地转输，在绍兴初，漕运实际上已经停止，发运司就近于丰熟处籴米以足岁额，实公私两便：

〔绍兴〕二年（公元一一三二年）三月七日，臣僚言：发运一司官吏军兵请给，岁糜钱无虑十六七万缗，初无一毫本分职事。臣常考国朝旧制，江淮、两浙、荆湖南北路，每岁租籴运至真、扬、楚、泗州，置转般仓纳，溯流漕运入于中都，于是命发运使领之，凡此六路州县凶歉之处，则许民输钱入官，本司于丰熟去处籴米以足岁额，率以为常，公私两便。[③]

（四）漕运中存在的各种弊端

北宋王朝建都汴梁，岁漕江淮、荆湖等州之粟六、七百万石，使中央政

①　《宋史》卷一百七十五，《食货志上三·漕运》。
②　《宋史》卷三百七十四，《李迨传》。
③　《宋会要辑稿》，《职官四二之五五》。

府有了雄厚的经济基础，军储充足，民食有余，这是北宋的统治基础远比唐为巩固的主要原因，所以在北宋的整个历史时期，漕运是非常成功的，在组织管理上也建立了一些有效制度。但是从数千里之外，岁漕数额如此巨大的粮食储纳京师，这本身就是一个十分艰巨的任务。征调民船，雇募船夫，役人之多，耗费之大，实系人民的一个沉重负担，所谓"历风涛之险，逾岁月之期"，把大量粮食囤积京师，虽保证了军民食粮，但却因之产生了一系列问题。其中对社会经济影响最大的，是造成京畿一带粮价下跌，出现了谷贱伤农，农有余粟，求售无所，民无所入，百业因之萧条。太祖端拱初，国子博士李觉曾详陈其弊，并提出解决办法云：

> 〔端拱二年（公元九八九年）〕夏四月，国子博士李觉上言曰："……今王者之都，万众所聚，导河渠，达淮海，贯江湖，岁运五百万斛以资国费。此朝廷之盛，臣庶之福也。近岁以来，都下粟麦至贱，仓库充物，露积红腐，陈陈相因，或以充赏给，斗直十钱，此工贾之利而军农之不利也。夫军士妻子不过数口，而月给粮数斛，即其费有余矣。百万之众，所余既多，游手之民，资以给食，农夫之粟，何所求售？况夫西抵三峡，南极荆湖，包举江吴，旁达浙右，历风涛之险，逾岁月之期，始达建安军，历楚、泗，溯汴流，以达于京师，其没溺耗损，亦已多矣。凡运米一斛，计其费不啻三百钱，侵耗损折，复在其外，而挽船之夫，弥涉冬夏，离去乡舍，终老江湖，亦可伤矣。夫其粮之来也至重至艰，官之给也至轻至易。岁之丰俭，不可预期，倘不幸有水旱之虞，卒然有边境之患，其何以救之。古者有九年之蓄，谓之太平，水旱人无菜色，盖谓天下之民，皆有九年之蓄，非专谓兵食也。诸军兼人旧日给米二升，今若月给赋钱三百，人心乐焉。是一斗为钱五十，计江淮运米工脚，亦不减此数。望明敕军中，各从其便，愿受钱者，若市价官米斗为钱二十，即增给十钱，才足以当工脚之直，而官私获利，数月之内，米价必增，农民受赐矣。若米价腾踊，即官复给粮，军人粜其所余，亦获善价，此又戎士受赐矣。不十年，官有余粮，江外之运亦渐可省也。"上览奏嘉之。[①]

---

① 李焘：《续资治通鉴长编》卷三十。

京师集百万大军，一旦漕运不继，则军储匮乏，这是朝廷深以为忧的一件大事，当不能从正常途径运足定额时，遂不惜对濒江州县粮食进行搜括，除留少量食粮外，悉数搬入漕船，发往京师。结果，漕运之粮除征收租税、官钱和籴外，又进行直接搜括，这是只顾京师兵食，不管人民死活。下引记载，即其一例：

> 〔庆历三年（公元一〇四三年）五月〕江淮岁漕不给，京师乏军储，大臣以为忧。枢密副使范仲淹言：国子博士许元可独倚办。辛未，擢元江淮两浙荆湖制置发运判官。元曰：以六路七十二州之粟，不能足京师者，吾不信也。至则命濒江州县留三月粮，余悉发之，远近以次相补，引千余艘转漕而西，未几，京师足食。①

原来江淮、荆湖各州漕运之粮，不直达京师，皆由各路自备纲船发往真、楚、泗转般仓缴纳，即载盐以归，运输皆短程，舟卒完成一运后，即退役还家，为期不长，另由汴船诣转般仓运米至京师，运输亦系短程，一年可往返四运，河冬涸，舟卒亦还营，至春复集，名曰放冻。舟卒可轮番休整，故逃亡者少，汴船不出江，无风涛沉溺之患。后来发运使大权独揽，废各州纲船，独专其任，因而百弊丛生，多不胜举，漕政因之大坏，后经历朝大加整顿，原来制度仍未能恢复，积弊如故：

> 江、湖上供米，旧转运使以本路纲输真、楚、泗州转般仓，载盐以归，舟还其郡，卒还其家。汴舟诣转般仓运米输京师，岁折[5]运者四。河冬涸，舟卒亦还营，至春复集，名曰放冻。卒得番休，逃亡者少；汴船不涉江路，无风波沉溺之患。后发运使权益重，六路上供米团纲发船，不复委本路，独专其任。文移壅并，事目繁伙，不能检察。操舟者赇诸吏，得诣富饶郡市贱贸贵，以趋京师。自是江、汴之舟，混转无辨，挽舟卒有终身不还其家、老死河路者。籍多空名，漕事大弊。皇祐中，发运使许元奏："近岁诸路因循，粮纲法坏，遂令汴纲至冬出江，为他路转漕，兵不得息。宜敕诸路增船载米，输转般仓充岁计如故事。"于是牟利者多以元说为然，诏如元

---

① 李焘：《续资治通鉴长编》卷一百四十一。

奏。久之，诸路纲不集。嘉祐三年（公元一〇五八年），下诏切责有司以格诏不行，及发运使不能总纲条，转运使不能幹岁入。预敕江、湖、两浙转运司，期以期年，各造船补卒，团本路纲，自嘉祐五年（公元一〇六〇年）汴船不得复出江。至期，诸路船犹不足。汴船既不至江外，江外船不得至京师，失商贩之利；而汴船工卒讫冬坐食，恒苦不足，皆盗毁船材，易钱自给，船愈坏而漕额愈不及矣。论者初欲漕卒得归息，而近岁汴船多佣丁夫，每船卒不过一二人，至冬当留守船，实无得归息者。时元罢已久，后至者数奏请出汴船，执政不许。治平三年（公元一〇六六年），始诏出汴船七十纲，未几，皆出江复故。①

至神宗熙宁中，始募客舟与官舟分运，使之互相检察，旧弊乃去。又采用王安石建议，令发运司于米贵州郡，折钱变为轻货，储之河东、陕西急需州郡，用常平法粜籴，以革积弊：

> 治平四年（公元一〇六七年），京师粳米支五岁余。是时，漕运吏卒，上下共为侵盗贸易，甚则托风水沉没以灭迹。官物陷折，岁不减二十万斛。熙宁二年（公元一〇六九年），薛向为江、淮等路发运使，始募客舟与官舟分运，互相检察，旧弊乃去。岁漕常数既足，募商舟运至京师者又二十六万余石而未已，请充明年岁计之数。三司使吴充言："宜自明年减江、淮漕米二百万石，令发运司易轻货二百万缗，计五年所得，无虑缗钱千万，转储三路平籴备边。"王安石谓："骤变米二百万石，米必陡贱，骤致轻货二百万贯，货必陡贵。当令发运司度米贵州郡，折钱变为轻货，储之河东、陕西要便州军，用常平法粜籴为便。"诏如安石议。②

用官船运输，纲船兵工众多，所费不赀，元丰中改雇私船，省费甚多，是漕运的一项重要改革：

---

① 《宋史》卷一百七十五，《食货志上三·漕运》。
② 《宋史》卷一百七十五，《食货志上三·漕运》。

〔元丰二年（公元一〇七九年）三月丁丑〕提举河北籴促粮草王子渊言：籴缘边军储，皆商人入中，岁小不登，必邀厚价，故设内地州县寄籴之法，以权重轻。自内地用御河船运至缘边，且以熙宁八年（公元一〇七五年）言之，纲船三百用兵工几二千人，所运不及八万石，计纲船兵工约一斗已费钱七十矣，若僦私船，百里之地，斗才一钱三分至五分，率以千里之远计之，犹可省纲船所费之半，宜雇客船便。下三司议，三司请留纲船二百二十艘，应副船运，不足即如子渊议，从之。令岁终具和雇私船所省钱数以闻。①

禁止纲船附载商货，以免运船超载，致重船留阻，私载物重四百斤以上即抵重刑，官船运商货至京，亦收运费：

〔元丰二年（公元一〇七九年）冬十月己亥〕都大提举导洛通汴司言：汴河纲船久例附载商货入京，致重船留阻，兼私载物重四百斤以上，已抵重刑。今洛水入汴，不致湍猛，欲自今商货至泗州，官买场堆垛，不许诸纲附载。本司置船运至京，令输船脚钱。从之。诏自泗州至京，民间载谷船，官悉籍记，自今毋得增置，收力胜钱视旧增三之一，导洛司船增至千五百艘。②

漕政败坏的原因之一，是纲兵盗粜官粮。原来对纲船沿途不加检查，这实际上是暗许纲船附载商货，纲卒有利可图，故官物不失，船无停滞，后洛司自置舟船，官载客货，沿途税场亦为洛司所并，纲兵不能搭附，无利可得，除日食官米甚多外，又大量偷盗粜卖，官粮损失严重，甚至于盗空卖尽之后，将船凿沉以灭其迹，虽严刑惩处不能止，乃不得不恢复原来办法，停止沿路随船检税之制，以杜盗粜之弊。其详可由下引文看出：

国朝法：纲船不许住滞一时，所过税场，不得检税，兵梢口食，许于所运米中计口分升斗借之，至下卸日，折算逐人之俸粮除之。盖以舟不住，则漕运甚速，不检，则许私附商贩，虽无明条许人，

① 李焘：《续资治通鉴长编》卷二百九十七。
② 李焘：《续资治通鉴长编》卷三百。

而有意于兼容，为小人之啖利有以役之也。借之口粮，虽明许之，然漕运既速，所食几何，皆工法之深意也。自洛司置舟官载客货，沿途税场既为所并，而纲兵搭附遂止。迩来导洛司既废，然所过税场有随船检税之滞，小人无所啖利，日食官米甚多，于是盗粜之弊兴焉。既食之，又盗之，而转搬纳入者，动经旬月不为交量，往往凿窦自沉，以灭其迹，有司治罪，鞭配日众。大农岁计不充，虽令犯人逐月克[6]粮填纳，岂可数足？张文定为三司使日，云岁亏六万斛，今比年不啻五十余万斛矣，而其弊乃在于纲兵也。东坡为扬州，尝陈前弊于朝，请罢沿路随船检税，江淮之弊往往除焉，然五十万之缺未能遽复，数年之后，可见其效。①

徽宗时漕政败坏尤甚，蔡京乱政，是其主因，他改转般为直达，尽掊藏钱粟为羡余以献，借以邀宠，从此六路漕船皆浮江溯淮，由汴入京，岁月淹留，诸弊丛生。前文已略论其概，下文系私人墓志中一段，述其原委较为简明扼要：

《宋故右中奉大夫直秘阁致仕朱公（彦美）墓志铭》：
宰相华原王郑公当国，方更置天下事以复祖宗之故，而公陈便宜十余条，多世务之要，华原称善，以公名闻，徽宗召见，赐五品服，除措置河北路籴使，寻除江淮、荆湖、两浙等路制置发运判官。祖宗时据淮海走集之地置仓，号转般，受东南八十四州之粟，发运使具千艘，岁漕六百万斛，输之京师。蔡京用事，罢转般为直达，尽掊藏钱粟为羡余以献，而六路漕船浮长江，绝淮溯汴，累数月而后至，吏卒冗食其中，度不能偿，则穴而沉之，以险为解，甚者至委空舟逃去，户部较经，数岁亡十二三，而中都藏粟费且尽。公受命已，华原召公诣丞相府出御札，趣公具所以救治施行之略。公曰：京师无高山大河之限，聚重兵以为险，而太仓无旬月之储，此直达之误。今转般仓法具载有司，第付臣推行，无使谗人兴诅诽其间，丰财裕国，岁月可俟也。公退而考故事，著科条，搜狄脱遗，锄[7]治乾没，得缗钱累百万，公曰可以有为矣。会华原以忧去位，京党

① 李廌：《师友谈记》。

复进，除改两浙路转运判官，未几提点江州太平观，而直达如故，识者恨惜之，是岁政和八年（公元一一一八年）。①

（五）新建和扩建的几条主要运河

宋都大梁，虽有四条重要运河负担着全部漕运任务，而汴河实是漕运的主干，因漕粮主要来自江淮、两浙、荆湖等六路八十四州，纲船系浮江转淮，由淮溯汴，以入京师，其他诸河皆运量有限，对京师粮储仅有一点不大的补充作用，故所谓漕运，实际上主要是汴河一河独负其责，可知汴河乃是维持宋王朝生存的一条大动脉，历届朝廷对于汴河的疏浚修整，皆不遗余力，以保证其畅通无阻。皇帝亦颇留心考究汴河疏凿的原委。因弄清汴河的演变经过，对于汴河的修整利用才有科学依据。下引张洎所述，是关于汴河疏凿原委的一篇重要文献：

　　至道元年（公元九九五年），上向汴河疏凿之始，张洎上言曰：昔大禹导河，自积石至于龙门，南至于华阴，东至于砥柱，又东至于孟津，东过洛汭，至于大伾，即成皋是也，或云黎阳山。禹以大河流泛中国，为害最甚，乃于顿丘郡界，疏二渠以分水势，一渠自阳武县东，引入漯水，东北流，至千乘县入海，即今黄河是也。一渠疏畎引并西山，以山东地形高敞，穰束水势，不使流溢，夹右碣石入于渤海，书所谓北过洚水，至于大陆，洚水即浊漳也，大陆即邢州巨鹿泽也。播为九河，同为逆河，入于海。河自魏郡贵乡界为九道，下至沧州，合为一河，言逆河者，谓与海水往复相承也。齐桓公霸□，塞河广田居，惟一河水存焉，今贝冀东界，王莽枯河是也。禹又于荥泽下，分大河水为阴沟，引注东南，以通淮泗，大梁浚仪县西北，复分二渠，一渠东经阳武县南，中牟台下，为官渡水，一渠始皇疏凿，以灌魏都，谓之鸿沟，莨菪渠自荥阳五池口东注之，其鸿沟，即出河之沟，亦曰莨菪渠。汉明帝时，乐浪人王景、谒者王吴，始作浚渠，故又以浚仪为名。灵帝建宁四年（公元一七一年），于敖城西北垒石为门，以遏渠口，故世谓之石门。渠水东合济，与河渠浑涛，东注至敖，渠水至此，又兼入邲，即春秋时晋楚

---

① 孙觌：《鸿庆居士文集》卷三十四。

战于邲是也。邲又音汲，汲即汴字，古人避反字，故改从卞云，竹字亦去反从卞，同此义也。渠水又东经荥阳北旃[8]然水，自县东流入汲水，郑州荥阳县西二十里，三皇山上有二广武城，相去百余步，汴水自两城间东流而去，其济流自滋而绝。唯汴渠首受旃然水，谓之鸿沟。晋太和中，桓温北伐前燕，将通之，不果。义熙十三年（公元四一七年），刘裕西征姚秦，复浚此渠，始有湍流，奔注两岸，渠溃塞，刘公更疏凿而漕运。隋炀帝大业二年（公元六〇六年），诏尚书左丞皇甫谊发河南男女百万，开汴水，起荥泽，入淮，千余里，仍自汴河为通济渠，又发淮南兵夫十余万开邗沟，自山阳、淮阴至扬子江，三百余里，水面广四十步，而后行幸焉。自是天下利于转输。昔孝文时，贾谊上言，汉以江淮为奉地，谓鱼盐谷帛多出自东南也。至五凤中，耿寿昌奏云：故事，岁漕关东谷四百万斛以给京师，亦多自此渠漕运。唐初，改通济渠为广济渠。开元中，裴耀卿上言：江南租船自长淮西北溯鸿沟，转相输纳于河阴获嘉、太原等仓，凡二年，运米七百万石，涉于此也。开元末，汴州刺史齐浣，以江淮漕运，经淮水波涛，有沉损，遂开广济渠下流，自泗州虹县至楚州淮阴县北十八里，合于淮，逾时毕功。既而水流迅急，行旅艰险，寻乃停废，复由旧河。德宗朝，岁漕江淮米四十万石，以益关中。时叛将李正己、田悦皆分军守徐州临涡口，梁崇义阻兵襄邓，南北漕引皆绝，于是水陆转运使杜佑请改漕路，由浚仪西十里，疏其南涯，引流入琵琶沟，经蔡州至陈州，合颍水，是秦汉故路，以官漕久不由此道，故填淤不通，若畎流培岸，则功用甚寡。又卢、寿之间有水道，而平冈亘其中，曰鸡鸣山，佑请疏其两端皆可通舟，其间登陆四十里而已，则江、湖、黔、岭、蜀、汉之粟，可方舟而下，由白沙东关，经卢、寿浮颍，涉蔡，历琵琶沟入汴河，不复经扬楚沂淮之险，径于旧路二千余里，功寡而利博，朝议将行，淮路通乃止。今天下甲卒百千万人，战马数十万匹，萃在京师，仍以七亡国之士民集于辇下，比汉唐京十倍其人矣。虽甸服时有水旱，不致艰歉者，惠民、金水、五丈、清汴四渠，派引脉分，咸会天邑，舳舻相接，给赡公私，所以无匮乏也。唯汴横亘中国，首承大河，漕引江湖，利尽南海，半天下之财赋，悉由此路而进。昔大禹疏凿以分水势，炀帝开畎以奉巡游，虽数埋废，而通流不绝，终为国家之用者，其天意乎。①

汴河漕运关系如此重大，朝廷自不能等闲视之，无不勤加疏浚、修整，或修建支渠，以改进水道，或疏浚干渠，俾能畅通。关于历届朝廷疏浚或修整汴河的情况有如下述：

嘉祐二年（公元一〇五七年）十一月十三日，三司使张方平言：备储廪，通漕运，当令河道疏通，故艺祖开国，首浚诸河。按汴渠本禹迹也，春秋时已各见诸经，历代皆尝浚之，隋大发民开凿，始名通济渠。自汉至唐，虽都雍洛，凡诸水运，咸资此渠，漕引江湖，利尽南海。天圣已前，每岁开理，缘河器备，名品甚多，未尝有堙壅也。天圣初，有张君平者陈利见，始罢春夫，继以浅妄，小人苟规赏利，省减役费，以为劳绩，致兹淤塞，有妨通漕。至于惠民、广济二河，皆所以致四方之货食，以会京邑，舳舻相接，赡给公私，近年以来，悉皆填壅，盖图长利者不恤于小费，期永逸者无惮于一劳。伏乞朝廷访闻，差择稍知水利、精力干事，不以文武官两三员经度计置，开通诸河。今据检计，尽功料疏理，其木岸坝闹堰埭材用合缮修处，先为计备，严为责罚，必令经久。

……此诸河道，皆是祖宗留心之地，国家大计所资，忽而不图，是亦有司之过矣。诏应通行漕运河道，宜令三司下逐地分当职官吏检计的确功料，来岁尽功开淘，须管通快，仍令都大提举河渠司更切提辖，擘画施行，勿令稍有阻滞。②

英宗朝，河渠司杨佐除修整汴渠河道外，又治孟阳河，以改善漕运：

〔英宗朝〕累迁河阴发运判官，干当河渠司。皇祐中，汴水杀溢不常，漕舟不能属。佐度地凿渎以通河流，于是置都水监，命佐以盐铁判官同判。京城地势南下，涉夏秋则苦霖潦，佐开永通河，疏沟浍出野外，自是水患息。又议治孟阳河，议者谓不便，佐言：

---

① 曾巩：《隆平集》卷三。
② 《宋会要辑稿》，《食货四二之一八》。

"国初岁转京东粟数十万，今所致亡几，傥不浚复旧迹，后将废矣。"乃从其策。①

汴河漕运直接联系淮河，必须改善淮河水道，才能保证汴河纲船畅通。熙宁中，江淮等路发运副使皮公弼，召人进纳见钱，差雇人夫，开修洪泽河，以避淮河风涛之险，受到朝廷嘉奖：

〔熙宁〕四年（公元一○七一年）八月四日，令淮南发运司召人进纳见钱，差雇人夫，开修泗州洪泽河。五年（公元一○七二年）正月十七日，赐权发遣江淮等路发运副使皮公弼银绢二百，仍赐敕书奖谕。初公弼言：漕运涉淮，有风波之险，乞开洪泽河六十里，稍避其害。诏委公弼提举，至是工毕，人以为便，故有是赐。②

开白沟河，是神宗朝改革汴河漕运的一项巨大工程。欲以白沟为清汴，别为漕河，所通黄河一支漕运，河长八百里，工程浩大，其详如下：

熙宁六年（公元一○七三年）六月十六日，管勾都水监丞侯叔献言：近准诏从所请开白沟等河，欲以白沟为清汴，储三十六陂，及京索二水为源，傲真楚州开平河置闸，四时行舟，因罢汴渠。上曰：叔献开白沟河，功料未易办，乃欲来年即废汴渠，宜更遣官覆验。且汴渠水运甚广，河北、陕西资焉，又都畿公私所用良材，皆自汴口而至，何可遽废？王安石曰：此役若成，亦无穷之利，当别为漕河，以通黄河一支漕运，河乃为经久耳。冯京曰：若白沟成，与汴、蔡皆通运输，为利愈大，臣恐汴河终不可废。上然之，诏刘玢同叔献覆视以闻。后覆试河长八百里，工大，分为三岁兴修，从之。③

修丁字河，沟通汴河与蔡河以通漕：

---

① 《宋史》卷三百三十三，《杨佐传》。
② 《宋会要辑稿》，《方域一七之一七》。
③ 《宋会要辑稿》，《方域一七之一七》。

[熙宁八年（公元一○七五年）六月丙午] 都水监言：汴、蔡两河，可就丁字河置闸通漕，从之。时有诏籴京西米赴河北封桩，患蔡河州运不能达河北，故水官侯叔献、刘琦建议，汴、蔡两河间有丁字河，可因其故道凿堤置闸，引汴水入蔡河以通舟运，运河成可漕。①

导黄河水入汴，以提高汴河水位，有利漕运，是修整汴河的又一重要工程。一是导黄河入汴，一是引洛水入汴，两项工程都是在神宗元丰初进行的：

[元丰二年（公元一○七九年）三月] 庚寅，诏入内东头供奉官宋用臣都大提举导洛通汴，前差卢秉，罢勿遣。初去年五月，西头供奉官张从惠言：汴河口岁岁闭塞，又修堤防劳费，一岁通漕才二百余日，往时数有人建议引洛水入汴，患黄河啮广武山，须凿山岭十五丈至十丈，以通汴渠，功大不可为。自去年七月，黄河暴涨，异于常年，水落而河稍北去，距广武山麓有七里远者，退滩高阔，可凿为渠，引水入汴，为万世之利。知孟州河阴县郑佶亦以为言。时范子渊知都水监丞，画十利以献：二岁省开塞汴口工费，一也；黄河不注京城，省防河劳费，二也；汴堤无冲决之虑，三也；舟无激射覆溺之忧，四也；人命无非横损失，五也；四时通漕，六也；京洛与东南百货交通，七也；岁免河水不应，妨阻漕运，八也；江淮漕船免为舟卒镌凿沉溺，以盗取官物，又可减溯流牵挽人夫，九也；沿汴巡河使臣兵卒薪樏皆可裁省，十也。又言：汜水出王仙山，索水出嵩渚山，亦可引以入汴，合三水，积其广深，得二千一百三十六尺，视今汴流，尚赢九百七十四尺，以河洛湍缓不同，得其赢余，可以相补，惧不足，则旁堤为塘，渗取河水，每百里置水闸一以限水势，堤两旁沟湖陂泺皆可引以为助，禁伊洛上源私取水者。大约汴舟重载，入水不过四尺，今深五尺，可济漕运，起巩县神尾山，至士家堤，筑大堤四十七里，以捍大河，起沙谷至河阴县十里店穿渠五十二里，洛水属于汴渠，总计用工三百五十七万有奇。疏奏，上重其事，是年冬，遣左谏议大夫直学士院安焘，入内都知张

_____

① 李焘：《续资治通鉴长编》卷二百六十五。

茂则行视。正月，焘等还奏，索水在汴口下四十里，不可引洛汜二水，积其广深，才得二百六十余尺，不足用渗水塘引凿大河，缓则填淤，急则冲决洛水，惟西京分引入城下流还归洛河，禁之无益，置闸恐地势高下不齐，不能限节水势。黄河距广武山有才一二里者，又方向著南岸，退滩坚土不及二分，沙居十之八，若于其间凿河筑堤，至夏洛水内溢，大河外涨，有腹背之患，新堤一决，新河势必填淤，则三百余万工皆为无用。又子渊建此，本欲省汴口岁岁劳费，今置堤埽水㳮之类，岁计恐不啻一汴口之费，而又有不可保之虑，虽然财力在人，犹可为之，惟是水源不足，则人力不可强致，盖伊洛山河盛夏虽患有余，过此常若不足，疑谋勿成，惟陛下裁之。上以子渊计画有未善者，乃命用臣经度，以杨珪往，至是用臣还奏可为，请自任村沙谷口至汴口开河五十里，引伊洛水入汴，每二十里置束水一，以刍楗为之，以节湍急之势，取水深一丈，以通漕运。引古索河为源，注房家、黄字孟王陵及十六陵，高仰处潴水为塘，以备洛水，不足则决以入河。又自汜水关北开河五百步属于黄河，上下置闸，启闭以通黄汴二河船筏，即洛河旧口置水㳮通黄河，以泄伊洛暴涨之水，古索河等暴涨，即以魏楼、荥泽、孔固三斗门泄之，计用工九十万七千有余。又乞责子渊修护黄河南堤埽，以防侵夺新河。诏如用臣策，故有是命。始营清汴，主议者以为不假河水而足用，后岁旱，洛水不足，遂于汜水斗门以通木筏为名，阴取河水益之，朝廷不知也。[1]

〔元丰二年（公元一○七九年）六月甲寅〕提举导洛通汴司言：清汴成，四月甲子起役，六月戊申毕土，凡四十五日，自任村沙谷至河阴瓦亭子，并汜水关北通黄河接运河，长五十一里，河两岸为堤，总长一百三里，河所占官私地二十九顷，已引洛水入新口斗门，通流入汴，候水调匀，塞汴口，乞徙汴口官吏河清指挥于新开洛口，从之。[2]

以上都是以改善汴河漕运而进行的疏导修治工程，由设计到施工，都进

---

① 李焘：《续资治通鉴长编》卷二百九十七。
② 李焘：《续资治通鉴长编》卷二百九十八。

行了详细调查，详订了施工计划，从而取得了预期效果，对汴河漕运都起了积极作用。此外，在汴河流域还修建了一些支渠，以扩大漕运范围，使原来不通舟楫的州县，得以通过水路以漕达京师。所修治的运河主要有以下几条：

(1) 导闵水与蔡水合，以贯京师：

惠民河与蔡河一水，即闵河也。建隆元年（公元九六○年），始命陈承昭导闵河，自新郑与蔡水合，贯京师南，历陈颍达寿春，以通淮右舟楫，于是以河西为闵河，东南为蔡河。至开宝六年（公元九七三年）三月，始改闵河为惠民河，国朝陈、颍、许、蔡、光、寿诸州之粟帛，自石唐惠民河沿溯而至，置催[9]纲领之。①

〔建隆二年（公元九六一年）春正月丁巳〕诏发京畿、陈、许丁夫数万，以右领军卫上将军陈承昭督之，道闵水自新郑与蔡水合，贯京师，南历陈、颍，达寿春，以通淮右舟楫。②

(2) 修治五丈河：

广济河自都城历漕济及郓，其广五丈，旧云五丈河，开宝六年诏改今名。国朝京东诸州军粟帛由广济河而至。显德二年（公元九五五年），于京城西北引水入五丈运于济。建隆二年（公元九六一年），诏陈承昭于京城之西夹汴水造斗门，引京索蔡河水通城壕，入斗门，俾架流汴水之上，通汇于五丈河，以便东北漕运，即金水河。国朝河北卫州东北有御河至乾宁，军食馈边，亦有使臣主之。国朝川、益诸州租市之有自嘉州水运至荆南，自荆南改装舟船遣纲送京师。③

〔建隆二年二月〕初，五丈河泥淤，不利行舟，诏右监门卫将军陈承昭于京城之西，夹汴河造斗门，自荥阳凿渠百余里，引京、索二水通城壕入斗门，架流于汴，东汇于五丈河，以便东北漕运。甲辰，新水门成，上临视焉。④

① 吕祖谦：《历代制度详说》卷四。
② 李焘：《续资治通鉴长编》卷二。
③ 吕祖谦：《历代制度详说》卷四。
④ 李焘：《续资治通鉴长编》卷二。

（3）修治广济河：

〔元丰七年（公元一〇八五年）八月〕丙戌，都大提举汴河堤岸司言：京东地富谷粟，可以漕运，其广济河下接逐处，但以水浅，不能通舟。今以本司近修狭京东河岸，开斗门，通广济河，为利甚大。今欲于通津门里汴河东城里三十步内，令修城兵就便开河一道，取土修城，及至斗门，上安水磨，下通广济河，应接行运，从之。①

〔熙宁七年（公元一〇七四年）冬十月〕丁卯，权发遣京东转运副使赵济言：广济河通流货财，为利甚溥，朝廷昨以河水浅涩，滞留纲运，遂废辇运司，以上供粮六十二万石令认折斛钱三十六万缗，自此民间粜贱伤农，又顿亏沿河课利，如朝廷许令复旧，即别具措置利害以闻。诏定陶县知县张士澄与同勾当修内司杨琰相度修广济河。②

（4）修治通商渠：

王溥字齐物，并州祁人。父祚，为郡小吏，有心计，从晋祖入洛，掌盐铁案。……历周为随州刺史。……未几，改镇颍州。……州境旧有通商渠，距淮三百里，岁久埋塞，祚疏导之，遂通舟楫，郡无水患。③

淮河是南接长江北连汴河的运河南段，必须使之成为安流，才能贯通漕运全程，故修整疏导亦十分必要，宋朝中央政府和地方主管当局，对此皆极为注意。此外，修建若干支渠以扩大漕运范围，提高淮河效益，与汴河各支渠有同等重要性，其所修建，主要有以下数河：

（1）改善淮河河道：

〔雍熙元年（公元九八四年）二月壬午〕以右补阙乔维岳为淮

---

① 李焘：《续资治通鉴长编》卷三百四十八。

② 李焘：《续资治通鉴长编》卷二百五十七。

③ 《宋史》卷二百四十九，《王溥传附父祚》。

南转运使。先是，淮河西流三十里曰山阳湾，水势湍悍，运舟所过，多罹覆溺。维岳规度开故沙湖，自末口至淮阴磨般口，凡四十里。又建安北至淮澨，总五堰，运舟十纲上下，其重载者，皆卸粮而过，舟坏粮失，率常有之，纲卒傍缘为奸，多所侵盗。维岳乃命创二斗门于西河第三堰，二门相距五十步，覆以夏屋，设悬门蓄水，俟故沙湖平，乃泄之。建横桥于岸，筑土累石，以固其趾。自是，尽革其弊，而运舟往来无滞矣。①

(2) 开扬州古河：

〔天禧三年（公元一〇一九年）六月辛卯〕先是江淮发运使贾宗言：诸路岁漕自真阳入淮汴，历堰者五，粮载烦于剥卸，民力疲于牵挽，官司舰舟由此速坏。今议开扬州古河，缭城南接运渠，毁龙舟、新兴、茱萸三堰，通漕路以均水势，岁省官费数十万，功利甚厚。屯田郎中梁楚、阁门祗侯李居中按视，以为当然，于是役成，水注新河与三堰平，漕舟无阻，公私大称其便，赐诏奖之。②

(3) 开楚州运河：

〔天禧三年（公元一〇一九年）十二月〕遣殿中侍御史张宗象与淮南劝农使王贯之，同相度开楚州西门外运河。宗象言：若开河，可免淮河风涛阻滞，抛失舟船，颇为利便。诏俟将来岁稔，奏裁施行。③

(4) 浚泰州、海安、如皋漕河：

〔庆历三年（公元一〇四三年）六月甲辰〕初，泰州、海安、如皋县漕河久不通，制置发运副使徐的奏请浚治之，诏未下，乃以便宜调兵夫，功毕，出滞盐三百万，计得钱一百万缗，于是以的为

---

① 李焘：《续资治通鉴长编》卷二十五。
② 李焘：《续资治通鉴长编》卷九十三。
③ 《宋会要辑稿》，《方域一七之六》。

制置发运使。①

〔熙宁九年（公元一〇七六年）〕五月二十六日，提举淮南常平仓王子京言：提举开修运盐河，自泰州至如皋县，共一百七十余里，日役人夫二万九千余。②

（5）开龟山运河：

〔元丰五年（公元一〇八二年）〕江淮等路发运副使蒋之奇、都水监丞陈祐甫开龟山运河，漕运往来，免风涛百年沉溺之患。诏各迁两官，余官减年循资有差。③

（6）开治洪泽河：

〔元丰六年（公元一〇八三年）八月六日〕江淮等路发运副使蒋之奇言：长淮洪泽河实可开治，愿亟兴工。诏陈祐甫相视以闻。已而陈祐甫言：田棐任淮南提刑，尝建言开河，其后自淮阴至洪泽，讫成厥功，独洪泽以上未克兴役。臣今相度，既不用闸蓄水，惟随[10]淮面高下，开深河底，引淮水通流，则于势至易，其便甚明。行地五十七里，计工二百五十九万七千，役民夫九万二千，一月；兵夫二千九百，两月。麦米十一万斛，钱十万缗，分二年开。诏限一月，仍令蒋之奇、陈祐甫同提举。④

（7）开楚州沿淮支氏渠：

哲宗即位……历仓部郎中、司农少卿、江淮发运使。楚州沿淮至涟州，风涛险，舟多溺。议者谓开支氏渠引水入运河，岁久不决，宗望始成之，为公私利。代吴安持为都水使者。自大河有东、北流之异，纷争十年，水官无所适从。宗望谓回河有创立金堤七十里，

---

① 李焘：《续资治通鉴长编》卷一百四十一。
② 《宋会要辑稿》，《方域一七之八》。
③ 《宋史》卷一百七十五，《食货志上三·漕运》。
④ 《宋会要辑稿》，《方域一七之一〇》。

索缗钱百万，诏从之。①

运河江南段是运河的起点站，东南财赋皆由此发往京师，系宋王朝的生存基础所在，故对之极为重视。自隋炀帝大业六年（公元六一〇年）凿通了运河的江南段后，原拟通龙舟巡会稽，自京口至余杭八百余里，河面阔十余丈，漕舟并行无碍，由此转淮入汴，以达京师，成为纵贯南北的一条大动脉，对于宋王朝社会经济的繁荣和统治地位的巩固，都起着决定性的作用。由于这一段运河关系重大，必须保持畅通，一遇岁旱淤浅，即勤加浚治：

> 运河出震泽，传称吴城邗沟通江淮，《国语》亦云夫差起师北征，开为深沟，通于商鲁之间，盖由此河以通江北也。隋大业六年，敕开江南河，自京口至余杭郡，八百余里，面阔十余丈，拟通龙舟巡会稽。陆士衡诗云："阊门何峨峨，飞阁跨通波"；乐天诗云："平河七百里，沃壤两三州。"皆谓此水也。岁旱或浅淤，故常加浚治，乃得无阻。②

江南江河皆可行船，但自然河道，障碍甚多，公私船只，时有沉溺，故急待进行修治。或截弯取直，或浚治险滩，是改善江南漕运的必要步骤。苏轼为杭州刺史时，曾建议修建浙江漕河与松江漕船挽道，都是合理的建议，惜为恶轼者力沮之，致功不成，人以为恨：

> 浙江潮自海门东来，势如雷霆，而浮山峙于江中，与渔浦诸山犬牙相错，洄洑激射，岁败公私船不可胜计。轼议自浙江上流地名石门，并山而东，凿为漕河，引浙江及谿谷诸水二十余里以达于江。又并山为岸，不能十里以达龙山大慈浦，自浦北折抵小岭，凿岭六十五丈以达岭东古河，浚古河数里达于龙山漕河，以避浮山之险，人以为便。奏闻，有恶轼者，力沮之，功以故不成。轼复言："三吴之水，潴为太湖，太湖之水，溢为松江以入海。海日两潮，潮浊而江清，潮水常欲淤塞江路，而江水清驶，随轼涤去，海口常通，则

---

① 《宋史》卷三百三十，《王宗望传》。
② 朱长文：《吴郡图经续记》卷中。

吴中少水患。昔苏州以东，公私船皆以篙行，无陆挽者。自庆历以来，松江大筑挽路，建长桥以扼塞江路，故今三吴多水，欲凿挽路为千桥，以迅江势。"亦不果用，人皆以为恨。[①]

到北宋末年时，又彻底疏浚两浙运河，并开丹阳运河，一律开深五尺，以彻底清除淤淀，不使浅涩妨碍漕运：

〔宣和〕五年（公元一一二三年）八月七日，发运提举司廉访所言：两浙运河，自今河身淤淀，稍愆雨泽，便有浅涩，致妨漕运，合行深浚，数内镇江府地名新丰界运河，底有古置经函，系准备西岸民田水长，泄入江。今来若行取折开浚，恐雨水连并，却致损坏堤岸，无以发泄。今相度镇江府丹阳县界运河，可开深至经函上下，却于两岸展出河身，作马齺[11]开阔外，有吕城闸外至杭州一带河道，各合用水手打将河底，一例开深五尺，亦作马齺开阔，并委逐州县守令检计工料，并将来差雇人夫合用钱粮，管干开浚，委是经久利便。从之。[②]

入南宋后，南北漕运仍极重要，所有"牧贡戎贽，四方之赋输与邮置，往来军旅征戍商贾迎迁者"，仍循运河往来不绝，广陵、丹阳乃南北之冲，常州奔牛闸实绾南北交通之枢纽，尤为国用所仰。陆游曾记其事云：

岷山导江，行数千里，至广陵、丹阳之间，是为南北之冲，皆疏河以通餫[12]饷。北为瓜州闸，入淮沂以至河洛，南为京口闸，历吴中以达浙江，而京口之东有吕城闸，犹在丹阳境中，又东有奔牛闸，则隶常州武进县。以地势言之，自创为餫河时，是三闸已具矣，盖无之，则水不能节，水不节则朝溢暮涸，安在其为餫也。……朝廷在故都时，实仰东南财赋，而吴中又为东南根柢。语曰："苏常熟，天下足。"故此闸尤为国用所仰，迟速丰耗，天下休戚在焉。自天子驻跸临安，牧贡戎贽，四方之赋输与邮置，往来军旅征戍商贾

---

① 《宋史》卷三百三十八，《苏轼传》。
② 《宋会要辑稿》，《方域一七之一五》。

贸迁者，途出于此，居天下十七，其所系岂不愈重哉！①

宋王朝修治运河是面向全国，凡有江河可资利用，无不设法沟通，在宋初端拱年间，即开荆南漕河入汉水，以通荆、峡漕路至襄州，又议开古白河，使襄汉漕路能辗转达京师，结果，只修通了荆南漕河，而开古白河之议未实现，故荆南漕河只是一条地方性运河：

> 端拱元年（公元九八八年），供奉官间门祗侯阁文逊、苗忠言：开荆南城东漕河至师子口，入汉江，可通荆峡漕路至襄州，又开古白河，可通襄汉漕路至京。诏八作使石全振往视之，遂发丁夫治荆南漕河，至汉江，可胜二百料重载，行旅颇便，而古白河终不开。②

北宋时，河北修治或疏浚了几条地方性运河，其一是御河，乃隋炀帝所开，《隋书·食货志》称："又自板渚引河，达于淮海，谓之御河。"按御河即宋时的广济渠，为贯通京师的四条运河之一，由卫县东北行。《宋史·食货志》称："河北卫州东北有御河，达乾宁军。"是沟通蓟、燕的一条河：

> 世宗开御河，本为蓟燕漕运计，御河其不可废也。③

其二，开镇州汶河至赵州：

> 真宗咸平五年（公元一〇〇三年）三月，河北转运使耿望奉诏开镇州常山镇南河水汶河至赵州。④

其三，开唐河与界河：

> ［咸平五年］时中山屯兵甚众，艰于飞挽，承翰请凿渠，计引唐河水自嘉山至定州三十二里，又至蒲阴东六十二里，合沙河经过

---

① 陆游：《渭南文集》卷二十，《常州奔牛闸记》。
② 《宋会要辑稿》，《方域一七之一》。
③ 王巩：《闻见近录》，《知不足斋丛书》第五集。
④ 《宋会要辑稿》，《方域一七之二》。

吴泊入界河以济馈运，亦可旁为方田，上嘉而从之。渠成，人以为便，优诏褒之。①

景德元年（公元一〇〇四年）正月，北面阁承翰言：定州屯大兵，岁役河朔民辇运，甚为劳苦。窃见定州北唐河水可自嘉山东引至定州，计三十三里，自定州开渠至蒲阴县东，约六十二里，入沙河，东经边吴泊入界河，足行舟楫，不惟易致资粮，无可播种其旁，引水灌溉，以助军食，设险以限戎马，从之。②

其他各地所修建的地方渠道，可考见的，一是洛阳自蔡桥凿渠抵漕口，二十五里，以便馈运；二是解州浚永丰渠，西入黄河以运盐：

开宝九年（公元九七六年）四月，郊祀西京，诏发卒五千，自洛城菜市桥凿渠抵漕口，二十五里，馈运便之。③

〔天圣四年（公元一〇二六年）闰五月己酉〕初解州之永丰渠，始后魏正始二年（公元二四一年），都水校尉元清引平坑水西入黄河以运盐，而周、齐之间废绝。隋大业中都水监姚迟决堰浚渠，由陕入解县，唐末至五代不复治，至本朝湮浅舟不通，盐运大艰，主运者耗家产几尽，州校麻处厚诣阙诉，而右班殿直刘达因请治渠，起安邑至白家场，转运使王博文亦言其便，复诏三司度利害，是岁卒成之，公私果利。④

第二节　陆路交通运输

（一）道路

宋王朝的疆域虽略比唐为小，但也是一个幅员辽阔的大国。为了把统治基础放在整个国民经济的全面发展上，使全国的各个地区——包括边远地区，

---

① 《宋史》卷四百六十六，《宦者·阎承翰传》。
② 《宋会要辑稿》，《方域一七之二》。
③ 《宋会要辑稿》，《方域一七之一》。
④ 李焘：《续资治通鉴长编》，卷一百四。

都交织在国民经济的总体之中，都能得到充分发展，以便都能对中央提供更多的财赋，于是便利的交通遂成为贯彻这一政策的主要手段。不论水上交通或陆上交通，都是贯通全身的经络。水路交通有较大的运输能力，在交通结构中当然占有重要地位。但漕运不能遍达各地，在距离自然河道较远，或根本没有自然河道可资沟通的地方，陆路交通运输就成为主要手段。过去历代王朝无不或多或少地修建道路、桥梁，既有贯通全国的干道——从秦汉时代的驰道到后来历朝兴修的官道，又有各州郡各地区自修的地方性道路，纵横全国，四通八达。而且还沿袭了自古以来的亭、传、邮、驿制度，沿途遍设驿站、传舍，备有车马、递夫，以便利公私行旅。宋王朝沿用了这些宝贵的历史遗产，又扩而充之，使其发挥固有的作用，继续为行旅服务。

　　道路是陆地交通的主干，过去历代修建的道路，宋代多保存完好，仍不失为交通要道。故宋代的陆路交通，大都是沿用古道。但遇旧路因年久失修，或原来即有险隘之处，则由政府拨款，加以修建，使之成为坦路，以免行旅有碍。

　　　　太祖建隆三年（公元九六二年）正月九日，诏西京修古道险隘处，东自洛之巩，西抵陕之湖城，悉命治之，以为坦路。五月十八日，潞州言：先奉诏集丁夫开太行路，俾通馈运，今已功毕。四年（公元九六三年）四月二十三日，诏重疏凿三门。①

　　　　〔大中祥符〕四年（公元一〇一一年）三月，诏自武牢关至荥阳巩县，道路两边有岩险垫裂处，恐经雨摧榻[13]，委逐处相度划削修治之。②

　　　　〔天禧〕三年（公元一〇一九年）八月，遣使西京至陕府，修葺道路，以霖雨坏道故也。③

　　贯通川、陕的褒、斜剑客道[14]，自古号称艰难，虽早已修通，但有许多地段仍十分险隘，有待修整改建，这是修整道路中的一项巨大工程，宋代历届政府皆重视这一条路的修整改建工作：

---

① 《宋会要辑稿》，《方域一〇之一》。
② 《宋会要辑稿》，《方域一〇之一》。
③ 《宋会要辑稿》，《方域一〇之二》。

〔大中祥符〕五年（公元一〇一二年）七月十七日，诏剑州、利州修栈阁路。①

神宗熙宁十年（公元一〇七七年）二月二十四日，利州路提刑司言：准朝旨送下李杞奏：成都府至凤州大驿路，自金牛入青阳驿，至兴州，虽兴元府界亦有褒斜路，久未使命客旅，任便往来。昨利州路提刑范百禄擘画改移兴元府路作大驿路，及拨并马递桥阁铺兵级在彼，今兴州一路直通秦州，以至凤州河池县界首，甚有桥阁约二万余间，兵士数少，难以修葺。况今收买川茶，正由此路。乞除秦凤利州路系元相度外，别路选差官再行相度新旧路经久利便，令逐路提刑司相度利害，具合措置事状。伏睹褒斜[15]新路，自金牛驿至褒城县驿，计三程，悉系平川，别无桥阁。自褒城驿至凤州武休驿，其间只鸡翁岭一处，虽系山路，目下修葺宽阔，通过无阻，创置驿铺，费用不少。勘会未移路前，递年科拨兴元府、洋州人户苗税，往兴州旧路沿路送纳，累路程驿，差官受纳，监驿支遣，地里遥远，住滞人户。今新路口有曲滩驿一处，差官监程外，褒城等县倚郭程驿，兴元府洋州人户，只就县仓送纳，别无阻滞，县司官员兼管勾支遣，亦不妨职事。其褒斜新路于沿路铁钱界经久，委是稳便，所有铜钱界武休驿至凤州，计三程，系秦凤等路，本司不见彼处利害。又成都府路提刑司言：旧路自凤州入两当，至金牛驿十程，计四百九里，阁道平坦，驿舍马铺完备，道店稠密，行旅易得饮食，不为艰苦。新路自凤州由白涧至金牛驿，计三百八十五里，虽减两驿，比旧路只少二十四里，随山崎岖，登陟甚难，复少居民，又无食物，人情以此厌劳。如发川纲往秦州，只从旧路行至故驿，便可直入成州，如由新路，须过凤州，五程至凤翔府，方有路去秦州，缓急应副边须，亦恐非便。今茶纲见行旧路，商客皆由此出，惟请券驿马，各不获已，二者较之，利害甚明。若谓新路兴功不少，驿铺已成，未欲遽更，深虑久远，人言不便，必须改复，则旧路阁道已隳，异时修完烦费。又秦凤等路提刑司言：成都府至凤州大驿路，自金牛驿程入青阳驿至兴州，虽兴元府界亦有褒斜路，任便往来。去年改移兴元府路作大驿路及并马递桥铺兵级在彼。今兴州一路直

---

① 《宋会要辑稿》，《方域一〇之一》。

通秦州，以至凤州河池县界首桥阁，约二万余间，兵士数少，难以修葺。况见今官中收买川茶，正由此路经过，本司相度得旧路道里远近，若不相较，驿程只减一程，如从初不开新路，即省得工费，今既施工，修盖马铺驿舍，用钱不少，如却行旧路，即虚弃工费。兼新路已修完备实宽，得兴元洋州百姓远输。旧路四处溪江，或遭泛涨，即阻节过往，及飞石中行人，常有死者，新路并无此患，兼合添置一驿并递铺。如允从，即别具合添置去处申奏次。诏送枢密院施行。[①]

次年〔元丰元年（公元一〇七八年）〕又重修此路：

> 元丰元年十一月二十一日，卫尉寺丞知三泉县庄黄裳言：本县当益梓利夔四路之冲。昨议者请废北路，复褒斜故道，以减程驿，宽汉中输纳之劳，今日较之，为害甚于前日。诏委刘忱、李稷同比较。既而忱等言：褒斜新路视兴州旧路，虽名减两程，其铺兵递马，皆增于旧，又卒亡马死相寻，官吏馆券给请亦倍。旧路虽号十程，比新路才远八里，且多平慢。新路虽减科发洋州税米四千余石，乃移拨兴元府凤州税米二万余硕。今若行河池旧路，迁复马递铺官舍亭驿，略加修整，即日如故，兼可减河池两当二里三驿。诏三驿不减，余并从之。初三泉县之金牛镇有东北两路，北通陕西秦凤熙河京西诸州，以至京师，东通梁洋州。熙宁七年（公元一〇七四年）利州路提点刑狱范百禄建言废北路，复褒斜路，至是黄裳疏其利害，下沈等比较，从黄裳所请也。[②]

南宋建都杭州，江河纵横，交通往来自以舟船为主，但道路交通亦同等重要。所有车马之往来，邮递之络绎，漕运之转输，羽檄之传送，皆需要有便利之道路始可遍达各郡州县，使上下息息相通。故南宋历届朝廷对于境内道路常勤加修整，尤其是对沿江堤岸桥梁防其毁圮倾陷。下引系宁宗嘉定时一例：

---

① 《宋会要辑稿》，《方域一〇之三》。
② 《宋会要辑稿》，《方域一〇之五》。

〔嘉定〕十七年（公元一二二四年）二月六日，臣僚言：尝读《月令》一书，孟春之月，致谨于修封疆，相阪险，及观成周大司徒布教于始和之月，而令野修道，其职尤拳拳焉。盖道路封疆之修，阪险原隰之相，诚治地之先务，而顺时布政者之所当汲汲也。仰惟国家中兴，驻跸东南，且百年矣。处浙水之右，据吴会之雄，自临安至于京口，千里而远，舟车之轻从，邮递之络绎，漕运之转输，军期之传送，未有不由此途者。去岁雨潦霖霪，水势冲突，堤岸以之而毁圮，道路因之而嵌陷，桥梁由之而倾摧。州县之间，务从苟且，视主管运河堤岸之职，恬不经意，其能推如溺之念，轸若涉之思，因民之病而拯之者，曾未之见也。由是车骑之往来，舟楫之牵挽，颠踣陨坠，类多苦之。所赖边陲少宁，无羽檄交驰之虞，刍粟蜚挽之迫。脱或缓急告警，事关军国，星夜疾驱，瞬息少差，利害随至，固不可不过为之虑。边塘猷亩，或值旱潦，堤防潴蓄，有借于塘筑之固，以施车乼之力者，其所系尤不轻也。今春事方兴，土膏潜动，修筑之政，所当举行，苟视为细故，不早正而素备，则舍舟而徒者，何以遂其出于涂之愿，异时凯旋，宁无如还泞而止之患。况其他如总牧更戍，骓筒沉沦，其利害又不止是耶。欲望睿慈，顺《月令》布政之方，体成周设官之意，行下两浙转运使、浙西提举司，疾速令沿塘一带所隶州县，其有道路堤岸桥梁摧毁去处，仰日下量给工费，委州县官及本乡保正等公共相视，措置修治，毋骚扰。从之。[①]

中国早在春秋时代，即由政府修治官道，并于道路两旁植树，表示道路之所在，所谓"列树以表道"。古人对标志道路的列树极为重视。周制：司空掌道路之修治，如"司空不视涂，泽不陂，川不梁，道无列树"，都是一种庶政废弛的亡国之兆（见《国语·周语》中）。可见其对沿路植树的重视。秦、汉的驰道，道路两旁植树尤密，据贾山说："秦为驰道于天下，东穷燕、齐，南极吴、楚，江湖之上，濒海之观毕至。道广五十步，三丈而树，厚筑其外，隐以金锥，树以青松。"（见《汉书·贾山传》）可知所有官私道路两旁皆种植树木是自古以来历代相沿的一个好的制度。因道旁植树，可以巩固

---

① 《宋会要辑稿》，《方域一〇之九——一〇》。

路基，调节沿途气候，为桥梁驿馆的修治就地提供木材，且可供盛夏行旅休憩纳凉之用。宋代沿袭了这个古制，敕令沿路地方官负责于官道两旁及时种植。例如：

〔大中祥符五年（公元一○一二年）〕十一月，河北安抚司请沿边官路左右，及时栽种榆柳，从之。[①]

〔大中祥符〕九年（公元一○一六年）六月二十七日，太常博士范应言：诸路多阙系官材木，望令马递铺卒夹官道植榆柳，或随土地所宜种杂木，五七年可致茂盛，供用之外，炎暑之月，亦足荫及路人。从之。[②]

〔政和〕六年（公元一一一六年）四月二十二日，工部奏：知福州黄裳状，契勘本路八州军建、汀、南剑州邵武军驿路，从来未曾种植，并福州尚有方山北铺，亦未栽种，遂至夏秋之间，往来行旅，冒热而行，多成疾疫。遂专牒委自逐处知州军指挥所属知县令丞，劝谕乡保，遍于驿路及通州县官路两畔，栽种杉松冬青杨柳等木。续据申遍于官驿道路两旁共栽植到杉松等木共三十三万八千六百株，渐次长茂，已置籍拘管。缘辄采伐官驿道路株木，即未有明文，伏望添补立法。……从之。[③]

（二）驿

驿是很古老的一种交通制度，起源很早，历代的名称虽略有不同，如邮、置、递、传等等，但其制则大同小异，系政府沿水陆交通要道每隔若干里而设置的驿馆或传舍。关于历代的建置和运用情况，《中国封建社会经济史》以前各卷皆有论述。驿站可供过客饮食、住宿，并备有车马舟船等交通工具，按照过路官员的官阶品秩，供给不同数目的车马舟船，名曰乘传或乘驿。该官员系由政府主管部门发给牌照或券牒，每到一驿，须向驿吏出示此类证明，经审查合格后即供给不同等级的膳宿和不同数目的车马舟船。简单说，驿馆或传舍，是政府在全国道路上设立的招待站：

---

① 《宋会要辑稿》，《方域一○之一》。
② 《宋会要辑稿》，《方域一○之一》。
③ 《宋会要辑稿》，《方域一○之六》。

〔周〕官地官遗人之职，凡国野之道，十里有庐，庐有饮食，二十里有宿，宿有路室，路室有委，五十里有市，市有候馆，候馆有积。宋二十里马铺有歇马亭，即路室之遗事也。六十里有驿，驿有饩给，即候馆之遗事也。汉自郑庄置驿，以迎送宾客，故后世亭传有驿名。《通典》曰：唐三十里置一驿，其非通途大路，则曰馆，由是通谓之馆驿。①

馆驿有众多房舍，外乡人每到一地，无处安身时，往往寄宿驿馆，例如：

初，周太祖将兵征淮南，过宋州，宋州使人劳之于葛驿。葛驿先有一男子、一女子，不知其所从来，转客于市，佣力以食，父老怜之，酿酒肉衣服，相配为夫妇。及太祖至，市人聚观，女子于众中呼曰：此吾父也。市人驱之去，太祖闻之，使前问之，信其女也，相持而泣，将携之以行，女曰：我已嫁人矣。复呼其夫视之，曰：此亦贵人也，乃俱挈之军中，奏补供奉官，即永德也。②

普通劳动人民亦能寄住在官设驿馆之内，说明驿馆特别是偏远地方的驿馆，还兼有旅店的作用。

所有在交通要道上的驿，都是根据朝廷的命令，在道路上的一定地点由官家建造的，是政府的一项重要政务，故在宋代文献中这一类的记载很多，这里仅择要举例如下：

太祖开宝四年（公元九七一年）十月十二日，知邕州范旻言：本州至严州约三百五十里，是平稳径直道路，已令起置铺驿，其严州至桂州，请修治铺驿。诏令严州桂州据管界道路接续修持，各置铺驿。③

景德二年（公元一○○五年）九月四日，诏兴州青泥旧路，依旧置馆驿，并驿马递铺等，其新开白水路，亦任商旅往来。先是屡有言新路便近，亦有言青泥路虽远一驿，然经久难于改移者，故下

---

① 高承：《事物纪原》卷七，《驿》。
② 王称：《东都事略》卷二十一，《列传·张永德》。
③ 《宋会要辑稿》，《方域一○之一三》。

诏俱存之。①

关于改蜀道青泥岭旧路——蜀道中最难的路段，另开白水路，上文已略述其概，臣僚议论纷纷，互陈短长，下引系后人追忆，原委颇详，可作参证：

> 至和元年（公元一〇五四年）冬，利州路转运使主客郎中李虞卿，以蜀道青泥岭旧路高峻，请开白水路，自凤州河池驿至□州长举驿五十一里有半，以便公私之行，具上未报，即预画材费以待其可。明年春，兴州巡辖马递铺殿直乔达领桥阁并邮，共五百余人，因山伐木，积于路处，遂籍其人，用讫是役。……至秋七月始可其奏，然八月行者已走新路矣，十二月，诸功告毕，作阁道二百三十九间，邮亭营屋纲院三百八十三间，减旧路三十三里，废青泥一驿，除邮兵驿马一百五十六人骑，岁省驿禀铺粮五千石，蒭草一万围，放执事役夫三十余人。路未成，会李迁东川路，今转运使工部郎中集贤校理田谅至，审其绩状可成，故喜由己出，事并不懈，于是斯役实肇于李，而遂成于田也。嘉祐二年（公元一〇五七年）三月，田以状上，且曰：虞卿以至和二年（公元一〇五五年）仲春兴是役，仲夏移去，其经营建树之状本与〔知凤州河池县殿中丞王〕令图同，臣虽承乏，在臣何力，愿朝廷旌虞卿、令图之劳，用劝来者。……朝廷议依其请。初景德元年（公元一〇〇四年），尝通此路，未几而复废者，盖青泥土豪辈唧唧巧语以疑行路，且驿废则客邸酒垆为弃物矣，浮食游手，安所仰邪，小人居尝争半分之利，或眦眦抵死，况坐要路，无有在我，迟行人一切之急，射一日十倍之赍（古文贵字），顾肯默默邪？造作百端，理当然耳。向使愚者不怖其诞说，贤者不惑其风闻，则斯路初亦不废也。大抵蜀道之难，自昔以青泥岭称首，一旦避险即安，宽民省费，斯利害断然易晓，乌用听其悠悠之谈邪？而后之人见已成之易，不念始成之难，苟念其难，则斯路永期不废矣。……嘉祐二年（公元一〇五七年）二月六日记。②

---

① 《宋会要辑稿》，《方域一〇之一三》。
② 《金石萃编》卷一百三十四，《白水路记》。

〔皇祐〕四年（公元一〇五二年）七月九日，诏自京至广州，增置马递铺，仍令内臣一员提举。①

〔熙宁三年（公元一〇七〇年）五月〕戊午，新作来远驿。②

〔绍兴〕五年（公元一一三五年）十一月十九日，蕲州言：本州广济县已废为广济镇，本镇有一驿，缘自蕲春县至本镇，至黄梅县，共一百二十里，计程只止两日程，今来见置三驿，乞将此驿废罢，从之。③

驿馆皆设驿吏，主驿中诸事，但过往官员众多，品秩不一，良莠不齐，加以扈从如云，么喝祗应，滋生事端，驿吏官职卑微，不足以约束管理，真宗咸平中，因规定以沿途所属州县县令兼知馆驿使，以加强管理：

真宗咸平六年（公元一〇〇三年）六月二十三日，诏京东西、河北、河东、陕西、淮南诸县令，兼知馆驿使，勿得差往他所。④

驿馆供应过往官员人等，漫无限制，费用浩大，仁宗景祐中规定馆驿供给，按市估收费：

景祐三年（公元一〇三六年）十一月十日，臣僚上言：诸州馆驿供给无限，主守患之，请给市估之制，诏可，仍命榜于驿厅事。⑤

驿的主要作用，除招待过往官员人等住宿、饮食和提供交通工具外，其另一重要职责是传递文书，所有中央与地方之间文书往来，羽檄传送，都是由驿传负责传递，以文书之缓急不同，把传递方法分为三等，即步递、马递、急脚递，急脚递日行四百里，系用以传递紧急文书，如传递军情，则用金字牌急脚递，须日行五百里，过如飞电，车马人等皆须避路。其制如下：

① 《宋会要辑稿》，《方域一〇之二二》。
② 王称：《东都事略》卷八。
③ 《宋会要辑稿》，《方域一〇之一六》。
④ 《宋会要辑稿》，《方域一〇之一三》。
⑤ 《宋会要辑稿》，《方域一〇之一四》。

驿传旧有三等，曰步递、马递、急脚递，急脚递最遽，日行四百里，唯军行则用之。熙宁中又有金字牌急脚递，如古之羽檄也，以木牌朱漆黄金字，光明眩目，过如飞电，望之者无不避路，日行五百余里。有军前机速处分，则自御前发下，三省枢密院莫得与也。①

〔皇祐元年（公元一○四九年）冬十月〕壬午，诏马铺以昼夜行四百里，急脚递五百里。②

〔皇祐元年〕十月二十三日，诏马铺每一昼夜行五百里，急脚递四百里。③

原来递夫皆役民为之，太祖即位后，首革其弊，以军卒代百姓为递夫，其后特置递卒，优其廪给，并严禁差道路居人充递军脚力：

前代邮置，皆役民为之，自兵农既分军制，大异于古，而邮亭役兵如故。太祖即位之始，即革此弊。建隆二年（公元九六一年）五月，诏诸道州府，以军卒代百姓为递夫，其后特置递卒，优其廪给，遂为定制。④

太祖建隆二年五月十七日，诏诸道州府以军卒代百姓为递夫。先是天下邮传，率役平民，至是席知其弊，始尽易之。三年（公元九六二年）正月二十三日，诏郡县起今，不得差道路居人充递军脚力。⑤

〔太平兴国二年（公元九七七年）春正月丙寅，张〕齐贤通判衡州……自江陵至桂州，有水递铺夫凡数千户，皆渔樵细民，衣食不给。湘江多巨潭险石，而程限与陆铺等，或阻风涛阴雨，率被笞捶。齐贤言其事，诏每铺夫各减半。⑥

急脚递铺本来只传送文书，但往往有过路官员或往来中使，任意滥用民

---

① 沈括：《梦溪笔谈》卷十一。
② 李焘：《续资治通鉴长编》卷一百六十七。
③ 《宋会要辑稿》，《方域一〇之二二》。
④ 王栐：《燕翼贻谋录》卷一，《置递卒代递夫》。
⑤ 《宋会要辑稿》，《方域一〇之一八》。
⑥ 李焘：《续资治通鉴长编》卷十八。

力，令递夫赍持行李物件，使其负重奔驰，咸不堪命，大中祥符初，特下令禁止：

> 大中祥符元年（公元一〇〇八年）十月，诏沿路所置急脚递铺，盖令传送文书，如闻有近上臣僚并往来中使，多令赍持物色，负重奔驰，咸不堪命。自今非宣敕，并不得应付。①

原来乘驿者皆由主管部门发给银牌，后改由枢密院给牒：

> 太宗太平兴国三年（公元九七八年）六月三日，诏自今乘驿者皆给银牌，复旧制也。五代以来，凡乘递马奉使于外，止枢密院给牒，至是以李〔雄〕飞之诈，始复用焉。②
>
> 端拱二年（公元九八九年）二月七日，诏先使驰驿使臣，给篆书银牌，自今宜罢之，复给枢密院牒。③

乘驿由枢密院给牒，但对内外文武官员下至吏卒所给驿券，未有定制，多少无限，主管吏胥往往受贿滥发，致驿马不足，急脚稽留，每贻误公要[16]。仁宗嘉祐三年（公元一〇五八年），乃编订七十四条，颁行天下，俾内外文武官员有所遵循，不能再滥用驿马递夫：

> 〔嘉祐三年三月〕丙申，诏三司编天下驿券则例，从枢密使韩琦之请也。④
>
> 〔至和三年（公元一〇五六年）七月召为工部尚书三司使〕又以所给驿券，皆未有定例，或多少不同，乃会萃名数而纂次之，为驿令，颁天下，三司吏自此不得复弄文移为稽留，赇赂自绝。⑤
>
> 〔嘉祐四年（公元一〇五九年）春正月壬寅〕三司使张方平上所编译券则例，赐名曰"嘉祐驿令"。初内外文武官下至吏卒所给

---

① 《宋会要辑稿》，《方域一〇之一九》。
② 《宋会要辑稿》，《方域一〇之一八》。
③ 《宋会要辑稿》，《方域一〇之一八》。
④ 李焘：《续资治通鉴长编》卷一百八十七。
⑤ 《韩魏公集》卷十四，《家传》。

券皆未定，又或多少不同，遂下枢密院取旧例，下三司掌券司会萃多少而纂集之，并取宣敕令文，专为驿券立文者，附益删改，凡七十四条，上中下三卷，以颁行天下。①

神宗熙宁元年（公元一〇六八年）正月十八日，枢密院上新定到文武官合乘驿马条贯，诏可。先是诸色人给递马太滥，所在马不能充足，以致急递稽留故也。②

〔熙宁八年（公元一〇七五年）十一月丙子〕诏自今差官出外，已支赐者毋给驿券，愿请驿券者不支赐。③

政府将编订的"嘉祐驿令"颁行天下，要求内外文武官员军民人等一律遵行，又于刑法中订有法律专条，如有违犯，即予以严厉的法律制裁。在这些法律条文中，这里只选录下引两条：

诸不应入驿而入者，笞四十，辄受供给者杖一百，计赃重者准盗论。虽应入驿，不合受供给而受者，罪亦如之。疏议曰：杂令，私行人职事五品以上，散官二品以上，爵国公以上，欲投驿止宿者听之，边远及无村店之处，九品以上勋官、五品以上及爵，过屯驿止宿亦听。并不得辄受供给。谓私行人不应入驿而入者，笞四十，辄受供给，准赃，虽少皆杖一百，计赃得罪，重于杖一百者，准盗论。虽应入驿，准令不合受供给而受，亦与不应入驿人同罪，强者各加二等。④

诸驿使稽程者，一日杖八十，二日加一等，罪止徒二年。若军务要速加三等，有所废阙者，违一日加役流，以故陷败户口军人城戍者绞。议曰：依令给驿者，给铜龙传符，无传符处为纸券，量事缓急，注驿数于符契上，据此驿数以为行程，稽此程者，一日杖八十，二日加一等，罪止徒二年。⑤

---

① 李焘：《续资治通鉴长编》卷一百八十九。
② 《宋会要辑稿》，《方域一〇之二三》。
③ 李焘：《续资治通鉴长编》卷二百七十。
④ 《宋刑统》卷二十六。
⑤ 《宋刑统》卷十。

（三）陆运

陆运是漕运的一个重要补充，在不通江河运渠的内陆州郡，所有交通运输完全是在陆地上进行，其向京师应输纳的财物，主要是用车马运载。即使境内有可资利用的天然江河或人工渠道，也须将财物陆运至水浜，才能装船转漕至京师。至于民间的商旅往来，货物转输，更全靠车载马驮。故陆运在全国运输结构中实占一重要地位，尤其是河北、河东、陕西、川陕等路州郡的运输，则完全为陆运，其他江南、两浙、荆湖、岭南各州郡，也并不都是江河遍达，陆运亦占有相当大的比重。宋代全国各地的陆运概况，大体上如下所述：

> 凡陆运川峡诸州军金帛，自剑门列置递夫，负搭车辇以至京，或转支至陕西、河东沿边供军。广南诸州自桂州由湖南北、江陵、荆门而至福建，自洪州渡江，由舒州而至。又有川陕布纲，供京西诸军用度者，由荆南襄州列递转送。旧自广南至京，有香药递铺，今亦罢去。诸州陆运，惟主纲者部送，道路给券，不置使主之，诸边戍军衣赏给，亦多陆运送致。①
>
> 河北、河东、陕西三州陆运：河北、河东、陕西三路租税薄，不足以供兵费，屯田、营田岁入无几，籴买入中之外，岁出内藏库金帛及上京榷货务缗钱，皆不翅数百万。选使臣、军大将，河北船运至乾宁军，河东、陕西船运至河阳，措置陆运，或用铺兵厢军，或发义勇保甲，或差雇夫力，车载驮行，随道路所宜。河北地里差近，西路迂远，又涉碛险，运致甚艰。熙宁六年（公元一○七三年），诏鄜延路经略司支封桩钱于河东买橐驼三百，运沿边粮草。②
>
> 陕西诸州陆运：国朝陕西诸州刍粟，自黄河三门沿流入汴，至三门沿白波，发运使判官催纲领之。③
>
> 河东陆运：元丰四年（公元一○八一年），河东转运司调夫万

---

① 《宋会要辑稿》，《食货四八之一三》。
② 《宋史》卷一百七十五，《食货志上三·漕运》。
③ 吕祖谦：《历代制度详说》卷四。

一千人随军，坊郭上户有差夫四百人者，其次一二百人。愿出驴者三驴当五夫，五驴别差一夫驱喝。一夫雇直约三十千以上，一驴约八千，加之期会迫趣，民力不能胜。军须调发烦扰，又多不急之务，如绛州运枣千石往麟、府，每石止直四百，而雇直乃约费三十缗。泾原路转运判官张大宁言："馈运之策，莫若车便。自熙宁寨至磨嵯口皆大川，通车无碍，自磨嵯至兜岭下道路亦然。岭以北即山险少水，车乘难行。可就岭南相地利建一城寨，使大车自镇戌军载粮草至彼，随军马所在，以军前夫畜往来短运。更于中路量度远近，以遣回空夫筑立小堡应接，如此则省民力之半。"神宗嘉之。①

靖康元年（公元一一二六年）十月，诏曰："一方用师，数路调发，军功未成，民力先困。京西运粮，每名六斗，用钱四十贯。陕西运粮，民间倍费百余万缗，闻之骇异。今岁四方丰稔，粒米狼戾，但可逐处增价收籴，不得轻议般运，以称恤民之意。若般纲水运及诸州支移之类仍旧。"三路陆运以给兵费，大略如此[17]。②

南宋时期供应川陕驻军兵食，仍需以高昂运费陆运军需，这成为南宋王朝的一个沉重负担。臣僚对此，献计献策，议论纷纷，虽曾多方设法，仍始终得不到妥善解决，其耗费之大，困难之多，以及给人民带来的痛苦，可由下引文献窥见其梗概：

绍兴四年（公元一一三四年），川、陕宣抚吴玠调两川夫运米一十五万斛至利州，率四十余千致一斛，饥病相仍，道死者众，蜀人病之。漕臣赵开听民以粟输内郡，募舟挽之，人以为便。总领所遣官就籴于沿流诸郡，复就兴、利、阆州买场，听商人入中。然犹虑民之劳且愈也，又减成都水运对籴米。③

〔绍兴六年（公元一一三六年）十有一月壬午〕四川制置大使席益上漕运六策，令学士院降诏奖谕。初，宣抚副使吴玠以水运稽留，欲从陆运，而都转运使赵开以其费大杂之，上命益措置，至是

---

① 《宋史》卷一百七十五，《食货志上三·漕运》。
② 《宋史》卷一百七十五，《食货志上三·漕运》。
③ 《宋史》卷一百七十五，《食货志上三·漕运》。

益言：蜀中民已告病，而军尚乏食，详观弊源，图所以救之，不一而足，所以奏请转般，欲于上流水涩之时，并运在阆、利近处，春水生后，一发运至军前，庶免如今年夏秋，顿至阙绝，一也。又奏请于利、阆州就籴入中，庶免如今年多支脚钱，而运远路之贵米，二也。又于泸、叙、嘉、黔等州，打造运船，及自用收拾水流木，斫伐官地木造船，庶免向来掳船之弊，致客旅逃避，弃毁其船，官失指准，三也。秋初于阆州急籴万斛，以应军前急阙，又遣官于军前计议梁、洋就籴十万石，庶免如向来陆运之弊，人民役死，田莱多荒，又得军前早有粮饷，四也。行下三路漕司，任责起发合运之米，自五月后来至今，在仓米数起发将尽，庶免如向来积米在仓，军前告乏，五也。又差本司属官，赍钱物往泸、叙、恭、涪，依私下籴买新米，就近发赴军前，却于西路水运最近去处，兑桩米数，省水运舟船之费，而民无科籴之苦，六也。时开已召而未去，亦言：制司就果阆市军储，非是；议者又谓伐木造舟，于边禁非宜。而玠与益相疑，事亦竟止。是冬，复行陆运，名曰支移，民间率费七十千而致一斛粮，夫死者甚众。①

〔绍兴七年（公元一一三七年）夏四月〕丙辰，都官员外郎冯康国面对，论囊者金、豫相挺，连年寇蜀，吴玠据险得利，全蜀赖之，玠之功绩，不可诬也。然蜀地狭民贫，山险道隘，绍兴四年（公元一一三四年）秋，陆运始行，役夫饥饿，疾病相仍，毙于道者三之一，蜀民至今痛之。自后岁顷不登，斗米二千，死者枕籍[18]。去年冬，是役复兴，更名支移，计其所运一石，民间费七十千，逃亡死损，又未论也。有为救蜀之说者，曰省冗官，节浮费，裁损军中请给，亦庶几矣。夫冗官浮费，固当节省，而军中请给，易摇军心，未易轻议。臣观[19]蜀中之弊，患在粮运不继，而折支太优。嘉陵江险，滩碛相望，夏苦涨流之失感，冬阻浅涩之患，终岁水运，终不能给，是以时起陆运之役。兼军前将佐俸给优厚，类皆正色，米斛价高，银绢价平，既阙正米，不免折支，每以低价银绢，估折高价之米，所以岁费浩大，钱粮两不给也。若遣官委曲，谕玠三月以后，九月以前，除关外防扼合用军马数目外，其余将兵，移

---

① 李心传：《建炎以来系年要录》卷一百六。

屯内郡，歇泊就粮，且以二万人为率，兼选仁厚牧守，分治梁、洋两郡，招集流散，二年之后，耕凿就绪，可赡戍卒万人，岁又省蜀中二十万斛之运，诚如此行，于吴玠军中无损，于全蜀生灵稍宽，保蜀善道之策，无易于此，伏惟陛下财察。丁巳，诏送都督府。①

---

① 李心传：《建炎以来系年要录》卷一百十。

第三章　土地制度与土地问题

第一节　公田或官田

（一）公田或官田的种类和来源

土地是自然物，但是本章所说的土地，却不是指自然物的土地，而是指一种经济财物（economic goods）的土地。不管它的所有者是代表国家的政府，还是私人（包括仅仅占有土地而不经营的地主和直接生产者农民），都是已经开辟并正在利用的熟田——耕地和尚未开辟有待开辟的可耕地，即各种形态的生荒和熟荒。即使是尚未开辟的生荒地，只要公家或私人组织人力开辟利用，马上就成为可供种植的耕地。所有公私的耕地和可耕地——包括生荒和熟荒，在全国土地面积中各占多大的比重，因没有统计数字可凭，不得而知。但由于国家的赋税主要是征自土地和户口，故历代王朝皆有作为征收两税依据的《会计录》详记了历届朝廷的户口和田亩之数。可是纳税人为了逃避赋役负担，常以各种方式把人口、田亩实数尽量少报甚至不报，在隐匿漏报十分严重的情况下，《会计录》所公布的数字，是大大缩小了的数字，只能看作是一个大概轮廓，不能作为可靠的数据来进行分析。这里把北宋各朝的垦田数字引述如下：

天下垦田：景德中，丁谓著《会计录》云：总得一百八十六万余顷。以是岁七百二十二万余户计之，是四户耕田一顷，籧是而知天下隐田多矣。又川峡、广南之田，顷亩不备，第以五赋约之。至天圣中，国史则云：开宝末，垦田二百九十五万二千三百二十顷六十亩；至道二年（公元九九六年），三百一十二万五千二百五十一顷二十五亩；天禧五年（公元一〇二一年），五百二十四万七千五百八十四顷三十二亩。而开宝之数乃倍于景德，则谓之所录，固未得其实。皇祐、治平，三司皆有《会计录》，而皇祐中垦田二百二十八万余顷，治平中四百四十万余顷，其间相去不及二十年，而垦田之数增倍。以治平数视天禧则犹不及，而叙治平录者以谓此特计其赋租以知顷亩之数，而赋租所不加者十居其七。率而计之，则天下垦田无虑三千余万顷。是时，累朝相承，重于扰民，未尝穷按，故莫得其实，而废田见于籍者犹四十八万顷。①

〔皇祐元年（公元一〇四九年）〕夏四月丁亥，右司谏钱彦远上劝农疏曰：“农为国家急务，所以顺天养财，御水旱，制蛮夷之本原也。唐开元户八百九十余万，而定垦田一千四百三十余万顷。今国家户七百三十余万，而定垦田一千二百一十五万余顷，其间逃废之田不下三十余万顷，是田畴不辟，而游手多也，劝农其可不兴乎？”上嘉纳之。②

这里所谓垦田，是指公私土地所有者已经开辟成为熟田，并已经在种植农作物的田地。这类土地的最大多数是由私人占有，并向政府缴纳田赋，成为合法的私人财产。但其中也有若干份额归公家所有，并作了各种不同的用途。如作为系官庄田、常平官田、作为分配给各级大小官吏的公廨田和职分田、供戍卒或募民耕种的屯田和营田等等，所有这些能用于种植的土地，当然都是经过开辟，把生荒变成了适于种植的农田，其中有些是原来早已开辟利用过的熟田，后来又变成荒地，如逃田、绝户没官田、犯罪籍没田、废官职田、废寺田、官庄等等。逃田系农民不堪沉重的赋役负担和其他种种的剥削和压迫，遂弃田不耕，逃亡他乡，使耕地变为荒田，由政府收管，在一定期限内如逃户归来，仍将没入田归还本主，过期即由政府处置，或召租，或作为屯田和营田，募人耕种，免其继续荒芜；绝户没官田，系原来所有者身死无后，因无人耕种，致土地荒废，政府亦加以没收，另作他用；犯罪籍没田系将犯罪人的田产籍没为公田；废官职田，系将原来给予官吏个人并以其租入代俸的职田，因官吏死亡或被罢免，政府遂将其职田收回而成为公田；

① 《宋史》卷一百七十三，《食货志上一·农田》。
② 彭百川：《太平治迹统类》卷九。

官庄原系五代时几个割据小王朝的皇室、勋戚、文武百官的私有土地，亡国后悉被征服者没收，直接归朝廷所有，称为官庄，采取民间租佃办法，募民耕种，收取地租，在政府的财政收入中成为一个重要项目。例如政和二年（公元一一一二年）四月十七日诏云："祖宗以来，田之在公者，为屯田、为官庄，养民兵，居熟产，于以佽助经费，藩卫边鄙。神考置常平之官，修水土之政，方天下之田，以正经界，庶几乎复古矣，续而成之，以绍先烈，实在今日。"① 这说明官庄是公田的一个重要组成部分，其租税收入，是国家用以卫国安民的各项军政费用的重要来源，故政府对经营官庄十分重视，并且不断扩大其面积，将其他可利用的公田改为官庄，以增加收入，其详细情况俱见后文，这里从略。没收废寺田，亦系化私田为公田的一种方式。宋代也是佛教昌盛的一个时代，天下自通都大邑到穷乡僻壤，大小寺院林立，各有数目不等的僧尼，亦各拥有数目不等的庙产，成为各该地方的一个大地主，后以种种原因，寺院被废，其庙产由政府没收，改为公田。

除了"垦田"外，还有大量的未垦之田和待垦之田，大都是处于自然状态的生荒地。换言之，都是自然物，而不是经济财产[1]，如沙田、冈田、芦场、牧场、淤官地、河徙地、天荒、江涨沙田、弃堤、退滩、濒江河湖海自生芦苇荻场、圩岸、湖田、海道淤田、不堪牧马闲田等等，所有这些不能由私人占有或私人不愿占有的硗埆、沮洳、山冈、斥卤等生荒地，组成官田的最大部分，政府对这些次等、下等土地亦采取各种方式，尽量加以开发利用，如开辟为屯田和营田、改造为官庄，以募军民垦荒，力求把天荒改造为耕地，以增加农业的水土资源，其种种利用方式俱见下文。

（二）公田的利用

1. 赏赐

用土地行赏，是由来已久的传统。过去历代王朝用以赏赐勋戚功臣的财物，除了黄金、钱币、匹段、奴婢、宅邸、马匹等等之外，土地占一很大比重。自东汉以后，当黄金不再是货币而又非常难得时，土地便日益成为赏赐的主要项目。因土地是生产资料，在农业生产占支配地位的封建社会中，土地是主要的生息手段，直接标志着财富。一家拥有土地之多少，不仅标志着一家财富的大小，而且标志着其社会地位的高低。只有获得了田连阡陌的土

---

① 《宋会要辑稿》，《食货一之三二》。

地，才能取得"里有人君之尊，邑有公侯之富"的崇高地位，也才能保障优越的生活。这说明土地是人人希望获得的，并且是多多益善的。但是作为经济财物的土地，本身具有很大的稀缺性。在土地私有制确立之后，地各有主，越发增加了耕地的稀缺性，谁要想获得土地，就必须付出足够多的代价。尽管如此，土地仍然不是伸手可得，因土地是农民唯一的生存依据，卖掉土地，就等于丧失了生活来源，非遭遇重大不幸，不卖掉土地就不能渡过难关时，谁也不肯轻易把仅有的一点土地卖掉。因此，富贵人家虽具有买进大量地产的充分财力，而肯于出卖土地的人则殊殊寥寥。简单说，作为商品的土地，其供给弹性是很小的，有钱人并不能随意买到土地，这就促使权贵豪门常常凭借封建特权，采取强买、豪夺、霸占等非法手段以占有别人的土地。但是不法行为常常会受到制裁，遇到一个不畏权势的强项令，就要绳之以法，即使是公主、王公也难逃"王法"，从而使他们鸡飞蛋打，得不偿失，而类似董宣的强项令又代不乏人，因此，稍知自爱的人不敢轻易以身试法。在人人希望获得土地而又不易获得的情况下，朝廷以土地行赏就有了特殊意义，使被赐予土地的人骤然得到了不易得到的大量地产，从而骤然增加了财富，同时也提高了社会地位和荣誉。故朝廷以土地行赏，是具有重大的政治意义的。

在北宋时期，用土地行赏的次数不多，带有明显政治作用的赏赐更少，见于记载的只有下述两次：

> 〔咸平五年（公元一〇〇二年）十月〕戊寅，诏河西戎人归顺者，给内地闲田处之。①
> 〔嘉祐四年（公元一〇五九年）四月〕癸酉，封柴氏后为崇义公，给田十顷，奉周室祀。②

其次，则是用公田于公益和慈善救济事业，例如：

> 〔熙宁四年（公元一〇七一年）三月〕庚寅，诏给诸路学田，增教官员。③

---

① 《宋史》卷六，《真宗本纪一》。
② 《宋史》卷十二，《仁宗本纪四》。
③ 《宋史》卷十五，《神宗本纪二》。

〔熙宁四年七月〕丁未，诏唐、邓给流民田。①

进入南宋后，朝廷频繁以土地行赏，特别是由于金兵不断南下，骚扰江淮与汉中，沿江和川陕边防吃紧的用兵之际，对守边将帅依赖殷切，故动以千顷万顷土地加以重赏，对其他有功臣僚和将士亦多赐以良田，以资激励。这一政策，历朝相沿，直至宋亡。其著者如：

〔绍兴二年（公元一一三二年）八月〕己酉，赐吴玠田。②

〔绍兴四年（公元一一三四年）三月乙亥〕淮南东路宣抚使韩世忠乞承买平江府朱勔南园，及请佃陈满塘官地一千二百亩。诏以园地赐世忠。③

〔绍兴五年（公元一一三五年）七月〕丁亥，赐宇文虚中家福建田十顷。④

〔绍兴〕九年（公元一一三九年）四月二十六日，诏：建康府永丰圩拨赐韩世忠。⑤

〔绍兴十三年（公元一一四三年）闰四月〕庚戌，杨政入见，加检校少保，赐田五十顷。⑥

〔绍兴〕十四年（公元一一四四年），召见，拜检校少保，还镇，赐以御府金器、绣鞍，仍官一子文资，赐田五十顷。⑦

〔绍兴〕十二年（公元一一四二年），入觐，拜检校少师，阶、成、岷、凤四州经略使，赐汉中田五十顷。⑧

〔绍兴二十三年（公元一一五三年）八月〕乙卯，赐秦桧建康府永丰圩田。⑨

〔绍兴二十五年（公元一一五五年）五月〕壬申，赐刘锜湖南

---

① 《宋史》卷十五，《神宗本纪二》。
② 《宋史》卷二十七，《高宗本纪四》。
③ 李心传：《建炎以来系年要录》卷七十四。
④ 《宋史》卷二十八，《高宗本纪五》。
⑤ 《宋会要辑稿》，《食货六一之四八》。
⑥ 《宋史》卷三十，《高宗本纪七》。
⑦ 《宋史》卷三百六十七，《郭浩传》。
⑧ 《宋史》卷三百六十六，《吴璘传》。
⑨ 《宋史》卷三十一，《高宗本纪八》。

田百顷。①

〔绍兴〕二十六年（公元一一五六年）四月十三日诏：李显忠已赐田在镇江府，可依数于绍兴府上虞县官田内兑换。仍依薛安靖例，放免十料租税。以显忠自夏国归朝，屡立战功，优之，因其陈请，故有是命。②

〔绍兴〕三十二年（公元一一六二年）八月五日诏：镇江府都统制李显忠除已拨赐田外，令两浙转运司于浙东路系官田内更拨赐七十顷。③

〔隆兴二年（公元一一六四年），战死〕葬于镇江。官其二子，郊武功大夫、忠州刺史，昌承信郎。赐银千两，绢千匹，宅一区，田百顷。④

〔乾道元年（公元一一六五年）〕八月己卯，以永丰圩田赐建康都统司。⑤

〔乾道六年（公元一一七〇年）〕十二月十三日诏："诸州县没官田产，虽经赐予，若民户已经辨雪，法当改正，即时给还，许别以应籍田产改拨。"臣僚札子："……陛下爱惜名器，勋旧懿亲，间赐以田，此正孔子与邑之意。然江淮荆襄，土旷人稀，与之虽连阡陌可也；江浙尺寸之土，人所必争，而赐田之目，动以顷计。向来没官田，举以出卖，皆为民产矣，赐目既下，有司无所从出，必于近地踏逐。没官田产，或以得罪，或以户绝，朝籍于官，暮入势家。拘抚细微，无所遗漏。苟法当拘籍，上所赐与，人亦无得而辞；惟是人之得罪，不能无冤，既不幸而抵罪，生生之资，尽非其有，异时陈诉于朝省监司，幸而昭雪，所籍之产，法当给还，既为势家所得，又其名曰宣赐，已不可复取矣。臣愚欲望明诏州县，如有没官田产，虽已赐与，若民户已经辨雪，法该改正，仰即时给还。"故有是命。⑥

---

① 《宋史》卷三十一，《高宗本纪八》。
② 《宋会要辑稿》，《食货六一之四九》。
③ 《宋会要辑稿》，《食货六一之四九》。
④ 《宋史》卷三百六十八，《魏胜传》。
⑤ 《宋史》卷三十三，《孝宗本纪一》。
⑥ 《宋会要辑稿》，《食货六一之五四》。

〔乾道八年（公元一一七二年）十二月〕甲辰，诏京西招集归正人，授田如两淮。①

〔乾道九年（公元一一七三年）三月〕二十七日诏：今后应拨赐田亩，令所属止将系官闲田摽拨，不许指占已佃之田。其已给者，不得陈乞兑换。②

〔开庆元年（公元一二五九年）四月〕乙未，诏赐夏贵溧阳田三十顷。③

〔德祐元年（公元一二七五年）十一月〕丙戌，赠济王太师、尚书令，进封镇王，谥昭肃，令福王与芮择后奉祀，赐田万顷。④

2. 官庄

上文已指出，官庄主要是籍没前朝统治者的私产，在性质上与户绝田、罪没田是同一性质，都是早已开辟并已在种植中的熟田，后来把这些田都并入官庄。由于官庄在北宋时主要是召民承租，为了扩大官庄面积，后来又将牧地可耕者改为官庄。北宋和南宋王朝对于官庄皆锐意经营，其情况有如下述：

> 福州王氏时有田千余顷，谓之官庄，自太平兴国中授券予民耕，岁使输赋。至是，发运使方仲荀言："此公田也，鬻之可得厚利。"遣尚书屯田员外郎辛惟庆领其事，凡售钱三十五万余缗，诏减缗钱三之一，期三年毕偿。⑤

> 〔咸平二年（公元九九九年）秋七月壬午〕宰相张齐贤请给外任官职田，诏三馆、秘阁检讨故事，申定其制，以官庄及远年逃田充，悉免其税。⑥

> 〔天圣三年（公元一〇二五年）〕十一月，淮南制置发运使方仲荀言：福州官庄与人户私产田，一例止纳二税，中田亩钱四文，米八外，下田亩钱三文七分，米七升四勺，若只依例别定租课，增起

---

① 《宋史》卷三十四，《孝宗本纪二》。

② 《宋会要辑稿》，《食货六一之五五》。

③ 《宋史》卷四十四，《理宗本纪四》。

④ 《宋史》卷四十七，《瀛国公本纪》。

⑤ 《宋史》卷一百七十四，《食货志上二·赋税》。

⑥ 李焘：《续资治通鉴长编》卷四十五。

升斗，经久输纳不易……①

〔天圣〕四年（公元一○二六年）六月，辛惟庆还言：臣与本州体量，闽俟官十二县，共管官庄一百四，熟田千三百七十五顷八十四亩，佃户二万二千三百人，于太平兴国五年（公元九八○年）准敕差朝臣均定二税，给帖收执，内七县田中下相半，五县田色低下。②

〔天圣六年（公元一○二八年）〕冬十月甲申，除福州民逋官庄钱十二万八千缗。③

可见官庄或出租，或出卖，都是政府的一项重要收入。官庄收入既丰，经手官吏为了扩大官庄面积，难免蚕食附近公私田亩，根括冒耕地为官庄：

元丰元年（公元一○七八年）正月十八日，诏经制熙河路边防财用司括冒耕一地为官庄，限半年听民自陈。④

当政府对全国系官田亩进行调查，分别等级时，首先把近城第一等肥沃土地划为官庄，其他二、三、四等土地，则分别以不同办法租佃于民，其制如下：

〔元丰元年五月壬午〕经制熙河路边防财用司言：准朝旨以土田分等，近城第一等为官庄，第二等合种，第三等出租，第四等募人耕，五年起税，欲选附城沃土八百顷为官庄，有余募弓箭手，又有余募人合种，及出租赋。官庄每五十顷差治田使臣一员，立赏罚格，从之。⑤

牧马场原来都是未经开辟的生荒地，其中杂草丛生，适于放牧，为了扩大官庄，每将牧地中有可耕之壤，加以开辟利用，改为官庄：

---

① 《宋会要辑稿》，《食货六三之一七五》。
② 《宋会要辑稿》，《食货六三之一七五》。
③ 《宋史》卷九，《仁宗本纪一》。
④ 《宋会要辑稿》，《食货七○之一一六》。
⑤ 李焘：《续资治通鉴长编》卷二百八十九。

〔元丰二年（公元一〇七九年）〕十二月十八日，诏开封府界收
地可耕者为官庄，从都大提举淤田司请也。……〔三年（公元一〇
八〇年）〕六月十五日，都大提举淤田司请以雍丘县黄酉等十棚牧
地为官庄田，从之。①

官庄常由于种种原因召募不到足够的劳动力，政府乃将守边戍卒抽调一
部分使之复员，官给口粮，因为耕夫，使佃官庄，收成后按普通租佃办法，
平分收获物：

〔崇宁〕二年（公元一一〇三年）九月，熙河路都转运使郑仅
奉诏相度措置熙河新疆边防利害。仅奏："朝廷给田养汉蕃弓箭手，
本以藩扞[2]边面，使顾虑家产，人自为力。今拓境益远，熙、秦汉
蕃弓箭手乃在腹里，理合移出。然人情重迁，乞且家选一丁，官给
口粮，团成耕夫，使佃官庄，遇成熟日，除粮种外，半入官，半给
耕夫，候稍成次第，听其所便。"从之。②

宋室南渡后，疆域缩小，北半部中国沦落敌手，政府对官庄经营益为留
意，力求增广官庄面积，采取的办法有以下几种：

〔绍兴〕七年（公元一一三七年），以贼徒田舍及逃田充官庄，
其没官田依旧出卖。③
〔绍兴七年〕六月五日，中书门下省言："江淮等路置营田，数
年之间皆无成效，朝廷改置官庄，招召军民耕佃，给予牛具，借贷
种粮，诚为良法。"④
〔绍兴〕二十年（公元一一五〇年），诏：两淮沃壤宜谷，置力
田科，募民就耕，以广官庄。⑤
〔绍兴二十年（公元一一五〇年）夏四月〕癸酉，左朝奉大夫

---

① 《宋会要辑稿》，《食货二之五》。
② 《宋史》卷一百九十，《兵志四·乡兵一》。
③ 《宋史》卷一百七十三，《食货志上一·农田》。
④ 《宋会要辑稿》，《食货二之二〇》。
⑤ 《宋史》卷一百七十三，《食货志上一·农田》。

新知庐州吴逵言："两淮之间，平原沃壤，土皆膏腴，宜谷易垦，稍施夫力，岁则有收，而莫加工，茅苇翳塞。望置力田之科，募民就耕淮甸，赏以官资，辟田以广官庄，自今岁始。今欲江浙、福建委监司守臣，劝诱土豪大姓，赴淮南从便开垦田地。归官庄者，岁收谷五百石，免本户差役一次；七百石，补进义副尉；至四千石，补进武校尉，并作力田出身。其被赏后再开垦及元数，许参选如法理，名次在武举特奏名出身之上，遇科场并得赴转运司应举。"从之。①

〔绍兴〕二十九年（公元一一五九年），初，两浙转运司官庄田四万二千余亩，岁收稻麦等四万八千余斛。……充行在马料及籴钱。②

〔乾道〕七年（公元一一七一年），提举浙西常平李结乞以见管营田拨归本司，同常平田立官庄。梁克家亦奏："户部卖营田，率为有力者下价取之，税入甚微，不如置官庄，岁可得五十万斛。"③

〔乾道〕八年（公元一一七二年），以大理寺主簿薛季宣于黄冈、麻城立官庄二十二所。④

淳熙元年（公元一一七四年）正月，召赴阙，奏对称旨，除工部郎中，仍旧措置官庄。枢密院得旨，列具淮东官庄已成之数，总五部七县及楚州忠勇使效为五十四庄，屋二千四百四十九间，耕者一千二百有奇，牛六百二十有五，稼器六百二十五副，老稚五千四百二十有七，耕田九百一十四顷。上见实效，尤以为喜。⑤

政府大量扩充官庄，召募耕夫佃种，按照民间租佃办法征收地租，以增收入，而租率又比一般租率为低，据绍兴七年（公元一一三七年）十月二十五日诏："诸路营田、官庄收到课子，余桩留次年种了外，今后且以十分为率，官收四分，客户六分。"⑥ 四、六分成，剥削率是不高的，这样，通过官庄经营，使大片官田不致荒废，而无地农民也有田可耕，本属公私两利，但是事实上一经官吏之手，即百弊丛生，强制攘夺，无所不有，或付以瘠卤难

① 李心传：《建炎以来系年要录》卷一百六十一。
② 《宋史》卷一百七十三，《食货志上一·农田》。
③ 《宋史》卷一百七十三，《食货志上一·农田》。
④ 《宋史》卷一百七十三，《食货志上一·农田》。
⑤ 楼钥：《攻愧集》卷九十一，《直秘阁广东榷刑徐公行状》。
⑥ 《宋会要辑稿》，《食货二之二〇》。

耕之田而逼取高租，或虚增顷亩而攘夺佃户合分之物，甚至迫使佃户鬻己牛以养官牛，耕己田以偿官租，结果良法变成虐政，其种种害民之状可由下引文献看出：

〔绍兴〕八年（公元一一三八年）三月八日，左宣教郎监西京中岳庙李采言："江淮置立官庄，贷以钱粮，给以牛种，可谓备矣。然奉行峻速，或抑配豪民，或驱迫平民，或强科保正，或诱夺佃客。给以牛者未必付以田，付以田者或瘠卤难耕，虚增顷亩，攘佃户合分课子以充其数，多鬻己牛以养官牛，耕己田以偿官租，反害于民。盖营田上策，宜行军中，乃古人已试之效，移之于民，闲田多，闲民少，以闲田付之闲民，公私俱获其利；以闲田付之有常职之民，种种为害。欲望申敕有司，严示惩戒，以闲田付之闲民，无闲民则阙而不置。"诏令诸路提领营田官严切约束所属州县，常加遵守前后约束指挥，如有违戾去处，仰具名按劾，当重置典宪。①

绍兴十年（公元一一四〇年）十一月甲子，右正言万俟卨论营田官庄附种之弊，以为官庄设，即百里之民应籍者，皆赴庄以待耕耨，己业荒废，多不能举。附种行，则斗胜升之种户给于民，散敛之扰，率以为常。欲望逐路选委强明监司一人，遍行州县，应有营田去处，核实均散，其帅臣隐蔽，不肯公共商榷者，并许按核以闻。②

3. 北宋时期的屯田与营田

自赵充国屯田之制取得成功后，就成为历代王朝奉行不变的传统，使戍边士卒耕垦自给，以省飞刍挽粟之劳，节省了政府的一笔巨大开支。后又将屯田办法推行于内地，政府将系官荒田改为屯田或营田，召募兵卒或平民承佃耕垦，以增加农业生产，减少土地荒芜。宋王朝是一个锐意推进农业发展的朝代[3]，凡可以开发利用的水土资源，无不尽量加以利用。而宋代又是边患特别严重的时期，对北边之辽和西北边之夏皆须以重兵防守，于是军需供应遂成为当务之急，完全由中央千里馈运，不仅费用浩大，且时有缓不济急

---

① 《宋会要辑稿》，《食货六三之一一一》。
② 《皇宋中兴两朝圣政》卷二十六，《万俟卨论营田》。

之嫌。因此，在河北、西北边境一带开展屯田或营田，召募士卒或平民就地种植，既可省朝廷飞挽之劳，又兼收充实边防之效，戍军可以逸待劳，有事则战，无事则耕，足食足兵，加强了国防力量。边境一带阡陌连绵[4]，沟渠纵横，特别是能改为水田者，遍植粳稻，益使胡马不能奔驰，对于巩固国防还起了一定的辅助作用。故宋朝政府对于屯田和营田的开辟经营，遂不遗余力地在进行。首先是设立专官，负责经理：

> 屯田郎中员外郎：掌屯田、营田、职田、学田、官庄之政令，及其租入、种刈、兴修、给纳之事。凡塘泺以时增减，堤堰以时修葺，并有司修葺种植之事，以赏罚诏其长贰而行之。分案三，置吏八。①

各地经营屯田和营田的具体办法不尽相同，大致是兵士所耕之田为屯田，平民佃耕之田为营田。据熙宁七年（公元一○七四年）提点刑狱郑民宪言："祖宗时屯、营田皆置务，屯田以兵，营田以民，固有异制。然襄州营田既调夫矣，又取邻州之兵，是营田不独以民也；边州营屯，不限兵民，皆取给用，是屯田不独以兵也；至于招弓箭手不尽之地，复以募民，则兵民参错，固无异也。而前后施行，或侵占民田，或差借耰夫，或诸郡括牛，或兵民杂耕，或诸州厢军不习耕种、不能水土，颇致烦扰……"② 可见屯田与营田虽系两种田制，实际上并无严格区别，屯田不限于兵，营田不限于民，常常是兵民参错。因此，在官方文件中和民间习惯上，对屯田、营田常常混用。称之为屯田，实际上是民耕；称之为营田，实际上是军耕。因此，在本节中所引文献，亦不再加以严格区分。政府为了便于管理，在对总结各地办法的基础上，到神宗元丰年间对屯田制度的明文作了统一规定：

> 〔元丰五年（公元一○八二年）〕七月七日，提举熙河等路弓箭手营田蕃部司康识言："与兼提举营田张太宁同议立法，乞应新收复地差官以千字文分画经界，选知农事厢军耕佃，每顷一人，其部辖人员节级及雇助人功，岁入赏罚，并用熙河官庄法，余并召弓箭手，

---

① 《宋史》卷一百六十三，《职官志二》。
② 《宋史》卷一百七十六，《食货志上四·屯田》。

人给二顷，有马者加五十亩。营田，每五十顷为一营，差谙农事官一员干当，许本司不拘常制，举选人使臣，请给依陕西路营田司法，不满五十顷委付附近城寨官兼管，月给食钱三千。"从之。①

各地屯田、营田常因管理不善，收入不多，有时得不偿失，以致屡兴屡废，如：

> 天禧末，诸州屯田总四千二百余顷，河北岁收二万九千四百余石，而保州最多，逾其半焉。襄、唐二州营田既废，景德中，转运使许逖复之。初，耿望借种田人牛及调夫耰获，岁入甚广。后张巽改其法，募水户分耕，至逖又参以兵夫，久之无大利。天圣四年（公元一〇二六年），遣尚书屯田员外郎刘汉杰往视，汉杰言："二州营田自复至今，襄州得谷三十三万余石，为缗钱九万余；唐州得谷六万余石，为缗钱[5]二万余。所给吏兵俸廪、官牛杂费，襄州十三万余缗，唐州四万余缗，得不补失。"诏废以给贫民，顷收半税。其后陕西用兵，诏转运司度隙地置营田以助边计，又假同州沙苑监牧地为营田，而知永兴军范雍括诸郡牛颇烦扰，未几遂罢。右正言田况言："镇戎、原、渭，地方数百里，旧皆民田，今无复农事，可即其地大兴营田，以保捷兵不习战者分耕，五百人为一堡，三两堡置营田官一领之，播种以时，农隙则习武事。"疏奏，不用。后乃命三司户部副使夏安期等议并边置屯田，迄不能成。②
>
> 治平三年（公元一〇六六年），河北屯田三百六十七顷，得谷三万五千四百六十八石。熙宁初，以内侍押班李若愚同提点制置河北屯田事。三年，王韶言："渭源城而下至秦州成纪，旁河五六百里，良田不耕者无虑万顷，治千顷，岁可得三十万斛。"……从其所请行之。明年，河北屯田司奏："丰岁屯田，入不偿费。"于是诏罢缘边水陆屯田务，募民租佃，收其兵为州厢军。时陕西旷土多未耕，屯戍不可撤，远方有输送之勤，知延州赵禼请募民耕以纾朝廷忧，诏下其事。经略安抚使郭逵言："怀宁寨所得地百里，以募弓箭手，

---

① 《宋会要辑稿》，《食货二之五——六》。

② 《宋史》卷一百七十六，《食货志上四·屯田》。

无闲田。"高又言之，遂括地得万五千余顷，募汉蕃兵几五千人，为八指挥，诏迁高官，赐金帛。而熙州王韶又请以河州蕃部近城川地招弓箭手，以山坡地招蕃兵弓箭手，每寨五指挥，以二百五十人为额，人给地一顷，蕃官二顷，大蕃官三顷。熙河多良田，七年（公元一〇七〇年），诏委提点秦凤路刑狱郑民宪兴营田，许奏碎官属以集事。①

正由于各地经营屯、营田都要付出一定成本，据元丰三年（公元一〇八〇年）十二月知邠州王孝先上书曰："屯田、营田司熙宁七年至十年，费钱十五万五千四百余缗。"② 生产效率不高，所得往往不偿所费，故不断停罢，将土地佃租于民，或改为牧场，例如：

〔景德〕四年（公元一〇〇七年）十月，群牧司言："诸监以草地充屯田，遣卒种莳，所入不充其费。今马数益多，阙人牧放，请废屯田，仍为草地，委所属州县标其疆畛，免公私侵占。"从之。③

元丰二年（公元一〇七九年），改定州屯田司为水利司。及章惇筑沅州，亦为屯田务，其后遂罢之，募民租佃，役兵各还所隶。④

尽管各地屯、营田事务经营得不够理想，招致停废，但政府从大局出发，不斤斤计较个别地方的盈亏得失。宏观全局，屯、营田仍有其长远利益和深远意义。因利用荒废不耕之土，召募退伍军人和无地农民耕垦，不论其收获多少，都由此安置了部分无业游民；其次，使大片荒地得到垦辟利用，即使单位面积产量不高，也大大减少了土地的荒芜程度，或多或少地增加了农业产量，使原来未加利用或不能利用的水土资源得到利用。宋王朝历届政府都坚持这个政策，是完全正确的，也是很有远见的，这与前卷所述唐王朝对农田水利的漠不关心、即使在挨饿的情况下也不去经营农田，实不可同日而语。宋王朝始终注意对水土资源的开辟利用，即使在金人进逼、兵临城下的危亡关头，仍在号召各地经营屯田：

---

① 《宋史》卷一百七十六，《食货志上[6]四·屯田》。
② 彭百川：《太平治迹统类》卷二十九。
③ 《宋会要辑稿》，《兵二一之二五》。
④ 《宋史》卷一百七十六，《食货志上四·屯田》。

〔靖康元年（公元一一二六年）四月十八日〕徐处仁札子奏：
"臣窃惟金贼远遁，边鄙稍宁，正当预讲经远之谋，以善其后，训兵积粟，今正其时。然多屯兵，则粮运至难；少屯兵，则不足御敌；要之二者皆非经远之长策也。臣今欲乞委河北、河东、京东西安抚提刑司、京畿提刑保甲司，根据州县逃移、户绝、籍没应保官田，更不出卖，召募强壮之人，授之以田，便为永业，各养堪披带战马一匹。其顷亩之数，课习之法，部辖之阶级，赏格之等第，并依陕西弓箭手条法，无事则服田力啬，有警则释耒荷戈。……不惟可省转饷之役，兼可渐成富强之威，其法既成，其利甚溥，惟陛下果断而力行之。如蒙许允，即乞送详议司，检具合用条法，画一约束事件，行下合属去处，疾速施行。"从之。①

以上都是北宋年间经营屯田和营田的大概情况以及有关屯、营田的一些经营管理制度。北宋时期适应着国防需要和为了贯彻自古以来要求"田野辟、仓廪实"的富国强兵之策，遂锐意经营屯田和营田，其重点区域，第一是河北，特别是与辽人接壤的北部数州，这里没有崇山巨川的阻隔，须驻重兵防守，军食马刍，皆仰给京师，转饷之役，极为繁重。在这里发展屯田和营田，使大部军需可就地取给，实是一个有效的战略部署；第二个重点区域是陕西和西北边境一带，其地与夏邻接，而夏对宋王朝的威胁，不在辽之下，故西北边疆亦驻有重兵，飞挽之难，供需之大，远过于防辽之军。且陕、甘、宁地域辽阔，土旷人稀，不耕之田，遍地皆是，在这里开展屯田和营田，以稍补急需，减飞挽之役，更是迫切需要，故成为宋王朝开展屯、营田另一重点区域。此外，如江淮、襄、唐及京西、河东等区，虽非边疆，但旷土甚多，用政府力量加以开发，是发展农业的一个重要举措，故朝廷对各该地区的屯、营田事务亦锐意讲求，力促其发展。各区情况，特分述如下：

河北区：从宋初起，朝廷即屡诏开发河北屯田：

太宗端拱二年（公元九八九年）二月一日，以左谏议大夫陈恕为河北东路招置营田使，盐铁判官膳部郎中魏羽为副使，右谏议大夫樊知古为河北西路招置营田使，盐铁判官驾部员外郎索湘为副使，

---

① 徐梦莘：《三朝北盟会编》卷四十六，《徐处仁奏乞拘户绝田土召募乡兵》。

欲大兴营田也。①

委派重臣为营田使，说明朝廷对开辟河北屯田、营田的重视和决心。故数日后即正式下诏，命令创置屯田：

〔端拱二年二月〕十二日诏曰："农为邦本，食乃民天，遐观载籍之格言，此实帝王之急务，将令敦本，无出劝农。且思河朔之间，富有膏腴之地，法其井赋，令作方田，三农必致于丰穰，万世可知于利济。今遣陈恕、樊知古等，河东转运使藏丙、副使孔宪，充逐路招置营田副使，往彼兴功。眷惟黎庶，各有耕桑，闻兹创置之言，谅积欢呼之意。"先是，雍熙三年（公元九八六年），岐沟关君子馆败衄之后，河朔之地，农桑失业者众，屯戍兵又倍于往日，故遣恕等为方田，积粟以实边。②

前代军师所在，有地利则开屯田、营田，以省馈饷。宋太宗伐[7]契丹，规取燕蓟，边隙一开，河朔连岁绎骚，耕织失业，州县多闲田，而缘边益增戍兵。自雄州东际于海，多积水，契丹患之，不得肆其侵突；顺安军西至北平二百里，其地平旷，岁常自此而入。议者谓宜度地形高下，因水陆之便，建阡陌，浚[8]沟洫，益树五稼，可以实边廪而限戎马。端拱二年，分命左谏议大夫陈恕、右谏议大夫樊知古为河北东、西路招置营田使，恕对极言非便。行数日，有诏令修完城堡，通导沟渎，而营田之议遂寝。时又命知代州张齐贤制置河东诸州营田，寻亦罢。六宅使何承矩请于顺寨西引易河筑堤为屯田。既而河朔连年大水，及承矩知雄州，又言宜因积潦蓄为陂塘，大作稻田以足食。会沧州临津令闽人黄懋上书言："闽地惟种水田，缘山导泉，倍费功力。今河北州军多陂塘，引水溉田，省功易就，三五年间，公私必大获其利。"诏承矩按视，还，奏如懋言。遂以承矩为制置河北沿边屯田使，懋为大理寺丞充判官，发诸州镇兵一万八千人给其役。凡雄、莫、霸州、平戎、顺安等军兴堰六百里，置斗门，引淀水灌溉。初年种稻，值霜不成。懋以晚稻九月熟，河

① 《宋会要辑稿》，《食货二之一》。
② 《宋会要辑稿》，《食货二之一》。

北霜早而地气迟，江东早稻七月即熟，取其种课令种之，是岁八月，稻熟。初，承矩建议，沮之者颇众；武臣习攻战，亦耻于营葺。既种稻不成，群议愈甚，事几为罢。至是，承矩载稻穗数车，遣吏送阙下，议者乃息。而茭蒲、蜃蛤之饶，民赖其利。[1]

〔端拱元年（公元九八八年）〕时契丹挠边，承矩上疏曰："臣幼侍先臣关南征行，熟知北边道路川源之势。若于顺安寨西开易河蒲口，导水东注于海，东西三百余里，南北五七十里，资其陂泽，筑堤贮水为屯田，可以遏敌骑之奔轶。俟期岁间，关南诸泊悉雍阗，即播为稻田。其缘边州军临塘水者，止留城守军士，不烦发兵广戍。收地利以实边，设险固以防塞，春夏课农，秋冬习武，休息民力，以助国经。如此数年，将见彼弱我强，彼劳我逸，此御边之要策也。其顺安军以西，抵西山百里许，无水田处，亦望选兵戍之，简其精锐，去其冗缪。夫兵不患寡，患骄慢而不精；将不患怯，患偏见而无谋。若兵精将贤，则四境可以高枕而无忧。"太宗嘉纳之。属霖雨为灾，典者多议其非便。承矩引援汉、魏至唐屯田故事，以折众论，务在必行。乃以承矩为制置河北缘边屯田使，俾董其役。由是自顺安以东濒海，广袤数百里，悉为稻田，而有茭蒲蜃蛤之饶，民赖其利。[2]

可见这是一次规模巨大的创举，自顺安军以东至海，广袤数百里，悉为稻田，收到了足食足兵之效。这一个成功的样板，立即为河北其他州县所仿效。例如：

〔咸平四年（公元一〇〇一年）〕顺安军兵马都监马济请于静戎军东雍鲍河，开渠入顺安、威虏二军，置水陆营田于其侧。命莫州部署石普护其役，逾年而毕。知保州赵彬复奏决鸡距泉，自州西至满城县，分徐河水南流注运渠，广置水陆屯田，诏驻泊都监王昭逊共成之。自是定州亦置屯田。[3]

〔景德元年（公元一〇〇四年）〕十月诏："相州管内不堪牧马

---

① 《宋史》卷一百七十六，《食货志上四·屯田》。
② 《宋史》卷二百七十三，《何继筠传附子承矩》。
③ 《宋史》卷一百七十六，《食货志上四·屯田》。

草地一段，宜令官置牛具，选习耕农兵士，置屯田庄。"二年（公元一〇〇五年）正月诏："定、保、雄、莫、霸等州，顺安、平戎、信安等军知州军，并兼制置本州屯田事，旧兼使者仍旧。"先是，北面缘边屯田，水陆兼种，甚获其利。自来雄州长吏，兼领使名，其诸州即别命官主领，至是戎虏通好，帝虑平宁之后，渐成弛慢，故有是诏。①

〔真宗朝〕入为三司盐铁判官领河北转运使，请疏徐、鲍、曹、易四水，兴屯田。②

后来有不少州军屯田管理不善，致产量不高，岁入无几，在经济上收益不大，屯田的作用主要是蓄水以限戎马：

大中祥符九年（公元一〇一六年），改定保州、顺安军营田务为屯田务，凡九州军皆遣官监务，置吏属。淮南、两浙旧皆有屯田，后多赋民而收其租，第存其名。在河北者虽有其实，而岁入无几，利在蓄水以限戎马而已。③

陕西及西北边境屯田：宋代经营屯、营田的第二个重点区域，是在今陕、甘、宁一带。大西北地域辽阔，土旷人稀，农业本不发达，原系半农半牧区。为防夏的奔突东侵，须于多处设重兵防守，而军需浩瀚，地方州军，无力供应，一切仰赖中央，路途遥远，转输困难，为减少飞挽之劳，非大兴屯田，就地生产不可，特别是经营安西，绥复河湟，亦非粟不能守，故由屯田积粟以实边，在这一地区实有特殊的必要性。朝廷对此更是大力推进。史籍中有关记载甚多，这里择要举例如下：

咸平初，李继迁叛，以济领顺州团练使、知灵州兼都部署。至州二年，谋缉八镇，兴屯田之利，民甚赖之。④

---

① 《宋会要辑稿》，《食货六三之四一》。
② 《宋史》卷三百三，《陈贯传》。
③ 《宋史》卷一百七十六，《食货志上四·屯田》。
④ 《宋史》卷三百八，《裴济传》。

〔咸平〕四年（公元一〇〇一年），陕西转运使刘综亦言："宜于古原州建镇戎军置屯田。今本军一岁给刍粮四十余万石、束，约费茶盐五十余万，傥更令远民输送，其费益多。请于军城四面立屯田务，开田五百顷，置下军二千人、牛八百头耕种之；又于军城前后及北至木峡口，各置堡寨，分居其人，无寇则耕，寇来则战。就命知军为屯田制置使，自择使臣充四寨监押，每寨五百人充屯戍。"从之。既而原、渭州亦开方田，戎人内属者皆依之得安其居。是时兵费浸广，言屯、营田者，辄诏边臣往度行之。①

庆历元年（公元一〇四一年）十月十八日，诏陕西转运司令空闲地置营田务，候见次第，当议酬奖。是月诏："陕西用兵以来，本路所欠税赋及内库所出留两川上供金帛，不可胜计，而犹军储未备。宜令逐路都总管司经置营田，以助边计。"二年（公元一〇四二年）正月十四日，诏以同州沙苑监放牧田为营田。②

〔庆历元年十月〕置陕西营田务。③

朝廷对陕西屯、营田期待甚殷，但地方州县官吏良莠不齐，往往不能体会朝廷兴办屯、营田本意，不是将沿边有空闲膏腴可耕之地开辟为屯、营田，而是将远年瘠薄无人肯耕逃田，强制附近和四邻农民承佃，并强征租税，种种烦扰，不一而足。这样，屯、营制度本是积粟实边之策，竟变成虐民之政，范仲淹、韩琦曾向朝廷痛陈此弊：

〔庆历三年（公元一〇四三年）秋七月辛巳〕范仲淹、韩琦言："臣等窃见陕西昨来兴置营田，本欲助边，以宽民力，除沿边有空闲膏腴土地可以开垦外，其近里州县官吏不能体朝廷之意，将远年瘠薄无人请佃逃田，抑勒近邻人户分种，或令送纳租课。又自来人户租佃官庄地土，每亩出课不过一二斗，今亦勒令分种，每亩须收数斗，致贫户输纳不前，州县追扰，无时暂暇。缘边人户自用兵以来，科率劳弊，至于己业尚多荒废，实无余力更及营田，其所出租课，多是抱虚送纳。窃睹编敕指挥，不得将逃户田土抑勒亲邻佃莳，盖

---

① 《宋史》卷一百七十六，《食货志上四·屯田》。

② 《宋会要辑稿》，《食货二之二》。

③ 《宋史》卷十一，《仁宗本纪三》。

恐害民，况今岁灾旱尤甚，理当优恤，不可非理烦扰，使之重困。臣等欲乞特降指挥，应陕西近里州军营田，一切废罢，如元系租佃，即令依旧额出课，如元系远年瘠薄逃田，旧税额重，无人请佃者，即与减定税额，召人请佃，所费疲民受赐，归感睿仁。"诏罢陕西内地州军营田。①

从上文可知屯田或营田的种种弊端，主要发生在陕西内地州县，缘边多系军屯，仍照旧进行，并不断扩展：

〔庆历〕六年（公元一○四六年）五月，命三司户部副使夏安期往陕西，与本路提点刑狱曹颖叔相度，兴置缘边屯田。②

〔仁宗朝知青涧城事〕开营田二千顷，募商贾，贷以本钱，使通货赢其利，城遂富实。③

〔熙宁〕五年（公元一○七二年）四月十日，权发遣延州赵卨乞差通判范子仪及机宜官魏璋、左文通等，根括闲地及提举招置弓箭手。从之。先是，卨管勾本路机宜文字，上营田议曰："昔赵充国兴屯田以破先零，唐宰相娄师德尝为检校营田使，而河西、陇右三百六十屯，岁入六十余万石。今陕西虽有旷土，而未尝耕垦。朝廷屯戍不可撤，而远方有输纳之勤，愿以闲田募民耕种，以纾西顾之忧。"上以其事下经略安抚使郭逵，逵言："今怀宁寨新得地百里，已募汉蕃户使为弓箭手，实无闲田以募耕者。"故至是卨复乞根括焉。④

〔熙宁七年（公元一○七四年）〕十一月七日，权提点秦凤路刑狱公事郑民宪以熙河营田图籍来对，乃诏民宪兼都大提举熙河营田弓箭手。令辟官属以集事，其法给田募民。熙河多美田，朝廷委兴营田，奏辟官属，共集其事，至是始以其图籍入对。⑤

〔熙宁八年（公元一○七五年）十一月〕庚辰，枢密使吴充言：

① 李焘：《续资治通鉴长编》卷一百四十二。
② 《宋会要辑稿》，《食货六三之四三》。
③ 《宋史》卷三百三十五，《种世衡传》。
④ 《宋会要辑稿》，《食货六三之七五——七六》。
⑤ 《宋会要辑稿》，《食货六三之七六》。

"熙河展置，今且四年，经略虽定，然军食一切，犹仰东州，转车挽运，则人力不给，置场和籴，则猾民得以乘时要价，以困公上，二者之患，其弊在于未有土地之入。谨按汉唐实边之策，屯田为利，近闻鲜于师中建请朝廷以既置弓箭手重改作故，令试治百顷而已，然屯田行之于今诚未易，臣以为莫若因令弓箭手以为助田，古者一夫百亩，又田十亩以为公田。且以熙河四州较之，无虑万五千顷，十分取一以为公田，田大约中岁亩收一石，则公田所得十五万石，水旱肥瘠，三分除一，可得十万石。其便有六：官无营屯牛具廪给之费，一也；借于众力，民不为劳，二也；大荒不收，官无损焉，三也；省转输，四也；平籴价，使猾民不能持轻重之权，五也；减和籴之数，得其线以移他用，六也。"诏如充奏，详具条画以闻。于是充建请受田，大约十顷置公田一顷，令受田众户共力耕获，夏田种麦，秋田种粟豆，委城寨使臣兼管勾。诏遣太常寺主簿黄君俞与熙河路提点刑狱郑民宪商议推行次第以闻。后民宪等言，弓箭手并新招置，深在羌境，连岁灾伤未甚安，若令自备功力种子耕佃公田，虑人心动摇，不能安处，乞候稍稔推行，从之。[1]

综上所述，可知吴充系仿古井田法召募弓箭手在边外实行公田以代替屯、营田。殊不知古井田法系适应封建生产方式的一种土地制度，建立在有人身依附关系的农奴制度上。一夫授田百亩，另耕公田十亩，耕田的人是依附在土地上的农奴，没有这些前提条件，公田制是行不通的。现在是在边外实行屯田，耕田人还有守边任务，敌来则战，敌去始耕，欲令弓箭手自备耕牛种子，佃租营田，另以十亩之收缴公，不持[9]戍卒无此力，亦为环境所不许。在边外实行屯、营田，只能由官家措置管理，分派戍卒习农事者耕垦，吴充建议是不现实的。

〔元丰五年（公元一○八二年）〕知太原府吕惠卿尝上营田疏曰："今葭芦、米脂里外良田，不啻一二万顷，夏人名为'真珠山''七宝山'，言其多出禾粟也。若耕其半，则两路新寨兵费，已不尽资内地，况能尽辟之乎？前此所不敢进耕者，外无捍卫也。今于葭

---

① 李焘：《续资治通鉴长编》卷二百七十。

芦、米脂相去一百二十里间，各建一寨，又其间置小堡铺相望，则延州之义合、白草与石州之吴堡、克[10]胡以南诸城寨，千里边面皆为内地，而河外三州荒闲之地，皆可垦辟以赡军用。凡昔为夏人所侵及苏安靖弃之以为两不耕者，皆可为法耕之。于是就籴河外，而使河内之民被支移者，量出脚乘之直，革百年远输贵籴，以免困公之弊。财力稍丰，又通葭芦之道于麟州之神木，其通堡寨亦如葭芦、米脂之法，而横山膏腴之地，皆为我有矣。"七年（公元一〇八四年），惠卿雇五县耕牛，发将兵外护，而耕新疆葭芦、吴堡间膏腴地号木瓜原者，凡得地五百余顷，麟、府、丰州地七百三十顷，弓箭手与民之无力及异时两不耕者又九百六十顷。惠卿自谓所得极厚，可助边计，乞推之陕西。八年（公元一〇八五年），枢密院奏："去年耕种木瓜原，凡用将兵万八千余人，马二千余匹，费钱七千余缗，谷近九千石，糇糒近五万斤，草万四千余束；又保甲守御费缗钱千三百，米石三千二百，役耕民千五百，雇牛千具，皆疆民为之；所收禾粟、荞麦万八千石，草十万二千，不偿所费。又借转运司钱谷以为子种，至今未偿，增入人马防拓之费，仍在年计之外。虑经略司来年再欲耕种，乞早约束。"诏谕惠卿毋蹈前失。河东进筑堡寨，自麟石、鄜延南北近三百里，及泾原、环庆、熙河、兰会新复城寨地土，悉募厢军配卒耕种免役。已而营田言：诸路募发厢军皆不闲田作，遂各遣还其州。①

王韶字子纯，江州德安人也。……〔神宗〕召对，因言渭源成纪间有旷田万余顷，可募人营田，及秦凤诸羌互市之利岁在商贾者，不知几千万，乞置市易以实边，朝廷从之。②

元符二年（公元一〇九九年）十月九日，河东路经略司干当公事陈敦复言："本路进筑堡寨，自麟、石、鄜、延南北仅三百里，田土膏腴，若以厢军及配军营田一千顷，岁可入谷二十万石。可下诸路将犯罪合配人拣选少壮堪田作之人配营田司耕作。"从之。③

两淮、襄、唐间屯田：内地屯田或营田，以两淮和襄、唐之间为主要区

---

①　《宋史》卷一百七十六，《食货志上四·屯田》。
②　王称：《东都事略》卷八十二，《列传·王韶》。
③　《宋会要辑稿》，《食货六三之八一》。

域。这里与边境或塞外不同，其目的不是为了补充军粮，以减少由内地转饷馈运之劳，而主要是为了充分利用可能利用的水土资源，不使各种系官土地荒废不耕。同时也解决一部分无地少地农民无田可耕的矛盾，务使人尽其力，地尽其利，借[11]以促进农业的发展。如果说缘边屯田含有政治的和军事的意义，内地屯田或营田则完全出于经济的动机。北宋王朝对这一带屯田非常重视，臣僚纷纷陈请，朝廷亦屡命大臣驰传往诸州按视，经度其事：

〔至道元年（公元九九五年）正月丙辰〕度支判官陈尧叟、梁鼎上言："唐季以来，农政多废，民率弃本，不务力田，是以家鲜余粮，地有遗利。臣等每于农亩之业，精求利害之理，必在乎修垦田之制，建用水之法，讨论典籍，备穷本末。自汉、魏、晋、唐以来，于陈、许、邓、颍暨蔡、宿、亳至于寿春，用水利垦田，陈迹具在。望选稽古通方之士，分为诸州长史，兼管农事，大开公田，以通水利，发江、淮下军散卒及募民以充役。每千人，人给牛一头，治田五万亩，虽古制一夫百亩，今且垦其半，俟久而古制可复也。亩约收三斛，岁可得十五万斛，凡七州之间，置二十屯（《宋会要辑稿·食货七之一》作二十七屯），岁可得五百万斛，因而益之，不知其极矣，行之二三年，必可致仓廪充实，省江、淮漕运。其民田之未辟者，官为种植，公田之未垦者，募民垦之，岁登所取，其数如民间主客之例，此又敦本劝农之要道也。"……上览奏嘉之，即遣大理寺丞皇甫选、光禄寺丞何亮驰传往诸州按视，经度其事。①
度支判官陈尧叟等亦言：汉、魏、晋、唐于陈、许、邓、颍暨蔡、宿、亳至于寿春，用水利垦田，陈迹具在。请选官大开屯田，以通水利，发江、淮下军散卒及募民充役。给官钱市牛，置耕具，导沟渎，筑防堰。每屯千人，人给一牛，治田五十亩，虽古制一夫百亩，今且垦其半，俟久而古制可复也。亩约收三斛，岁可收十五万斛，七州之间置二十屯，可得三百万斛，因而益之，数年可使仓廪充实，省江、淮漕运。民田未辟，官为种植，公田未垦，募民垦之，岁登所取，亦如民间主客之利。傅子曰："陆田命悬于天，人力虽修，苟水旱不时，则一年之功弃矣。水田之制由人力，人力苟修，

① 李焘：《续资治通鉴长编》卷三十七。

则地利可尽。且虫灾之害亦少于陆田，水田既修，其利兼倍。"帝览奏嘉之，遣大理寺丞皇甫选、光禄寺丞何亮乘传按视经度，然不果行。至咸平中，大理寺丞黄宗旦请募民耕颍州陂塘荒地凡千五百顷。部民应募者三百余户，诏令未出租税，免其徭役。然无助于功利。而汝州旧有洛南务，内园兵种稻。雍熙二年（公元九八五年）罢，赋予民，至是复置，命京朝官专掌。募民户二百余，自备耕牛，立团长，垦地六百顷，导汝水溉灌，岁收二万三千石。襄阳县淳河，旧作堤截水入官渠，溉民田三千顷；宜城县蛮河，溉田七百顷；又有屯田三百余顷。知襄州耿望，请于旧地兼括荒田，置营田上、中、下三务，调夫五百，筑堤堰，仍集邻州兵每务二百人，荆湖市牛七百分给之。是岁，种稻三百余顷。[①]

天圣四年（公元一〇二六年）九月，诏废襄、唐二州营田务，令召无田产人户请射，充为永业，每顷输税五分，诸州所差耕兵牛畜，并放还本处，廨宇、营房、囷仓悉毁拆入官，其请佃之人愿要者即估价给之。先是，二州营田，皆无税荒地，襄州凡四百八顷余八十亩，唐州百七十顷。自咸平二年（公元九九九年），转运使耿望奏置，每岁于属县差借人户牛具，至夏又差耰耘人夫六百人，秋又差刈获人夫千五百人，岁获利倍多。及望解职，转运使张选改其法，召水户四十一户分种出课，未几，水户许免其役，遂罢之。景德二年（公元一〇〇五年），转运使许逖复奏兴是务，而所获课利甚薄，至是转运使言其非便，诏屯田员外郎刘汉杰与本路转运司及二州知州通判同共规度。汉杰上言："比较襄州务自兴置以来，至天圣三年（公元一〇二五年），所得课利，都计三十三万五千九百六石九斗二升，依每年市价，纽计钱九万二千三百六十五贯，将每年所支监官耕兵军员请受，及死损官牛诸色费用，凡十三万三千七百四贯十三文，计侵田官钱四万一千三百四十二贯四十六文。唐州务自兴置至天圣三年，所得课利计六万四千九百三十一石四斗六升，依每年市价纽计钱，共二万五千九百六十八贯五百三十四文，将每年所支本务军员监官请受，及死损官牛诸色费用，计侵官钱万四千

---

① 《宋史》卷一百七十六，《食货志上四·屯田》。

三百六十八贯一百一十四文。" 故有是诏。①

京西、河东措置屯、营田：京西、河东荒弃不耕之田甚多，或因赋役繁重而逃，或因民习游惰，不事田作，致地有遗利，民多游手。朝廷有必要在这些地方兴办屯田或营田，借以减少荒芜，劝民归农。臣僚多以此上言，这里引欧阳修《通进司上书》文中一段为例，以梗其余：

……历视前世，用兵者未尝不先营田。汉武帝时兵兴用乏，赵过为畎田人犁之法以足用，赵充国攻西羌，议者争欲出击，而充国深思全胜之策，能忍而待其弊，至违诏罢兵而治屯田，田于极边，以游兵而防钞寇，则其理田不为易也，犹勉为之。后汉之时，曹操屯兵许下，强敌四面，以今视之，疑其旦夕战争而不暇，然用枣祗、韩浩之计，建置田官，募民而田近许之地，岁得谷百万石，其后郡国皆田，积谷无数。隋、唐田制尤广，不可胜举。其势艰而难田，莫若充国，迫急而不暇田，莫如曹操，然皆勉焉，不以迂缓而不田者，知地利之博，而可以纾民劳也。今天下之土不耕者多矣，臣未能悉言，谨举其近者。自京以西，土之不辟者不知其数，非土之瘠而弃也，盖人不勤农，与夫役重而逃尔。久废之地，其利数倍于营田，今若督之使勤，与免其役，则愿耕者众矣。臣闻乡兵之不便于民，议者方论之矣，充兵之人，遂弃农业，托云教习，聚而饮博，取资其家，不顾无有，官吏不加禁，父兄不敢诘，家家自以为患也。河东、河北、关西之乡兵，此犹有用，若京东西者，平居不足以备盗，而水旱适足以为盗。其尤可患者，京西素贫之地，非有山泽之饶，民惟力农是仰，而今三夫之家一人、五夫之家三人为游手，凡十八九州，以少言之，尚可四五万人不耕而食，是自相糜耗而重困也。今诚能尽驱之使耕于弃地，官贷其种，岁田之入与中分之，如民之法，募吏之习田者为田官，优其课最而诱之，则民愿田者众矣。太宗皇帝时尝贷陈、蔡民钱，使市牛而耕，真宗皇帝时亦用耿望之言，买牛湖南而治屯田。今湖南之牛岁贾于北者，皆出京西，若官为买之，不难得也。且乡兵本农也，籍而为兵，遂弃其业。今幸其

---

① 《宋会要辑稿》，《食货六三之七一——七二》。

去农未久，尚可复驱还之田亩，使不得群游而饮博，以为父兄之患，此民所愿也。一夫之力，以逸而言，任耕缦田一顷，使四五万人皆耕，而久废之田利又数倍，则岁谷不可胜数矣。京西之分，北有大河，南至汉而西接关，若又通其水陆之运，所在积谷，惟陛下诏有司而移用之耳。①

〔仁宗朝拜武康军节度使、知并州〕始，潘美镇河东，患寇钞，令民悉内徙，而空塞下不耕，于是忻、代、宁化、火山之北多废壤。琦以为此皆良田，今弃不耕，适足以资敌，将皆为所有矣。遂请距北界十里为禁地，其南则募弓箭手居之，垦田至九千六百顷。②

4. 南宋时期的屯田与营田

宋室南渡后，偏安江南一隅。江南人口本来过剩，北方人民不甘受金人统治，亦纷纷过江，逃往江南，益加重了江南各州郡土地对人口的负荷，使人稠地狭的矛盾日益尖锐，这样，就必须利用现有的一切水土资源，虽尺寸之土也必须珍惜利用，不能荒废；属于政府所有的各种系官之田，也必须充分利用，不能任其荒废。故南宋历届朝廷对于经营屯田、营田更是不遗余力，南宋文献中关于开展屯田、营田的记载之所以是连篇累牍，多不胜举，就在说明南宋历届统治者系以十分迫急的心情，在锐意推进屯、营事务的开展。现就历届政府的施行情况，分述如下。

南宋初年建炎时期：宋高宗逃往江南后，惊魂甫定，王朝刚刚建立，就接受了臣僚建议，在淮南实行屯田：

建炎二年（公元一一二八年），知江州，入为祠部郎，迁左司。尝言："中原未复，所恃长江之险，淮南实为屏蔽。沃野千里，近多荒废，若广修农事，则转饷可省，兵食可足。"自是置局建康，行屯田于江淮。③

〔建炎四年（公元一一三〇年）十一月乙未〕翰林学士汪藻言："古者两敌相持，所贵者机会，此胜负存亡之分也。敌师既退，国家非暂都金陵不可，而都金陵非尽得淮南不可。淮南荐经兵戈，民去

---

① 欧阳修：《欧阳文忠公文集》卷四十五，《通进司上书》。
② 《宋史》卷三百十二，《韩琦传》。
③ 《宋史》卷三百七十九，《韩肖胄传》。

本业十室而九，其不耕之田，千里相望，流移之人，非朝夕可还，国家欲保淮南，势须屯田，则此田皆可耕垦。臣愚以为正二月间可便遣刘光世或吕颐浩率所招安人马，过江营建寨栅，使之分地而耕。既固行在藩篱，且清东西群盗，此万世之利也。"疏奏未完行。中兴后言屯田者盖自此始。①

建炎间，洞庭杨太最为剧盗，太年幼为么，故曰杨么。其后张浚、岳飞平之，收伏杨么等，败残之军无所归著，遂以逃荒之田令其力农，时号杨么子军，因名军庄。后军兵拨附大军，其田召农民为之耕种。今东西两庄共田七千六百一十四亩，置监庄一员，专委县尉提督庄课，每岁夏秋二料检收检放不定。②

李纲论营田：臣窃见朝廷近来措置营田，诸路帅臣，皆带使名以总治之，可谓得策。然今日之事莫利于营田，亦莫难于营田，何哉？耕辟疆土，教之稼穑，足食足兵，且耕且战，此所以莫利于营田也；开荒垦废，必有其人，若借民力，则淮南兵革、江湖旱灾之余，民力凋弊，田畴荒芜，况欲率之以事新田，力必不给；若用兵伍，则诸军久习骄惰，但知开口仰食，乃欲驱之使从事于南亩，势必不能，而又牛具谷种，农家所须皆不可阙，劝惩勤怠，督视耕获，必须亲临，取予有术，其利犹在数年之后，此所以莫难于营田也。臣愚谓宜令淮南襄汉宣抚招讨使各置招纳司，以招纳京东西河北之民，明出文榜，厚加抚循，有来归者，拨田土，给牛具，贷种粮，使之耕凿，许江湖诸路于地狭人稠路分，自行招诱，而军中人兵愿耕者，听其请佃，则人力可用矣。初，年租课尽畀佃户，方耕种时仍以钱粮给之，秋成之后，官为籴买，次年始收其三分之一，二年之后乃取其半，罢给钱粮，则所谓知予之为取，政之宝也。凡此数者，皆措置之大概，其详须画一条具，立为成法，乃为长久之利，不然徒有营田之名，何补于事？③

这时北方各路州县在金人统治下，亦在仿行宋人行之有效的屯田、营田制度，因其部族移居中土后，与百姓杂处，不得不计其户口，给予公田，使

① 《皇宋中兴两朝圣政》卷八；汪藻：《浮溪集》卷二，《论淮南屯田》。
② 卢宪：《嘉定镇江志》卷四，《军田》。
③ 李纲：《李忠定公奏议》卷四十三，《论营田札子》。

从事耕种，自谋生计。其制如下：

> 张棣《金国图经》曰：……屯田之制，本出上古，虏人非能遵
> 而行之，偶尔符合，比上古之制犹简。废伪齐豫后，虑中州怀二三
> 之意，始治均田屯田军，非女真，契丹、奚家亦有之。自本部族徙
> 居中土，与百姓杂处，计其户口，给官田，使自播种，以充口食，
> 春秋量给衣马，殊不多余，并无支给，若遇出军之际，始月给钱米，
> 不过数千，老幼在家，依旧耕耨，亦无不足之叹。今日屯田之处，
> 大名府路、山东东西路、河北东西路、南京路、关西路，四路皆有
> 之，约一百三十余千户，每千户止三四百人，多不过五百，所居止
> 处皆不在州县，筑寨处村落间千户、百户，虽设官府，亦在其内。①

高宗绍兴年间，是南宋王朝兴办屯田、营田的高潮时期。臣僚纷纷建议，
朝廷诏旨频颁，并派遣专官亲临各地视察，凡有可资利用的系官荒田，无不
辟为屯田或营田，一时淮南、荆南、两浙、川陕等先后兴办的屯田或营田多
不胜举。其中有许多名为屯田，而实系民耕，也有不少名为营田，而实系军
耕。不论屯田或营田，都取得了一定的经济效果，从而增加了财政收入，解
决了转饷困难，并通过实践取得了经验，厘订了管理屯田、营田的规章制度，
使一切经营管理皆有章可循。下举各例，系择要选录，以示梗概，余皆从略：

> 〔绍兴元年（公元一一三一年）五月〕辛酉，荆南镇抚使解潜
> 言：“所管五州绝户及官田荒废者甚多，已便宜辟宗纲权屯田使，樊
> 宾副使，募人使耕，分收子利。”诏以纲为镇抚司措置营田官，宾为
> 同措置官。渡江后营田自此始。其后荆州军食，多仰给于营田，省
> 县官之半焉。②
> 〔绍兴元年〕八月二十三日，臣僚言：“应变权宜，莫如屯田之
> 利。今师徒所聚，多缘粮饷之绝，辄致逃亡，寝成钞掠，然而愿耕
> 者众，要须朝廷有以处之。唐李泌当肃宗时，关中新遭安史之乱，
> 关东戍卒多欲遁归，泌建屯田之策，市耕牛，铸农器，给田以耕，

---

① 徐梦莘：《三朝北盟会编》卷二百四十四。
② 《皇宋中兴两朝圣政》卷九，《荆南营田之始》。

岁终则官籴其余，戍卒乃定，边备益修。其后德宗奉天之难，陆贽亦献此谋，粗如泌策，依效赵充国旧制。趋时便事，虽有不同，要其成功，均于兵食兼足。东南之地，虽非关中之比，今沿江两岸沙田圩田顷亩，不可胜计，例多荒闲。近者张琪占据芜湖圩田，兵食遂足，继缘迫逐，决水灌田，旧圩尽坏，曩时官得岁课数万石，一旦失之，旁侵民田，为害更甚。及闻赵霖于河州境内屯集耕垦，颇亦有方。屯田之利，无可疑者。臣欲望朝廷委能臣，先与沿江南岸与州县官司同共相视检察，元系官田，见无佃户耕垦，委是荒闲去处，计度顷亩，条画利害，团甲多寡之数，营屯向背之宜，参酌古今，务令简便，朝廷更加详酌，决可施行，然后置营田使以统之，与安抚大使参酌其事，募兵若民以耕，权拨一年折帛钱以为本钱，市耕牛农器种粮之属，及为岁终收籴之资，使募之人出则战，入则耕，食足兵强，指日可冀。勘会两浙、淮南州县，昨因兵火之后，民间荒废田土甚多，虽合效古屯田之制，募人耕凿，缘难以遥度措置，欲委官躬亲前去相度措置，条具利害以闻。"从之。①

〔绍兴元年（公元一一三一年）〕九月二十七日，臣僚言："尝被旨令条画屯田利害。臣退而考阅，自井田废而阡陌开，至汉昭帝始元二年（公元前八十五年），诏废习战射士，诣朔方，调故吏，将屯田张掖郡，始有屯田之令。其后宣帝时赵充国去先令羌，乞留屯田以困羌，条上十二便宜，果足以克羌。自后更三国六朝，若曹操屯于许下，诸葛亮屯于渭滨，邓艾屯于淮南，羊祜、杜预屯于荆湘，应詹屯于江西，荀羡屯于石龟，皆有见效，其遗迹可考也。隋唐以来，颇采旧闻，行之至今，沿江诸郡尚有屯田租种之名，则江浙亦尝屯田矣。本朝自淳化以来，始用何承矩措置北边屯田，开塘泺之利，以限北虏，相继西北二边益广屯田。至淮南、京西、夔路等处率耕垦已四十余年，虽有屯田之名，父子相承，以为己业，乞罢估卖，则知屯田尝行之福建矣。今唯陛下将议复兴之图，暂驻清跸，经营四方，欲因沿江荒闲之田，募人耕屯，用为篱落，兼实储饷，此诚计之得也。今将古今屯田利便可施于江浙者，纂其大略，附著于篇，号曰：《屯田集议》，谨录上闻。今开列如左。臣前件条

---

① 《宋会要辑稿》，《食货二之七》。

画，盖考之国史之所载，参之土俗之所宜，不咈于令，不悖于人。伏望乞圣慈，时因万机之暇，特赐省览，倘或一介刍荛之见，有足以备采择，欲乞付外，参酌诸臣之议而行之，庶几辑宁失业之民，休养更戍之卒，壮兵威，资国计，一举而两得之，岂曰小补。"诏令户部限日勘当，申尚书省。①

这是一篇很精辟的屯田简史，扼要叙述了自汉至宋历代王朝经营屯田大获成功的实际情况。《屯田集议》中所讨论的虽然主要是与屯田有关的事项，但实际上则是一个富国强兵的战略大纲，是南宋初年讨论屯田问题的一篇重要文献。朝廷就是根据这个政纲来布置屯、营事项的：

〔绍兴元年（公元一一三一年）冬十月〕初，工部侍郎韩肖胄在都司时，尝言："国以兵强，兵以食为本，宜理淮南以修农事，则转输可省。"遂命屯田郎官置局建康，行屯田之法于两淮。上又亲书赵充国传，刻石摹本，赐诸将以厉之。于是荆南镇抚使解潜于部内五郡屯田，且辟直秘阁宗纲为措置官，而公安知县孙倚率先办集，诏加两秩。既而言者复请江之南岸，亦兴屯田。戊子，江西大帅李回又言："江州赤地千里，望依淮浙委监司兴营田。"并从之。②

〔绍兴元年十月十五日〕同日江南西路安抚大使李回言："江州南康兴国军界，赤地千里，无人耕种，乞依淮南两浙路专委监官措置营田。"诏依，仍令帅臣同共措置。③

〔绍兴元年（公元一一三一年）十一月〕丁未，德安府复州汉阳军镇抚使陈规，奏本镇营屯田画一事件。自中原失守，诸重镇多失，惟规与群盗屡战，群盗稍息。规以境内多官田荒田，乃仿古屯田之制，命射士民兵分地耕垦，其说以兵民不可并耕，故使各处一方，军士所屯之田，皆相其险隘立为堡寨，寇至则保聚捍御，无事则乘时田作；其射士皆分半以耕屯田，少增钱粮，官给牛种，收其租利，有急则权罢之，使从军。凡民户所屯之田，水田亩赋粳米一斗，陆田赋麦豆各五升，满二年无欠输，给为永业，流民自归者，

---

① 《宋会要辑稿》，《食货二之七——八》。
② 熊克：《中兴小纪》卷十一。
③ 《宋会要辑稿》，《食货二之八》。

以田还之。凡屯田事，营田司兼行，营田事府县官兼行，皆不更置官吏。条画既具，乃闻于朝，诏嘉奖。明年下其法于诸镇使行之。①

〔绍兴二年（公元一一三二年）三月〕淮南营田副使王寔括闲田三万顷给六军耕种。②

〔绍兴二年〕诏江东西宣抚使韩世忠措置建康营田，如陕西弓箭手法。世忠言："沿江荒田虽多，大半有主，难如陕西例，乞募民承佃。"都督府奏如世忠议，仍蠲三年租，满五年，田主无自陈者，给佃者为永业。诏湖北、浙西、江西皆如之，其摇役科配并免。③

〔绍兴二年〕三月十日，淮南东路提刑兼营田副使王寔言："被旨措置营田，劝诱人户，或召募军兵，请射布种。今相度先将根括到江都天长县未种水田一万六千九百六十九顷，陆田一万三千五百六十六顷，分拨诸军，趁时耕种。"诏权许，候有人户归业识认日，申取朝廷指挥。④

〔绍兴二年〕十二月二十八日，臣僚言："……陈规措置屯田事颇有条理，深得古寓兵于农之意，欲望将陈规所由画一，令淮南诸镇抚使依仿而行之，其府县劝谕宣力官吏，令逐镇保明推赏。"诏委都司检详官参照陈规申请画一并前降指挥，限十日条具以闻。同日，中书门下省言："湖北、江西、浙西路对岸荒田尤多，理合随所隶一就措置。"诏湖北委刘洪道、江西委李回、江东委韩世忠、浙西委刘光世措置，仍令都督府总治。⑤

〔绍兴三年（公元一一三三年）二月〕癸巳，都司检详官奏下营田法于诸路行之，悉以陈规条画为主，凡授田五人为甲，别给菜田五亩为庐舍稻场，初年免田租之半，兵屯以使臣主之，民屯以县令主之，悉以岁课多寡为殿最。⑥

〔绍兴五年（公元一一三五年）十有一月〕丙戌，议者谓梁、洋沃壤数百里，环以崇山，南控蜀，北拒秦，东阻金房，西拒兴凤，可以战守，而民未复业，垦辟殊少。多屯兵则粮不足以赡众，少屯

① 《皇宋中兴两朝圣政》卷十，《陈规营田法》；又见《宋史》卷三百七十七，《陈规传》。
② 《宋史》卷二十七，《高宗本纪四》。
③ 《宋史》卷一百七十六，《食货志上四·屯田》。
④ 《宋会要辑稿》，《食货二之九》。
⑤ 《宋会要辑稿》，《食货六三之八九》。
⑥ 《皇宋中兴两朝圣政》卷十三，《颁陈规营田法》。

兵则势不足以抗敌。诏邵溥、吴玠择二郡守相度。初玠于兴元、洋、凤、成、岷五郡治官庄屯田，又修褒城废堰，民知灌溉可恃，皆愿归业。利路漕臣郭大中言于玠曰："汉中岁得营田粟万斛，而民不敢复业，若使民自为耕，则所得数什百于此矣。"玠用其言，岁入果多。①

〔绍兴五年〕王彦知荆南，经盗贼后，城郭为墟，移治于枝江县，彦至，始还旧治。帑廪空乏，无三月储。彦依川钱法，先措置交子，于荆南管内行使，便之。渐置屯田，以为出战入守之计。乃择荒田，分将士为庄，庄耕千亩，惟山口富里田旧截沮河，置千户、石塘、瓦窑三堰，堤水分溉为最良，今堰废不治，彦亲督将士，具畚锸修筑，计工六万有奇，不浃旬告成，公私之利无穷。天下论屯田、营田实不扰民而得充国遗意者，必以彦为首称，诏奖谕之。②

各地屯、营既已全面展开，但经营管理颇不一致，成效亦大相悬殊，且有不少地方屯、营田徒有其名，久久未能就绪。政府于绍兴六年（公元一一三六年），由都督行府颁布了一个统一的营田条例，俾各地遵照办理：

〔绍兴六年正月〕二十八日，都督行府言："江淮州县，自兵火之后，田多荒废，朝廷昨降指挥，令县官兼管营田事务，盖欲劝诱广行耕垦。缘诸处措置不一，至今未见就绪。今改为屯田，依民间自来体例，召庄客承佃，其合行事件，务在简便，今条具下项：一、将州县系官空闲田土并无主逃田，并行拘籍见数，每县以十庄为则，每五顷为一庄，召客户五家相保为一甲，共种甲内。推一人充甲头，仍以甲头姓名为庄名，每庄官给耕牛五头并合用种子农器（如未有谷即计价支钱），每户别给菜田十亩，先次借支钱七十贯，仍令所委官分两次支给（春耕月支五十贯，薅田月支二十贯），分作二年两料还纳，更不出息，若收成日愿以斛斗折还者听，仍比街市增二分课（如街市一贯即官中折一贯二百），其客户仍免诸般差役科配。一、应有官庄，州县守倅县令，并于劝农字下添带屯田二字，县尉

① 《皇宋中兴两朝圣政》，卷十八，《吴玠兴屯田》。
② 徐梦莘：《三朝北盟会编》卷一百六十八。

专一主管官庄四字，仍差手分、贴司各一名，于本县人吏内输差，一年一替，依常平法支破请给。一，每庄盖草屋一十五间（每间破钱三贯），每一家给两间，余五间准备顿放斛斗。其合用农具，委州县先次置造，仍具合用耕牛数目，申行府节次支降。一，每庄摽拨定田土，从本县依地段彩画图册，开具四至，以千字文为号，申措置屯田官，类聚缴申行府，置籍抄录。一、收成日将所收课子，除桩出次年种子外，不论多寡厚薄，官中与客户中停均分。一，今来屯田所招客户，比之乡原大段优润，系取人户情愿，即不可强行差抑，致有搔扰。其诸军下不入队使臣及不披带拣退军兵，有愿请佃者，并依百姓例，仍别置籍开具。一，州县公人等如敢因事搔扰官庄客户，及乞取钱物，依法从重断罪外，勒令罢役，仰当职官严行禁止，如有容纵，当议重作施行。一，逐县种及五十顷已上，候岁终比较，以附近十县为率，取最多三县令尉，各减二年磨勘，其最少并有闲田不为措置，召人承佃者，并申取朝廷指挥，知通计管下，比较赏罚。一，收成日于官中收到课子内，以十分为率，支三厘充县令尉添支，职田仍均给。一，今来招召承佃官庄，如有愿就之人，仰诸有官庄县分陈状，以凭摽拨地分支给。其县令行劝，能广行劝诱，致请佃之人渐多，当议推赏。一，今来措置官庄，除湖南北襄阳府路见别行措置外，止系为淮南江东西路曾经残破，州县有空闲田土去处，依今来措置行下。一，诸处土宜不同，如有未尽未便事件，仰当职官条具申行府。"诏从之，札下樊宾王弗疾速施行，仍散榜付诸路晓示。①

以上各条记载都说明高宗绍兴年间推行屯、营的炽热情况。但由于朝廷对此期待过殷，希望凡所措置，皆能迅速见效，督促亦切，地方州县官不能善体朝廷之意，亦往往操之过急，或者强行抑配，或以瘠薄之田迫人佃耕，或于收成之际，多取租赋，种种流弊，不一而足，人民深受其害。臣僚纷纷向朝廷陈诉，从他们所指出的情况来看，对于屯、营制度的开展确系一大障碍：

---

① 《宋会要辑稿》，《食货二之一五——一六[12]》。

〔绍兴七年（公元一一三七年）二月癸卯〕命枢密院计议官李采往江淮询究营田利害。先是司农少卿樊宾等措置营田才期岁，议者以为奉行峻急，抑配豪户，或强科保正，田瘠难耕，多收子利，民间类有鬻己牛以养官牛，耕己田以偿官租者。而为营田者之言，则谓去岁所用本钱二十三万缗，岁中收杂色斛斗共三十一万石，除客户六分，并知、通、令、尉职田五厘外，官实收十一万余石，已粗偿所费矣。惟是州县残破，户口凋零，募民开荒，最为难事，非岁月间[13]可望成功；而州县奉行之初，不无违戾；又形势之家，诡请冒佃，见官庄不利于己，遂百端鼓唱，意在沮坏良法美意。欲望朝廷，假以数岁之期，勿责近效，庶几有补。仍乞选忠厚强明官一二员，分诣诸处，询究利害，检察官吏。其措置有方，奉行违戾，即乞依元旨赏罚，或有不便于民，即与本处官吏商量便宜措置。疏奏，遂命采行，如有未便于民者，令采与樊宾、王弗商量，先次改正。①

〔绍兴七年（公元一一三七年）夏四月庚子〕右司谏王缙入对，奏疏论江、淮营田利害，以为："地段之零碎，土色之不等，庄屋之难置，耕客之难招，若召募土居人户佃耕，取其情愿，而轻立租税，庶几可也。若以官田之总数，均之逐乡之人，或人丁少而不能耕，或去家远而不能耕，或瘠薄甚而不堪耕，或不曾摽拨而出租课，人有受其害者。又况输纳之际，专斗多端，邀乞水旱之变，官司艰于检放。寄养之牛，来自广西，乍遇寒冻，多有死损，近免陪填，人心欣悦，其有置庄去处，人耕百亩，给牛一具，耕作既劳，尤多困毙，此皆利害之不可不讲者。欲望申敕所差之官，所至询审的确利害，无或苟简观望，去其所谓害，成其所谓利，以为悠久可行之制。"辅臣进呈，上曰："营田诚今日大利，如两淮闲田，不可数计，但恐召募不行，而夺见耕之农，则为民害矣。要须迟以岁月，以渐为之，第使耕种日广，便为大利。"张守曰："但地无旷土，则国用足。"上曰："然！所谓百姓足，君孰与不足？"乃命以缙章示枢密院计议官李采及营田官樊宾、王弗，如所请。②

---

① 李心传：《建炎以来系年要录》卷一百九。
② 李心传：《建炎以来系年要录》卷一百十。

〔绍兴八年（公元一一三八年）三月壬辰〕左宣教郎监西京中岳庙李采守监察御史。采自祠官召对，上疏言："营田之法，可为备善，然奉行峻速，或抑配豪户，或驱迫平民，或强科保正，或诱夺佃客，给以牛者未必可用，付以田者或瘠卤难耕，由官府有追呼之劳，监庄有侵渔之扰，鬻己牛而养官牛，耕己田而偿官租，种种违戾，不可概举。其间号为奉法不扰者，不过三数县而已。尽江、淮西路以绍兴六年（公元一一三六年）秋收计之，杂色稻子共三十一万余石，公家所得才十一万余石，使皆征出田亩，亦少资助军食，奈何皆夺民之力哉？盖营田之策，宜行军中，乃古人已试之效，今以闲田付之有常赋之民，官吏希赏畏罚，其患弥甚。欲望申饬有司，无闲民则阙而不置，使江、淮之民，安土乐业，均被实惠。"诏领营田监司约束。①

〔绍兴十年（公元一一四〇年）十一月〕甲子，右正言万俟卨论营田官庄附种之弊，以为："官庄设，即百里之民应籍者，皆赴庄以待耕耨，己业荒废，多不能举。附种行，则斗胜之种户给于民，散敛之扰率以为常。欲望逐路选委强明监司一人，遍行州县，应有营田去处，核实均散，其帅臣隐蔽，不肯公共商榷者，并许按核以闻。"上曰："卨所论极当，大凡营田须军中自为之，则不敛于民而军食足，若使民舍己之田营军之田，恐甚于敛民之为虐也。"乃诏领营田监司措置。②

以上都是在高宗朝三十多年间推行屯、营田政策的大概情况。高宗以后继起各朝，对屯、营田政策的积极推行未有丝毫减弱。自孝宗朝直到宋亡，始终是努力贯彻，故文献中有关记载亦甚多。这里仍择要举例，以示梗概，余皆从略：

〔孝宗〕隆兴元年二月二日，殿中侍御史胡沂言："窃谓为今之计，求守御之利，图经远之谋，莫若令沿边之郡行屯田之策。况前岁淮上逃移之民，散处阡陌，未复旧业，而频年中原归附之众，抑

---

① 李心传：《建炎以来系年要录》卷一百十八。
② 《皇宋中兴两朝圣政》卷二十六。

食庾廪，未知所处，因其旷土，俾之就耕，岂惟可以赡其室家，抑亦足以宽吾馈饷。……欲望亟赐行下沿边诸路帅司疾速施行。"从之。① 兴元年五月，督诸路开营田。②

〔隆兴元年〕十月十二日，工部尚书张阐言："制置司已将营田诸屯见耕种人丁，放令逐便，仍罢营田，令工部看详。臣闻自古两国相持，胜负未决，必有师老财匮之患，善制胜者欲省馈运之费，莫不以屯营田为急，如赵充国屯于金城，羊祜屯于襄阳，任峻屯于许下，诸葛亮屯于渭南，皆能藉以成功。何古人行之为得策，今日行之为有害耶？抑尝久复思之。盖荆襄之地，自靖康以来，屡经兵火，地广人稀，不患无田之可耕，常患耕民之不足。君无事时劝之使耕，积以岁月之久，仅能垦辟一二，况举事之始，曾未期月，欲使尽无旷土可乎？臣谓今日荆襄之地屯田营田为有害者，非田之不可耕也，无耕田之民也。欲治田而无田夫，任事之人，虑其功之不就，不免课之于游民，游民不足，不免抑勒于百姓，百姓受抑，妄称情愿，舍己熟田，耕官生田，私田既荒，赋税犹在。或远数百里追集以来，或名为双丁，役其强壮者。占百姓之田以为官田，夺民种之谷以为官谷，老稚无养，一方骚然。有司知其不便，申言于朝廷，罢之诚是也。然臣窃谓自去岁举事以至今日，买耕牛，置农器，修长、木二渠，费已十余万，其间岂无已垦之地乎？岂无庐舍场圃尚可就以卒业乎？一旦举而弃之，不为势力之家所占，则是捐十万缗于无用之地，而荆襄之田终不可耕也。臣比见两淮归正之民源源不绝，动以万计，官给之食，以半岁为期，今已逾期矣，官既不能给，斯民无所依，老弱踣于饥饿，强者转而之他，殊失斯民向化之心，兼亦有伤国体。臣愚以谓荆襄之田尚有可承之规模，与其无民耕而弃之，孰若使归正之民尽遣而使之耕，非惟可以免流离困苦之患，庶使中原之民知朝廷有以处我，不致失所，率皆襁负而至，异日垦辟既广，田畴既成，然后取其余者而输之官，实为两便。"诏除见有人耕种依旧外，余令虞允文同王珏疾速措置。③

---

① 《宋会要辑稿》，《食货六三之一二七》。
② 《宋史》卷三十三，《孝宗本纪一》。
③ 《宋会要辑稿》，《食货三之一〇——一一》。

朝廷接受了张阐的建议，命虞允文与王珏疾速措置，遂即拟订了统一规划和奖励办法：

> 隆兴二年（公元一一六四年）十二月六日，尚书省批状：勘会绍兴六年（公元一一三六年）正月二十八日、八月十一日指挥，州县系官空闲田土并无主逃田，并拘籍见数，以十庄为则，每五顷为一庄，召客户五家相保为一甲，布种甲内，推一名充甲头，仍以甲头姓名为庄名，每庄官给耕牛五具，并合用种子、农具。若耕种就绪，系谓增置庄分，各有召到客户，置办牛具、种子，所增田土[14]尽行开耕，每顷各有收到斛斗，比元数不亏，令、尉减磨勘二年，令提领营田官勘验诣实，开具指定保明，申乞朝廷指挥施行。①

关于营田收获的分配办法，定为四六分成，即除种子外，官得四分，佃客得六分，这样的剥削率不算太高。终南宋一代，一直在奉行这个制度：

> 〔乾道元年（公元一一六五年）〕七月五日，权发遣滁州杨由义言："被诏措置屯田，以便军食。……缘营田与屯田不同，屯田系使军兵耕种，营田系召募百姓耕种，逐年将收到子利，依营田司元降指挥，除种子外，官中与佃客作四六分分，官得四分，客得六分。"②

孝宗以后，南宋进入衰败时期，但对屯、营事务仍以同样的热忱在积极推进。可以说包括北宋在内的整个宋代，对于经营屯田和营田以尽量利用荒闲田土，增加农业生产，始终未曾松懈。下列各例，亦只是略示梗概：

> 〔嘉定三年（公元一二一○年）五月〕戊申，经理两淮屯田。③
> 〔嘉定十五年（公元一二二二年）〕秋七月甲子，诏江淮、荆

---

① 《庆元条法事类》卷四十九，《劝农桑·户婚》。
② 《宋会要辑稿》，《食货三之一○———一》。
③ 《两朝纲目备要》卷十二。

襄、四川制置监司条画营田来上。①

〔嘉定十七年（公元一二二四年）正月〕癸亥，命淮东西、湖北路转运司提督营屯田。②

〔端平元年（公元一二三四年）春正月〕命王旻守随州，王安国守枣阳，蒋成守光化，杨恢守均，亦益兵饬备，经理唐、邓屯田。③

〔淳祐十二年（公元一二五二年）十月〕壬申，诏襄、樊已复，其务措置屯田，修渠堰。④

〔理宗朝〕兼夔路制置大使兼屯田大使。军无宿储，珙大兴屯田，调夫筑堰，募农给种，首秭归，尾汉口，为屯二十，为庄百七十，为顷十八万八千二百八十，上屯田始末与所减券食之数，降诏奖谕。⑤

蔡戡对于荆襄屯田事宜及各种利害关系，洞察入微，议理详明，并提出若干切实可行的办法，供朝廷采纳。这里仅引述下列两篇奏疏，其所订条例，因文长不录：

> 臣闻守城以兵，养兵以食。有城而无兵，与无城同；有兵而无食，与无兵同；三者不可阙一。今襄阳桩积米不过三万石，借贷侵移，陈腐之余，所存不多，缓急何备？况总领所岁计支米十万石，自湖南诸州移运应副鄂州，至襄阳溯流而上二千一百里，滩浅水急，非两月不可到，且有损失欠折之患，水脚縻费，盖亦不赀。臣谓与其仰给于馈运，不若取之于土产；与其责办于民力，不若官自为之。今荆、襄间沃壤千里，古人屯田遗迹具在，羊祜垦田八百顷，即此地也。故臣先言水利之当修，次言屯田之可广。况汉淮之俗，浅种薄收，殊不劳费，一岁之间，用力不过三次，春耕夏种秋收而已。兵帅得人，于此留意，每岁春时，差拨官兵，广行耕种，事竟即归，

---

① 《宋史》卷四十，《宁宗本纪四》。
② 《宋史》卷四十，《宁宗本纪四》。
③ 《宋史》卷四十一，《理宗本纪一》。
④ 《宋史》卷四十三，《理宗本纪三》。
⑤ 《宋史》卷四百十二，《孟珙传》。

收获亦然。及其登场，以四分入官，六分给耕种收获之人，将官军兵，请给甚微，得此望外之物，云胡不喜？将见不待驱迫，争欲服田。官兵既已乐为，然后寓以教阅之法，使之角射艺之精者得往，比其反也，复使之角射艺之不废者再遣之，且耕且教，兵食俱足，积以岁月，可省湖南馈运之劳，而边备有余矣。襄阳见今屯田官五百人，岁收谷麦几三万斛，官取其半，惜乎未广也。今既凿水渠，渠之左右，无非良田，以渐耕垦，其利十倍。伏望圣慈详酌，行下荆鄂都副统制司，相度施行，取进止。①

臣昨任京西漕臣，亲见荆襄之间，沃野千里，古人屯田遗迹具在，戍兵全仰县官，请给微薄，馈运艰险，诚宜因其所利，耕垦可实边储，亦因以寓教阅之法。今春召还，尝具札子面奏，特蒙玉音称善。近者伏准尚书札子，备奉圣旨，令臣与都统郭刚同条具屯田事宜。臣窃揣圣意，岂非采向者愚虑之一得，不但可行于荆襄，欲广其策于被边之地乎。况臣所领职，实兼措置屯田，固当竭智殚虑，以裨万一，已与郭刚同条具奏闻外，然臣有愚见，不敢隐默。臣伏见汉淮事体，大[15]概不同，襄阳地广人稀，自城之外，弥望皆黄茅白苇，既疏水渠溉田数千顷，无民田间断，兵耕其中，聚而不散，号令进退，不失部伍。淮西州军去边稍远，耕者日众，虽有荒闲之田，不免与民田接轸，军民杂耕，岂能无扰。屯田散处，庐舍隔远，亦难钤束，此事体不同者一也。襄阳去边不百里，自修好以来，五六十年，流民未复，旷土未辟，见今可佃去处，皆是百姓弃而不耕之地，军民不相侵夺，坐得良田，故其为利也安。淮西则不然，富民大家及归正人，经官请佃，广作四至，包占在户，岁月既久，遂为永业，官司非不知之，若一切根据，则必大为边民之扰，若止收其所弃而为屯田，则所得无几，此事体不同者二也。襄阳屯田，近者负郭，远者数十里，主帅可以亲临，朝出暮归，察其农事之勤惰，阅其武艺之精粗而赏罚之。戍兵往来，耕者饁[16]者，相望于道，营寨不远，可以便休，故于事为便。今大军屯驻建康，淮西异路，近者犹有一江之隔，主帅绝江而北，人所创见，委之偏裨，未必尽力。况事当一一咨禀主帅而后行，遥度于数百里之外，非身履目击之，

---

① 蔡戡：《定斋集》卷三，《论屯田札子》。

岂能合事宜？其于农事武艺亦不能尽察，戍兵往来，动是旬日，营寨相远，必家属偕行，此事体不同者三也。自修好以来，两淮未尝宿重兵，诸州防城不过千百人而已。襄阳之兵虽号鄂、渚分戍，然自来留屯万人，以副帅临之，敌人习熟，不以为疑。今若一旦广行屯田于淮西沿边州郡，必骇听闻，或起衅隙，要当以渐于近里州郡为之，此事体不同四也。有是四者，故屯田之法行之荆襄则易，行之淮右则难。然则屯田决不可行之淮西乎？大抵事无难易，在所以处之耳。臣闻善立事者戒张皇，而恶烦扰。夫兴大众，开屯田于和好既定之后，不无骇听而不安者，向来和州屯田五百余顷，庐州有三十六围，废罢未久，其间多是熟田，见系人户请佃，不若先遣官吏案行，籍其旧数，自来岁措置开垦，规模既成，以渐增广。今和州防城者千人，庐州亦有三百人，春去秋还，若根括向来屯田官兵，增益而并遣之，则不至张皇矣。所谓恶烦扰者，凡州县之间兴一役，办一事，无非扰民。监司行下诸州，诸州行下诸县，诸县不免取办于百姓，官吏并缘为奸，其扰数倍，纵使量给价钱，糜费减克，所余无几，往往白著。今也买耕牛、造农具、盖寨屋，一切委之漕司，漕司靳费，势必科扰，未见屯田之利，已为边民之害。臣谓不若军中办其事，漕司给其费，要使屯田开而民不知，则不致烦扰矣。军获其利，民不知扰，人心既安，地利亦尽，屯田之法熟谓不可行之淮西乎？臣识虑暗浅，计策迂缓，不敢避雷霆之诛，惟冀天地日月容覆而照烛之，臣不胜大愿。取进止。[1]

嘉定元年（公元一二〇八年）八月十三日，御史中丞张良能言：“窃惟今之经理两淮，独有屯田一事，若使行之，可以富国，可以强兵，可以宽裕民力。今胡骑蹂践，数郡之民，死于锋镝，死于转徙者十居七八，不耕之田，处处弥望，若不乘此早加检核，则强有力者必将广行包占，数月之后，无复有在官者矣。乞责监司郡守，专意检核，凡死亡逃移之田，毋令妄冒承认，各令供具管下见今实有户口若干，在官之田若干，结罪保明，备申朝廷。乞令制置使司及两浙监司郡守立限条具以闻。”诏限一日措置，条具闻奏。[2]

---

① 蔡戡：《定斋集》卷三，《论屯田利害状》。
② 《宋会要辑稿》，《食货六三——六四》。

5. 职田与公廨田

职田和公廨田是历代相沿的一个古老制度，至唐，这一制度更为完备，五代时一度废止，至北宋真宗时又予以恢复。它是宋代公田利用的一个重要方面，据苏洵说："方今天下之田，在官者惟二：职分也，籍没也。职分之田，募民耕之，敛其租之半而归诸吏。籍没则鬻之，否则募民耕之，敛其租之半而归诸公。职分之田遍于天下，自四京以降，至于大藩镇，多至四十顷，下及一县，亦能千亩。籍没之田，不知其数。"① 职田是将一部分官田给予官吏个人，使其募民耕之，以其租之半作为官吏俸禄的一部或全部，去职时即移交后任，这是官吏个人收入主要的或唯一的来源；公廨田系将一部分官田给予各级政府机关，募民耕之，以其租之半而归诸公，作为各级政府机关的行政费用，两者的界限不容混淆。五代以来，此制久废，北宋真宗时，在宰相张齐贤的请求下得到恢复：

〔咸平二年（公元九九九年）秋七月壬午〕宰相张齐贤请给外任官职田，诏三馆、秘阁检讨故事，申定其制，以官庄及远年逃田充，悉免其税。佃户以浮客充，所得课租均分，如乡原例。州县长吏给十之五，自余差给。其两京、大藩府四十顷，次藩镇三十五顷，防御、团练州三十顷，中上刺史州二十顷，下州及军、监十五顷，边远小州、上县十顷，中县八顷，下县七顷，转运使、副使十顷，兵马都监、监押、寨主、厘务官、录事参军、判司等，比通判、幕职之数而均给之。初，三司欲令职田户依例输税，虞部郎中杜镐等言推寻故事，历代并无输税之文，乃止。②

真宗在接受宰相张齐贤的建议后，欲兴复职田之制，乃诏三馆、秘阁检讨故事，申定其制以闻，检讨杜锡等遂详细考证了历代职田的沿革，系对这一制度的一个扼要说明，颇有参考价值，兹录其全文如下：

〔咸平〕二年（公元九九九年）七月，真宗欲兴复职田，三司请令依例输税，诏三馆秘阁检讨故事沿革以闻。检讨杜锡等言："按

---

① 苏洵：《嘉祐集》卷五，《衡论下·兵制》。
② 李焘：《续资治通鉴长编》卷四十五。

王制，古者公田，籍而不税，籍之为言借也，借民力治公田，美恶取于此，不税民之所自治也。又曰：夫圭田无征，夫，犹治也，征，税也。孟子曰：卿以下必有圭田，治圭田者不税，所以厚贤也。《周礼》载师之职：有土田，有官田，有赏田，又以家邑之田任稍地，以小都之田任县地，以大都之田任疆地。家邑大夫之采地，小都乡之采地。汉制：列侯皆衣食租税，而不得臣其吏民。昔制有刍藁之田，大国十五顷，次国十顷，小国七顷。又占田之限，官第一品五十顷，二品已下，每品减五顷以为差，第九品十顷，又得荫人为衣食客及佃客。后魏宰人之官，各给公田，刺史十五顷，太守十顷，治中、别驾各八顷，县令、郡丞六顷，更代相付，卖者坐如律，职分田起于此矣。北齐京城四面诸坊之外三十里内为公田，一品以下逮于羽林、虎贲各有差，多者至百顷，少者三十顷。唐制永业田各有等差，武德九年（公元六二六年）十二月制，内外官各给职分田，自一品至九品以十二顷至五十亩为差，京司及外县又各给公廨田，以供公私之费。又准令诸外司公廨田，大都督府四十顷，中都督府三十五顷，下都督、上州各三十顷，中州二十顷，下州十五顷。又田令：诸职分陆田限三月三十日，稻田限四月三十日以前上者，并入后人，以后上者入前人。麦田以九月三十日为限，若前人自耕未种，后人酬其功直，已前种者，准分租法。此皆历代故事，令文旧制也。今三司建议，但系官水陆庄田，据州县近远，并充职田，召人佃莳，所得课利，随二税输送，置仓收贮，依公使钱例上历公用，具帐申省，又令悉输二税。臣等按隋、唐给田之制有三：一曰永业田，依品而给，听其子孙相承；二曰职分田，随官而给，更代相付；三曰公廨田，据省寺州县地望而给。永业田唯不许私卖，职分、公廨田唯课营种，以给公私之费，别无禁止之制。且百官廪赐，莫盛于唐，月俸之余，既有食料，杂给禄粟之外，又有息利本钱。加以白直、执刀、防闲、掌固之类，悉许私用役使，潜有所输。五代所支，裁得其半。太祖始定添支，太宗增给实俸。职田之制，废于五代，兴于本朝，而计臣以出纳之吝，遂有兹议。且历寻故事，并无输税之文，臣等参详，请不计系官庄土及远年逃田，充州县官吏职田者，悉免二税及缘纳物色，许长吏已下募人牛垦辟，所得租课均分，如乡之例，不须置仓、上历、造籍、申省，唯准令式，三年一造簿，替日递相交付，不得私以贴卖。给受之制，一如田令。其桑果菜茹薪刍及陂池所产，悉以均分。仍俟今秋委转运使就近差官尽括系官水陆庄田顷亩，据逐州官员分定顷亩，州县长吏给什之五，自余均其沃瘠，与通判、幕职、簿尉差降给之。其两京、大名、京兆、真定、江陵、河中、凤翔及大藩镇各四十顷，次等藩镇三十五顷，防御、团练使州三十顷，中上刺史州二十顷，下州及军监十五顷，边远小州户口少处比上县给十顷，上中下县以十顷至七顷为三等，转运使、副许于[17]管内给十顷，其诸州给外剩者，许均给兵马都监押、寨主、监临文武职官、录事参军、判司等，其顷亩多少，类通判、幕职之数，其州县阙官，即以一分职田给权签判官。所召佃户，止得以浮客充，仍免乡县差徭，不得占庇税户。如此，则中才之类，可革于贪心，上智之人，益兴于廉节，与夫周之采地，魏之公田，其揆一也，经久之利，无出于兹。"从之。①

职田之制恢复后，推行得并不理想，由于一些官吏不能以廉洁自守，常常依仗权势，横征暴敛，侵渔细民，以致民怨沸腾，讼词繁兴，故勉强施行了三十年之后，到仁宗天圣七年（公元一○二九年），上封事者纷纷陈请，乞停废天下职田，朝廷从之，乃下诏云：

〔天圣〕七年七月，上封者言，乞停废天下职田。诏资政殿学士晏殊与审官三班院流内铨三司使副详定以闻。殊等上议："伏以朝廷所置职田，盖欲稍资俸给，其如官吏不务至公，或差遣之间，循于侥竞，或横敛之际，害及人民，屡致讼言，上烦听览，既有亏于廉节，复多犯于宪章。所宜寝停，用绝奸弊。所有职田，并乞纳官，依省庄例入帐拘管。"诏曰："洪惟先圣勤恤庶官，谓廪给之稍丰，则洁廉之易守，是稽政实，并锡公田。岁月寝深，奸蠹滋长，或作威以害单弱，或横敛以急羡赢，屡渎公朝，甚喧清议。己从废罢，式警贪残，重念厘[18]革之臣，固多禀节之士，例停租入，曷劝勤劳？断自朕怀，颁兹永制，俾均岁取，溥被官联，或推优渥之科，用报凤宵之效，布告中外，咸使闻知。应天下职田宜依奏停罢，其

---

① 《宋会要辑稿》，《职官五八之一——三》。

见佃人户，逐年分收课利，并纳入官，诸州府军监每年各具夏秋纳
到石斗时估价例，申三司，令三司类聚天下都收数目，纽定价钱，
均给予诸道州府军监见任官员，其均给等第合行条约，令三司
以闻。"①

职田废止后，多数官吏以俸禄微薄，不足以维持生活，因而贪污枉法之
吏为之大增，二年之后，又恢复了职田：

〔天圣九年（公元一〇三一年）二月〕癸巳诏曰："职田所以惠
廉吏，而贪者并缘为私，侵渔细民，兹益为害，比诏有司罢职田。
如闻勤事吏禄薄，不足以自赡，朕甚悯焉，其复给职田。即多占佃
夫、若无田而令出租者，以为枉法论。"先是下三司衷职田岁入之
数，计值而均给之，未能即行，上因阅天下所上狱，多以贿败者，
遂降是诏。②

但是职田恢复后，其弊如故，一般贪残之吏照旧在侵渔细民，种种弊端，不
一而足。例如：

庆历元年（公元一〇四一年）十二月十三日，知许州李淑言：
"伏见官员职田，虽有条约，或闻所收亦有欲成之际，预差公人，诣
地制扑合收子斗，公人畏惧威势，遂于所佃内拣地土肥沃、苗稼最
盛之处，每亩制定分收一石至八九斗者。切缘地土肥瘠不同，设使
全然肥沃，仍值大段丰稔，每亩亦不过分收一石以来，以此佃户供
纳不易，多是陪备。或更催督紧急，便致逃窜，不能安居。欲乞今
后应职田地土，如瘠薄处，即据亩垄[19]分收，如肥沃处，每亩不得
过五斗。如于数外大收，及值灾伤，不随税减放者，并依元条施行，
仍许佃客自经官。"诏依奏颁行。③
宣和元年（公元一一一九年）六月五日，诏："诸路当职官各

① 《宋会要辑稿》，《职官五八之五——六》。
② 李焘：《续资治通鉴长编》卷一百十。
③ 《宋会要辑稿》，《职官五八之一八—— 一九》。

赐职田，朝廷所以养廉也；县召客户或第四等以下税户租佃分收，灾伤检覆减放，所以防贪也。访闻诸县，例多违法，勒见役保正长及中上等人户分佃，认纳租课，不问所收厚薄，必输所认之数。设有水旱，不问有无苗稼，勒令撮收，其甚有至不知田亩下落，虚认送纳，习以成例。农桑之家受弊无告，闻之恻然。可严行禁止诸县官吏违法以职田令第三等以上人户及见充役人，或用诡名，或令委保租佃，许人户越诉，以违诏论。灾伤减放不尽者，计赃以枉法论。已入己者，以自盗论。提刑廉访，常切觉察。"①

到南宋时其弊如故。建炎初曾加以整顿，并曾一度废止：

建炎元年（公元一一二七年）六月十三日敕：应州县官职田，访闻多系实无田土，抑令人户输租。仰提刑司勘验诣实，常切觉察。②

〔建炎元年六月〕二十七日，诏应监司州县职田并罢，令提刑司拘收桩管，具数申尚书省。③

职田废止后，又产生了与过去相同的困难，不得不再度恢复，并在臣僚的建议下加以整顿：

〔绍兴〕三年（公元一一三三年）四月二十三日，工部侍郎李擢言："圭田之法，皆以逃亡五年以上及绝户荒田为之，故其膏沃者少，岁收无几，而有司拘以旧籍已定之数，胁以当官必行之威，民已告病，吏莫之恤。愿诏有司，将见今职田数委通判同县令核实，除其不可力耕之田，损其已定过多之额，使之适平而后已。或以蠲除之后，非所以养廉，则乞将空闲之田及往为大安抚司及他司增置官属所占者，拨以足数，仍先自簿、尉始。"从之。④

---

① 《宋会要辑稿》，《职官五八之一八——一九》。
② 《宋会要辑稿》，《职官五八之二三》。
③ 《宋会要辑稿》，《职官五八之二三》。
④ 《宋会要辑稿》，《职官五八之二三》。

有关南宋职田的兴衰变迁，李心传有一段扼要说明，以借以了解概况：

> 建炎初，以国用不足，遂拘天下职田隶提刑司〔元年（公元一一二七年）六月乙酉〕。李伯纪免相，复给之。明年，吕源为发运副使，复请收圭租以赡军，上不许（八月壬子）。绍兴末，东南诸路，收圭租二十三万斛有奇，州县有过给者，上闻之，命及格则止〔二十九年（公元一一五九年）十二月癸酉〕。旧制，圭租皆给正色。至是，江西、湖南米，斗才数十，而圭租乃命折价至三四千，陈正献为殿中侍御史，为上言之，遂命复输本色〔三十年（公元一一六〇年）十一月庚寅〕。隆兴初，又有权借一年之令〔元年（公元一一六三年）六月〕。乾道改元，以军事姑息，又借职田米三年，用王大宝尚书请也〔元年（公元一一六五年）七月辛亥〕。八年（公元一一七二年）冬，复还之（十月丙辰）。时四川州县职田，宣抚司已借十年，为军中减汰使臣之用〔乾道四年（公元一一六八年），虞雍公申请〕。会其数，岁得十二万八千八百九十九缗而已。淳熙初，亦还之，淳熙末，言者又论州县守卒，合得圭租，皆折见缗，其他小官，则交本色，非是，事下户部，户部奏，在法，圭租以前后官在任月日均给，不许折钱，即人户愿输钱，而旋增实直者，准律科罪，从之〔十四年（公元一一八七年）三月戊辰〕。今蜀中圭租，皆折见钱，又多从隔郡支给，相承已久，莫知始于何年。[1]

6. 官田出卖

出卖政府手中掌握的大量官田，除了作屯田、营田、官庄职田等等用途外，仍有大量系官荒闲[20]土地租佃于民，但所入甚微，且或为豪右侵冒，输官租赋更十无一二，若再设官经理，越发得不偿失。于是遂估价出卖，政府可以得一笔卖地收入，以裕国库；而买地者则获得永业，并增加了主户，于公于私均属有利，故从北宋前期即开始大量出卖官田。除了官庄、职田、公廨田、屯田、营田等项官田仍由官家经理外，所有市易、抵当、折纳、籍没、常平、户绝、逃移、天荒、省庄、废官职田、江涨沙田、弃堤、退滩、濒江河湖海自生芦苇荻场、圩埠、湖田之类，一律出卖，由政府派专官会同州县

---

[1] 李心传：《建炎以来朝野杂记》甲集卷十六，《圭田》。

官公平估价，招见佃人承买，并给予一定优惠。这里亦择要举例如下：

〔天圣三年（公元一○二五年）〕十月，提点开封府界县领张君平言："州县户绝没官庄田，官司虽检估召人承买莳佃，其有经隔岁月，无人承当，盖检估之时，当职官吏准防以后词讼，多高起估钱，以致年深倒塌荒芜，陷失租税，望降敕选官重估实价，召人承买，自今须仔细看估，不得高起估钱，虚系帐籍。"事下三司相度。三司言："按天圣元年[21]七月敕，户绝田令佐画时打量地段，估计屋舍动使，申州委同判幕职再行核覆检，出榜晓示见佃户纳钱竭产收买，只依元额纳税，不纳租课，不得挑段请佃。或见佃户无力，即问地邻，地邻不要，方许中等以下户收买，价钱限一年纳官。"①

〔天圣三年〕十一月，淮南制置发运使方仲荀言："福州官庄与人户私产田，一例止纳二税，中田亩钱四文，米八升，下田亩钱三文七分，米七升四勺，若只依例别定租课，增起升斗，经久输纳不易，兼从初给帖，明言官中却要不得占客。臣欲乞以本处最下田价，卖与见佃户。今准诏为知福州胡则，乞放免官庄租课，令臣分拆利害。伏缘事理明白，望早施行。"诏屯田员外郎辛惟庆乘递马往彼，与本州出卖，不得亏损官司。四年（公元一○二六年）六月，辛惟庆还言："臣与本州体量，闽侯官十二县共管官庄一百四，熟田千三百七十五顷八十四亩，佃户二万二千三百人，于太平兴国五年（公元九八○年）准敕差朝臣均定二税，给帖收执，内七县田中下相半，五县田色低下。寻牒州估价及单贫人数。按见耕种熟田千三百七十五顷，共估钱三十五万贯，已牒福州出卖，送纳见钱，或金银依价折纳。……如佃户不买，却告示邻人，邻人不买，即召诸色人，仍令令、佐将帐簿根究数目。如日前曾将肥土轻税田与豪富人，今止瘠地，即指挥见佃户全业收买，割过户籍。若佃户不买，即将元卸肥田一处出卖。"……事下三目详定。②

〔政和元年（公元一一一一年）五月〕二十七日，臣僚言："天下系官田产，在常平司有出卖法，如折纳、抵当、户绝之类是也；

---

① 《宋会要辑稿》，《食货一之二二》。

② 《宋会要辑稿》，《食货六三之一七五——一七六》。

在转运司有请佃法，天荒、逃田、省庄之类是也。自余闲田，名类非一，往往荒废不耕，虽间有出卖请佃之人，又为豪右之侵冒，输官租赋，十无一二，欺弊百出，理难齐一，其请佃人户，又以经系官田，不加垦辟，遂使民无永业，官失主户，公私利害，所系非轻，乞命官总领条画以闻。"诏范坦总领措置。六月六日，户部侍郎范坦奏："奉诏总领措置出卖系官田产，欲差提举常平或提刑官专切提举管勾出卖，凡应副河防沿边招募弓箭手或屯田之类，并存留。凡市易、抵当、折纳、籍没、常平、户绝、天荒、省庄、废官职田、江涨沙田、弃堤、退滩、濒江河湖海自生芦苇荻场、圩埠、湖田之类，并出卖。"从之。①

进入南宋后，国家处于战争状态。战则军需浩繁，力已不支；和则需驻重兵守边。又需岁岁向金人纳币，数目巨大，更是一沉重负担，政府的正常赋税收入，远不足以应付急需。在罗掘既穷之后，遂大量出卖官田，借以取得一笔现成收入：

> 绍兴元年（公元一一三一年），以军兴用度不足，诏尽鬻诸路官田。②
>
> 〔绍兴〕五年（公元一一三五年），诏诸官田比邻田租，召人请买，佃人愿买者听，佃及三十年以上者减价十之二。③
>
> 〔绍兴六年（公元一一三六年）二月庚戌〕诏江、浙、闽、广诸路总领卖田监司榜谕人户，依限投买乡村户绝，并没官及贼徒田舍与江涨沙田、海道泥田，昨为兼并之家、小立租额佃赁者，永为己业，更无改易。仍令户部与监目州县，毋得申请少有更改。用三省奏也。④

政府为了尽可能多卖出官田，对买田人特给予种种优惠条件，如减免数年田租和徭役，以广招徕：

---

① 《宋会要辑稿》，《食货一之三一》。
② 《宋史》卷一百七十三，《食货志上一·农田》。
③ 《宋史》卷一百七十三，《食货志上一·农田》。
④ 李心传：《建炎以来系年要录》卷九十八。

〔绍兴〕二十六年（公元一一五六年），以诸路卖官田钱七分上供，三分充常平司籴本。初，尽鬻官田，议者恐佃人失业，未卖者失租。侍御史叶义问言："今尽鬻其田，立为正税，田既归民，税又归官，不独绝欺隐之弊，又可均力役之法。"浙东刑狱使者邵大受亦乞承买官田者免物力三年至十年（一千贯以下免三年，一千贯以上五年，五千贯以上十年）。于是诏所在常平没官、户绝田，已佃未佃、已添租未添租，并拘卖。①

〔绍兴〕三十年（公元一一六〇年），诏承买荒田者免三年租。②

季世金人乍和乍战，战则军需浩繁，和则岁币重大，国用常苦不继，于是因民苦官租之重，命有司括卖官田以给用。其初弛其力役以诱之，其终不免于抑配，此官田之弊也。③

官田，东南旧多有之。靖康中，尝命经制司鬻蔡京、王黼田为籴本，翁端朝中丞为经制使，言恐生弊，幸乞租与客户，岁收课利，损其二分，从之。然诸道闲田颇多，既利厚而租轻，因而增租以攘之者，谓之划佃，由是词讼繁兴。绍兴二十八年（公元一一五八年），知温州黄仁荣，请鬻之以止讼，会何内翰溥，亦请鬻官田为常平本，许之。其后户部会其数，得钱五百万缗，自是数举行之，独营田不废。④

出卖官田成为政府财政收入的一个重要来源。朝廷对此，仰赖甚殷，故对经手官吏特申严督察，明定赏罚：对卖田稽延、成绩不著者，则分别予以贬秩或免官；对卖田最多，成绩卓著者，则特予增秩进级，以示嘉奖：

〔绍兴〕二十九年（公元一一五九年），初，两浙转运司官庄田四万二千余亩，岁收稻、麦等四万八千余斛；营田九十二万六千余亩，岁收稻、麦、杂豆等十六万七千余斛，充行在马料及籴钱。四月，诏令出卖。七月，诏诸路提举常平官督察欺弊，申严赏罚。分水令张升佐、宜兴令陈迟以卖田稽违，各贬秩罢任。九月，浙东提

---

① 《宋史》卷一百七十三，《食货志上一·农田》。
② 《宋史》卷一百七十三，《食货志上一·农田》。
③ 《宋史》卷一百七十三，《食货志上一·农田》。
④ 李心传：《建炎以来朝野杂记》甲集卷十六，《官田》。

举常平都絜以卖田最多，增一秩。①

在政府的严厉督察下，经手官吏希赏畏罚，遂不免采取强制手段，禁锢保长，抑勒田邻，诸弊丛生，实为扰民。于是臣僚上言，乞请宽限：

> 〔乾道三年（公元一一六七年）〕秋七月辛亥，臣僚言："户部申请，诸路并限一季出卖官产，拘钱发纳。且以江东西二广论之，村畽之间，人户雕疏，弥望皆黄茅白苇，膏腴之田，耕犹不遍，岂有余力可买官产？今州县迫于期限，且冀有厚赏，不免监锢保长，抑勒田邻。乞宽以一年之限，戒约州县不得抑勒，如有违戾，重置典宪。"从之。②

但是在财源枯竭、用度不足的压力下，政府[22]仍不得不极力出卖官田，虽明知有种种流弊，亦在所不顾，甚至连不在出卖之列的营田亦一并减价出卖：

> 〔乾道〕四年（公元一一六八年）四月，江东路营田亦令见佃者减价承买，期以三月卖绝，八月住卖。③
>
> 〔乾道八年（公元一一七二年）〕十一月辛未，遣官鬻江、浙、福建、二广、湖南八路官田。④
>
> 〔乾道八年十一月〕是月诏："官田除两淮、京西路不行出卖，应诸路没官田产屋宇并营田，并措置出卖，以户部左曹郎官主之，诸路委常平司，其钱赴左藏南军，令置库眼桩管。"⑤

政府廉价出卖官田的最大弊端并对社会经济有严重影响的，是卖官田助长了土地兼并的发展。在平时，耕地的最大部分分散在广大农民之手，他们虽各占有为数不多的一点土地，但其乃是农民的生存依据，除非遭遇重大不

---

① 《宋史》卷一百七十三，《食货志上一·农田》。
② 《皇宋中兴两朝圣政》卷四十六，《乞宽限卖官田》。
③ 《宋史》卷一百七十三，《食货志上一·农田》。
④ 《宋史》卷三十四，《孝宗本纪二》。
⑤ 《皇宋中兴两朝圣政》卷五十一，《诏鬻官田》。

幸或出乎意外的猝发灾难，必须换一点货币来应付急需，否则谁也不肯把自己的活命之源轻易卖掉。所以富有钱财的地主阶级虽渴望获得土地，但卖者却甚寥寥，这是地主阶级兼并土地所遇到的一个主要障碍。简单说，即有钱人亟欲获得土地，但却缺少土地的出卖者，从而使土地兼并的进度不得不因之放慢。特别是当社会秩序比较安定，没有严重的天灾人祸，而农业生产还不断有所发展，广大农民大体上还能正常进行其简单再生产，能过着起码的丰衣足食的生活时，财富所有者更不容易买到土地。现在政府忽然大量出卖官田，而正在佃耕的农民又无钱购买，于是遂给富人兼并土地大开了绿灯。这一点为当时人彭龟年所洞见，他痛陈卖官田之害，指出了一般人看不到的一个严重社会经济问题。下引是他的一篇奏疏全文，是当时少有的一篇有独到见解的文献：

> 臣窃闻近日斥卖官田，此令一出，四方之人，交口窃议，臣甚为朝廷惜此举措也。臣照得在法官田，惟许下五等人户请佃，所以优之也；官户及上三等户不许，所以防其侵细民求生之路也。今一旦举而出卖，令之日价高者得，小民虽有现耕之田，无钱可买，豪民积镪千万，寻常睥睨小民之田，恨不尽取，而官司乃为之开其门，辟其涂，细民之田将尽归豪民矣。昔任其劳而垦治者，细民之力也；今享其成而膏润者，豪民之利也。豪民以钱易田，不归恩于朝廷，而细民一旦失田，必归怨于朝廷。朝廷但以减二分价，为优现佃之人，不知现佃之人有钱则方可获此利，无钱则坐视有钱者取田去尔，能使之不怨矣乎？议者必谓今日国家匮乏，一日出此，可得数百万缗，岂不甚利？此特小丈夫狷浅之见，何足以谋国哉！夫数百万缗或可以积致，人心一散，不可以复收，其轻重得失何如耶？仰惟陛下自即位以来，减月桩、损经制、轻折估、宽和买，仁心仁闻固已四达，然或者犹谓仅能宽州县之力，未必州县能宽百姓也。今卖田之令一出，则害径及百姓矣。为人臣不能为人君固百姓之心，而乃为人君离百姓之心，此臣所甚忧[23]也。臣闻向来斥卖官田，多以百姓不便而止，臣谓与其使之不便而后止，则所损已多矣，不若不行之为愈也。臣愚欲望圣慈特赐睿断，将卖田指挥早为寝罢，以安人

心，以固国本，不胜幸甚。①

　　政府出卖的官田并不是未经开辟的生荒地，而是早经劳动农民辛勤开辟成的熟地，并为农民多年佃耕的土地。将官田卖出，实际上是夺去农民正在佃耕的土地，以廉价转让于豪民，即上引文中所谓，"细民之田将尽归豪门，昔任其劳而垦治者，细民之力也，今享其成而膏润者，豪民之利也"。可见出卖官田，无异是政府在帮助豪民兼并。

　　7. 官田出租

　　除了以上几种土地利用方式外，将官田按民间租佃办法出租给农民，也是官田利用的方式之一。这类官田大都是不便全部卖出，但又因其中大部分是空闲无用的荒地，如牧马场，面积广大，当饲养马匹不多时，实际利用的只是牧场的一部分，其余则为无用荒地，因此就划出一部分招民承佃。这样，既减少荒芜，又可以收取若干租课，同时又满足了无地少地的农民迫切需要获得土地的愿望。此外还有少量河淤地或河徙地，大都是零星小块，不便作其他用途，遂亦租佃于民：

　　　　至道二年（公元九九六年）闰七月，诏："邢州先请射草地，并令拨归牧龙坊，自余荒闲田土，听民请射。"先是，诏应荒闲田土，许民请射充永业，其间多有系牧龙坊草地者，州与本坊互有论列，久未能决，乃遣中使相度，而有是命，仍俟秋收毕，乃得取地入官。②

　　　　〔景德元年（公元一〇〇四年）〕十月，群牧判官王晓言："准诏诸州不堪放马闲田，召牧户耕种，不可许有田输税户弃业分房请占。又缘浮客户多苦贫乏，应募者少，请依州县职田例，招主客户种莳，以沃瘠分为三等输课。其州县官吏使臣，如招得民力，依元诏批厝为劳绩，从之。"③

　　　　〔大中祥符七年（公元一〇一四年）〕八月，诏："兖州管勾充牧马草地，并结还本主，其系官闲地，亦许人请射耕佃，群牧司不

---

① 彭龟年：《止堂集》卷六，《乞寝罢卖田指挥疏》。

② 《宋会要辑稿》，《兵二一之二四》。

③ 《宋会要辑稿》，《兵二一之二四》。

得指占。"①

臣近为广平监牧马草地，乞令人户依旧佃耕，至今未降指挥。切缘广平监元系两监，于邢、洺、赵三州内共占民田一万五千余顷。顷由停废一监，共约退下草地七千五百余顷，官司令百姓出租课请佃，年岁深远，耕为熟田，及作父祖邱茔。其佃户共九千三百四十余户，每年共约出粟八万七千余石，小麦三万一千余石，秆草三十五万余束，绢八百余匹。昨准群牧司指挥，令逐州作二年起遣佃户，收地入官。今年限满，人户全不肯起移。累曾进状不行。况两监马只有五六千匹，不及往时一监之数，亦不销此地，枉有废为闲田。纵添得马三二千匹，若比淇水监一匹之地，可就牧三匹，甚不阙事。臣前进札子，见下群牧司相度，必是妄说事端，故要占留。欲乞特出宸断指挥，令人户依旧耕佃输纳，兼据一年所得，亦可置数倍鞍马，公私实为大利。②

嘉祐四年（公元一〇五九年）五月十九日，差都官员外郎高访往河北路先与逐监官员摽定合召人耕佃牧马地土，不得多占顷数，凡得剩田三千三百五十余顷，岁课一十万七千八百二硕，绢万三千二百五十一匹，草十万一千二百三十束。③

〔嘉祐〕七年（公元一〇六二年）三月，诏洺州广平监牧地听民请佃之。④

〔熙宁〕五年（公元一〇七二年）四月二十七日，相度诸班直诸军牧地司言："乞依勾当官董钺状，将侵耕牧地分为三等出租。"从之。⑤

〔熙宁〕七年（公元一〇七四年）二月四日，诏废郓州东平监，以其牧地，听民出租。⑥

除牧地出租外，各处淤官地、河徙地都是近河肥沃土壤，又有灌溉之利，

---

① 《宋会要辑稿》，《兵二一之二六》。
② 包拯：《孝肃包公奏议》卷七，《请将邢洺州牧马地给与人户依旧耕佃》。
③ 《宋会要辑稿》，《兵二一之二六》。
④ 《宋会要辑稿》，《兵二一之二六》。
⑤ 《宋会要辑稿》，《兵二一之二七》。
⑥ 《宋会要辑稿》，《兵二一之二七》。

以之出租，为佃耕人所欢迎：

〔元丰元年（公元一〇七八年）〕六月一日，京东体量安抚黄廉言："澶州及京东、河北淤官地皆土腴，乞募客户，依其土俗，私出牛力，官出种子分收，选晓田利官两员，诣京东、河北计会转运、提举二司及逐县令、佐，相度招募客户，自今秋营种，并下司农寺详定条约。"从之。①

〔元丰〕五年（公元一〇八二年），都水使者范子渊奏："自大名抵乾宁，跨十五州，河徙地凡七千顷，乞募人耕种。"从之。②

进入南宋后，以军兴用度不足，遂扩大了官田出租的范围，除将前朝犯罪官员籍没田产首先租出外，凡天下官田未经卖出或已作其他用途，如屯田、营田、职田等等之外，一律募人佃耕，并降低租率，俾能尽快、尽多地租出官田：

建炎元年（公元一一二七年），籍蔡京、王黼等庄以为官田，诏见佃者就耕，岁减租二分。③

〔建炎〕三年（公元一一二九年），凡天下官田，令民依乡例自陈输租。④

〔绍兴十二年（公元一一四二年）冬十月〕庚辰，诏诸路常平司见卖官田，并令见佃人增租三分，如不愿增者，许人划佃。⑤

〔乾道〕五年（公元一一六九年）正月十九日，诏新除大理正徐子寅措置两淮官田。……同日，徐子寅言："两淮膏腴之田，多为官户及管军官并州县公吏诡名请佃，更不开垦，遂致荒闲。乞限一年，令见佃人耕种，如限满不耕，拘收入官，别行给佃，"从之。⑥

省庄田者，今蜀中有之，号官田。自二税外仍科租，应大小麦、豆、糙白米谷、桑麻、苘芋之数，十有八种，无不必取之，既高估

---

① 《宋会要辑稿》，《食货二之五》。
② 《宋史》卷一百七十三，《食货志上一·农田》。
③ 《宋史》卷一百七十三，《食货志上一·农田》。
④ 《宋史》卷一百七十三，《食货志上一·农田》。
⑤ 《皇宋中兴两朝圣政》卷二十八，《增卖官田租》。
⑥ 《宋会要辑稿》，《食货六一之八五》。

其直，又每引别输称提钱，民甚苦之。然其实皆民间世业，每贸易，官仍收其算钱，但世相沿袭，谓之官田，不知所始也。[1]

〔乾道四年（公元一一六八年）〕八月住卖，诸路未卖营田，转运司收租。[2]

嘉定以后，又有所谓安边所田，收其租以助岁币。[3]

为了使贫穷农民能佃耕官田，宋代政府在出租官田时，不仅仅将土地租佃出去，而且附带有经营农田所必需的生产条件，如耕牛、农具、种粮等等，有时还在田中建有房舍，供佃农居住和用作仓库。这种租佃办法，极似英国在庄园制度崩溃后出现的"带本租地"（stock and land lease），而中国十二世纪就已普遍实行，其情况有如下述：

〔乾道七年（公元一一七一年）〕八月二十八日，知泰州李东言："泰州田计二万余顷，今欲置买牛具，桩办种粮，人户请佃一顷，与借给耕牛一头，及农具种粮，随田多寡假贷，计元价均以五年还官，更不收息。依元降指挥次边州县免五年十料租课。如限满合行起纳课子，每亩乞减作三外。三年之内不遗官课，即给为永业，改输正课。"从之。[4]

8. 买公田

南宋到亡国前夕，宰相贾似道倒行逆施，推行祸国殃民之政，以加速南宋的覆亡。他为了以地租形态剥削人民，看到出租官田是一笔不小的收入，但政府掌握的官田除了作上述各种用途外，用于出租的已所剩无几，于是异想天开，以强制手段购买人民私有之田为公田，然后再租佃于人，以索取高租。原来说是只买品官逾限之田，寓有抑强嫉富之意，实行时却扩大范围，规定除二百亩以下的田产可免收买外，二百亩以上各买三分之一，其后虽百亩之家亦不免。买地的代价并不是银、钱、绢帛等有价物，而是不兑现的会子、度牒、告身等，人得之无用，故名为购买，实系公然抢夺。于是天下骚

---

① 李心传：《建炎以来朝野杂记》甲集卷十六，《省庄田》。
② 《宋史》卷一百七十三，《食货志上一·农田》。
③ 《宋史》卷一百七十三，《食货志上一·农田》。
④ 《宋会要辑稿》，《食货六一之八六》。

然，人心动摇，从而破坏了南宋王朝存在的基础，为覆亡准备了条件。买公田是南宋末年震动朝野的一件大事，史籍记载颇多，这里仅引下述三则，已可看出其大体经过：

〔景定四年（公元一二六三年）二月〕丁巳，置官田所，以刘良贵为提领，陈告为检阅。……六月庚申，诏：平江、江阴、安吉、嘉兴、常州、镇江六郡已买公田三百五十余万亩，今秋成在迩，其荆湖、江西诸道，仍旧和籴。……冬十月已未，诏发缗钱百四十万，命浙西六郡置公田庄。①

贾似道为相，欲行富国强兵之策，时刘良贵为都曹，继尹天府，吴势卿饷淮东，入为浙漕，遂交赞公田之事。殿院陈尧孝、正言曹孝庆迎合似道之意，合奏：“限田之法，自昔有之，置官户逾限之田，严归并飞走之弊。回买官田，可得一千万亩，每岁则有六七百万之入，其于军饷，沛然有余，可免和籴，可以饷军，可以住造楮币，可平物价，可安富室，一事行而五利兴，实为无穷之利。”上然之。似道欲用刘良贵、吴势卿专任公田，时势卿已死，乃以良贵为提领，陈告为检阅官以副之。良贵请下都省，严立赏罚，究归并之弊。上曰：“永免和籴，无如买逾限之田为良法。然东作方兴，权俟秋成，续议施行。”似道愤然求去，上曰：“买田永免和籴，自然良法美意，要当始于浙西，视诸路为则也。所在利病，各有不同，行移难于一律，可令三省照此施行。”似道内引入札，力言其便，上从其言，三省奉行惟谨。似道遂以自己浙西万亩为公田倡，嗣荣王继之，赵立奎自陈投卖，自是朝野无敢言者。独礼部尚书徐经孙疏言买田之害，以言不行，乞致仕。公田初议以官品逾限田外买官田，犹有抑强嫉富之意。继而敷派，除二百亩以下者免，余各买三分之一。其后虽百亩之家亦不免。立价以租一百石者偿十八界会四十楮，不及者减。买数稍多，则银、绢各半，又多，则以度牒告身，准直登仕三千楮，将仕千楮，许赴漕试，校尉万楮，承信万五千楮，承节二万楮，则理为进纳，安人四千楮，孺人二千楮。督催公田，以府丞陈告往湖、秀，以将作丞廖邦杰往常、润，六郡有专官，平江

① 《宋史》卷四十五，《理宗本纪五》。

则包恢、成公策，嘉兴则潘墀、李补、焦焕炎，安吉则谢奕、赵与訔、王唐珪、马元演，常州则洪穟、刘子庚，镇江则章垌、郭梦熊，江阴则杨班、黄伸，并俟竣事，各转一官；选人减一削守臣并以主管公田系衔。提领刘良贵劾奏嘉兴宰叶㤄佐以不即奉行之罪，又劾长洲宰何九龄，追毁出身，永不收叙，以不合出给官田，令田主抱纳，失田业相离之初意。①

景定五年（公元一二六四年）甲子春二月辛未，雨土，行都大火。……台臣交章言星变灾异，皆公田不便，民间愁叹不平之所致，乞罢公田以答天意。贾似道亦丐辞右相位。上曰：“言事易，任事难，自古然也。使公田之说不可行，则卿建议之始朕已沮之矣，惟其上可免朝廷造楮之费，下可免浙西和籴之扰，公私兼济，所以举意命卿行之，今业已成矣，一岁之军饷仰给于此，若遽因人言而罢之，虽可快一时之异议，如国计何？卿既任事，亦当任怨，礼义不愆，何恤人言，卿宜安心，毋孤朕倚毗之意。”于是群议遂息。……初议以官品逾限田外官买之际二百亩以下者免，余各买三分之一，立价以租，一石者偿十八界会四十楮，不及者减价数，租多则银绢各半，又多则度牒告身，准直登仕郎三千楮，将仕郎千楮，校慰万楮，承信郎万五千楮，承节郎二万楮，安人四千楮，孺人二千楮。于是浙西六郡，各有专官。……其公田每岁秋租输之官仓，特与减饶二分，或水旱，则别议放数。其间毗陵、澄江，一时迎合，止欲买数之多，凡收六七斗者皆作一石，收租之际，元额有亏，则取足于田主，及归附以来，元无底籍，田主又将止收四五斗者抵换元卖田数，以致米数不敷，遂成抛荒，遗害农民，迄今嗟怨。②

宋理宗在群奸蛊惑下，对公田之利深信不疑，故全力支持贾似道，要他任劳任怨，毋畏人言。首受其害的当然是有逾限之田的大地主；继而转为派买，中小地主亦同受其害。其制是：“州县乡都，则分差庄官以富饶者充应，两年一替，每乡创官庄一所。每租一石，明减二斗，不许多收斛面，约束虽严详，而民之受害亦不少。其间毗陵澄江，一时迎合，止欲买数之多，凡六

---

① 佚名：《宋季三朝政要》卷三。
② 佚名：《咸淳遗事》卷上。

斗七斗者，皆作一石，及收租之际，元额有亏，则取足于田主，以为无穷之害。或内有硗瘠及租佃顽恶之处，又从而责换于田主，其害尤惨。"[1] 其实受害的不仅是大中小地主，而且由于地租率普遍提高，征收之际，又额外诛求，故一般佃农亦深受其害。总之，无论是地主还是农民，都是公田制度的受害者，直到宋亡，才告一段落。

第二节　私有土地

（一）私人所有与集体所有

宋代的土地制度与过去历代王朝的土地制度基本相同。所谓相同，是说宋代的土地制度与宋以前各个历史时期相比，没有什么新的变化，即全国土地除了一部分可耕地与未开辟的荒地属于公家所有外，其余绝大部分土地则完全为私人或由私人组成的集体所占有。其中集体所占有的土地，如学校、慈善机构和寺庙等等只占全部私有土地的很小一部分。且其剥削方式也与私人地主之剥削佃农一样，靠收取地租，在性质上是相同的。由于这种集体所占有的土地在全部私有土地中所占的比重微不足道，因此私有土地基本上是指私人大小地主和少数自耕农民所占有的土地。

在中国长期的封建社会中，地主之获得土地，不完全是通过买卖程序，即付出一定的代价之后，在等价交换的基础上正常获得。而往往是在这种正常的买卖程序之外，另有其他途径，即不付出货币代价（即不通过买卖）而获得大量土地。总的讲，有如下几种情况：

其一是赏赐。即皇帝常以大量土地赏赐功臣、皇亲国戚、近幸宠臣等，其情况在本章第一节中已经阐述。朝廷用以赏赐的，当然都是属于公家所有的系官之田，这样，通过赏赐，便把一部分公田化为私有。朝廷每次赏赐动辄千顷乃至数千顷以上，这在全国耕地中虽为数甚微，但却使被赏赐的人顿时获得巨大财富，成为私人大地主。

其二是权贵豪门依仗权势，任意侵占公田，化公为私。这种情况，北宋、南宋皆有，而以南宋为甚。南宋时北方疆土沦陷，两淮地区原是一个重要的农业区，土地肥沃，雨量充沛，河渠纵横，灌溉之利亦溥，现在成为边疆。

---

① 周密：《齐东野语》卷十七，《景定行公田》。

金人又不断南下，两淮居民都抛弃田亩，渡江南逃，致两淮不耕之田千里相望，于是权贵豪门遂纷纷乘机侵占。但抢占之后，又无力耕垦，继续抛荒，这便成为南宋亟待处理的一个重要问题。后来在这里进行大规模的屯田和营田，就是解决的方略之一：

〔真宗朝[24]〕迁给事中，知寿州。豪右多分占芍陂，陂皆美田，夏雨溢坏田，辄盗决。若谷擿冒占田者逐之，每决，辄调濒陂诸豪，使塞堤，盗决乃止。①

〔绍兴二十六年（公元一一五六年）〕四月，通判安丰军王时升言："淮南土皆膏腴，然地未尽辟、民不加多者，缘豪强虚占良田，而无遍耕之力；流民襁负而至，而无开耕之地。望凡荒闲田许人划佃。"户部议：期以二年，未垦者即如所请；京西路如之。诏以时升为司农寺丞。②

乾道二年（公元一一六六年）五月六日，臣僚言："两淮膏腴之田，皆为品官及形势之家占佃，既不施种，遂成荒田。乞自今如经五年不耕者，许民户并诸军屯田指射，官为给据耕种。"从之。③

〔乾道八年（公元一一七二年）〕七月十五日，知庐州兼提领屯田赵善俊言："淮甸之民请佃田亩，多有包占，每占一二十顷至及百顷者，缘无苗税，故能久占，其实无力耕垦，遂致流移，归正人请射不行，则是有力者无田可耕，有田者无力开垦。朝廷曾见半年许人户陈首，未几又限以五年，缘此愈见执占。欲望寝罢再限五年指挥，许官司分拨包占田亩，与流移归正人从便请佃。"诏赵善俊开具人户包占田亩数目，申三省枢密院。④

"臣恭奉圣训前去淮西措置赈赡安集核实诸叫垦田二麦等事……盖自兵火以还，州县多仍承平垦田旧数，闲用貌约顷亩，着为定籍，已而人户请佃，类皆包括湖山为界，有一户之产终日履行不遍，而其输纳不过斗斛，以臣询问所历，大抵皆然。……有名田一亩，而占地五七顷者，自耕则无力，划请则必争，诸处之民转徙淮甸者，

---

① 《宋史》卷二百九十一，《李若谷传》。
② 《宋史》卷一百七十三，《食货志上一·农田》。
③ 《宋会要辑稿》，《食货六之一七》。
④ 《宋会要辑稿》，《食货六之二二》。

纵有佃田之请，州县村堡，往往惮事，且为土人囊橐，多方沮之，陈诉穷年，了不可得，弊源未涤，乃欲核取实数，自欺可也。"①

"淳熙以后……自三二十年来，寺院田产与官田公田，多为大家巨室之所隐占，而民间交易，率减落产钱而后售，日朘月削。……经界未行，版籍难考，不坍落者指为坍落，非逃亡者申为逃亡，常赋所入，大不如昔矣。"②

权贵豪门之大量侵占官田公田，不限于两淮地区，两广、湖北、淮西等地，亦有同样情形。例如：

〔庆元〕四年（公元一一九八年）八月二十九日，臣僚言："二广之地，广袤数千里，良田多为豪猾之所冒占，力不能种。湖北路平原沃壤，十居六七，占者不耕，耕者复相攘夺，故农民多散于末作。淮西安丰军，田之荒闲者，视光、濠为尤多，包占之家，与吏为市，故包占虽多，而力所不逮。乞特降指挥，令逐处州县各籍其荒田，措置劝诱，召人开荒耕垦。"从之。③

其三是凭借权势，霸占私人田产。这包括强买、欺凌、抢夺、小农民为逃避赋役而托庇投靠等非法手段。这种行为虽是非法的，但又是历代常有的，宋代这样的事例亦屡见不鲜：

〔端拱元年（公元九八八年）闰五月乙未〕以前青州录事参军麻希梦为工部员外郎致仕。希梦北海人也，梁龙德二年（公元九二二年）擢明经第，累居宰字之任，素有吏干，凡所践历，皆有能名，以老退居临淄，有美田数百顷，积资巨万。……希梦居乡里，常兼并不法，每持州郡吏之长短，横恣营丘，人皆畏之。④

〔仁宗朝〕再调华原主簿。富人有不占田籍而质人田券至万亩，

---

① 薛季宣：《浪语集》卷十六，《奉使淮西回上殿札子一》。
② 真德秀：《真文忠公文集》卷十五，《申尚书省乞拨除度牒添助宗子请给》。
③ 《宋会要辑稿》，《食货六之二九》。
④ 《太宗皇帝实录》卷四十四。

岁责其租。可晨驰至富家，发椟出券归其主。①

〔神宗朝〕累迁职方员外郎、知襄州。曾布执政，其妇兄魏泰倚声势来居襄，规占公私田园，强市民货，郡县莫敢谁何。至是，指州门东偏官邸废址为天荒，请之。吏具成牒至，棐曰："孰谓州门之东偏而有天荒乎？"却之。众共白曰："泰横于汉南久，今求地而缓与之且不可，而又可却耶？"棐竟持不与。泰怒，谮于布，徙知潞州……②

〔元祐四年（公元一〇八九年）十一月〕庚寅，章惇买田不法，降官。③

历开封府仪、工、户曹，以治办称。临事劲正，不受请托。宦寺有强占民田者，奏归之。④

〔朱〕勔之田产跨连郡县，岁收租课十余万石，甲第名园，几半吴郡，皆夺士庶而有之，守令为用，莫敢谁何，人人衔冤，痛入骨髓，是为封豕长蛇荐食于民者也。⑤

钦宗用御史言，放归田里，凡有勔得官者皆罢。借其资财，田至三十万亩。⑥

"臣尝谓财用之在天下，昔非丰而今非啬也，今日之国用竭矣，民力困矣，财用果安在耶？亦在于士大夫之家而已。爰自贪风煽祸，彼此相夸，自一命以上，往往皆以为冒于货贿之具。贵为公相者，田连阡陌，子女玉帛，充物其家，几于上逼乘舆，下至一郡县吏，解组言还，无不囊金匮帛，夺人田庐，此皆通国之所共知者，由是民日益病，国日益贫。⑦

"……迩来乘富贵之资力者，或夺人之田以为己物，阡陌绳联，弥望千里，囷仓星列，奚啻万斯，大则陵轹州县，小则武断闾阎，遂使无赖之徒，蚁附蛇集，恃为渊薮，甚非国家之利也……"⑧

---

① 《宋史》卷四百五十六，《孝义·侯可传》。
② 《宋史》卷三百十九，《欧阳修传附子棐》。
③ 《宋史》卷十七，《哲宗本纪一》。
④ 《宋史》卷三百七十三，《郑望之传》。
⑤ 胡舜陟：《胡少师总集》卷一，《再劾朱勔疏》。
⑥ 《宋史》卷四百七十，《佞幸·朱勔传》。
⑦ 孙梦观：《雪窗集》卷二，《故事·高宗皇帝诏籍记赃吏姓名》。
⑧ 孙梦观：《雪窗集》卷二，《故事·童仲舒乞限民名田》。

〔理宗朝〕拜监察御史。……台臣故事，季诣狱点检。时有争常州田万四千亩，平江亦数百亩，株逮百余人，视其牍，乃赵善湘之子汝櫄、汝梓也，州县不敢决，昌裔连疏劾罢之。①

其四就是通过正常的买卖程序，由逐渐购买而形成个人的私有地产。这是土地私有制度依以确立的基础，是形成个人私有地产的主要方式。上文所述的其他三种方式都是次要的，由这几种方式形成的私有地产，在私有土地的总额中所占的比重也是很小的。因为可以不通过正常的买卖程序而获得地产的人，实为数有限。例如能获得赏赐的人，仅限于个别功臣或个别皇亲国戚，一般臣僚则无此资格；侵占公私田产，在权贵豪门中虽不乏其人，但这是非法行为，幸获者常召致弹劾而抵罪，即使能逃法网，却难逃清议，万人唾骂，千手所指，身没之后，冤狱平反，原先被霸占之田，迟早被籍没还主，货悖而入，亦货悖而出，故除少数利令智昏的奸佞寺宦等无知之人外，稍明事理的富贵人家，宁愿打开自己的钱柜，以正当方式购买地产。下引几例，可作为这一方式的代表：

范文正公，苏人也，平生好施与，择其亲而贫疏而贤者咸施之。方贵显时，于其里中买负郭常稔之田千亩，号曰义田，以养群族之人，日有食，岁有衣，嫁娶凶葬皆有赡，择族之长而贤者一人主其计，而时其出纳焉。……②

某再拜，人回领书，知尊候万福。水灾人疫，奈何奈何！……所置田如何？若买得一庄，须是高田，则久远易为照管，若在木渎侧近，则只典买田段亦得。……时寒，保重保重。③

铅山刘辉，俊美有辞学，嘉祐中，连冠国庠及天府进士……得大理评事，签书建康军判官。……哀族人之不能为生者，买田数百亩以养之。……④

〔绍兴十五年（公元一一四五年）七月〕二十九日，追复少保

---

① 《宋史》卷四百八，《吴昌裔传》。
② 陈录：《善诱文》，《范文正公义田记》，《金石萃编》卷一百三十六，《义田记》；龚明之：《中吴纪闻》卷三，《范文正公还乡》；王辟之：《渑水燕淡录》卷四，《忠孝》。
③ 范仲淹：《范文正公尺牍》卷上，《家书·与中舍》。
④ 王辟之：《渑水燕谈录》卷四，《忠孝》。

武胜定国军节度使岳飞孙岳甫状陈乞，将先祖生前置到江州田地房廊给还事，送户部勘当。本部下江州开具，据江州申：岳飞见在田产屋宇等下项：见在田产计钱三千八百二十二贯八十三文省，田七顷八十八亩一角一步，地一十一顷九十六亩三角，水磨五所，房廊草瓦屋四百九十八间。见有人承佃田三顷一亩三角五十九步，水磨二所，廊房草瓦屋共一百五十一间，未有人承买田四顷八十六亩一角五十二步，水磨三所，地四顷八十六亩一角二十一步，荒杂地六顷一十八亩一角四十步。……诏令给还。①

钱遹婺州浦江农家子，少力学，举省殿榜，皆占上等。虽历华要，不妨治生。浦江宅在深村，众山环绕，一水萦带；阴阳家云，法当富贵两得。后又侈大其宅，买田至数万亩。……②

耕地的绝大部分系以上述各种方式由私人占有外，还有一小部土地为具有私人性质的集体所有，这主要是由学校、慈善机构和寺庙所占有，以其收入作各该机构的公用。换言之，这些机构不是由政府拨付经费，而是以土地为基金，将土地租出，收取地租，成为一种集体地主。

古代州县皆设有公学，所有教官薪俸、学员膳宿诸费，都是依靠学田的租入，此类学田或由地方人士集资购买，或由个人捐赠，也偶有政府籍没之田拨给学校，集腋成裘，构成了数量不多的学田。例如：

〔哲宗朝〕复知郓州。学生食不给，民有争公田二十年不决者，元发曰："学无食，而以良田饱顽民乎?"乃请以为学田，遂绝其讼。③

先是汶水之阳，东山之下，有美田，亩一金，宜桑柘麻麦，官与大豪而薄其赋，□根深牢，旁小民岁岁讼不解，公曰：吾学适贫，不若尽以与之。即为奏请，得田二千五百亩有奇，与民耕□，岁输钱百万，是为新田。诸生言，凡新田之入实三倍于其旧，亦盛矣。又旧田浸久远，籍书散亡，昧不可见，公使明直吏行视，尽得之，田益开治丰好，出粟赋钱皆厚以饶迁。尝承乏学官，略计一岁大概

---

① 《宋会要辑稿》，《方域四之二五》。
② 方勺：《泊宅编》卷下。
③ 《宋史》卷三百三十二，《滕元发传》。

新田□入已足供之，而旧田正可为斋祠释菜、乡射饮酒、投壶弦歌、闲燕献酬之费耳（按上引《宋史·滕元发传》，即此碑所记之事）。①

〔绍兴〕二十一年（公元一一五一年），以大理寺主簿丁仲京言，凡学田为势家侵佃者，命提学官觉察；又命拨僧寺常住绝产以赡学。户部议并拨无敕额庵院田，诏可。②

学旧有田，自宣和三年（公元一一二一年）罢三舍，归之有司，其在学者，不过嘉祐中陈贻范所输数十亩。李守勋命功曹陈橐摄教事，且经理之。既而临海丞姚澳请于郡，于商舶秤头之余辍十之七以助学，十年间得三百亩。其后教授鲁尝请籍负郭公田补其乏。乾道元年（公元一一六五年），有司将鬻以予民，黄守然易而归之，为九十三亩有奇。三年（公元一一六七年），有司又将鬻其余，李守浩又易归之，为九十六亩有奇。淳熙四年（公元一一七七年），李守宗质议增给，而诸邑有乐义者三人，献其私八十五亩。嘉定四年（公元一二一一年），黄守𫞩拨四十三亩，且储钱千缗为增买费，俞守建助之，得二百七亩，又拨没入田二十五亩，康守仲颖拨三十亩，喻守珪拨二十五亩，齐守硕拨一十亩。合先后琐悉，岁得谷仅一千九百石，视[25]退邦所入，未为凋陋，然吾州多土地也，试于有司者几万，而入于学者不满百，博士欲出意罗络，力窘辄止。盖今江浙学廪亦未有如此邦之凋陋者，必有闻而附益之者也。③

养济院和居养院都是半官性质的慈善机构，类似后世的养老院和孤儿院，没有固定经费，只拨给公田若干亩，以其租入作养老育孤之用。这类土地也是一种私有土地性质，只是占有者不是个人，而系团体，占有的数量又远比学田为少。例如：

开禧间，令章伯奋置养济院，为田五十亩。嘉定间，常平使程珌以筮仕此邑，拨钱置居养院，田一十七亩。既岁久，养济田十失其八，居养田十失其三。淳祐八年（公元一二四八年），令叶采请买官田于府，益以他费买田，遂足元额，白之仓台，以养济田隶治

---

①　王昶：《金石萃编》卷一百三十九，《郓州学田记》。
②　《宋史》卷一百七十三，《食货志上一·农田》。
③　陈耆卿：《嘉定赤城志》卷十三，《学田》。

平寺，以居养田隶佑圣堂，各命主首掌之，主簿司出纳吏不得干预。①

故丞相魏国史公镇越之明年，实乾道戊子，始捐己帑，置良田，岁取其赢，给助乡里贤士大夫之后贫无以丧葬嫁遣者，附于学而以义名之，为规画十许条，劖诸石。凡有请而应给与，给而举事多寡迟速皆有程。核实委之乡官，钱粮属之县主簿，米敛散则随乡俗，钱出纳则均省计，岁稔及给助有余，则就复增置，教授学职亦与其事。然维养士，不许移用。府帅前后，继而成之，盖非一人，所以久而不废也。总之，会稽、山阴、余姚三县，今为湖水田二千七十一亩有奇，地三十六亩有奇，山筱地一百一十六亩有奇，殡冈六十四亩有奇，荡（潴水之地为荡）一亩二角五十一步，屋一十六间。②

僧道寺院是权贵豪门以外最大的大地主，其占有土地之多，为许多权贵豪门所望尘莫及。宋代佛、道两教俱盛，自通都大邑到穷乡僻壤，大小佛寺道观林立，皆规模宏大，僧侣众多，没有大量地产则无以自立。这里仅举下列诸例，借以看出寺院规模之大和私有田产之多：

四明僧芦在六邑，总大小二百七十六所，只鄞一县，城内二十六，城外八十。天童日饭千僧，育王亦不下七八百人，行仆称是。是天童岁收谷三万五千斛，育王三万斛，且分布诸库，以周民利，等而下之，要皆有足食之道。③

僧寺常住田者，所在多有之，绍兴中，高宗尝取其绝产，隶郡国养士，久之，住鬻祠部度牒，其徒浸微。二十年（公元一一五〇年）春，命司农寺丞钟世明往闽中措置寺观绝产，自租赋及常住岁用外，岁得美钱三十四万缗，入左藏库。明年，张如莹节使为帅，又请于朝，十还六七矣。今明州育王、临安径山等寺，常住上史，多至数万亩，其间又有特旨，免支移科配者，颇为民间之患焉。④

绍熙五年（公元一一九四年）甲寅，孝宗增创钟楼及本观所造

---

① 潜说友：《咸淳临安志》卷八十八，《恤民》。
② 施宿：《嘉泰会稽志》卷十三，《义田》。
③ 刘昌诗：《芦浦笔记》卷六，《四明寺》。
④ 李心传：《建炎以来朝野杂记》甲集卷十六，《僧寺常住田》。

轮藏，为屋几三百楹，徒众日增，合食不翅千指，朝廷积赐缗钱以千计，田亩以万计。①

崇福院，绍定五年（公元一二三三年）建，专充接待。记文：李秀岩心传记龙山崇福禅寺者，绍定壬辰岁开山僧宗明所创也，在杭都之南，浙江之上。……合庵寺供给之所资，田之以亩计者二千有七百，园林之在山而以亩计者千有六百，稻米之以秤若斛计者四百，益以子本之钱，岁入有差，皆明衣钵之所自营，未尝求诸外也。②

寺院宫观所拥有的大量地产，是由各种不同的途径逐步形成的。其途径之一是购买，这本是获得地产的正常途径，也是主要途径，但在庙产中所占的比重却并不大，可知巨大庙产主要不是通过正常买卖程序获得的，有时朝廷还禁止寺庙买民田为业，所以有关寺庙买田的记载甚少。下引之例，实不多见：

买田地庄园记（题额）：重真寺真身塔寺，兼都修治主赐紫大德志□遗留记□□□……俗姓杨氏……余与师兄志永、师弟志元，辍郁衣钵，去寺北隔置买土田四顷有余，又于西南五里已来，有水磨一所，及沿渠田地，一则用供僧佛，一则永□法□……所有土田段数如后：寺南魏衔东边地二十亩，寺后东北上地一段，计八十五亩，东北上地一段，计四十五亩，东北上地一段，计五十五亩，东北上地一段计三十亩，东北上地一段，计□□□亩，正北上地一段计二十五亩，正北上地一段，计七亩，西北上地一段计五十亩，西北上地一段计三十五亩，西北上地一段计二十亩。庄子一所，内有舍八间，牛口一具，车一乘，碌碡大小五颗……计钱七百九十六贯五百文足，□时大宋咸平六年（公元一〇〇三年）岁□癸□（下阙）。③

〔仁宗即位〕时又禁近臣置别业京师及寺观毋得市田。初，真宗崩，内遣中人持金赐玉泉山僧寺市田，言为先帝植福，后毋以为

---

① 潜说友：《咸淳临安志》卷十三，《宫观》。
② 潜说友：《咸淳临安志》卷七十七，《寺院》。
③ 黄树谷：《扶风县石刻记》卷下，《宋重真寺买田庄记》

例。由是寺观稍益市田。明道二年（公元一〇三三年），殿中侍御史段少连言："顷岁中人至涟水军，称诏市民田给僧寺，非旧制。"诏还民田，收其直入官。①

其途径之二是赏赐。宋代历届王朝经常以大量土地赏赐佛寺或宫观，这是形成巨大庙产的主要来源。例如：

> 洞霄宫：在县西南一十八里。……国朝大中祥符五年（公元一〇一二年），漕臣陈文惠公尧佐以三异奏（一地泉涌，一祥光现，一枯木荣），赐额为洞霄宫，仍赐田十五顷，复其赋。②

> 报恩光孝观：在报恩坊……崇宁二年（公元一一〇三年）改崇宁万寿观，赐盐官县田一千亩。③

> 政和神霄玉清万寿宫……若州城无宫观，即改僧寺，俄又不用宫观，止改僧寺。初通拨赐产千亩，已而豪夺无涯，西京以崇德院为宫，据其产二万一千亩，赁舍钱、园利钱又在其外。④

> 初，闽以福建六郡之田分三等：膏腴者给僧寺、道院，中下者给土著、流寓。自刘夔为福州，始贸易取资，……⑤

> 〔绍兴三年（公元一一三三年）〕八月，诏凤[26]翔府和尚原中兴寺，每岁许拨放童行一名外，仍令宝鸡县特拨赐官田五顷，从吴玠请也。⑥

其途径之三是施舍。许多富有田产的人家，常常为了祈求个人福祉或为亲人祈求冥福，将个人田产的一部分或全部施舍于佛寺，成为寺庙地产的另一个重要来源。例如：

> 臣相次用所得禄赐及蒙恩赐雱银，置到江宁府上元县荒熟田元契，共纳苗三百四十二石七斗七升八合，簎[27]一万七千七百七十二

① 《宋史》卷一百七十三，《食货志上一·农田》。
② 潜说友：《咸淳临安志》卷七十五，《道堂》。
③ 潜说友：《咸淳临安志》卷七十五，《宫观》。
④ 陆游：《老学庵笔记》卷九。
⑤ 《宋史》卷一百七十三，《食货志上一·农田》。
⑥ 《宋会要辑稿》，《道释一之三三》。

领，小麦三十三石五斗二升，柴三百二十束，钞二十四贯一百六十二文省，见托蒋山太平兴国寺收岁课，为臣父母及雾营办功德。欲望圣慈特许施充本寺常住，令永远追荐。①

守忠启：守忠于永兴军万年县春明门有庄一所，并碉[28]二所，泾阳县界临泾有庄一所，今将两处田土庄舍并舍与广慈院内永充常住，每年斋供僧资，荐父母……②

绍兴元年（公元一一三一年）五月四日，直秘阁张磁言："乞以临安府艮山门里所居屋舍为十方禅寺，仍舍镇江府本家庄田六千三百余亩供赡僧徒。礼部太常寺拟庆寿慈云禅寺为额。"从之。③

上天竺灵感观音寺：景定二年（公元一二六一年），今太傅平章贾魏公施田二千亩作佛供，自为记。④

从上引记载可以看出，佛寺、道观通过购买、赏赐，特别是富贵人家的布施而形成了田连阡陌的大地产，其拥有土地之多，与王公权贵等豪门实不相上下，是大地主的一个重要组成部分，这与欧洲中世纪基督教会成为最大地主的情形，颇为相似。

（二）土地兼并

这是中国历史上长期存在又得不到解决的一个老大难问题，它是与土地私有制度同时存在的。自土地可以自由买卖之日起，土地占有的两极化过程便同时开始，即古籍所云"坏井田，开阡陌"，同时就出现了"富者田连阡陌，贫者无立锥之地"的现象。由于土地在农业社会中是主要生产资料，是一种生息手段；同时也是财富的主要存在形态，土地的多少，决定财富的大小和社会地位的高低，故稍有资力或权势的人，必千方百计地通过各种途径——正当的和非法的，以求获得尽可能多的土地。因而任何一个朝代，都不能从根本上解决这个问题。宋代是承平较长的一个时代，又是商品经济比较发达和商业资本有了大量积累的时代，所有权贵豪门、富商大贾、富工大农等各种财富所有者，都把他们的货币形态的财富倾向农村，去抢购土地，

① 王安石：《临川先生文集》卷四十三，《乞将田割入蒋山常住札子》。
② 陆耀遹：《金石续编》卷十三，《广慈禅院庄地碑》。
③ 《宋会要辑稿》，《道释二之一五》。
④ 潜说友：《咸淳临安志》卷八十，《寺院》。

于是土地兼并的势头遂进展得非常迅猛，这种严重形势和由此造成的社会问题，当时人已深感忧虑，故议论甚多，臣僚们亦纷纷进言，建议采取适当措施，以稍杀其势：

> 〔雍熙三年（公元九八六年）秋七月甲午〕国子博士李觉上言："秦汉以来，民多游荡，趋末者众，贫富不均。今井田久废，复之必难……地各有主户，或无田产，富者有弥望之田，贫者无卓锥之地，有力者无田可耕，有田者无力可耕，雨露降而岁功不登，寒暑迁而年谷无获，富者益以多畜，贫者无能自存。欲望令天下荒田，本主不能耕佃者，任有力者播种，一岁之后，均输其租，如此乃王化之本也。"上览而嘉之。①

> 真宗咸平三年（公元一〇〇〇年）十一月，诏：开封府管内乡村人户税赋，如闻均定以来，多历年所，版图更易，田税转移，富有者日益兼并，贫之者渐至凋弊，特行检括，庶适重轻。今差朝臣往彼，只据逐县元额租税，更不申收剩数。逃户田土，亦依此施行，仍别为帐籍，令本府招诱归来。②

> 后承平寖久，势官富姓，占田无限，兼并冒伪，习以成俗，重禁莫能止焉。③

这种情况，是土地兼并的必然结果。当"富者有弥望之田"时，其另一方面必然是"贫者无卓锥之地"，或者说当"富者日益兼并"时，其必然结果便是"贫者渐至凋弊"。但是这个结果的造成，还不止是一个贫富悬殊以及由此造成了一系列的社会问题，更重要的是造成生产力与生产关系之间的严重矛盾。当然它所造成的社会问题，特别是它对社会道德风尚所产生的消极影响亦不能低估。秦观曾着重指出此点，说："本朝至和、嘉祐之间，承平百余年矣。天子以慈俭为宝，贡赋经常之外，殆无一毫取诸民。田畴邸第莫为限量，衣食器皿靡有约束，俯仰如意，豪气浸生，货贿充盈，侈心自动，于是大农富贾，或从僮骑，带刀剑，以武断于乡曲，毕弋渔猎声伎之奉，拟

---

① 李焘：《续资治通鉴长编》卷二十七。
② 《宋会要辑稿》，《食货七〇之五》。
③ 《宋史》卷一百七十三，《食货志上一·农田》。

于侯王，而一邑之财，十五六入于私家矣。"① 但是对社会经济的发展所起的严重阻碍作用，使生产关系成为生产力发展的桎梏，更是问题的主要方面。因为中国农业自古以来一直是手工劳动，即完全靠人力耕种，劳动力乃是生产的主力。现在土地集中在少数不耕者之手，造成"有力者无田可耕，有田者无力可耕"，从而出现"雨露降而岁功不登，寒暑迁而年谷无获"，说明生产关系已与生产力完全不适应，成为生产力发展的最大障碍，严重限制了农业的发展。

政府面对这种情况，提不出任何有效的解决办法，连扬汤止沸的治标办法也提不出。例如：

> 大中祥符六年（公元一〇一三年）六月，监察御史张廓上言："天下旷土甚多，望依唐宇文融条约，差官检估。"帝曰："此事未可遽行，然人言天下税赋不均，豪富形势者田多而税少，贫弱地薄而税重，由是富者益富，贫者益贫。"王旦曰："田赋不均，诚如进旨，但须渐谋改定，或命近臣专司之，委其择人，且自一州一县条约之，则民不扰，其事集矣。"②

朝廷不敢面对土地兼并日益严重的现实，把土地兼并造成的占有不均说成是赋税不均；连赋税不均，也不敢改正。王旦说"但须渐谋改定"，实际上就是明言不改正，因为一涉及土地问题，就动摇了权贵豪门的既得利益。王安石曾一针见血地指出问题的症结所在：

> 〔熙宁四年（公元一〇七一年）五月〕丙午，王安石言役钱文字[29]，上以为民税已重，坊郭官户等不须减，税户升等第更与少裁无害。安石曰："今税敛不为重，但兼并侵年多耳。"上曰："此兼并所以宜摧。"安石曰："摧兼并惟古大圣君能之，所谓兼并者，皆豪杰有力之人，其议论足动士大夫者也。今制法但因人所便，未足操制兼并也。"③

---

① 秦观：《淮海集》卷十五，《财用上》。
② 《宋会要辑稿》，《食货一之一八》。
③ 彭百川：《太平治迹统类》卷二十一。

〔熙宁五年（公元一〇七二年）十一月戊午〕王安石白上曰：……今一州一县，便须有兼并之家，一岁坐收息至数万贯者，此辈除侵牟编户齐民为奢侈外，于国有何功而享以厚奉？然人情未尝以为此辈不应享此厚奉者，习所见故也。①

朝廷眼看着兼并之家侵牟百姓，坐收数万贯，无功而享厚奉，对此只是加以谴责而已：

徽宗崇宁四年（公元一一〇五年）二月十六日，尚书省奏："赋调之不平久矣。自开阡陌，使民得以田租私相贸易，富者贪于有余，厚价以规利；贫者迫于不足，移税以速售。故富者跨州轶县，所占者莫非膏腴，而赋调反轻；贫者所存无几，又且瘠薄，而赋调反重……"②

〔政和元年（公元一一一一年）四月〕五日，诏："士大夫与民争利，多占膏腴之地，已有令文，令监司常切检举。"③

"令监司常切检举"，完全是掩耳盗铃的官样文章，表示对兼并是无可奈何。监司不敢检举，就是检举了也毫无用处。徽宗时，贪官污吏的兼并土地达到了骇人听闻的地步，例如：

朱勔宠任时，官其六子八孙，门第赫然。……置田三十万亩，今属八孙。④

到了南宋时期，朝廷的统治力量削弱，一切纲纪荡然，权贵豪门的兼并土地益肆无忌惮，其危害性亦愈来愈严重。这由下引记载可略见梗概：

〔绍兴六年（公元一一三六年）〕知平江府章谊言："民所甚苦者，催科无法，税役不均。强宗巨室阡陌相望，而多无税之田，使

---

① 李焘：《续资治通鉴长编》卷二百四十。
② 《宋会要辑稿》，《食货四之九》。
③ 《宋会要辑稿》，《食货一之三一》。
④ 徐大焯：《烬余录》乙编。

下户为之破产。乞委通判一员均平赋役。"①

昔之所谓富者，不过聚象犀珠玉之好，穷声色耳目之奉，其尤鄙者则多积坞中之金而已。至于吞噬千家之膏腴，连亘数路之阡陌，岁入号百万斛，则自开辟以来未之有也。亚乎此者，又数家焉。②

到了南宋末年，土地兼并越发如火如荼，并日益危及宋王朝存在的基础。这由下引两段记载可以看出土地兼并所造成的危急情况：

〔淳祐〕六年（公元一二四六年），殿中侍御史兼侍讲谢方叔言："豪强兼并之患，至今日而极，非限民名田有所不可，是亦救世道之微权也。国朝驻跸钱塘，百有二十余年矣。外之境土日荒，内之生齿日繁，权势之家日盛，兼并之习日滋，百姓日贫，经制日坏，上下煎迫，若有不可为之势。所谓富贵操柄者，若非人主之所得专，识者惧焉。夫百万生灵资生养之具，皆本于谷粟，而谷粟之产，皆出于田。今百姓膏腴皆归贵势之家，租米有及百万石者；小民百亩之田，频年差充保役，官吏诛求百端，不得已，则献其产于巨室，以规免役。小民田日减而保役不休，大官田日增而保役不及。以此弱之肉，强之食，兼并浸盛，民无以遂其生。于斯时也，可不严立经制以为之防乎？去年，谏官尝以限田为说，朝廷付之悠悠。不知今日国用边饷，皆仰和籴，然权势多田之家，和籴不容以加之，保役不容以及之。敌人睥睨于外，盗贼窥伺于内，居此之时，与其多田厚资不可长保，曷若捐金助国共纾目前？在转移而开导之耳。乞谕二三大臣，摭臣僚论奏而行之，使经制以定，兼并以塞，于以尊朝廷，于以裕国计。陛下勿牵贵近之言以摇初意，大臣勿避仇怨之多而废良策，则天下幸甚。"从之。③

咸淳十年（公元一二七四年），侍御史陈坚、殿中侍御史陈过等奏："今东南之民力竭矣，西北之边患棘矣，诸葛亮所谓危急存亡之时也。而邸第戚畹、御前寺观，田连阡陌，亡虑数千万计，皆巧

---

① 《宋史》卷一百七十三，《食货志上一·农田》。
② 刘克庄：《后村先生大全集》卷五十一，《备对札子三》。
③ 《宋史》卷一百七十三，《食货志上一·农田》。

立名色，尽蠲二税。州县乏兴，鞭挞黎庶，鬻妻卖子，而钟鸣鼎食之家，苍头庐儿，浆酒藿肉；琳宫梵宇之流，安居暇食，优游死生。安平无事之时尤且不可，而况艰难多事之际乎？今欲宽边患，当纾民力；欲纾民力，当纾州县，则邸第、寺观之常赋，不可姑息而不加厘正也。望与二三大臣亟议行之。"诏可。[1]

臣僚们虽痛陈了兼并之害，但提出的具体建议却仅限于均赋役，对权贵的兼并土地则不敢触及。至于谢方叔建议劝说开导多田厚资之家，令其"捐金助国，共纾目前"，实无异与虎谋皮，对限田之说，更不得不付之悠悠了。

（三）租佃关系与租额

地主是土地所有者，不是土地耕作者，上文所述"有田者不耕"，就是指地主而言。他们占有土地，并把土地当作一种生息手段，即凭借与佃农缔结的租约，每年向佃农收取一定量的收获物或租金。所谓地主，就是指地租收取者。过去的封建领主也是靠剥削农奴的剩余劳动过活的，但是地主与领主两者却有本质的不同，这个问题在《中国封建社会经济史》第二卷中已经阐述过了。这里仅简单指出，领主制经济是以农奴经济的存在为条件的，因而领主对农奴的剥削有一个天然的限制，如过度剥削了农奴，就会破坏农奴经济的再生产，这样领主经济自身的再生产也就遭到破坏。客观经济规律决定了领主对农奴的剥削，不能超过一定的限度。地主则不然，地主制经济的存在不是以佃农经济的存在为条件的，因而地主对佃农的剥削没有客观限制，即使剥削残酷到使佃农无法生存，地主经济也不会因此遭到破坏。正相反，地主财富的增长是与剥削的残酷程度成正比的，即地主对农民多剥削一分，就使自己的财富多增长一分。不过习惯上也有一个传统的租额为后世所遵循。从战国就开始的"或耕豪民之田，见税什五"，这个百分之五十的剥削率，即民间所谓"对分制"，成了长期不变的传统。宋代的公私地主，一般都根据这个标准来募农佃耕，有时公私地主在这个标准之外对农民也进行额外诛求，但正租始终是遵循着这个标准。例如范仲淹自述的亩收一斛的收租额，正是亩产一石的一半：

---

[1] 《宋史》卷一百七十四，《食货志上二》。

　　某官小禄微，然岁受俸禄仅三十万。窃以中田一亩，取粟不过一斛，中稔之秋，一斛所售不过三百金，则千亩之获可给三十万，以丰歉相半，则某岁食二千亩之入矣。①

下引苏洵的一段议论，不仅可看出租额的高低，并可看出地主与佃农的关系：

　　古之税重乎？今之税重乎？周公之制园廛，二十而税一，近郊十一，远郊二十而三，稍甸县都皆无过十二，漆林之征，二十而五。盖周之盛时，其尤重者至四分而取一，其次者乃五而取一，然后以次而轻，始至于十一，而又有轻者也。今之税虽不啻十一，然而使县官无急征，无横敛，则亦未至乎四而取一与五而取一之为多也。是今之税与周之税轻重之相去无几也。虽然当周之时，天下之民歌舞以乐其上之盛德，而吾之民反戚戚[30]不乐，常若攫筋剥肤以供亿其上。周之税如此，吾之税亦如此，而其民之哀乐何如此之相远也，其所以然者盖有由矣。周之时用井田，井田废，田非耕者之所有，而有田者不耕也。耕者之田，资于富民，富民之家，地大业广，阡陌连接，募召浮客，分耕其中，鞭笞驱役，视以奴仆，安坐四顾，指麾于其间。而役属之民，夏为之耨，秋为之获，无有一人违其节度以嬉，而田之所入，己得其半，耕者得其半，有田者一人，而耕者十人，是以田主日累其半以至于富强，耕者日食其半以至于穷饿而无告。夫使耕者至于穷饿，而不耕不获者坐而食富强之利，犹且不可，而况富强之民，输租于县官，而不免于怨叹嗟愤，何则？彼以其半而供县官之税，不若周之民以其全力而供其上之税也。……噫！贫民耕而不免于饥，富民坐而饱以嬉，又不免于怨，其弊皆起于废井田。井田复，则贫民有田以耕，谷食粟米不分于富民可以无饥，富民不得多占田以锢贫民，其势不耕则无所得食，以地之全力供县官之税，又可以无怨，是以天下之士争言复井田。②

　　燕慕容皝以牛假贫民，使佃苑中，税其什之八，自有牛者税其

----

① 范仲淹：《范文正公集》卷八，《上资政晏侍郎书》。
② 苏洵：《嘉祐集》卷五，《衡论下·田制》。

七。参军封裕谏，以为魏晋之世，假官田牛者，不过税其什六，自有者中分之，不取其七八也。予观今吾乡之俗，募人耕田，十取其五，而用主牛者，取其六，谓之牛米[31]，盖晋法也。①[32]

政府所占有的公田，除不能开辟利用的生荒地外，所有可耕的土地如官庄、职田、公廨田、屯田、营田等等，都是召募农民承佃。政府与农民的关系完全如私人地主与佃农之间的关系，[33]是普通租佃关系，租额也按照民间的"乡原例"实行均分制。但由于政府拥有的公田数量很大，为了能召募到足够的佃客来承租官田，往往降低租额标准，实行四六分成制，即将所收课利，官得四分，客得六分。但一般是根据各地不同的情况和召募佃客的难易来规定租额：

〔咸平二年（公元九九九年）秋七月壬午〕宰相张齐贤请给外任官职田，诏三馆、秘阁检讨故事，申定其制，以官庄及远年逃田充，悉免其税。佃户以浮客充，所得课租均分，如乡原例。②

〔咸平二年七月〕检讨杜锡等言："……臣等参详，请不计系官庄土及远年逃田，充州县官吏职田者，悉免二税及缘纳物色，许长吏以下募人牛垦辟，所得租课均分，如乡之例。"③

方今天下之田，在官者惟二二职分也，籍没也。职分之田，募民耕之，敛其租之半归诸吏。籍没则鬻之，否则募民耕之，敛其租之半而归诸公。④

职田是官吏俸禄的一部或全部，其收入多寡[34]直接关系着官吏个人的利益。多收一分地租，官吏就多得一分收入。一般不能以廉洁自守的人，难免会依仗官势，额外多取，甚至不问土地肥瘠，收成多少，任意压榨；遇有水旱灾荒，亦应减不减，诸如此类的情况可由下引文献看出：

庆历元年（公元一〇四一年）十二月十三日，知许州李淑言：

---

① 永亨：《搜采异闻录》卷一。
② 李焘：《续资治通鉴长编》卷四十五。
③ 《宋会要辑稿》，《职官五八之一一——二》）。
④ 苏洵：《嘉祐集》卷五，《衡论下·兵制》。

"伏见官员职田，虽有条约，或闻所收亦有欲成之际，预差公人，诣地制扑合收子斗，公人畏惧威势，遂于所佃内拣地土肥沃，苗稼最盛之处，每亩制定分收一石至八九斗者。切缘地土肥瘠不同，设使全然肥沃，仍值大段丰稔，每亩亦不过分收一石，以来以此佃户供纳不易，多是陪备。或更催督紧急，便致逃窜，不能安居。欲乞今后应职田地土，如瘠薄处，即据亩垄分收；如肥沃处，每亩不得过五斗。如于数外大收，及值灾伤不随税减放者，并依元条施行，仍许佃客自经官。"诏依奏颁行。①

屯田与营田一直是实行均分制，每年收成，除留出次年种子外，官中与客户中停均分。到南宋初年仍无所变改，例如：

〔绍兴六年（公元一一三六年）正月〕二十八日，都督行府言："江淮州县，自兵火之后，田多荒废，朝廷昨降指挥，令县官兼管营田事务，盖欲劝诱，广行耕垦。缘诸处措置不一，至今未见就绪。今改为屯田，依民间自来体例，召庄客承佃，其合行事件，务在简便。今条具下项：……一，收成日将所收课子，除桩出次年种子外，不论多寡厚薄，官中与客户中停均分。"②

后因荒田太多，招租不易，遂降低租率，改为四六分成，即于留出次年种子外，所余收获物官收四分，客户六分：

〔绍兴七年（公元一一三七年）〕十月二十五日，诏诸路营田、官庄收到课子，除桩留次年种子外，今后且以十分为率，官收四分，客户六分。③

这样的租率不算太高，但是经手官吏每乘机敲剥，额外征求，致田户困于输纳，逃亡相继。例如：

---

① 《宋会要辑稿》，《职官五八之八——九》。
② 《宋会要辑稿》，《食货二之一五——一六》。
③ 《宋会要辑稿》，《食货二之二〇》。

〔乾道八年（公元一一七二年）十二月十四日〕臣僚上言："职田所以养廉也，而士大夫取之，适以启其不廉。……尚闻循袭旧例，额外征求，或高为价值以折钱，每斗有至五百者，或倍取本色以为数，每石有取二石者。水旱所当减也而不减，逃亡所当除也而不除，田户困于输纳，县道窘于捉办。欲望睿慈，严为之禁。应天下职田，止得收取本色，庶使小民不至重用，县道亦以少宽，贪心可息，而廉节可兴矣。"①

佃户是无地的农民，有力但无可耕之田，要生存，就不得不向有田而无力耕的地主佃租土地。由于租佃都是短期的，且经常更换，故佃客亦称浮客。地主与佃户的关系，是一种简单的租佃契约关系，或称之为法律关系，即主客双方以两造平等的关系依法缔结租约。此外，不能将任何超经济条款订入租约。由于土地是向地主租来的，不是由地主赐予的，因此，佃户除向地主缴租外，没有人身依附关系。客观经济规律决定了随着地主制经济的出现，封建人身依附关系也即消失，这时"剩余劳动已不再在它的自然形态上（按：即劳役地租），从而也不再在地主或地主代表的直接监督和强制下进行。驱使直接生产者的，已经是各种关系的力量，而不是直接的强制，是法律的规定，而不是鞭子，他已经是自己负责来进行这种剩余劳动了。"② 宋代的佃农，不论是租佃公田还是私田，都仅仅是一个租地人，收成后，按乡原例或契约，或均分，或四六分，此外不再有任何义务。对此，宋人亦有较多的议论或说明：

贫民无立锥之地，而富者田连阡陌。富人虽有丁强，而乘坚驱良，食有粱肉，其势不能以力耕也，专以其财役使贫民而已。贫民之黠者，则逐末矣，冗食矣，其不能者乃依人庄宅为浮客耳。③

但是在边远闭塞之区，封建农奴制度的残余还大量存在，佃户对地主还有各种形式的人身依附关系，地主对于佃户不仅进行经济剥削，而且进行超经济强制，因而名为佃农，实际上与古代的农奴相差无几，有的则无异奴隶。

---

① 《宋会要辑稿》，《职官五八之二九》。
② 马克思：《资本论》第三卷，第八九五页，人民出版社一九七五年版，下同。
③ 李觏：《直讲李先生文集》卷十六，《富国策第二》。

例如：

> 川峡豪民多旁户，以小民役属者为佃客，使之如奴隶，家或数十户，凡租调庸敛，悉佃客承之。时有言李顺之乱，皆旁户鸠集……①

> 先是巴蜀民以财力相君，每富人家役属至数千户，小民岁输租庸，亦甚以为便，上官者以为蜀川兆乱，职豪民啸聚旁户之由也。②

> 〔熙宁三年（公元一〇七〇年）二月〕韩琦言：……西川四路乡村，民多大姓，一姓所有客户，动是三五百家，自来衣食贷借，仰以为生。③

> 宁宗开禧元年（公元一二〇五年），夔路转运判官范荪言："本路施、黔等州荒远，绵亘山谷，地旷人稀，其占田多者须人耕垦，富豪之家诱客户举室迁去。乞将皇祐官庄客户逃移之法校定：凡为客户者，许役其身，毋及其家属；凡典卖田宅，听其离业，毋就租以充客户；凡贷钱，止凭文约交还，毋抑勒以为地客；凡客户身故，其妻改嫁者，听其自便，女听其自嫁。庶使深山穷谷之民，得安生理。"……从之。④

佃户失去人身自由，在北宋时已普遍存在，朝廷为此曾下诏禁止：

> 〔天圣五年（公元一〇二七年）〕十一月，诏江淮、两浙、荆湖、福建、广南州军，旧条私下分田客非时不能起移，如主人发遣，给与凭由，方许别住，多被主人折勒，不放起移。自今后客户起移，更不取主人凭由，须每田收田毕日，商量去住，各取稳便，即不得非时衷私起移，如是主人非理栏占，许经县论详。⑤

可见古代农奴制不仅残存在穷山峡谷等闭塞之区，就是通都大邑也以各种不

---

① 《宋史》卷三百四，《刘师道传》。
② 《太宗皇帝实录》卷七十八。
③ 《宋会要辑稿》，《食货四之二八》。
④ 《宋史》卷一百七十三，《食货志上一·农田》。
⑤ 《宋会要辑稿》，《食货一之二四》。

同的形式变相存在。

土地占有的两极化对社会经济所造成的危害是多方面的，其中特别突出的两点，一是农民的普遍贫穷；二是农民的生产积极性降低，从而增加了土地的荒芜程度。

贫民的普遍贫穷，可用司马光的两段话来概括：

〔司马〕光抗疏曰："四民之中，惟农最苦，寒耕热耘，沾[35]体涂足，戴日而作，戴星而息；蚕妇治茧、绩麻、纺纬，缕缕而积之，寸寸而成之，其勤极矣。而又水旱、霜雹、蝗蜮间为之灾，幸而收成，公私之债，交争互夺。谷未离场，帛未下机，已非己有，所食者糠粃而不足，所衣者绨褐而不完。直以世服田亩，不知舍此之外有何可生之路耳……"①

"今国家每下诏书，必以劝农为先，然而农夫日寡，游手日繁，岂非为利害所驱耶？今农夫苦身劳力，恶衣粝食，以殖百谷，赋敛萃焉，徭役出焉，岁丰则贱粜以应公上之须，给债家之求，岁凶则流离异乡，转死沟壑。如是，而欲使夫商贾末作之[36]人、坐渔厚利、鲜衣美食者转而缘南亩，斯亦难矣。②

农民的普遍贫穷，是中国社会经济长期停滞的重要原因之一。由于有田者不耕，而有力者却无田可耕，佃耕富民之田又受尽剥削，不能聊生，遂大大降低了生产积极性，相率弃田不耕，生产遂因之停滞。李觏洞察到这个问题：

民之大命，谷米也，国之所宝，租税也。天下久安矣，生人既庶矣，而谷米不益多，租税不益增，何也？地力不尽，田不垦辟也。……贫者无立锥之地，而富者田连阡陌……田广而耕者寡，其用功必粗。天期地泽，风雨之急，又莫能相救，故地力不可得而尽也。山林薮泽原隰之地，可垦辟者往往而是，贫者则食不足，或地非己有，虽欲用力末由也。已富者则恃其财雄，膏腴易致，孰肯役

---

① 《宋史》卷一百七十三，《食货志上一·农田》。
② 司马光：《温国文正司马公文集》卷二十，《劝农札子》。

虑于菑畲之事哉！故田不可得而垦辟也。地力不尽，则谷米不多；田不垦辟，则租税不增，理固然也……"①

这是生产力与生产关系相矛盾的一个集中表现。

---

① 李觏：《直讲李先生文集》卷十六，《富国策第二》

第四章 农 业

第一节 宋代农业的发展

（一）宋王朝大力推行发展农业的奖励政策

宋王朝的统治者清楚地认识到农业是立国的基础，是富国强兵的根本，是一切社会、经济、政治、军事问题的最后决定力量，从而也是富国、裕民、安邦、定国的物质基础。所以，它一反前代唐王朝的错误做法，推行奖励发展农业生产的政策。唐王朝完全忽视农田水利与京畿地区的农业生产，把兵粮民食甚至连朝廷自身的活命之源，都孤注一掷地放在"岁漕东南之食"一着上。而东南漕运不仅十分艰难，而且又完全不可靠，唐王朝宁肯以"斗钱运斗米"，也绝不肯就近利用关中肥沃土壤，开发水利，讲求种植，生产粮食。这样唐王朝在经济上没有立国基础，经常处在"六军乏食，宫厨断粮"的饥饿状态中，国势衰微不振。宋王朝充分汲取了这一惨痛教训，把首都奠立在运河之滨，一举克服了唐王朝无法克服的漕运困难，不仅东南之粟可畅通无阻地转漕京师，而且全国各道州府对朝廷的应贡物资无不可以由几条运河连接的江河湖海以辗转漕集京师，但却并没有以此为满足，因为立国的基础必须建立在发展农业生产上、不能完全依赖从各地搜括现成的粮食。从建国的长远战略来看，漕运只能作为救急或补充，不能作为立国的根本大计。因此宋王朝于建国之初就确定了大力发展农业生产的基本国策。

有宋一代历届朝廷都不停地颁劝农诏书，强调农业生产对国计民生的无比重要性，号召人民复业归农，垦辟荒闲田亩，树艺五谷桑麻，劝种梨枣桑柘，并规定按户等种树若干，男女十岁以上须种韭一畦，乏井者，邻伍为凿之，无牛者，由政府贷钱买牛，缺种粮者，政府贷予种粮，诸如此类，与过去历代的劝农诏书实完全不同。过去历代王朝颁布的劝农诏书汗牛充栋，但实际上则都是千篇一律的官样文章，对当时的农业生产不起任何作用。宋朝的劝农诏书则不然，它不是泛泛空谈，每次诏书都是针对某些具体问题，提出具体的解决办法。或责成地方官负责措置，或命大臣亲临其地进行调查，然后提出解决办法，供朝廷采纳。宋王朝的历次劝农诏书，基本上都是扫除农业发展障碍或促进农业发展的具体指示。由北宋到南宋，此类诏令不停地颁发，多不胜举，这里只能酌引数条为例，性质类似的和关系次要的皆从略：

农田之制：自五代以兵战为务，条章多阙，周世宗始遣使均括诸州民田。太祖即位，循用其法，建隆以来，命官分诣诸道均田，苟暴失实者辄谴黜。申明周显德三年（公元九五六年）之令，课民种树，定民籍为五等，第一等种杂树百，每等减二十为差，桑枣半之；男女十岁以上种韭一畦，阔一步，长十步；乏井者，邻伍为凿之；令、佐春秋巡视，书其数，秋满，第其课为殿最。又诏所在长吏谕民，有能广植桑枣、垦辟荒田者，止输旧租；县令、佐能招徕劝课，致户口增羡、野无旷土者，议赏。诸州各随风土所宜，量地广狭，土壤瘠埆不宜种艺者，不须责课。遇丰岁，则谕民谨盖藏，节费用，以备不虞。民伐桑枣为薪者罪之：剥桑三工以上，为首者死，从者流三千里；不满三工者减死配役，从者徒三年。①

〔建隆三年（公元九六二年）正月甲戌〕诏："生民在勤，所宝惟谷，先王之明训也。朕以万邦大定，渐属于隆平；百姓为心，欲臻于富庶。永念农桑之业，是为衣食之源。今者阳和在辰，播种资始，虑彼乡闾之内，或多游惰之民，苟春作之不勤，则岁功之何望。卿任居守土，职在颁条，一方之忧寄非轻，万室之黎庶是赖，宜行劝诱，广务耕耘，南亩东皋，俾无遗利，用天分地，各有余粮，极其蘉菨之功，致我仓箱之咏，勉思共理，别竢陟明。"②

〔建隆三年九月〕诏："桑枣之利，衣食所资，用济公私，岂宜剪伐。如闻百姓所伐桑枣为樵薪者，其令州县禁止之。"③

---

① 《宋史》卷一百七十三，《食货志上一·农田》。
② 《宋大诏令集》卷一百八十二，《赐郎国长吏劝农诏》。
③ 《宋大诏令集》卷一百九十八，《禁斫伐桑枣诏》。

〔乾德四年（公元九六六年）秋七月甲寅〕诏曰："……五代以来，兵乱相继，国用不足，庸调繁兴。朕历试艰难，周知疾苦，省啬用度，未尝加赋，优恤灾沴，率从蠲复，所在长吏，明加告谕：自今百姓有能广植桑枣，垦辟荒田者，只输旧租。"①

宋朝政府对于种树极为重视，他们当然不可能理解森林与生态平衡的关系。但是从经验上他们能知道树木繁茂，郁郁葱葱，有调节气候，增加雨量的作用；至于防止风沙，更显而易见。这些作用对于农业生产是有利的，上引诏书中已屡次在号召种树，并严禁斫伐树木为柴，不久又颁专诏，命令沿河州县利用河岸、堤旁空闲土地，课民种榆柳及其他所宜之木：

〔开宝五年（公元九七二年）正月〕诏：修利堤防，国家之岁事，勤课种艺，郡县之政经，缮完未息于科徭，刊伐虑空于林木。如闻但责经费，不思教民，言念于兹，殊乖治体。自今应沿河州县除旧例种艺桑麻外，委长吏课民别种榆柳及所宜之木，仍按户籍高卑，定为五等：第一等岁种五十本，第二等四十本，余三等依此第而减之，民欲广种树者亦自任，其孤寡癃病者，不在此例。②

靠政府的行政命令是不可能管理好农业生产的，于是政府乃选择富有经验的老农，深悉本地土地之宜，明种植之法，补为农师，会同乡三老、里胥负责指导农民的生产活动：

〔太平兴国七年（公元九八二年）闰十二月庚戌〕诏：民为邦本，食乃民天。常念稼穑之艰难，每虑田园之荒废，广兴山泽之利，大开衣食之源，既富庶之未臻，盖劝课之犹阙。宜令诸道州府，应部民有乏种及耕具人丁，许众共推择一人，练土地之宜，明种树之法，补为农师，令相视田亩沃瘠，及五种所宜，指言某处土田，宜植某物，某家有种，某户阙丁男，某人有耕牛，即令乡三老里胥，与农师共劝民，分于旷土种莳，俟岁熟共取其利。为农师者，常税

---

① 王称：《东都事略》卷二。
② 《宋大诏令集》卷一百八十二，《沿河州县课民种榆柳及所宜之木诏》。

外免其他役。民家有嗜酒蒱博，怠于农务者，俾农师谨察之，闻于州县，置其罪，以警游惰焉。所垦新田，即为永业，官不取其租。诏到宜亟行之，无或稽缓。①

除在民间设农师，直接指导生产外，又设劝农官负督导之责；同时又将有关农事的敕令编纂成书，颁行天下，俾农民遵行，这一切对农业发展都起了积极的促进作用：

是岁〔景德二年（公元一〇〇五年）〕，命权三司使丁谓取户税条敕及臣民所陈农田利害，与盐铁判官张若谷、户部判官王曾等参详删定，成《景德农田敕》五卷，三年（公元九六五年）正月上之。谓等又取唐开元中宇文融请置劝农判官，检户口田土伪滥；且虑别置官烦扰，而诸州长吏职当劝农，乃请少卿监为刺史，阁门使以上知州者，并兼管内劝农使，余及通判并兼劝农事，诸路转运使、副兼本路劝农使。诏可。②

〔景德二年（公元一〇〇五年）十月〕诏权三司使丁谓……参议删定，成《景德农田敕》五卷，庚辰，上之，令雕印颁行，民间咸以为便。③

具体指导种植，是政府关心农业的一个重要表现。本来各地农民都是根据本地水土所宜和传统习惯，种植惯种的作物，政府为了水旱不时，号召农民参植多种作物，江南各道州府除种植水稻外，宜参植麦、黍、粟、豆等杂粮，而江北诸州亦应广植粳稻，缺种粮者，政府发给之：

〔端拱初〕言者谓江北之民杂植诸谷，江南专种粳稻，虽土风各有所宜，至于参植以防水旱，亦古之制。于是诏江南、两浙、荆湖、岭南、福建诸州长吏，劝民益种诸谷，民之粟、麦、黍、豆种者，于淮北州郡给之；江北诸州，亦令就水广种粳稻，并免其租。④

① 《宋大诏令集》卷一百八十二，《置农师诏》。
② 《宋史》卷一百七十三，《食货志上一·农田》。
③ 李焘：《续资治通鉴长编》卷六十一。
④ 《宋史》卷一百七十三，《食货志上一·农田》。

刻印农书颁行天下，提倡科学种田，是宋朝政府对农业十分重视的又一突出表现。古人早就根据长期的生产实践进行了系统的科学总结，并在此基础上又不断加以提高和深化，而写成有高度科学价值的农书，除先秦的农家著作已散佚不存外，如《吕氏春秋》中保留的四篇农学专著和汉代的《氾胜之书》，直到后来的《四时纂要》和《齐民要术》等，对于以科学方法种田都起了重要的指导作用。现在宋王朝又以政府名义，刻印《四时纂要》和《齐民要术》两书颁行天下，对于促进农业生产的发展，实具有重要意义：

〔天禧四年（公元一〇二〇年）〕四月二十二日，利州转运使李防请雕印《四时纂要》《齐民要术》付诸路劝农司以勉民，务使有所遵用。真宗善之，即诏雕印《四时纂要》《齐民要术》二书，赐诸道劝农司。①

前在真宗景德二年（公元一〇〇五年）时，接受丁谓建议，效法唐宇文融设劝农判官之议，令各道州府皆兼管内劝农使之职，通判亦皆兼管农之职，意在使地方官皆直接督导农事。但日久玩生，设官虽多，而无劝导之实，到四十余年之后的仁宗皇祐二年（公元一〇五〇年），又在臣僚的建议下对农官加以整顿，使官不虚设，能起到劝农之实，并于诏令中规定了具体的督导内容，明定赏罚，防止玩忽：

皇祐元年（公元一〇四九年）四月二十六日，左司谏钱彦远言："农桑者生民大事，国家急务，所以顺天养财，御水旱，制蛮夷之原本也。本朝自祖宗以来，留意尤切，故诸路转运使、提点刑狱臣僚、知州通判，皆带劝农职名，授敕诰御，政在督课。而近岁徒有虚文，初无劝导之实，污莱不辟，事失因循。今欲乞应天下诸州军于长吏听各置劝农司，以知州为长官，判官为佐官，举部内幕职州县清强[1]官一员兼充判官，量抽吏人，先将部内诸县今日已前见管垦田顷亩、户上数目、陂塘山泽、桑枣沟洫都大之数，著为帐籍，仍开析见有多少逃移人户赋税、荒废田亩、古之水利后来残毁者，委自劝农官司，多方设法劝课招诱，安其生业，去其大害，兴其大

---

① 《宋会要辑稿》，《职官四二之二——三》。

利，候至年终农隙，转运司遍行比较，委是增得垦田户口数目，或流人自占，或逃移复业，陂塘灌溉有利，桑枣广植，沟洫开辟，增多赋税，丁口蕃息，明著版籍，不至烦扰者，保明举奏，特与就赐章服，增其秩禄。如一任终始，悉有显效，令转运司批上历子到阙，委所司磨勘，超擢任使，其判官亦特与磨勘引见。其转运使等每巡历州军，先须点检劝农司讫，方得点检诸事。如长吏已下，因循违慢，职业无闻，人户逃移至多，垦田之数日削，并乞除授散官，监当判官亦同降黜。所贵天下本农，生民富给，为万世之基，望诏三司检举旧惯，当罚施行。"①

从这一篇奏议中可以看出，宋朝政府对促进农业发展措施的实行是雷厉风行的。政府对于职司劝农各官督察甚严，转运使等每巡历州军，所到之处首先点检劝农司政绩，然后才能点检其他诸事，一发现劝农官有因循违慢，成绩不著，甚至人户逃移至多，垦田之数日减，即立予降秩或罢黜。其后至神宗熙宁初，又命令司农寺对天下农田水利设施情况、水土资源有何增减、年成丰歉与收获多少、天下常平广惠仓收进若干斛斗、夏秋青苗钱散出若干数目、合收若干斛斗，已收若干、未纳若干，诸如此类与农事有关各项，皆须详细统计，奏闻朝廷：

〔熙宁三年（公元一〇七〇年）八月甲申〕知唐州光禄卿高赋提点陕西路刑狱，上批近令司农寺专主天下常平广惠仓、农田水利差役事。今后每岁终，具下项事节闻奏，如有未尽事理，更增损指挥：天下常平广惠仓见在钱斛若干数目，夏秋青苗钱散过若干数目，合收若干斛斗，已纳若干，未纳若干，倚阁若干，籴到诸色斛斗若干，斗直若干，出粜过若干，都收息钱若干，赈贷过若干，天下水利兴修过若干处所，役过若干人功，若干兵功，若干民功，淤漑到田若干顷亩，增到税赋若干数目，农田开辟到若干生荒地土，增到若干税赋，天下差役更改过若干事件，宽减得若干民力。②

到徽宗时，臣僚又要求朝廷对农官勤加考核，凡已著于令者，应申戒主管官吏极力奉行，未著于令者，宜下有司讲求立法，据以考成：

大观元年（公元一一〇七年）八月五日，试户部尚书徐处仁奏："国家承平日久，生齿繁庶，百倍前代，田加广而计亩不足以夫授，闲民无常职，而未有转移之法，地大物夥，理宜经画长虑，必使人无遗力，地无遗利，然后咸得以养生送死而无憾矣。今古之变，水陆之宜，与夫深山大泽，皆有可兴之利，游手之民，皆有可用之力，顾劝率之何如尔。今乞已著于令者，申戒守贰，极力奉行；未见于事者，宜下攸司，讲究立法。盖三农有法以劝率之，则敦本而力稼，民官有法以磨勘之，则趋事而赴功。今乞县丞任满兴修过农田水利，许累计顷亩，比类推赏，民之收买农器耕具实非兴贩者，特与免税，仍乞县令皆以管勾劝农公事入衔，庶几宣昭德意，以示天下。"从之。①

宣和二年（公元一一二〇年），臣僚上言："监司、守令官带劝农，莫副上意，欲立四证验之：按田莱荒治之迹，较户产登降之籍，验米谷贵贱之价，考租赋盈亏之数。四证具，则其实著矣。"命中书审定取旨。②

（二）召流民复业

号召流民复业归农，是增加农业生产力、促进农业生产发展的一项重要举措。中国历代的农业生产一直是手工劳动，人力是农业生产力的主要组成部分，多有一人参加生产，农业生产力就多增长一分，所以参加农业劳动的人数之多寡，是农业生产力大小的一个直接标志。流民原来都是农民，不是自有土地的自耕农，就是佃耕别人土地的佃农，平时都是披星驾牛出，戴月荷锄归，输纳公赋私租，仍可保持温饱，自给自足，无所外求，一个安分守己的农民往往终身不走出乡里之外。现在忽然弃田不耕，携家外逃，转徙流亡，这一反常现象是由多种原因造成的：或因水旱天灾，收成无望，为饥寒所迫，不得不流亡他乡，另觅生活之道，即所谓"水潦荐臻，多稼既被于天

① 《宋会要辑稿》，《食货五六之三三》。
② 《宋史》卷一百七十三，《食货志上一·农田》。

灾，尽室不安于土著，遂致转徙，其将畴依"；或因赋役繁重，不堪吏胥的追呼煎迫；或因高利贷的重利盘剥，虽倾家荡产、卖儿鬻女亦不足以偿清逋负，全家逃遁，则一了百了。诸如此类，都是不得已而为之，"亦既亡遁，则乡里敛其资财，至于室庐、什器、桑枣、材木，咸计其直，乡官用以输税，或债主取以偿逋。生计荡然，还无所赀，以兹浮荡，绝意言归"。结果，便造成了土地大片荒芜，农业生产因之大幅度下降。为了扭转这种不利形势，从宋初起，朝廷即频颁诏书，以种种优待条件，劝诱流民复业归农，如免除逋欠，减轻赋调，每岁十分减其三，以为定制，仍给复五年，如逾限不归，其所遗桑土，即许他人承佃，便为永业，岁输赎调，亦如复业之制：

〔太平兴国七年（公元九八二年）二月庚午〕诏："开封府管内，近年以来，蝗旱相继，流民既众，旷土颇多。盖为吏者失于抚绥，使至于是。天灾所及，隐匿而不以闻，岁调既兴，循常而不得免。编户遂成于转徙，大田乃至于污莱，深用疚怀，不遑宁处，俾申恻隐，别示招携。宜令本府设法招诱，并令复业，只计每岁所垦田亩桑枣输税，至五年复旧，旧所遗欠，悉从除免。限百日许令归复，违者，其桑土并许他人承佃，便为永业，岁输租调，亦如复业之制。仍于要害处粉壁，揭诏书示之。"①

诏两浙诸州：先是钱俶日民多流亡，弃其地为旷土，宜令所在籍其垄亩之数，均其租，每岁十分减其三，以为定制，仍给复五年，召游民劝其耕种，厚慰抚之，以称吾务农厚本之意。②

〔淳化四年（公元九九三年）三月辛亥〕诏：先是招诱流民，俾之复业，五年后始令输租调如平民。淮南、两浙等处，五年外只令输十分之七。所以劳来安集，欲跻之于仁寿之域，而祁寒暑雨，不免于怨咨，秋获春耕，便谋于转徙，国计亏损，何莫由之，人之无良，一至于此。宜申约束，以革顽嚚。应诸州逃民，限半年悉令复业，特与给复一年，限满不复，即许人请射佃作，除坟茔外，便为永业。自今逃亡者，亦以半年归业为限，先给复五年者并如旧。③

① 《宋大诏令集》卷一百八十五，《招谕开封流民诏》。
② 潜说友：《咸淳临安志》卷四十，《诏令一》。
③ 《宋大诏令集》卷一百八十五，《招诱流民复业给复诏》。

不久又将复业期限展宽，不限半年：

〔淳化四年十一月癸丑〕诏："应开封府管内百姓等，一昨霖霪作沴，水潦荐臻，多稼既被于天灾，尽室不安于地著，遂致转徙，其将畴依。"先是今年三月辛亥诏："应流民限半年复业，限满不复，即许乡里承佃，便为永业。又念民之常性，安土重迁，离去邱园，盖非获已，自今年十一月以前，因水潦逃移人户，任其归业，不得以辛亥诏书从事。"①

〔淳化五年（公元九九四年）〕凡州县旷土，许民请佃为永业，蠲三岁租，三岁外，输三分之一。官吏劝民垦田，悉书于印纸，以俟旌赏。②

太宗至道二年（公元九九六年），直史馆陈靖上疏，详细论述人民流亡的原因和不肯贸然复业的具体困难，并提出许多具体建议，以扫除农民复业的种种障碍，是当时[2]臣僚纷纷条陈农民复业议论中的一篇重要文献，受到皇帝的召对奖谕，说："靖此奏甚谙理，可举而行之，正是朕之本意。"

〔至道二年（公元九九六年）〕秋七月庚申，太常博士、直史馆陈靖上言曰："先王之欲厚生民而丰其食者，莫大于积谷而务农也。臣早任计司判官，每获进对，伏闻圣训，以为稼穑农耕政之本，苟能劝课田亩，康济黎元，则盐铁榷酤，斯为末矣。谨审天下土田，除江淮、浙右、陇蜀、河东等处，其余地里敻远，虽加劝督，亦未能遽获其利。况古者强干弱枝之法，必先富实于内。今京畿周环二三州，幅员数千里，地之垦者十才二三，税之入者又十无五六，复有匿里舍而称逃亡，弃农耕而事游惰。逃亡既众，则赋额日减，而国用不充，敛收科率无所不行矣；游惰既众，则地利岁削，而民食不足，寇盗杀伤无所不至矣，又安能致人康俗阜，地平天成乎！望择大臣一人有深识远略者，兼领大司农事，典领于中；又于郎吏中选才智通明，能抚民役众者为副，执事于外。自京东、西择其膏腴

① 《宋大诏令集》卷一百八十二，《约束流民归业不限半年诏》。
② 《宋史》卷一百七十三，《食货志上一·农田》。

未耕之处，申以劝课。臣又尝奉使四方，深见民田之利害，污莱极目，膏腴坐废，亦加询问，颇得其由。昔诏书屡下，许民复业，蠲其常租，宽以岁时。然乡县之间，扰之尤甚，每一户归业，则刺报所由。朝耕尺寸之田，暮入差役之籍，追胥责问，继踵而来，虽蒙蠲其常租，实无补于捐瘠。况民之流徙，始由贫困，或避私债，或逃公税。亦既亡逋，则乡里敛其资财，至于室庐、什器、桑枣、材木，咸计其直，乡官用以输税，或债主取以偿逋。生计荡然，还无所诣，以兹浮荡，绝意言归。奸心既萌，何所不至？如授臣斯任，则望锡以闲旷之地，广募游惰之辈，诱之耕凿，未计赋租，许令别置版图，便宜从事。酌民力之丰寡，相农亩之硗肥，均配畀之，无烦督课，令其不倦。其逃民归业，丁口授田，烦碎之事，并取大司农裁决。耕桑之外，更课令益种杂木蔬果，孳畜羊犬鸡豚。给授桑土，潜拟于井田，营造室居，便立于保伍，逮于养生送死之具，庆吊问遗之资，咸俾经营，并立条制。俟至三五年间，生计成立，有家可恋，有土可怀，即计户定征，量田输税，以司农新附之名籍，合计府旧收之簿书，斯实敦本化人之宏略也。若民力有不足，官借缗钱，或以市候粮，或以营耕具。凡此给受，委于司农，比及秋成，乃令偿直，依时价折估，纳之于仓，以其成数关白户部。"上览之喜，谓宰相曰："朕思欲恢复古道，革其弊俗，驱民南亩，致于富庶。前后上书言农田利害多矣，或知其末而阙其本，有其说而无其用；靖此奏甚谙理，可举而行之，正是朕之本意。"因召对奖谕，令条奏以闻。[①]

陈靖字道卿，兴化军莆田人也，陈洪进纳土，遣靖至京师，授阳翟簿，稍迁直史馆，迁太常博士。时太宗务兴农事，令有司议均田之法，靖以为其法未可卒行，且请以枢密副使三司使为租庸使或兼屯田制置之名，仍择三司判官或朝官知事者二人副之，始于两京东西千里，检责荒地及逃田而官籍之，募人佃耕，其室庐、耕牛、农具、粮种，请州郡斥卖赃罚无用之物，使营办之，不足则给以库钱。其所耕也，定为十分，从制置所给印纸，令州县劝农，分殿最三等。凡县官垦田，一岁得课三分，二岁六分，三岁九分为下最；

---

① 李焘：《续资治通鉴长编》卷四十。

一岁四分，二岁七分，三岁十分为中最；一岁九分，未及三岁盈十分为上最。其最者，令佐与免选或超资，殿者即增选折资。每州通以诸县田为十分，视最而行功罪，候数岁，尽罢官庄田屯田，悉以赋民，然后量人授田，度地均税，约井田之制为定法，以颁行四方。太宗曰：秦灭井田，经界废，而兼并之民起，至今使贫富不均而天下困，朕欲复古而未能也，前言此利害者众矣，惟靖所言与朕意合，下其议三司，以靖为京西劝农使，而盐铁使陈恕与靖议不同，罢之，出知婺州。真宗即位，复列前所论劝农事上之，又言：国家御戎西北，而仰食东西，食不足则误大计，请自京东西及河北诸州大行劝农之法，以殿最州县官吏，岁可省江淮漕百余万。靖复请刺史行春，县令劝耕，孝悌力田赐爵，立保伍以检察奸盗，籍游逸之民而役作之。议下三司。[①]

到了南宋时期，问题的性质已经发生了变化，因为不仅长江以北已全部丢失，长江以南亦屡遭金兵蹂躏，人民转徙流亡，因而良田鞠为茂草，不耕之田千里相望，昔日是黍稷离离，稻麦竞秀，今日是黄茅白苇，杳无人烟，当务之急已不是召民复业，而是对大量荒田如何加以利用，俾能对国计民生稍有补益，所以这时急待进行的是用政府之力进行屯田或营田，召募兵、民佃耕其中，不致使良田继续荒废，俾军粮民食有所保证，所以在南宋时期已不再颁发劝农之诏。

第二节　对水土资源的开发

（一）开辟荒田

增加水土资源，扩大耕地面积，是促进农业发展的一个根本条条。

中国长期以来即因人口的迅速增长，存在着"土地小狭，民人众"的矛盾，现有土地不足以负荷现有人口，人均耕地太少，粮食供应不足，无地少地的农民不得不在原来耕垦区域之外去另觅耕地，所以很早即开始了扩地运动。随着历代人口压力的不断增大，扩地运动亦不断向广度方面和深度方面

---

①　王称：《东都事略》卷一百十二，《循吏传·陈靖》。

并进。所谓向广度方面发展，是指从最早开发的经济区逐渐向外延伸，特别是由北方干旱地区向适宜于发展农业的南方发展，即逐步由黄河流域扩展到淮河流域，继而逾淮渡江而开发了长江以南，最后又逾岭而南，扩展到南端，对亚热带的珠江流域进行了全面开发。

所谓向深度方面发展，是指在已经开发的地区之内进行集约经营，因为广度发展力求的是数量多和面积大，这样，便首先开发容易开发的平地，使之尽快成为耕地，对于次等的土地如山林、丘陵、沮洳、积水、硗确、斥卤之地遂弃而不顾。不断向外延伸的扩地运动，到唐代已接近尾声，仍有待开发的平地已所余无几了。早在东周时期已有山农与泽农，即已经开始了向山坡、丘陵、沼泽、湖边要田，但这种运动仅是个开端，因尚有广大平地可资利用，山上、水滨都不是发展主流；南朝时占山封水已开始增多，但主要是权贵豪门抢占公田，为数亦属有限，广大农民还无此资格；唐代是向山要田和向水要田的全面发展时期，其具体情况已见于《中国封建社会经济史》第四卷中；宋代在此基础上有了更大的发展。

开发新的水土资源，是宋朝大力发展农业生产的一个重要措施。这首先是把原来已开发过的、但后来又荒芜的土地充分利用起来。换言之，即首先把熟荒地开辟出来，这是最容易开发也是收效最快的一个项目；其次是把原来不便开辟或不能开辟的山山水水加以开辟、改造，使之变为耕地。虽然这一类新造的土地不多，但其对农业生产乃至整个社会经济的影响则是很大的。

宋王朝的建立系在唐末五代长期丧乱之后，战争和灾荒饥馑，致使人口大量死亡。宋王朝平定战乱、统一全国之后，面对的是一个凋敝不堪、土旷人稀的社会。要奠定立国的基础，首先须安定民生；而要安定民生，首先须恢复和发展农业生产，于是开垦荒地，使人人有田可耕，遂提上了日程。宋王朝把垦辟荒田，募民耕种，视为一切政务之首，诏书频颁，多不胜举，这里择要举例如下：

至道元年（公元九九五年）六月，诏曰："近年以来，天灾相继，民多转徙，田卒污莱，虽招诱甚勤，而逋逃未复。宜伸劝课之旨，更示蠲复之恩。应诸州管内旷土，并许民请佃，便为永业，仍免三年租调，三年外输税十之三。应州县官吏劝课居民垦田多少，并书印纸，以示旌赏。"①

至道二年（公元九九六年）七月，太常博士直史馆陈靖上言，愿募民垦田，官给耕具种粮，五年外输租税。帝览之喜，谓宰臣曰："前后上书言农田利害者多矣，或知其末而暗其本，有其说而无其用，陈靖此奏，甚诣理，可举行之。"因召请对，奖谕赐食而遣之。吕端奏曰："望令三司详议其可否。"从之。时皇甫选等相度宿、亳、陈、蔡、邓、许、隶等七州荒田共二十余万顷，及靖建议兴置京东西诸州荒田，招召人户耕种，选等乃上言："请将所相度到七州荒田付靖一处兴置，臣等乞别赐差遣。"从之。②

为了便于小户农民租佃荒地，乃特许农民在大片荒地内挑段请佃，即挑选最肥沃地段，俟耕垦得利，有力多佃，再于原佃疆畔接续添佃，以逐步扩大佃耕面积，这是对佃耕荒田农民的一种特殊优待：

〔天圣二年（公元一○二四年）〕九月，户部郎中知制诰夏竦上言："诸州例多旷土，臣曾询问乡者，皆称旧日逃田，许民挑段请佃，候耕凿稍熟，牛具有力，即于疆畔接续添请，是以人户甚便，官中又得税赋。自有条贯，须全户请射，后来例无大段事力之人，一起请佃，今若许挑段请领之时，亦不乞减于料次，情愿更添税赋，其余荒田渐次接连请射。欲乞今日已前应系田及系官荒田经三年以上者，许挑段请射，于所请田元额税加十分之二，便于次年起税纳，仍先许中等已下户请射，如有余者，方许豪势请佃，即不得转将典卖。州县别作簿书，主簿逐年具数申奏。又恐议者以为百姓拣却沃土，久远抛下官中瘠田，不肯夹带请佃，且即令逃田二三十年荒废，肥瘠之地空长草莱，上无一粒黍稷入官，下无一粒菽麦济民，未知空守旧章，毕有何益，利害之际，黑白甚明。又虑议者以为民择得美田，即弃见佃瘠土，且国家养民，惟恐不富，若令百姓尽得良田，供得赋税，衣食稍足，此合帝王爱民之心，利害相万，较然可知。"从之。③

---

① 《宋会要辑稿》，《食货一之一七》。
② 《宋会要辑稿》，《食货二之一》。
③ 《宋会要辑稿》，《食货六三之一七三——一七四》。

〔景祐初〕京东转运司亦言："济、兖间多闲田，而青州兵马都监郝仁禹知田事，请命规度水利，募民耕垦。"从之。①

〔景祐二年（公元一○三五年）十二月〕丙子，诏长吏能导民修水利辟荒田者赏之。②

从以上几条记载可以看出宋朝政府对垦荒田以增加生产是何等重视，"长吏能导民修水利、辟荒田者，赏之"，在政府的嘉奖重赏之下，各地荒田必然会很快地得到开发利用，人民能自动复业归农，则予以种种优待，如蠲赋税五年，减旧赋十之八，特别是对唐、邓间荒田，或徙户实之，或以兵卒屯田，务求尽快加以开发：

〔嘉祐五年（公元一○六○年）秋七月〕初，天下废田尚多，民罕土著，或弃田流徙为闲民。自天圣初下赦书，即诏民流积十年者，其田听人耕，三年而后收赋，减旧额之半。又诏流民能自复者，赋亦如之。既而又与流民期，百日复业，蠲赋税五年，减旧赋十之八，期尽不至，听他人得耕，自是每下赦令，辄以招辑流亡、募人耕垦为言，民被灾而流者，又优其蠲复其期招之，又尝诏州县长吏令佐能劝民修起陂池沟洫之久废者，及垦辟荒田增税及二十万以上议赏，监司能督部吏经画，赏亦如之。久之天下生齿益蕃，田野加辟，独京西唐、邓间尚多旷土，唐州闲田尤多，入草莽者十八九。或请徙户实之，或请以卒屯田，或请废为县。知州事比部员外郎赵尚宽曰："淮安古称膏腴，今田独芜秽，此必有遗利。且土旷可益垦辟，民稀可益招徕，何必废郡也。"乃案图记，得召信臣故迹，益发卒复三大陂，一大渠，皆溉田万余顷，又教民自为支渠数十，转浸灌，而四方之民来者云集，尚宽复请以荒地计口授之，及贷民官钱买牛。比三年，废田尽为膏腴，增户万余。监司上其状，三司使包拯亦以为言。丙午，诏留再任。③

〔仁宗朝〕契丹聚兵边塞，边郡稍警，命拯往河北调发军食。拯曰："漳河沃壤，人不得耕，邢、洺、赵三州民田万五千顷，率用

①　《宋史》卷一百七十三，《食货志上一·农田》。
②　《宋史》卷十，《仁宗本纪》。
③　李焘：《续资治通鉴长编》卷一百九十二。

牧马，请悉以赋民。"从之。①

神宗熙宁元年（公元一〇六八年），襄州宜城令朱纮复修木渠，溉田六千顷，诏迁一官。权京西转运使谢景温言："在法，请田户五年内科役皆免。今汝州四县客户，不一二年便为旧户纠抶，与之同役，因此即又逃窜，田土荒莱。欲之置垦田务，差官专领，籍四县荒田，召人诸射。更不以其人隶属诸县版籍，须五年乃拨附，则五年内自无差科。如招及千户以上者，优奖。"诏不置务，余从所请。②

〔熙宁二年（公元一〇六九年）〕十一月十三日，制置三司条例司言："……令逐县各令具本管内有若干荒废田土，仍须体问荒废所因，约度逐段顷亩数目，指说着望去处，仍具今来合如何擘画立法，可以纠合兴修，召募垦辟，各述所见，具为图籍，申送本州。本州看详，如有不以事理，即别委官覆检，各具利害开说，牒送管勾官。"③

可见政府所辟荒田，都是经过一再调查，确无侵犯民田，始召人耕垦。对人烟稀疏的生荒土地尤注意开辟，例如自渭源城下至秦川，沿河五六百里皆是荒田，私人无力开垦，公家亦因缺乏资本，无法利用。秦凤路经略司乃建议于秦州和籴场预借三五万贯，作为购置农具、耕牛、种粮本钱，募人耕垦，化荒野为良田。朝廷从之，果大获其利：

〔熙宁〕三年（公元一〇七〇年）二月，管勾秦凤路经略司机宜文字王韶言："渭源城下至秦川，沿河五六百里，良田不耕者何啻万顷，但自来无钱作本，故不能致利。欲每岁常于秦州和籴场预借钱三五万贯作本，择田之膏腴者量地一顷，约用钱三十千，岁收不下三百石，千顷之田三万贯，收三十万硕，以十万为人牛粮用外，岁尚完二十一万硕。"诏："秦凤路经略司借支封桩钱三万贯，委王韶募人耕种，仍预摽拨荒闲地土，不得侵扰蕃部，如封桩钱已系转

---

① 《宋史》卷三百十六，《包拯传》。

② 《宋史》卷一百七十三，《食货志上一·农田》。

③ 《宋会要辑稿》，《食货一之二七》。

运司支借，收籴斛斗，亦仰先次拨还。"①

　　流民原都是有田可耕、能自谋生活的农民，由于水旱虫蝗肆虐，收成无望，为饥寒所迫，相率流亡，一人倡之，众人随之，大家都扶老携幼，壅塞道路，良田皆弃而不耕，遂致荒废。下引郑侠的一段议论，对流民流亡的原因以及在流亡中的生活状况，都作了深刻的描述：

　　　　自熙宁六年（公元一〇七三年）冬，流离相继，至七年（公元
　　一〇七四年）春夏间，不知其几千万人。每风沙霾曀，大者车乘，
　　小者负担，扶老携幼，蔽塞道路，或二三十人，或三五百人，各各
　　自有群伴，然而衣服蓝缕，虽车乘之上，亦止是锅釜一二只，破笼
　　弊甑瓦器之类。问其徙之因，皆曰仍岁蝗旱，走南方趁熟，其实亦
　　兵师之方，百物踊贵，无计自活，乃如是流移，离去其邦土，过京
　　而南东，皆陂栖野宿，采兔苴野菜之类以为食。其间有稍富者，问
　　其徙之因，曰：贫富大小之家，皆相依倚以成，贫者依富，小者依
　　大，所以养其贫且小，富者亦依贫以成其富，而大者亦依小以成其
　　大，富者大者不过有财帛仓廪之属，小民无田宅，皆客于人，其负
　　贩耕耘，无非出息以取本于富且大者，而后富者日以富，而以其田
　　宅之客为力。今贫者小者既已流迁，田无人耕，宅无人居，财帛菽
　　粟之在廪庾，众暴群至，负之而去，谁与守者，此所以不得不随而
　　流迁者也。②

　　可见穷人流亡之后，富人无以自存，亦不得不加入流民队伍，随之流亡。遍地是流民，随处有荒田，为此政府加紧号召地方官开废田，兴水利，用官钱购置农耕应用之物，招募流民耕垦自救：

　　　　元丰元年（公元一〇七八年）四月十九日，诏："开废田，兴
　　水利，建立堤坊，修贴圩埠之类，民力不能给役者，听受利民户具

　　① 《宋会要辑稿》，《食货六三之一八六》。
　　② 郑侠：《西塘先生文集》卷一，《流民》。

应用之类，贷常平钱谷，限二年两科输足，岁出息一分。"①

元祐四年（公元一〇八九年），诏："瀕河州县，积水冒田。在任官能为民经画疏导沟畎，退出良田自百顷至千顷，第赏。"②

崇宁中，广南东路转运判官王觉，以开辟荒田几及万顷，诏迁一官。其后，知州、部使者以能课民种桑枣者，率优其第秩焉。③

政和六年（公元一一一六年），立管干圩岸、围岸官法，在官三年，无隳损埋塞者赏之。京畿提点刑狱王本言："前任提举常平，根括诸县天荒瘠卤地一万二千余顷入稻田务，已佃者五千三百余顷，尚虑令、佐不肯究心。"诏比开垦碱地格推赏。平江府兴修围田二千余顷，令、佐而下以差减磨勘年。④

〔宣和初〕浙西逃田、天荒、草田、葑菱荡、湖泺[3]退滩等地，皆计籍召佃立租，以供应奉。置局命官，有"措置水利农田"之名，部使者且自督御前租课。⑤

进入南宋后，国家陷于分裂，南北各地，战火纷飞，人民四散奔逃，无数良田，尽成荒废，于是开发利用荒田，益成为当务之急。或召民承佃，或措置屯田和营田，或估价出卖，务求变无用为有用，使人安生业，地尽其利。南宋历届王朝先后颁发处置荒田的诏书，更是连篇累牍，多不胜举，这里仅择要举例，以略示梗概：

建炎以来，内外用兵，所在多逃绝之田。绍兴二年（公元一一三二年）四月，诏两浙路收买牛具，贷淮东入户。七月，诏：知兴国军王绚、知永兴县陈升率先奉诏诱民垦田，各增一秩。⑥

除因屡经兵火，田多荒闲外，还有因赋税太重，民人无力输纳，不得不抛弃的田业。现在要召人承佃，必须降低税额，使人愿佃：

---

① 《宋会要辑稿》，《食货一之二九》。
② 《宋史》卷一百七十三，《食货志上一·农田》。
③ 《宋史》卷一百七十三，《食货志上一·农田》。
④ 《宋史》卷一百七十三，《食货志上一·农田》。
⑤ 《宋史》卷一百七十四，《食货志上二·赋税》。
⑥ 《宋史》卷一百七十三，《食货志上一·农田》。

〔建炎三年（公元一一二九年）〕十一月九日，吏部员外郎刘大中言：“所乞将江南两路应干闲田立三等租课，令民承佃，已蒙下本路转运司参酌比较，若于税额却有减损，即依旧来税额输纳。逃绝闲田，在法自合立租召人请佃，缘江南累经兵火，田多荒闲，有人户元因税重，或曾经典卖，田产虚抱，推割未尽，税苗输纳不前，遂至抛弃田业，逃移在外，今若令依旧来税额输纳，全不减损，委是无人愿佃，愈见失陷财赋。”诏令江南东西路转运司自今降指挥到日，将应未佃闲田，依刘大中立定三等租课，召人请佃，候满三年，即依元税额送纳。所有闲田，元地主积欠租税，即不得于佃人名下催理。①

由于朝廷对各地荒田承佃，硬性规定租额，诸多滞碍难行，乃令州县官各按本地习俗惯例，因地制宜，措置租佃荒田，朝廷不作牵制，务求简而易行，公私兼济：

〔绍兴元年（公元一一三一年）三月〕辛亥，诏：诸路闲田甚多，百姓虑将来租役，且乏牛种，遂不敢耕，弥望荒芜。今遣官则虑成搔扰，若立法又土俗不同，宜俾守令，各以所宜措画，或官耕，或予民，或假贷以取赢，或召募以共利，凡百施设，朝廷并不牵制，惟在简而可行，公私兼济，候秋成覆实，其有效者，当擢以不次，如古循吏，入为公卿，次犹增秩赐金，或怠惰因循，视为文具，亦必按其罪以惩不恪。②

〔绍兴元年〕八月二十三日，臣僚言：“……勘会两浙淮南州县，昨因兵火之后，民间荒废田土甚多，虽合效古屯田之制，募人耕凿，缘难以遥度措置，欲委官躬亲前去相度措置，条具利害以闻。”从之。③

〔绍兴二年（公元一一三二年）二月丁丑〕始淮南营田司募民耕荒，顷收十五斛，及是，宣谕使傅崧卿言其太重，故百姓归业者少，诏捐岁输三之二，俟三年乃征之。仍赐崧卿钱五万缗，俾贷民

---

① 《宋会要辑稿》，《食货一之三六》。
② 熊克：《中兴小纪》卷十。
③ 《宋会要辑稿》，《食货二之七》。

为牛种之费。①

〔绍兴五年（公元一一三五年）三月辛卯〕淮东宣抚使司参谋官陈桷言："濒淮之地，久经兵火，官私废田，一目千里。连年既失耕耰，草莽覆荞，地皆肥饶。臣愿敕分屯诸帅，占射无主荒田，度轻重之力，斟酌多募，给所部官兵，趁时布种。"②

〔绍兴〕十四年（公元一一四四年）三月八日，户部言："契勘京西州军系累经残破，荒田至多，委是开垦倍费他州，欲下本路转运司，将管下荒闲田土，自请佃后，与放免二年租课。"从之。③

〔绍兴二十年（公元一一五〇年）四月〕癸酉，置力田科，募江、浙、福建民耕两淮闲田。④

〔绍兴二十七年（公元一一五七年）〕十月，用御史中丞汤鹏举言，离军添差之人，授以江、淮、湖南荒田，人一顷，为世业。所在郡以一岁奉充牛、种费，仍免租税十年，丁役二十年。⑤

〔绍兴二十六年（公元一一五六年）三月〕己巳，募四川民佃淮南、京西田，并边复租税十年，次边五年。⑥

除两淮、京西外，荆湖、广南荒地亦多，政府亦以优厚条件募民往耕：

〔绍兴二十六年〕六月十五日，吏户部言："荆湖北路见有荒闲田甚多，亦皆膏腴，佃耕者绝少，欲下本路转运司，应干系官等闲田，行下所部州县招诱，不以有无拘碍之人，并许踏逐措射请佃，不限顷亩，给先投状之人。自承佃后，与放免租课五年，其送纳租课应副牛种等，并依京西路已得指挥施行。仍令四川制置司行下逐路转运司晓谕，如愿往湖北请佃开垦官田人户，亦仰即时给据，津发前去，其放免租课等，依此施行。守令招诱户口，今本路监司取其能者保明推赏，内有不职之人，按劾取旨赏罚。"从之。⑦

① 《皇宋中兴两朝圣政》卷十一，《减荒田岁收》。
② 李心传：《建炎以来系年要录》卷八十七。
③ 《宋会要辑稿》，《食货六之一二》。
④ 《宋史》卷三十，《高宗本纪七》。
⑤ 《宋史》卷一百七十三，《食货志上一》。
⑥ 《宋史》卷三十一，《高宗本纪八》。
⑦ 《宋会要辑稿》，《食货六之一五——一六》。

〔绍兴二十六年（公元一一五六年）闰十月〕己酉，命离军人愿归农者，人给江、淮、湖、广荒田百亩，复其租税十年。①

孝宗继位后，锐意恢复，更是全力推行历朝的一贯政策。因足兵必先足食，增加粮食生产是增强国力的首要条件，因而大量荒田必须充分利用，于是募民佃耕各地荒闲田土，益成为政府的当务之急。为了便于召募，先后规定出种种优待办法：

孝宗即位，锐意恢复，首用张浚使江、淮，澈以参豫督军荆、襄。……襄、汉沃壤，荆棘弥望，澈请因古长渠筑堰，募闲民、汰冗卒杂耕，为度三十八屯，给种与牛，授庐舍，岁可登谷七十余万斛，民偿种，私其余，官以钱市之，功绪略就。②

孝宗隆兴元年（公元一一六三年）九月二十八日，臣僚言："湖外之地，多荒废不耕，欲定垦田广狭，以为两路守令黜陟之法。其新垦田与蠲免夏秋税役五年。户部勘会，人户请佃闲田，自有放免年限，其守令招诱垦辟，亦皆立定赏罚格。自今欲下两浙转运司依已降指挥施行外，仍令每岁取责州县增垦荒田之数，置籍驱考保明申朝廷。"从之。③

〔乾道〕四年（公元一一六八年）二月二十九日，知鄂州李椿言："本州荒田甚多，往岁间有开垦者，缘官即起税，遂致逃亡。乞募人请佃，与三年六料税赋，三年之外，以三分之一输官，所佃之田，给为己业，至六年递增一分，九年然后全输。或元业人有归业者，别给荒田耕种。"从之。④

〔乾道〕九年（公元一一七三年），王之奇奏增定力田赏格，募人开耕荒田，给官告绫纸以备书填，及官会十万缗充农具等用。以种粮不足，又诏淮东总领所借给稻三万石。⑤

〔宁宗庆元〕四年（公元一一九八年）八月二十九日，臣僚言：

① 《宋史》卷三十一，《高宗本纪八》。
② 《宋史》卷三百八十四，《汪澈传》。
③ 《宋会要辑稿》，《食货六之一七》。
④ 《宋会要辑稿》，《食货六之一八》。
⑤ 《宋史》卷一百七十三，《食货志上一·农田》。

"二广之地，广袤数千里，良田多为豪猾之所冒占，力不能耕。湖北路平原沃壤，十居六七，占者不耕，耕者复相攘夺，故农民多散于末作。淮西安丰军，田之荒闲者，视光、濠为尤多，包占之家，与吏为市，故包占虽多，而力所不逮。乞特降指挥，令逐处州县各籍其荒田，措置劝诱，召人开荒耕垦。豪猾之冒占侵欺者，如不能耕，许其自首，尽籍于官，召人承佃耕种，如愿种之人贫困无力者，许召保识，官借种粮，候秋熟日量其多寡，每年宽限，逐旋纳还，仍随其地利之肥硗，用力之深浅，复其租役三年或五年。州县加意抚摩，豪猾不得侵扰。"从之。①

到南宋末年，国家处境阽危，益不得不大修垦田，强兵足食，以求自保。大臣如真德秀、叶适等先后上书，详陈利害：

〔嘉定中〕充金国贺登位使，及盱眙，闻金人内变而返。言于上曰："臣自扬之楚，自楚之盱眙，沃壤无际，陂湖相连，民皆坚悍强忍，此天赐吾国以屏障大江，使强兵足食为进取资。顾田畴不开，沟洫不治，险要不扼，丁壮不练，豪杰武勇不收拾，一旦有警，则徒以长江为恃；岂如及今大修垦田之政，专为一司以领之，数年之后，积储充实，边民父子争欲自保，因其什伍，勒以兵法，不待粮饷，皆为精兵。"②

某切照去岁虏入两淮，所残破处安丰、濠、盱眙、楚、庐、和、扬凡七郡，其民奔渡江求活者几二十万家，而依山傍水相保聚以自固者亦几二十万家，今所团结即其保聚下流徙者，虽不能尽在其中，大约已十余万家矣。其流徙者死于冻饿疾疫，几殚其半，而保聚之民亦有为虏驱掠而去者，散为盗贼，则又不在焉。度今七郡之民，通计三十万家，和议未定，室庐不成，就便和议有定，其短长之期又未可知，此三十万家者，终当皇皇无所归宿。盖淮上四战之场，虏敌往来之地，民生其间，势固应尔。然自古立国，未尝不有以处之也，无以处之，则地为弃地，而国谁与其守，设使今岁边报复急，

---

① 《宋会要辑稿》，《食货六之二九——三〇》。
② 《宋史》卷四百三十七，《儒林·真德秀传》。

此三十万家者又将奔迸流徙而丧其生乎。……自唐以后，至于本朝，以和戎为国是，千里之州，百里之邑，混然一区，烟火相望，无有扞蔽，一旦胡尘猝起，星飞云散，无有能自保者。南渡之后，前经逆亮之祸，近有仆散揆之寇，累世生聚，一朝荡然，故某昨于国家营度规恢之初，以为未须便做，且当于边淮先募弓弩手，耕极边三十里之地，西至襄、汉，东尽楚、泗，约可十万家，列屋而居，使边面牢实，虏人不得逾越，所以安其外也。盖汉、唐守边郡而安中州，未有不如此者也。[①]

（二）造田运动

上文所述开辟荒田，主要是把没有利用的荒废的水土资源加以开垦，召人承佃，使之变无用为有用，而土地——不论生荒或熟荒都是现有的；至于对原来不是耕地的山陵或湖泊进行人工改造以为耕地，则称之为造田运动。中国虽然很早就有了"山农"与"泽农"，但主要是在丘陵的缓坡和沼泽滨水之处开辟一点耕地，从事种植，当还有大量平地可资开发利用时，山田与水田的开发还不是发展主流。到了东晋和南朝时期，南迁的权贵和土著豪门争相"封略山湖"、"固吝山泽"，从而出现了一些跨州越县、连亘山湖的大地产，但因人口稀疏、劳动力缺乏，大都是仅仅占有，而不能开发利用。唐代是造田运动的进一步发展时期，在山上造田和在水中造田已比六朝时增多。而全面的和深入的发展则是在宋代，南宋又超过北宋。

1. 山田与畲种

中国有广大的丘陵和山区。丘陵，特别是缓坡，可以开辟为耕地，山中也有一些零星小块土地可以耕种。中国的农业生产主要种植粮食，粮食作物中除水稻外，都是在旱田种植的，有些品种对土壤水分条件要求不高，山田、坡田等贫瘠土地亦能获得若干收成，对农民生活不无小补。由于人口的压力日增，平地又早被开发殆尽，加以土地兼并的结果，使更多的人没有土地，于是上山开垦就成了人们争相奔赴的目标。向山要田在中国起源很早，但真正普遍发展则是唐代以后的事。唐时"四海之内，高山绝壑，耒耜亦满"[②]。到宋代，不仅江南、岭南、闽越、川峡等气候温和、雨量充沛的多山地带，

---

① 叶适：《水心文集》卷二，《安集两淮申省状》。
② 元结：《元次山文集》卷七，《问进士》。

而且北方高寒少雨地带，所有高山峻坂，无不遍为人户耕种，甚至绝崖峭壁之上，亦黍稷离离：

> 盖河东山崄，地土平阔处少，高山峻坂，并为人户耕种。①

开辟山田、坡田的方法是刀耕火种，名为畲耕、畲种或畲田，这种田法始于六朝，至唐而益盛，《中国封建社会经济史》第四卷农业章中已多所阐述。宋代在畲田的耕作方法上与唐代完全相同，即于山坡上或深山中选定开辟地点后，先用一种特制的畲刀，将该地杂生的树木草莽斫倒，然后纵火焚烧，俟草木成灰后，对土地略加平整，候雨撒播种子于灰中，不灌溉、不施肥，也不间苗锄草，听禾苗自生自长，这是一种广种薄收的粗耕农业。但种植三、五年后，地力衰竭，不能再用。而且由于自然植被尽被破坏，水土流失遂日益严重，结果，辛苦开辟出来的山田、坡田，转瞬即在雨水冲刷之下化为乌有，留下的只是怪石嶙峋。并且人们在开辟山田、坡田时，总是先[4]从低处开起而逐步登高，坡从缓坡开始而逐渐陡峭，这些土地被冲刷之后，只有再向高处、陡处发展，于是山则愈开愈高，坡亦愈开愈陡，雨水冲刷也就愈来愈速，而这种恶性循环圈亦愈缩愈小，所以开辟山田虽一时增加了一点水土资源，农民暂时获得了一点收入，但由此造成的危害则是无穷的。而且这种危害还不限于山田、坡田本身，因山上、坡上之田被雨水冲刷，同时就淤塞了山下民田，使山上山下之田同归于尽。北方山田、坡田所造成的危害尤为严重，因北方的山田、坡田都在黄土高原，土层既厚，质又疏松，易于开垦，但是土质疏松的高山峻坂，在草木被烧光，植被被消灭以后，秃山裸露，更易冲刷，因而水土流失就更严重。并且森林被滥伐，植被遭破坏，又造成土壤的沙化，不仅使黄河永远是浊浪滔天，下流淤塞泛滥，而且风沙弥漫，沙漠南移，更直接威胁人民生活。所以向山上发展的造田运动，虽暂时缓和了一下农民缺地少地的矛盾，但由此造成的后患则是十分严重的。

在山上开辟畲田的主要生产工具，就是一把畲刀，川峡人民常常随身携带，最初朝廷不明真相，仁宗时曾一度禁止，后经地方官陈奏说明人民携刀原因，始行弛禁：

---

① 欧阳修：《欧阳文忠公文集》卷一百十六，《乞罢刘白草札子》。

仁宗天圣八年（公元一〇三〇年）三月，诏川峡路不得造着袴刀，违者依例断遣。五月，利州路转运使陈贯言："着袴刀于短枪竿柱杖头安者，谓之拨刀，安短木柄者，谓之畲刀，并皆着袴。畲刀是民间日用之器，川峡山崄，全用此刀开山种田，谓之刀耕火种，今若一例禁断，有妨农务，兼恐禁止不得，民犯者众。请自今着袴刀为兵器者禁断，为农器者放行。"乃可其请。①

宋代诗文中记述或咏歌畲田的很多，各从不同的角度描述了畲田的开辟方法、种植情况以及畲田农民的生活概况。汇集在一起，可以勾画出畲田农业的全貌：

> 沅、湘间多山，农家惟植粟，且多在冈阜，每欲布种时，则先伐其林木，纵火焚之，俟其成灰，即播种于其间，如是则所收必倍，盖史所言刀耕火种也。②
>
> 上雒郡南六百里，属邑有丰阳上津，皆深山穷谷，不通辙迹，其民刀[5]耕火种。大底先斫山田，虽悬崖绝岭，树木尽仆，俟其干且燥[6]，乃行火焉。火尚炽，即以种播之，然后酿黍稷、烹鸡豚，先约日：某家某日有事于畲田。虽数百里如期而至，锄斧随焉。至则行酒啖炙，鼓噪[7]而作，盖劚[8]而掩其玉也，掩苇则生，不复耘矣。援桴者有勉励督课之语，若歌曲然，且其俗更互力田，人人自勉。仆爱其有义，作畲田词五首，以侑其气，亦欲采诗官闲之，传于执政者，苟择良二千石暨贤百里，使化天下之民如斯民之义，庶乎辟活业矣。其词俚，欲山人之易晓也：
>
> 大家齐力斫屏颜，耳听田歌手莫闲。各愿种成千百索（山田不知畝亩[9]，但以百尺绳量之，曰某家今年种得若干索），豆其禾穗满青山。
>
> 杀尽鸡豚唤劚畲，由来递互作生涯。莫言火种无多利，树种明年似乱麻（种谷之阴年，自然生禾，山民获济）。
>
> 鼓声猎猎酒醺醺，斫上高山入乱云。自种自收还似足，不知尧

---

① 《宋会要辑稿》，《兵二六之二六——二七》。
② 许观：《东斋记事》，《刀耕火种》。

舜是吾君。

北山种了种南山，相助力耕岂有编。愿得人间皆似我，也应四海少荒田。

畲田鼓笛乐熙熙，空有歌声未有词。从此商于故为事，满山皆唱舍人诗。①

南宋初年，范成大由家乡苏州到广西赴任，后又由广西调任四川，沿途皆山区，亲眼看到刀耕火种，因作长诗咏其事云：

畲田峡中，刀耕火种之地也。春初斫山，众木尽蹶，至当种时，伺有雨候，则前一日火之，借[10]其灰以粪，明日雨作，乘热土下种，即苗盛倍收，无雨反是。山多硗确，地力薄，则一再斫烧，始可蓺，春种麦豆，作饼饵以度夏，秋则粟熟矣。官输甚微，巫山民以收粟三百斛为率，财用三四斛了二税，食三物以终年，虽平生不识粳稻，而未尝苦饥。余因记吴中号多嘉谷，而公私之输颇重，田家得粒食者无几，峡农之不若也，作诗以劳之：

峡农生甚艰，斫畲大山巅。赤埴无土膏，三刀才一田。颇具穴居智，占雨先燎原。雨来亟下种，不尔生不蕃。麦穗黄剪剪，豆苗绿芊芊。饼饵了长夏，更迟秋粟繁。税亩不什一，遗秉得餍餐。何曾识粳稻，扪腹尝果然。……不如峡农饱，豆麦终残年。②

2. 梯田的出现

山田、坡田的水土流失问题不久就找到了局部的解决办法，那就是在南方山区和丘陵地带出现了梯田，这是解决山田水土流失的一种巧妙的设计。梯田始于何时，不得而知，估计不会早于宋代，因为唐代还是大举向山上进军的时候，水土流失还没有严重到非设法解决不可的地步。由问题的逐渐严重化和找到解决办法，中间是有一定的时间过程的，大约北宋后期，是梯田的肇始时期，大约是从福建开始的，初见于记载的，是北宋末年方勺的《泊宅编》：

---

① 王禹偁：《小畜集》卷八，《畲田词并序》。
② 范成大：《石湖居士诗集》卷十六，《劳畲耕，并序》。

七闽地狭瘠而水源浅远，其人虽至勤俭，而所以为生之具，比他处终无有甚富者，垦山陇为田，层起如阶级，然每援引溪谷水以灌溉，中途必为之碓，下为碓米，亦能播精（播精谓去其糠秕，以水运之，正如人为，其机巧如此也）。未行中知泉州，有"水无涓滴不为用，山到崔嵬尽力耕"之诗，盖纪实也。[①]

上引范成大由苏州赴广西时，沿途所见都是畲耕，但当他由广西调赴四川时，再过川峡一带，已看到有了梯田，与方勺所描述的情况相同，可能是由福建传过去的：

> 泊袁州……至仰山，缘山腹乔松之磴，甚危，岭阪上皆禾田，层层而上至顶，名梯田。[②]

田在山上，层层而上如阶级，并且能远引溪谷水自流灌溉，山上之水不是一泻而下，显然已不是一般的坡田，而是标准的梯田。据此，梯田是在南宋初或北宋末在福建兴起的。稍后的官方记载证实了这一点：

> 〔嘉定八年（公元一二一五年）〕七月二日，臣僚奏："……臣闽人也，闽地瘠狭，层山之巅，苟可置人力，未有寻丈之地不丘而为田，泉溜接续，自上而下，耕垦灌溉，虽不得雨，岁亦倍收。"[③]

这证实了梯田至少在南宋初年已在福建兴起，然后逐渐向各地推广。

把山坡修建成层层而上的阶梯，则水土流失自然就得到控制，确是宋代劳动人民的一个重大发明。田在层山之巅，却可以"泉溜接续"，雨水不再直流而下，自然就解决了水土流失问题。可惜梯田只适用于南方，北方的山田、坡田却不可能建造梯田，因为北方干旱少雨，不能潴水灌溉，无泉溜接续之便，此其一；北方山田、坡田都是黄土，缺乏就地可用的石料来建造阶层，用黄土筑成，一遇雨即被冲塌，此其二。这说明北方山地破坏了生态平衡后，是没有什么有效办法来防止水土流失的，也就是说由土地的不合理开

---

① 方勺：《泊宅编》卷中。
② 范成大：《骖鸾录》。
③ 《宋会要辑稿》，《瑞异二之二九》。

发所造成的祸害是无法挽救的，除非重新植树种草，还林还牧，恢复生态的良性循环。

其实梯田在南方也只是局部地解决了水土流失问题，因为梯田的基本建设费用是很大的，非富有资财的地主阶级不能建，因而不能把所有山田都建为梯田；另有一部分山田、坡田因坡度太大，不能建造为梯田；由于建造梯田的成本很高，又必须大规模建造，以便能自上而下形成一个流灌系统，如果只有小块土地，就无法建造，建成后也不可能泉溜接续，等于不建，故所有梯田都是拥有大量地产的"有力之家"兴建的，这样，梯田在全部山田、坡田中所占的比重是有限的，大部分不能建为梯田的山田、坡田，只有听其自然，水土继续流失。所以尽管已经有了梯田，而斫畬烧山仍照旧进行，大面积的水土流失问题，依然如故。

3. 废湖为田

在水中造田的方式之一，是废湖为田，即将湖水排干，以全部湖底为田。六朝时已有"决湖以为田"的记载，系个别权贵豪门为此非分之请，每受到耿介之吏所反对，奏请朝廷，陈述利害，加以制止，故多未得逞。例如谢灵运即曾两次请决湖为田，均被拒绝。唐时亦偶有其事，但为例不多。至宋，此风遂炽，北宋时已开其端，例如：

〔宣和〕五年（公元一一二三年）五月四日，臣僚言："镇江府练湖与新丰塘地里相接，八百余顷，灌溉四县民田，每岁春夏雨水涨满，侧近百姓，引灌田亩，纵秋无雨，亦不虑旱。漕河水浅，湖水灌注，是以一寸益河一尺，其来久矣。今湖堤四岸，多有损缺，春夏不能贮水，才至少雨，则民田便称旱伤，县官又禁止民间不得引湖水灌田，且以益河为务，故丹阳等县民田，失于灌溉，亏损税赋。欲令食利县分，候农隙日，攻筑补茸堤防。"诏本路漕臣并本州县当职官详度利害，检计合用功料以闻。①

钦宗靖康元年（公元一一二六年）三月一日，臣僚言："东南地濒江海，旧有陂湖蓄水，以备旱岁。近年以来，尽废为田，涝则水为之增益，旱则无灌溉之利，而湖之为田亦旱矣。民既承佃，无复可脱，租税悉归御前，而漕司暗亏常赋，多至数百万斛，而民之

---

① 《宋会要辑稿》，《食货七之三八》。

失业者众矣。乞尽罢东南废湖为田者，复以为湖。"诏令逐路转运常平司计度以闻。①

南宋时期废湖为田之风甚炽，江南各地湖泊大都被地方权豪排干，改造为田。湖泊本是用以调节水流的天然水库，旱则用以灌溉民田，潦则用以潴积多余水流。湖泊被消灭后，调节水流的作用全失，旱则无灌溉之利，潦则洪水横流，泛滥成灾。臣僚纷纷陈请，乞废湖田，有时朝廷不识大体，贪图湖田一点税收，迟迟不作决定，因小失大，贻害无穷：

〔绍兴五年（公元一一三五年）闰三月丁未，新知湖州李光言〕："臣窃勘东南，地濒江海，水易泄而多旱，历代以来，皆有陂湖蓄水，以备旱岁。盖湖高于田，田又高于江海，水少则泄田中，水多则放入海，故无水旱之岁、荒芜之田也。祥符、庆历间，民始有盗陂湖为田者，三司转运使下书，切责州县，复田为湖。当时条约甚严谨，水之蓄泄则有闭纵之法，禁民之侵耕，则有赏罚之法。近年以来，所至尽废为田，涝则水增益不已，旱则无灌溉之利，而湖之田亦旱矣。民既已承佃，无复脱期，所收租税，悉充御前，而漕司暗亏常赋，数至百万，而民之失业者不可胜计，可谓两失。伏望圣慈，速赐指挥，尽罢东南废湖为田者，复以为湖，庶几凋瘵之民稍复故业，不胜幸甚。取进止（三月一日奉圣旨），令逐路转运司、常平司同共相度奏闻。"②

〔绍兴〕二十三年（公元一一五三年）七月二十三日，试右谏议大夫史才言："浙西诸郡，水陆平夷，民田最广，平时无甚水甚旱之忧者，太湖之利也。数年以来，濒湖之地多为军下兵卒请据为田，擅利妨农，其害甚大。盖队伍既易于施工，土益增高，长堤弥望，名曰坝田。水源既壅，太湖之积渐与民田隔绝不通，旱则据之以溉坝田，而民田不沾其利。乞专令本路监司躬亲究治，尽复太湖旧利，使军民各安其职，田畴尽蒙其利，农事有赖。"上然，从之。③

---

① 《宋会要辑稿》，《食货七之四〇》。
② 李光：《庄简集》卷十一，《乞废东南湖田札子》；《皇宋中兴两朝圣政》卷十七，《李光乞废湖田》。
③ 《宋会要辑稿》，《食货六一之一一一》。

〔隆兴二年（公元一一六四年）〕九月，刑部侍郎吴芾言："昨守绍兴，尝请开鉴湖废田二百七十顷，复湖之旧，水无泛滥，民田九千余顷，悉获倍收。今尚有低田二万余亩，本亦湖也，百姓交佃，亩直才两三缗。欲官给其半，尽废其田，去其租。"户部请符浙东常平司同绍兴府守臣审细标迁。从之。①

〔乾道四年（公元一一六八年）〕十月二十六日，臣僚言："绍兴府诸县各有湖，湖高于田，筑塍岸潴水以备旱，其田高于江，置斗门泄水以备潦，故虽或水旱而有备，岁可使之常丰。萧山县管下湘湖，灌溉九乡民田，夏秋之交多阙雨泽，决其湖以溉田，禾稼滋茂。近闻百姓将湘湖填筑以为田，实害灌溉。欲乞令绍兴府差官看视，若委是将湘湖为田，则令开掘，复以为湖，依旧灌溉民田。"从之。②

〔淳熙〕十年（公元一一八三年），大理寺丞张抑言："陂泽湖塘，水则资之潴泄，旱则资之灌溉。近者浙西豪宗，每遇旱岁，占湖为田，筑为长堤，中植榆柳，外捍茭芦，于是旧为田者，始隔水之出入。苏、湖、常、秀昔有水患，今多旱灾，盖出于此。……"③

〔嘉定〕十五年（公元一二二二年）四月五日，臣僚言："越之鉴湖，受溉之田，几半会稽，往者累任帅臣，时加浚治，故民被其利。今官豪侵占殆尽，填淤益狭，所余仅一衣带水耳。兴化之木兰陂，始为富人捐金兴筑，民田万顷，岁饮其泽，今酾水之道，多为巨室占塞，时或水旱，乡民至有争水而死者。……"④

从上述诸例可以看出，破坏自然平衡所造成的后果是多么严重。少数达官权贵依仗权势，损人利己，任意将天然湖泊淤塞为田，个人虽暂时增加了一点收获，而周围百姓则深受其害，迨由此造成的水旱灾害频繁发生时，毁湖为田的人亦同受其害。臣僚们纷纷陈词，请求制止，所言皆切中要害。其实填湖造田之风不限于江浙一带，全国各地，无不如此，陆游曾略述其事云：

---

① 《宋史》卷一百七十三，《食货志上一·农田》。
② 《宋会要辑稿》，《食货六一之一一九》。
③ 《宋史》卷一百七十三，《食货志上一·农田》。
④ 《宋会要辑稿》，《食货六一之一四九——一五〇》。

陂泽惟近时最多废，吾乡镜湖三百里，为人侵耕几尽。阆州南池亦数百里，今为平陆，只坟墓自以千计，虽欲疏浚[11]复其故亦不可得，又非镜湖之比。成都摩诃池，嘉州石堂溪之类，盖不足道，长安民契券，至有云某处至花萼楼，某处至含元殿者，盖尽为禾黍矣，而兴庆池偶存十三，至今为吊古之地。①

关于鉴湖被盗填经过，使鉴湖由一周回三百余里的大湖而逐渐消失，及由此给数县人民所造成的严重损害，当时人王十朋曾有一文进行了详细说明，分析了公私的损失，特别是对鉴湖调节江河水流、维持自然平衡的重大作用，阐述得十分中肯，是讨论废湖为田问题的一篇重要文献，特录其全文如下：

东坡先生尝谓，杭之有西湖，如人之有目，某亦谓越之有鉴湖，如人之有肠胃。目翳则不可以视，肠胃秘则不可以生。二湖之在东南，皆不可以不治，而鉴湖之利害为尤重。昔东汉太守马臻之开是湖也，在会稽、山阴二县界中，周回三百五十余里，溉田九千余顷。湖高田丈余，田又高海丈余，水少则泄湖归田，水多则泄田归海，故会稽、山阴无荒废之田，无水旱之患者以此。自汉永和以来，更六朝之有江东，西晋隋唐之有天下，与夫五代钱氏之为国有，而治之莫敢废也。千有余年之间，民受其利，博矣久矣。至国朝之兴，始有盗湖为田者，然其害犹微，盗于祥符者才一十七户，至庆历间，为田四顷而已，当是时，三司转运司犹切责州县，使复田为湖。自是而后，官吏因循，禁防不谨，奸弊日起，侵盗愈多，至于治平熙宁间，盗而田之者凡八千余户，为田盖七百余顷，而湖侵废矣。然官亦未尝不禁，而民亦未敢公然盗之也。政和末，有小人为州，内交权幸，专务为应奉之计，遂建议废湖为田，而岁输其所入于京师，自是奸民豪族公侵强据，无复忌惮，所谓鉴湖者仅存其名，而水旱灾伤之患无岁无之矣。今占湖为田，盖二千三百余顷，岁得租米六万余石。为官吏者徒见夫六万石之利于公家也，而不知九千顷之被其害也，知九千顷之岁被其害而已，而不知废湖为田，其害不止于九千顷而已也。盖鉴湖之开有三大利，废湖为田有三大害。山阴会

_____

① 陆游：《老学庵笔记》卷二。

稽昔无水旱之患者鉴湖之利也，今则无岁无灾伤，盖天之大水旱不常有也，至若小水旱，何岁无之，自废湖而为田，每岁雨稍多则田已淹没，晴未久而湖已枯竭矣。说者以为水旱之患虽及于九千顷之田，而公家实受湖田六万石之入。呜呼，其亦未之思也。……得湖田之租，失常赋之入，所得所失，相去几何？官失常赋，而以湖田补折之犹可也，九千顷之民田其所失者不可计，其何以补折之耶？王者以天下为家，其常赋所入亦广矣，岂利夫六万石之入而以病民耶！况湖田之入在今日虽饶，而他日亦将同九千顷而病矣。使湖尽废而为田，则湖之为田者其可耕乎。今之告水旱之病者不独九千顷之田也，虽湖田亦告病也，况他无鉴湖，则九千顷之膏腴与六万石所入之湖田，皆化为黄茅白苇之场矣，越人何以为生耶？此其为大害一也。鉴湖三百五十八里之中，蓄诸山三十六源之水，岁虽大涝，而水不能病越者，以湖能受之也。今湖废而为田，三十六源之水无吞纳之地，万一遇积雨浸淫，平原出水，洪流滔天之岁，湖不能纳，水无所归，则必有漂庐舍、败城郭、鱼人民之患。尝闻绍兴十有八年（公元一一四八年），越大水，五云门、都泗堰水高一丈，城之不坏者幸也，假令他日湖废不止于今，而大水甚于往岁，则其为害当何如？此废湖为田其为大害二也。自越之有鉴湖也，岁无水旱，而民足于衣食，故其俗号为易治。何以知其然也，以守令而知之也。自东都以来，守会稽令山阴者，多以循吏称，见于史传者不可一二举也，非昔之守令皆贤也，盖民居乐岁之中，室家温饱，民之为善也易尔。比年以来，狱讼繁兴，人民流亡，盗贼多有，皆起于无年，去秋灾伤之讼，山阴、会稽为尤多，非昔之民皆善良，今之民皆顽鄙也，盖礼义生于饱暖，盗贼起于饥寒，其势不得不然耳，此废湖为田，不独九千顷受其病，狱讼之所以兴，人民之所以流，盗贼之所以生，皆此之由，其为大害三也。

自祥符、庆历至今，建复湖之议者多矣，而湖卒不能复，非湖之不可复也，盖异议者有以摇之也。异议得以摇之者，盖亦建议者之未能深究夫利害焉耳。建议者曰：废湖为田，则九千顷被水旱之患，湖不可以不复。异议者曰：九千顷虽被水旱之害，而常赋不尽失，以湖为田，而官又得湖田之利为多，湖虽废而何害？且多为异说以摇之，此建议者之言卒夺夫浮议者之口，使建议者灼然知夫三大利害之所在，以折夫异议者之云云，则复田为湖，有不可得而已也。①

4. 围田与野田

在水中造田的方式之二是在水中筑堤，将水圈起，即将堤之两端与岸相接，然后伸入水中，将湖泊的一部分圈围起来，再将堤中之水排出，即露出一片湖底，以之为田。堤立水中，水挡在堤外，故水高于田，土地干旱时可随时灌溉，故围内都是旱涝保收的良田。王桢《农书》对于围田曾作了一个简明解释：

> 围田，筑土作围以绕田也。盖江淮之间，地多薮泽，或濒水不时淹没，妨于耕种。其有力之家，度视地形，筑土作堤，环而不断，内容顷亩千百，皆为稼地。后值诸将屯戍，因令兵众分工起土，亦效此制，故官民异属。复有圩田，谓叠为圩岸，扞护外水，与此相类。虽有水旱，皆可救御。②

围田亦是毁湖为田的一种。六朝时已经有了这种田法，但不常见，至唐而稍多，大量发展则是在宋代，而尤以南宋为盛。围田虽没有将湖泊消灭，但却将湖面缩小，而湖中堤岸纵横，妨碍水流畅通，同样破坏了自然平衡，造成水旱灾害的频繁发作，为害不下于毁湖为田。故臣僚们亦纷纷上疏，陈述利害，请求禁止：

> 切见承平之时，京师漕粟多出东南，江浙居其大半。中兴以来，浙西遂为畿甸，尤所仰给，旁及他路。盖平畴沃壤，绵亘阡陌，多江湖陂塘之利，虽少有水旱，不能为灾。自豪右兼并之家既众，始借垦辟之说，并吞包占，创置围田。其初止及陂塘，陂塘多浅水犹可也，已而侵至江湖，今江湖所存亦无几矣。夫江湖之水，自常情观之，似若无用，由农事言之，则为甚急。江湖深广，则潴蓄必多，遇水有所通泄，遇旱可资灌溉，傥或狭隘，则容受必少，水则易溢，

---

① 王十朋：《梅溪文集·后集》卷二十七，《鉴湖说上》。
② 王桢：《农书》卷十一，《农器图谱一》。

未免泛滥之忧；旱则易涸，立见焦枯之患，事理晓然，州县之官皆可以举职。然豪右巨族，必有所凭借，其势足以凌驾公府，非得健吏，莫敢谁何。浸淫滋广，江湖之利，日朘月削，无复曩时之旧。围田增租，所入有几，而平岁倍收之田，一罹旱涝，反为不耕之土，常赋所损，可胜计哉！农人失业，襁负流离，其害又岂特在民而已。矧惟国朝成宪，应江河山野陂泽湖塘池洑与众共者，不得禁止及请佃承买，官司常切觉察，如许请佃承买，并犯人纠劾以闻，及潴水之地辄许人请佃承买，并请佃承买人各以违制论。立法之意，可谓明白。前者臣僚累尝奏请，朝廷非不施行，凡系积水草荡，今后并不许请佃，虽陈乞拨赐，亦许守臣执奏，此乾道五年（公元一一六九年）九月指挥也。差官检视应停蓄水河道有湮塞壅遏去处，照旧来界至，悉行开掘，仍每岁巡察，此淳熙三年（公元一一七六年）六月指挥也。令浙西诸郡约束属县，如有给据官民户买佃江湖草荡围筑田亩，许人户越诉，置之重宪，仍委监司纠劾，此淳熙八年（公元一一八一年）七月指挥也。凡有陂塘，自令下之后尚复围裹，断然开掘，犯者论如法，给据与不告捕者并坐罪，此淳熙十年（公元一一八三年）四月指挥也。是皆匾榜大书，人所共睹，其它藏于案牍者当不止此。奈何条画虽备，奉行不虔，或易名而请佃，或已开而复围。或谓既成之业，难于破坏，或谓垂熟之时，不可毁撤，是知千百亩之田为可惜，而不知百万之田尤可惜，不忍强横之一夫，而忍于贫弱之百姓，上泽沮格而不下究，下情蔽塞而不上通，此则有司之罪也。臣恭惟陛下爱护根本，访民疾苦，诏旨屡颁，不为虚文，如以臣言为然，乞赐睿断，行下户部检坐条法及累降指挥，申严要束，本路监司州县，常令遵守，仍委御史台觉察。法不徒立，务在必行，惟陛下留心裁择，幸甚。[1]

乾道二年（公元一一六六年）四月，诏漕臣王炎开浙西势家新围田：草荡、荷荡、菱荡及陂湖溪港岸际旋筑畦畖、围裹耕种者，所至守令同共措置。炎既开诸围田，凡租户贷主家种粮债责，并奏蠲之。[2]

---

① 卫泾：《后乐集》卷十三，《论围田札子》。
② 《宋史》卷一百七十三，《食货志上一·农田》。

圩田与围田相类，亦系用长堤将江河湖泊围起一部分，但规模更大，圈围的水面更广，其堤又高又厚，堤长少则数十里，多则百余里。这种田法，唐时已开始普遍出现。字书圩，音于，岸也。江淮间水高于田，筑堤而扞水，曰圩。唐初人曾以圩田的形状来解释孔子的圩顶。《史记》称：孔子"生而首上圩顶，故因名曰丘云。"《索隐》司马贞曰："圩顶，言顶上宛也，故孔子顶如反宇。反宇者，若屋宇之反，中低而四傍高也。"[1] 用高堤把水挡在堤外，堤内是湖底，故中低而四方高，注疏家遂用以形容孔子的圩顶。北宋时圩田已盛行于江南，皆规模宏大，每一圩皆方数十里：

〔庆历三年（公元一〇四三年）九月丙寅〕范仲淹、韩琦、富弼等奏："……江南旧有圩田，每一圩方数十里，如大城中有河渠，外有门闸，旱则开闸引江水之利，潦则闭闸拒江水之害，旱潦不及，为农美利。"[2]

圩田的规模和形状，李心传有如下一段描写：

圩田者，江、浙、淮南有之，盖以水高于田，故为之圩岸。宣州化民、惠成二圩，相连长八十里，芜湖县、万春陶、新和政三官圩，共长一百四十五里，当涂县广济圩，长九十三里，私圩长五十里。建炎末，为军马所坏。绍兴初，命守臣葺治之。建康永丰圩，有田千顷，初以赐韩忠武，后归秦丞相，今隶行宫。淮西和州无为军，亦有圩田。绍兴三十（公元一一六〇年）年，张少卿初为漕，徙民于近江，增葺圩岸，官给牛种，始使之就耕。凡圩岸皆如长堤，植榆柳成行，望之如画云。[3]

据王桢《农书》描述这种田法称：

凡边江近湖，地多闲旷，霖雨涨潦，不时淹没；或浅浸弥漫，所以不任耕种。后因故将征进之暇，屯戍于此，所统兵众，分工起

① 《史记》卷四十七，《孔子世家》。

② 李焘：《续资治通鉴长编》卷一百四十三。

③ 李心传：《建炎以来朝野杂记》甲集卷十六，《圩田》。

土，江淮之上，连属相望，遂广其利。……又有据水筑为堤岸，复叠外护，或高至数丈，或曲直不等，长至弥望，每遇霖潦，以扞水势，故名曰圩田。内有沟渎，以通灌溉，其田亦或不下千顷，此又水田之善者。[1]

在水中圈围的圩田，自然都是水田，种植粳稻，产量很高，官圩面积广大，为政府的一项重要收入，故时令守臣修葺：

绍兴元年（公元一一三一年），诏宣州、太平州守臣修圩。二年（公元一一三二年），以修圩钱米及贷民种粮，并于宣州常平义仓米拨借。三年（公元一一三三年），定州县圩田租额充军储。建康府永丰圩租米，岁以三万石为额。圩田至相去皆五六十里，有田九百五十余顷，近岁垦田不及三分之一。至是，始立额。[2]

〔绍兴元年（公元一一三一年）〕八月二十三日，臣僚言："……今沿江两岸沙田、圩田顷亩，不可胜计，例多荒闲。近者张琪占据芜湖圩田，兵食遂足，继缘迫逐，决水灌田，旧圩尽坏，曩时官得岁课数万石，一旦失之，旁侵民田，为害更甚。"[3]

由于圩田都是高产田，收入甚丰，朝廷每用以特赐功臣。例如南宋初在用兵之际，高宗将建康永丰圩拨赐韩世忠，臣僚群起反对：

臣伏睹今月二十六日圣旨，指挥将建康府永丰圩拨赐韩世忠，士大夫闻之，莫不骇愕。臣窃契勘本圩计田九百六十顷，岁收米三万斛，他圩未有其比，不知此赐出于[12]宸衷，抑世忠有请而陛下遂与之乎？世忠带三镇节度使，金玉满堂，姬侍列屋，买田之资，固当不乏，若陛下特与，是陛下继封君之富，而忘斯民之贫困也。……江东圩田，不知能几千顷，若诸将人赐千顷，所余亦无几矣。[4]

① 王祯：《农书》卷三，《农桑通诀三·灌溉篇》。
② 《宋史》卷一百七十三，《食货志上一·农田》。
③ 《宋会要辑稿》，《食货二之七》。
④ 廖刚：《高峰文集》卷二，《论赐圩田札子》。

淮水流域各州县亦到处是圩田，规模之大和圩岸之长，与江南各地圩田不相上下。例如：

> 〔乾道〕六年（公元一一七〇年）正月十四日，太府少卿总领淮西江东钱粮兼提领屯田叶衡言："合肥濒湖有圩田四十里，旧为沃壤，久废垦辟。今若募民以耕，可得谷数十万斛，蠲租税[13]，俟二三岁后，阡陌既成，然后仿历阳柘皋营田，官私各收其半。"从之。①

> 〔乾道〕九年（公元一一七三年），户部侍郎兼枢密都承旨叶衡言："奉诏核实宁国府、太平州圩岸，内宁国府惠民、化成旧圩四十余里，新筑九里余[14]；太平州黄池镇福定圩周四十余里，延福等五十四圩周一百五十余里，包围诸圩在内，芜湖县圩周二百九十余里，通当涂圩共四百八十余里。并高广坚致，濒水一岸种植榆柳，足捍风涛，询之农民，实为永利。"于是诏奖谕判宁国府魏王恺，略曰："大江之埦[15]，其地广袤，使水之蓄泄不病而皆为膏腴者，圩之为利也。然水土斗啮[16]，从昔善坏。卿聿修[17]稼政，巨防屹然，有怀勤止，深用叹嘉。"②

尽管堤岸高大宽厚，堤外又杂生水草、芦苇，起着一定的护堤作用，却仍经不起水流冲刷，不时崩塌，须经常修补，故堤岸的建造和维修皆所费不资，非官家和私人有力之家不能办，所以不论是围田或圩田，都是政府和有钱有力的地主阶级修建的，一般小农是修不起圩岸的，就是勉强兴建一块小的圩田，也难于维持。南宋初人范成大曾有一诗咏叹其事云：

> 净行寺傍皆圩田，每为潦涨所决，民岁岁兴筑，患粮绝，功辄不成：崩涛裂岸四三年，落日寒烟正渺然。空腹荷锄那办此，人功未至不关天。③

圩田和围田都是化湖为田，比决湖为田又进了一步。因决湖为田系将湖

---

① 《宋会要辑稿》，《食货六一之八五》；《宋史》卷三百八十四，《叶衡传》。
② 《宋史》卷一百七十三，《食货志上一·农田》。
③ 范成大：《石湖居士诗集》卷五。

水排干，以湖底为田，而建造围堤或圩岸，是在湖水不能排干的情况下，把堤岸伸入水中，从水中造田。这样造出来的田原来都不是田，现在是凭空增加了水土资源，又都是高产田，对于农业的发展实起了一定作用，同时也加强了江南的经济地位，稳固了宋王朝统治的经济基础。但事物的发展超过一定的限度，就会走向反面。上文已指出，湖泊是调节江河水流的天然水库，营建围田或圩田的结果，缩小了湖面或消灭了整个湖泊。公私圩田愈造愈多，湖泊的缩小或消灭亦愈来愈快，这样致使自然平衡遭到破坏，由此灾害必接踵而至。水旱频仍自然是小农民首遭其殃，接着公私圩田大户也同受其祸。范成大曾有诗咏叹其事：

> 万夫堙水水干源，障断江湖极目天。秋潦灌河无泄处，眼看漂尽小家田。
> 山边百亩古民田，田外新围截半川。六七月间天不雨，若为车水到山边。
> 鳌邻罔利一家优，水旱无妨众户愁。浪说新收若干税，不知逋失万新收。①

5. 葑田

葑田系在水上造田，江、淮、两广多水之地，缚木为筏，敷土其上，可在水面漂浮，布种其上，名曰葑田，亦名架田；有时利用菱蒲，以其丛生甚密，根不着土，于其上敷土，亦可布种。这都是南方劳动人民充分利用大自然的一种巧妙发明，据王桢《农书》解释说：

> 架田。架，犹筏也。亦名葑田。《集韵》云，葑，菰根也。葑亦作"渟"。江南有葑田。又淮东二广皆有之。东坡《请开杭之西湖状》，谓水涸草生，渐成葑田。……以木缚为田丘，浮系水面，以葑泥附木架上而种艺之。其木架田丘，随水高下浮泛，自不淹浸，《周礼》所谓"泽草所生，种之芒种"是也。……窃谓架田附葑泥而种，既无旱暵之灾，复有速收之效，得置田之活法，水乡无地者

---

① 范成大：《石湖居士诗集》卷二十八，《围湖叹》。

宜效之。①

　　葑田在北宋时已在江南各地出现，因江南地狭人稠，无地少地的农民甚多，遂纷纷在水上造田。下引两条记载，可说明在水上造田情况：

　　　　若深水薮泽，则有葑田。以木缚为田丘，浮系水面，以葑泥附木架上而种艺之，其木架田丘，随水高下浮泛，自不淹溺，周礼所谓"泽草所生，种之芒种"是也。芒种有二义，郑谓有芒之种，若今黄绿谷是也。一谓待芒种节过乃种，今人占候，夏至、小满，至芒种节，则大水已过，然后以黄绿谷种之于湖田，则是有芒之种，与芒种节候二义可并用也。黄绿谷自下种以至收刈，不过六七十日，亦以避水溢之患也。②
　　　　蔡宽夫诗话云：吴中陂湖间，茭蒲所积，岁久，根为水所冲荡，不复与土相着，遂浮水面，动辄数十丈，厚亦数尺，遂可施种植耕凿，人据其上如木筏然，可撑以往来，所谓葑田是也。林和靖诗云"阴沉画轴林间寺，零落棋枰葑上田"，正得其实。尝有北人宰苏州属邑，忽有投牒，诉夜为人窃去田数亩者，怒以为侮己，即苛系之，已而徐询左右，乃葑田也，始释之。然此亦惟浙西最多，浙东诸郡已少矣。③

6. 淤田

西北黄土高原地区，水土流失严重，大小河流无不夹带大量泥沙，流水过后，泥沙沉淀，每将原来斥卤不毛之地和硗埆贫瘠之壤，淤积为肥沃良田。北宋神宗年间，讲求农田水利，遂大力推行淤田法，以改良土壤，增加耕地：

　　　　熙宁中，初行淤田法，论者以谓《史记》所载："泾水一斛，其泥数斗，且粪且溉，长我禾黍。"所谓粪，即淤也。予出使至宿州，得一石碑，乃唐人凿六陡门，发汴水以淤下泽，民获其利，刻

---

① 王桢：《农书》卷十一，《农器图谱一》。
② 陈敷：《农书》卷上，《地势之宜篇》第二。
③ 胡仔：《苕溪渔隐丛话》前集卷二十七。

石以颂刺史之功，则淤田之法，其来盖久矣。[1]

〔熙宁九年（公元一○七六年）八月〕庚戌，权判都水监程师孟言："臣昔提点河东刑狱兼河渠事。本路多土山高下，旁有川谷，每春夏大雨，众水合流，浊如黄河矾山水，俗谓之天河水，可以淤田。绛州正平县南董村旁，有马壁谷水，劝诱民得钱千八百缗，买地开渠，淤浚田五百余顷。其余州县有天河水及泉源处，亦开渠筑堰，皆成沃壤，凡九州二十六县，共兴修田四千二百余顷，并修复旧田五千八百余顷，计万八千余顷。嘉祐五年（公元一○六○年）毕功，攒成水利图经二卷，付州县遵行。迨今十七年，近闻董村田亩旧值两三千，所收谷五七斗，自灌淤后其直三倍，所收至三两石。今权领都水淤田，窃见累岁淤京东西咸卤之地，尽成膏腴，为利极大。尚虑河东路犹有荒瘠之田，可引天河淤溉，乞委都水监选差官往与农田水利司并逐县令佐检视，有可淤之处，具顷亩功料以闻，俟修毕，差次酬赏。"从之。于是奏遣都水监丞耿琬管勾淤河东路田。[2]

〔元丰元年（公元一○七八年）十二月甲辰〕是日二府奏事，语及淤田之利，上曰："大河源深流长，皆山川膏腴渗漉，故灌溉民田，可以变斥卤而为肥沃，朕遣中使往取淤土，亲自尝之，极为细润，盖上之欲受利农民，恻怛如此。"[3]

用河水淤田，当然只限于个别地区，被淤成的土地也为数有限，但只要能增加一点耕地，农民能有所收益，政府亦必大力促进，这一切都充分反映了政府对发展农业的高度重视。

第三节　兴修水利

宋代是汉以后大力兴修水利的鼎盛时代，其炽热程度较之西汉殆有过之无不及。大体上可以说，宋代是中国历史上兴修水利、推广灌溉的最盛时代。

---

① 沈括：《梦溪笔谈》卷二十四。
② 李焘：《续资治通鉴长编》卷二百七十七。
③ 李焘：《续资治通鉴长编》卷二百九十五。

宋代历届朝廷都深知水利是发展农业的关键，不仅在全国各地新建了许多大规模的水利灌溉工程，而且修复疏浚了早已埋废的旧有渠道。凡有可以利用的江河湖泊、凡有可以开凿沟通的坡塘渠道，必尽量加以修治，力求使全国河网化，以尽量扩大土地的灌溉面积，提高农产品数量。这些水利工程民间能自己兴办的，则由民力兴办，财力不足时可向政府低利贷款，分期摊还；一州一县可以兴办的，则由州县负责进行，事成后论功行赏，加官晋级；如渠道较长，跨州越县，非一州一县之力所能兴办，则由中央统筹，俾能发挥中央、地方和人民三方积极性以加速水利建设。同时朝廷还经常命令大臣统筹农田水利的总体规划，孜孜不倦地请求发展全国农田水利事业，其致力之勤实一代胜过一代。下引诸条记载，可分别说明这些情况：

〔庆历三年（公元一〇四三年）九月丙寅〕上既擢范仲淹、韩琦、富弼等，每进见必以太平责之，数令条奏当世务。……仲淹、弼皆皇恐避席，退而列奏……六曰：厚农桑。……善政之要，惟在养民，养民之政，必先务农。农政既修，则衣食足，衣食足，则爱肤体，爱肤体，则畏刑罚，畏刑罚，则寇盗自息，祸乱不兴。是圣人之德，发于善政，天下之化，起于农亩。……今国家不务农桑，粟帛常贵，江浙诸路，岁籴米二百万石，其所籴之价，与辇运之费，每岁共用钱三百余万贯文。又贫弱之民，困于赋敛，岁伐桑枣，鬻而为薪，劝课之方，有名无实，故粟帛常贵，府库日虚，此而不谋，将何以济？臣于天下农利之中，粗举二三以言之。……江南应有圩田，每一圩方数十里，如大城，中有河渠，外有门闸，旱则开闸，引江水之利，涝则闭闸，拒江水之害，旱涝不及，为农美利。又浙西地卑，常苦水沴，虽有沟河可以通海，惟时开导，则湖泥不得而埋之，虽有堤塘可以御患，惟时修固，则无摧坏。……皇朝一统，江南不稔，则取之浙右；浙右不稔，则取之淮南；故慢于农政，不复修举。江南圩田，浙西河塘，太半隳废，失东南之大利。……又京东西路有卑湿积潦之地，早年国家特令开决之后，水旱大减。今罢役数年，渐已埋塞，复将为患。臣请每岁之秋，降敕下诸路转运司，令辖下州军吏民，各言农桑之闲[18]可兴之利，可去之害，或合开河渠，或筑堤堰陂塘之类，并委本州军选官，计定工料，每岁于二月间兴役，半月而罢，仍具功绩闻奏。如此不绝，数年之间，农利大兴，下少饥岁，上无贵籴，则东南岁籴辇运之费，大可减省。……此养民之政，富国之本也。①

庆历三年（公元一〇四三年）十一月七日，诏："访闻江南旧有圩田，能御水旱，并两浙地卑，常多水灾，虽有堤防，大半隳废，及京东西亦有积潦之地，旧常开决沟河，今罢役数年，渐已埋塞，复将为患。宜令江淮、两浙、荆湖、京东京西路转运司辖下州军圩田，并河渠堤堰陂塘之类，合行开修去处，选官计工料，每岁于二月间未农作时兴役，半月即罢，仍具逐处开修并所获利济大小事状，保明开奏，当议等第酬奖。内有系灾伤人户，即不得一例差夫搔扰。如吏民有知农桑，可兴废利害，许经运司陈述，体析利害，画时选官相度，如委利济，亦即施行。"②

神宗时，兴修水利进入全盛时期。熙宁初，在全国范围内掀起一个大修水利的高潮，波澜壮阔，席卷全国。以朝廷名义号召全国诸路州县各相视土地所宜，凡可以修复陂湖河港，则尽力加以兴复；或元无陂塘圩埠堤堰沟洫，而今可以创修，即选官相度，计备工料，积极进行创修，或水利可及众而为人占擅，或田土去众用河港不远，为人地界所隔，可以相度均济疏通者，即由政府派官令同所属州县官共同相度计议，设计兴修，诸如此类的诏旨，都充分说明政府对于兴修水利，是不遗余力的：

神宗熙宁元年（公元一〇六八年）六月十一日，中书言："诸州县古迹陂塘，异时皆蓄水溉田，民利数倍，近岁所在埋废，致无以防救旱灾，及濒江圩埠，毁坏者众，坐视沃土，民不得耕。"诏诸路监司访寻辖下州县可兴复水利之处，如能设劝，劝诱兴修塘堰圩埠，功利有实，即具所增田税地利，保明以闻。当议旌赏。③

〔熙宁二年（公元一〇六九年）〕十一月十三日，制置三司条例司言："乞降农田利害条约付诸路。应官吏诸色人有能知土地所宜，种植之法，及可以完复陂湖河港，或不可兴复，只可召人耕佃，或

---

① 范仲淹：《范文正公集》，《政府奏议上·答手诏条陈十事》；李焘：《续资治通鉴长编》卷一百四十三。

② 《宋会要辑稿》，《食货七之一一》。

③ 《宋会要辑稿》，《食货七之一八——一九》。

元无陂塘圩埠堤堰沟洫，而即今可以创修，或水利可及众，而为之占擅，或田土去众用河港不远，为人地界所隔，可以相度均济疏通者，但于农田水利事件，并许经管勾官或所述州县陈述。管勾官与本路提刑或转运商量，或委官按视，如是利便，即付州县施行。有碍条贯及计工浩大，或事关数州，即奏取旨。其言事人并籍定姓名事件，候施行讫，随功利大小酬奖。其兴利至大者，当议量材录用。内有意在利赏人，不希恩泽者，听从其便。令逐县官各令具本管内有若干荒废田土，仍须体问荒废所因，约度逐段顷亩数目，指说著望去处，仍具今来合如何擘画立法，可纠合兴修，召募垦辟，各述所见，具为图籍，申送本州，本州看详，如有不以事理，即别委官覆检，各具利害开说，牒送管勾官。应逐县并令具管内大川沟渎行流所归，有无浅塞，合要浚导，及所管陂塘堰埭之类，可以取水灌溉者，有无废坏，合要兴修，及有无可以增广创兴之处，如有，即计所用工料多少，合如何出办，或系众户，即官中作何条约，与纠率众户不足，即如何擘画假货，助其阙乏。所有大川流水阻节去处，接连别州县地界，即如何节次寻究施行，各述所见，具为图籍，申送本州。本州看详，如有不尽事理，即别委官覆检，各具利害，牒送主管官。……若事体稍大，即管勾官躬亲相度，如委实便民，仍相度其知县县令实有才能，可使办集，即付与施行，若一县不能独了，即委本州差官或别选往彼，协力了当。若计工浩大，或事关数州，即奏取旨。……"诏并从之。[①]

〔熙宁二年（公元一〇六九年），开封界都官员外郎侯叔献言〕："汴河岁漕东南六百万斛，浮江溯淮，更数千里，计其所费，率数石而致一硕，虽中都之粟用饶，而六路之民实受其弊。夫千里馈粮，军志所忌，矧京师帝居，天下辐臻，人物之富，兵甲之饶，不知几百万数。夫以数百万之众，而仰给于东南千里之外，此未为策之得也。臣伏思之沿河两岸，沃壤千里，而夹河之间多有牧马地及公私废田，略计二万余顷，计马而牧，不过用地之半，则是万有余顷常为不耕之地，此遗利之最大者也。观其地势，利于行水，最宜稻田，欲望于汴河南岸稍置斗门，泄其余水，分为支渠，及引京索河并二

---

① 《宋会要辑稿》，《食货一之二七——二八》。

十六陂水以灌之，则环畿甸间岁可以得谷数百万，以给兵食，此减漕省卒，富国强兵之术也。"仍令计会所属相度，具经久利害以闻。①

地方官或人民联合兴修水利，因工程浩大，资力不足，可向常平仓系官钱借贷，出息二分，依青苗例作两限或三限偿还，并许州县劝诱本县富户出钱借贷，依乡原例出息，官为保证：

〔熙宁五年（公元一〇七二年）〕十二月二日，又诏："应有开垦废田，兴修水利，建立堤防，修贴圩埠之类，工役浩大，力所不能给者，许受利人户于常平仓系官钱斛内，连状借贷支用，仍依青苗钱例，作两限或三限送纳，只令出息二分。如是系官钱斛支借不足，亦许州县劝诱物力人出钱借贷，依乡原例出息，官为置簿，及时催理。"②

元丰元年（公元一〇七八年）四月十九日[19]诏："开废田，兴水利，建立堤防，修贴圩埠之类，民力不能给役者，听受利民户具应用之类，贷常平钱谷，限二年两科输足，岁出息一分。"③

上引各条记载在规划全国水利事业时，对于热心兴修水利的州县官员，皆订有奖赏之条。后又屡颁诏敕，具体规定了赏罚制度，对兴修水利有功，分别功之大小与以不同的升赏；对办事不力，听任沟渠陂塘堙塞废坏者，则与以应有之惩罚：

〔景祐二年（公元一〇三五年）十二月〕丙子，诏长吏能导民修水利辟荒田者赏之。④

〔熙宁八年（公元一〇七五年）〕九月二十三日，诏："诸当职官申请兴修农田水利，谓开修陂塘沟河，导引诸水，淤溉民田，或贴堤岸，疏决积潦，永除水害，或召募开垦久废荒田之类，委堪耕

---

① 《宋会要辑稿》，《食货七之一九》。
② 《宋会要辑稿》，《食货七之二五》。
③ 《宋会要辑稿》，《食货一之二九》。
④ 《宋史》卷十，《仁宗本纪二》。

种者，并先具利害土料，申提举司体访诣实，差官检覆，功利大者，知州交职事与以次官亲行检验，举修毕，委本县次第保明申提举司，本司选差别州县官覆按保明申本司，本司保明申寺。如元系监司提举司官擘画，即本司申寺，差邻路官计会，本州县官并覆按保明申寺。千顷与第一等酬奖，七百顷与第二等，五百顷与第三等，三百顷与第四等，一百顷与第五等。若擘画而不曾监修，及监修而元非擘画，并埋塞废坏不满二十年，而由旧功完复者，各降一等，其数少未应赏格者，委提举司保明给公据，以任计酬奖，其功利殊常者，申寺奏裁。"①

南宋时仍大力推行兴修水利政策，认为农乃生之本，而泉流灌溉又为农之本，要勉农桑，尽地利，首先要兴水利，除水害，俾能旱涝保收，故频颁诏令，申明赏罚：

〔乾道〕九年（公元一一七三年）八月十六日，诏曰："朕维旱干[20]水溢之灾，尧汤盛时有不能免，民未告病者，备先具也。……吏有从南方来者，言豫章诸郡绵亘阡陌，近水者苗秀而实，高仰之地，雨不时至，苗辄就槁，意者水利不修，失所以为旱备乎？唐韦丹为江西观察使，治陂塘五百九十八所，灌田万二千顷，此特施之一道，其利如此，矧天下至广也，农为生之本也，泉流灌溉所以毓五谷也。今诸道名山川原甚众，民未知其利，然则通沟渎，潴陂泽，监司守令顾非其职欤？其为朕相丘陵原隰之宜，勉农功，尽地利，平籴行水，匀使失时，虽年有丰凶，而力田者不至拱手受弊，亦天人相因之理也。朕将即吏勤惰行殿最而寓赏罚，各殚厥心，无蹈后悔。"②

〔淳熙元年（公元一一七四年）〕六月十二日，诏福州长乐知县徐谟、连江知县曾模各特转一官。以本路安抚使言："谟兴修管下湖塘水利及创造斗门一百四所，灌溉民田二千八十余顷。模开浚东湖塘二十余里，造水闸，筑埠塍一百二十余所，灌溉田二十余顷。"故

---

① 《宋会要辑稿》，《食货六一之一〇二》。
② 《宋会要辑稿》，《食货六一之一二一》。

有是命。①

淳熙二年（公元一一七五年），两浙转运判官陈岘言："昨奉诏遍走平江府、常州、江阴军，谕民并力开浚利港诸处，并已毕功。始欲官给钱米，岁不下数万，今皆百姓相率效力而成。"诏常熟知县刘颖特增一秩，余论赏有差。②

绍熙二年（公元一一九一年），诏守令到任半年后，具水源湮塞合开修处以闻；任满日，以兴修水利图进，择其劳效著明者赏之。③

经北宋和南宋历届朝廷的大力促进，特别在全国诸道州府地方官吏的希赏畏罚推动下，各地水利建设纷纷兴起。北宋时以神宗熙宁年间为高峰，南宋则以孝宗淳熙年间为高峰，两朝各有不完全的官方统计，计有：

> 兴修水利田，起熙宁三年（公元一〇七〇年）至九年（公元一〇七六年），府界及诸路凡一万七百九十三处，为田三十六万一千一百七十八顷有奇。④

熙宁以前和以后，也有不少处在兴修新的沟渠和整治旧的堤堰陂[21]塘，都未作总结，无精确数字可凭。南宋亦仅淳熙年间有数字记载：

> 〔淳熙元年（公元一一七四年）〕七月二十三日，提举江南东路常平茶盐公事潘甸言："被旨诣所州县措置修筑浚治陂塘，今已毕工，计九州军四十三县，共修治陂塘沟堰凡二万二千四百五十一所，可灌溉田四万四千二百四十二顷有奇，用过夫力一百三十三万八千一百五十余工，食利人户一十四万八千七百六十有余。"诏札下诸路，依此逐一开具以闻。⑤

> 〔淳熙元年（公元一一七四年）十月〕三日，诏："非命诸路监

---

① 《宋会要辑稿》，《食货六一之一二三》。
② 《宋史》卷一百七十三，《食货志上一·农田》。
③ 《宋史》卷一百七十三，《食货志上一·农田》。
④ 《宋会要辑稿》，《食货六一之一二三》。
⑤ 《宋会要辑稿》，《食货六一之一二五》。

司守令措置兴修水利，以备旱干灌溉田亩，江东具到修治陂塘沟堰二万二千四百余所，淮东一千七百余所，浙西二千一百余所。今岁旱伤，江东、淮东为甚，未委当来如何兴修，可令元兴修官江东提举潘旬、淮东提举叶蔄、知平江府陈岘，具析以闻。"①

〔淳熙〕四年（公元一一七七年）三月十三日，前提举东路常平茶盐公事何俌言："本路州县措置到水利，创建河浦、塘堘、斗门二十九处，增修开浚浅狭塘堘、斗门、砌闸、溪浦、河堰、碅潭、湖埂六十三处，计灌溉民田二十四万九千二百六十六亩。"诏提举两浙东路常平茶盐公事姚宗之核实开具闻奏。②

两宋王朝大力推进水利工程的建设，全国各地闻风而起，争先恐后，大小工程，多不胜举，其中重点区域是陕西、河东、河北、淮南、江南和川陕等处，这里仅就各区的主要工程择要举例，余概从略：

关中区：关中有秦、汉遗留下来的郑渠和白渠，原溉田四万余顷，并长期发挥着固有作用，至唐而遭到破坏，王公权贵竞在渠上建造砣碓，渠水散失，遂失去灌溉之利，宋初即选派大臣前往诸州，相视旧迹，计划修复：

〔至道二年（公元九九六年）夏四月〕丁酉，大理寺丞皇甫选、光禄寺丞何亮等言："先受诏往诸州兴水利，臣等先至郑渠，相视旧迹。按《史记》郑渠元引泾水，自仲山西抵瓠口，并北山，东注洛，三百余里，溉田四万顷，收皆亩一钟[22]。白渠引泾水，首起谷口，尾入栎阳，注渭中，袤二百余里，溉田四千五百顷，两处共四万四千五百顷，今之存者不及二千顷，乃二十二分之一分也。询其所由，皆云因近代职守之人改条渠堰，坼坏旧防，走失其水，故灌溉之功绝不及古。况此二郡六县资其利以溉田亩，望令增筑堰堘，旧有于水斗门一百六十七处悉已毁坏，望缮治之，严禁豪民盗用水，移大石洪门就近上河岸不损处开渠口，通河水，慎选能吏，专掌其事。"③

---

① 《宋会要辑稿》，《食货六一之一二四——一二五》。
② 《宋会要辑稿》，《食货六一之一二六》。
③ 《太宗皇帝实录》卷七十七。

〔景祐三年（公元一〇三六年）二月〕丁卯，修陕西三白渠。①

〔景祐三年二月〕陕西都转运使王沿言："白渠自汉溉田四万顷，唐永徽中亦溉田万顷，今才及三千余顷，盖官司因循，浸致埋废，请调兵夫修复之。"丙寅，诏从沿请。②

关中水利建设本有基础，且有长期灌溉之利，但必须严禁权贵利用水渠建造碾硙，以免河渠丧失灌溉作用，唐代统治者对此熟视无睹，坐视古渠埋塞废弃。宋朝虽不建都关中，但对关中水利却极为重视，臣僚们经过实地调查之后，详陈了关中水利败坏之由，确定修复规划：

〔庆历四年（公元一〇四四年）〕十月，权发遣户部判官公事燕度言："窃闻关中水利，古人所以富国，近年亦有臣僚擘画浇灌者。然州县鲜能访寻水势，疚心农务，是致频年亢旱，屡遭饥馑，百姓流移，军储不集。近华州渭南知县曹公望尝引数水溉田甚广，民间颇称利便。却闻有人为妨私家水磨，遂讼于官，虽州县不行，然虑陕西水势可以疏引浇灌去处不少，似此尽为豪势之家，占为碾硙之利，而州县厌见乎讼，不敢尽心计划。欲乞特下陕西都转运司，如州县能以水利浇溉民田广润者，应是妨滞公私碾硙池沼诸般课利，并须停废，不得争占，州县仍不得受理。"诏三司详定，寻移陕西都转运司就近相其利害。于是本司言：度擘画委是经久之利。从之。③

〔熙宁五年（公元一〇七二年）〕十一月十七日，权发遣都水监丞周良孺言："奉诏相度陕西提举常平杨蟠所议洪口水利，今与泾阳知县侯可等相度，欲就石门创口引入，侯可所议凿小郑泉新渠南泾水合西而为一，引水并高，随古郑渠南岸，今自石门以北，已开凿二丈四尺，此处用堰约起泾水，入新渠行，可溉田二万余顷；若开渠直至三限口，合入白渠，则其利愈多，然虑功大难成。若且依可等新陈回渠行十里，虽溉两旁高阜不及，然用功不多，既凿石为洪口，则经久无迁徙之弊。若更开渠至临泾镇城东，就高入白渠，则

---

① 《宋史》卷十，《仁宗本纪二》。
② 李焘：《续资治通鉴长编》卷一百十八。
③ 《宋会要辑稿》，《食货六一之九三》。

水行二十五里，灌溉益多，或不以功大为难成，遂开渠直至三限口五十余里，下接耀州云阳界，则所溉田可及三万余顷，虽用功稍多，然获利亦远。"诏用良孺议，自石门创口至三限口，合入白渠，兴修差蟠、可提举。又令入内供奉官黄怀信乘驿度功料。先是，上问^[23]郑渠利害，王安石曰："此事正与唐州邵渠事相类，从高写水，决无可虑，陛下若捐常平息钱助民兴作，何善如之。"上曰："纵用内藏钱亦何惜也。"初，宰相王安石奏事，因陈天下水利极有兴治处，民间已获其利。上曰："灌溉之利，农事大本，但陕西、河东民素不习此，今既享其利，后必有继为之者，然三白渠为利尤大，兼有旧迹，自可极力兴修。大凡疏积水，须自下流开导，则畎浍易治，书所谓浚畎浍距川者是也。"①

大观二年（公元一一〇八年）秋，被朝旨开修三白石渠，工徒数千人，渠河部役官朝奉大夫蔡溥而下十有五人，祗领其事，至四年（公元一一一〇年）九月十三日休工告成，引泾水深五赤入渠，通行七县，灌溉民田云。……赵佺谨题。②

熙河兰湟路之金城、湟中，为青海高原，地处西北边陲，地方官亦极力开凿渠道，引水灌溉，使许多荒凉不毛之地变为良田。下引记载，可为一例：

何灌字仲源，开封祥符人也。……知湟州，姚雄为经略使，创垦田法三百顷，城寨五十顷，募民开耕出粟。灌曰：垦田固良法，然民与牛皆取足其地，官田多垦，则私田必荒，是设法夺民也。时城东决达原有闲田近千顷，灌命架邈川水溉之，悉为沃壤，号广利渠。徙河、岷二州提举熙河兰湟路弓箭手。召对，奏曰：赵充国云，金城、湟中，谷斛八钱，今西宁、湟廓，盖其地也。臣前待罪湟州，引水溉城东荒田且千顷，不一月，悉为膏腴，而人之占耕者溢于地数。况汉、唐故渠，间亦可考，若先葺渠引水，使田不病旱，则民乐就募，而弓箭手之额乃易足矣。还至部遂以其言行之，才半年，得善田二万六千余顷，应募者七千四百余人，马九百余匹，为他

---

① 《宋会要辑稿》，《食货七之二四——二五》。
② 王昶：《金石萃编》卷一百四十六，《修三白石渠记》。

路最。^①

　　河北区：河北诸州特别是北部缘边地区，是开发水利的重点区域，因不仅用以灌溉农田，而且用以限制戎马，使遍地皆沼泽沟渠，实起着发展农业和巩固国防的双重作用。从宋初起，朝廷即在规划这一带的水利建设：

　　　　宋太宗伐契丹，规取燕蓟，边隙一开，河朔连岁绎骚，耕织失业，州县多闲田，而缘边益增戍兵。……端拱二年（公元九八九年），分命左谏议大夫陈恕、右谏议大夫樊知古为河北东、西路招置营田使，恕对极言非便。行数日，有诏令修完城堡，通导沟渎，而营田之议遂寝。……天宅使何承矩请于顺安寨西引易河筑堤为屯田。既而河朔连年大水，及承矩知雄州，又言宜因积潦蓄为陂塘，大作稻田以足食。会沧州临津令闽人黄懋上书言："闽地惟种水田，缘山导泉，倍费功力。今河北州军多陂塘，引水溉田，省功易就，三五年间，公私必大获其利。"诏承矩按视，还，奏如懋言。遂以承矩为制置河北沿边屯田使，懋为大理寺丞充判官，发诸州镇兵一万八千人给其役。凡雄、莫、霸州、平戎、顺安等军兴堰六百里，置斗门，引淀水灌溉。……初，承矩建议，沮之者颇众……至是，承矩载稻穗数车，遣吏送阙下，议者乃息。而莞蒲、蜃蛤之饶，民赖其利。^②

　　在河北地区所建的各项水利工程中，漳河是其中的重点，规模庞大，工程艰巨，所需的人力物力之多，远非其他各渠所能比，下引记载，曾详述了治理漳河的情况：

　　　　天圣四年（公元一〇二六年）八月，监察御史王沇上湘州开河渠引水溉民田利害。诏侯修护黄河毕日规画之。沿奏云："渠田起于战国，魏襄王时，东有全齐，西有强秦，韩魏在其前，燕赵居其后，干戈岁动，封疆日蹙，苟不尽其地利，则为强国所吞，故史起献其谋曰：'魏氏之行田也以百亩，邺独二百亩，是田恶也，漳水在其

<hr>

① 王称：《东都事略》卷一百七，《列传·何灌》。
② 《宋史》卷一百七十六，《食货志上四·屯田》。

旁，西门豹为邺令，请引之以溉邺，以当魏之河内'。臣遍观史传，但载灌溉之饶，不书疏导之法，惟本州《图经》称有天井堰者，魏武帝所作，二十分十二重堨，每堨相去三百步，令互相灌注，故左太冲《魏都赋》云：堨流十二，同原异口。详此，则古来漳水本浅，不与岸平，须就岸以开渠，复临渠而作堰，则水流渠内，渠灌田中。盖为渠之初，必就高处，渠行数里，方达平田，若水与岸平，田接为渠甚易，溉田不难，则自国初以来，庸常之人已能开之久矣，又岂假臣之謷言而后隐度哉。臣按《史记》云：韩闻秦之好兴事，欲疲之，无令东伐，乃俾水工郑国说秦，令凿渠引泾水，并北山，东注洛三百里，欲以溉田，中作而觉，郑国乃曰：为韩延数年之命，为秦建万世之功。秦以为然，卒使就渠。夫以强秦之力，凿一渠有何难哉，韩人乃云欲疲之，郑国又云为韩延数年之命，则是举秦国之人而疲之数年，然后能成之。今若持此较彼，则史起之引漳水，岂止一朝一夕之功哉，是必岁役万人，数岁而获其利。又郑国凿渠，并北山，东注洛三百里，则是为渠之初，须就高处，本不与平相接，亦已明矣，若与平田相接，则浇灌之利岂能远及三百里哉。臣详王轸、房中正等相度漳渠事状，大抵云水卑岸高，渠已埋塞，若作堰开渠，其功甚大，则亦然矣。若云渠堰虽成，其水浑浊，不堪溉田，及所作之堰，若遇川隘之时，必复冲坏，则是轸等不知溉田之方、作堰之法。臣按郑白渠之引泾水也，今在耀州之云阳、三原、富平及京兆府之江阳、商陵、栎阳六县，缘渠皆立斗门，多者至四千余所，以分水势，其下别开水渠，方以溉田，则水有所分，民无奔注之患。且其水最浊，故称泾水一石，其泥数斗，既粪禾黍。今反言其水浑浊，不堪溉田，斯岂非不知而为知者耶？又其作堰之法，或云皆用大石方四五尺者，锢之以铁，积之如陵，岐彼中流，拥为双派，其南流者乃为泾水，其东注者乃是二渠，故虽骇浪不能坏，古人苟不如此，则年年修渠，岁岁作堰，百姓岂有利哉。今漳水之畔，若复渠田，乞朝廷勘会云阳县，若有上件渠堰斗门，即乞精择水工十余人遍诣彼处，模古人作堰开渠之法，观今人置斗门溉田之方，及命云阳民自今犯罪当配者，皆徙相州教百姓水种六莳之利，则其谋易成。至如此边，本无水田，自徙江南罪人于彼，后来皆知水利。臣昨于正月内上疏，乞命水工往郑白渠观彼疏导之制，往冲漳之上凿而引之，盖亦虑磁相之民不知作渠法耳。又详王轸称：若不开旧渠，而截河作堰，当役七十五万余工，若从渠口开深一丈四尺，当役十三万余工。以臣筹之，若渠开二丈四尺，则作堰之功可损半，当并役五十万工。日万人役五旬而罢，若择水工有计智，依郑白渠作堰之法，来[24]岻山之石，取磻阳之木，给黎城之铁，扼中流，据长岸，资本石之固作其堰焉，上开大渠，可成别派，沿渠数里，分置斗门，渐及平田，必获浇溉之饶。水东入御河，或遇川溢之时，则于原渠之口下板以塞之，以防奔注之患。其磁、魏、邢、洺既居下流，堤岸又浅，或余波可及，或别渠可穿，则所谓郑国在前，白渠起后，又且首起谷口，尾入栎阳之类也。夫如是，则复三百年废迹，溉数万顷良田，虽役万人，数岁而毕，亦不足为劳矣。"①

这是关于治理漳河的一件详尽的工程计划，此功告成，确能复三百年旧迹，溉数万顷良田，使河北成为一个重要的粮食基地。《宋史·王沿传》对此作了高度评价：

> 王沿……中进士第……再迁太常博士。上书论："……宋兴七十年，而契丹数侵深、赵、贝、魏之间，先朝患征调之不已也，故屈己[25]与之盟。然彼以戈矛为耒耜，以剽虏为商贾；而我垒不坚，兵不练，而规规于盟歃之间，岂久安之策哉？夫善御敌者，必思所以务农实边之计。河北为天下根本，其民俭啬勤苦，地方数千里，古号丰实。今其地，十三为契丹所有，余出征赋者，七分而已。魏史起凿十二渠，引漳水溉斥卤之田，而河内饶足。唐至德后，渠废，而相、魏、磁、洺之地并漳水者，累遭决溢，今皆斥卤不可耕。故沿边郡县，数蠲租税，而又牧监刍地，占民田数百千顷。是河北之地，虽十有其七，而得赋之实者，四分而已。以四分之力，给十万防秋之师，生民不得不困也。且牧监养马数万，徒耗刍菽，未尝获其用。请择壮者配军，衰[26]者徙之河南，孳息者养之民间。罢诸坰牧，以其地为屯田，发役卒、刑徒田之，岁可用获谷数十万斛。夫漳水一石，其泥数斗，古人以为利，今人以为害，系乎用与不用尔。

---

① 《宋会要辑稿》，《食货七之七———一〇》。

愿募民复十二渠，渠复则水分，水分则无奔决之患。以之灌溉，可便数郡瘠卤之田，变为膏腴，如是，则民富十倍，而帑库有余矣。以此驭敌，何求而不可。"诏河北转运使规度……

两淮区：自古以来，两淮一直是历代王朝兴屯田、修水利的重点区域。宋代从宋初起即大修两淮水利，除了修复邵信臣、邓艾、杜预等古人修建的遗址外，又进行了全面规划，有计划地新建了许多渠道，大体上实现了两淮的河网化，使之成为一个重要的粮食基地。史籍中关于两淮兴修水利工程的记载很多，这里亦仅择要举例：

太宗至道元年（公元九九五年）正月五日，度支判官梁鼎、陈尧叟言："乞兴三白渠及南阳、陈、颍、寿春、沛郡、襄阳水田，复邵信臣、邓艾、羊祜之制，以广农作。"诏光禄寺丞何亮等往度之。九月，尧叟、鼎等言："伏自唐季已来，农政多废，民率弃本，不务力田，是以廪庚无余粮，土地有遗利。臣等每于农亩之际，精求利害之本，讨论典故，备得端倪。自陈、许、邓、颍暨蔡、宿、亳至于寿春，用水利垦田，先贤圣迹具在，防埭废毁，遂成污莱。傥开辟以为公田，灌溉以通水利，发江淮下军散卒，给官钱市牛及耕具，导达沟渎，增筑防堰。每千人人给牛一头，治田五万亩，亩三斛，岁可得十五万斛。凡七州之间置二十七屯，岁可得三百万斛。因而益之，不知其极矣。行之二三年，必可以置仓廪，省江淮漕运。闲田益垦，民益饶足，乃慎选州县官吏，俾兼督其事。民田之未辟者，官为种植；公田之未垦者，募民垦之；岁登，公私各取其半，此又敦本劝农之术。又引汉元帝建昭中邵信臣为南阳太守，于穰县南六十里造钳卢陂，累石为堤，旁开六石门以节水势，溉田三万顷。至晋杜预因信臣遗迹，激潼、淯二水以溉田万顷。魏武以任峻为典农中郎将，屯田许下，得谷百万斛。晋宣王遣邓艾行陈、颍以东至寿春，艾言田良水少不足以尽地利，宜开渠，淮北二万人，淮南三万人，且佃且守，岁小丰，常收三倍，除给费外，岁完五百万斛，六年可积三千万斛。宣王然之，遂北并淮，自钟离而南，横石以西，尽沘水四百余里，五里置一营，营六十人，且佃且守，更修广淮阳、百尺二渠，上引河流，下通淮颍，大治诸陂于颍南颍北，穿渠三百里，溉田二万顷。自战争以来，民竞逐末，凡此遗迹，率皆荒榛。臣等欲因其沟塍，增筑堤堰，导其水利，垦为公田。《傅子》曰：陆田命系于天，人力虽修，苟水旱不时，则一年之功弃矣；水田之制由人力，人力苟修，则地利可尽也。䎙又膏沃特甚，蝝螣不生，比于陆田，又不侔矣。"帝览奏嘉之，诏大理寺丞皇甫选、光禄寺丞何亮，乘传按视经度之。[1]

〔至道二年（公元九九六年）夏四月〕丁酉，大理寺丞皇甫选、光禄寺丞何亮等……又言："邓、许、陈、颍、蔡、亳、宿等七郡，民力耕种不及之处，官私闲田共二十二万余顷，凡三百五十一处，并是汉、魏已来邵信臣、杜诗、任峻、司马宣王、邓艾等制置垦辟之地，内邓州界凿山穿岭，疏导河水，散入唐、邓、襄等三州灌溉田土。又诸处陂塘防堠，大者长三十里至五十里，阔五丈至八丈，高一丈五尺至二丈，其沟渠大者长五十里至一百里，阔三丈至五丈，深一丈至一丈五尺，可行小舟。臣等按视诸处，增筑陂堰，大费工役，欲望于旧防未坏可以疏引水利处，先耕二万余顷，渐兴置之。"诏从其请，令自邓州始，但募民耕垦，免其税，令选等保举一人与邓州通判同掌其事，选与亮分路按察焉。[2]

〔咸平二年（公元九九九年）夏四月丙子〕曹、济州言旱。先是，左正言耿望知襄州，建议："襄阳县有淳河，旧作堤截水入官渠，溉民田三千顷。宜城县有蛮河，溉田七百顷。又有屯田三百余顷。请于旧地兼括荒田，置营田上、中、下三务，调夫五百筑堤，仍集邻州兵，每务二百，荆湖市牛七百头分给之。"上曰："屯田之废久矣，苟如此，亦足为劝农之始。"令望躬按视，即以望为右司谏、直史馆、京西转运使，与副使朱台符并兼本路制置营田事。是岁，种稻三百余顷。……汝州旧有洛阳南务，遣内园兵士种稻，雍熙中以所收薄，且授人，废之，赋贫民。于是，从台符之请，复置，募民二百余户，自备耕牛，就置团长，京朝官专掌之，垦六百顷，导汝水浅溉，岁收二万三千石。[3]

明道中，淮南饥，自诣宰相陈救御之策。命知安丰县，大募富

① 《宋会要辑稿》，《食货七之一——二》。
② 《太宗皇帝实录》卷七十七。
③ 李焘：《续资治通鉴长编》卷四十四。

民输粟，以给饿者。既而浚淠河三十里，疏泄支流注芍陂，为斗门，溉田数万顷，外筑堤以备水患。①

〔熙宁〕二年（公元一〇六九年）四月十六日，权三司使公事吴充言："窃见前襄州宜城县令朱纮在任日，复修木渠，不费公家束薪斗粟，而民乐趋之，渠成所溉六千余顷，数邑蒙其利。今授唐州沘阳县令，乞召纮赴阙，询其利害，如可试用，乞酬其劳。"诏转大理寺丞。②

〔熙宁三年（公元一〇七〇年）九月戊申〕遣殿中丞陈世修乘驿同京西淮南农田水利司官经度陈、颍州八丈沟故迹以闻。初世修言陈州项城县界蔡河东岸有八丈沟故迹，或断或续，迤逦东去，由颍及寿绵亘三百五十余里，乞因其故道量加浚治，完复大江、次河、射完、流龙、百尺等处陂塘，导水行沟中，棋布灌溉，俾数百里地复为稻田，则其利百倍，乃画图来上。于是上谕世修言陈许间地势，正合作水田甚善，又令早应副世修事。王安石曰："世修言引水事即可试，但言八丈沟新河事宜，俟一精于水事人同相度可也。向时八丈沟止为邓艾当时不赖蔡河漕运，得并水东下，故能大兴水田，其后蔡河分其水漕运，水不可并，故沟未可议，今蔡河新修闸无所用水，即水可并而沟可复古迹矣。"故有是命。③

新法行，为福建转运判官。……迁淮东转运副使。岁恶民流，之奇募使修水利以食流者。如扬之天长三十六陂，宿之临涣、横斜三沟，尤其大也，用工至百万，溉田九千顷，活民八万四千。④

〔熙宁五年（公元一〇七二年）九月〕壬子，诏司农寺出常平粟十万石，赐南京、宿、亳、泗州，募饥人浚沟河，遣检正中书刑房公事沈括专门提举，仍令就相视开封府界以东，沿汴官私田，可以置斗门引汴水淤溉处以闻。⑤

〔熙宁〕九年（公元一〇七六年）正月二十五日，中书门下言："相度淮南东西路水利刘瑾言："体访得扬州江都县古盐河、高邮县

① 《宋史》卷三百一，《张旨传》。
② 《宋会要辑稿》，《食货六一之九七》。
③ 李焘：《续资治通鉴长编》卷二百十五。
④ 《宋史》卷三百四十三，《蒋之奇传》。
⑤ 李焘：《续资治通鉴长编》卷二百三十八。

陈公塘等湖、天长县白马塘、沛塘，楚州宝应县泥港、射马港，山阳县渡塘沟、龙兴浦，淮阴县青州涧，宿州虹县万安湖、小河子，寿州安丰芍陂子等，今欲除古盐河、万安湖、小河子已令司农司结绝，余下逐路转运司选官覆按施行，如本路职司有妨碍，即委别路选官。"从之。①

宣和元年（公元一一一九年）二月十四日，臣僚言："访闻江淮荆汉间，荒瘠弥望，率古人一亩十钟之地，其堤阏水门沟浍之迹，迤逦犹存，而郡县恬不以为意。近绛州百姓吕平等诣御史台披诉，乞开浚熙宁旧渠，以广浸灌，情愿加税一等，则是近陂池之利且废矣，何暇议复古哉。欲诏常平使者，有兴修水利，功效明白，则亟以名闻，特与褒除，以励能者。"从之。②

两淮土沃而多旷，土人且耕且种，不待耘耔，而其收十倍。浙民每于秋熟以小舟载其家之淮上，为淮民获田，主仅收十五，它皆为浙人得之，以舟载所得而归。有张拐腿者，淮东土豪也，其家岁收谷七十万斛。……绍熙末，陈子长损之提举淮东常平，以淮田多沮洳，因筑堤数百里捍之，得良田数百万顷，事闻，赐名绍熙堰。③

江南区：江南为多水地区，江、河、湖、沼密布境内，有自然灌溉之利，但亦受自然条件限制，水流不能遍达，多数高仰之田即难沾其利，故干旱之区亦不少。原来的湖泊沟渠，非年久失修，淤浅阻塞，即为势家侵吞冒占，化湖为田，水利全失，致江南广大地区非旱即潦，灾害频仍。宋代岁漕东南之粟，主要仰赖江南，江南荒歉失收，就直接影响了京师的军粮民食，亦即直接影响着宋王朝的统治，故宋代历届朝廷对江南水利极为重视，地方官对此有建树者，无不备受嘉奖。这里仅举数例：

张纶……天禧中为江淮发运副使，居二岁，增米八十万，复置盐场于杭、秀、海三州，增岁课百五十万。疏五渠，导太湖入于海，复租米六十万，开长芦西河以避覆舟之患。又筑高邮北漕河堤二百里，旁锢以巨石为十闸以泄横流，又修复泰州捍海堰，因命兼权知

---

① 《宋会要辑稿》，《食货六一之一〇二》。
② 《宋会要辑稿》，《食货七之三六》。
③ 李心传：《建炎以来朝野杂记》甲集卷八，《陈子长筑绍熙堰》。

泰州。堰成，复逋户三千六百，民为立生祠。①

〔庆历二年（公元一〇四二年）六月〕癸未，资政殿学士右谏议大夫知杭州郑戬为给事中……钱塘湖溉民田数千顷，钱氏置撩清军以疏导淤淀[27]之患，既纳国后不治，葑土堙塞，为豪族僧坊所占冒，湖水益狭。戬发属县丁夫数万辟之，民赖其利，事闻，诏杭州岁治如戬法。②

韩正彦字师德，魏公之侄。嘉祐中为昆山令，创石堤，疏斗门，作塘七十里，以达于郡，得膏腴田数百万顷。又请以输州之赋十三万，从便输于县，鸠作塘，余材为仓廪以储之。民大悦，比去，遮道以留，为立生祠，作思韩记，镵石祠下。③

〔政和〕四年（公元一一一四年）二月十五日，工部言："前太平州军事判官卢宗原请开修自江州至真州古来河道湮塞者凡七处，以成运河，入浙江一百五十里，可避一千六百里大江风涛之患，凡用夫五百二十六万一千一百七十五工，米五万七千八百三十五硕，又可就工兴筑。自古江水浸汶膏腴田自三百顷至万顷者凡九所，计四万二千余顷，其三百顷以下者又过之。乞依宗原任太平州判官日已兴政和圩田例，召人户自备财力兴修，更不用官钱粮。仍依府畿见行兴修水利法，不限等第，许请佃，岁约得官租一百余万贯硕。若朝廷专遣官总核兴修，众工并举，一年之间，可见成效。"诏差膳部员外郎沈镤[28]同本路常平官相度措置，仍差卢宗原充干当公事。④

初，五代马氏于潭州东二十里，因诸山之泉，筑堤潴水，号曰龟塘，溉田万顷。其后堤坏，岁旱，民皆阻饥。〔绍兴〕七年（公元一一三七年），守臣吕颐浩始募民修复，以广耕稼。⑤

① 王称：《东都事略》卷一百十二，《循吏传·张纶》。
② 李焘：《续资治通鉴长编》卷一百三十七。
③ 范成大：《吴郡志》卷十二，《官吏》。
④ 《宋会要辑稿》，《食货七之三三——三四》。
⑤ 《宋史》卷一百七十三，《食货志上一·农田》。

第四节　对农田种植、经营和管理的各项措施

（一）奖励种树和种桑麻

宋朝政府为了全面发展农业，除了大力进行上述各项农田基本建设，如开发荒地、增辟新的水土资源、兴修水利以扩大灌溉面积等等，为农业发展准备了充分的前提条件外，对于农业生产本身亦采取了许多有利于农业发展的措施，如大力奖励植树造林，限每人至少种榆、枣和其他所宜之木若干株，特别提倡种桑柘，土地不适于种桑柘者则改种苎麻，以增加衣料来源。下引几条记载，可分别说明这种情况：

> 尧叟……再迁工部员[29]外郎、广南西路转运使。……咸平初，诏诸路课民种桑枣，尧叟上言曰："臣所部诸州，土风本异，田多山石，地少桑蚕。昔云八蚕之绵，谅非五岭之俗，度其所产，恐在安南。今其民除耕水田外，地利之博者惟麻苎尔。麻苎所种，与桑柘不殊，既成宿根，旋擢新干，俟枝叶裁茂则刈获之，周岁之间三收其苎。复一固其本，十年不衰。始离田畴，即可纺绩。然布之出，每端止售百钱，盖织者众、市者少，故地有遗利，民艰资金。臣以国家军须所急，布帛为先，因劝谕部民广植麻苎，以钱盐折变收市之，未及二年，已得三十七万余匹。自朝廷克平交、广，布帛之供，岁止及万，较今所得，何止十倍。今树艺[30]之民，相率竞劝，杼轴之功，日以滋广。欲望自今许以所种麻苎顷亩，折桑枣之数，诸县令佐依例书历为谋，民以布赴官卖者，免其算税。如此则布帛上供，泉货下流，公私交济，其利甚博。"诏从之。①
>
> 〔天圣〕二年（公元一〇二四年）正月，开封府提点县镇李识言："请下开封府，委令佐劝诱人户栽植桑枣榆柳，如栽种万数倍多，委提点司保明闻奏，各与升差使。"从之。②

---

① 《宋史》卷二百八十四，《陈尧佐传附兄尧叟》。
② 《宋会要辑稿》，《食货六三之一七二》。

〔仁宗朝知棣州〕河北东路民富蚕桑，契丹谓之"绫绢州"。①

仲淹没，始出仕，以著作佐郎知襄城县。……襄城民不蚕织，劝使植桑，有罪而情轻者，视所植多寡除其罚，民益赖慕，后呼为"著作林"。②

〔熙宁二年（公元一〇六九年）〕中书议劝民栽桑。帝曰："农桑，衣食之本。民不敢自力者，正以州县约以为赀，升其户等耳。宜申条禁。"于是司农寺请立法，先行之开封，视可行，颁于天下。民种桑柘毋得增赋。安肃广信顺安军、保州，令民即其地种桑榆或所宜木，因可限阔戎马。官计其活茂多寡，得差减在户租数，活不及数者罚，责之补种。③

〔熙宁六年（公元一〇七三年）秋七月庚午〕诏安肃广信顺安军保州人户地内，令自种桑榆或所宜之木，官为立劝课之法，每三株青活，破官米一升，计每户岁输官之物以实估准折，不尽之数，以待次年。如遇灾伤放税及五分以上，即以准折未尽米数等第济接，仍据逐户内合栽之数，每岁二月终以前点检，及一分青活，至十年周遍，如不及一分，即量罪罚赎，勒令补种。令佐得替，转运司差不干碍官点检，以一任合栽之数纽为十分，如及十分者有赏，不及七分者有罚，其所栽植之木，令人户为主，非时毋得遣人下乡以点检为名，以致骚扰，委转运司施行，应作所差管勾提举官并罢。④

政府提倡种桑栽树，不是仅在口头上作一般号召，而是明定赏罚，雷厉风行，州县每年要派令佐下乡逐户占检，详载其栽种和成活之数，足数者有赏，将其每年应输官之物以实估准折，减其应缴之数，不及合栽之数，即量罪罚赎，并勒令补种，地方官吏亦以此考成，将合栽之数纽为十分，如及十分者有赏，不及七分者有罚。在这样的大力促进下，榆枣桑柘必都蔚然成林。南宋各朝一直在奉行这个政策，仍明定赏罚，劝诱农民栽种桑柘：

〔绍兴〕十年（公元一一四〇年）二月十七日，臣僚言："淮甸

---

① 《宋史》卷二百九十九，《张洞传》。
② 《宋史》卷三百十四，《范纯仁传》。
③ 《宋史》卷一百七十三，《食货志上一·农田》。
④ 李焘：《续资治通鉴长编》卷二百四十六。

诸州，累经兵火，贼马屯泊，良田为旷土，桑柘为薪樵。比岁民稍归业，渐复耕垦，惟是桑柘全未栽植，缘无赏切，守令视为余事。愿诏守令，劝诱农民栽种桑柘，仍乞示赏罚以劝惩之。"诏依，仍仰本路监司每岁具最多最少去处，取旨赏罚。①

乾道元年（公元一一六五年）正月，都省言："淮民复业，宜先劝课农桑。令、丞植桑三万株至六万株，守、倅部内植二十万株以上，并论赏有差。"②

诸已业田已有税额，而后加垦辟，并栽植桑柘者，不在增税之限。③

宋代有了比过去更具有科学价值的农书，陈敷《农书》即其一，此书吸收过去历代农书的精华，并在长期生产实践的基础上，对于各种农作物的栽培方法、田间管理及其有关农事各个环节，都作了简明扼要的说明。关于种植桑麻的方法，经营蚕桑的经济利益及其对农民经济生活的作用，有如下两段说明：

又有一种海桑，本自低亚，若欲压条，即于春初相视其低近根本处条，以竹木钩钩钉地中，上以肥润土培之，不三两月生根矣。次年凿断徙植，尤易于种椹也。若欲接缚，即别取好桑直上生条，不用横垂生者，三四寸长截，如接果子样接之，其叶倍好，然亦易衰，不可不知也。湖中安吉人皆能之，彼中人唯借蚕办生事，十口之家，养蚕十箔，每箔得茧一十二斤，每一斤取丝一两三分，每五两丝织小绢一匹，每一匹绢，易米一硕四斗，绢与米价常相侔也，以此岁计衣食之给，极有准的也。以一月之劳，贤于终岁勤动，且无旱干水溢之苦，岂不优裕也哉。④

若桑圃近家，即可作墙篱，仍更疏植桑，令畦垄差阔，其下遍栽苎，因粪苎即桑亦获肥益矣，是两得之也。桑根植深，苎根植浅，并不相妨，而利倍差，且苎有数种，惟延苎最胜，其皮薄白细软，

---

① 《宋会要辑稿》，《食货一之三七》。
② 《宋史》卷一百七十三，《食货志上一·农田》。
③ 《庆元条法事类》卷四十七，《赋役门·受纳税租赋役令》
④ 陈敷：《农书》卷下，《种桑之法篇第一》。

宜缉绩，非粗涩赤硬比也。粪芏宜粗烂谷壳糠槁[31]，若能勤粪治，即一岁三收，中小之家，只此一件，自可了纳赋税，充足布帛也。①

（二）实行农具耕牛免税以励农

农具是农业生产的主要工具，耕牛则是耕田的动力，两者皆农民所必备。政府对农业的奖励政策之一，是对两者实行免税，对于耕牛除免税外，农民如缺乏买牛资金，可以向政府贷款，这些办法对于农业生产的发展都直接起着促进作用，例如：

〔大中祥符六年（公元一〇一三年）秋七月〕癸卯，诏天下勿税农器。②

〔大中祥符〕六年，免诸路农器之税。明年，诸州牛疫，又诏民买卖耕牛勿算；继令群牧司选医牛古方，颁之天下。③

〔景德元年（公元一〇〇四年）〕七月诏："自今农器并免收税。"先是，知滨州吕夷简奏："乞免河北诸州收税农器。"帝曰："务稽劝农，古之道也，岂止河北耶？"故有是诏。④

〔景德元年十二月〕庚寅，诏河北经寇乏耕牛，商人贩鬻者免其税。⑤

〔景德二年（公元一〇〇五年）春正月壬子〕令有司市耕牛送河北。⑥

〔天禧元年（公元一〇一七年）八月〕戊寅，免牛税一年。⑦

南宋时又进了一步，民乏买牛之资，则官贷民钱，以买耕牛，例如：

〔绍兴〕四年（公元一一三四年），贷庐州民钱元缗，以买

---

① 陈敷：《农书》卷下，《种桑之法篇第一》。
② 《宋史》卷八，《真宗本纪三》。
③ 《宋史》卷一百七十三，《食货志上一·农田》。
④ 《宋会要辑稿》，《食货一之一八》。
⑤ 李焘：《续资治通鉴长编》卷五十八。
⑥ 李焘：《续资治通鉴长编》卷五十九。
⑦ 《宋史》卷八，《真宗本纪三》。

耕牛。①

〔绍兴〕十一年（公元一一四一年），复买牛贷淮南农户。②

（三）改良生产工具

自废耒耜，实行使用牛力牵动的犁耕以来，在耕田工具上迄未有任何改进，千百年来，农民一直在用传统的工具、按传统的方式破土耕田，其中牛尤起着决定性的作用。在宋初太宗淳化年间，因宋、亳诸州发生牛疫，政府用官钱令就江淮市牛，路遥未至，值时雨沾足，坐等牛至，恐误农时。前此太子中允武允成[32]曾发明踏犁，置之未用，至是令搜访，其制犹存，急命铸造数千具，送往宋州试用。据云踏犁之用，可代牛耕之功半，于是遂颁其式于天下，令各处仿造，凡缺牛之处，皆可用人力踏犁以耕田，凡四五人力，可比牛一具，这样，使发生牛疫或无力买牛之户，可用踏犁代牛，大大补充了耕田的动力：

〔淳化〕五年（公元九九四年）三月，以宋、亳、陈、颖州民无牛畜者，自挽犁而耕，因令逐处人户团甲，每一牛官借钱三千，令自于江浙市之。又命直史馆陈尧叟先赍踏犁数千具，往宋州，委本处铸造，以赐人户。先是太子中允武允成常进踏犁，至是令搜访，其制犹存，因命铸造赐焉。尧叟还奏，踏犁之用可代牛耕之功半，比镢耕之功则倍。③

淳化五年，宋、亳数州牛疫，死者过半，官借钱令就江、淮市牛。未至，属时雨沾足，帝虑其耕稼失时，太子中允武允成献踏犁，运以人力，即分命秘书丞、直史馆陈尧叟等即其州依式制造给民。④

〔景德二年（公元一○○五年）春正月〕戊寅，取淮、楚间踏犁式颁之河朔。⑤

景德二年正月，内出踏犁式，付河北转运，令询于民间，如可用，则官造给之。时以河朔戎寇之后，耕具颇阙，牛多疫死，淮、

---

① 《宋史》卷一百七十三，《食货志上一·农田》。
② 《宋史》卷一百七十三，《食货志上一·农田》。
③ 《宋会要辑稿》，《食货一之一六——一七》。
④ 《宋史》卷一百七十三，《食货志上一·农田》。
⑤ 《宋史》卷七，《真宗本纪二》。

楚间民踏犁，凡四五人力，可比牛一具，故有是命。①

踏犁虽曾在河北和宋、亳诸州应用，但范围不广，南宋初即已失传，当时因州县阙牛，政府拟仿制而不得其法，遂下诸路转运司询访，准备仿造：

〔建炎〕二年（公元一一二八年）三月二十六日，臣僚言："伏读国史，窃见太宗朝宋、亳等州耕牛阙乏，太子中允武允成献踏犁式，用四五人可以耕稼。至真宗景德中，因河北耕牛不足，又降此式付转运司颁行。缘不曾尽载制度，只云自尚方造样，宋州冶铸给散。今来州县正阙耕牛，乞下诸路转运司询访，讲求旧制施行。"诏令诸路转运取索以闻。②

其实踏犁并未失传，岭南各州仍在使用。下引一文，详述了踏犁的构造和使用方法：

静江民颇力于田，其耕也，先施人工踏犁，乃以牛平之。踏犁形如匙，长六尺许，末施横木一尺余，此两手所捉处也。犁柄之中，于其左边施短柄焉，此左脚所踏处也。踏可耕三尺，则释左脚而以两手翻泥，谓之一进，迤逦而前，泥垄悉成行列，不异牛耕。予尝料之，踏犁五日，可当牛犁一日，又不若牛犁之深于土，问之，乃惜牛耳。牛自深广来，不耐苦作，桂人养之不得其道，任其放牧，未尝喂饲，夏则放之水中，冬则藏之岩穴，初无栏屋以御风雨。……南中养牛若此，安得而长用之哉。若夫无牛之处，则踏犁之法胡可废也。又广人荆棘费锄之地，三人二踏犁夹掘一穴，方可五天，宿榛巨根，无不翻举，甚易为功，此法不可以不存。③

（四）鼓励农民种麦

各道州县特别是江东西、湖南北、淮东西等南方各州县只种水稻，不知

---

① 《宋会要辑稿》，《食货一之一七》。
② 《宋会要辑稿》，《食货六三之一九七》。
③ 周去非：《岭外代答》卷四，《踏犁》。

种麦，浪费了一季收成，朝廷遂屡颁诏旨，劝谕人民种麦，为来春之计，民缺麦种者，诏诸路漕常平司，以常平麦贷之。诸路州县官须认真劝谕督导，并须岁上所增顷亩和增种之数以为殿最而赏罚焉。前后颁发的种麦诏令很多，可知历届朝廷对此极为重视。下引诸条记载皆其例：

〔乾道七年（公元一一七一年）〕十月，司马伋请劝民种麦，为来春之计。于是诏江东西、湖南北、淮东西路帅漕，官为借种及谕大姓假贷农民广种，依赈济格推赏，仍上已种顷亩，议赏罚。①

南宋时对于推广种麦，尤为重视。由下引诸例可以看出：

〔淳熙〕七年（公元一一八〇年），复诏两浙、江、淮、湖南、京西路帅、漕臣督守令劝民种麦，务要增广。自是每岁如之。②

〔淳熙〕八年（公元一一八一年）五月，诏曰："乃者得天之时，蚕麦既登，及命近甸取而视之，则穗短苗薄，非种植风厉之功有所未至欤？朕将稽勤惰而诏赏罚焉。"是岁连雨，下田被浸，诏两浙诸州军与常平司措置，再借种粮与下户播种，毋致失时。③

〔淳熙八年（公元一一八一年）〕十有一月，辅臣奏："田世雄言，民有麦田，虽垦无种，若贷与贫民，犹可种春麦。臣僚亦言，江、浙旱田虽已耕，亦无麦种。"于是诏诸路帅、漕、常平司，以常平麦贷之。④

〔淳熙九年（公元一一八二年）春正月壬申〕内出正月所种春麦，并秀实坚好，与八九月所种无异，诏降付两浙、淮南、江东西漕臣，劝民布种。⑤

（五）引进和推广粮食作物的优良品种

中国种稻已经有了极为悠久的历史，但一直是在种水稻，稻田必须位于

① 《宋史》卷一百七十三，《食货志上一·农田》。
② 《宋史》卷一百七十三，《食货志上一·农田》。
③ 《宋史》卷一百七十三，《食货志上一·农田》。
④ 《宋史》卷一百七十三，《食货志上一·农田》。
⑤ 《皇宋中兴两朝圣政》卷五十九，《诏劝农种春麦》。

低洼近水之处，或有沟渠泉流灌溉之处，以使田中经常积水，秧苗始能生长，高仰之田不能蓄水，或低洼之田而岁遇干旱，稻皆不能生长。在这些自然条件限制下，稻田的种植面积不能自由扩大。政府有鉴于此，遂由占城引进旱稻品种，虽高仰之田，无水灌溉，亦能种植，这是提高粮食产量的一项重要举措：

〔大中祥符四年（公元一○一一年）〕帝以江、淮、两浙稍旱即水田不登，遣使就福建取占城稻三万斛，分给三路为种，择民田高仰者莳之，盖旱稻也。内出种法，命转运使揭榜示民。后又种于玉宸殿，帝与近臣同观；毕刈，又遣内侍持于朝堂示百官。稻比中国者穗长而无芒，粒差小，不择地而生。①

〔大中祥符五年（公元一○一二年）〕五月辛未，江、淮、两浙旱，给占城稻种，教民种之。②

〔大中祥符〕五年五月，遣使福建州取占城稻三万斛，分给江、淮、两浙三路转运使，并出种法，令择民田之高仰者，分给种之。其法曰：南方地暖，二月中下旬至三月上旬，用好竹笼固以稻秆，置此稻于中，外及五斗以上，又以稻秆覆之，入池浸三日，出置宇下，伺其微熟如甲拆状，则布于净地，俟其萌与谷等，即用宽竹器贮之，于耕了平细田，停水深二寸许之布之，经三日决其水，至五日视苗长二寸许，即复引水浸之一日，乃可种莳。如淮南地稍寒，则酌其节候下种，至八月熟，是稻即旱稻也。真宗以三路微旱，则稻悉不登，故以为赐，仍揭榜示民。③

除由占城引进旱稻品种，在江、浙、两淮各州郡推广种植外，又从印度引进一个新的粮食品种绿豆：

〔天禧三年（公元一○一九年）冬十月〕壬辰，召宗室近臣于后苑观西天绿豆、小香占城稻，上作诗，赐之属和。④

① 《宋史》卷一百七十三，《食货志上一·农田》。
② 《宋史》卷八，《真宗本纪三》。
③ 《宋会要辑稿》，《食货一之一七——一八》。
④ 李焘：《续资治通鉴长编》卷九十四。

真宗深念稼穑，闻占城稻耐旱，西天绿豆子多而粒大，各遣使以珍货求其种，占城得种二十石，至今在处播之。西天中印土得绿豆种二石，不知今之果豆是否。始植于后苑，秋成日宣近臣尝之，仍赐占稻及西天绿豆御诗。[①]

（六）讲求种植方法

各种不同的农作物，各有不同的栽培方法，所有五谷、桑麻、蔬菜、瓜果等等要在不同的时令下种，各要求不同的田间管理，而且品种不同，则灌溉施肥、间苗锄耘等等也不同。陈敷《农书》中有专章对此作了简明扼要的说明，其所述的各种方法，都是总结了古人的经验和实际的生产实践，可以说是一部科学种田的课本，这里录其有关种植的一篇为例：

种莳之事，各有攸叙，能知时宜，不违先后之序，则相继以生成，相资以利用，种无虚日，收无虚月，一岁所资，绵绵相继，尚何匮乏之足患，冻馁之足忧哉。正月种桑枲，闲旬一粪，五六月可刈矣，驱别缉绩以为布，妇功之能事也。二月种粟，必疏播种子，碾以辘轴，则地紧实，科本郁茂，稆穗长而子颗坚实，七月可济乏绝矣。油麻有早晚二等，三月种早麻，才甲拆，即耘锄令苗稀疏，一月凡三耘锄，则茂盛，七八月可收也。四月种豆，耘锄如麻，七月成熟矣，五月中旬后，种晚油麻，治如前法，九月成熟矣，不可太晚，晚则不实，畏雾露蒙幂之也。早麻白而缠荚者佳，谓之缠荚麻，晚麻各叶裹熟者最佳，谓之乌麻，油最美也。其类不一，唯此二者，人多种之。凡收刈麻，必堆罨一二夕，然后卓架晒之，即再倾倒而尽矣，久罨则油暗。五月治地，唯要深熟，于五更承露，锄之五七遍，即土壤滋润，累加粪壅，又复锄转。七夕巳后，种萝卜、菘菜，即科大而肥美也。筛细粪和种子，打垄撮放，唯疏为妙，烧粪以粪之，霜雪不能雕，杂以石灰，虫不能蚀，更能以馒鲴鱼头骨，煮汁缉种尤善。七月治地，屡加粪锄转，八月社前，即可种麦，宜屡耘而屡粪，麦经两社，即倍收，而子颗坚实。诗曰："十月纳禾

---

① 吴僧文莹：《湘山野录》卷下。

稼，黍稷穜稑"，禾麻菽麦，无不毕有，以资岁计，尚何穷匮乏绝之
患耶？①

综上所述可以看出，宋代农业精耕细作的程度，在过去历代已经取得的
成就之基础上，又大大前进了一步。

---

① 陈敷：《农书》卷上，《六种之宜篇第五》。

第五章　手工业

第一节　宋代的官营手工业

（一）官手工业的种类和管理制度所表现的特点

官手工业起源很早，原是作为抑商政策的一个组成部分而出现的。关于中国封建统治阶级厉行抑商政策的深远的经济目的和政治目的，作者已有专文讨论，请参见拙著《抑商政策的产生根源、贯彻抑商政策的三项制度及其对商品经济发展的影响》一文，载《中国经济史论丛》下。抑商必须首先抑奢，因为奢侈品直接刺激人们的消费欲望。当社会上有了纷华靡丽的奢侈品时，即古人常说的有了"雕文刻镂，锦绣纂组"时，提高消费水平遂成了人们的不可抑制的本能，即司马迁所谓："夫神农以前，吾不知已。至若诗、书所述虞夏以来，耳目欲极声色之好，口欲穷刍豢之味，身安逸乐，而心夸矜势能之荣使，俗之渐民久矣，虽户说以眇（妙）论，终不能化。"① 这是说增加高级奢侈享受，已成为人的不可改变的本能。如听其自然，将强烈刺激商品经济发展，而统治阶级又是奢侈品的最大消费者。如果这些奢侈品都从民间普通市场上通过购买程序获得，便成了工商业兴旺发达的一个强有力的推动力量，这显然是与抑商政策背道而驰的。

本来土贡制度是统治阶级可以无代价获得各种消费品包括奢侈品的一个重要来源，但是土贡却不能满足统治阶级的全部奢侈需要，因为奢侈本身是对奢侈欲的一个有力刺激，一个奢侈欲望的满足，不但不能使奢侈欲消灭，反而使之向更高的一级发展，所以奢侈是没有止境的。土贡的范围虽然十分广泛，贡品种类也十分繁多，但大部分贡品都是各地的天然物产和一些固有

---

① 《史记》卷一百二十九，《货殖列传》。

的手工业制造品，而天然物产又不是为适应统治阶级的需要而存在的，手工业生产品也是各地方早已存在的传统产品，也不是为适应统治阶级的需要而生产的。这种年年照例进贡的土贡品，显然不能满足统治阶级不断增长、不断变化和不断提高的奢侈需要。这样，满足统治阶级不断扩大范围、不断增加数量、不断提高质量的奢侈品需要，既不能由土贡获得，又不便从市场上购买，结果只有由官家自行制造，官手工业就是为解决这个矛盾而出现的。

军需用品是生活日用品和奢侈品以外另一个需要量最大的产品，都是国家的绝对必需品，不但数量庞大，而且种类繁多，如果各种军需用品作为普通商品听由民间私营手工业生产，政府所需的各种军用物品均由市场购买，则将成为促进资本主义发展的一个直接前提。因为供应任何一种军用物品的生产部门，都将成为大规模生产和大规模销售的企业，所有这些企业经营亦必然含有资本主义性质，这更是抑商政策所绝对不能允许的；况且军用品中的兵器，如刀、枪、剑、戟、戈、矛、弓弩、矢镞等杀人武器，既不许民间持有、私藏，当然就不能令民间工匠制造，收归官营是理所当然的，故军需品手工业遂成为官手工业规模最庞大的部门。

官手工业作为抑商政策的一个重要支柱，并成为一种明确的官营手工业制度，主要是从汉代发展起来的。汉王朝在周、秦官制的基础上，把官营手工业制度化和扩大化，除在中央政府所在地设立各种作坊或工场，分隶于少府监、将作监等官署外，还在各重要产地设立工官，使之在原料产地，就地制造上贡物品。这些在中央或地方的作坊或工场，都规模宏大，人数众多，并生产具有地方特色的精美物品。随着封建统治机构的不断扩大，随着统治阶级的物质生活水平的不断提高，官手工业亦随之不断发展，至唐而制度大备，其具体情况见《中国封建社会经济史》（隋唐五代卷）。宋代又在唐代固有制度的基础上而大加扩充，在各个方面——生产规模上和产品种类上都远远超过唐代。宋代每一种生产，不论是生产日用品或奢侈品，还是生产兵器或军需用品，都是于规模宏大的工场，雇佣或征调大批工人，在有详细的职业分工（众多的工种）和技术分工的情况下进行的。如制造日用品和高贵奢侈品的文思院，上下界共领三千余作，即有三千多个不同的工种，各生产自己专精的物品，每一作皆雇有专业的能工巧匠和大量辅助工人，少则数十人至数百人，三千余作当不下数万人。军需手工业部门的情况大致与此相同，如东西八作司原领八作，经过分工后总二十一作；后苑造作所领作七十四，所用工匠与文思院不相上下。每一作都有严格的管理制度，对工匠的管理监督，对原材料的储存出纳，对产品质量的检验，对成品的上缴或库存等等，皆设有专官负责，并明定赏罚奖惩制度，故诸作基本上都能按规定要求完成生产任务。

宋代种类繁多的官手工业不是以营利为目的的商品生产，其经营管理也完全是以官府命令行之，是政府行政的一个部门，因而在经营管理上不可避免地会存在不少的官僚主义，管理人员的玩忽职守，经手人员的贪污盗窃，工作人员的偷工减料，这一切都有损于产品质量。但多数产品还是优良的，尤其是文思院各作制作的精美绝伦的装饰品、玩好品，都显示了能工巧匠的惊人绝技，说明官手工业的经营管理基本上是有效的。而且官工业对民营工业也起了一定的示范作用，如由于实行内部分工，特别是生产技术上的分工，官手工业培训出不少能工巧匠，这些人退役后都成为民营手工业的技术骨干，对提高民间商品生产质量起了重要作用。

官手工业既然不是商品生产，当然不会引起资本主义萌芽，但其生产结构本身却含有若干资本主义的性质，因为"资本主义生产实际上是在同一个资本同时雇用较多的工人，因而劳动过程扩大了自己的规模并提供了较大量的产品的时候才开始的。较多的工人在同一时间、同一空间（或者说同一劳动场所），为了生产同种商品，在同一资本家的指挥下工作，这在历史上和逻辑上都是资本主义生产的起点"①。官手工业具备了这一切特征，只是资本不是由个人所有，代表资本指挥工作的不是个人资本家，而是由政府派遣的官吏，生产出来的产品没有交换价值，而只有供统治阶级消费或官家使用的使用价值，因而其生产和分配不受价值规律的支配。以资本主义的方式生产纯粹的使用价值，是中国历代官手工业所具有的一个重大特点。

（二）日用品和奢侈品生产

文思院是宋代官手工业中规模最庞大的一个生产机构，其内部分工多达三千余作，所制造的物品大体上可以分为两大类：一是供宫廷使用的普通日用品，二是生产高贵精美的装饰品和玩好品。这一生产机构初建于太宗太平兴国初，是沿袭唐、五代固有的官制而加以改组扩大而成的。其命名由来，亦略可考见：

---

① 马克思：《资本论》第一卷，第三五八页。

〔太平兴国三年（公元九七八年）〕是岁，初置文思院。①

《五代会要》曰：梁诸使有文思使。又云：开平元年（公元九〇七年）五月，改为乾文院使。三年（公元九〇九年）十月，以乾文院为文思院，后乾文却置院，文思自为一使。《宋朝会要》曰：太平兴国三年，置文思院，亦有文思使。②

唐有文思院，盖天子内殿之比也，其事见《画断》，然非工作之所，而宋朝太平兴国三年，始置文思院，掌工巧之事，非唐制矣。《会要》云：《青箱杂记》曰：《考工记》槀氏掌攻金其量，铭曰时文思索，故今世工作之所，号文思院。③

文思院使不知从何得此名，或云量铭待文思索，或说殿名，聚工巧于其侧，因名曰文思院。④

文思院内部根据制造品种类而进行的职业分工和同一产品因工作程序不同而进行的技术分工，非常繁多和非常细密，全院对人对物的严格管理，对产品的检查验收，皆设有专官职掌，其分工分作的具体情况，可由下引记载看出：

文思院，太平兴国三年（公元九七八年）置，掌金银犀玉工巧之物，金彩绘素装钿之饰，以供舆辇册宝法物及凡器服之用。隶少府监，监官四人，以京朝官诸使副内侍三班充，别有监门二人，亦内侍三班充。领作三十二：打作、棱作、钑[1]作、渡金作、鎬作、钉子作、玉作、玳瑁作、银泥作、辗研作、钉腰带作、生色作、装銮作、藤作、拔条作、揲洗作、杂钉作、场裹作、扇子作、平画作、裹剑作、面花作、花作、犀作、结绦[2]作、捏塑作、旋作、牙作、销金作、镂金作、雕木作、打鱼作。又有额外一十作，元系后苑造作所割属，曰：绣作、裁缝作、真珠作、丝鞋作、琥珀作、弓稍作、打弦作、拍金作、坩金作、克丝作。计匠二，指挥提辖官一员，通管上下界职事。上界监官监门官各一员，手分二人，库经司花料司

---

① 李焘：《续资治通鉴长编》卷十九。
② 高承：《事物纪原》卷六。
③ 高承：《事物纪原》卷七。
④ 江休复：《醴泉笔录》卷上。

门司专知官秤库子各一名，分掌事（疑脱务字）修造案，承行诸官司申请造作金银珠玉犀象玳瑁等应奉生活文字。库经司花料司承行计料，诸官司造作生活帐状及抄转收支赤历。专知官掌收支官物，攒具帐状，催赶造作生活。秤子掌管秤盘，收支官物。库子掌管收支见在官物，门司掌管本门收支出入官物，抄转赤历。下界监官监门官各一员，手分三人，库经司花料司门司专副秤库子各一名，分掌事务修造案，承行诸官司申请，造作绫锦漆木铜铁生活，并织造官诰度牒等生活文字。库经司花料司承行计料诸官司造作生活帐状及抄转收支赤历。专副掌管收支官物，攒具帐状，催赶造作生活。秤子掌管秤盘，收支官物，库子掌管收支见在官物。门司掌管本门收支出入官物，抄转赤历。①

到神宗熙宁中，又将东西两坊杂作三千余作，并入文思院，遂扩大了文思院的规模，添差京朝官一员通管上下界，并增加经费，其他经营管理，皆依旧条：

〔熙宁〕九年（公元一〇七六年）四月四日，三司上言：东西两坊杂科三千余作，并入文思院，委是繁重，乞添差京朝官一员通管上下界，每月合添食钱三千，赏罚并依旧条，从之。②

到南宋时，文思院的规模依旧，仍分上下两界，制造的物品亦与北宋时完全相同：

文思院在北桥东。京都旧制，监官分两界：曰上界，造金银珠玉；曰下界，造铜铁竹木杂料。然两界监官廨舍，毋得近本院邻墙并壁居，所以防弊欺也。但金银犀玉工巧之制，彩绘装细之饰，若舆辇法物器具等皆隶焉。③

高宗绍兴元年（公元一一三一年）七月十二日，文思院奏：制造明堂大礼、翰林司应奉器皿，太常寺排办合用朝祭冠服、竹册、

---

① 《宋会要辑稿》，《职官二九之一》。
② 《宋会要辑稿》，《职官二九之二》。
③ 吴自牧：《梦粱录》卷九。

祭器等，及不住有抛降料攻。兼本院上下界并为一院，并拨并到东西八作司事材场、绫锦院，各有造作，事务繁冗。又缘大礼期限逼促，欲将合用物料应承受官司，并限一日应副，所贵易为办集。从之。①

在高宗绍兴年间，曾将文思院上下界合并为一，不再把两大类不同的制造区分，于是精致的金玉刻镂，与粗糙的铜铁器皿交杂混错，无以检察，又兼营其他各种造作，事务繁冗，管理不便，遂在臣僚的陈请下，又恢复文思院旧制，依旧分为上下两界：

〔绍兴〕三年（公元一一三三年）三月七日，工部言：本部所辖文思院旧系分上下界，两院监官各三员，内文臣一员系京朝官，监门官各二员。其上界造作金银珠玉，下界造铜铁竹木杂料生活。昨在京日，两院相去稍远，以隔奸弊，今本院更不分上下界，所造金银生活与铜铁交杂，无以检察，兼又拨并到皮场、绫锦院、事材场、东西八作司、少府监铸印司，六局共为一处，事务繁冗。欲乞令文思院依旧分为上下界，各差监官、监门官一员，庶几各认所管事务，不致交杂，其监官于文武臣内通差。……从之。②

关于文思院的建置沿革、官制组织、经营管理、制造种类、监督查验等等，下引一文是一个简单综述：

文思院：在北桥之东，绍兴三年三月，工部请仿京师旧制，监官分两界，上界造金银珠玉，下界造铜铁竹木杂料。隆兴二年（公元一一六四年），用左司叶颙请，两界监官厅廨舍，毋得与本院邻墙，皆以防弊欺也。太常寺簿张贵谟记，提辖官题名：皇朝太平兴国三年（公元九七八年）置文思院，掌金银犀玉工巧之制，彩绘装钿之饰，若舆辇法物器物之用，以京朝官四人充监官，内侍三班充使副及监门，领作卅二，又有额外一十作。至熙宁九年（公元一〇

七六年），东西坊杂料凡三千余作悉并焉。自是职务既繁，历时浸久，积弊滋多，而关防之法益严。咸平诏内东门验凿色号，景德诏左藏库拣阅销熔，天圣诏皇城司差人搜检出入，听人告，匠作入外料及诸奸弊，盖其势积而至此。伏自渡江之后，虽事力小变，宿弊萌生，转料之名，始于绍兴，至淳熙亏陷官缗钱以万计，银两以千计，监临窃取工食缗钱月以百计，事发因偿，多不及五分之一，其时建议，固有乞罢转料及亲事官者。迩来上下相蒙，吏不自爱，至有以身而获戾者矣。提辖林端阳复亲目其弊，不得已首论三事，得请于朝：一置都历以防其转料之欺，二复亲事官而夺其监视之权，三乞监官两界通签以绝独负自肆之私。考之札牍，粲然可见，凡簿书朱墨间数十年奸欺蠹弊之根穴，一洗而尽，吾固喜端阳居官任事，其才识通明如此哉。[①]

文思院因工作门类繁多，工作浩瀚，工匠众多，而上界诸作所用物料，又都是金银珠玉玳瑁犀象等贵重物品，价值昂贵，而又体积轻便，盗窃抵换，皆为易事，为防止奸弊，自不得不加严稽察检验制度，朝廷对此，亦属降诏旨督责：

> 景德四年（公元一○○七年）八月，诏文思院销熔金银，令本院差人员工匠赴左藏库看拣一等金银封样归院，监官当面看验，别无不同，即销熔打造，及置帐别贮七等金样，每内降到金银，各差行人看验，即不得支次金杂白银，每月轮不监作员僚一名，在大门与使臣搜检。[②]

> 〔元符元年（公元一○九八年）二月庚寅〕工部言，文思院上下界，金银珠玉象牙玳瑁铜铁丹漆皮麻等诸作工料，最为浩瀚，上下界见行条格及该说不尽功限，例各宽剩，至于逐旋勘验裁减，并无的据，欲乞委官一员，将文思院上下界应干作分，据年例依令合造之物，检照前后造过工作科状，逐一制摸的确料例功限，编为定式，其泛抱工作，即各随物色，比类计料，仍并委覆料司覆算，免

---

① 潜说友：《咸淳临安志》卷八，《院辖》。
② 《宋会要辑稿》，《职官二九之一》。

致枉费工料。如蒙俞允，即乞差少府监丞薛绍彭不妨本职，修立定式，从之。①

南渡后，文思院人员多所变动，原来条例亦多废弛，致奸弊丛生，因而朝廷亟思改善监督稽查办法，以严防积弊：

〔淳熙十二年（公元一一八五年）十一月甲申〕进呈前将作监朱安国奏：文思院制造，有物料未到者，转移前料，以应急切之须，臣愿明颁睿旨，自今文思院制造不得转料。又文思两界，除打造器物合支金银外，雇工食钱，并乞给一色钱会支散，庶几金银出入，经由门户，有所关防。又皇城司差亲从官一名充本院监作，动辄胁持，邀取常例，乞罢差。上曰：三事皆依奏，加差亲从官亦何用，罢之诚当。②

文思院除对物—成品、物料等严加管理外，对人亦严加管理，这主要是对工匠的管理，如对服役工匠的征调或和雇，对工匠的技术培训及安排调度，工匠工资的规定和发放以及放假、轮休等等，皆有严格规定：

〔元符元年（公元一○九八年）三月〕辛酉，工部言：乞文思院等处工作合雇人入役者，具人数单于监门官点名放入，委监官检察功程，及造到名件，仍各置历，即日钞上结押，每旬申少府监点检，违者各杖一百，从之。③
〔绍兴元年（公元一一三一年）〕八月三日，工部奏：……文思院见造明堂大礼法物，除分擘官工制造外，所有合行和雇钱，欲之下户部限日下支，给和雇趁限造作，从之。④
〔淳熙九年（公元一一八二年）七月十三日〕工部言：文思院上界打造金银器皿，自来止凭作家和雇百姓作匠承揽，掌管金银等，拘辖人匠造作，以致作弊。今乞将合用打作作头等，令本院召募有

① 李焘：《续资治通鉴长编》卷四百九十四。
② 《皇宋中兴两朝圣政》卷六十二，《革文思院三弊》。
③ 李焘：《续资治通鉴长编》卷四百九十五。
④ 《宋会要辑稿》，《职官二九之二》。

家业及五百贯以上人充，仍召临安府元籍定有物力金银铺户二名委保，如有作过人，令保人均陪。若召募未足，即令籍定前项铺户，权行隔别承揽掌管，并从之。①

对和雇工匠的工资和发放办法，作了如下规定：

〔绍兴二十六年（公元一一五六年）〕十二月三日，工部言：据文思院界申，本院逐时造作诸官司应奉生活，最为重害，即日对工除豁，所支工钱低小，其手高人匠，往往不肯前来就雇，缘上界已免对工除豁，其下界亦合一体，今欲依已降指挥，立定工限，作分钱数，与免对工除豁，支破工钱，庶得易为和雇手高人匠，造作生活。从之。②

〔淳熙十三年（公元一一八六年）〕三月十日，工部言：乞令文思院遇支请到料次工钱，即申将作监从本监转委丞簿同本院提辖监官监视支散，于旧来循例桩留二分半工钱之内，以半分给还工匠，其余二分以头子钱为名，一分专备工匠急阙借兑，一分充诸杂缘公廨费使用，不许妄乱从私支破，各置赤厤，分明抄转日书提辖监官，月终申解将作监驱磨点对结押，其工匠急阙借兑一分钱数正料到院日下拨还，委本监常切检察，如于已存留三分之外，别有分文减克[3]，许工匠径赴本部陈诉，从之。新除将作监何儋，文思院有所谓杂支钱者，每二钱一贯桩留二百五十文在院，谓之二分半钱，以充诸杂廨费，如般担脚剩补填折阅额外庸雇缓急犒设非时修整之类，皆是缘公之费，势不能免，乞将上件钱以半分给还工匠，二分存留在院。下工部勘当，而有是请。③

生产日用品和奢侈品的官手工业，除文思院外，还有绫锦院（或机杼院）、文绣院、裁造院、染院等服装工业部门，都是供应宫廷、政府之用的专设工场，规模都相当宏大，设有专官管理，都雇有众多的高手匠人。其建置沿革、生产状况、经营管理等，可分别由下引记载看出：

---

① 《宋会要辑稿》，《职官二九之五》。
② 《宋会要辑稿》，《职官二九之三》。
③ 《宋会要辑稿》，《职官二九之五——六》

其一，绫锦院，一名机杼院，是建立最早的一个官手工业部门，太祖平蜀后，得蜀锦工六百余人，遂于京师置绫锦院：

> 太祖乾德五年（公元九六七年）十月，命水部郎中于继徽监视绫锦院。朝廷平蜀，得绫锦工人，乃于国门东南创置机杼院，始命继徽监领焉。[①]
>
> 绫锦院，乾德五年置，时已平蜀，所得锦工六百人隶焉。[②]
>
> 〔乾德五年九月〕先是，平蜀，得锦工数百人。冬十月丙辰，朔，置绫锦院以处之，命常参官监焉。[③]
>
> 绫锦院在昭庆坊。乾德四年（公元九六六年）以平蜀所得锦工二百人，置内绫院。太平兴国二年（公元九七七年），分东西二院，端拱元年合为一，以京朝官诸司使副内侍三人监，领兵匠千三十四人。太宗幸西绫锦院，命近臣从观织室机杼。[④]

绫锦院是皇室的御用工场，皇帝直接过问绫锦院事务，例如：

> 〔雍熙二年（公元九八五年）闰九月〕庚寅，崇仪副使王赞决杖，降为供奉官，坐监绫锦院挟私诬奏锦工，请加刑。上召锦工诘问之，工因言赞阴事，赞具伏抵罪。[⑤]
>
> 〔咸平元年（公元九九八年）〕九月，绫锦院以新织绢上进。是院旧有锦绮机四百余，帝令停作，改织绢焉。[⑥]
>
> 〔天圣〕四年（公元一〇二六年）闰五月，诏绫锦院自今不得衷私织造异色花纹匹段及御服颜色机样，委本院监官觉察，并许人陈首，所犯人当行严断。[⑦]

到南宋初，高宗曾命绫锦院选择良工，就御前军器所专织战袍，以赐有

① 《宋会要辑稿》，《食货六四之一六》。
② 曾巩：《隆平集》卷一。
③ 李焘：《续资治通鉴长编》卷八。
④ 《宋会要辑稿》，《职官二九之八》。
⑤ 《太宗皇帝实录》卷三十四。
⑥ 《宋会要辑稿》，《食货六四之一八》。
⑦ 《宋会要辑稿》，《食货六四之二一》。

功将士，免中人监造，而使少府监督其程限，纳入工官统一管理系统：

〔建炎二年（公元一一二八年）夏四月己未〕诏御前军器所见织战袍工匠，发还绫锦院，依限织进。初，命监织锦院姜焕择良工就御前军器所专织战袍，欲以赐有功将士。中书侍郎张悫等言于上曰：前日中人因事辄置局，紊乱纪纲，不可不深鉴。今若以织文责绫锦院，而使少府监督其程限，则事归有司，于体为正。上曰：甚善。故有是命。①

其二，文绣院。最初，没有设文绣院，所有文绣之工如绣造仪鸾司什物，朝廷自乘舆服御以及宾客祭祀所用绣品，则临时雇用在京诸寺尼和闾市井妇人，计件付以一定数目的工资，直到徽宗崇宁初，始正式设立文绣院：

〔元丰五年（公元一〇八二年）二月乙卯〕裁造院言：绣造仪鸾司什物，欲依文思院绣扇例，均与在京诸尼寺宫院。诏三司，除三院及下西川绣造外，募人承揽。②

〔崇宁三年（公元一一〇四年）〕三月辛巳，置文绣院。③

崇宁三年三月八日，试殿中少监张康伯言：今朝廷自乘舆服御，至于宾客祭祀，用绣皆有定式，而有司独无纂绣之工，每遇造作，皆委之闾巷市井妇人之手，或付之尼寺，而使取直焉。今锻链织纴缝之事，皆各有院，院各有工，而于绣独无，欲乞置绣院一所，招刺绣工三百人，仍下诸路选择善绣匠人以为工师，候教习有成，优与酬奖。诏依，仍以文绣院为名。④

其三，裁造院。裁造院是专供皇室缝制衣服的作坊，其工匠系由民间召募女工及军士妻女配隶南北作坊者，宋初即置裁造院：

---

① 李心传：《建炎以来系年要录》卷十五。
② 李焘：《续资治通鉴长编》卷三百二十三。
③ 《宋史》卷十九，《徽宗本纪一》。
④ 《宋会要辑稿》，《职官二九之八》。

乾德四年（公元九六六年）始置裁造院。①

〔天圣元年（公元一〇二三年）闰九月〕甲午，诏裁造院所招女工及军士妻配隶南北作坊者，并放从便，自今当配妇人，以妻窑务或军营致远务卒之无家者。②

〔天圣元年〕闰月甲午，诏裁造院女工及营妇配南北作坊者，并释之。③

其四，染院。染院是官办各纺织业的附属工业，原为旧日染坊，太平兴国三年（公元九七八年）置染院，原分东西二染院，后合为一院，掌受染色之物，染丝帛、绦、线、绳、革、纸、藤之属：

西内染院：在金城坊，旧日染坊，太平兴国三年（公元九七八年）分为东西二染院。咸平六年（公元一〇〇三年），有司上言，西院水宜于染练，遂并之。掌染丝、帛、绦、线、绳、革、纸、藤之属。以京朝官诸司使副内侍一人监，别以三班一人监门，领匠六百十三人。④

西染色院：在金城坊，掌受染色之物，以给染院之用。太平兴国二年（公元九七七年），置东染色库，三年，又置西染色库。咸平二年（公元九九九年），省东库，以京朝官及三班二人监，兵士十七人。⑤

唐有染署，职在少府，后为染坊。《宋朝会要》曰：旧染坊太平兴国二年分为东西二染院，咸平六年，有司上言西染院水宜于染练，乃并之。⑥

〔太平兴国三年夏四月〕庚午，幸西染院，赐工徒衣服、钱帛。⑦

---

①　高承：《事物纪原》卷七。
②　李焘：《续资治通鉴长编》卷一百一。
③　《宋史》卷九，《仁宗本纪一》。
④　《宋会要辑稿》，《职官二九之七》。
⑤　《宋会要辑稿》，《职官二九之七》。
⑥　高承：《事物纪原》卷七。
⑦　李焘：《续资治通鉴长编》卷十九。

染院所用染料，都是用天然有色植物浸泡沤制而成，由于染色之物甚多，染料需要量很大，须大宗由民间收购，如红花、紫草等常供不应求，收购不到足够数量，不得不限制赏赐用红紫罗帛：

〔庆历二年（公元一〇四二年）三月丙寅〕中书言：三司每岁买红花、紫草各十万斤，民不能供，诏止买五万斤，禁中及外人应给红、紫罗帛者，给染价。①

朝廷对染院颇为重视，皇帝常亲率近臣临观，下引一事虽然被奸人蒙蔽，却显示了对染院工作的重视：

〔蟠〕专事苛刻，好设奇诈，以售知人主。典染作日，太祖多临视之，蟠侦车驾至，辄衣短后衣，芒屩[5]持梃以督役，头蓬不治，遽出迎谒。太祖以为勤事，赐钱二十万。②

（三）军用手工业

军用手工业是文思院系统以外，规模最大的一个生产部门，由许多不同的机构进行专业化生产，产品种类繁多，数量浩瀚，对产品的质量又要求甚严。因为刃不犀利，弩不及远，甲易穿透，不仅会造成巨大浪费，甚至会招致兵败亡国的危险，故政府对各兵工制造部门自不得不严加管理，认真考核。关于兵手工业的制造种类、组织系统、经营管理等等的具体情况，有如下述：

器甲之制，其工署则有南北作坊，有弓弩院，诸州皆有作院，皆役工徒而限其常课。南北作坊岁造涂金脊铁甲等凡三万二千。弓弩院岁造角弝弓等凡千六百五十余万，诸州岁造黄桦黑漆弓弩等凡六百二十余万。又南作坊及诸州别造兵幕、甲袋、梭衫等什物，以备军行之用。京师所造，十日一进，谓之"旬课"，上亲阅视，置五库以贮之。尝令试床子弩于郊外，矢及七百步，又令别造步弩以

① 李焘：《续资治通鉴长编[4]》卷一百三十五。
② 《宋史》卷二百七十六，《刘蟠传》。

试。戎具精致犀利，近代未有。①

东西作坊，掌造兵器、戎具、旗帜、油衣、藤漆什器之物，以给邦国之用，各以京朝官诸司使副内侍二人监，内侍各二人监门。其作总五十一：有木作、杖鼓作、藤席作、鏁[6]子作、竹作、漆作、马甲作、大弩作、绦作、樏作、胡鞍作、油衣作、马甲生叶作、打绳作、漆衣甲作、剑作、糊粘作、戎具作、掐素作、雕木作、蜡烛作、地衣作、铁甲作、钉钗作、铁身作、马甲造熟作、磨剑作、皮甲作、钉头牟作、铜作、弩桩作、钉弩桩红破皮作、针作、漆器作、画作、镶摆作、钢甲作、柔甲作、大炉作、小炉作、器械作、错磨作、椷作、鳞子作、银作、打线作、打麻线作、枪作、角作、锅炮作、磨头牟作。旧名南北作作坊，并在兴国坊，南坊兵校及匠三千七百四十一人，北坊兵校及匠牛一百九十人。熙宁中，改今名。②

东西作坊规模如此宏大，制造种类如此繁多，乃是逐渐演变合并而成的，最初只有弓弩院，掌造弓弩、甲胄、器械、旗帜、刀剑等物，以供军用，名为弓弩院，实际上各种兵器无不制造，是宋代最早的一个兵工场，对宋王朝削平五代割据，统一全国，实起了重大作用：

开宝元年（公元九六八年），置弓弩院，旧在太平坊，后徙宣化坊，掌造弓弩、甲胄、器械、旗剑、御镫之名物，以诸司使副内侍二员监领，兵匠千四十二人。③

太祖即位，改作坊副使。……太祖尝召对，语丕曰："作坊久积弊，尔为我修整之。"丕在职尽力，以久次转达使。开宝九年（公元九七六年），领代州刺史。凡典工作十余年，讨泽潞、维扬，下荆广、收川峡、征河东、平江南，太祖皆先期谕旨，令修创器械，无不精办。旧床子弩射止七百步，令丕增造至千步。④

〔开宝九年（公元九七六年）三月己巳〕时京师有作坊，诸州有作院，皆有常课，作坊所造兵器，每旬一进，上亲阅之，列五库

① 《宋史》卷一百九十七，《兵志十一》。
② 《宋会要辑稿》，《方域三之五〇——五一》。
③ 《宋会要辑稿》，《职官一六之二四》。
④ 《宋史》卷二百七十，《魏丕传》。

以贮焉。寻又分作坊为南北，别置弓弩院。①

太祖开宝九年（公元九七六年）九月，诏分作坊为南北作坊。②

太祖以后，历朝皆有新的创制，建置亦屡有更改：

造千步床子弩：太宗居晋邸，知客押衙陈从信心计精敏，掌功官帑，轮指节以代运筹，丝忽无差。……魏丕为作坊使，旧制床子弩止七百步，上令丕增至千步，求规于信，信令悬弩于架，以重坠其两端，弩势负，取所坠之物较之，但于二分中增一分，以坠新弩，则自可千步矣。如其制造，后果不差。③

造木羽弩箭：咸平元年（公元九九八年）六月，御前忠佐石归宋献木羽弩箭，箭裁尺余而所激甚远，中铠甲则竿去而镞存，牢不可拔。诏增归宋月奉，且补其子为东西班侍。④

造长箭弩箭：弓弩造箭院，院在兴国坊，掌造长箭弩箭，旧有南北造箭二库，咸平六年（公元一〇〇三年），合为一院，隶弓弩院，以三班及内侍二人监，匠千七十一人。真宗天禧四年（公元一〇二〇年）四月，诏南作坊之西偏舍宇为弓弩造箭院。神宗熙宁三年（公元一〇七〇年）八月三日，诏提举司劾治元买箭竿不堪及造箭院不合受纳官吏。⑤

打造纯钢甲（一名冷端甲）：〔庆历元年（公元一〇四一年）五月甲戌〕太常丞直集贤院佥书陕西经略安抚判官田况上兵策十四事。……十二曰：工作器用，中国之所长，非外蕃可及。今贼甲皆冷锻而成，坚滑光莹，非劲弩可入，自京赍去衣甲，皆软不足当矢石，以朝廷之事力，国之伎巧，乃不如小羌乎？由彼专而精，我漫而略故也。今请下逐处悉令工匠冷砧，打造纯钢甲，施发赴缘边，先用八九斗力弓试射，以观透箭深浅而赏罚之。闻太祖朝旧甲绝为

① 李焘：《续资治通鉴长编》卷十七。
② 《宋会要辑稿》，《方域三之五一》。
③ 文莹：《玉壶清话》卷八。
④ 《宋史》卷一百九十七，《兵制十一》。
⑤ 《宋会要辑稿》，《职官一六之二四》。

精好，但岁久断绽，乞且穿贯三五万联，均给四路，亦足以御敌也。①

造斩马刀：熙宁五年（公元一〇七二年）五月庚辰朔，御文德殿视朝，命供备库副使陈珪管勾作坊，造斩马刀。初上匣刀样以示蔡挺，刀刃长三尺余，镡长尺余，首为大环，挺言制作精巧，便于操击，实战阵之利器也，遂命内臣领工，置局造数万，分赐边臣。斩马刀局盖始此。②

〔熙宁八年（公元一〇七五年）夏四月己丑〕上批斩马刀局役人匠不少，所造皆兵刃，旧东西作坊未迁日，有上禁军数百人，设铺守宿，可差百人为两铺，以潜火为名，分地守宿。先是斩马刀局有杀作头监官者，以其役苦，又禁军节级强被指射就役，非其情愿，故不胜忿而作难。③

由于兵器制造种类繁多，数量庞大，而领其事者又政出多门，东置一坊，西设一局，管理不统一，监督不严格，以致造出兵器质量低劣，不堪使用，不仅浪费了人力物力，而且有误国之虞，诸州作院更是管理混乱，产品低劣，其所耗费的人力物力是各地人民的一种沉重负担，因此，所有中央和地方作院，都必须大加整顿。至神宗熙宁中，遂设置军器监，以总内外军器之政，其经过如下：

〔熙宁〕六年（公元一〇七三年），始置军器监，总内外军器之政。置判一人，同判一人。属有丞，有主簿，有管当公事。先是，军器领于三司，至是罢之，一总于监。凡产材州，置都作院。凡知军器利害者，听诣监陈述，于是吏民献器械法式者甚众。是岁，又置内弓箭南库。军器监奏以利器颁诸路作院为式。④

〔熙宁六年六月戊戌〕置军器监，总内外军器之政，其所统摄，并依将作，仍以吕惠卿、曾孝宽为判监，所置官属，令逐官奏举。军器旧领于三司胄案，三司事丛，判案者又数易，至是始案唐令置

① 李焘：《续资治通鉴长编》卷一百三十二。
② 李焘：《续资治通鉴长编》卷二百三十三。
③ 李焘：《续资治通鉴长编》卷二百六十二。
④ 《宋史》卷一百九十七，《兵志十一》。

监，而废胄案焉。先是上语辅臣，河北兵械皆不可用。王安石曰：兵械非可以一朝一夕具，须预具。上乃议置监，设官提举，翌日遂有是命。先是王雱尝言曰：汉宣帝号称中兴之贤主，而史之所叙，独以为技巧工匠皆精于元成之时，然则此虽有司之事，而上系于朝廷之政，为政者所宜留意也。方今外御两边之患，而内虞剽盗之变，征伐擒捕之策，未尝不以为首务，而至于戎器则独不为之恤。盖今天下岁课弓弩甲胄之类，入充武库之积以千万数，而无坚完轻利真可为武备者。臣尝观于诸州将作院，至有兵匠乏缺而拘市人以备役，所作之器，但形质既具，则精窳之实一切无所问，武库吏亦惟计多寡之数以藏，而未有责其实用者，故所积虽多，大抵敝恶不可复举。夫为政如此，而犹用抗威决胜，外摄邻敌之强犷，内沮奸凶之窃发，臣愚未见其可也。倘欲废弛武备，观天下以无事，则金木丝枲筋角胶漆竹羽之材，一出于民力，而无故聚工以毁之，此可惜也。臣私计其便，莫若更制其法度，敛数州之所作而聚以为一处，若今钱监之比，而每监择知工事之臣使专于其职，且募天下之良工散为匠师于诸监，而朝廷亦当内置工官以总制其事，然后察其精窳之实而重为赏罚，则人人各求胜，不饬而皆精矣。或闻今武库太祖时所为弓尚有弓弦如新者，而近世所造往往不可用，审如此，则又有以见法禁之张弛也。……上颇采雱说。[1]

由军器监统一领导，统一制造，果然成效大著，产量倍增，且省工料不少：

〔熙宁八年（公元一〇七五年）五月丁丑〕军器监奏：自置监以来，比之旧额，军器数十倍，少亦不减一两倍，渐见伦绪，惟是在京上等人役，并差在御前生活所，以此有妨制造。今据中书批问事件，谨具分析下项，添修创造衣甲共七千八百五副，比未置监已前，共增造四千八百九件，人工一十四万七百余工，御前生活所不系本监统辖，乞自朝廷取索人数比较。造箭一百三十八万四千余支，比未置监已前，增造箭三十三万三千五百支，多一万七千五百余工，

_____

[1] 李焘：《续资治通鉴长编》卷二百四十五。

内攒剩工二千一百二十一工，并擘画添起逐色造箭工限，向去所省工料不少，弓弩造到工限，比未置监已前，增得二万九千二百余工。上批中书枢密院可再仔细看详军器监所具析，未知依与不依得朝廷向目，其有内称即向去所减工料不少之类，不审是何成绩及节目，如何考验……①

从上引王雱上疏中已可看出诸州都作院大都是管理混乱，所造兵器只求完成数量，不求质量，以致所造兵器不堪应用，贻误大事，驯致靖康之祸，其情况略可由下文看出：

宣和元年（公元一一一九年），权荆湖南提点刑狱公事郑济奏："本路惟潭、邵二州，各有年额制造军器。今年制造已足，躬亲试验，并依法式，不误施用。"诏加旌赏，以为诸路之劝。然自是岁督军器率用御笔处分，工造不已而较数尝阙，缮修无虚岁而每称弊坏。大抵中外相应，一以虚文，上下相蒙，而驯致靖康之祸矣。靖康初，兵仗皆阙，诏书屡下，严立赏刑，而卒亦无补。②

但是也有位于原料产地特别是铁矿所在地的地方作院，由于可就地取给优良材料，如好的钢材，便能造出精良的兵器，为朝廷所器重，朝廷亦尽量为之调拨所需材料，以帮助其发展，例如：

〔元丰〕五年（公元一〇八二年）七月，鄜延路计议边事所奏乞缗钱百万、工匠千人、铁生熟五万斤、牛马皮万张造军器，并给之。③

又如河北磁、相州盛产铁，欧阳修建议应于其地置弓弩都作院，打造兵器，为朝廷所采纳。欧阳修曾详叙其事云：

当司勘会近曾擘画，乞于磁、相州置都作院打造兵器，已蒙朝

---

① 李焘：《续资治通鉴长编》卷二百六十四。
② 《宋史》卷一百九十七，《兵志十一》。
③ 《宋史》卷一百九十七，《兵志十一》。

廷依奏，及差到监官等，见催促磁、相州盖造营房作院，及抽束工匠，打造一色精好器械。次切缘磁、相二州只是铁作院，所有弓弩，元未曾别有擘画，当司今相度得西山一带，所产弓弩良材甚多，自来系相州盘阳务采斫，应副诸处使用。今欲乞就近于邢州置都作院一所，专打造一色好弓弩，久远甚为利便。盖缘弓弩二物，于兵器之中最难打造，尤要精专，至于煎胶披筋，各有法度，燥湿寒暑有日时，制造迟速之间，若一事不精，遂不堪用，兼亦不久易损坏。见今诸州军弓弩造作之时，既皆草草，造成不久，寻复损坏，又须从头修换，一番修换未了，一番已却损坏，即目诸州并不暇打造新弓弩，只是终年修换旧者，积压无由了绝，有打造成后不曾经使已修三五次者。修换既频，转不堪用，虚费人功物料，久远误事不细。其弊如此，盖由散在诸州打造，工匠及监官皆不齐一，本司亦难为点检故也。若蒙朝廷许置都作院，即选得专一监官，柬择精好工匠，制定工料法式，明立赏罚，可以责成，兼亦易为点检者。右谨具如前，所有磁、相州铁作院，并今来起请弓弩都作院创置事，初合立规法，欲候朝旨，许置弓弩作院创置事一就，条列续奏，乞赐指挥，遵守施行，次伏乞早降指挥，谨具状奏闻。[1]

进入南宋后，国家处于强敌压境的战争状态，对军器的需要更为迫切，于是制造弓弩器甲的官立机构遂纷纷出现，各将帅亦纷纷请求在本军自造兵器，以应急需。其建置经过，大体如下：

〔建炎三年（公元一一二九年）三月辛巳〕御营使司参赞军事张俊，请沿江要害州军置强弩营，选州禁兵县弓手为之，仍专置军器提举官，募公私匠人以除戎器。乃命诸路宪臣措置制造赴行在。[2]

〔绍兴二年（公元一一三二年）五月癸未〕三省请于行在别置作院一所，令诸军匠各造器甲，并申朝廷支拨，后以御前军器所为名，仍隶工部。[3]

〔绍兴二年六月丁巳〕神武右军都统制张俊请本军自造兵器，

① 欧阳修：《欧阳文忠公文集》卷一百十七，《乞置弓弩都作院》。
② 《皇宋中兴两朝圣政》卷四，《张浚请制军器》。
③ 《皇宋中兴两朝圣政》卷十一，《置御前军器所》。

赴朝廷呈讫，置库桩管，下户部支物料价钱，许之。凡全装甲一副，费钱三万八千二百，马甲一副，费钱四十千一百，弓一，费钱二千八百，弓矢百，费钱七千四百，弩矢百，费钱六千五百，提刀一，费钱三千三百，应鼓一，费钱六千五百，皆有奇。凡鳌甲一副，率重四十有九斤，此其大略也。①

〔绍兴七年（公元一一三七年）春正月癸亥〕置御前军器局于建康府，岁造全装甲五千，矢百万，仍隶枢密院及工部。②

高宗绍兴七年正月一日，枢密院言：军器最为朝廷目今急务，拟欲泛抛诸路州军制造，恐搔扰于民，理宜措置：一，置军器局一所，仍以制造御前军器局为名，隶属枢密院并工部，于建康府置局一，令礼部铸铜印一面，以"制造御前军器局之印"九字为文。……从之。③

南宋军器局由于管理得当，效率远比北宋同类局所为高，二十余年，所造兵器数量甚大，质量亦"并各精致"：

〔绍兴三十一年（公元一一六一年）〕八月十七日诏：御前军器所，绍兴三十年（公元一一六〇年）制造过诸色军器三百二十三万六千九百四十二件，并各精致，依绍兴二十九（公元一一五九年）年八月十九日例推恩。④

军器局所造兵器，必须严格保证质量，为了防止偷工减料或粗制滥造，特规定须将造到全成军器每三日一次进呈，由皇帝亲自检验：

〔乾道四年（公元一一六八年）〕十一月十一日，军器所言：目今造到全成军器，每三日一次进呈，逐月有妨十日工役，乞逐旬并于旬假日进呈。诏旬假前一日进呈。⑤

---

① 李心传：《建炎以来系年要录》卷五十五。
② 《皇宋中兴两朝圣政》卷二十一，《置御前军器局》。
③ 《宋会要辑稿》，《职官一六之二二》。
④ 《宋会要辑稿》，《职官一六之一五》。
⑤ 《宋会要辑稿》，《职官一六之一五》。

军器业中还有一个特殊部门，即制造火炮。使用火器为攻城之具，起源很早，至宋而益为普遍，大军平并州，讨幽蓟，均用火炮攻城而迅速取胜，因设置飞山营，专门造炮：

〔建隆二年（公元九六一年）〕二月丙寅，幸飞山营，阅炮车。①

〔开宝三年（公元九七〇年）〕时兵部令史冯继升等进火箭法，命试验，且赐衣物束帛。②

太平兴国中，大军平并州，讨幽蓟，皆为攻城八作壕寨使，尝诏督造炮具八百，期以半月，延进八日成，太宗亲试之，大悦。③

〔咸平〕五年（公元一〇〇二年），知宁化军刘永锡制手炮以献，诏沿边造之以充用。④

北宋之亡，即亡于炮，金人以火炮攻城，开封迅速陷落：

〔靖康元年（公元一一二六年）十一月二十七日〕是日，诸门缚炮架造鹅车。〔闰十一月〕十四日，通津门发炮，中金人一禅[7]将。〔闰十一月〕十九日，是日，善利、通津、宣化等门，金人炮座数百，抛掷如雨，人不可存，往往中炮死者，日不下数十也。〔闰十一月〕二十四日，彼势益锐……发大炮如雨。⑤

南宋末年，由国外进口一种回回炮，因仿制，又远出其上，且为破炮之法：

咸淳九年（公元一二七三年），沿边州郡，因降式制回回炮，有触类巧思，别置炮远出其上，且为破炮之策尤奇。其法，用稻穰草成坚索，条围四寸，长三十四尺，每二十条为束，别以麻索系一头于楼后柱，搭过楼，下垂至地，枕梁垂四层或五层，周庇楼屋，

---

① 《宋史》卷一，《太祖本纪一》。
② 《宋史》卷一百九十七，《兵志十一》。
③ 《宋史》卷二百七十一，《赵延进传》。
④ 《宋史》卷一百九十七，《兵志十一》。
⑤ 丁特起：《靖康纪闻》。

沃以泥浆，火箭火炮不能侵，炮石虽百钧无所施矣。且轻便不费财，立名曰"护陣篱索"。是时，兵纪不振，独器甲视旧制益详。①

宋代除用火炮外，还有其他火器，如火箭、火球、火蒺藜等，主要是在水上作战时，用于攻击对方船只：

〔咸平三年（公元一〇〇〇年）〕八月，神卫水军队长唐福献所制火箭、火球、火蒺藜。造船务匠项绾等献海战船式，各赐缗钱。②

（四）中央和地方各种杂官手工业

除文思院和军器监两大官手工业系统外，还有杂官手工业自成一独立系统，其中有若干种手工业合属于一个官设机构，有若干不同的工种在同一机构之内，成为职业或技术分工，亦称为某"作"。组织管理与文思院相类似，但也有不少是单一生产，即专门生产一种产品，这个产品可能是消费品，也可能是供应别的生产部门的原料品。由于种类繁多，故也是局所林立。这里仅择要举例：

东西八作司：旧分两使，止一司，太平兴国二年（公元九七七年）分两司，景德四年（公元一〇〇七年）并一司，监官通掌。天圣元年（公元一〇二三年），始分置官局。东司在安仁坊，西司在安定坊，勾当官各三人，以诸司使副及内侍充。其八作曰：泥作、赤白作、桐油作、石作、瓦作、竹作、砖作、井作。又有广备指挥主城之事，总二十一作，曰：大木作、锯匠作、小木作、皮作、大炉作、小炉作、麻作、石作、砖作、泥作、井作、赤白作、桶作、瓦作、竹作、猛火油作、钉铰作、火药作、金火作、青窑作、窟子作。二坊领杂役广备四指挥，工匠三指挥。③

后苑造作所：在皇城北，掌造禁中及皇属婚娶名物。旧在紫云楼下，咸平三年，并于后苑作，改今名，以内侍三人监，始领作七

---

① 《宋史》卷一百九十七，《兵志十一》。
② 《宋史》卷一百九十七，《兵志十一》。
③ 《宋会要辑稿》，《职官三〇之七》。

十四，曰：生色作、缕金作、烧朱作、腰带作、鈒作、打造作、面花作、结绦作、玉作、真珍作、犀作、琥珀作、玳瑁作、花作、蜡裹作、装銮作、小木作、锯匠作、漆作、雕木作、平拔作、镴作、旋作、宝装作、缨络作、染牙作、研作、胎素作、竹作、旋镂作、糊粘作、像生作、靴作、折竹作、棱作、匙筋作、拍金作、铁作、小炉作、错磨作、乐器作、球子作、抢棒作、球杖作、丝鞋作、镀金作、榠洗作、牙作、梢子作、裁缝作、拽条作、钉子作、克丝作、绣作、织罗作、绦作、伤裹作、藤作、打弦作、铜碌作、绵胭脂作、胭脂作、桶作、杂钉作、响铁作、油衣作、染作、戎具作、扇子作、鞍作、冷坠作、伞作、剑鞘作、打线作。后增置金线作、裹剑作、冠子作、角衬作、浮动作、沥水作、照子作。①

后苑造作所，监官三人，以内侍充，掌造禁中及皇属婚娶之名物，专典十二人，兵校及匠役四百三十六人。旧有西作，掌造禁中服用之物，旧在皇城司，天禧五年（公元一〇二一年），徙置于拱宸门外，庆历二年（公元一〇四二年）罢……以入内都知押班一人提点，以班四人监，别以二人监门，兵校及匠一百七十一人。②

治平四年（公元一〇六七年）四月二十四日，诏后苑造作所诸色工匠，以三百人为额。③

其他各种杂官工业，门类繁多，择其要者而言，计有以下各种：

军器监皮角场：神宗熙宁七年（公元一〇七四年）四月二十二日，军器监官勾当皮角四场库解师锡申：本场阙少工匠，检会元额诸作五百三十人；见阙三百一十人，自来除造旬课外，如有非次生活，并于诸作相兼拖工制造，本作别无生活，即权分诸作执役，体得逐作课轻，可以量添皮数，减下人工，元请物料，亦可减省。今相度减省物料工限造作，每日计得一百五十余工，本监欲依所请，从之。④

---

① 《宋会要辑稿》，《职官三六之七二——七三》。
② 《宋会要辑稿》，《职官三六之七三》。
③ 《宋会要辑稿》，《职官三六之七五》。
④ 《宋会要辑稿》，《食货五五之一四》。

事材场：太平兴国七年（公元九八二年）置，在开仁坊堂，度材朴斫，以给营缮，以诸司使副使阁门祗候内侍四人监，领匠一千六百五十三人，杂役三百四人。①

窑务：京东西窑务，掌陶土为砖瓦器，给营缮之用。旧有东西二务，景德四年（公元一〇〇七年）废，止于河阴置务，于京城西置受纳场，岁六百万。大中祥符二年（公元一〇〇九年）复置东窑务，以诸司使副使三班三人监，领匠千二百人。受纳场改为西窑务，以三班二人监，所有匠有瓦匠、砖匠、装窑匠、火色匠、粘较匠、鸱兽匠、青作匠、积匠、奢窑匠、合药匠十等，岁千一百五十四万，二月兴工，十月罢作。②

琉璃瓦：〔熙宁六年（公元一〇七三年）春正月壬申〕赐许州民费士明钱五十万。先是，修诸宫观皆用黄丹烧琉璃瓦，士明献瓦法，代以黑锡，颇省费，故赏之。③

铸鍮务：在显仁坊，掌造铜铁鍮石[8]诸器及道具，以供出鬻之用。旧在京铸钱监，景德三年（公元一〇〇六年）废钱监，改今名，以京朝官三班二人监，工匠一百十人。④

仁宗天圣八年（公元一〇三〇年）四月，三司言：准编敕：铙钹、钟、磬、酒旋子、照子等，许令在京铸鍮务、在外于就近便官场收买，并须镌勒匠人专副姓名，并监官押字将往外处者，仍给公据。今详铸鍮务逐旬造到器用功课斤两，欲先令尽数赴省呈验讫，差人押赴在京商税院出卖，从之。⑤

按：鍮[9]石系黄铜的别名，是铜与锌的合金，宋以前，锌还没有作为一种单独金属存在，故中国古代只有纯铜（赤铜）与青铜（铜与锡的合金），自古以来的一切铜器——从钟鼎彝器到兵器工具等等都是用青铜铸造，到了南朝时期，才由炼丹士用炉甘石（碳酸锌）与铜在还原炉中偶然炼出了黄铜，由于量少难得，极为名贵，取名鍮石，至唐而稍多，偶用以作装饰品，

① 《宋会要辑稿》，《食货五四之一五》。
② 《宋会要辑稿》，《食货五五之二〇》。
③ 李焘：《续资治通鉴长编》卷二百四十三。
④ 《宋会要辑稿》，《食货五五之一九》。
⑤ 《宋会要辑稿》，《食货五五之一九》。

至宋才能大量生产，由官府铸造出卖，民间仍不许自由铸造。可知中国古代根本没有黄铜，但是竟然有人说，古代大量流通的黄金都是黄铜，以故意标奇立异，这种毫无根据的臆说，不但与古代的社会经济特别是商品货币经济规律完全背谬，而且如此不顾事实，无的放矢，这是科学的起码准则所不允许的。

烧朱所：后苑烧朱所，掌烧变朱红，以供丹漆作绘之用，太平兴国三年（公元九七八年）置，令僧德愚、德隆于后苑中合炼。咸平末权停，大中祥符[10]初复置。天禧五年（公元一〇二一年），僧惟秀省其法，以内侍一人监之。①

皮剥所：皮剥所，开宝二年（公元九六九年）置。②

箔场：建隆元年（公元九六〇年）置箔场。③

煮胶场：太平兴国元年（公元九七六年），置场煮皮为胶，以给诸司之用，以三班及内侍一人监，其退料亦置场出鬻，匠十二人。④

毡毯坊：唐有毡坊、毯坊使，五代合为一使，宋朝因之。⑤

丝鞋局：禁中旧有丝鞋局，专挑供御丝鞋，不知其数。尝见蜀将吴珙被赐数百緉[11]，皆经奉御者。寿皇即位，惟临朝服丝鞋，退即以罗鞋易之，遂废此局。⑥

南宋初，又设御前甲库，是一个无所不包的杂小手工业机构，其产品本系直接供"乘舆"所须什物为有司所不能供者，所有百工技艺之巧皆聚于其中，所费浩大：

御前甲库者，绍兴中置，凡乘舆所须图画、什物，有司不能供者，悉于甲库取之，故百工技艺之巧者，皆聚于其间，日费亡虑数百千。禁中既有内酒库，而甲库所酿尤胜，以其余酤卖，颇侵户部

① 《宋会要辑稿》，《职官三六之七六》。
② 高承：《事物纪原》卷七。
③ 高承：《事物纪原》卷七。
④ 《宋会要辑稿》，《食货五五之一三》。
⑤ 高承：《事物纪原》卷六。
⑥ 陆游：《老学庵笔记》卷二。

课额，以此军储常不足。二十九年（公元一一五九年）冬，张子公（焘）再为吏部尚书，因见上言，王者以天下为家，不当私置甲库，以侵国用，上从其请，尽罢之。人由是知甲库之设，非上本意也。①

地方官手工业规模最大的，是属于兵工制造的诸道都作院，有关情况已见上文，属于普通服用品和奢侈品的为数不多，最著名的是苏、杭造作局和成都锦院，苏、杭造作局制造的物品种类繁多，都是工艺精巧的高贵物品，其情况有如下述：

〔宣和三年（公元一一二一年）春正月〕辛酉，罢苏、杭州造作局及御前纲运。②

〔宣和三年〕罢苏杭造作局。二州置局，造作器用，曲尽其巧，牙、角、犀、玉、金、银、竹、藤、装画、糊抹、雕刻、织绣诸色匠人，日役数千，而财物所须，悉科于民，民力重困，上尝罢之。至是，方腊乱于浙西，悉诏罢之。③

蜀锦院是地方官手工业中最有成绩的一个部门，规模宏大，工匠众多，有详细的技术分工，有严格的科学管理，所织之锦皆精美绝伦，花样繁多，其情况有如下述：

蜀以锦擅名天下，故城名以锦官，江名以濯锦。而《蜀都赋》云："贝锦斐成，濯色江波。"《游蜀记》云："成都有九璧村，出美锦，岁充贡。"宋朝岁输上供等锦帛，转运司给其费，而府掌其事。元丰六年（公元一〇八三年），吕汲公大防始建锦院于府治之东，募军匠五百人织造，置官以莅之。创楼于前，以为积藏待发之所，榜曰"锦官"。公又为之记，其略云：设机百五十四，日用挽综之工百六十四，用杼之工五十四，练染之工十一，纺绩之工百一十，而后足役；岁费丝权以两者，一十二万五千，红蓝紫菊之类以斤者，二十一万一千，而后足用；织室吏舍，出纳之府，为屋百一十七间，

———

① 李心传：《建炎以来朝野杂记》甲集卷十七，《御前甲库》。
② 《宋史》卷二十二，《徽宗本纪四》。
③ 《宣和遗事》前集。

而后足居。自今考之当时所织之锦，其别有四：曰上贡锦、曰官告锦、曰臣僚袄子锦、曰广西锦，总为六百九十四而已。渡江以后，外攘之务，十倍承平，建炎三年（公元一一二九年），都大茶马司始织造锦绫被褥，折支黎州等处马价，自是私贩之禁兴。又以应天、北禅、鹿苑寺三处置场织造，其锦自真红被褥而下，凡十余品，于是中国织纹之工，转而衣衫椎髻之人矣。乾道四年（公元一一六八年），又以三场散漫，遂即旧廉访司洁已堂创锦院，悉聚机户，其中犹恐私贩不能尽禁也，则倚宣抚之力，建请于朝，并府治锦院为一，俾所隶工匠各以色织造。盖马政既重，则织造益多，费用益夥，提防益密，其势然也。今取承平时锦院与今茶马司所织锦名色著于篇，俾来者各以时考之：

转运司锦院（即成都府锦院）织锦各色：上贡锦三匹，花样：八答晕锦。官告锦四百匹，花样：盘球锦、簇四金雕锦、葵花锦、八答晕锦、六答晕锦、翠池狮子锦、天下乐锦、云雁锦。臣僚袄子锦八十七匹，花样：簇四金雕锦、八答晕锦、天下乐锦。广西锦二百匹，花样：真红锦一百匹，大窠狮子锦、大窠马大球锦、双窠云雁锦、宜男百花锦；青丝锦一百匹，花样：宜男百花锦、青丝云雁锦。……细色锦名色：青绿瑞草云鹤锦、青绿如意牡丹锦、真红宜男百花锦、真红穿花凤锦、真红雪花球露锦、真红樱桃锦、真红水林檎锦、泰州细法真红锦、鹅黄水林檎锦、泰州中法真红锦、泰州粗法真红锦、真红湖州大百花孔雀锦、四色湖州百花孔雀锦、紫皂段子、真红天马锦、真红飞鱼锦、真红聚八仙锦、真红六金鱼锦、二色湖州大百花孔雀锦。[①]

（五）造船业

宋代的水上运输非常发达，江、河、湖、海之上，公私漕船商舶往来如织。宋王朝定都开封，主要就是因为那里有众多的河道，全国各道州郡上贡、和籴、和买的物资均可循水道转漕京师，仅东南即岁漕六百余万石，其所需船舶之多，是不言而喻的，故朝廷除在京师设造船务外，还在沿江、沿海各州郡设立造船场，定期造出规定的船数交付中央主管部门，纳入漕运船队。

---

① 费著：《蜀锦谱》。

同时宋代又是国内外商业很发达的时期，商人从全国各地组织货源，不停地将商品从一个市场转到另一个市场，这就要求有便利运输，船是最有效的运输工具，没有发达的公私造船业，是不能适应商业发展需要的；宋代的海上贸易也非常发达，是自唐开始的市舶贸易的鼎盛时期，每年有大批南海番舶泛海而来，也有大批中国商船泛海而去，航行海洋上的巨舶在制造上要求有更高的技术，中国这时能制造航海巨舶，是宋代造船业有大量发展的一个重要标志。

船舶不仅是运输工具，而且也是战争工具。水师起源很早，宋王朝继承了这一传统，锐意经营水师，在建国之初即大造战船，并特在京师设立造船务，专造战船，朝廷对之十分重视，皇帝尝亲临视察：

〔乾德元年（公元九六三年）春正月〕乙丑，幸造船务，观造战船。①

〔太平兴国二年（公元九七七年）二月〕戊午，幸太平兴国寺，遂幸造船务，赐工徒人千钱、布一端。②

宋南渡后，因抵御金人进逼，主要仰赖水师，因此更是大造战船。诚如当时人吕颐浩所言："金人便鞍马，每以骑兵取胜。国家驻跸东南，当以舟楫取胜。盖舟楫者，非金人之长技，乃今日我之长技，弃而不用，可胜惜哉。臣已乞舟师二万，照应北伐之兵矣。"③ 南宋时制造战船的技术又有了很大进步，所造大小战船名车船，能以轮激水，快速如飞，使金兵为之"骇愕"。总之，造船业不论在北宋或南宋，都是一个重要的官手工业部门，规模宏大，工人众多，诸州岁造运船总数如下：

诸州岁造运船，至道末三千二百三十七艘，天禧末减四百二十一。④

江西的洪、虔、吉州，淮南和两浙的温州、明州等处皆设有造船场，主

---

① 《宋史》卷一，《太祖本纪一》。
② 李焘：《续资治通鉴长编》卷十八。
③ 吕颐浩：《忠穆集》卷二，《论舟楫之利》。
④ 《宋史》卷一百七十五，《食货志上三·漕运》。

要打造内河运船，如：

> 〔天禧元年（公元一〇一七年）冬十月丙寅〕发运司言，洪、虔、吉州岁造新船赴京，牵送扰民，望令逐州以官健给假，诏可。①
>
> 〔元祐五年（公元一〇九〇年）春正月〕庚午，诏温、明州岁造船以六百只为额，淮南、两浙各三百只，从户部裁省浮费所之请也。②

温、明州造船场建置后，时分时合，变动不定，影响生产，其分合变动情况，略如下述：

> 国朝皇祐中，温、明各有造船场。大观二年（公元一一〇八年），以造船场并归明州，买木场并归温州，于是明州有船场官二员，温州有买木官二员，并差武臣。政和元年（公元一一一一年），明州复置造船、买木二场，官各一员，仍选差文臣。二年（公元一一一二年），为明州无木植，并就温州打造，将明州船场兵级买木监官前去温州勾当。七年（公元一一一七年），守楼异以应办三韩岁使船，请依旧移船场于明州，以便工役，寻又归温州。宣和七年（公元一一二五年），两浙运司乞移明温州船场并就镇江府，奏辟监官二员，内一员兼管买木。未几，又乞移于秀州通惠镇，存留船场官外省罢，从之。中兴以来，复置监官于明州。③

后因温州缺乏造船材料，买不到大木，每年只能造十船，而官司兵匠如故，浪费甚大，臣僚因请罢温州船场：

> 温州有造船场一司，究其建立之初，本因高宗南巡，驻跸临安，漕臣一时措置，谓漕舟全缺，而良材兴贩，自处过温入于海者众，于是置船场，立抽解，是时材木不可胜用。客贩既盛，而漕计有余，州郡系省之钱，可以支拨，岁造百艘，以供漕运，诚一时之利也。

---

① 李焘：《续资治通鉴长编》卷九十。
② 李焘：《续资治通鉴长编》卷四百三十七。
③ 罗濬：《宝庆四明志》卷三，《官僚》。

尔后本司自有船场，又近地如明州、华亭，亦皆造船，足以供转输之用，今则山林大木绝少，客贩不交，系省不足以给费，本司亦知其难办，岁朘月削，每年止造十船，而一司尚存，凡费如故，其所谓益于官者，不过十舟，若就办于本司及近地之船场，不甚费力。请言温州之为害者，监官初止一员，既增其一，已而又增，遂为三员，虽是宗子添差，而皆厘务请给，人从并同正官，则有俸给之费，所养工匠，则有衣粮之费，造船之日，又添以米十舟，分为春秋两料，除材植取于客贩，抽解贴买不多，而有铁炭灰油之费，其起发而来也，以运河平底之舟，而行鲸海不测之渊，虚舟既不可以进，势必载私商客货其中，远出海港，而复揽载不可禁察，又有将校借请篙梢犒给之费，少或半载，多或数月而后能达，多有覆溺沉破之患，此其官司所任劳费之目也。若其烦扰百姓，则又甚焉。①

海船以福建所造为最佳，广东、广西次之，温、明州船又次之。北方之木，根本不适于造海船，据吕颐浩说：

> 臣尝广行询问海上北来之人，皆云南方木性，与水相宜，故海舟以福建船为上，广东西船次之，温明州船又次之。北方之木，与水不相宜，海水咸苦，能害木性，故舟船入海，不能耐久，又不能御风涛，往往有覆溺之患。②

南宋时所造战船主要是车船，即有轮之船，置人于前后，踏车轮进退。最初是杨么在洞庭湖抵抗官军时所用，后官军仿之，并加以改进，有九车战船和十三车战船：

> 〔杨〕么负固不服，方浮舟湖中，以轮激水，其行如飞，旁置撞竿，官舟迎之辄碎。③
> 〔绍兴二年（公元一一三二年）冬十月己酉〕诏湖北安抚使刘洪道、知鼎洲程昌寓并力招捕湖寇杨太。时太据洞庭，有众数万。

---

① 楼钥：《玫瑰集》卷二十一，《乞罢温州船场》。
② 吕颐浩：《忠穆集》卷二，《论舟楫之利》。
③ 《宋史》卷三百六十五，《岳飞传》。

太主诛杀，其党黄诚主谋画，诚之下又有周伦、杨钦、夏诚、刘衡之徒，大造车船及海鳅船，多至数百。车船者，置人于前后，踏车进退，每舟载兵千余人，又设拍竿长十余丈，上置巨石，下作辘轳，遇官军船近，即倒拍竿击碎之，官军以此辄败。大率车船如陆战之阵兵，海鳅如陆战之轻兵。①

〔绍兴五年（公元一一三五年）闰二月丙寅〕诏江东、浙西路各造九车战船十二艘，浙东造十三车战船八艘。时王璪自京湖得二巨舰以归，故命仿其制为之。②

〔绍兴五年五月〕癸未，诏江、浙四路共造五车十桨小船五十，仍以贴纳盐袋钱五万缗为造船之费，时已造十三车、九车战舰，而言者以为缓急遇敌，追袭掩击，须用轻捷舟船相参，乃复为之。③

金兵压境时，南宋将帅即命战士踏车船以御之，船中流上下，三周金山，回转如飞，敌兵大骇：

〔绍兴三十年（公元一一六〇年）〕十一月壬申，金主率大军临采石，而别以兵争瓜州。……庚寅，亮至瓜州，允文与〔杨〕存中临江按试，命战士踏车船中流上下，三周金山，回转如飞，敌持满以待，相顾骇愕。亮笑曰："纸船耳。"④

〔绍兴三十一年（公元一一六一年）十一月〕庚寅，金主亮在瓜州镇，御营宿卫使杨存中、中书舍人督视府参谋军事虞允文以贼骑瞰江，恐军船临期不堪驾用，乃与淮东总领朱夏卿、镇州守巨赵公俦相与临江泄试，命战士踏车船径趋瓜州，将迫岸复回，敌兵皆持满以待，其船中流上下，三周京山，回转如飞，敌众骇愕，亟遣人报亮，亮至见之，笑曰：此纸船耳。因列坐诸将，一将前跪曰：南军有备，不可轻。⑤

---

① 李心传：《建炎以来系年要录》卷五十九。
② 《皇宋中兴两朝圣政》卷十七，《命造战船》
③ 李心传：《建炎以来系年要录》卷八十九。
④ 《宋史》卷三百八十三，《虞允文传》。
⑤ 李心传：《建炎以来系年要录》卷一百九十四。

（六）矿冶业

矿冶业是宋代地方官手工业的一个重要项目。宋王朝和过去历代王朝相同，对铁、铜、金、银、铅、锡、水银、朱砂等金属矿和非金属矿的开采冶炼均实行禁榷，所有权由国家垄断，在产地设监，矿冶场务有专官管理。但实际采炼则由该地方坑冶户承包，按政府规定的数量缴纳岁课，这是用抽税办法，实行国有民营，这与上述各种官手工业直接由政府召募或雇工经营实有所不同。但矿产每难于预定，有时暴发，有时衰竭，而主管官司又不问收入丰歉，常迫使承包户必缴足预定之数，坑冶户往往难以负担。朝廷每降敕书，辄委所在视矿冶之不发者，或废之，或蠲主者所负之岁课，遂以为常。关于宋代全国重要矿的主要产地和诸州坑冶的实际产量，有官方的统计数可考：

> 坑冶：凡金、银、铜、铁、铅、锡监冶场务二百有一：金产商、饶、歙、抚四州，南安军。银产凤、建、桂阳三州，有三监；饶、信、虔、越、衢、处、道、福、汀、漳、南剑、韶、广、英、连、恩、春十七州，建昌、邵武、南安三军，有五十一场；秦、陇、兴元三州，有三务。铜产饶、处、建、英、信、汀、漳、南剑八州，南安、邵武二军，有三十五场；梓州有一务。铁产徐、兖、相三州，有四监；河南、凤翔、同、虢、仪、蕲、黄、袁、英九州，兴国军，有十二冶；晋、磁、凤、澧、道、渠、合、梅、陕、耀、坊、虔、汀、吉十四州，有二十务；信、鄂、连、建、南剑五州，邵武军，有二十五场。铅产越、建、连、英、春、韶、衢、汀、漳、南剑十州，南安，邵武二军，有三十六场、务。锡产河南、南康、虔、道、贺、潮、循七州，南安军，有九场。水银产秦、阶、商、凤四州，有四场。朱砂产商、宜二州，富顺监，有三场。[①]

> 大率山泽之利有限，或暴发辄竭，或采取岁久，所得不偿其费，而岁课不足，有司必责主者取盈。仁宗、英宗每降敕书，辄委所在视冶之不发者，或废之，或蠲主者所负岁课，率以为常；而有司有请，亦辄从之，无所吝。故冶之兴废不常，而岁课增损随之。皇祐

---

① 《宋史》卷一百八十五，《食货志下七·坑冶》。

中，岁得金万五千九十五两，银二十一万九千八百二十九两，铜五百一十万八百三十四斤，铁七百二十四万一千斤，铅九万八千一百五十一斤，锡三十三万六百九十五斤，水银二千二百斤。其后，以赦书从事或有司所请，废冶百余。既而山泽兴发，至治平中，或增冶或复故者六十有八，而诸州坑冶总二百七十一：登、莱、商、饶、汀、南恩六州，金之冶十一；登、虢、秦、凤、商、陇、越、衢、饶、信、虔、郴、衡、漳、汀、泉、建、福、南剑、英、韶、连、春二十三州，南安、建昌、邵武三军，桂阳监，银之冶八十四；饶、信、虔、建、漳、汀、南剑、泉、韶、英、梓十一州，邵武军，铜之冶四十六；登、莱、徐、兖、凤翔、陕、仪、邢、虢、磁、虔、吉、袁、信、澧、汀、泉、建、南剑、英、韶、渠、合、资二十四州，兴国、邵武二军，铁之冶七十七；越、衢、信、汀、南剑、英、韶、春、连九州，邵武军，铅之冶三十；商、虢、虔、道、贺、潮、循七州，锡之冶十六；而水银、丹砂州冶，与至道、天禧之时则一，皆置吏主之。是岁，视皇祐金减九千六百五十六，银增九万五千三百八十四，铜增一百八十七万，铁、锡增百余万，铅增二百万，又得丹砂二千八百余斤，独水银无增损焉。熙宁元年（公元一〇六八年），诏："天下宝货坑冶，不发而负岁课者蠲之。"八年（公元一〇七五年），令近坑冶坊郭乡村并淘采烹炼，人并相为保；保内及于坑冶有犯，知而不纠或停盗不觉者，论如保甲法。元丰元年（公元一〇七八年），诸坑冶金总收万七百一十两，银二十一万五千三百八十五两，铜千四百六十万五千九百六十九斤，铁五百五十万一千九十七斤，铅九百十九万七千三百三十五斤，锡二百三十二万一千八百九十八斤，水银三千三百五十六斤，朱砂三千六百四十六斤十四两有奇。[①]

各矿税租收入、每矿产量与赋入之数，亦有官方数字可考，其数如下：

凡税租之入：银总三万八千三百二十六两。

凡山泽之入：金一千四十八两。银一十二万九千四百六十两。

① 《宋史》卷一百八十五，《食货志下七·坑冶》。

铜二千一百七十四万四千七百四十九斤。铁五百六十五万九千六百四十六斤。铅七百九十四万三千三百五十斤。锡六百一十五万九千二百九十一斤。朱砂二千七百八斤。水银二千一百一十五斤。

凡税总收之数：金三万七千九百八十五两。银二百九十万九千八十六两。

凡诸路上供之数：金一万七千四两。银一百一十四万六千七百八十四两。

凡赋入之数：金一万七千九十七两。银一百二十三万一千二百七十七两。水银六百六十一斤。[①]

政府置虞部员外郎一官，掌禁榷矿冶之事：

虞部员外郎，参掌山泽苑囿场冶之事，而举行其禁令。若地产茶、盐、矾及金、银、铜、铁、铅、锡，则兴置收采，以其课入，归于金部。[②]

南渡后，矿冶颇多变动，岁入亦多寡不同，其情况大致如下：

南渡，坑冶废兴不常，岁入多寡不同。今以绍兴三十二年（公元一一六二年）金、银、铜、铁、铅、锡之冶废兴之数一千一百七十，及乾道二年（公元一一六六年）铸钱司比较所入之数附之：湖南、广东、江东西金冶二百六十七，废者一百四十二；湖南、广东、福建、浙东、广西、江东西银冶一百七十四，废者八十四；潼川、湖南、利州、广东、浙东、广西、江东西、福建铜冶一百九，废者四十五。旧额岁七百五万七千二百六十斤有奇，乾道岁入二十六万三千一百六十斤有奇。淮西、夔州、成都、利州、广东、福建、浙东、广西、江东西铁冶六百三十八，废者二百五十一，旧额岁二百一十六万二千一百四十斤有奇，乾道岁入八十八万三百斤有奇。淮西、湖南、广东、福建、浙东、江西铅冶五十二，废者一十五，旧

① 《宋会要辑稿》，《食货三三之二七——二九》。
② 《宋会要辑稿》，《职官一六之三》。

额岁三百二十一万三千六百二十斤有奇，乾道岁入一十九万一千二百四十斤有奇。湖南、广东、江西锡冶一百一十八，废者四十四，旧额岁七十六万一千二百斤有奇，乾道岁入二万四百五十斤有奇。"①

1. 铁冶业

宋代炼铁，仍以木炭为燃料，故冶炼业大都设在靠近山林之处，以便就近伐木烧炭。可是树木一旦被斫伐净尽，冶炼即无法进行，铁冶户如仍照旧额岁纳课铁，往往赔累得倾家荡产。下引一事，即为例证：

相州利城军铁冶，四十年前铁矿兴发，山林在近，易得矿炭，差衙前工人岁纳课铁一十五万斤。自后采伐，山林渐远，所费浸大，输纳不前，后虽增衙前六人，亦败家业者相继，本州遂于六县中白差上等人户三十家充军户，更不兴扇，止令岁纳课铁，民甚为苦，公奏停之。②

宋代已开始用煤炭为燃料，并应用于炼铁，取得了良好结果。据苏轼说：

彭城旧无石炭，元丰元年（公元一〇七八年）十二月，始遣人访获于州之西南白土镇之北，以冶铁作兵，犀利胜常云。③

石炭不知始何时，熙宁间初到京师，东坡作《石炭行》一首，言以冶铁作兵器甚精，亦不云始于何时也。④

所谓"作兵器甚精"，是用石炭炼钢了，沈括《梦溪笔谈》载有他在磁州锻坊观察用生铁炼钢之法：

世间锻铁所谓钢铁者，用柔铁屈盘之，乃以生铁陷其间，泥封炼之，锻令相入，谓之团钢，亦谓之灌钢，此乃伪钢耳。暂假生铁

---

① 《宋史》卷一百八十五，《食货志下七·坑冶》。
② 韩琦：《韩魏公集》卷十三，《家传》。
③ 苏轼：《东坡先生诗集》卷二十五，《石炭并引》。
④ 朱弁：《曲洧[12]旧闻》卷四。

以为坚，二三炼则生铁自熟，仍是柔铁，然而天下莫以为非者，盖未识真钢耳。予出使至磁州锻坊，观炼铁，方识真钢。凡铁之有钢者，如面中有筋，濯尽柔面，则面筋乃见，炼钢亦然。但取精铁锻之百余火，每锻称之，一锻一轻，至累锻而斤两不减，则纯钢也，虽百炼不耗矣。此乃铁之精纯者，其色清明，磨莹之，则黯黯然青而且黑，与常铁迥异，亦有炼之至尽而全无钢者，皆系地之所产。①

中国很早即能炼钢，沈括在磁州锻坊所见，并不稀奇，但他没有说明是用什么燃料炼钢的，不过磁、相州正是盛产煤炭的地方，锻坊不会舍廉价易得的石炭而用木炭，下引记载正说明这种情况：

〔仁宗天圣四年（公元一〇二六年）十月〕二十七日，陕州西路转运使杜詹言，欲乞指挥，磁、相等州所出石炭，今后除官中支卖外，许令民间任便牧买贩易，从之。②

经营铁矿的开采冶炼，都是大规模经营，生产的性质决定了冶户必须有大量资本，必须雇用大批工人，进行伐薪烧炭、采矿、冶炼等各种不同的技术分工。这里以苏轼论述徐州利国监三十六冶（炼铁炉）的情况为例，来看一看在冶铁工业中怎样出现了资本主义性质的商品生产：

元丰元〔六〕年十月□[13]日，尚书祠部员外郎直史馆权知徐州军州事臣苏轼谨昧万死，再拜上书皇帝陛下。……徐州为南北之襟要，而京东诸郡安危所寄也。……州之东北七十余里，即利国监，自古为铁官，商贾所聚，其民富乐。凡三十六冶，冶户皆大家，藏镪巨万，常为盗贼所窥，而兵术寡弱，有同儿戏，臣中夜以思，即为寒心。使剧贼致死者十余人白昼入市，则守者皆弃而走耳。地既产精铁，而民皆善锻，散冶户之财，以哨召无赖，则乌合之众数千人之仗，可以一夕具也，顺流而下，辰发巳至，而徐有不守之忧矣。……近者河北转运司奏，乞禁止利国监铁，不许入河北，朝廷

① 沈括：《梦溪笔谈》卷三。
② 《宋会要辑稿》，《食货三七之一〇》。

从之。昔楚人亡弓，不能忘楚，孔子犹小之，况天下一家，东北二
冶，皆为国兴利，而夺彼与此，不已隘乎？自铁不北行，冶户皆有
失业之忧，诣臣而诉者数矣，臣欲因此以征冶户为利国监之捍屏。
今三十六冶，冶各百余人，采矿伐炭，多饥寒亡命、强力鸷忍之民
也，臣欲使冶户每冶各择有材力而忠谨者保任十人，籍其名于官，
授以刀槊，教之击刺，每月两衙，集于知监之庭而阅试之，藏其刃
于官，以待大盗，不得役使，犯者以违制论。冶户为盗所拟久矣，
民皆知之，使冶出十人以自卫，民所乐也，而官又为除近日之禁，
使铁得北行，则冶户皆悦而听命，奸猾破胆而不敢谋矣。①

徐州南北襟要，自昔用武之地，而利国监去州七十里，土豪百
余家，金帛山积，三十六冶器械所产，而兵卫微寡，不幸有猾贼十
许人，一呼其间，吏兵皆弃而走耳……②

2. 黄铜与胆铜

宋代所炼之铜，主要为黄铜和胆铜两种，产量都相当巨大。由于两者都
是铸钱原料，故铜的需要量亦甚大。黄铜是铜与锌的合金，宋以前没有锌的
单独存在，虽然早在南北朝时期已有炼丹，土用炼丹方法在还原炉中，以炉
甘石（碳酸锌）与铜偶然炼出了黄铜（时名鍮石），但产量甚微，只能偶尔
作装饰之用；唐时产量仍不大，鍮石列为贵重金属，朝廷严格限制滥用鍮石，
上文已略述其梗概。到宋代，在铅、锡之外又有了锌，所以能大量生产黄铜。
生产胆铜是在宋代才发展起来的一个新的化学工业，其生产过程并不复杂，
但却完全符合化学原理，产量也非常大。它是宋代劳动人民在科学上和经济
上的一个重大贡献，其情况当于下文详之。宋政府对两种铜的总产量和各地
铜场的产量皆有详细的统计数字，这在古代史籍中是难得的，《宋会要辑稿》
是政府的原始档案，保留了全部统计数字，兹引述如下：

铜场岁收租额，总七百五万七千二百六十三斤八两。饶州兴利
场，胆铜五万一千二十九斤八两。信州铅山场，胆铜三十八万斤。
宝丰场，黄铜二千斤。池州铜陵县，胆铜一千三百九十八斤。兴国

---

① 《经进东坡文集事略》卷三十三，《徐州上皇帝书》。
② 《苏东坡集》卷二十九，《与章子厚书》。

军大冶县，黄铜一千四百斤。韶州岑水场，黄铜三百一十六万四千七百斤，胆铜八十万斤。连州元鱼场，黄铜一十万九千二百六十斤。潭水永兴场，黄铜一百七十九万六千斤，胆铜六十四万斤。汀州长汀县，黄铜六十二斤。南剑州、尤溪县，黄铜六万九千九百五十八斤。剑浦县大演场，黄铜八千一百九十斤。建宁府浦城县因将场，黄铜二万八千八百斤。崇安县，黄铜一千一百四十斤。邵武军光泽县，黄铜三百二十五斤。婺州永康县，胆铜二千斤。今递年趁到总二十六万三千一百六十九斤九两，比租额纽计，止收到三厘七毫。信州铅山场，胆铜九万六千三百三十六斤，赴饶州永平监，严州神泉监铸钱。饶州兴利场，胆铜二万三千四百八十二斤，赴饶州永平监铸钱。韶州岑水场，黄铜胆铜赴饶州永通监及饶州永平监赣州铸钱院铸钱，黄铜一万四百四十斤，胆铜八万八千九百四十八斤。潭州永兴场，胆铜三千四百一十四斤，赴饶州永平监铸钱。……建宁府因将场，黄铜八千三百一十七斤四两，赴本府丰□监铸钱。池州铜陵县，胆铜四百八十五两[14]，赴饶州永平监铸钱。信州弋阳县宝丰场，黄铜二十斤，附纲赴饶州永平监铸钱。连州元鱼场，黄铜二千[15]八百八十斤，赴韶州永通监铸钱。南剑州尤溪县，黄铜三千六百五十四斤，赴建宁府丰□监铸钱。汀州长汀县，黄铜六十二斤，赴建宁府丰□监铸钱。邵武军光泽县，黄铜三百二十三斤，赴建宁府丰□监铸钱。潼州府铜山县，黄铜六千斤，赴饶州永平监铸钱。利州青塗县，黄铜七千斤，赴饶州永平监铸钱。兴州青阳县，黄铜一千六百六十二斤，赴饶州永平监铸钱。①

胆铜即用胆水浸铜，宋人有记载说这个方法是偶尔发现的，其说如下：

> 信州铅山胆水自山下注，势若瀑布，用以浸铜，铸冶是赖，虽干溢系夫旱涝，大抵盛于春夏，微于秋冬。古传一人至水滨，遗钥匙，翌旦得之，已成铜矣。②

---

① 《宋会要辑稿》，《食货三三之一九——二〇》。
② 周煇：《清波杂志》卷十二，《胆水胆土》。

胆水系硫酸铜的一种水溶液，以其味酸苦，故名之为胆水。胆水浸铜，是从硫酸铜溶液中提取金属铜，即用一种电位序（亦称"电势序"）较高的金属从水溶液中提炼出电位序较低的金属。这里是用电位序较高的铁从硫酸铜溶液中提换[16]出电位序较低的铜，把铜从溶液中置换出来，这方法在化学上称之为"置换法"。其实早在西汉时人们对这一金属置换作用就有了一定认识。《淮南万毕术》云："曾青得铁则化为铜。"说的就是这一情况。曾青就是天然硫酸铜，古人作药用，主明目，另有空青、白青、石胆、胆矾等名，它早见于《荀子·王制篇》："南海则有羽翮、齿革、曾青、丹干焉，然而中国得而财之。"只不过未明言其用途。到了魏晋南北朝时朝，有关胆铜法的记载增多了，屡见于医家、道家著作中，如《名医别录》云石胆"能化铁为铜"；《抱朴子·黄白篇》云"以曾青涂铁，铁赤色如铜……此皆外变而内不化也"。所谓"外变而内不化"，是指在铁的表面上涂了一层硫酸铜溶液，而不是将铁长期置于曾青溶液中，这样铁的表面就附上了一层反应后的铜，即"外变"，而内部由于没有能与[17]反应，故"内不化"。但这种金属置换作用，应用于商业性的大量生产还是宋代的事情。宋代这一技术发展成为一种主要的制铜工艺：

> 浸铜之法，以生铁锻成薄片，排置胆水槽中浸渍数日，铁片为胆水所薄，上生赤煤，取刮铁煤入炉，三炼成铜。大率用铁二斤四两，得铜一斤。饶州兴利场、信州铅山场各有岁额，所谓胆铜也。①

把铁的薄片浸入硫酸铜溶解数日后，硫酸铜与铁发生化学反应，生成硫酸亚铁，而将铜分解出来，所谓"上生赤煤"，即得到铜的沉淀，其化学反应式是：

$$CuSO_4 + Fe \longrightarrow FeSO_4 + Cu \downarrow ②$$

这就是浸铜法所依据的化学原理。用这个方法从胆水中提取金属铜，既不需要高温冶炼设备，固定投资不多，而且操作简单，这样可有效地利用贫矿，它是宋代炼铜的主要方法。其情况是：

---

① 《宋史》接一百八十，《食货志下二》。
② 参见《科技史文集》第九辑，上海科学技术出版社，第五十二页。

崇宁元年（公元一一〇二年），户部言二游经申，自兴置信州铅山场胆铜已来，收及八十九万八千八十九斤八两，每斤用本钱四十四文省，若制扑胆铜铸钱，每一贯省六百余文，其利厚重。自丁忧解职之后，皆权官时暂监管，致今胆铜十失五六。今再除职事以来，自今年正月至九月二十日终，已收胆铜一十七万二千一百二十三斤八两。然亦合行措置，古坑有水处为胆水，无水处为胆土，胆水浸铜，工少利多，其水有限；胆土煎铜，工多利少，其土无穷。措置之初，宜增本减息，庶使后来可继。胆水浸铜，斤以钱五十为本，胆土煎铜，斤以钱八十为本，比之矿铜，其利已厚，若从上次宽立本钱，所贵铜课增美。偷盗胆铜与私坏胆水，或坑户私煎胆铜，乞依绍圣五年（公元一〇九八年）敕文约束，从之。①

〔绍兴二年（公元一一三二年）冬十月辛卯〕朝议以坑冶所得不偿所费，悉罢监官，以县令领其事。至是江东转运副使马承家奏存饶、信二州铜场，许之。二场皆产胆水，浸铁成铜。元祐中，始置饶州兴利场，岁额五万余斤。绍圣二年（公元一〇九五年），又置信州铅山场，岁额三十八万斤。其法：以片铁排胆水槽中，数日而出，三炼成铜，率用铁二斤四两而得铜一斤云。②

〔政和六年（公元一一一六年）〕十二月，广东漕司言："本路铁场坑冶九十二所，岁额收铁二百八十九万余斤，浸铜之余无他用。"诏令官悉市以广浸，仍以诸司及常平钱给本。③

3. 金

黄金是自然存在之物，不论是采之于矿穴，还是得之于河沙，都是从沙土中淘取，小者如麸，大者如豆，不再需要冶炼，故不需要特殊的生产设备，不需要多少固定资本，人人都可以从事。宋政府在一些重要产金的地区，置金场，设监官，人民采出的黄金按一定比例（一般为三七分，即官得三分，民得七分）缴纳给国家，余则按官定价格由政府收买。大体上说，宋代对采金业的经营管理是一种官督民营方式，任民淘取，官则监督统购。全国产金之处甚多，这里仅就几个重要产地及其经营管理情形，引述部分有关记载，

---

① 《宋会要辑稿》，《食货三四之二五》。
② 李心传：《建炎以来系年要录》卷五十九。
③ 《宋史》卷一百八十五《食货志下七·坑冶》。

以概见黄金的产销情况：

> 江南西道饶州，土产麸金。按《郡国志》云：鄱阳之上出金，披沙淘之，粒大者如豆，小者如麸，亦生银苗于山中。①

> 罢成州金坑诏〔至道二年（公元九九六年）正月乙卯〕："捐金于山，前圣之盛德，所宝惟谷，旧史之格言。朕缅慕太古之风，不贵难得之货，何必言利，徒以勤民。其成州两处金坑宜停废"。②

> 〔景祐四年（公元一○三七年）冬十一月〕癸亥，罢登、莱买金场。③

> 天圣中，登、莱采金，发益数千两。仁宗命奖劝官吏。宰相王曾曰："采金多则背本趋末者众，不宜诱之。"景祐中，登、莱饥，诏弛金禁，听民采取，俟岁丰复故。然是时海内承平已久，民间习俗日渐侈靡，糜金以饰服器者不可胜数，重禁莫能止焉。景祐、庆历中，屡下诏申敕之。④

> 〔天圣七年（公元一○二九年）夏四月〕乙未，置莱州莱阳县采金场。⑤

> 登莱州产金，自太宗时已有之，然尚少，至皇祐中始大发，四方游民废农桑来掘地采之，有重二十余两为块者，取之不竭，县官榷买，岁课三千两。⑥

> 〔天圣八年（公元一○三○年）二月〕庚寅，置彭州九陇县采金场。⑦

> 先是，熙宁七年（公元一○七四年），广西经略司言："邕州右江填乃洞产金，请以邓辟监金场。"后五年，凡得金为钱二十五万缗，辟迁官者再焉。元丰四年（公元一○八一年），始以所产薄罢贡。⑧

---

① 乐史：《太平寰宇记》卷一百七。
② 《宋大诏令集》卷一百八十三。
③ 《宋史》卷十，《仁宗本纪二》。
④ 《宋史》卷一百八十五，《食货志下七》。
⑤ 李焘：《续资治通鉴长编》卷一百七。
⑥ 吴曾：《能改斋漫录》卷十五，《登莱州产金》。
⑦ 李焘：《续资治通鉴长编》卷一百九。
⑧ 《宋史》卷一百八十五，《食货志下七》。

〔崇宁〕四年（公元一一〇五年），湖北旺溪金场，以岁收金千两，乃置监官。①

政和元年（公元一一一一年），张商英言："湖北产金，非止辰、沅、靖溪峒，其峡州夷陵、宜都县，荆南府枝江，江陵县赤湖城至鼎州，皆商人淘采之地。漕司既乏本钱，提举司买止千两，且无专司定额。请置专切提举买金司，有金苗无官监者，许遣部内州县官及使臣掌干。"诏提举官指画以闻，仍于荆南置司。②

〔政和〕六年（公元一一一六年），川、陕路各置提辖措置。坑冶官刘芑计置万、永州产金，一岁收二千四百余两，特与增秩。③

宣和元年（公元一一一九年），石泉军江溪沙碛麸金，许民随金脉淘采，立课额，或以分数取之。④

生金出西南州峒，生山谷田野沙土中，不由矿出也，峒民以淘沙为生，抔土出之，自然融结成颗，大者如麦粒，小者如麸片，便可锻作服用，但色差淡耳。欲令精好则重炼，取足色，耗去什二三，既炼则是熟金，丹灶所须生金，故录其所出。⑤

矿中采金远比淘河沙采金为困难，投入的成本亦较多，下引概述了其全部生产过程，是关于矿采黄金的一个具体实例：

金井：金井邪直深浅不等，或十丈，或二十丈，或三十丈，或五十丈，或直或曲或横或邪，因其苗脉所向而随之，至于水际而止，故春夏多为水所淊，秋冬则水泉收缩，而可以取矣。然宝之所生，皆有礌石以为之墙壁，而矿取其中，善取者乃得其真矿，否则多杂礌磺，是故或厚或薄、或多或少，不能齐也。辨矿之术，铜豆为先，黄巢乌窠次之，若金星见于石，则兴废之兆也。炉院在金场山之下，围以木栅，而白杵布于四方，中为水池，而火堂环于其上，临池作亭，乃监官阅视之处也。每自井中凿来矿石，则载以柴而火之，淬

① 《宋史》卷一百八十五，《食货志下七》。
② 《宋史》卷一百八十五，《食货志下七》。
③ 《宋史》卷一百八十五，《食货志下七》。
④ 《宋史》卷一百八十五，《食货志下七》。
⑤ 范成大：《桂海虞衡志》。

以水而舂之，淘汰殆尽，而金始见矣。[①]

广西所在产生金，融、宣、昭、藤江滨，与夫山谷皆有之，邕州溪峒，及安南境，皆有金坑，其所产多于诸郡，邕管永安州，与交阯[18]一水之隔尔，鹅鸭之属，至交阯水滨游食而归者，遗粪类得金，在吾境水滨则无矣。凡金不自矿出，自然融结于沙土之中，小者如麦麸，大者如豆，更大如指面，皆谓之生金。昔江南遗赵韩王瓜子金，即此物也。亦有大如鸡子者，谓之金母。得是者，富固可知。交阯金坑之利，遂买吾民为奴，今峒官之家，以大斛盛金镇宅，博赛之戏，一掷，以金一杓为注，其豪侈如此，则其以金交结内外，何所不可为矣。古人欲使黄金与土同价者，知本之言也。[②]

4. 银

银在宋代为正式货币，故政府对银的开采和冶炼更要严加禁榷。宋初，即于银矿所在地置银冶或银监，设置专官，对银的采炼严格加以控制。例如：

开宝监：建隆三年（公元九六二年），于凤州两当县七房镇置银冶，开宝五年（公元九七二年）升为监，隶凤州。[③]

开宝监本凤州两当县乱山之中出银矿之所也，皇朝建隆三年置银冶，遂名为开宝监，都管凤州诸县出银之务。[④]

太平监：秦州清水县地。开宝五年，于秦州清水县置银冶，太平兴国三年（公元九七八年）升为监，隶秦州。[⑤]

太平监秦州之境内原有银冶八务，皇朝太平兴国三年（公元九七八年），升为太平监，冶大贾务门外，并不辖乡里，无四至八到，分三务为监管之冶所。元领务八，今一十九。……每年收钱银共三万二千八百十八贯两。[⑥]

抚州金谿场，本临川县上莫镇，其山冈出银矿。唐尝为银矿，

---

① 王象之：《舆地纪胜》卷七十二，《荆湖北路靖州》。
② 周去非：《岭外代答》卷七，《生金》。
③ 《宋会要辑稿》，《方域五之四三》。
④ 乐史：《太平寰宇记》卷一百三十四，《山南西道二》
⑤ 《宋会要辑稿》，《方域五之四三》。
⑥ 乐史：《太平寰宇记》卷一百五十，《陇右道一》。

基址犹存。至周显德五年（公元九五八年），析临川近镇一乡，并取饶州余千白马一乡，立金谿场名，置炉以烹银矿。①

〔至道二年（公元九九六年）三月〕辛酉，桂阳监言，方熔银次，骎然有声，银液皆涌起若山峰状以献。②

关于银矿开采的具体情况，可由下引一文略见其梗概：

建宁府松溪县瑞应场去都二百四十余里，在深山中，绍兴间乡民识其有银脉，取之得其利。在隆兴初，巡辖马递铺朱姓者言于府，府俾措置，大有所得，事不可掩，闻于朝，赐名瑞应场，置监官。……初场之左右皆大林木，不二十年，去场四十里皆童山。场之四畔，围以大山，虽盛夏亦袷衣，日正中方见日光。……取银之法，每石壁上有黑路，乃银脉，随脉凿穴而入，甫容人身，深至十数丈，烛火自照。所取银矿皆碎石，用白捣碎再上磨，以绢罗细，然后以水淘黄者，即石弃去，黑者乃银，用面糊团入铅，以火煅为大片，即入官库，俟三两日再煎成碎银，每五十三两为一包，与坑户三七分之，官收三分，坑户得七分，铅从官卖，又纳税钱，不啻半取矣。它日又炼，每五十两为一锭，三两作火耗。坑户为油烛所熏，不类人形。大抵六次过手，坑户谓之过池，曰过水池、铅池、灰池之类是也。③

南宋政府延续了北宋历届朝廷所实行的禁榷制度，对金银矿的开采和冶炼，召百姓自备资本经营，以十分为率，官收二分，民得八分。李心传对宋朝一代实行金银坑冶作了一个简单综述：

金银坑冶，湖、广、闽、浙皆有之（湖南、广东西金坑，湖南、广东、江东西、浙东西、福建银坑），祖宗时，除沙石中所产黄金外，岁贡额银一千八百六十余万两。渡江后，停闭金坑一百四十二，银坑八十四。绍兴七年（公元一一三七年），诏江、浙金银坑冶，

①　乐史：《太平寰宇记》卷一百十，《江南西道八》。
②　《太宗皇帝实录》卷七十七。
③　赵彦卫：《云麓漫钞》卷二。

并依熙丰法，召百姓采取，自备物料烹炼，十分为率，官收二分。然民间得不偿课本，州县多责取于民，以备上用。三十年（公元一一六〇年），用提点官李植言，更不定额。饶州旧贡黄金千两。孝宗时，诏损三之一。分诸道上供银两，皆置场买发蜀中银，每法秤一两，用本钱六引，而行在左藏库折银，才直三千三百云。然民间之直，又不满三千。高宗尝谕辅臣以非刘晏懋迁之术，欲更革之，户部以铁钱折半为词而止。其实吴蜀钱币，不能相通，舍银帛无以致远，故莫如之何。①

5. 铅、锡

铅、锡都是铸钱和制造其他日用品的重要金属，政府于铅、锡产地皆设铅场和锡场，置监官，与禁榷其他金属同。据《宋史·地理志》和《元丰九域志》所载设有铅场和锡场的，计有：江南西路虔州南康军，有虔化铅场；荆湖北路峡州夷陵，有铅锡场；广南东路广州清远，有钱平铅；韶州翁源，有大富铅场；乐昌有太平铅场；仁化有多宝铅场；循州龙川，有大有铅场；梅州程川，有石坑铅场；广东西路融州融水，有铅场；藤州镡津，有铅穴；其他散见于地方志者还有不少，这里不一一列举。政府对于铅的禁榷很严，例如：

〔元丰四年（公元一〇八一年）〕虔、吉州界铅悉禁之。②

铅禁之所以严，因铅除作铸钱原料外，还是制造铅粉的主要原料，政府贩卖铅所得是一项财政收入：

〔政和七年（公元一一一七年）〕十一月，尚书省言："徐禋以东南黑铅留给鼓铸之余，悉造丹粉，鬻以济用。"诏诸路常平司以三十万输大观西库，余从所请。③

南宋继续实行北宋的政策，其办法如下：

---

① 李心传：《建炎以来朝野杂记》甲集卷十六，《金银坑冶》。
② 《宋史》卷一百八十五，《食货志下七》。
③ 《宋史》卷一百八十五，《食货志下七》。

〔绍兴五年（公元一一三五年）三月〕乙未，初榷铅锡。①

〔绍兴五年三月〕乙未，初榷铅锡，应产铅锡冶坑，尽行封桩，具数并价申部，令榷货务依盐法措置，印造文引，许客人算清给卖，赍赴指定州军坑场，又请通行兴贩，所有铸钱司合用鼓铸数，仰赍钱赴坑场依价收买。本钱依旧令转运司支拨，如不足，于上供钱内贴支，如数目比额增减，其守令监官巡尉，并比类买纳盐，增立赏罚，用总制司请也。②

除以行政命令规定上述办法外，并明订法律条文，严禁出产地私自烹炼：

诸私有铅（夹杂者，并黄丹砂子并烹炼净铅计数）一斤答五十，二十斤加一等，过杖一百，三十斤加一等，罪止徒三年，出产地分私烹炼加一等。③

锡产地，政府也置锡务或锡场，派专官管理，但禁榷情况与铅不同。据《宋史·地理志》与《元丰九域志》所载，设锡务或锡场之处计有：江南西路虔州南康郡，雩都，一锡务；南安军南康，一锡务；荆湖北路峡州夷陵，一铅锡场；利州路兴元府西，有锡冶一务；广南东路广州新会，有个岁锡场；循州长乐，有罗翊等四锡场；潮州海阳，有横衡等二锡场；德庆府端溪，有云烈锡场；惠州归善，有永吉、信上、永安三锡场；海丰有灵溪、杨安、劳谢三锡场；河源有立溪、和溪、永安三锡场；高州信宜、怀德一锡场；其他类此者还有若干，不备举。

政府对于锡控制是听民间可以保有和贩易锡器，并且免税，但损坏锡器须卖给官家，有关规定如下：

诸锡非出产界而官卖者，听商贩及造器用货易，仍并免税。诸产锡界内寺观及私家所有功德象之属听留，仍官给文凭，遇损坏卖入官。其寺观仍具名件置籍及榜示。诸产锡界内，民间所用锡器物，

① 《宋史》卷二十八，《高宗本纪五》。
② 李心传：《建炎以来系年要录》卷八十七。
③ 《庆元条法事类》卷二十八，《铜鍮石铅锡铜矿卫禁敕》。

仍听于通商处收买，诸当处税务验实具数给公凭，赍诣所居州县税务覆验，亦听货易。①

6. 水银、朱砂

水银有天然存在的纯水银，可直接由矿中取出，也可用朱砂烧炼。朱砂是水银的化合物，是药材，炼丹士用以炼丹；也是主要的红色颜料，用处极广，故政府亦将两者列为禁榷物资，于产地置务或场，设官管理，如：

> 秦凤路、凤州、河池县，开宝五年（公元九七二年），移治固镇，有水银务。②
>
> 利州路、文州、曲水，有水银务一。③
>
> 水银出于朱砂，因火而就，或谓砂腹生水银，非也，名粉红水银。④

关于开采朱砂和从朱砂中提炼水银，宋代文献中颇多记载，这里选录两条，以见梗概：

> 丹砂，《本草》以辰砂为上，宜砂次之，今宜山人云，出砂处与湖北犬牙山，北为辰砂，南为宜砂，地脉不殊，无甚分别。宜砂老者白色，有墙壁如镜，生白石床上，可入炼，势敌辰砂，《本草图经》乃云，宜砂出土石间……不甚耐火。邕州亦有砂，大者数十百两作块……不堪入药，彼人惟以烧取水银。……以邕州溪洞朱砂，末之，入炉烧取，极易成。⑤
>
> 丹砂水银：昔葛稚川为丹砂求为勾漏令，以为仙药在是故也。勾漏今容州，则知广西丹砂，非他地可比。本草金石部，以湖北辰州所产为佳，虽今世亦贵之。今辰砂乃出沅州，其色与广西宜州所产相类，色鲜红而微紫，与邕砂之深紫微墨者大异，功效亦相悬绝，

---

① 《庆元条法事类》卷二十八，《铜鍮石铅锡铜矿关市令》
② 《宋史》卷八十七，《地理志三》。
③ 《宋史》卷八十九，《地理志五》。
④ 朱辅：《溪蛮丛笑》。
⑤ 范成大：《桂海虞衡志》。

盖宜山即辰山之阳故也。……尝闻邕州石江溪峒，归德州大秀墟，有金缠砂，大如箭镞，而上有金线镂文……试取以炼水银，乃见其异，盖邕州烧水银当砂，十二三斤，可烧成十斤，其良者十斤真得十斤，惟金缠砂八斤可得十斤，不知此砂一经火力，形质乃重，何哉？是砂也，取毫末而齿之，色如鲜血，诚非辰宜可及，邕州溪峒砂发之年，中夜望之，隐然火光满山，嗟夫，稚川知之矣。

炼水银：邕人炼丹砂为水银，以铁为上下釜，上釜盛砂，隔以细眼铁板，下釜盛水，埋诸地，合二釜之口于地面而封固之，灼以炽火，丹砂得火，化为霏雾，得水配合，转而下坠，遂成水银。然则水银即丹砂也。……余以为丹砂烧成水银，故已非真汞，邕州左右溪峒，归德州大秀墟有一丹穴，真汞出焉，穴中有一石壁，人先凿窍方二三寸许，以一药涂之，有顷，真汞自然滴出，每取不过半两许，所涂之药，今忘其名矣，是色红粉，与水银白青之色殊异，其倍亦重于水银。

银朱：桂人烧水银为银朱，以铁为上下釜，下釜如盘盂，中置水银，上釜如盖，顶施窍管，其管上屈，曲垂于外，二釜函盖相得，固济既密，则别以水浸曲管之口，以火灼下釜之底，水银得火则飞，遇水则止，火煨体干，白变而丹矣。其上曰头朱，次曰次朱，次者不免杂以黄丹也。[1]

（七）官工匠的种类和来源及其待遇

官手工业包括地方作院，其所用工匠主要有两大类：兵匠和民匠。所有普通工匠——即不需要有特殊工艺技巧的工匠，都是由兵匠担任，兵匠直接由兵士中挑选派遣而来，带有强制服役的性质，是一种徭役劳动。这一类兵匠在官手工业工匠中占最大的比重，是官手工业的主要劳动力。兵匠之外是民匠，民匠系由民间招募而来，称为和雇工匠，即按照当时通行的工资标准，雇佣而来的工资劳动者。这一类工匠大都是有专门生产技术的熟练工人，当时称为高手匠人。官手工业中如文思院、绫锦院、文绣院、成都锦院等等系专门制造高级精美物品，以满足宫廷贵族特别是皇帝后妃的各种消费需要，非一般兵匠或其他粗工所能从事，必须以优厚的工资待遇从民间招募高手匠

---

[1]　周去非：《岭外代答》卷七。

人。各地铸钱监所用的铸钱工，也都是从民间招募有铸造技术的民匠来担任；此外，如有大量制造某种产品或进行大规模土木营造，为工期所限，任务紧急，而兵匠不足，亦须从民间招募，即所谓"凡百工，其役有程，而善否则有赏罚。兵匠有阙，则随以缓急招募"①。官手工业中的工匠都是由这两个途径而来，例如：

> 开宝元年（公元九六八年），置弓弩院，……兵匠千四十二人。②

可见弓弩院中的工匠，全部是兵匠。又如：

> 〔大中祥符二年（公元一〇〇九年）夏四月〕癸丑，遣使分诣河东、江、浙、广南路银铜坑冶抚视役夫，悯其劳也。③

史文未明言坑冶"役夫"是哪一种工匠，估计是民匠而非兵匠，因为各地坑冶，都是由当地坑冶户开采冶炼的。

关于官手工业中兵匠的文献很多，这里酌引以下诸条，以略见梗概：

> 〔天禧二年（公元一〇一八年）夏四月己巳〕提举诸司库务蓝继宗言："诸司官健本额四万七千九百六十六人，见管三万六千三百八十八人，今拣择得二万三千九百二十一人仍旧充役，二千九百五十四人放停，五百十三人减衣粮之半。"④
>
> 〔元丰八年（公元一〇八五年）冬十月己卯〕诏内外所造军器，据见在料工制造，其余兵匠归所属，民工放罢。⑤

兵匠系从全国州郡征调而来，服役期满须另调新兵轮换，遇兵匠有疾病死亡，须另调新兵补充，因而这样的调遣工作须经常进行。由于官司因循，

---

① 《宋史》卷一百六十三，《职官志三·工部》。
② 《宋会要辑稿》，《职官一六之二四》。
③ 李焘：《续资治通鉴长编》卷七十一。
④ 李焘：《续资治通鉴长编》卷九十一。
⑤ 李焘：《续资治通鉴长编》卷三百六十。

每每使兵匠的轮换补充，不能按时到达，致延误各作院的日常工作，因而朝廷特下诏整顿：

〔熙宁六年（公元一〇七三年）八月乙未〕诏将作监，岁用兵匠，并于秋季下诸路划刷，明年春首起发，约夏季皆集，千里内七月终，千里外六月终，虽有替换补填，更不起发。先是将作取外州兵匠，并于二月下诸路，官司因循，有至放冻后乃至，故有是诏。①

兵匠系服强制性劳役，他们都是远离家乡，跋涉于千里之外，待遇菲薄，生活艰苦，故经常不断地进行抵抗，所谓"不胜忿而作难"。神宗时，王安石建议改善兵匠的生活待遇，神宗以"费钱多"不许。通过君臣间的一场辩论，颇可以说明使用兵匠所存在的问题：

〔熙宁八年（公元一〇七五年）夏四月己丑〕上批斩马刀局役人匠不少，所造皆兵刃，旧东西作坊未迁日，有上禁军数百人，设铺守宿，可差百人为两铺，以潜火为名，分地守宿。先是斩马刀局有杀作头监官者，以其役苦，又禁军节级强被指射就役，非其情愿，故不胜忿而作难。王安石常与同列白上，以为宜稍宽之，至是金为上官其事，上以不可，因此遽辍，亦且了矣。安石曰："凡使人从事，须其情愿，乃可长久。"上曰："若依市价，即费钱多，那得许钱给与。"安石曰："饩廪称事，所以来百工，饩廪称事来之，则无强役之理，且以天下之财，给天下之用，苟知所以理之，何忧不足？而于此靳惜，若以京师雇直太重，则如信州等处铁极好，匠极工，闻见所作器极精，而问得雇直至贱，何不下信州置造也。"②

兵匠虽来自现役兵士，但不许从拱卫京师的禁军中抽调，元丰中曾特诏禁止：

〔元丰二年（公元一〇七九年）十一月〕庚辰，诏禁军教阅厢

---

① 李焘：《续资治通鉴长编》卷二百四十六。
② 李焘：《续资治通鉴长编》卷二百六十二。

军，毋得以为作院工匠。①

军器监各作坊役兵匠太多，赏赐亦太厚，神宗朝加以限制：

〔元丰六年（公元一〇八三年）二月〕丁卯，诏军器监东西作坊，赏典太厚，造军器所日役数百人，而例得二年迁一官，颇侥幸。自今每作实役工百万，依旧例。②

〔元丰〕八年（公元一〇八五年）十月，诏内外所造兵器，以见余物材工匠造之，兵匠、民工即罢遣之。③

禁军兵士是国家的正规军，职在勤习攻守战阵之法以抵御外敌，保卫国土。但至徽宗朝，庶政废弛，朝纲混乱，将帅监司、守吏将副，违法徇私，不令兵士循规操练，而使之改习工艺技巧，从事制造首饰玩好，致军队不能打仗，待金兵压境时，皇帝束手就擒，就非事出偶然了。靖康初，臣僚上言应速改兵政之弊，惜为时过晚，于事无补了：

〔靖康元年（公元一一二六年）八月三日〕臣僚上言：祖宗以来，天下禁兵皆使之习攻守战阵之法，挽强击刺之利，至于它技，未尝习也，用心专而艺能精。近年以来，上之帅臣监司，下之守卒将副，多违法徇私，使禁卒习奇巧艺能之事，或以组绣而执役，或以机织而致工，或为首饰玩好之事，或为涂绘文镂之事，皆公然占破，坐免教习，各编卒伍，而行列不知，身为战士，而攻守不预，至有因缘请托，升迁阶级，或在众人之上，遂使辕门武力之事，困于差役之劳，末作苊身之人，复享安闲之利，所以兵阵教习之法日废，功匠伎巧之事日多，兵政弊至于此，不可不改。欲乞除镶兵合用匠外，如有尚袭故态，辄敢占破禁兵为匠作者，严行禁止。奉圣旨依奏。④

---

① 李焘：《续资治通鉴长编》卷三百一。
② 李焘：《续资治通鉴长编》卷三百三十三。
③ 《宋史》卷一百九十七，《兵志十一》。
④ 佚名：《靖康要录》卷十。

渡江后，一切制度依旧，为了适应战争需要，军器制造成为官手工业的主要项目，各军器所兵匠众多，造作浩瀚，由诸州调来兵匠皆逐年轮换：

> 绍兴二年（公元一一三二年）闰四月十日，提举制造御前军器所韩肖胄言：……缘本所见役军民工匠近千人，造作浩瀚，所有材料，兼支给官物，给散钱米；全借[19]干办官往来计置，催促检察，欲望选差有才力京朝官一员，充本所干办公事。……从之。①
>
> 〔绍兴七年（公元一一三七年）〕十一月二日诏：诸州军差到军器所造弓弩人匠，依旧一年一替，今本州差人前来交替，如内有不愿交替之人，依旧造作，支破请给。②

诸路州军照惯例向政府输送的兵匠中，常有很多老弱不堪工作之人，朝廷在臣僚的建议下，命军器所严加审查，将不合格兵匠拣退，以免冒占名额，虚糜国帑：

> 〔绍兴十一年（公元一一四一年）四月四日〕臣僚言：军器所见役工四千五百余人，数内二千九百余人系近从诸路州军差到。访闻其间有老弱不堪工作之人，合行拣退，遣还元住去处，庶免冒占人数，虚支请受，从之。③
>
> 〔绍兴十一年（公元一一四一年）〕七月十七日，臣僚言：昨降指挥，诸州军作完工匠，尽令发赴军器所充役，契勘见役人匠约四千余人，日支钱米，其费不赀，其间逃走、疾病、死亡，殆无虚日。既有疾病死亡之念，岂无父母妻子之情，使逃走者已遂其归，而死亡者终抱恨而无已。诏依送所属，限日下条具措置，申尚书省。④
>
> 〔绍兴二十有六年（公元一一五六年）三月〕丁卯，工部言：浙江、福建路岁起物料，欲以三分为率，减免一分，军器所工匠，除见役八百六十四人依旧外，诸州发到一千五百四人，亦以三分为

---

① 《宋会要辑稿》，《职官一六之四》。
② 《宋会要辑稿》，《职官一六之八》。
③ 《宋会要辑稿》，《职官一六之九》。
④ 《宋会要辑稿》，《职官一六之九》。

率，减放一分。执政进呈，上曰：工匠可减二分，仍给路费。①

〔绍兴三十年（公元一一六〇年）〕八月十二日，军器监言：近承指挥置军器所，作匠在京日旧额，万全兵匠三千七百人，东西作坊工匠五千人。依指挥万全工匠以二千人、杂役兵士五百人为额。今来见阙人数，以致造作不办。乞令逃走兵匠，依前降指挥，立限百日，许令出首，特与免罪收管，放行请给。并万全指挥东西作坊兵匠子弟，招收十五岁以上三十岁以下，不及禁军等样，谙会造作之人，补填名阙。本监契勘东西作坊兵匠在京日额，管工匠五千人，杂役兵士九十六人为额，自渡江后来，并在军器所，衮同造作，承准指挥，作坊工匠以一千六百人、每坊八百人、杂役兵士各四十八人为额，阙数许行招填外，其东西作坊逃走兵匠，乞依今来万全出首日限，照应已降指挥体例，收管施行，从之。②

民匠都是按社会通行的工资标准和雇而来，是一种工资劳动者。被雇佣的都是掌握特殊技术的巧匠，他们虽然也多少含有一定的强制性质，但都是自由劳动者，与兵匠不同。因原各行各业的手工业者都有"当行"的义务，当行就是祗应官差——"市肆谓之团行者，盖因官府回买而立此名，不以物之大小，皆置为团行，虽医卜工役，亦有差使，则与当行同也。"③ 这是说任何一种行业都有对官家服劳役的义务，即使无偿，也不能逃避。而现在官家和雇的工匠，虽然也是祗应官差，但并不是服无偿劳役，而是按照民间通行的工资水平付给报酬，这是对民间熟练工人的一种优待，也是民工容易招募的一个主要原因。下引各条所记载的工匠，显然都是和雇而来的巧匠：

〔咸平四年（公元一〇〇一年）〕八月，诏定磨焦麦料例功限功钱，令曲院永为定制。凡磨小麦四万石，用驴六百头，步磨三十盘，每料磨五百硕。……又佣雇百姓匠三人充作头，二十三人充拌和、扳头、脱蘸、炒焦，六人充踏匠。④

景德中……累迁北作坊使。时营建玉清昭应宫，溥与丁谓相表

---

① 李心传：《建炎以来系年要录》卷一百七十二。
② 《宋会要辑稿》，《职官一六之一二——一三》。
③ 吴自牧：《梦粱录》卷十三，《团行》。
④ 《宋会要辑稿》，《职官二六之三四》。

里，尽括东南巧匠遣诣京，且多致奇木怪石，以傅会帝意。①

〔元祐四年（公元一〇八九年）三月〕辛巳，诏上清储祥宫依图修盖，和雇工匠。②

〔崇宁二年（公元一一〇三年）〕五月，始令陕西及江、池、饶、建州，以岁所铸小平钱增料改铸当五大铜钱，以"圣宋通宝"为文，继而并令舒、睦、衡、鄂钱监，用陕西式铸折十钱，限今岁铸三十万缗，铁钱二百万缗。募私铸人丁为官匠，并其家设营以居之，号铸钱院，谓得昔人招天下亡命即山铸钱之意。③

〔政和四年（公元一一一四年）〕十月二十三日，户部奏：修立到诸处酒务兵士，专充达曲、酤[20]造役使，依格本州选刺厢军充……若踏曲、蒸炊、杂役须添差兵匠者，差系役兵级通计，不得过旧例之数。酒务每年一替，酒匠得力所留，阙或须雇人者，听和雇，从之。④

南宋时，民匠在官手工业中的地位日益重要，连兵器制造，也仰赖民匠。例如，

建炎三年（公元一一二九年）二月，金人攻扬州，帝仓卒渡江……命渊守姑苏，言戎器全缺，兵匠甚少，乞括民匠营缮。⑤

南宋时，铸钱监已完全和雇民匠，进行铸造，作头即由工匠中选试精巧人充：

诸钱监小作头阙，于工匠内选试精巧人充，大作头于小作头、都作头于大作头内选尤精者充。若工匠造作不如法，及工程不敷，即时注籍，大小作头每季、都作头每半年比较分数最多者，并降充

① 《宋史》卷二百九十九，《李溥传》。
② 李焘：《续资治通鉴长编》卷四百二十三。
③ 《宋史》卷一百八十，《食货志下二》。
④ 《宋会要辑稿》，《食货二〇之一三》。
⑤ 《宋史》卷三百六十九，《王渊传》。

别作工匠。①

矿工虽亦雇佣劳动，但系普通粗工，不需要特殊技术，受雇者皆四方浮食之民，他们工作在深山大泽之中，一有奸人混入，即难免不生事端，朝廷为防隐患，遂设隐奸连坐之法，以加强管制：

〔元丰元年（公元一〇七八年）冬十月己未〕诏谭州浏阳县永兴场采银铜矿，所集坑丁，皆四方浮浪之民，若不联以什伍，重隐奸连坐之科，则恶少藏伏其间，不易几察，万一窃发，患及数路，如近者詹遇足也。可立法选官推行。寻诏举京朝官一员监场，管勾本场烟火公事，许断杖以下罪。②

官手工业中的工匠，不论是被强制服役的兵匠，还是和雇而来的民匠，官家给予他们的待遇，一般说来并不苛刻，除和雇匠照付工资外，兵匠也都按人支付定量钱米，足够维持他们的生活，不致影响他们的生产积极性。此外，朝廷为了表示对他们的关怀和鼓励，又不断对各作院工匠予以犒赏，赐以钱布衣履。宋代史籍中关于犒赏工匠的记载很多，说明这类犒赏是经常进行的，这里择要举下引数例：

〔乾德元年（公元九六三年）六月〕壬辰，暑，罢营造，赐工匠衫履。③
〔开宝九年（公元九七六年）八月〕乙巳，幸等觉院，遂幸东染院，赐工人钱。④
〔太平兴国二年（公元九七七年）九月〕乙未，幸造弓箭院，赐工徒人千钱、布一端。⑤
〔景德三年（公元一〇〇六年）十一月乙巳〕增陵州陵井监工

---

① 《庆元条法事类》卷三十二，《鼓铸营缮令》。
② 李焘：《续资治通鉴长编》卷二百九十三。
③ 《宋史》卷一，《太祖本纪一》。
④ 《宋史》卷三，《太祖本纪三》。
⑤ 李焘：《续资治通鉴长编》卷十八。

役人月给钱米，闻其劳苦故也。①

〔大中祥符二年（公元一○○九年）六月〕丙午，增饶、池二州铸钱监，犒工匠缗钱，饶州岁十七万，池州三十万。②

南宋时继续实行北宋的办法，并规定了正式兵匠和杂役下等工匠每月发给的口粮数和每日的工资数，另外还给春冬衣：

〔绍兴二年（公元一一三二年）〕十二月七日，提举制造御前军器所言：昨拨到韩世清下工匠五十余人，改刺万全工匠，并拨到王冠等下军兵一百人，充杂役下等工匠，每月粮二石，添支钱八百文，每日食钱一百二十文，春冬衣依借支例。杂役兵匠每月粮二石五斗，每日食钱一百二十文，春冬衣依借支例。土部勘会，上件军兵，元因不堪披带，拣充本所杂役，其所破请给，若却优于披带之人，显属未均。诏：新拨到杂役兵匠，别立一等，每日食钱一百文，月粮一石七斗，依例准折。③

为了区别工匠的熟练程度和贡献大小，还将所有工匠按其技术高低划分等级，据此对逐等工匠分别增加工资：

〔绍兴四年（公元一一三四年）〕十月三日，提举制造御前军器所言：乞将见管本所万全并拨到作坊工匠，开具精巧之人取众推伏，次第试验保明，申提举所审验讫，内第二等人匠外作第一等，第三等升作第二等，仍支本等请受。今后每年一次依此，其逐等工匠，见请每月添支作具折麦食钱米数，从之。④

另外就是对各种工匠根据工种不同而给予长短不等的假期，俾工人能有所休整。有的系按喜庆节日放假，有的（如冶炼、铸钱、土木营造等工匠）则给予较长的暑假或寒假：

---

① 李焘：《续资治通鉴长编》卷六十四。
② 李焘：《续资治通鉴长编》卷七十一。
③ 《宋会要辑稿》，《职官一六之四》。
④ 《宋会要辑稿》，《职官一六之六》。

大中祥符元年（公元一〇〇八年），诏泸州南井灶户遇正、至、寒食各给假三日，所收日额，仍与除放。①

〔元符二年（公元一〇九九年）秋七月〕丁未，上批：暑热，应在京工役自今月十七日放假。②

〔大中祥符元年秋七月〕丁未，诏诸煎盐井役夫，遇天庆等四节，并给假。③

〔景德四年（公元一〇〇七年）夏四月〕己卯，诏自今五月二日至八月一日铸钱止收半功，每岁量支钱以备医药。④

〔景德四年夏四月〕甲午，令修奉园陵役兵，日午则休息之，值风雨权停。⑤

〔景德四年十二月〕戊申，诏诸处钱监铸匠，每旬停作一日，愿作者听之。⑥

第二节　民营手工业

（一）民营手工业的生产结构及其特点

1. 家庭手工业是生产结构的主要形式

民营手工业都是以营利为目的的商品生产。由于凡是能大规模生产和大规模销售的有利经营，不论所生产的是普通的日用品还是高贵精美的奢侈品，只要能获厚利，都列入禁榷范围，完全由官家垄断，不许人民染指。因此，人民可能经营的就仅局限在生产普通日用品和饮食品的小手工业和需要有特殊手艺技巧以及具有地方特色的各种工艺和特产品。这些东西由于市场不大，只能是小商品生产，一般都是以家庭为作坊，家长就是师傅，小手工业者就在自己的家内，用自备的工具和原料，由家长领导着家庭成员，按其不同的年龄和性别进行生产。产品制成后就以自己家庭前部为店铺，进行批发和零

---

① 《宋史》卷一百八十三，《食货志下五·盐下》。
② 李焘：《续资治通鉴长编》卷五百十二。
③ 李焘：《续资治通鉴长编》卷八十一。
④ 李焘：《续资治通鉴长编》卷六十五。
⑤ 李焘：《续资治通鉴长编》卷六十五。
⑥ 李焘：《续资治通鉴长编》卷六十七。

售，这时小手工业者又成了小商人。他们都是亦工亦商。为了使自己的产品能在市场上打开销路，并使自己的产品能在剧烈的竞争中维持住销路而立于不败之地，必须力求保持产品质量，维持信誉，故每一个生产者都充分发挥自己独特的技术，生产在许多同类产品中有自己的特点的产品。于是某家某物就成为最好的商标，犹如今天北京的王麻子、杭州的张小泉刀剪之类。宋代的著名商品都是以家出名的，产品驰名遐迩，历久不衰。例如：

> 北食则矾楼前李四家、段家熝物；石逢巴子南食则寺桥金家、九曲子周家最为屈指。①

> 相国寺，每月五次开放，万姓交易。……近佛殿，孟家道冠，王道人蜜煎，赵文秀笔，及潘谷墨。②

> 旧京工伎，固多奇妙，即烹煮盘案，亦复擅名，如王楼梅花包子，曹婆肉饼，薛家羊饭，梅家鹅鸭，曹家从食，徐家瓠羹，郑家油饼，王家乳酪，段家熝物，石逢巴子南食之类，皆声称于时。若南迁湖上，鱼羹宋五嫂，羊肉李七儿，奶房王家，血肚羹宋小巴之类，皆当行不数者。③

> 市食点心，凉暖之月，大概多卖。……其余店铺夜市，不可细数，如猪胰胡饼，自中兴以来，只东京脏三家一分，每夜在太平坊巷口，近来又或有效之者。大抵都下买物，多趋有名之家，如昔时之内前下家从食，街市王宣旋饼，望仙桥糕糜是也。如酪面，亦只后市街卖酥贺家一分，每个五百贯，以新样油饼两枚，夹而食之，此北食也。其余诸行百户亦如此。④

> 宣州诸葛氏，素工管城子，自右军以来世其业，其笔制散卓也。……又幼岁当元符崇宁时，与米元章辈士大夫之好事者争宝爱，每遗吾诸葛氏笔，又皆散卓也。……是诸葛氏非但艺之工，其鉴识固不弱，所以流传将七百年。⑤

> 歙本不出笔，盖出于宣州，自唐惟诸葛一姓世传其业，治平、

---

① 孟元老：《东京梦华录》卷三，《马行街铺席》。
② 孟元老：《东京梦华录》卷三，《相国寺万姓交易》。
③ 袁褧：《枫窗小牍》卷下。
④ 耐得翁：《都城纪胜》，《食店》。
⑤ 蔡绦：《铁围山丛谈》卷五。

嘉祐前有得诸葛笔者，率以为珍玩，云一枝可敌它笔数枝。熙宁后世始用无心散卓笔，其风一变，诸葛氏以三副力守家法不易，于是浸不见贵，而家亦衰矣。[1]

世传宣州陈氏，世能作笔，家传右军与其祖求笔帖，后子孙尤能作笔。[2]

承平时，滑州冰堂酒为天下第一，方务德家有其法。[3]

承平时，鄜州田氏作泥孩儿，名天下，态度无穷，虽京师工效之，莫能及。一对至直十缣，一床至直十千。一床者，或五或七也，小者二三寸，大者尺余，无绝大者。予家旧藏一卧者，有小字云鄜畤田玘制。绍兴初，避地东阳山中，归则亡之矣。[4]

故都李和炒栗，名闻四方，他人百计效之，终不可及。绍兴中，陈福公及钱上阁（恺）出使虏庭，至燕山，忽有两人持炒栗各十裹来献，三节人亦人得一裹，自赞曰：李和儿也，挥涕而去。[5]

以上所引，都是以家庭为单位的小手工业者，他们所生产的自饮食品到特种工艺品，都是同类产品中的名牌货，虽"他人百计效之，终不可及"，从而正符合了买主"多趋有名之家"的消费者心理，因此能长期垄断着各自所打开的市场，不虑为竞争者所夺去。至其所以能成为名家，不言而喻，是由于生产者各有独得的技术诀窍，能制造品质优良和工艺高超的产品，使竞争者不能仿效，如田氏的泥人，"虽京师工效之，莫能及"，故闻名迩遐，能售得高价，一对至直十缣，一床至直十千。这显然不是由于产品的生产成本高，而是由于产品的生产技术精。到南宋时，以家庭工业为基础的小商品生产又有了进一步的发展，数量大增，名家辈出。以南宋的行在杭州为例，其盛况实远过旧都，文献所载，不下数百家，今择其要者，计有：

向者杭城市肆名家有名者，如……中瓦前……彭家油靴，南瓦子宣家台衣……候潮门顾四笛……自淳祐年有名相传者，如……舒

---

① 叶梦得：《避暑录话》卷上。
② 苏易简：《文房四谱》卷一，《三之笔势》。
③ 陆游：《老学庵笔记》卷二。
④ 陆游：《老学庵笔记》卷五。
⑤ 陆游：《老学庵笔记》卷二。

家纸札铺，五间楼前周五郎蜜煎铺，童家柏烛铺……保佑坊前孔家头中铺……俞家七宝铺……中瓦子前徐茂之家扇子铺……市南坊沈家白衣铺，徐官人幞头铺，钮家腰带铺，市西坊北……张家铁器铺，修义坊北张古老胭脂铺，水巷口戚百乙郎颜色铺，徐家绒线铺……俞家冠子……抱剑营街吴家、夏家、马家香烛裹头铺，李家丝鞋铺……沙皮巷孔八郎头巾铺，陈家绦结铺……朝天门里大石版朱家裱褙铺……里仁坊口游家漆铺，李博士桥邓家金银铺，汪家金纸铺……水巷桥河下针铺，彭家温州漆器铺……官巷内飞家牙梳铺，齐家、归家花朵铺，盛家珠子铺，刘家翠铺，马家宋家领抹销金铺，沈家枕冠铺……①

2. 家传技术严格保密

上述各名家并不是该行业中唯一的营业者，而是在许多同类营业中，由于在技术上有别家无法比拟的特点，而且别家也无法仿效、无法竞争，从而受到消费者的欢迎，使自己的产品畅销。为了保持自己得之不易的"名家"地位，首先就必须对自己祖传的或独得的技术诀窍严格保密，不但不传授外人，就连自己的女儿也不传授，以免将来女儿出嫁后，家传技术为外姓所得。唐元稹诗所谓："家有头白双女儿，为解挑纹嫁不得"，因她们掌握了家传技术的秘密，遂成为终老不嫁之女。这原是历久不变的传统，因自古以来，任何一种职业，都各有其秘不外传的独得技巧，后世子孙只要能保持住独家具有的一技之长，不但使自己的生存获得了保证，而且还可能发财致富。技术泄密，对小生产者来说危害是严重的，因为在市场狭小的时代，把生产技术的秘密泄露于人，就意味着为自己制造了竞争者，从而也就丧失掉自己所垄断的市场，也就失去了生存保证。其实不仅中国的手工业者，欧洲封建时代的手工业也有类似情况，马克思曾论及此事说："一旦从经验中取得适合的形式，工具就固定不变了；工具往往世代相传达千年之久的事实，就证明了这一点。很能说明问题的是，各种特殊的手艺直到十八世纪还称为 mysteries（秘诀），只有经验丰富的内行才能洞悉其中的奥妙。这层帷幕在人们面前掩盖起他们自己的社会生产过程，使各种自然形成的分门别类的生产部门彼此

---

① 吴自牧：《梦粱录》卷十三，《铺席》。

成为哑谜，甚至对每个部门的内行都成为哑谜。"① 但是欧洲情况，与中国相比却有一个重大的不同：欧洲手工业技术秘诀是由行会保密的，即对外行人保密，同行内部是不保密的，也不许保密，因行会制度为同行人保证了市场，也保证了会员的生存。中国没有欧洲型的行会制度，即没有任何可靠的社会力量来保证小生产者营业和生存的安全，为了保证自己的营业和生存，小生产者就不得不把自己独得的技术保密起来。这种现象在宋代表现得非常突出，这由下引几条记载可以看出：

> 三代之时，百工传氏，孙袭祖业，子受父训，故其利害如此详尽。②

> 亳州出轻纱，举之若无，裁以为衣，真若烟雾，一州惟两家能织，相与世世为婚姻，惧他人家得其法也。云自唐以来名家，今三百余年矣。③

> 抚州莲花纱，都人以为暑衣，甚珍重，莲花寺尼凡四院造此纱，捻织之妙，外人不可传，一岁每院才织近百端，市供尚局，并数当路计之，已不足用。寺外人家织者甚多，往往取以充数，都人买者，亦自能别。寺外纱，其价减寺内纱什二三。④

> 唐末墨工李超，与其子庭珪，自易水渡江，迁居歙州，本姓奚，江南赐姓李氏，庭珪始名庭邦，其后改之，故世有奚庭珪墨，又有李庭珪墨……庭珪之弟庭宽，庭宽之子承晏，承晏之子文用，文用之长子尔明、次子尔光，尔光之子玉基，皆能世其业，然皆不及庭珪。祥符中，治昭应宫，用庭珪墨为染饰，今人所有，皆其时余[21]物耳。有贵族尝遗一丸于池中，疑为水所坏，因不复取，既逾月，临池饮，又坠一金器，乃令善水者取之，并得其墨，光色不变，表里如新，其人益宝藏之。然墨喜精坚，多珍宝之，愈久而愈妙也。⑤

> 柴洵，国初时人，得二李胶法，出潘张之上，其作玉梭样，铭

---

① 《资本论》第一卷第五三三页。
② 马永卿：《懒真子》卷三，《弓用久年》。
③ 陆游：《老学庵笔记》卷六。
④ 朱彧：《萍洲可谈》卷二。
⑤ 胡仔：《苕溪渔隐丛话》，《后集》卷二十九。

曰：柴汝东窑者，士大夫得之，盖金玉比也。①

潘谷卖墨都下，元祐初，余为童子，侍先君居武学直舍中，谷尝至，负墨篚而酣咏自若，每笈止取百钱，或就而乞，探篚取断碎者与之，不吝也。其用胶不过五两之制，亦遇湿不败。……山谷道人云：潘生一日过余，取所藏墨示之，谷隔锦囊揣之曰：此李承宴软剂，今不易得。又揣一曰：此谷二十年造者，今精力不及，无此墨也，取视果然。②

3. 宋代手工业中没有欧洲基尔特型的行会制度

中国的手工业生产结构以家庭为基本核心，生产技术亦完全由家庭保密，这是中国手工业没有欧洲中世纪那种基尔特型行会制度的一个直接结果；反过来说，生产技术世代相传，每个生产者可凭家传的独得技术独立自主地经营，并能在激烈竞争中保持着自己所开辟的市场，这一切使欧洲中世纪基尔特型的行会制度不可能在中国产生。

欧洲中世纪的行会制度，是欧洲封建经济结构的一个组成部分，它的指导作用是封建平均主义。为了使每一个会员都能在均等机会下生产和生活，它建立了严格的监督制度，严密监视着会员从生产到销售的全部经济行为。为了防止资本主义倾向的产生，特别是为了严防商业资本的侵入，它不允许会员以不同的生产方法（包括个人的手艺技巧）来进行生产，不允许使用不同的生产工具，不允许拥有不相等的学徒和职工，不允许降低价格以薄利多销来招揽顾客，总之，绝对不允许同行之间互相竞争，以防出现"巧者有余，拙者不足"和"能者辐凑，不肖者瓦解"的贫富悬殊现象。中国的工商业者也有自己的组织，有的也叫做行，但与欧洲的基尔特则毫无共同之处。行有自己不同的来源，组织的目的和作用不是为了管制同行业者的经济行为，营业者用什么方法生产，以什么方式经营，完全是各人的自由，因而同行之间的竞争遂非常激烈，同行之间的贫富也就非常悬殊。这样的现象在欧洲行会制度时代是不可能出现的，在中国则是司空见惯。下引一例，充分说明这种情况：

---

① 何薳：《墨记》，《二李胶法》。
② 何薳：《春渚纪闻》卷八，《潘谷墨仙揣囊知墨》。

予居香溪，一日过旁聚落，有铁之工，家窭甚，视其庐蓬茨穿漏，隘不逾五十弓，仅灶而床焉。工手鞴而冶，妻燎茅竹以爨。试染指其釜，则淡无醯醢[22]，特水与苋藿沸相泣也。一稚儿卧门旁，呜呜然若啼饥。其人皆霉蠚疲曳，殆鬼而生者。予悯然叹曰：人之贫有至此极耶？解囊中钱千与之，工叩头佩谢，如得兼金。又五年，再至其处，则高墉华屋，朱牖户而蓝楔楣。予怪之，以为工之蓬茨移他人矣。问诸其邻，曰：犹工居也。予益怪之，款门而见工，则充然其形，博颐大腹，被服鲜好，拜揖如礼度。延予升堂，罗肴陈簋，如多钱翁。昔之爨茅竹者，今钏镂臂、钗插发矣；昔之啼门旁者，今结带裹头，厌梨栗矣。予愈益怪之。问工何遽润屋及此。工曰：小人荷惠者也，敢不以实。始小人贫时，无以自业，特炭铁为命，而世久无事，所锻冶必农器，适岁荐饥，农不得利，率逋亩去为末业，耕者日益落。吾为犁、铫、镈、锄，穷一日力，仅得一器，辄一月十五日不售，故甚窭如昔时。已而天下兵兴，戈戟载路，人欲挟利刃，家欲藏铦锋，以刀剑镞镝来谒者，日填吾门，吾昏晓事炉锤不得休，未半岁而有此屋，既一岁而生生之资大裕。今得拥褎行安生而饱吾腹，无余忧矣，实小人之幸。①

一个贫彻骨、状如鬼的小手工业者，由于市场的变动而突然发财致富，这在欧洲封建时代，不论城市或是农村，都是不可能出现的。因为城市中有行会制度的束缚，农村中有庄园制度的束缚，一个小生产者不可能冲破社会力量所设置的层层束缚，使自己超越于侪辈之上，而变成一个"多钱翁"。

对上述记载，可能有人会认为那个穷铁匠是在乡间营业的，而行会制度只限制在城市之内，乡间是它的力量不能达到的。然而这一点情况正说明中国的城市和农村不是两个不同的或互相分离的经济领域，工商业者在城市和农村是有相同的营业自由的。这更是欧洲型行会制度不可能存在于中国的一个有力证明。

中国工商者行的另一特点是同行人员之间不但贫富悬殊，而且各行均由大户把持，这种情况在商行中尤为突出，其详当于下章论述。下引一例说明在手工业行中，大户常常牺牲小户的利益，甚至以欺骗方法转嫁损失。

---

① 范浚：《范香溪先生文集》卷二十，《铁工问》。

　　禹锡高祖谓之陶四翁，开染肆，尝有紫草来，四翁乃出四百万钱市之。数日，有驵者（注：通事之人曰驵）至，视之曰：此伪草也。四翁曰：何如？驵者曰：此蒸坏草，色泽皆尽矣。今色□外实伪物也，不可用。四翁试之，信然。驵者曰：毋忧，某当为翁遍诣小染家分之。四翁曰：诺。明日，驵者至，翁尽取四百万钱草对其人一蒸而尽，曰：宁我误，岂可误他人耶？[①]

　　陶四翁能以四百万钱买染料，当然是一个大染家；他购买伪草的损失，由驵者建议，准备转嫁于小染家身上。驵者能作此建议，可知同类的事是常有的，驵者也许是惯于此道的，否则他不会自告奋勇。至于陶四翁没有作出损害同行小户的事，只是被他的道德观念所阻止，而不是被什么组织力量或制度所阻止。

4. 资本主义因素的增长

　　所谓资本主义因素或者说资本主义萌芽，并不是资本主义生产方式本身，也不是资本主义生产方式一定能由此发展壮大起来的必然保证，只不过是资本主义的一些历史前提，如果有适当的条件配合，它有逐渐成长为资本主义生产方式的可能，但如在另外一些不适当的条件作用下，它就会陷于停顿、萎缩，甚至完全消灭。所以在资本主义萌芽与资本主义本身之间并没有必然的连续性，它的出现不过是表示商品经济有了较大程度的发展，即商业和手工业有了广大的市场，生产也扩大了规模，已不再是在狭小的市场上为供应少数人的小商业和小手工业，这时商业变成大规模商业——大量贩运和大量销售，手工业变成大规模生产——众多的工人在同一资本命令下、在同一时间、同一空间（同一劳动场所）、生产同种商品。这一切，在历史上和逻辑上都是资本主义生产的起点。中国由于没有行会制度的束缚，这些现象可以随时出现，并且出现很早，早在战国时期就已有之。宋代是战国以后商品经济非常发达的时代，因而也是社会经济中资本主义因素又有了大增长的时代，如果不为两次毁灭性的外患所阻断，大有逐步迈向资本主义生产方式的可能。

　　宋代社会经济中资本主义因素的增长，表现在商业和手工业的各个部门，商业的情况于下章详之，这里仅就手工业中几个主要方面而言。在农业商品化和农产品加工方面，基本上与唐代类似，茶还是一种行销国内外市场的主

---

① 施彦执：《北窗炙輠[23]》卷上。

要商品，但是在经营的规模上、制造的技术上和运销的数量上，都远远超过唐代。北宋时产茶州已在三十五个以上，南宋时产茶州六十有六，县二百四十有二。一到产茶季节，茶的采摘和焙制，雇工都多在千人以上，说明茶在宋代已经是一种高度发展的商品生产，而不再是一种农村副业了。有关情况，本卷已有专章论述，兹从略。

糖——尤其是糖霜（冰糖）是从宋朝开始普遍销售的新商品，成为茶以外一种经过加工而商品化的农产物。其主要产区有福唐、四明、番禺、广汉、遂宁等五郡，尤以遂宁产量最大，品质也最佳。遂宁一郡到处是蔗田，有的专门生产原料，甘蔗成熟后榨出糖水卖与熬糖户，有的兼开作坊，称"糖霜户"，除用自己的原料外，并收买蔗农的糖水熬制糖霜，其下脚料则熬制砂糖。制糖业虽然还直接联系着农业，但是它本身却是一种专门性的手工业，是生产商品的经济部门，特别是制造糖霜，既需要一定的技术，也需要相当多的生产工具，计有蔗镰、蔗凳、庶碾、榨斗、枣杵、榨盘、榨床、漆瓮等等以及牲畜和其他设备，所以糖霜户都是资本所有者。到了熬糖季节，各糖场都需要雇佣几十名工人，在加工程序上还多少有一点简单分工：削皮、锉蔗、入碾、蒸泊、煎糖水等等。

宋代以家庭为基础的作坊手工业已有了普遍发展，小贩们由作坊行贩的"已成之物"，自糖果点心到衣服、冠帽、家用杂物、文房用品、妇女装饰、儿童玩具等等，无所不有，见于文献记载的不下百余种。[1] 每一类商品都有专门制造的作坊，可见都市中作坊之多。在这些作坊中有些因营业发达而发展为大型作坊或手工工场，并实行着一定程度的分工，即使是一个普通的饼店，亦根据营业需要而实行资本主义性质的经营。例如在北宋年间，东京即有这种工场手工业型的大饼店：

> 皇建院街得胜桥郑家油饼店，动二十余炉。[2]
>
> 凡饼店有油饼店、有胡饼店。若油饼店，即卖蒸饼、糖饼、装合、引盘之类。胡饼店即卖门油、菊花、宽焦、侧厚、油骨髓饼、新样、满麻。每案用三五人捍剂、卓花、入炉，自五更卓案之声远近相闻。唯武成王庙前海州张家，皇建院前郑家最盛，每家有五十

---

① 参见吴自牧《梦粱录》卷十三，周密《武林旧事》卷六，耐得翁《都城纪胜》等书。
② 孟元老：《东京梦华录》卷二，《潘楼东街巷》。

余炉。①

宋代的采矿冶金业非常发达，在前节官手工业中已有阐述。矿冶业虽列入禁榷，但实由私人经营，其条件是向国家缴纳岁课。矿冶业都是较大规模经营，这就要求企业主必须是富有的资本家，如徐州利国监，"自古为铁官，商贾所聚，其民富乐。凡三十六冶，冶户皆大家，藏镪巨万。……今三十六冶，冶各百余人，采矿伐炭"②。可知矿冶业都是拥有大量资本和雇佣众多工人的大企业，生产的性质决定了矿冶业必须是资本主义的经营方式。

至于金属品铸造业一般都是大规模经营，尤其是铸钱业。铸钱业虽然是官营手工业，但其组织方式和分工办法，都是仿照私营企业的办法进行的，例如韶州永通监的内部分工是："模沙冶金，分作有八，刀错水莹，离局为二"；又如蕲春铁钱监是："其用工之序有三：曰沙模作，次曰磨钱作，末曰排整作。以一监约之，日役三百人，十日可铸一万缗，一岁用工九月，可得二十七万缗。"③ 可见铸钱业规模之大。其他如太原的铜器名天下，浙江绍兴府温、台、明州、临安、平江、湖州、秀州、常州，福建福州、泉州、建州，江西吉州、虔州、丰城县、新淦县等等铸造铜器尤盛，梧州、雷州的铁器，更是驰名全国，远销国外。进行产量如此巨大的商品生产，必然都是大规模的工场手工业。

宋代的丝织业除了传统的家庭手工业外，在许多盛产丝织品的地方有很多是大规模的织丝工场或作坊。关于成都锦院的规模之大和分工之细，在上文官手工业中已论及，其组织形式和分工方法，反映了整个四川织锦业的情况。又如曾作台州知州的唐仲友，即在其家乡婺州开设彩帛铺，既进行加工，又进行贩卖，是一个大型作坊店铺。朱熹述道："仲友私家婺州所开彩帛铺，高价买到暗花罗并瓜子春罗三四百匹及红花数百斤，本州收买紫草千百斤，日逐拘系染户，在宅堂及公库，变染红紫。……其余所染到真红紫物帛，并发归婺州本家彩帛铺货卖……及染造真紫色帛等物，动至数千匹。"④ 朱熹的揭发如属实，则这个彩帛铺实是一个大规模的手工工场，故购买染料一次可达千百匹，加工的彩帛动至数千匹。这是商人兼营作坊或工场，是商业资本

---

① 孟元老：《东京梦华录》卷四，《饼店》。
② 苏轼：《经进东坡文集事略》卷三十三，《徐州上皇帝书》。
③ 参见《金石续编》卷十四，《韶州永通监记》；张世南：《游宦纪闻》卷二。
④ 朱熹：《朱文公文集》卷十八，《按唐仲友第三状》。

控制生产的一个实例。

印刷业是在宋代开始发展起来的一个新手工业部门。宋时除由京师国子监大量印刷经史子集等重要典籍外，以浙江、四川、福建的印书业为最盛。由于当时科举盛行，书的销售量很大。此外，宋代又行使交子、会子、关子等楮币以及茶盐钞引等，这样更促进了印刷业的发展。宋代于雕版印刷外，北宋庆历中毕昇[24]又发明了活字版，在印刷业的发展上和文化的传播上都起了很大的作用。在印刷业内部，一般都实行分工，至少分为雕工、印工、裱镌工三部，各部皆有作头领导，此外，还设有校对。

宋代的磁器业亦非常发达，产地很多，宋政府特设"窑务"以管理之。宋代的磁窑不少是驰名中外的名窑，许多产品亦是广销国内外市场的高级艺术品。故宋代堪[25]称中国古代陶磁工艺的登峰造极时代。由于销路广，需要量大，故窑场的生产规模都非常大；而且烧制磁器需要很多设备，非有大量资本莫办，工作也须经过很多程序，分工不得不细，各部分工人都是具有专门技术的高手匠人。

造船业在宋代也是一种发展空前的大型手工业。宋代的国内外商业和漕运都极为发达，因而促进了航运业普遍发展。除政府在沿江沿海城市如福州、温州、明州、华亭等处设有造船场外，民间造船业也极为发达。宋时海船极为巨大，普通海用商船，载重量都在二千斛以上，出使国外的"神舟"，其长阔高大更是普通商船的三倍；此外更有"万石船"，可载钱二千万贯，载米一万二千石。建造如此巨大和复杂的船舶，既需要大量资本，又需要众多的具有专门技术的工人，小型作坊不可能胜任，可知造船业也是含有资本主义性质的大规模生产部门。

宋代发达的手工业当然远不止上述几种，这里只系择要举例，以示其发展变化的趋势。仅从少数几个例证已可充分看出，宋代的手工业发展水平，不但超过了以前各代——例如唐代，而且也大大超过了十四、十五世纪地中海沿岸产生资本主义萌芽的城市发展水平。使用雇佣劳动的大型作坊和手工工场，在宋代已经不是个别地、偶然地出现，而是大量的、普遍地存在了。并且不但私营的各种商品生产乃至各种服务性行业，雇佣劳动已成为劳动的主要形式，就连官手工业也以雇佣劳动代替徭役劳动。因为徭役劳动生产效率很低，匠人多系远乡农民，强被征调，追呼骚扰，离家失业，对工作无积极性可言，而政府对服役人所支付的钱米，数量很大，所费不赀，反不如实行劳役折价，由应役户出钱免役，然后另按通行工资水平和雇工人为合算。

总之，在宋代，雇佣劳动已普遍为私营手工业所采用，也为官手工业所采用。

总之，宋代社会经济中资本主义成分有了大量增长，新兴的资产阶级纷纷出现，无形中成了社会上的一个支配力量。王安石曾感慨言之：

> 人得私其智力，以逐于利，而穷其欲。自虽蛮夷湖海山谷之聚，大农、富工、豪贾之家，往往能广其宫室，高其楼观，以与通邑大都之有力者争无穷之侈。[①]

（二）若干重要的民营手工业

1. 丝织业

中国古人以"农桑"代表整个农业，说明丝织业自古以来就是与农业紧密结合的一种家庭手工业，孟子所谓"五亩之宅，树之以桑"，使老者可以衣帛，正描绘了一个男耕女织的小农经济结构图。几千年来，丝织业一直是农民家庭的一项副业。但是随着织丝技术的不断发展和人们奢侈欲望的不断提高，丝织品的花色品种亦不断增多，许多绚丽多彩、精美绝伦的高档品种遂层出不穷，为国内外的广大消费者所欢迎。这时丝织品早已不是简单的使用价值生产，而是畅销于国内外市场的紧俏商品。这种情况，秦汉以后代代都有所发展，宋代更是这一发展的高峰时期。宋王朝于建国之后，首先就在京师设绫锦院，招募天下手艺高超的绫锦工人，专门织造供皇室御用的高级丝织品，其所织造的当然只是一小部分，大部分则是来自民间。宋代有许多州郡能织造具有地方特色的特殊品种，为其他地方不能仿效。织造的地点仍然是织工的家庭，也不能不是家庭，因各有自己的家传技术；但生产结构的性质，在没有改变形式的情况下已经不再是家庭副业，而是一种独立的职业；而且因技术保密的关系，不雇佣工人，不招收学徒，辅助工作的都是家人父子，这又与手工业作坊或手工工场不同。虽然也因销路畅旺而力求增加产量，但却不能因此而扩大生产规模，这是作为家庭手工业的丝织业所具有的一个很大特点。

一般丝织业普遍存在于农民家庭，例如：

> 〔天圣三年（公元一〇二五年）五月〕癸巳，幸御庄观刈麦，

---

① 王安石：《临川先生文集》卷八十三，《抚州通判厅见山阁记》。

闻民舍机杼声，赐织妇茶帛。①

朝廷为了提倡节俭，防止风俗侈靡，常特颁禁令禁止民间织造各种高级丝织品，这正说明各种精美织物早已在民间畅销，相习成风，如：

〔仁宗〕初，诏罢织密花、透背，禁人间服用，且云自披庭始。既而内人赐衣，复取于有司。②

成都是蜀锦的著名产地，故朝廷于成都设锦院，但成都之外仍有不少州郡盛产绫锦：

〔景祐〕三年（公元一〇三六年）七月九日，龙图待制张逸言：昨知梓州，本州机织户数千家，因明道二年（公元一〇三三年）降敕，每年绫织三分，只卖一分，后来消折贫不能活，欲乞于元买数十分中，许买五分。诏：两川上供绫、罗、锦、背、透背、花纱之类，依明道二年十月敕，命三分织造一分，余二分今后只许织造一分绫、罗、花纱，一分令织绸绢。③
〔景祐〕五年（公元一〇三八年）四月九日，三司言：西川织买绫纱三分内减下分绸绢，乞依旧织买绫纱支用，从之。④

河北是一个盛产丝织品的地方，所产系平常服用的衣料，多供军用：

大中祥符三年（公元一〇一〇年）闰二月九日，河北转运使李士衡言：本路岁给诸军帛七十万，民间罕有缗钱，常预假于豪民，出倍称之息，及期则输赋之外先偿逋负，以是土机之利愈薄，请令官司预给帛钱，俾及时输送则民利获，而官亦足用。从之，仍令优与其直。⑤

---

① 《宋史》卷九，《仁宗本纪一》。
② 《宋史》卷二百九十五，《谢绛传》。
③ 《宋会要辑稿》，《食货六四之二三》。
④ 《宋会要辑稿》，《食货六四之二三》。
⑤ 《宋会要辑稿》，《食货六四之一九》。

河北亦有著名的高级丝织品，如定州在唐时就有何明远那样大规模的织绫场，一家拥有续机五百张，其情况已见《中国封建社会经济史》第四卷，至宋在织造技术上又有了新发展，能织造一种特殊精巧的丝织品名"刻丝"，有"雕镂之象"，其详可见下文：

> 定州织刻丝，不用大机，以熟色丝经于木棦上，随所欲作花草禽兽状，以小梭织纬时，先留其处，方以杂色线缀于经纬之上，合以成文，若不相连，承空视之，如雕镂之象，故名刻丝。如妇人一衣，终岁可就。虽作百花，使不相类亦可，盖纬线非通梭所织也。单州成武县织薄缣，修广合于官度，而重才百铢，望之如雾著，故浣之亦不纰疏。……①

其他各地所产的著名丝织品，名目花色繁多，不胜枚举，其特别著名的有：

> 梓州织八丈阔幅绢献宫禁，前世织工所不能为也。②
> 绵州诸邑，各有所出……巴西纱一匹重二两，妇人制夏服，甚轻妙。魏城以一茧造一扇，谓之绵扇，亦轻而可爱。③
> 清河绢为天下第一。④
> 遂宁出罗，谓之越罗，亦似会稽尼罗而过之。⑤
> 綵锦，出建阳，故邑号小西川，桥名濯锦，徽宗崇宁间造柱衣，欲织锦作升龙附于柱，文辄不合，凡易百工不成，因以殿柱尺度付蜀工，亦不能造。有言建阳民善织者，试使为之，既成，施之殿柱，文合为龙不差。⑥

婺州出罗，政府向婺州大宗和买，并限定每匹重量，臣僚要求适当减轻，

① 庄季裕：《鸡肋编》卷上；又见高文虎：《蓼花洲间录》。
② 张邦基：《墨庄漫录》卷二。
③ 吴曾：《能改斋漫录》卷十五。
④ 王瓘：《北道刊误志》。
⑤ 陆游：《老学庵笔记》卷二。
⑥ 王象之：《舆地纪胜》卷一百二十九，《福建路建宁府》。

以免多用粉药，容易霉坏：

〔绍兴〕三年（公元一一三三年）正月三日，浙东福建路宣谕朱异言：据婺州百姓成列等状，每岁和买平婺罗，受纳两数太重，平罗一匹，要及一十九两，婺罗一匹，二十二两，本州所织清水罗率增重八九两，乞除减输纳。臣窃以两浙丝绵细小，与河北土产定罗不同，难以数及上件两数，是致多用粉药，才经梅润，往往蒸坏，逐岁不免退剥，再勒人户贴纳。乞止依在市清水罗斤两输官。户部言：左藏库岁常支罗不过万匹，其婺州绍兴三年分合发年额罗二万匹，恐不须尽数起发本色。诏婺州绍兴三年分罗，并权折纳价钱，令两浙转运使开具合折价值申尚书省。①

杭州亦盛产各种高级丝织品，据吴自牧《梦粱录》所载，主要有以下几种：

绫：柿蒂、狗蹄；罗：花素、结罗、熟罗、线住；锦：内司街坊以绒背为佳；克丝花素二种；杜缕又名起线，鹿胎次名透背，皆花纹特起，色样织造不一。纻丝、染丝所织诸颜色者，有织金、闪褐、间道等类。纱：素纱、天净、三法暗花纱、栗地纱、茸纱。绢：官机、杜村唐绢，幅阔者密，画家多用之。绵：以临安、于潜白而洒密者佳。绸：有绵线织者，土人贵之。②

江、浙和西川是著名丝织品的两大产地，政府设场院自造、向民间和买和赋调，亦主要是在这两个区域，下引一些记载可说明这些情况：

太宗太平兴国中，停湖州织绫务，女工五十八人悉纵之。诏川峡市买场织造院，自今非供军布帛，其锦绮、鹿胎、透背、六铢、欹正、龟壳等段匹，不须买织，民间有织卖者勿禁。③
天圣中，诏减两蜀岁输锦绮、鹿胎、透背、欹正之半，罢作绫

① 《宋会要辑稿》，《食货六四之二八——二九》。
② 吴自牧：《梦粱录》卷十八。
③ 《宋史》卷一百七十五，《食货志上三·布帛》。

花纱。明道中，又减两蜀岁输锦绮、绫罗、透背、花纱三之二，命改织绸、绢以助军。景祐初，遂诏罢输锦背、绣背、遍地密花透背段，自披庭以及间巷皆禁用。其后岁辄增益梓路红锦、鹿胎，庆历四年（公元一〇四四年）复减半。既而又减梓路岁输绢三之一，红锦、鹿胎半之。①

文彦博相，因张贵妃也。……彦博知成都，贵妃以近上元，令织异色锦，彦博遂令工人织金线灯笼，载莲花，中为锦纹，又为秋迁，以备寒食。贵妃始衣之，上惊曰：何处有此锦？妃正色曰：昨令成都文彦博织来，以尝与妾父有旧，然妾安能使之，盖彦博奉陛下耳。上色怡。②

关于官家四川上供机院织造上供锦帛的扰民情况，下引一段奏疏，可以说明：

臣伏见成都府每年上供锦帛，原系预俵丝花，与百姓织造，往往有贫下机户，已请钱物破用，及其催纳，不免骚扰。至元丰六年（公元一〇八三年），奏创上供机院，令军匠八十人，织大料细法锦透背鹿胎，共七百三十余匹，其小料绫绮易造之物，一千三百余匹，仍旧俵在民间。后因内臣郝随赍到御前札子，添造紧丝等机法一十五色，本府又奏差监官一员招军匠三百人，并将小料易造之物一千三百余匹，亦在院织造。既招军未足，遂雇百姓助工，日逐勾集三四百人，虽支工价，尚有亏损，虽定日限，仍更督促，或无故拘留累日，或每匹又出罚钱，岁月为常，殊无休已，细民失业，不胜其劳。昨已准圣旨罢织新样紧丝等一十五色，至今犹有监官一员，并军匠一百七十余人，费耗甚多，仍更日役，百姓颇见烦扰。臣欲乞将易造之物一千三百余匹，仍令民间织作，减罢监官，其军匠止八十人，惟造大料锦，自不阙事，即不许勾集百姓，匪惟裁节冗费，宽假贫民，抑亦防异日作为淫巧之弊。并汉州绫户造官绫，向因知州席汝明性好刻剥，逐年减丝数工钱，以致人户积欠绫四千余匹，

---

① 《宋史》卷一百七十五，《食货志上三·布帛》。
② 梅尧臣：《碧云骃》；又见李焘：《续资治通鉴长编》卷一百七十一。

刑箠监锢，乃至家业并尽，偿纳未足，现今拘管在绫务织作克除。臣详此弊，盖因官司减物料工直，方致拖欠，亦合依赦蠲放，伏请下所属施行，仍乞依席汝明未减以前丝工织造。①

朝廷常常自出花样，令成都锦工依样织造，如徽宗命成都漕司织造戏龙罗即其一例：

崇宁间，委成都漕何常造戏龙罗二千匹，绣旗五百面。常上疏曰：旗者将军之饰，敢不奉诏，戏龙罗惟人主得服，非可赐赉群臣，使圣躬日衣一匹，岁不过三百六十，今乃造三千，恐费工巧。有旨减四之三，降诏奖谕，由是为上所知。②

2. 棉、麻织业

中国远在宋以前就有了棉布，其简单经过，大致有如下述：

杜诗："细软青丝履，光明白叠巾。"王昌龄诗："手巾花叠净，香帔稻畦成。"按《汉书》所谓苔布，注曰白叠也。吴时《外国传》曰：诸部国用安子草，织作白叠花布，王昌龄所用者此也。《南史》曰：高昌国有草实如茧，中丝为细纩，名曰白叠安子。国人取以为布，甚为软白，其言甚明也。③

宋以前所谓白叠布，大部分是来自南海诸国，如林邑等，另一部分是来自西域高昌。宋时棉花已在福建、广东一带种植。不过闽、广一带原有木棉树，亦结实如草棉，故古人记载往往将两者混为一谈，但实际上用于纺纱并织白叠布的，恐为草棉，即由南海诸国输入的古贝或吉贝。高昌所产则完全为草棉，木棉树不能在新疆生长。高昌盛产棉布，宋初已有记载：

太平兴国六年（公元九八一年）五月，诏遣供奉官王延德、殿

---

① 吕陶：《净德集》卷四，《奉使回奏十事状》。
② 周煇：《清波杂志》卷中。
③ 高似孙：《纬略》卷四，《白叠》。

前承旨白勋使高昌。……高昌即西州也。……地产……白氎绣文花
蕊布。①

再，陈彦辅在广州亦织棉布，如：

〔元丰七年（公元一〇八四年）六月己巳〕太中大夫龙图阁待制
知江宁府陈绎免。……绎坐前知广州作木观音易公使库檀像，私用
市舶乳香三十斤买羊亏价，为绢二十八匹，上言诈不实。〔子〕彦
辅坐役禁军织木棉非例，受公使库馈送及报上不实也。②

陈彦辅在广州所织的棉布，不知是用木棉还是草棉。但据方勺所记，木
棉树所产棉絮，确能纺绩为布：

闽、广多种木绵树，高七八尺，树如柞，结实如大麦，而色青，
秋深即开，露白绵茸茸然，土人摘取去壳，以铁杖捍尽黑子，徐以
小弓弹令纷起，然后纺绩为布，名曰吉贝。今所货木绵，特其细紧
尔。当以花多为胜，横数之，得一百二十花，此最上品，海南蛮人
织为巾，上作细字杂花卉尤巧工，即古所谓叠巾也。李涬诗有"腥
味鱼中墨（乌贼鱼也），衣裁木上绵"之句。③

岭南福建诸州郡妇女，人人在织棉布，各能织出具有地方特点的花色品
种，并有种种不同的名称。由于纺织棉布在宋代还是一件新事物，颇引起一
般人的重视，故宋代文献中有关记载甚多，这里仅择要举例如下：

黎单亦黎人所织，青红间道，木棉布也，桂林人悉买以为
卧具。④
黎幕出海南黎峒，人得中国锦采，拆取色丝，间木棉挑织而成，

---

① 王明清：《挥麈录》卷四。
② 李焘：《续资治通鉴长编》卷三百四十六。
③ 方勺：《泊宅编》卷中。
④ 范成大：《桂海虞衡志》。

每以四幅联成一幕。①

吉阳（崖州）地狭民稀……妇女不事蚕桑，止织吉贝。②

琼人以吉贝织为衣衾，工作皆妇人，役之有至期年者，弃稚违老，民尤苦之。与之皆为榜免。③

建安西关邻女，善搔木棉，日可成一二缕。仆向尝见捻绵绸者，于此颇类，然就手中提出，便纺成丝，与捻绵特异。因问[26]女岁可成几端，女云每岁可得二十四。④

在宋代，草棉确已由南海诸国移植国内，首先在闽、广沿海各州种植，不久便由岭南推广到内地，迅即普遍到全国各地。棉花种植的引进，对中国国民经济产生了极为深远的影响，因为这是中国棉纺织业的肇端，给家庭手工业增添了新的内容，使小农业与小手工业相结合的经济结构从此结合得更加紧密。宋代还是这一历史变化的开端，但由于草棉刚刚引进，一般文人记述此事大都是得之传闻，并未目睹，因而分不清草棉与木棉区别何在，故混淆不清，从下引周去非的一段记述中可以看出一点端倪：

吉贝木，如低小桑枝，萼类芙蓉花之心，叶皆细茸，絮长半寸许，宛如柳绵。有黑子数十，南人取其茸絮，以铁箸碾去其子，即以手握茸就纺，不烦缉绩，以之为布，最为坚善。唐史以为古贝，又以为草属，顾古吉字讹，草木物异，不知别有草生之古贝，非木生之吉贝耶？将微术似草字画，以疑传疑耶？雷化廉州及南海黎峒富有，以代丝纻。雷化廉州，有织匹幅长阔而洁白细密者，名曰慢吉贝，狭幅粗疎而色暗者，名曰粗吉贝，有绝细而轻软洁白，服之且耐久者。海南所织，则多品矣。幅极阔，不成端匹。联二幅可为卧单，名曰黎单；间以五采，异纹炳然，联四幅可以为幕者，名曰黎饰；五色鲜明，可以盖文书几案者，名曰鞍搭。其长者，黎人用以缭腰，南昭所织尤精好，白色者，朝霞也，国王服白氎，王妻服

---

① 范成大：《桂海虞衡志》。
② 王象之：《舆地纪胜》卷一百二十七，《广南西路吉阳军》。
③ 《宋史》卷四百六，《崔与之传》。
④ 华岳：《翠微南征录》卷二，《邻女搔绵[27]吟》。

朝霞，唐史所谓白氎吉贝，朝霞吉贝是也。①

麻织业是最古老的传统手工业，在人知道穿衣之后，衣着材料，非丝即麻，丝的产量有限，衣帛的只限于少数富有者，黎民百姓一般穿"大布之衣"，即都是麻织品。在棉花种植没有引进和普及以前，织麻为布是家庭手工业的主要内容，在宋代，基本上也是如此。不适宜于植桑养蚕的地方，仍主要是种麻织布，在政府所征收的赋税中，布占了一个相当大的部分：

> 先是，咸平初，广南西路转运使陈尧叟言，"准诏课植桑枣，岭外唯产苎麻，许令折数，仍听织布赴官场博市，匹为钱百五十至二百"。至是，三司请以布偿直。登、莱端布为钱千三百六十，沂布千一百。仁宗以取直过厚，命差减其数。自西边用兵，军需绸[28]绢，多出益、梓、利三路，岁增所输之数；兵罢，其费乃减。嘉祐三年（公元一〇五八年），始诏宽三路所输数。治平中，岁织十五万三千五百余匹。②
>
> 〔大中祥符六年（公元一〇一三年）秋七月庚子〕三司言：河北积布甚多，请令京东西、河东北夏秋税并纳本色，粮斛罢折纳布，或须衣布，则于河北辇致之。向敏中言：河北止产布，傥官弗纳，恐民间难于贸易，望令仍旧，余路则依所奏。③
>
> 张焘……知沂、潍二州。沂产布，潍产绢，而有司科赋相反，焘始革之。④

赋税可用布匹折纳粮食，故政府征布甚多，大大超过了政府需要，为了减少积压，遂设法限制，臣僚建议罢折纳布。

麻布虽到处在织，但以岭南各地所织的苎布为最细密精致，为其著名产品，可考者计有：

> 汉传载兰干，兰干獠言纻，以细白苎麻织布，以旬月而成，名

---

① 周去非：《岭外代答》卷六，《吉贝》。
② 《宋史》卷一百七十五，《食货志上三》。
③ 李焘：《续资治通鉴长编》卷八十一。
④ 《宋史》卷三百三十三，《张焘传》。

娘子布。①

練[29]子出两江州峒，大略似苎布，有花纹者谓之花練，土人亦自贵重。②

广西触处富有纻麻，触处善织布。柳布、象布，商人贸迁而闻于四方者也。静江府古县，民间织布，系轴于腰而织之，其欲他干，则轴而行，意其必疎数不均，且甚慢矣，及买以日用，乃复甚佳，视他布最耐久，但其幅狭耳。原其所以然，盖以稻穰心烧灰煮布缕，而以滑石粉膏之，行梭滑而布以紧也。③

邕州左右江溪峒，地产苎麻，洁白细薄而长，土人择其尤细长者为練子，暑衣之，轻凉离汗者也。

汉高祖有天下，令贾人无得衣練，则其可贵自汉而然。有花纹者为花練，一端长四丈余，而重止数十钱，卷而入之小竹筒，尚有余地，以染真红，尤易著色，厥价不廉，稍细者，一端十余缗也。④

奉化象山苎布最细，曰女儿布，其尤细者也。⑤

3. 金属品制造业

普通日用的金属品主要是铜器和铁器。

铜器铸造是最古老的一种传统手工艺，我国炼铜技术发明很早，至少商代已经进入了铜器时代，已知用铜锡合金炼出青铜，用以铸造自钟鼎彝器到工具、兵器、日用什物以及鉴镜、乐器等等；并根据长期工作的实践，总结出不同的器皿需要不同的硬度，从而得出不同的铜锡配合比例，即《考工记》所谓"金有六齐"。从存世和先后出土的商、周及以后历代铜器来看，古人的炼铜和铸造铜器的技术是高超惊人的，而且这样的高超技术代代延续下来，并不断有所提高和发展。六朝以后渐渐有了黄铜，唐代鍮石（黄铜）应用已逐渐推广，宋代，各铜场所炼之铜已完全为黄铜，黄铜已代替了青铜而为铸造各种铜器的主要原料。其情况已见于本章第一节。

宋代的铜器铸造和过去历代相同，上自宗庙祭器、寺院神像、供奉法物，

---

① 朱辅：《溪蛮丛笑》。
② 范成大：《桂海虞衡志》。
③ 周去非：《岭外代答》卷六，《布》。
④ 周去非：《岭外代答》卷六，《練子》。
⑤ 罗濬：《宝庆四明志》卷四，《叙产》。

下至日用杂品如镜鉴、锣钲、铃磬、铙钹、钉环等等。由于铜器的应用范围很广，需要量很大，是市场上的畅销品，故上自通都大邑，下至偏僻小县，无不有铜匠铺。但最著名的铜器产地是扬州，自唐以来，其所产铜镜，名传天下，列为贡品，极为名贵，见《中国封建社会经济史》第四卷。至宋，盛名不衰，宋初，陶穀犹记其事云：

> 有刁萧者携一镜，色碧体莹，背有字，曰：碧金仙，大中元年（当指大中祥符元年，即公元一○○八年）十二月，铜坊长老九峰造。余以俸粒五石换之，置于文瑞堂，呼为铜此君。①

扬州之外，另一著名铜器产地是太原，所产多日用器皿，亦名扬天下，畅销全国：

> 元祐初……出提点河东路刑狱。……太原铜器名天下，独不市一物，惧人以为矫也，且行，买二茶七而去。②

宋代铜器工匠的铸造技术极为精巧，如铸造仿古钟[30]鼎彝器，则要求更高超的技术，方法确甚巧妙。下引一段记载，详述了铸造方法：

> 古者铸器，必先用蜡为模，如此器样，又加款识刻画，然后以小桶加大而略宽，入模于桶中，其桶底之缝，微令有丝线漏处，以澄泥和水如薄糜，日一浇之，候干再浇，必令周足遮护讫，解捆缚，去桶板，急以细黄土，多用盐并纸筋固济于元澄泥之外，更加黄土二寸留窍中，以铜汁泻入。然一铸未必成，此所以为贵也。③

高超技术的另一表现，是能制造反光镜或透光镜，使镜面厚薄不同，利用光线的反射曲折，将镜上的花纹字迹反射在墙壁之上：

> 世有透光鉴，鉴背有铭文，凡二十字，字极古，莫能读，以鉴

---

① 陶穀：《清异录》卷下，《器具门·碧金仙》。
② 《宋史》卷二百八十一，《毕士安传附仲游》。
③ 赵希鹄：《洞天清录集》，《古钟鼎器辩》。

承日光，则背文及二十字皆透在屋壁上，了了分明。人有原其理，以谓铸时薄处先冷，唯背文上差厚后冷而铜缩多，文虽在背，而鉴面隐然有迹，所以于光中现。予观之，理诚如是，然予家有三鉴，又见他家所藏，皆是一样文画铭字无纤异者，形制甚古，唯此一样光透，其他鉴虽至薄者，皆莫能透，意古人别自有术。①

透光镜其理有不可明者，前辈传记仅有沈存中笔谈及之，其说亦穿凿。余在昔未始识之，初见鲜于伯机一枚，后见霍清夫家二枚，最后见胡存斋者尤奇，凡对日映之，背上之花尽在影中，纤悉毕具，可谓神矣。……余尝以他镜视之，或有见半身者，或不分明难得全体见者。②

此类透光镜不知何时所造，宋时已多所流传，为许多人家所珍藏，可知并非稀世之宝，以宋代匠[31]师艺术之高超，仿造此类古镜以为珍玩，是完全可能的。

宋代铜器铸造业虽相当发达，但原料来源则极为困难，因铜为铸钱的主要原料，故政府把铜列为禁榷物资，其开采和冶炼完全由政府垄断，私人不许贩运，因此，各地铜匠不能由正常途径获得充分的原料供给，利之所在，遂不惜以非法手段销毁铜钱作原料，以铸造铜器，因毁钱作器，非常有利，"计一两所费不过十数钱，器成之后，即市百金"，故毁钱最严重的地方，就是铜器业最发达的地方，为政府严刑峻法所不能止，其情况可见下引记载：

契勘自来鍮石铜器，法令私有非不严密，而民间铸造贩卖滋甚。且以铜钱一百文足为率，变造成器物十两，卖钱仅一贯，获利至厚。如浙东路绍兴府温、台、明州，浙西路临安、平江，镇江府湖秀、常州，江东路建康府句容[32]县、信州，福建路福泉、建州，江西路虔、吉州、丰城县，临江军新淦县等处，铸造铜器尤盛，销毁见钱，不可胜计，若不早行措置，为害愈大。③

〔绍兴五年（公元一一三五年）十有二月辛亥〕权户部侍郎王俣言：……自艰难以来，饶、虔两司鼓铸遂亏，而江、浙之民巧伪

---

① 沈括：《梦溪笔谈》卷十九。
② 周密：《癸辛杂识》续集下，《透光镜》。
③ 李弥逊：《筠谿集》卷三，《户部乞禁铜器札子》。

有素，销毁钱宝，习以成风，其最甚者，如建康之句容，浙西之苏、湖，浙东之鑫、越，鼓铸器用，供给四方，无有纪极，计一两所费不过十数钱，器成之日，即市百金，奸民竞利，靡所不铸，一岁之间，计所销毁，无虑数十万缗，两司所铸，未必称是。如以流入伪境，不知几何，已明诏有司，申严铜禁，屏绝私匠，自今以始，悉论如律，除公私不可阙之物，立定名色，许人存留，及以官铸出卖处，其余一两以上，严立罪赏，并令纳官，量给铜价，令分拨赴钱监额外鼓铸。①

〔绍兴二十有一年（公元一一五一年）〕十有二月，尚书司封员外郎王葆言：民多销铜钱为器，利率五倍，乞禁约，诏申严行下。②

〔淳祐〕八年（公元一二四八年），监察御史陈术鲁言："……京城之销金，衢、信之鍮器，醴、泉之乐具，皆出于钱。临川、隆兴、桂林之铜工，尤多于诸郡。姑以长沙一郡言之，乌山铜炉之所六十有四，麻潭鹅羊山铜户数百余家，钱之不坏于器物者无几。今京邑鍮铜器用之类，鬻卖公行于都市。畿甸之近，一绳以法，由内及外，观听聿新，则钰[33]销之奸知畏矣"。③

毁钱为器，利在五倍以上，一县铜户即动达数百家，鍮铜器皿也鬻卖公行于都市，这绝不是一纸禁令所能消灭的，禁令愈严，则地下铜场愈多，秘密销钱亦愈甚，由此造成通货不足，金融紧迫，对国民经济的影响是至为严重的，其详当于后文货币章中论述。

铁器是日常生活中最常见的一种金属制品，宋代铁的开采和冶炼虽由官家禁榷，但铁器的铸造和贩鬻则听任民营，故虽穷乡僻壤亦有铁匠炉，如上文引范浚《香溪集》所记述的那个突然暴富的穷铁工，就是在乡间开业。宋代铁器业的发达，是由于在炼铁技术上比过去有了很大的发展，一方面表现在用煤炭炼铁，这样既减少了对森林的破坏，又大大提高了炼铁效率；另一方面表现在炼钢技术的进步上，这两点在前节官手工业中均已述及。由于炼钢技术的进步，能打造出极为精致的钢铁品，例如针，物虽小，却非好钢不能造。宋初陶穀曾述及这种"黄钢小品"：

① 李心传：《建炎以来系年要录》卷九十六。
② 李心传：《建炎以来系年要录》卷一百六十二。
③ 《宋史》卷一百八十，《食货志下二》。

　　针之为物，至微者也，问诸女流医工，则详言利病，如吾儒之用笔也。朱汤匠氏谙熟粗好，四方所推金头黄钢小品，医工用以砭刺者，大三分以制衣，小三分以作绣。①

宋代不止能炼出普通钢，而且能炼合金钢，即于炼钢时加进其他金属，使制成的钢制品如刀剑，具有特殊性能和普通钢不能有的硬度：

　　钱唐有闻人绍者，常宝一剑，以十大钉陷柱中，挥剑一削，十钉皆截，隐如秤衡，而剑锋无纤迹，用力屈之如钩，纵之铿然有声，复直如弦。关中种谔亦畜一剑，可以屈置盒中，纵之复直。张景阳《七命》论剑曰："若其灵宝，则舒屈无方"，盖自古有此一类，非常铁能为也。②

据称融州少数民族徭人能炼好钢，制成刀剑，铦利绝世，名黄钢剑：

　　西融守陆济子楫遗黄钢剑，且云惟融人能作之，盖子楫未详黄钢之说矣。予居湘时，见徭人岁来[34]诣象庙各佩一刀，乃所谓黄钢者，惟诸蛮能作之，其俗举子，姻族来旁观者，各持铁投其家水中，逮子长授室，大具牛酒，会其所尝往来者出铁百炼，尽其铁以取精钢，具一刀不使有铢两之美，故其初偶得铁多者刀成，铦利绝世，一挥能断牛腰，其次亦非汉人所能作，终身宝佩之，汉人愿得者非杀之不能取也，往往旁郡多作赝者。予尝访之老冶，谓之到钢，言精炼之所到也。今人才以生熟二铁杂和为钢，何炼之有，融剑殆是耶。③

内地铁匠亦以打造刀剑等武器为主，但民间兵器过多，易生事端，碍于社会治安，政府为预防隐患，遂下诏禁止，不许就炉火之家打造刃器：

　　〔靖康二年（公元一一二七年）正月二十八日〕俄顷，有诏云：

---

① 陶毂：《清异录》卷下，《器具门·金头黄钢小品》。
② 沈括：《梦溪笔谈》卷二十一。
③ 曾敏行：《独醒杂志》卷四。

访闻旧城里外诸巷居民，往往撰造语言，唱说事端，聚众以防拓为名，于炉头打造刀器，切虑引惹生事，却致惊扰，深属不便。答付开封府疾速晓谕约束。又晓谕诸色人并炉火之家，不得依前乱行打造，如违，收捉赴官，重行断遣。[1]

全国各地到处有铁匠，到处能打造铁器，有少数州郡还以盛产铁器著名，所造铁器，极为精良，具有别处不能仿造的特点。例如信州就是以打造精良铁器而驰名全国，王安石与神宗讨论改革兵器制造时曾指出："信州等处铁极好，匠极工，向见所作器极精，而问得雇直至贱。"[2] 信州之外，梧州、雷州亦以所造铁器精良而驰名天下：

> 梧州生铁，在熔则如流水，然以之铸器，则薄几类纸，无穿破。凡器既轻，且耐久，诸郡铁工煅铜，得梧铁杂淋之，则为至刚，信天下之美材也。[3]
> 雷州铁工甚巧，制茶碾、汤瓯、汤匮之属，皆若铸就，余以比之建宁所出，不能相上下也。[4]

4. 磁器业

中国磁器的历史非常悠久，造磁技术亦代有进步。宋代为中国磁器历史的最辉煌的时期，名窑辈出，所产磁器在釉色形制上各有特点，都具有很高的艺术价值，今天任何一件宋磁，均已成为国宝。关于宋代各名窑的兴衰经过和所产磁器的特点，宋叶置《笔衡》中有一段综述：

> 宋叶置垣斋《笔衡》云：陶器自舜时便有，三代迄于秦汉，所谓罍器是也。今土中得者，其质浑厚，不务色泽，末俗尚靡，不贵金玉，而贵铜磁，遂有秘色窑器。世言钱氏有国日，越州烧进，不得臣庶用，故云秘色。陆龟蒙诗："九秋风露越窑开，夺得千峰翠色来。好向中宵盛沆瀣，共嵇中散斗遗杯。"乃知唐世已有，非始于钱

① 丁特起：《靖康纪闻》。
② 李焘：《续资治通鉴长编》卷二百六十二。
③ 周去非：《岭外代答》卷六。
④ 周去非：《岭外代答》卷六。

氏。本朝以定州白磁器有芒，不堪用，遂命汝州造青窑器，故河北唐、邓、耀州悉有之，汝窑为魁。江南则处州龙泉县窑质颇粗厚。政和间，京师自置窑烧造，名曰官窑。中兴渡江有邵成章提举后苑，号邵局，袭故京遗制，置窑于修内司，造青器，名内窑，澄泥为范，极其精致，油色莹彻，为世所珍。后郊坛下别立新窑，比旧窑大不侔矣。余如乌泥窑、余杭窑、续窑，皆非官窑比，若谓旧越窑不复见矣。①

耀州窑在宋初即已知名，但所造磁器古朴厚重，为民间日用器皿，不甚贵重：

> 耀州陶匠，创造一等平底深碗，状简古，号小海瓯。②
> 耀州出青瓷器，谓之越器，似以其类余姚县秘色也，然极粗朴不佳，惟食肆以其耐久，多用之。③

宋代被誉为磁器之冠的秘色磁器，系一种青磁，色泽青翠莹彻，确为极品，唐时已甚著名，历五代至宋而不衰，产品为贡品，臣庶不得用，益为名贵：

> 今人秘色磁器，世言钱氏有国日，越州烧进为贡奉之物，不得臣庶用之，故云秘色，尝见陆龟蒙诗集越器云……乃知唐已有秘色矣。④
> 青瓷器皆云出自李王，号秘色，又曰出钱王，今处之龙溪出者，色粉青，越乃艾色。唐陆龟蒙有进越器诗云……则知始于江南钱王皆非也。近临安亦自烧之，殊胜二处。⑤
> 处州龙泉县多佳树，地名豫章，以木而著也。……又出青瓷器，谓之秘色，钱氏所贡盖取于此。宣和中，禁庭制样须索，益加

---

① 《古今图书集成·考工典》卷二百四十八，引《辍耕录》。
② 陶毂：《清异录》卷下，《器具门·小海瓯》。
③ 陆游：《老学庵笔记》卷二。
④ 曾慥《高斋漫录》。
⑤ 赵彦卫：《云麓漫钞》卷十。

工巧。①

定州窑是仅次于越州秘色的名窑，产品亦极为名贵，宫掖常用为陈设：

仁宗一日幸张贵妃阁，见定州红瓷器，帝坚问曰：安得此物？妃以王拱辰所献为对，帝怒曰：尝戒汝勿通臣僚馈送，不听何也。因以所持拄斧碎之，妃愧谢，久之乃已。②

故都时定器不入禁中，惟用汝器，以定器有芒也。③

辉出疆时，见燕中所用定器，色莹净可爱，近年所用，乃宿、泗近处所出，非真也。④

景德镇是中国著名的磁都，唐时即已见诸记载，至其大量发展则是从宋代开始的：

宋景德年间烧造，土白壤而埴质薄腻，色滋润，真宗命进御瓷器，底书"景德年制"四字，其器尤光致茂美，当时则效，著行海内，于是咸称景德镇瓷器，而昌南之名遂微。⑤

由于景德镇瓷器天下驰名，大量行销于国内外市场，政府遂于景德镇置博易务，参与运销：

〔元丰五年（公元一〇八二年）八月甲寅〕饶州景德镇置瓷窑博易务，从宣义郎都提举市易司勾当公事余尧臣请也。⑥

哥窑、弟窑——龙泉窑亦为宋代名窑，各有特色，其器传世颇多，至今犹为收藏家视为珍宝：

《春风堂随笔》：哥窑浅白断纹，号百圾碎（所谓开片）。宋时

---

① 庄季裕：《鸡肋编》卷上。
② 邵伯温：《邵氏闻见前录》卷二。
③ 陆游：《老学庵笔记》卷二。
④ 周辉：《清波杂志》卷五。
⑤ 《宋史》卷一百八十六，《食货志下八》。
⑥ 李焘：《续资治通鉴长编》卷三百二十九，《磁器部杂录》。

有章生一、生二兄弟，皆处州人，主龙泉之琉田窑，生二所陶青器，纯粹如美玉，为世所贵，即官窑之类，生一所陶者色淡，故名哥窑。①

四川阆州亦为一著名的瓷器产地，所产瓷器行销甚广，景德初，有司请收税，不许：

〔景德二年（公元一〇〇五年）八月癸未〕三司言，利州转运使称阆州素出瓷器，请约所售价收其算，不许。②

5. 印刷业

雕版印刷，是中国人民对人类文明的一个重大贡献。在印刷术发明以前，书都是用简、帛书写传抄的，竹简或木简体积庞大笨重，阅读收藏均非易事；绢帛价值昂贵，非一般寒士所能用，故古人读书是不易的。纸发明以后，解决了书写材料问题，顿使简帛成为陈迹。但亦只解决了问题的一半，因手抄经史，旷日持久，成书不易，手自抄录，必各自珍藏，书之流传，仍非易事，故古之学者得书是很难的。下引一例，可说明这种情况：

昔时文字，未有印板，多是写本，齐宗室传，衡阳王钧，常自手细写五经，置于巾箱中，巾箱五经，自此始也。③

可见衡阳王将五经手自写成后，即置于巾箱中，秘不示人。雕版印刷至唐末才出现在益州，正式雕版印书则始于五代，一说始于毌[35]丘俭，一说始于冯道，其说如：

毌丘俭贫贱时，尝借《文选》于交游间，其人有难色，发愤异日若贵，当板以镂之遗学者。后仕王蜀为宰，遂践其言刊之，印行书籍，创见于此，事载陶岳《五代史补》。后唐平蜀，明宗命太学博士李锷书五经，仿其制作，刊板于国子监，监中印书之始，今则

---

① 《古今图书集成·考工典》卷二百四十八。
② 李焘：《续资治通鉴长编》卷六十一。
③ 孔平仲：《珩璜新论（孔氏杂说）》卷四。

盛行于天下，蜀中为最，明清家有锷书印本五经存焉，后题长兴二年（公元九三一年）也。①

毋公者：蒲津人也，仕蜀为相。先是公在布衣日，尝从人借《文选》及《初学记》，人多难色，公浩叹曰：余恨家贫，不能力致，他日稍达，愿刻板印之，庶及天下习学之者。后公果于蜀显达，乃曰"今日可以酬宿愿矣"，因命工匠日夜雕板，印成二部之书，公览之欣然曰："适我愿兮。"复雕九经音书，两蜀文字由是大兴。泊蜀归国，豪贵之族以财贿祸其家者十八九。上好书，命使尽取蜀文籍及诸印板归阙，忽见板后有毋氏姓名，乃问欧阳炯，炯曰此是毋氏家钱肖造，上甚悦，即命以板还毋氏，至今即书者遍于海内。②

唐以前，凡书籍皆写本，未有模印之法，人以藏书为贵，不多有，而藏者精于[36]雠对，故往往皆有善本，学者以传录之艰，故其诵读亦精详。五代时，冯道奏请，始官镂六经板印行，国朝淳化中，复以史记前后汉付有司摹印，自是书籍刊镂者益多，士大夫不复以藏书为意，学者易于得书，其诵读亦因灭裂，然板本初不校正，不无讹误，世既一以板本为正，而藏书亡，其讹谬者，遂不可正，甚可惜也。③

以上两说均可成立，大概是毋丘俭首先刻版印文选，冯道继之印六经。蜀是雕版印书的发祥地，后唐明宗时始大量印书，宰相冯道实主其事，可以说大量印书是从冯道开始的：

唐末年犹未有摹印，多是传写，故古人书不多而精审，作册亦不解线缝，只叠纸成卷，后以幅纸概黏之（犹今佛老经），其后稍作册子。后唐明宗长兴二年，宰相冯道、李愚，始命国子监田敏校六经，板行之世，方知镂甚便。宋兴，治平以前犹禁擅镂，必须申请国子监，熙宁后，方尽驰此禁。然则士生于后者，何其幸也。④

---

① 王明清：《挥尘录余话》之七一，卷二。
② 委心子：《分门古今类事》卷十九，《毋公印书》。
③ 叶梦得：《石林燕语》卷八。
④ 罗璧：《罗氏识遗》卷一。

印书虽始于蜀，杭州产纸则优于蜀，印书遂后来居上；福建亦大量印书，但纸不佳，蜀与福建皆用柔木刻版，取其易成而印速，故印书的质量在杭州以下：

世言雕板印书始冯道，此不然，但监本五经板，道为之尔。柳玭《训序》言其在蜀时，尝阅书肆云，字书小学，率雕板印纸，则唐固有之矣；但恐不如今之工。今天下印书，以杭州为上，蜀本次之，福建最下，京师比岁印板，殆不减杭州，但纸不佳，蜀与福建，多以柔木刻之，取其易成而速售，故不能工。福建本几遍天下，正以其易成故也。①

宋朝政府对刻版印书极为重视，如前述平蜀时，命尽取蜀文籍及印板归阙。后又在蜀刻版印书的基础上扩而大之，以国家力量大量雕印经史百家之书，除由国子监校勘镂版外，并就杭州镂版，而且这些书都经过严格校对，印刷精良，至今犹存不少，被视为珍宝，其详如下：

淳化五年（公元九九四年）七月，诏选官分校《史记》、"前后汉书……既毕，遣内侍裴愈赍本就杭州镂版。咸平三年（公元一〇〇〇年）十月，诏选官校勘《三国志》《晋书》《唐书》。……五年，校毕，送国子监镂版，校勘官赐银帛有差。……四年（公元一〇〇一年）九月，翰林侍读学士国子祭酒邢昺、直秘阁杜镐……表上重校定《周礼》《仪礼》《公羊》《穀梁传》《孝经》《论语》《尔雅》七经疏义，凡一百六十五卷，模印颁行，赐宴于国子监。……大中祥符元年（公元一〇〇八年）六月，崇文院检讨杜镐等校定《南华真经》，摹刻版本毕，赐辅臣人各一本。五年（公元一〇一二年）四月，崇文院上新印《列子冲虚至德真经》，诏赐亲王、辅臣人一本。景德中，朝谒诸陵，路经列子观，诏加至德之号，又命官校正其书，至是刊版成，赐校勘官金帛有差。二年（公元一〇〇五年）二月，诸王府侍讲兼国子监直讲孙奭言："《庄子》注本，前后甚多，唯郭象所注特会庄生之旨，请依道德经例差馆阁众官校定，

---

① 叶梦得：《石林燕语》卷八。

与陆德明所撰《庄子释文》三卷雕印。"诏奭与龙图阁侍制杜镐等同校定以闻。……至大中祥符四年（公元一〇一一年），又命李宗谔、杨亿、陈彭年等仇校《庄子序》，模印而行之。……四年（公元一〇一一年）八月，选三馆秘阁直官校理校勘《文苑英华》，李善《文选》（注本），摹印颁行。①

政府除了大量印书外，还大量印历书贩卖：

〔元丰〕三年（公元一〇八〇年）三月甲戌，诏自今岁降大小历本，付川、广、福建、江浙、荆湖路转运司印卖，不得抑配，其钱岁终市轻赍物附纲送历日所，余路听商人指定路分卖。②

经过公私的大量刻印，经、史、子、集百家之书遂充斥于市场，学者可以极微小的代价获得过去难得之书，其对于文化之普及和发展实起了极大作用，苏轼曾畅谈学者得书之易且多云：

自秦汉以来，作者益众，纸与字画，日趋于简编，而书益多，世莫不有，然学者益以苟简何哉？余犹及见老儒先生自言其少时，欲求《史记》《汉书》而不可得，幸而得之，皆手自书，日夜诵读，惟恐不及。近岁市人转相摹刻，诸子百家之书日传万纸，学者之于书，多且易致如此。③

在宋代印刷业中，一个重大的发明是毕昇创活字印刷。活字版的出现，使印刷业发生了革命性的变化，从此解除了雕版之烦，加快了印刷速度，宋代书籍出版之多且快，活字版是一个决定因素。据宋人记载，活字的排版和印刷方法，有如下述：

板印书籍，唐人尚未盛为之。自冯瀛王始印五经，已后典籍，皆为板本。庆历中，有布衣毕昇，又为活板。其法用胶泥刻字，薄

---

① 程俱：《麟台故事》卷二。
② 李焘：《续资治通鉴长编》卷三百三。
③ 《经进东坡文集事略》卷五十三，《李君山房记》。

如钱唇，每字为一印，火烧令坚。先设一铁板，其上以松脂腊和纸灰之类冒之。欲印则以一铁范置铁板上，乃密布字印，满铁范为一板，持就火炀之，药稍熔，则以一平板按其面，则字平如砥。若止印三、二本，未为简易；若印数十百千本，则极为神速。常作二铁板，一板印刷，一板已自布字，此印者才毕，则第二板已具，更互用之，瞬息可就。每一字皆有数印，如"之""也"等字，每字有二十余印，以备一板内有重复者。不用，则以纸贴之，每韵为一贴，木格贮之。有奇字素无备者，旋刻之，以草火烧，瞬息可成。不以木为之者，木理有疏密，沾水则高下不平，兼与药相粘，不可取。不若燔土，用讫再火令药熔，以手拂之，其印自落，殊不沾污。昇死，其印为予群从所得，至今宝藏。①

6. 造船业

宋代航运业非常发达，北宋王朝把国家的经济命脉完全寄托在漕运上。其都城之所以设在汴水之滨的开封，就是因为那里是几条运河交汇之处，不仅可岁漕东西之粟六百余万石，而且河北、河东、川陕、荆湖、岭南，闽越等全国各道州郡的输纳上贡物资，无不可循水道转漕京师。此外，两宋特别是南宋又大练水师以为抵御金人之长技，故大造战船。凡此种种都是促进造船业发展的有力因素。漕船一部分是雇用民船，一部分设场自造，而造船工人也完全是民工，故官营造船业的发达，实际上也是民营造船业的发达。这一情况，可引文献看出：

〔绍兴三十年（公元一一六○年）〕八月二日，臣僚言：窃惟漕运所用，莫急于舟，江东诸郡，皆雇客船，江西则于洪、吉、赣三州官置造船场，每场差监官二员，工役兵卒二百人，立定格例，日成一舟，率以为常。②

宋代又是商品经济大发展的时期，富商大贾，周流天下，大宗商货不停地要从一个市场转到另一个市场，没有便利的航运，大量的商货流通就不可

---

① 沈括：《梦溪笔谈》卷十八。
② 《宋会要辑稿》，《食货四八之七》。

能，所以船舶可以说是商人的生命，商人被称为"江商海贾"是十分恰当的，南宋时尤其是如此：

> 杭城富室，多是外郡寄寓人居……其寄寓人，多为江商海贾，穹桅巨舶，安行于烟涛渺莽之中，四方百货，不趾而集，自此成家立业者众矣。[①]

江商海贾之能发财致富、成家立业，完全是靠了穹桅巨舶的便利运输。

宋代的对外贸易也非常发达，唐开元时开始的市舶贸易，至宋代尤其是南宋达到鼎盛时期，南海诸国和阿拉伯、波斯商人的商船云集于广州、泉州、温州、明州等港，而且每年也有大批中国商船由此出港，这些海船都形体巨大，需要高超的造船技术，其详当于后文商业章中论述。国内商船也有形制巨大的"万石船"：

> 丙戌，观万石船，船形制圆短，如三间大屋，户出其背，中甚华饰，登降以梯级，非甚大风不行，钱载二千万贯，米载一万二千石。[②]

南宋时造的兵船，形制非常巨大，通长三十余丈或二十余丈，一船有容战士七八百人，且多车船，可以踏轮激水而进：

> 〔绍兴〕四年（公元一一三四年）二月七日，知枢密院事张浚言：近过澧、鼎州，询访得杨么等贼众，多系群聚土人，素熟操舟，凭恃水险，楼船高大，出入作过。臣到鼎州，亲往本州城下鼎江阅视，知州程昌禹造下车船，船通长三十丈或二十余丈，每支可容战士七八百人，驾放浮泛，往来可以御敌。缘比之杨么贼船数少，臣据程昌禹申，欲添置二十丈车船六只，每支所用板木材料人工等共约万贯，若以系官板木，止用钱一万贯，共约钱六万贯，乞行支降，及下辰、沅、靖州计置板木。[③]

---

① 吴自牧：《梦粱录》卷十八。
② 张舜民：《画墁集》卷八，《彬行录》。
③ 《宋会要辑稿》，《食货五〇之一五》。

船是江南的主要交通工具，商货运输，人员往来，都要依靠船，车是完全不适用的，于是为了需要，制造了许多形制不同、用途不同的大小船只：

> 杭州里河船只，皆是落脚头船，为载往来士贾诸色等人，及搬载香货杂色物件等。又有大滩船，系湖州市搬载诸铺米及跨浦桥柴炭，下塘砖瓦灰泥等物，及运盐袋船只。盖水路皆便，多用船只，如无水路，以人力运之。向者汴京用车乘驾运物。盖杭城皆石版街道，非泥沙比，车轮难行，所以用舟只及人力耳。若士庶欲往苏、湖、常、秀、江、淮等州，多雇舾船、舫船、飞篷等船。或宅舍、府第、庄舍，亦自创造船只，从便撑驾往来，则无官府捉拿差拨之患。若州县欲差船只，多给官钱和雇，以应用度。杭城乃辇毂之地，有上供米斛，皆办于浙右诸郡县，隶司农寺所辖。本寺所委官吏，专率督催米斛，解发朝廷，以应上供支用，搬运自有纲船装载，纲头管领所载之船，不下运千余石，或载六七百石，官司亦支耗券雇稍船米与之。到岸则有农寺排岸司掌拘卸，检察搜空。又有下塘等处，及诸郡米客船只，多是铁头舟，亦可载五六百石者，大小不同。其老小悉居船中，往来兴贩耳。寺观庵舍船只，皆用红油舾滩，大小船只往来河中，搬运斋粮柴薪。更有载垃圾粪土之船，成群搬运而去。北新桥外赵十四相公府侧，有殿前司红坐船于水次，管船军士专造红酝，在船私沽，官司宽大，并无捉捕之忧，论之杭城辇毂之地。下塘官塘中塘三处船只，及航船渔舟钓艇之类，每日往返，曾无虚日。缘此是行都，士贵官员往来，商贾买卖骈集，公私船只，泊于城北者夥矣。[①]

西湖中游船众多，皆打造奇巧，雕栏画栋，行运平稳，供游人赁雇，其中富贵人家自造船只亦甚多：

> 行都左江右湖，河运通流，舟船最便，而西湖舟船大小不等，有一千料，约长五十余丈，中可容百余客。五百料，约长三二十丈，可容三五十余客。皆奇巧打造，雕栏画栋，行运平稳，如坐平地，

---

① 吴自牧：《梦粱录》卷十二。

无论四时，常有游玩人赁假。舟中所须器物，一一毕备，但朝出登舟而饮，暮则径归，不劳余力，惟支费钱耳。其有贵府富室自造者，又特精致耳。西湖春中，浙江秋中，皆有龙舟争标，轻捷可观，有金明池之遗风，而东浦河亦然。惟浙江自孟秋至中秋间，则有弄潮者，持旗执竿，狎戏波涛中，甚为奇观，天下独此有之。①

杭州左江右湖，最为奇特，湖中大小船只不下数百舫，船有一千料者，约长二十余丈，可容百人，五百料者，约长十余丈，亦可容三五十人，亦有二三百料者，亦长数丈，可容三二十人，皆精巧创造，雕栏画栱，行如平地，各有其名，曰：百花、十样锦、七宝、戗金、金狮子、何船、劣马儿、罗船、金胜、黄船、董船、刘船，其名甚多，姑言一二。更有贾秋壑府车船，船棚上无人撑驾，但用车轮脚踏而行，其速如飞。②

7. 制糖业

唐以前只有蔗饴，即饧，饧或用米蘖为之，如今之麦芽糖。唐初由外国引进熬糖法，用甘蔗汁熬制沙糖：

> 闻人茂德言，沙糖中国本无之，唐太宗时外国贡至，问[37]其使人此何物？云以甘蔗汁煎，用其法煎成，与外国者等，自此中国方有沙糖。唐以前书传凡言及糖者，皆糟耳，如糖蟹、糖姜皆是。③

宋时沙糖已成普通食品，并常用以制造食品玩具，如：

> 熙宁中上元，宣仁太后御楼观灯，召外族悉集楼上，神宗皇帝数遣黄门禀白：外家有合推恩，乞疏示姓名，即降处分。宣仁答云：此自有所处，不烦圣虑。明日，上问何以处之，宣仁答曰：大者各与绢两匹，小儿各与乳糖狮子两个。④

---

①　耐得翁：《都城纪胜》，《舟船》。
②　吴自牧：《梦粱录》卷十二。
③　陆游：《老学庵笔记》卷六。
④　曾慥：《高斋漫录》。

宋代制糖业的一个重大发明，是制造糖霜[38]，即冰糖，这是宋于茶之外又一种商品化的农产品加工业，成为中国工业史上的又一重大成就。糖霜的生产组织者是资本家，他购买原料，雇佣工人，在生产过程中实行着简单的技术分工，是一种含有资本主义性质的商品生产。遂宁盛产糖霜，遂宁人王灼著《糖霜谱》[39]，对糖霜发明的原委、制造方法等等作了详尽的说明，这里择要引其说如下：

> 糖霜一名糖冰，福唐、四明、番禺、广汉、遂宁有之，独遂宁为冠。四郡所产甚微而碎，色浅味薄，才比遂宁之最下者。……若甘蔗所在皆植，所植皆善，非异物也，至结蔗为霜，则中国之大，止此五郡，又遂宁专美焉。外之夷狄戎蛮，皆有佳蔗，而糖霜无闻，此物理之不可诘也。先是唐大历间，有僧号邹和尚，不知所从来，跨白驴登伞山，结茅以居，须盐米薪菜之属，即书付纸，系钱遣驴负至市区，人知为邹也，取平直挂物于鞍，纵驴归。一日驴犯山下黄氏者蔗苗，黄请偿于邹，邹曰：汝未知窖蔗糖为霜，利当十倍，吾语女，塞责可乎？试之果信，自是流传其法。糖霜户近山或望伞山者皆如意，不然，万方终无成……①
> 自古食蔗者始为蔗浆，宋玉作《招魂》，所谓胹鳖炮羔有柘浆是也。其后为蔗饧，孙亮使黄门就中藏吏取交州所献甘蔗饧是也。其后又为石蜜，《广志》云：蔗饧为石蜜，《南中八郡志》：笮甘蔗汁曝成饧，谓之石蜜。《本草》亦云：炼糖和乳为石蜜，是也。唐史载太宗遣使至摩揭陀国，取熬糖法，即诏扬州上诸蔗柞沈[40]如其剂，色味愈西域远甚。……熬糖沈作剂，似是今之沙糖也。蔗之技尽于此，不言作霜，然则糖霜非古也。……至本朝元祐间，大苏公过润州金山寺，作诗送遂宁僧圆宝，有云：沩江与中泠，共此一味水。冰盘荐琥珀，何似糖霜美。元符间，黄鲁直在戎州作颂，答梓州雍熙光辰老寄糖霜，有云：远寄蔗霜知有味，胜于崔浩水晶盐。正宗扫地从谁说，我舌犹能及鼻尖。遂宁糖霜见于文字，实于二公，然则糖霜果非古也。吾意四郡所产亦起近世耳。②

---

① 王灼：《糖霜谱》第一。
② 王灼：《糖霜谱》第二。

糖霜成处：山下曰礼佛坝，五里曰乾滩坝，十里曰石溪坝，江西与山对望曰凤台镇，大率近三百余家，每家多者数十瓮，少者一二瓮。山左曰张村，曰巷口，山后曰露池，曰吴村，江西与山对望曰法宝院，曰马鞍山，亦近百家，然霜成皆中下品，并山一带曰白水镇，曰土桥，虽多蔗田，不能成霜，岁压糖水卖山前诸家。①

糖霜户器用：曰蔗削，如破竹刀而稍轻。曰蔗镰，以削蔗，阔四寸，长尺许，势微弯。曰蔗凳，如小杌子，一角凿孔立木叉，束蔗三五梃阁叉上，斜跨凳锉之。曰蔗碾，驾牛以碾所锉之蔗，大硬石为之，高六七尺，重千余斤，下以硬石作槽底，循环丈余。曰榨斗，又名竹袋，以压蔗，高四尺，编当年慈竹为之。曰枣杵，以筑蔗入榨斗。曰榨盘，以安斗，类今酒槽底。曰榨床，以安盘，床上架巨木，下转轴引索压之。曰漆瓮，表里漆，以收糖水，防津漏。凡治蔗用十月至十一月，先削去皮，次锉如钱，上户削锉至一二十人，两人削，供一人锉，次入碾，碾阙则舂。碾讫，号曰泊，次烝，泊烝透出甑入榨，取尽糖水，投仰釜煎，仍上烝、生泊约糖水七分熟权入瓮，则所烝泊亦堪榨。如是煎烝相接，事竟，歇三日（过期则酽），再取所寄收糖水煎，又候九分熟，稠如饧，插竹遍瓮中，始正入瓮，籆箕覆之，此造糖霜法也。已榨之后，别入生水重榨，作醋极酸。②

糖水入瓮两日后，瓮面如粥文，染指视之如细沙。上元后结小块，或缀竹梢如粟穗，渐次增大如豆，至如指节，甚者成座如假山，俗谓随果子结实。至五月，春生夏长之气已备，不复增大，乃沥瓮，霜虽结，糖水犹在，沥瓮者庠出糖水，取霜沥干，其竹梢上团枝随长短剪出就沥，沥定曝烈日中极干，收瓮，四周循环连缀生者，曰瓮鉴，颗块层出如崖洞间钟孔，但侧生耳，不可遍沥，沥须就瓮曝数日令干硬，徐以铁铲分作数片出之。凡霜，一瓮中品色亦各自不同，堆叠如假山者为上，团枝次之、瓮鉴次之，小颗块次之，沙脚为下。紫为上，深璩珀次之，浅黄色又次之，浅白为下。不以大小，尤贵墙壁密排，俗号马齿，霜面带沙脚者刷去之。亦有大块或十斤或二十斤，最异者三十斤，然中藏沙脚，号曰含。凡沙，霜性易销

---

① 王灼：《糖霜谱》第三。
② 王灼：《糖霜谱》第四。

化，畏阴湿及风，遇曝时风吹无伤也。收藏法：干大小麦铺瓷底，麦上安竹箅，密排笋皮，盛贮绵絮，复箅籺箕复瓷，寄远即瓶底著石灰数小块，隔纸盛贮，原封瓶口。[①]

8. 造纸业

宋代的造纸业是与印刷业同步发展的，宋代之所以能大量印书，是因为有充足的纸张供应。而印书业之所以又以四川、浙江、福建三地为盛，即因三地为纸的重要产地。但印刷用纸只是纸的用途之一，而且只限于一两种纸，纸的更大用途则是文人书写和公私文书，其所需数量之大和种类之多，远非印刷所能比。纸自东汉正式登上历史舞台后，发展甚速，造纸技术亦代有进步，宋代的造纸业非常发达，造纸技术也很高，全国有许多地方，根据自己所有的自然条件，使用自己特有的造纸原料，运用自己传统的、独有的造纸技术，制造出独具特色的纸张，其种类、花色、品种、用途各不相同，真是美不胜收。宋代文献中有关记载连篇累牍，多不胜举，这里择要举例如下：

蜀笺纸：

> 府城之南五里，有百花潭，支流为一，皆有桥焉，其一玉溪，其一薛涛。以纸为业者家其旁，锦江水濯锦益鲜明，故谓之锦江，以浣花潭水造纸故佳，其亦水之宜矣。江旁凿白为碓，上下相接，凡造纸之物，必杵之使烂，涤之使洁，然后随其广狭长短之制以造，研则为布纹，为绫绮，为人物花木，为虫鸟，为鼎彝，虽多变，亦因时之宜。
>
> 纸固多品，皆玉板表光之苗裔也，近年有百韵笺，则合以两色材为之，其横视常纸长三之二，可以写诗百韵，故云。人便其纵阔，可以放笔快书。凡纸，皆有连二、连三、连四，笺又有青白笺，背青面白，有学士笺，长不满尺，小学士笺，又半之，仿姑苏作杂色粉纸，曰假苏笺，皆印金银花于上，承平前辈，盖常用之，中废不作，比始复为之，然姑苏纸多布纹，而假苏笺皆罗纹，惟纸骨柔薄耳，若加厚壮，则可胜苏笺也。

---

① 王灼：《糖霜谱》第五。

蜀笺体重，一夫之力仅能荷五百番，四方例贵州笺，盖以其远号难致，然徽纸、池纸、竹纸在蜀，蜀人爱其轻细，客贩至成都，每番视川笺价几三倍。范公在镇二年，止用蜀纸，省公帑费甚多，且怪蜀诸司及州县缄牍，必用徽池纸，范公用蜀纸，重所轻也。蜀人事上，则不敢轻所重矣，此以价大小言也。余得之蜀士云，澄心堂纸，取李氏澄心堂样制也，盖表光之所轻脆而精绝者，中等则名曰玉水纸，最下者曰冷金笺，以供泛使。

广都纸有四色：一曰假山南，二曰假荣，三曰冉村，四曰竹丝，皆以楮皮为之，其视浣花笺纸最清洁，凡公私簿书、契券、图籍、文牒，皆取给于是。广幅无粉者，谓之假山南，狭幅有粉者，谓之假荣，造于冉村曰清水，造于龙溪乡曰竹纸。蜀中经史子籍，皆以此纸传印，而竹纸之轻细似池纸，视上三色价稍贵。近年又仿徽池法，作胜池纸，亦可用，但未甚精致耳。

双流纸出于广都，每幅方尺许，品最下，用最广，而价亦最贱。双流实无有也，而以为名，盖隋炀帝始改广都曰双流，疑纸名自隋始也，亦名小灰纸。[①]

澄心堂纸：

江南后主造澄心堂纸，甚为贵重，宋初，纸犹有存者。欧公曾以二轴赠梅圣俞，梅以诗谢……相传淳化阁帖，皆此纸所拓，欧公五代史，亦用此属草。[②]

江南李后主善词章，能书画，皆臻妙绝。是时纸笔之类亦极精致，世传尤好玉屑笺，于蜀主求笺匠造之。惟六合水最宜于用，即其地制作，今本土所出麻纸，无异玉屑，盖所造遗范也。[③]

蛮纸：

唐中国未备，多取于外国，故唐人诗中多用蛮笺，字亦有为也。

① 费著：《笺纸谱》。
② 焦竑：《焦氏笔乘》续集卷七。
③ 高晦叟：《珍席放谈》卷下。

高丽岁贡蛮纸，书卷多用为衬。日本国出松皮纸，又南番出香皮纸，色白，纹如鱼子。又苔纸以水苔为之，名侧理纸。……又扶桑国出芨皮纸，今中国惟有桑皮纸，蜀中藤纸，越中竹纸，江南楮皮纸。南唐以徽纸作澄心堂纸得名。若蜀笺、吴笺皆染捣而成，蜀笺重厚不佳，今吴笺为胜。①

研光小本：

姚颛子侄善五色笺，光紧精华，研纸版乃沉香，刻山水、林木、折枝花果、狮凤[41]、虫鱼、寿星、八仙、钟鼎文，幅幅不同，文缕奇细，号研光小本。余尝询其诀，颛侄云：妙处与作墨同，用胶有工拙耳。②

歙州表纸：

大中祥符七年（公元一〇一四年）十月，诏：歙州造表纸，委官吏钤辖工匠，尽料制造，捣硾熟白，知州职官看验受纳。③

峡州河中纸：

夷陵纸不甚精，然最奈久。余为县令时，有孙文德者，本三司人吏也，尝劝余多藏峡纸，云其在省中，见天下帐籍，惟峡州不朽损，信为然也。今河中府纸惟供公家及馆阁写官书尔。④

黄纸：

古人写书尽用黄纸，故谓之黄卷。颜之推曰：读天下书未遍，不得妄下雌黄。雌黄与纸类，故用之以灭误，今人用白纸，而好事

---

① 佚名：《负暄杂录·蛮纸》。
② 陶榖：《清异录》卷下，《文用门·研光小本》。
③ 《宋会要辑稿》，《食货五二之八》。
④ 欧阳修：《欧阳文忠公文集》卷一百二十九，《笔说·峡州河中纸说》。

者多用雌黄灭误，殊不相类。道佛二家写书，犹用黄纸，《齐民要术》有治雌黄法。或曰：古人何须用黄纸？曰：蘖染之可用辟蟫，今台家诏敕用黄，故私家避不敢用。①

宣纸：

〔熙宁七年（公元一〇七四年）六月乙酉〕诏降宣纸式下杭州岁造五万番，自今公移常用纸，长短广狭，毋得用宣纸相乱。②

茶衫子纸：

抚州有茶衫子纸，盖裹茶为名也，其纸长连，自有唐已来，礼部每年给明经帖书。③

嫩竹纸：

今江浙间有以嫩竹为纸，如作密书，无人敢拆发之，盖随手便裂，不复粘也。④

蜀十色笺：

蜀人造十色笺，凡十幅为一榻，每幅之尾必以竹夹夹之，和十色水逐榻以染，当染之际，弃置捶[42]埋，堆盈左右，不胜其委顿，逮干，则光彩相宣，不可名也。然逐幅于方版之上研之，则隐起花木麟鸾，千状万态，又以细布，先以面浆胶令劲挺，隐出其文者，谓之鱼子笺，又谓之罗笺，今剡溪亦有焉。亦有作败面糊和以五色，以纸曳过令沾濡，流离可爱，谓之流沙笺。亦有煮皂荚子膏并巴豆油，傅于水面，能点墨或丹青于上，以姜揾之则散，以貍须拂头垢引

---

① 宋祁：《宋景文公笔记》上。
② 李焘：《续资治通鉴长编》卷二百五十四。
③ 苏易简：《文房四谱》卷四。
④ 苏易简：《文房四谱》卷四。

之则聚，然后画之为人物，研之为云霞及鸳鸟翎羽之状，繁缛可爱，以纸布其上而受采焉，必须虚窗幽室，明槃净水，澄神虑而制之，则臻其妙也。近有江表僧于内庭造而进之，御毫一洒，光彩焕发。①

吴中彩笺：

彩笺，吴中所造，名闻四方，以诸色粉和胶刷纸，隐以罗纹，然后研花，唐皮陆有倡和鱼笺诗云：向日乍惊新茧色，临风时辨白萍文。注：鱼子曰白萍，此岂用鱼子耶，今法不传，或者纸纹细如鱼子耳。今蜀中作粉笺，正用吴法，名吴笺。②

侧理纸：

北纸用横帘造纸，纹必横，又其质松而厚，谓之侧理纸。……南纸用竖帘，纹必竖。③

蠲纸：

温州作蠲纸，洁白坚滑，大略类高丽纸。东南出纸处最多，此当为第一焉。由拳皆出其下，然所产少，至和以来方入贡，权贵求索漫广，而纸产力已不能胜矣。吴越钱氏时，供此纸者蠲其赋役，故号蠲云。④

以上所述，并不是造纸业的全部，只是其中比较有名的所谓名纸，其他还有很多地方产纸，未能一一指出，下引一则文献，系对各地名纸作了一个简单比较，可以概见各种纸的特点：

《兰亭序》用鼠须笔书写丝栏茧纸，所谓茧纸，盖实绢帛也。

---

① 苏易简：《文房四谱》卷四。
② 范成大：《吴郡志》卷二十九，《土物》。
③ 赵希鹄：《洞天清录集》，《古翰墨真迹辨》。
④ 程棨：《三柳轩杂识》，《蠲纸》。

乌丝阑，即是以黑间白织其界行耳。布缕为纸，今蜀笺犹多用之，其纸遇水滴则深作窠臼，然厚者乃尔，故薄而清莹者乃可贵。古称剡藤，本以越溪为胜，今越之竹纸，甲于他处，而藤乃独推抚之清江，清江佳处，在于坚滑而不留墨。新安玉板，色理极腻白，然质性颇易软弱，今士大夫多浆而后用，既光且坚，用得其法，藏久亦不蒸蠹。又吴人取越竹，以梅天永淋眼令稍干，反覆硾之，使浮茸去尽，筋骨莹澈，是谓春膏，其色如蜡，若以佳墨作字，其光可鉴，故吴笺近出，而遂与蜀产抗衡。江南旧称澄心堂纸，刘贡父诗所谓百金售一幅，其贵如此，今亦有造者，然为吴、蜀笺所掩，遂不盛行于时。外国如高丽、阇婆亦皆出纸，高丽纸类蜀中冷金，缜实而莹。阇婆者厚而且坚，而长者至三四丈[43]。高丽人云，抄时使幅端连引，故得尔长，胡人用作帏幄，修斋供，则张之满室，若有嘉会，乃更设花布及罽绮所为者。①

9. 各种杂手工业

制笔：

世言歙州具文房四宝，谓笔、墨、纸、砚也，其实三耳。歙本不出笔，盖出于宣州，自唐惟诸葛一姓世传其业，治平、嘉祐前有得诸葛笔者，率以为珍玩，云一枝可敌它笔数枝。熙宁后，世始用无心散卓笔，其风一变。②

制墨：

陈赡，真定人。初造墨，遇异人传和胶法，因就山中古松取煤，其用胶虽不及常和沈珪，而置之湿润初不蒸，则此其妙处也。又受异人之教，每斤止售半千，价虽廉而利常赢余。余尝以万钱就赡取墨，适非造墨时，因返金，而以断裂不完者二十笏为寄，曰：此因胶紧所致，非深于墨，不敢为献也。试之果出常制之右，余宝而用

---

① 陈槱：《负暄野录》卷下，《论纸品》。
② 叶梦得：《避暑录话》卷上。

之，并就真定公库，转置得百笏，自谓终身享之不尽。胡马南渡，一扫无余，继访好事所藏，盖一二见也。缘赡在宣和间已自贵重，斤直五万，比其身在，盖百倍矣。赡死，婿董仲渊因其法而加胶，墨尤坚致，恨其即死，流传不多也。董后有张顺，亦赡婿，而所制不及渊，亦失赡法云。[①]

柴珣，国初时人，得二李胶法，出潘张之上，其作玉梭样，铭曰柴珣东窑者，士大夫得之，盖金玉比也。[②]

凡墨，胶为大，有上等煤而胶不如法，墨亦不佳，如得胶法，虽次煤能成善墨。且潘谷之煤，人多有之，而人制墨莫有及谷者，正在煎胶之妙。[③]

昔有张滋者，真定人，善和墨，色光黳，胶法精绝，举胜江南李廷珪。大观初，时内相彦博许八座光凝，共荐之于朝廷，命造墨入官库，是后岁加赐钱至三十二万。政和末，鲁公辞政而后止。滋亦能自重，方其得声价时，皇弟燕越二王呼滋至邸，命出墨，谓虽百金不吝也。滋不肯，曰：滋非为利者，今墨乃朝廷之命，不敢私遗人。二王乃丐[44]于上，诏各赐三十斤。然滋所造，实超今古，其墨积大观库无虑数万斤。[④]

近世墨工多名手，自潘谷、陈瞻、张谷，名振一时之后，又有常山张顺，九华朱觐，嘉禾沈珪，金华潘衡之徒，皆不愧旧人。宣、政间，如关珪、关瑱、梅鼎、张滋、田守元、曾知唯，亦有佳者。唐州桐柏山张浩，制作精致，妙法甚奇，舅氏吴顺图，每岁造至百斤，遂压京都之作矣。前者数工所制，好墨者往往韬藏，至今存者尚多。予旧有此癖，收古今数百笏，种种有之，渡江时为人疑箧之重，以为金玉，窃取之，殊可惜也。今尚余一巨挺，极厚重，印曰河东解子诚，又一圭印曰韩伟升，胶力皆不乏精采，与新制敌，可与李氏父子甲乙也。[⑤]

---

① 何薳：《春渚纪闻》卷八，《陈赡传异人胶法》。
② 何薳：《墨记》。
③ 晁贯之：《墨经·胶》。
④ 蔡绦：《铁围山丛谈》卷五。
⑤ 张邦基：《墨庄漫录》卷六。

制灯：

灯品至多，苏、福为冠，新安晚出，精妙绝伦。所谓"无骨灯"者，其法用绢囊贮粟为胎，因之烧缀，及成去粟，则混然琉璃球也。景物奇巧，前无其比。又为大屏，灌水转机，百物活动。赵忠惠守吴日，尝命制春雨堂五大间，左为汴京御楼，右为武林灯市，歌舞杂艺，纤悉曲尽。凡用千工。外此有鱿灯，则刻镂金珀玳瑁以饰之。珠子灯则以五色珠为网，下垂流苏，或为龙船、凤辇[45]、楼台故事。羊皮灯则镟镂精巧，五色妆染，如影戏之法。罗帛灯之类尤多，或为百花，或为细眼，间以红白，号"万眼罗"者，此种最奇。外此有五色腊纸、菩提叶，若沙戏影灯，马骑人物，旋转如飞。又有深闺巧娃，剪纸而成，尤为精妙。又有以绢灯剪写诗词，时寓讥笑，及画人物，藏头隐语，及旧京诨语，戏弄行人。有贵邸尝出新意，以细竹丝为之，加以彩饰，疏明可爱。穆陵喜之，令制百盏，期限既迫，势难卒成，而内苑诸珰，耻于不自己出，思所以胜之，遂以黄草布剪镂，加之点染，与竹无异，凡两日百盏已进御矣。①

禁中自去岁九月赏菊灯之后，迤逦[46]试灯，谓之预赏，一入新正，灯火日盛，皆修内司诸珰分主之，竞出新意，年异而岁不同，往往于复古、膂、福、清燕、明华等殿张挂，及宣德门梅堂三闲台等处，临时取旨，起立鳌山。灯之品极多，每以苏灯为最，圈片大者径[47]三四尺，皆五色琉璃所成，山水人物花竹翎毛，种种奇妙，俨然著色便面也。其后福州所进，则纯用白玉，晃耀夺目，如清冰玉壶，爽彻心目。近岁新安所进益奇，虽圈骨悉皆琉璃所为，号无骨灯。禁中尝令作琉璃灯山，其高五丈，人物皆用机关活动，结大彩楼贮之，又于殿堂梁栋窗户间为涌壁，作诸色故事，龙凤噀水，蜿蜒如生，遂为诸灯之冠。……山灯凡数千百种，极其新巧，怪怪奇奇，无所不有，中以五色玉栅簇成皇帝万岁四大字，其上伶官奏乐，称念口号致语，其下为大露台，百艺群工，竞呈奇技……缭绕于灯月之下。……宫漏既深，始宣放烟火百余架，于是乐声四起，

---

① 周密：《武林旧事》卷二，《灯品》。

烛影纵横，而驾始还矣。①

上元影灯巧丽，它郡莫及，有万眼罗及琉璃球者，尤妙天下。②

烛：

烛是大宗生产的商品，因家家户户须用以照明，需要量很大，一般富贵人家夜夜灯烛辉煌，往往烛泪成堆，浪费惊人。至宫掖所用的所谓宫烛，则杂以龙涎沉脑诸香，又系烛中的特制品了，例如：

《归田录》：邓州花蜡烛名著天下，虽京师不能造，相传云是寇莱公烛法。公尝知邓州，而自少年富贵，不点油灯，尤好夜宴剧饮，虽寝室亦燃烛达旦，每罢官去后，人至官舍，见厕溷间烛泪在地，往往成堆。③

予既修王竹西封还宫中降炭样如胡桃文鹁鸽色，盖宣政事，建炎、绍兴犹袭用未改，故竹西力陈请罢去。其宣、政盛时，宫中以河阳花蜡烛无香为恨，遂用龙涎沉脑屑灌蜡烛，列两行数百枝，焰明而香滃，钧天之所无也。④

金饰、金箔：

〔大中祥符元年（公元一〇〇八年）二月乙巳〕上语辅臣曰："京师士庶，迩来渐事奢侈，衣服器玩，多镕金为饰，虽累加条约，终未禁止。工人炼金为箔，其徒日繁，计所费岁不下十万两，既坏不可复，浸以成风，良可戒也。"乃诏三司使丁谓申明旧制，募告者赏之；自今乘舆服御涂金绣金之类，亦不须用。⑤

〔庆历二年（公元一〇四二年）五月〕戊寅，诏自中宫已下，并不得衣销金、缕金、戭金、陷金、明金、泥金、楞金、背金、栏

---

① 周密：《武林旧事》卷二，《元夕》。
② 范成大：《吴郡志》卷二，《风俗》。
③ 《古今图书集成》，《考工典》卷二百二十一，《烛》。
④ 叶绍翁：《四朝闻见录》乙集，《宣政宫烛》。
⑤ 李焘：《续资治通鉴长编》卷六十八。

金、盘金、织金、金线、捻金等。①

元符初，后苑修造所言，内中殿宇修造，用金箔一十六万余斤。祐陵曰：用金箔以饰土木，糜坏不可复收，甚无谓也，其请支金箔内臣，令内体省按治。②

诸私造金箔者（以金箔装饰人像图供画具之类同）及工匠，各二三年，并许人告。诸以销金为服饰及卖或兴贩若为人造者，各徒二年，并许人告。③

漆器：

漆器是最古老的一种工艺品，出土的战国漆器已显示了很高的技术，嗣后代有发展，宋代漆器工业仍保持了固有传统，是一种精美的装饰品，各地漆工各有其高超技术：

余尝临外氏之丧，正见漆工髹裹凶器，余因言棺椁甚如法，漆工曰：七郎中随身富贵，只赢得一座漆宅，岂可卤莽。④

绿髹器始于王冀公家，祥符天禧中，每为会，即盛陈之，然制自江南，颇质朴，庆历后，浙中始造，盛行于时。⑤

予尝至襄阳，问唐时所贡库路真，及卒庐陵，问所贡陟釐，土人皆不能晓。襄州出髹器，谓之襄样，意其即此物也。⑥

葡萄酒：

葡萄酒自古称奇，本朝平河东，其酿法始入中都。余昔在太原，常饮此酝。⑦

各地名产：

---

① 王称：《东都事略》卷六。
② 周煇：《清波杂志》卷上。
③ 《庆元条法事类》卷二十九，《私造金箔销金杂敕》。
④ 陶毅：《清异录》卷下，《丧葬门·漆宅》。
⑤ 宋敏求：《春明退朝录》卷中。
⑥ 邢凯：《坦斋通编》。
⑦ 吴炯：《五总志》。

泾州虽小儿皆能捻茸毛为线，织方胜花……又出嵌鍮石铁石之类，甚工巧，尺一对至五六千，番镊子每枚两贯。……凤翔[48]出鞍瓦，其天生曲材者，亦值数十缗。原州善造铁衔镫，水绳，隐花皮，作鞭之华好者，用七宝镇厕饰以马价珠，多者费直数千缗。西夏兴州出良弓，中国购得云每张数百千，时边将有以十数献童贯者。河间善造篦刀子，以水精美玉为靶，钑镂如丝发。陈起宗为詹度机宜，罢官至有数百副。衢州开化山僻，人极粗鲁，而制茶笼铁锁亦佳。①

茶器：

长沙匠者，造茶器极精致，工直之厚，等所用金之数，士夫家多有之，寘几案间，但知以侈靡相夸，初不常用也。②

长沙茶具精妙甲天下，每副用白金三百星或五百星，凡茶之具悉备，外则以大缕银合贮之。赵南仲丞相帅潭日，尝以黄金千两为之，以进上方，穆陵大喜，盖内院之工所不能为也。③

姑苏席：

姑苏之席，著名天下，不特今日，自古已然矣。齐谢朓咏席诗曰：本生朝夕池，落京照参差。④

琉璃：

琉璃自然之物，彩泽光润，逾于众玉，其色不常。……今用青色琉璃，皆销冶石汁，以众药灌而成之，始于元魏月氏人商贩到京，能铸石为琉璃，采矿铸之，自此贱不复珍，非真物也，博雅以琉璃

---

① 庄季裕：《鸡肋编》卷上。
② 周煇：《清波杂志》卷四。
③ 周密：《癸辛杂识》前集，《长沙茶具》。
④ 吴曾：《能改斋漫录》卷十五，《姑苏朝夕池》。

为珠，近之。①

《青州府志》：琉璃器出颜神镇，以土产马牙紫石为主，法用黄丹、白铅、铜绿焦煎成珠，穿灯屏、棋局、帐钩、枕顶类，光莹可爱。②

铅粉：

桂州所作最有名，谓之桂粉，其粉以黑铅著糟瓮，罨化之。③

西融州有铅坑，铅质极美，桂人用以制粉，澄之以桂水之清，故桂粉声天下。桂粉，旧皆僧房罨造，僧无不富，邪僻之行多矣。厥后经略司专其利，岁得息钱二万缗，以资经费，群僧乃往衡岳造粉，而以下价售之，亦名桂粉，虽其色不若桂，然桂以故发卖少迟。④

此外还有许许多多的能工巧匠，在各自的家庭或作坊里生产着各种各样的商品，成为各地行销于地方市场上的著名产品，这里不一一列举了。以上九大类，基本上概括了宋代的民营手工业，所有这些手工业都是政府没有列入禁榷范围，或者以其规模不大、营利不多，而不便于插手的，或者以其系小本经营，而不屑与之争利。总之，宋代的民营手工业是在官营手工业的夹缝中挣扎图存的。由于这些手工业的存在，促进了宋代商品经济的发展，如任其自由发展下去，没有外力阻挠，则整个国民经济有可能迈向一个更高的发展阶段，可惜两次严重的外患打断了这样的发展，结果，两度有全面起飞的宋代社会经济，又回到原来的起点上，无限期地停顿下去了。

---

① 戴埴：《鼠璞》卷上。
② 《古今图书集成》，《考工典》卷一百四十，《琉璃器》。
③ 范成大：《桂海虞衡志》。
④ 周去非：《岭外代答》卷七。

第六章 商 业

第一节 国内商业

（一）宋代商业是中国古代商业的一次革命性变化

中国商业起源很早，作为商品交换地点的市也起源很早，它是随着城的出现而出现的。古代特别是封建时代的统治阶级，根据自己的统治需要而选择一个适宜地点建立城的时候，同时就在城内的某一定地点设立市，两者都不是社会经济发展的自然结果，而是封建统治阶级为着自己的需要，根据封建的礼法制度而有计划、有目的地设置的。所以市的出现不但不是商业发达的结果，甚至在商业根本不存在的情况下，就已经在建城时作为城的一个重要组成部分而出现了。例如王城的建置规划一定是"九经九纬，经涂九轨，左祖右社，面朝后市"①。市设立在固定地点，而且是一个特殊区域，为了保持这种特殊性，把这个区域不大的市用垣墙圈围起来，四面设门，定时启闭，稽查出入人等，一切交易行为都必须在市内进行，市门开启之前与市门关闭之后，不许有任何交易行为，否则就是违法的。在这样一个面积不大的市区内，除建有供囤货销售的场屋外，还建有市官行政的官舍，即《周礼》所谓"凡建国，佐后立市，设其次，置其叙，正其肆，陈其货贿"。"设次""置叙"，即建立市吏官舍，这说明市内交易是在市政官吏的监督管制下进行的。也就是说，在遥远的古代，商业刚刚发生时，不管是多么简单，就已经是不自由的。

这样的古典城市结构，成为不可逾越的典范，自古以来历代的城市都是按照这个不能更改的模式来建置的，市永远是设在城内的固定地点，永远是

---

① 《周礼·考工记》。

根据"面朝后市"的原则把市设在王宫之后或州县官衙之后的北面地区，成为城内的藏污纳垢和行刑之所。不仅市的方位是固定的，市的范围也是固定的，从古代直到唐末，这样的建置原则从未改变，如唐长安东市，即是"东西南北各六百步"，尽管市内已有"货财二百二十行，四面立邸，四方珍奇，皆所积集"，而营业范围却不能扩大，又如唐东京洛阳丰都市，"东西南北居二坊之地，其内一百二十行，三千余肆，四壁有四百余店，货贿山积"[1]，营业已如此发达，仍不得不拥挤在一个方圆六百步的小范围内，不许有丝毫扩展。这样长期不变的市，严重压抑了商业的发展。

市场由政府设立，是为了由政府管理，管理的目的是为了抑止商业的自由发展，这是历代王朝贯彻抑商政策的一个重要手段。关于中国古代封建王朝为什么要奉行抑商政策，作者已另有专文讨论[2]，这里不作深论，仅简单指出，这是由封建社会的客观经济规律决定的，是与封建统治阶级的根本利益相一致的。封建制度所要求的是安定，而不是变化；是保守，而不是发展。生产关系的不断变革和社会秩序的不停动荡，都是与封建统治阶级的根本利益相抵触的。所以封建制度要求把一切关系都僵化为一成不变的传统，并使人们的一切行为都墨守成规，把一切习惯和传统都加以神圣化，这才是封建统治阶级使其统治地位永久化的最好保障。商业是引起变化的起点，从根本上抑制住商业的发展，是封建统治阶级的一个最稳妥保障，这就必然要管制市场、管制工商业者。

中国自古以来，市场中的一切营业活动，都在市政官吏的直接监督和管辖之下进行，而市政也是整个行政系统中的一个重要组成部分。历代的市场管理制度皆本于《周礼》，《周礼》地官有司市，其属官有质人、廛人、胥师、贾师、司暴、司稽、肆长、泉府、司门等官。质人主平定物价，注云："抑其腾跃，禁其诳豫"。廛人掌市中邸舍及征收"货贿停储邸舍之税"。其余"自胥师以及司稽，皆司市所自辟除也。胥及肆长，市中给徭役者，胥师领群胥，贾师定物价，司暴察暴乱，司稽察留连不时去者，泉府掌钱币，司门掌市门之启闭"。[3] 市场设官之多和分职之细，可知工商业者是受政府严格管制的。

这样复杂的市政管理制度一直继续到唐代，据唐宣宗大中年间重新厘订

---

① 徐松：《唐两京城坊考》卷五。
② 参见拙著：《中国经济史论丛》下，第六〇八页。
③ 《周礼·司市》。

的《州县职员令》规定："大都督府市令一人，掌市内交易，禁察非为。通判市事丞一人，掌判市事，佐一人，史一人，师三人，掌分行检察。州县市各令准此。"① 至宋，随着城坊制度的取消，城内不再划分为方形之坊，这一切管理制度都不存在了。城内市场不再是官家特设的一个固定区域，交易地点完全由商人自由选择，专设的众多市官自然就跟着撤销了，虽然还受着地方官的管辖，但与原来由市官管辖完全不同了。总之，市不再是官设，商人获得了完全自由。北宋开封和南宋杭州都由此出现了许多繁华热闹的商业区，其繁华热闹之状当于下文详之。

历代封建王朝除了严格管制市场外，还对来市内营业的工商业者的人身加以种种的贬抑和污辱，这与欧洲封建时代城市工商业者的情况是完全不同的。欧洲中世纪的城市是独立自治的，是在封建统治体系之外的，定居在城内的居民都有所谓市民权，即每一个人都是城市的主人，为了实施这种自治，乃使每一个市民都按照所从事的职业组成行会，虽然行会对会员的一切行为都加以干涉和管制，但这种监督制度正是为了体现市民的自治权而自愿形成的，这与中国古代工商业者所受的干涉和管制有本质的不同。在中国，这种管制[1]则是一种统治和被统治的关系。商人是被当作一种下等人来加以管制的，古人习惯上把商人称作"市井小人"，这不止是道德观念上的一种贬词，而且是表示商人的社会地位是卑贱的。如《左传》称："其士竞于教，其庶人力于农穑，商工皂隶，不知迁业。"② 商工与皂隶同列于庶人之下，因这些人都是"执技以事上者"，"出乡不与士齿"③。到了秦汉，到市内营业的工商业者，必须取得市籍，而一旦注入市籍，即与罪谪相同，其身份相当于奴隶或半奴隶，例如秦征戍卒，"先发吏有谪及赘婿贾人，后以尝有市籍者，又后以大父母、父母尝有市籍者，后入闾取其左"④。其后汉武帝"发天下七科谪及勇敢士"出朔方，注："七科谪：吏有罪一，亡人二，赘婿三，贾人四，故有市籍五，父母有市籍六，大父母有市籍七。"⑤ 是一入市籍，则三代失去自由。正由于工商业者没有取得自由民的平等地位，所以尽管他们的经济地位远比一般农民和其他平民为优越，但是他们的社会地位和政治地位是很低

① 《唐会要》卷八十六。
② 《左传》，襄公九年。
③ 《礼记·王制》。
④ 《汉书》卷四十九，《晁错传》。
⑤ 《汉书》卷六，《武帝纪注》。

的，他们不仅在社会上遭受轻蔑，而且在政治上和法律上遭受歧视。这由他们在市内营业时所受的待遇，就可以充分证明。例如《周礼·司市》称："凡市人，则胥执鞭度守门"，注："市人谓时之市，市者入也。胥守门，察伪诈也，必执鞭度，以威正众人也，度，谓殳也。"①按：殳与戈、戟、酋矛、夷矛为五兵。《考工记》说："殳长寻有四尺"，八尺为寻，是殳乃一种长一丈二尺的无刃兵仗。可见工商业者到市内交易，是在市政官吏的鞭子和兵仗的威吓下进行的。总之，历代王朝在推行抑商政策时虽采取多种多样的办法，但实际上则是相同的，即对商人都是千方百计地加以鄙视、困扰和污辱，设置重重障碍，以便最终抑制住商业的自由发展。

事实上，历代工商业者所受的压抑和干扰比上述种种还要多，这就斫丧了商品经济发展的生机。这种情况一直延续到宋代才开始转变。这个变化的意义是重大的：随着城市体制的改革，从此市场不再是官设，管理市场的众多市官完全撤销了，政府不再干预和管制商人的正当营业活动；市场也不再限于一个固定地点和狭小范围。商人不仅可以自由选择营业地点，而且可以日日夜夜进行交易活动，市已不再是击鼓三百下而会大众、击钲三百下而散的定时一聚了。从宋初起，正式弛夜禁，准许开夜市：

> 太祖乾德三年（公元九六五年）四月十三日，诏开封府，令京城夜市自三鼓已来，不得禁止。②

这样一来，多年来在商业经营上所设置的人为障碍都消失了，工商业者第一次获得了自由。这样的变化表面看来虽然只是市场体制上的一点变化，但是实质上乃是中国古代商业一次重大的革命性变化，简单说，这是一次商业革命，是商业和城市由古代型向近代型转化。这时商业变成了自由商业，每个商人都可以根据自己的财力和才力，采取自认为适当的经营方法，从而真正实现了亚当·斯密所说每个人背后都有一只看不见的手，在推动着人们趋向有利之途。也可以实现司马迁所说，"设智巧，仰机利"，通过剧烈的自由竞争，从而出现"巧者有余，拙者不足"和"能者辐凑，不肖者瓦解"的两极分化。巧者能者不是得自幸运，而是得自管理合理从而取得了较高的经

---

① 《周礼·地官司徒下》。
② 《宋会要辑稿》，《食货六七之一》。

济效益。商业革命永远是工业革命的历史前提，因为商业一旦变成了自由商业，将是整个商品经济发展的一个巨大的推动力量。

（二）都市商业的空前发展

1. 北宋的都市商业

上文所述宋代商业的革命性变化，可由宋代都市商业的突出发展充分看出，而北宋都城开封和南宋行在杭州是两宋最大的两个商业都市，后来杭州的繁华程度又远过于旧都开封，说明南宋的都市商业比北宋又有了较大程度的发展。

北宋建都在位于汴河之滨的开封，原是为了迁就漕运，宋王朝的建国方略是聚全国之兵于京师，以根除唐五代藩镇割据之祸，这需要依靠全国之力来解决给养问题，开封正是以大运河为主干与几条河道的汇合地点，交通极为方便，从全国各道州郡征调的漕粮和各种上供物资均可通过江河湖海的水运转漕京师，这样方便的交通条件，正是开封能成为一个大商业中心的物质基础，故早在宋建国之前就已经看出这种发展趋势，为开封将来作为一个大商埠作种种必要准备：

> 显德二年（公元九五五年）四月，诏曰：东京华夷辐辏，水陆会通，时向隆平，日增繁盛。而都城因旧，制度未恢，诸卫军营，或多窄狭，百司公署，无处兴修。加以坊市之中，邸店有限，工商外至，络绎无穷。僦赁之资，增添不定，贫乏之户，供办实难。[①]
>
> 周世宗显德中，遣周景大浚[2]汴口，又自郑州导郭西濠达中牟。景心知汴口既浚，舟楫无壅，将有淮浙巨商，贸粮斛，贾万货，临汴无委泊之地，讽世宗乞令许京城民环汴栽榆柳，起台榭，以为都会之壮，世宗许之。景率先应诏，踞汴流中要起巨楼十二间，方运斤，世宗辇辂过，因问之，知景所造，颇喜，赐酒犒其工，不悟其规利也。景后邀巨货于楼，山积波委，岁入数万计，今楼尚存。[②]

自城坊制度和市场的地域限制取消后，各行各业的工商业者各根据自己

---

① 王溥：《五代会要》卷二十六，《城郭》。
② 文莹：《玉壶野史》卷三。

的营业需要，选择能发展自己业务的地点，于是大小商店、铺席、货摊、饭馆、酒店、茶肆以及[3]各种小手工业的作坊等等散布于全城，形成许多繁华热闹的商业大街。兹根据《东京梦华录》所载，择其最繁华的若干商业区举例如下：

　　自宣德东去东角楼，乃皇城东南角也。十字街南去姜行，高头街北去，从纱行至东华门街，晨晖门宝箓宫，直至旧酸枣门，最是铺席要闹。……东去乃潘楼街，街南曰鹰店，只下贩鹰鹘客，余皆真珠、匹帛、香药铺席，南通一巷，谓之界身，并是金银彩帛交易之所，屋子雄壮，门面广阔，望之森然，每一交易，动即千万，骇人闻见。以东街北曰潘楼酒店，其下每日自五更市合，买卖衣物、书画、珍玩、犀玉，至平明，羊头肚肺、赤白腰子、奶[4]房肚胘、鹑兔鸠鸽、野味螃蟹、蛤蜊之类，讫，方有诸手作人上市，买卖零碎作料，饭后饮食上市，如酥蜜食、枣锢澄沙团子，香糖果子，蜜煎雕花之类。向晚卖河娄、头面、冠梳、领抹、珍玩、动使之类。东去则徐家瓠羹店、街南桑家瓦子，近北则中瓦，次里瓦……瓦中多有货药、卖卦、喝故衣、采博饮食，剃剪纸画令曲之类，终日居此，不觉抵暮。①

　　潘楼东去十字街，谓之土市子，又谓之竹竿市，又东十字大街，曰从行里角茶坊，每五更点灯博易，买卖衣服、图画、花环、领抹之类，至晓即散，谓之鬼市子。以东街北，赵十万宅，街南中山正店。……又接东则旧曹门，街北山子茶坊，内有仙洞、仙桥，仕女往往夜游吃茶于彼。又李生菜小儿药铺、仇防御药铺……以东牛行街，下马刘家药铺，看牛楼酒店……自土市子南去铁屑楼酒店，皇建院街得胜桥郑家油饼店，动二十余炉，直南抵太庙街高阳正店……近北街曰杨楼，街东曰庄楼，今改作和乐楼，楼下乃卖马市也。②

　　东华门外市井最盛，盖禁中买卖在此，凡饮食时新花果、鱼虾、鳖蟹、鹑兔脯腊、金玉、珍玩、衣着，无非天下之奇，其品味若数

---

① 孟元老：《东京梦华录》卷二，《东角楼街巷》。
② 孟元老：《东京梦华录》卷二，《潘楼东街巷》。

十分客要一二十味下酒，随索目下便有之，其岁时果瓜、蔬茹新上市并茄瓠之类，新出每对可直三五十千，诸阁分争，以贵价取之。①

南门大街以东，南则唐家金银铺，温州漆器什物铺。大相国寺直至十三间楼……都进奏院百种圆药铺……至州桥投西大街，乃果子行，街北都亭驿相对，梁家珠子铺，余皆卖时行纸画、花果铺席……一直南去过州桥，两边皆居民，街东车家炭，张家酒店，次则王楼山洞梅花包子，李家香铺，曹婆婆肉饼，李四分茶。至朱崔门西，过桥即投西大街，谓之曲院街，街南遇仙正店，前有楼子，后有台，都人谓之台上，此一店最是酒店上户，银瓶酒七十二文一角，羊羔酒八十一文一角。街北薛家分茶，羊饭，熟羊肉铺。向西去……御廊西即鹿家包子，余皆羹店、分茶、酒店、香药铺居民。②

金梁桥街西大街，荆筐儿药铺，枣王家金银铺。③

当各种商店、铺席在城郭内外的大街小巷纷纷开设时，也有若干性质类似的店铺集中于某一街巷，其中医药铺和某些手工作坊，多向一处集中，例如：

马行北去乃小货行，时楼大骨傅药铺，直抵正系旧封丘门，两行金紫医官药铺，如杜金钩家、曹家、独胜元山水李家、口齿咽喉药石，鱼儿班防御、银孩儿栢郎中家，医小儿，大鞋任家产科。其余香药铺席，官员宅舍，不欲遍记。夜市北州桥，又盛百倍，车马阗拥，不可驻足，都人谓之里头。④

寺东门大街，皆是幞头、腰带、书籍、冠朵铺席，丁家素分茶……绣巷皆师姑绣作居住，北即小甜水巷，巷内南食店甚盛……向北李庆糟姜铺……又向北向东税务街、高头街姜行……南北讲堂巷孙殿丞药铺、靴店，出界身北巷口，宋家生药铺。⑤

---

① 孟元老：《东京梦华录》卷一，《大内》。
② 孟元老：《东京梦华录》卷二，《宣和楼前省府宫宇》。
③ 孟元老：《东京梦华录》卷三，《大内西右掖门外街巷》。
④ 孟元老：《东京梦华录》卷三，《马行街北医铺》。
⑤ 孟元老：《东京梦华录》卷三，《寺东门街巷》。

饮食店虽到处皆是，但一些有名的食品店和夜市上卖风味小吃的摊贩，亦多向某几道大街集中，例如：

> 马行北去，旧封丘门外袄庙斜街，州北瓦子，新封丘门大街，两边民户铺席外，余诸班直军营相对，至门约十里余，其余坊巷院落，纵横万数，莫知纪极，处处拥门，各有茶坊、酒店，勾肆饮食。市井经纪之家，往往只于市店旋置饮食，不置家蔬。北食则矾楼前李四家、段家爐物，石逢巴子，南食则寺桥金家、九曲子周家，最为屈指。夜市直至三更尽，才五更又复开张，如要闹去处，通晓不绝。寻常四梢远静去处，夜市亦有燋酸鱁猪胰、胡饼、和菜饼、獾儿野狐肉、果木翘羹、灌肠、香糖果子之类，冬月虽大风雪阴雨，亦有夜市。剢子姜豉抹脏、红绿冰晶脍、煎肝脏、蛤蜊、螃蟹、胡桃、泽州饧、奇豆、鹅梨、石榴、查子榅桲、糍糕、团子、盐豉汤之类。至三更方有提瓶卖茶者，盖都人公私营干，夜深方归也。[①]
>
> 出朱雀门直至龙津桥，自州桥南去，当街水饭，爐肉，干脯，王楼前獾儿野狐肉，脯鸡，梅家、鹿家鹅鸭鸡兔肚肺，鳝鱼包子，鸡皮腰肾杂碎，每个不过十五文。曹家从食，至朱雀门旋煎羊白肠鲊脯、燉冻鱼头、姜豉剢子抹脏、红丝批切羊头、辣脚子姜、辣萝卜[5]。夏月麻腐鸡皮、麻饮细粉、素签沙糖冰雪冷元子、水晶皂儿、生淹水木瓜、药木瓜、鸡头穰、沙糖绿豆甘草冰雪凉水荔枝膏、广芥瓜儿、咸菜杏片、梅子姜蒿苣笋芥辣瓜儿、细斜馉饳儿、香糖果子、间道糖荔枝、越梅锯刀紫苏膏、金丝党梅香枨元，皆用梅红匣儿盛贮。冬月盘兔旋炙猪皮肉、野鸭肉、滴酥水晶鲙、煎夹子猪脏之类，直至龙津桥，须脑子肉，止谓之杂嚼，直至三更。[②]
>
> 每日交五更……诸门桥市井已开，如瓠羹店门首坐一小儿叫饶骨头，间有灌肺及炒肺，酒店多点灯烛沽卖，每分不过二十文，并粥饭点心亦开，或有卖洗面水煎点汤药者，直到天明。其杀猪羊作坊，每人担猪羊及车子上市，动即百数，如果木亦集于朱雀门外及州桥之西，谓之果子行，纸画儿亦在彼处行贩不绝。其麦面每秤作

---

① 孟元老：《东京梦华录》卷三，《马行街铺席》。

② 孟元老：《东京梦华录》卷二，《州桥夜市》。

一布袋，谓之一苑，或三五秤作一苑，用太平车或驴马驮之，从城外守门入城，货卖至天明不绝。更有御街州桥至南内前，趁朝卖药及饮食者，吟叫百端。①

每日如宅舍宫院前，则有就门卖羊肉头肚腰子、白汤鹌兔鱼虾、退毛鸡鸭、蛤蜊螃蟹、杂燋香药果子，扑卖冠梳、领抹、头面、衣着、动使、铜铁器、衣箱、磁器之类，亦有扑上件物事者，谓之勘宅。其后街或闲空处团转盖屋，向背聚居，谓之院子，小民居止，每日卖蒸梨枣、黄糕、糜宿、蒸饼、发芽豆之类。②

东京市内除大街小巷充满了大小商店、铺席和晓市、夜市担挑叫卖食品杂物的小贩摩肩接踵外，还有定时一聚的庙会集市，如相国寺庙会就是此类集市之最大者，每月五次开放，商贾云集，百货条陈，市中所售，不尽是本地物产，这是全国各地商贾在此进行交易的一个大贸易市场，其盛况有如下述：

> 东京相国寺乃瓦市也，僧房散处，而中庭两庑可容万人，凡商旅交易，皆萃其中，四方趋京师以货物求售转售他物者，必由于此。太宗皇帝至道二年（公元九九六年）命重建三门为楼，其上甚雄，宸墨亲填书金字额曰大相国寺，五月壬寅赐之。③

> 相国寺每月五次开放，万姓交易，大三门上皆是飞禽猫犬之类，珍禽奇兽，无所不有。第三门皆动用什物，庭中设彩幔、露屋义铺，卖蒲合簟席、屏帏、洗漱、鞍辔、弓剑、时果、脯腊之类。近佛殿孟家道冠、王道人蜜煎、赵文秀笔及潘谷墨。占定两廊皆诸寺师姑卖绣作、领抹、花朵、珠翠、头面、生色销金花样、幞头、帽子、特髻冠子、条线之类。殿后资圣门前，皆书籍、玩好、图画，及诸路罢任官员土物香药之类。后廊皆日者货术传神之类。④

> 都城相国寺最据冲会，每月朔望三八日即开，伎巧百工列肆，

---

① 孟元老：《东京梦华录》卷三，《天晓诸人入市》。
② 孟元老：《东京梦华录》卷三，《诸色杂卖》。
③ 王栐：《燕翼贻谋录》卷二，《东京相国寺》。
④ 孟元老：《东京梦华录》卷三，《相国寺万姓交易》。

罔有不集，四方珍异之物，悉萃其间，因号相国寺为破赃所。①

除相国寺为各地大宗商货和日用百货的交易集市外，还有专卖某种特殊商品的小集市，也是于一定的时间在某地集会，也是人烟浩闹，车马阗塞，例如：

> 鼓扇百索市，在潘楼下、丽景门外、阊阖门外、朱雀门内外、相国寺东廊外、睦亲广亲宅前，皆卖此物。自五月初一日，富贵之家多乘车萃买，以相馈遗。鼓皆小鼓，或悬于架，或置于座，鼗鼓、雷鼓，其制不一。又造小扇子，皆青黄赤白色，或绣或画，或缕金，或合色，制亦不同。又《秦中岁时记》云：端午前二日，东京谓之扇市，车马于是特盛。②

东京商业既如此发达，则为商业服务的各种辅助性行业亦必应运而生，其中最主要的是邸店和柜坊。邸店是供外来商人寄存货物的栈房，柜坊是为商人存储和拨兑货款的金融机构，略似近代商业都市中的钱庄或银号，两者在唐时即已普遍，五代及宋仍继续实行，前文曾指出五代时已看出东京华夷辐辏，水陆会通，商业正日益繁盛，已感到坊市之中，邸店有限，工商外至，络绎无穷，有迅速增加邸店等僦赁之资的必要，有眼光、有资力的人已在捷足先登，如周显德年间的周景就踞汴河中要起巨楼以规利，宋初宰相赵普亦急起直追：

> 普又以隙地私易尚食蔬圃，以广其居，又营邸店规利。③
> 〔淳化二年（公元九九一年）闰二月〕己丑诏：京城无赖辈相聚蒲博，开柜坊，屠牛马驴狗以食，销铸铜钱为器用杂物，令开封府戒坊市谨捕之，犯者斩，匿不以闻及居人邸舍僦与恶少为柜坊者同罪。④

---

① 王得臣：《尘史》卷下。
② 陈元靓：《岁时广记》卷二十一，《送鼓扇》；又金盈之：《醉翁谈录》卷四。
③ 《宋史》卷二百五十六，《赵普传》。
④ 李焘：《续资治通鉴长编》卷三十二。

政和中，何执中为首台，广殖资产，邸店之多，甲于京师。①

随着商业的发展，经常在市场出没的一种交易中间人，叫牙人、牙侩或驵侩，"本谓之互郎，主互市事也，唐人书互作乐，乐似牙字，因转为牙"②。牙人并不经营任何商业，只是在买卖双方之间传递信息，说合生意，起一种交易媒介人的作用。由于历代政府往往以各种不同的方式，直接或间接参与商业活动，需要这种牙人在公私之间沟通关系，因而牙侩大都在官府注册或经官府允许，遂具有一种半官身份，能直接与官府打交道，故称为官牙。由于牙人深切了解市场情况，掌握各地商品信息，因而便能控制市场，操纵物价，进行着损害生产者和消费者的双方利益，是附着在商业机体内的一种寄生虫，这种作用，可由下引一文看出：

> 臣在村落，尝见蓄积之家不肯粜米与土居百姓，而外县牙人在乡村收籴，其数颇多，既是邻邑救荒，官司自不敢辄加禁遏，止缘上司指挥，不得妄增，本欲少抑兼并，存恤细民，不知四境之外，米价差高，小民欲增钱籴于上户，辄为小人胁持，独牙侩乃平立文字，私加钱于粜主，谓之暗点，人之趋利，如水就下，是以牙侩可籴，而士民阙食。今若不抑其价，彼将由近而及远矣，安忍专粜于外邑人哉。③

由于牙人有经营商业的专门知识，故政府在设置市易务等商业组织时，就不得不召致牙人充任官牙：

> 〔熙宁五年（公元一〇七二年）三月二十六日〕中书奏：欲在京置市易务……并于市易计置，许召在京诸行铺户牙人，充本务行人、牙人。④
> 熙宁五年三月二十六日，诏：天下商旅物货到京，多为兼并之家所困……宜令在京置市易务……召诸色牙人投状，充本务行人牙

---

① 董弅：《闲燕常谈》。
② 孔平仲：《谈苑》卷五，《驵侩》。
③ 董煟：《救荒活民书》卷二，《不抑价》。
④ 《宋会要辑稿》，《食货三七之一五》。

人，即不得拘系衔喏，非时勾集。……遇客人贩到物货，出卖不行，
愿卖入官者，官为勾行牙人与客人两平商量其价。①

〔元丰〕二年（公元一〇七九年），经制熙河路边防财用李宪
言：蕃贾与牙侩私市，其货皆由他路避税入秦州。乃令秦、熙河、
岷州、通远军五市易务，募牙侩引蕃货赴市易务中贾，私市者许纠
告，赏倍所告之数。②

自古以来，一脉相承的抑商政策，至宋就不再奉行了，千篇一律的抑商
诏令，宋王朝停止颁发了，对商贾的各种污辱性待遇也于无形中消除了，宋
王朝不但不歧视商人，自己也在经营商业，故对商人的利益尽量予以保护，
遇有官吏的横征暴敛，必严加禁止，例如：

元丰八年（公元一〇八五年）七月庚戌，殿中侍御史黄降奏：
伏见沿汴狭河堤岸空地，先有朝旨，许人断赁，而宋用臣挟持恣横，
风谕沿河官司，拘栏牛马果子行，须就官地为市交易，并其余诸色
行市，不曾占地，亦纳课钱，以至市桥亦有地税，残民损国，无甚
于此。虽今例废罢，改正施行，缘近降朝旨，不曾该载，人户至今
未得自便。臣欲乞朝廷详酌指挥，诏沿汴官司，拘拦牛马果子行并
磨团户斛斗菜纸等诸色行市及市桥地课并罢。③

即此一端已可看出，宋朝政府对商人和商业的态度，与过去历代封建王
朝所奉行的政策实大不相同，过去为了贯彻抑商政策，对商人的打击唯恐不
力，对商业所设置的障碍唯恐不多，到宋朝则把对商人的一切不合理待遇，
提到"残民损国"的高度来认识，必须加以肃清，丁此可知宋代商品经济的
突出发展，绝不是偶然的。

2. 南宋的都市商业
南宋以杭州为行在。江南的商品经济本来就比较发达，杭州的自然条件
亦远比开封为优越。南渡之后，北方惨遭金人蹂躏，北半部中国的社会经济

① 《宋会要辑稿》，《食货五五之三一》。
② 《宋史》卷一百八十六，《食货志下八·市易》。
③ 李焘：《续资治通鉴长编》卷三百五十八。

为之残破凋敝，东京更遭到彻底破坏，据南宋派遣贺金国生辰使路过旧京时目睹的情况是："〔淳熙丁酉（淳熙四年，公元一一七七年）二月〕九日，至东京，今改曰南京……人烟极凋残。"[1] 可知东京自五代末年到北宋一代百余年经济发展的一切成就都被化为灰烬了，经济重心遂完全由北方转移到江南。杭州是南宋最大的一个商业都市，人烟浩瀚，商贾辐凑，其中商店、铺席、货摊、饭店、茶馆、酒肆以及早市、夜市等等与旧都颇为类似，但发达繁华程度则远远过之。因杭州不仅有众多的"江商海贾"，使四方百货不趾而集，而且无数来京赴试和公干的人亦多携带其本乡特殊物产来京都货卖，时称"天下待补进士都到京赴试，各乡奇巧土物都担戴来京都货卖，买物回程。都城万物，皆可为信"[2]。这就越发增加了杭州的商业繁荣。所以杭州之成为南宋最大的商业都市，是由自然条件和历史条件共同形成的，当时人亦观察出杭州繁荣的原因：

> 圣朝祖宗开国，就都于汴而风俗典礼，四方仰之为师。自高宗皇帝驻跸于杭，而杭山水明秀，民物康阜，视京师其过十倍矣。虽市肆与京师相侔，然中兴已百余年，列圣相承，太平日久，前后经营至矣，辐辏集矣，其与中兴时又过十数倍也。[3]

记载南宋杭州市肆繁多、营业兴旺等情况的文献远比北宋为多，其中著名的计有吴自牧的《梦粱录》，耐得翁的《都城纪胜》和《古杭梦游录》、《西湖老人繁胜录》，周密的《武林旧事》等书，各书记载繁简不同，内容实大同小异。这里特引一段《梦粱录》借以了解南宋都市商业的发达程度：

> 杭州大街，自和宁门权子外，一直至朝天门外清和坊，南至南瓦子北，谓之界北。中瓦子前，谓之五花儿中心。自五间楼北至官巷南街，两行多是金银盐钞引交易，铺前列金银器皿及现钱，谓之看垛钱，此钱备准榷货务算清盐钞引，并诸作分打钑炉韝，纷纭无数。自融和坊北至市南坊，谓之珠子市，如遇买卖，动以万数。又有府第富豪之家质库，城内外不下数十处，收解以千万计。向者，

---

① 周煇：《北辕录》。
② 耐得翁：《西湖老人繁胜录》。
③ 耐得翁：《都城纪胜·序》。

杭城市肆名家有名者，如中瓦前豆儿水，杂货场前甘豆汤，戈家蜜枣儿，官巷口光家羹，大瓦子水果子，寿慈宫前熟肉，钱塘门外宋五嫂鱼羹，涌金门灌肺，中瓦前职家羊饭，彭家油靴，南瓦子宣家台衣，张家元子，候潮门顾四笛，大瓦子邱家筚篥。自淳祐年有名相传者，如猫儿桥魏大刀熟肉，潘节干熟药铺，坝头榜亭安抚司惠民坊熟药局，市西坊南和剂惠民药局，局前沈家、张家金银交引铺，刘家、吕家、陈家彩帛铺，舒家纸札铺，五间楼前周五郎蜜煎铺，童家柏烛铺，张家生药铺，狮子巷口徐家纸札铺，凌家刷牙铺，观复丹室，保佑坊前孔家头巾铺，张卖食面店，张官人诸史子文籍铺，讷庵丹砂熟药铺，俞家七宝铺，张家元子铺，中瓦子前徐茂之家扇子铺，陈直翁药铺，梁道实药铺，张家豆儿水，钱家干果铺，金子巷口陈花脚面食店，傅官人刷牙铺，杨将领药铺，市南坊沈家白衣铺，徐官人幞头铺，钮家腰带铺，市西坊北钮家彩帛铺，张家铁器铺，修义坊北张古老胭脂铺，水巷口戚百乙郎颜色铺，徐家绒线铺，阮家京果铺，俞家冠子铺，官巷前仁爱堂熟药铺，修义坊三不欺药铺，官巷北金药臼楼太丞药铺，胡家、冯家粉心铺，染红王家胭脂铺，淮岭倾锡铺，清和坊顾家彩帛铺，蒋检阅茶汤铺，升[6]阳官前仲家光牌铺，季家云梯丝鞋铺，太平坊南倪没门面食店，南瓦子北卓道王卖面店，腰棚前菜面店，熙楼下双条儿划子店，太平坊大街东南角虾蟆[7]眼酒店，漆器墙下李官人双行解毒丸，抱剑营街吴家、夏家、马家香烛裹头铺，李家丝鞋铺，许家槐简铺，沙皮巷孔八郎头巾铺，陈家绦结铺，朝天门戴家鏖肉铺，外沙皮巷口双葫芦眼药铺，朝天门里大石版朱家褾褙铺，朱家元子糖蜜糕铺，大庙前尹家文字铺，陈妈妈泥面具风药铺，大佛寺疳药铺，保和大师乌梅药铺，三桥街毛家生药铺，柴家绒线铺，姚家海鲜铺，坝桥榜亭侧朱家馒头铺，石榴园倪[8]家犯鮓铺，张省干金马杓小儿药铺，三桥河下杨三郎头巾铺，清湖河下戚家犀皮铺，里仁坊口游家漆铺，李博士桥邓家金银铺，汪家金纸铺，炭桥河下青篦扇子铺，水巷桥河下针铺，彭家温州漆器铺，沿桥下生帛铺，郭医产药铺，住大树下桔园亭文籍书房，平津桥沿河布铺，黄草铺，温州漆器，青白磁器，铁线巷笼子铺，生绢一红铺，荐桥新开巷元子铺，官巷内飞家牙梳铺，齐家、归家花朵铺，盛家珠子铺，刘家翠铺，马家、宋家领抹销金铺，沈家枕冠铺，小市里舒家体真头面铺，周家折[9]叠扇铺，陈家画团扇铺。自大街及诸坊巷，大小铺席，连门俱是，即无空虚之屋。每日侵晨，两街巷门，浮铺上行百市，买卖热闹，至饭前市罢而收。盖杭城乃四方辐辏之地，即与外郡不同，所以客贩往来，旁午于道，曾无虚日。至于故楮羽毛，皆有铺席发客，其他铺可知矣。其余[10]坊巷桥道，院落纵横，城内外数十万户口，莫知其数。处处各有茶坊、酒肆、面店、果子、彩帛、绒线、香烛、油酱、食米、下饭鱼肉，鲞腊等铺。盖经纪市井之家，往往多于店舍，旋买见成饮食，此为快便耳。①

杭州的城市面貌基本上与开封相同，各种行业的大小商店、铺席、作坊店铺等散布全城，但远比开封为密集，"自大街及诸坊巷，大小铺席，连门俱是，即无空虚之屋"，客贩往来，旁午于道，买卖热闹，如此繁华热闹，已与近代的大商业都市没有两样。除了连门林立的店铺外，还有非常热闹的早市、夜市等，其盛况也都远过于开封，这里亦根据《梦粱录》的记载，分别引述如下：

和宁门外红杈子，早市买卖，市井最盛。盖禁中诸阁分等位宫娥，早晚令黄院子收买食品下饭于此。凡饮食珍味，时新下饭，奇细蔬菜，品件不缺。遇有宣唤收买，即时供进。如府宅贵家，欲会宾朋数十位，品件不下一二十件，随索随应，指挥办集，片时俱备，不缺一味。夏初茄瓠新出，每对可直十余贯，诸阁分贵官争进，增价酬之，不较其值，惟得享时新耳。②

每日交四更，诸山寺观已鸣钟，庵舍行者头陀，打铁板儿或木鱼儿，沿街报晓，各分地方。若晴，则曰天色晴明，或报大参，或报四参，或报常朝，或言后殿坐，阴则曰天色阴晦，雨则言雨，盖报令诸百官听公上番虞候上名衙兵等人，及诸司上番人知之，赶趁往诸处服役耳。虽风雨霜雪不敢缺此。每月朔望及遇节序，则沿门求乞斋粮。最是大街一两处面食店，及市西坊西食面店，通宵买卖，

---

① 吴自牧：《梦粱录》卷十三，《铺席》。
② 吴自牧：《梦粱录》卷八，《大内》。

交晓不绝。缘金吾不禁，公私营干，夜食于此故也。御街铺店，闻钟而起，卖早市点心，如煎白肠、羊鹅事件、糕粥、血脏羹、羊血粉羹之类。冬天卖五味肉粥、七宝素粥，夏月卖义粥、馓子、豆子粥。又有浴堂门卖面汤者，有浮铺早卖汤药二陈汤、及调气降气及石刻安肾丸者。有卖烧饼、蒸饼、糍糕、雪糕等点心者。以赶早市，直至饭前方罢。及诸行铺席，皆往都处，侵晨行贩。和宁门红杈子前，买卖细色异品菜蔬，诸般下饭，及酒醋时新果子，进纳海鲜品件等物，填塞街市，吟叫百端，如汴京气象，殊可人意。孝仁坊口水晶红白烧酒，曾经宣唤，其味香软，入口便消。六部前丁香馄饨，此味精细尤佳。早市供膳诸色物件甚多，不能尽举。自内后门至观桥下，大街小巷，在在有之，不论晴雨霜雪皆然也。①

杭城大街，买卖昼夜不绝，夜交三四鼓，游人始稀，五鼓钟鸣，卖早市者又开店矣。大街关扑，如糖蜜糕灌藕、时新果子、象生花果、鱼鲜猪羊蹄肉，及细画绢扇、细色纸扇、漏尘扇柄、异色影花扇、销金裙段、背心段、小儿销金帽儿、逍遥巾、四时玩具、沙戏儿。春冬扑卖玉栅小球灯、奇巧玉栅屏风、捧灯球、快行胡女儿沙戏、走马灯、闹娥儿、玉梅花、元子槌拍、金桔数珠糖、水鱼、龙船儿、梭球、香鼓儿等物。夏秋多扑青纱黄草帐子，挑金纱、异巧香袋儿、木犀香数珠、梧桐数珠藏香细扇、茉莉盛盆儿、带朵茉莉花朵、挑纱荷花、满池娇、背心儿、细巧笼仗、促织笼儿、金桃、陈公梨、炒栗子、诸般果子及四时景物，预行扑卖，以为赏心乐事之需耳。衣市有李济卖酸文，崔官人相字摊，梅竹扇面儿，张人画山水扇，并在五间楼前，大街坐铺中瓦前，有带三朵花点茶婆婆、敲响盏、掇头儿拍板，大街游玩人看了，无不哂笑。又有鰕[11]须卖糖，福公个背张婆卖糖，洪进唱曲儿卖糖。又有担水斛儿，内鱼龟顶傀儡面儿舞卖糖。有白须老儿看亲箭披闹盘卖糖。有标竿十般卖糖，效学京师古木十般糖。赏新楼前仙姑卖食药。又有经纪人担鍮石钉铰金装架儿，共十架，在孝仁坊红杈子卖皂儿膏、澄沙团子、乳糖浇。寿安坊卖十色沙团。众安桥卖澄沙膏，十色花花糖。市西坊卖蚆螺滴酥，观桥大街卖豆儿糕轻饧。太平坊卖麝香糖、蜜糕、

---

① 吴自牧：《梦粱录》卷十三，《天晓诸人出市》。

金铤裹蒸儿。庙巷口卖杨梅糖、杏仁膏、薄荷膏、十般膏子糖。内前权子里卖五色法豆，使五色纸袋儿盛之。通江桥卖雪泡豆儿，水荔支膏。中瓦子前卖十色糖。更有鍮石车子卖糖，糜乳糕浅。俱曾经宣唤，皆效京师叫声。日市亦买卖。又有夜市物件，中瓦前车子卖香茶异汤，狮子巷口燠耍鱼，罐里漉鸡丝粉、七宝科头。中瓦子武林园前，煎白肠、焥[12]肠、灌肺岭卖轻饧，五间楼前卖馀柑子、新荔支，木檐市西坊卖焦酸馅、千层儿，又有沿街头盘，叫卖姜豉、朦皮牒子、炙椒、酸釛儿、羊脂韭饼、糟羊蹄、糟蟹，又有担架子卖香辣罐肺、香辣素粉羹、腊肉、细粉科头、姜虾、海蛰鲊、清汁田螺羹、羊血汤、胡齑[13]、海蛰、螺头齑、馄饨儿、齑面等，各有叫声。大街更有夜市卖卦：蒋星堂玉莲相、花字青霄三命、玉壶五星、草窗五星、沈南天五星、简堂石鼓、野庵五星、泰来心鉴三命。中瓦子浮铺有西山神女卖卦、灌肺岭曹德明易课。又有盘街卖卦人，如心鉴及甘罗沙、北算子者。更有叫"时运来时，买庄田，取老婆"卖卦者。有在新街融和坊卖卦，名"桃花三月放"者。其余桥道坊巷，亦有夜市扑卖果子糖等物，亦有卖卦人盘街叫卖，如顶盘担架卖市食，至三更不绝。冬月虽大雨雪，亦有夜市盘卖。至三更后，方有提瓶卖茶。冬间，担架子卖茶，馓子慈茶始过。盖都人公私营干，深夜方归故也。①

除早市、夜市贩卖一些什物或各种风味小吃外，还有各种小贩，沿街串巷贩卖各种日用杂物，这是杭州城内商业的一个重要方面，称为"诸色杂货"：

> 凡宅舍养马，则每日有人供草料。养犬，则供饧糠。养猫，则供鱼鳅。养鱼，则供虮虾儿。若欲唤锢路钉铰、修补锅铫、箍桶、修鞋、修幞头帽子、补修魫冠、接梳儿、染红绿牙梳、穿结珠子、修洗鹿胎冠子、修磨刀剪、磨镜，时时有盘街者，便可唤之。且如供香印盘者，各管定铺席人家，每日印香而去，过月支请香钱而已。供人家食用水者，各有主顾供之。亦有每日扫街盘垃圾者，每日支

---

① 吴自牧：《梦粱录》卷十三，《夜市》。

钱犒之。其巷陌街市，常有使漆修旧人，荷大斧斫柴，闲早修扇子，打蜡器，修灶提漏，供香饼炭墼，并挑担卖油、卖油茗、扫帚、竹帚、筅帚、鸡笼担、圣堂拂子、竹柴、茹纸、生姜、姜芽、新姜、瓜、茄、菜、蔬等物，卖泥风炉、行灶儿、天窗、砧头、马杓。铜铁器如铜铫、汤饼、铜罐、熨斗、火锹、火筋、火夹、铁物、漏杓、铜沙锣、铜匙筋、铜瓶、香炉、铜火炉、帘[14]钩，镴器如樽榼、果盆、果盒、酒盏、注子、偏提、盘、盂、杓，酒市急须马盂、屈卮、滓斗、筋瓶。家生动事，如桌凳、凉床、交椅、兀子、长眺、绳床、竹椅、拊笄、裙厨、衣架、棋盘、面桶、项桶、脚桶、浴桶、大小提桶、马子、桶架、木杓、研槌、食托、青白瓷器、瓯、碗、碟、茶盏、菜盘、油杆杖、撍辘、鞋楦、棒槌、烘盘、鸡笼、虫蚁笼、竹笊篱、蒸笼、粪箕、甄箪、红帘、斑竹帘、酒络、酒笿、筲箕、瓷罂、炒锌、砂盆、水缸、鸟盆、三脚罐、枕头、豆袋、竹夫人、懒架、凉簟、薫荐、蒲合、席子，及文具物件，如砚子、笔、墨、书架、书攀、裁刀、书剪、簿子、连纸。又有铙子、木梳、篦子、刷子、刷牙子、减装、墨洗、漱盂子、冠梳、领抹、针线，与各色麻线、鞋面、领子、脚带、粉心、合粉、胭脂、胶纸、托叶、坠纸等物。又有挑担抬盘架，买卖江鱼、石首鳝鱼、时鱼、鲻鱼、鳗鱼、鲚龟、鲫鱼、白虾鱼、白蟹、河蟹、河虾、田鸡等物，及生熟猪羊肉、鸡、鹅、鸭，及下饭海腊、鲞膘、鸭子、炙鳅、糟藏大鱼鲊、干菜、干萝卜、菜蔬、葱姜等物。又有早间卖煎二陈汤，饭了，提瓶点茶。饭前有卖馓子、小蒸糕。日午卖糖粥、烧饼、炙焦馒头、炊饼、辣菜饼、春饼、点心之属。四时有扑带朵花，亦有卖成窠时花，插瓶把花、柏桂、罗汉叶、春扑带朵桃花、四香、瑞香、木香等花、夏扑金灯花、茉莉、葵花、榴花、栀子花，秋则扑茉莉、兰花、木樨、秋茶花，冬则扑木春花、梅花、瑞香、兰花、水仙花、腊梅花。更有罗帛脱蜡像生四时小枝花朵，沿街吟叫扑卖。及买卖品物最多，不能尽述。及小儿戏耍家事儿，如戏剧糖果之类：行娇惜、宜娘子、秋千稠糖、葫芦、火斋郎果子、吹糖麻婆子、孩儿等糕粉、孩儿鸟兽像生花朵、风糖饼、十般糖、花花糖、荔支膏、缩砂糖、五色糖、线天戏耍、孩儿鸡头担儿、罐儿、楪儿、镴小酒器、鼓儿、板儿、锣儿、刀儿、枪儿、旗儿、马儿、闹竿儿、花兰、龙船、黄胖儿、麻婆子、桥儿榛槌儿，及影戏线索、傀儡儿、狮子、猫儿。又沿街叫卖小儿诸般食件：麻糖、锤子糖、鼓儿饧、铁麻糖、芝麻糖、小麻糖、破麻酥、沙团、箕豆、法豆、山黄、褐青豆、盐豆儿、豆儿黄糖、杨梅糖、荆芥糖、棋子、蒸梨儿、枣儿、米食羊儿、狗儿、蹄儿、茧[15]儿、栗粽、豆团、糍糕、麻团、汤团、水团、汤丸、馉饳儿、炊饼槌、栗炒槌、山里枣、山里果子、莲肉、数珠、苦槌、荻蔗、甘蔗、茅洋、跳山婆栗、茅蜜屈律等物，并于小街后巷叫卖。遇新春，街道巷陌，官府差雇淘渠人，沿门通渠、道路污泥，差雇船只搬载乡落空间处。人家有泔浆，自有日掠者来讨去。杭城户口繁夥，街巷小民之家，多无坑厕，只用马桶，每日自有出粪人瀽去，谓之"倾脚头"，各有主顾，不敢侵夺，或有侵夺，粪主必与之争，甚者经府大讼，胜而后已。①

以上各种商店、铺席、作坊及在街头巷尾的诸色杂卖，都是零售商，在零售商背后是批发商，由各行行头在批发店确定价格后，然后将货物分俵市内铺家零售，谓之"上行"，每一行业皆自有其上行之所，交易数量巨大，发送搬运，亦各有脚夫、船户承揽，组织严密，井井有条，各有一套有效的管理制度，这由米铺、鲞铺、肉铺的经营情况可略见其梗概：

> 米铺：杭州人烟稠密，城内外不下数十万户，百十万口，每日街市食米，除府第、官舍、宅舍、富室，及诸司有该俸人外，细民所食，每日城内外不下一二千余石，皆需之铺家。然本州所赖苏、湖、常、秀、淮、广等处客米到来市，湖州米市桥、黑桥，俱是米行，接客出粜。其米有数等，如早米、晚米、新破鲞、冬舂、上色白米、中色白米、红莲子、黄芒、上秆、粳米、糯米、箭子米、黄籼[16]米、蒸米、红米、黄米、陈米。且言城内外诸铺户，每户专凭行头于米市做价，径发米到各铺出粜。铺家约定日子支打米钱。其米市小牙子，亲到各铺支打发客。又有新开门外草桥下南街，亦开米市三四十家，接客打发，分俵铺家。及诸山乡客贩卖与街市铺户，大有径庭。杭城常愿米船纷纷而来，早夜不绝可也。且叉袋自有赁

---

① 吴自牧：《梦粱录》卷十三，《诸色杂卖》。

户，肩驮脚夫，亦有甲头管领，船只各有受载舟户，虽米市搬运混杂，皆无争差，故铺家不劳余力，而米径自到铺矣。①

肉铺：杭城内外肉铺，不知其几，皆装饰肉案，动器新丽。每日各铺悬挂成边猪不下十余边。如冬年两节，各铺日卖数十边。案前操刀者五七人，主顾从便索唤，劖[17]切。……肉市上纷纷，卖者听其分寸，略无错误。至饭前，所挂之肉骨已尽矣。盖人烟稠密，食之者众故也。更待日午，各铺又市燺膌熟食，头、蹄、肝、肺四件，杂燺蹄爪事件，红白燺肉等。亦有盘街货卖。更有犯鮓铺，兼货生熟肉。且如犯鮓，名件最多。……冬间添卖冻姜豉蹄子、姜豉鸡、冻白鱼、冻波斯、姜豉等。坝北修义坊，名曰肉市，巷内两街，皆是屠宰之家，每日不下宰数百口，皆成边及头蹄等肉，供系城内外诸面店、分茶店、酒店、犯鮓店及盘街卖燺肉等人，自三更开门上市，至晓方罢市。其街坊肉铺，各自作坊，屠宰货卖矣。或遇婚姻日，及府第富家大筵华筵数十处，欲收市腰肚，顷刻并皆办集，从不劳力。盖杭州广阔可见矣。②

鲞铺：杭州城内外，户口浩繁，州府广阔，遇坊巷桥门及隐僻去处，俱有铺席买卖。盖人家每日不可阙者，柴、米、油、盐、酱、醋、茶，或稍丰厚者，下饭羹汤，尤不可无。虽贫下之人，亦不可免，盖杭城人娇细故也。姑以鱼鲞言之，此物产于温、台、四明等郡，城南浑水闸有团招客旅，鲞鱼聚集于此。城内外鲞铺不下一二百余家，皆就此上行。合摅鱼鲞名件，具载于后（略）……又有盘街叫卖，以便小街狭巷主顾，尤为快便耳。③

开封有茶坊，与酒店、饭馆并列，似只是饮食行业中的一种，其工作主要是卖茶，其他作用，不见记载。杭州有更多的茶肆，陈列讲究，除了卖茶外，还是一个社交场所，在商业上也起着一定作用，各行业的行头、牙人常常聚集于此，沟通诸般行市，传播信息，洽谈生意，以及雇工卖伎之人在此会聚行老、寻觅主顾、洽谈雇佣条件等等。此外还有一种高级茶肆，为士大夫期朋约友会聚之处，是繁华的商业都市中一种不可缺少的营业。

---

① 吴自牧：《梦粱录》卷十六，《米铺》。
② 吴自牧：《梦粱录》卷十六，《肉铺》。
③ 吴自牧：《梦粱录》卷十六，《鲞铺》。

汴京熟食店张挂名画，所以勾引观者，留连食客。今杭城茶肆亦如之，插四时花，挂名人画，装点店面。四时卖奇茶异汤，冬月添卖七宝擂茶、馓子、葱茶，或卖盐豉汤，暑天添卖雪泡梅花酒，或缩脾饮暑药之属。……大凡茶楼，多有富室子弟，诸司下直等人会聚，习学乐器上教曲赚之类，谓之"挂牌儿"。人情茶肆，本非以点茶汤为业，但将此为由，多觅茶金耳。又有茶肆，专是五奴打聚处，亦有诸行借工卖伎人会聚行老，谓之"市头"。……更有张卖面店隔壁黄尖嘴蹴球茶坊，又中瓦内王妈妈家茶肆，名一窟鬼茶坊，大街车儿茶肆，蒋检阅茶肆，皆士大夫期朋约友会聚之处。[1]

杭州商业既如此繁胜，商店林立，四方商贾辐辏，则为商业服务的行业如汴京邸店之类的货栈，自必应运而兴，取名"塌房"，以寄藏都城店铺及客旅物货：

柳永咏钱塘词云：参差一万人家，此元丰以前语也。今中兴，行都已百余年，其户口蕃息，仅百万余家者。城之南西北三处各数十里，人烟生聚，市井坊陌，数日经行不尽，各可比外路一小小州郡，足见行都繁盛。而城中北关水门内有水数十里，曰白洋湖，其富家于水次起迭塌房十数所，每所为屋千余间，小者亦数百间，以寄藏都城店铺及客旅物货。四维皆水，亦可防避风烛，又免盗贼，甚为都城富室之便，其他州郡无此，虽荆南沙市、太平州、黄池，皆客商所聚，亦无此等坊院。[2]

（三）乡镇商业与各种地方市

宋代除两京成为两个最大的商业都市外，地方乡镇商业亦都有不同程度的发展，尤其是水陆交通便利的州郡县城或乡镇，江商海贾可以云集，四方百货从此聚散，因而其繁荣情况也俨然是一个商业都会，此种地方都会，北宋南宋皆不乏其例，如：

---

① 吴自牧：《梦粱录》卷十六，《茶肆》。
② 耐得翁：《都城纪胜》，《坊院》。

南京去汴河五里，河次谓之河市，五代国初，官府罕至，舟车所聚，四方商贾孔道也，其盛非宋州比，凡群有宴设，必召河市乐人，故至今俳优日河市乐人者，由此也。①

杭州有县者九，独钱塘、仁和附郭，名曰赤县，而赤县所管镇市者一十有五，且如嘉会门外名浙江市，北关门外名北郭市、江涨东市、湖州市、江涨西市、半道红市，西溪谓之西溪市，惠因寺北教场南曰赤山市，江儿头名龙山市，安溪镇前曰安溪市，艮山门外名花浦镇市，汤村曰汤村镇市，临平镇名临平市，城东崇新门外名南土门市，东青门外北土门市。今诸镇市，盖因南渡以来，杭为行都二百余年，户口蕃盛，商贾买卖者十倍于昔，往来辐辏[18]，非他郡比也。②

由于这些镇市都是杭州的卫星城，故都是随着杭州商业的发达而发达，所有形成杭州商业发展的条件，也就是这些镇市商业发展的条件。

有些州郡市镇由于特殊的地理位置，水陆交汇，有适于商业发展的条件，遂[19]都成为该州郡的一大商埠，俨然一大都会，其盛况远过于州郡城邑，如鄂州的南市，就是最大的一个商业镇市，据目睹其盛况的陆游和范成大所记述，其情况如下：

〔乾道六年（公元一一七〇年）八月〕二十三日，便风挂帆，自十四日至是始得风。食时至鄂州，泊税务亭，贾船客舫，不可胜计，衔尾不绝者数里，自京口以西皆不及。李太白赠江夏韦太守诗云：万舸此中来，连帆下扬州。盖此郡自唐为冲要之地。……市邑雄富，列肆繁错，城外南市亦数里，虽钱塘、建康不能过，隐然一大都会也。③

〔乾道六年八月〕二十八日，由〔鄂州〕江滨堤上还船，民居市肆，数里不绝，其间复有巷陌，往来憧憧如织盖，四方商贾所集，而蜀人为多。④

---

① 王巩：《闻见近录》。
② 吴自牧：《梦粱录》卷十三，《两赤县市镇》。
③ 陆游：《入蜀记》卷四。
④ 陆游：《入蜀记》卷五。

〔淳熙四年（公元一一七七年）八月〕辛巳晨，出大江，午至鄂渚，泊鹦鹉洲前南市堤下，南市在城外，沿江数万家，廛闤甚盛，列市如栉，酒垆楼栏尤壮丽，外郡未见其比，盖川、广、荆、襄、淮、浙贸迁之会，货物之至者无不售，且不问多少，一日可尽，其盛壮如此。①

具有大致相同条件的太平州黄池镇，其商业发达的情况不下于鄂州南市，也是商贾辐辏，市内商店林立，"列市如栉"，成为一个大的商业中心：

〔乾道壬辰（乾道八年，公元一一七二年）四月丁巳〕急登舟解维度湖……凡三十里至石桥头，八溪港，约五十里至太平州河口，两岸多民居，溪流不甚阔，烟树如画，稍前即永丰圩。夜泊黄池镇，镇距固城湖已百一十里，商贾辐辏，市井繁盛。俗谚有三不如：谓太平州不如芜湖，芜湖不如黄池也。②

在内地偏僻的山区，如镇市位于交通孔道上，也每每是行旅如织，商贾辐辏，四方之货不趾而集，从而成为地方上一个商业繁华的中心：

〔乾道癸巳（乾道九年，公元一一七三年）二月〕八日，入南岳，半道憩食，夹路古松，三十里至岳市，宿衡岳寺。岳市者，环皆市区，江、浙、川、广，种货之所聚，生人所须，无不有，既憧憧往来，则污秽喧杂，盗贼亡命，多隐其间，或期会结约于此，官置巡检司焉。③

淳熙丙申（淳熙三年，一一七六年）十一月二十九日，诏待制敷文阁张子政假试户部尚书，充贺金国生辰使……明年正月七日陛辞出国门……〔二月〕十五日，至相州，阛阓繁盛，观者如堵。二楼曰康乐、曰月白风清，又二楼曰翠楼，曰秦楼，时方卖酒其上，牌书十洲春色，酒名也。……相出茜草，故缬名天下。④

---

① 范成大：《吴船录》卷下。
② 周必大：《周益国文忠公集》卷一百七十一，《南归录》。
③ 范成大：《骖鸾录》。
④ 周煇：《北辕录》。

以上这些商业城市或镇市，不论大小，市内店肆都是常设的，虽繁华程度逊于两京，但在性质上则属于一类，如鄂州南市即是。除了这类镇市外，还有一种规模盛大的定期集市，其中最著名的是川峡一带的药市和蚕市，而尤以药市为盛。药市主要是货卖药材，定期举行一次展销会，以便把四川盛产的药材向全国推销。药市就是每年一度的药材展销会，而且其他百货亦顺便在会上推销，所以药市实际上成为一个大规模的商业集市：

〔大中祥符三年（公元一〇一〇年）三月辛巳〕，比部郎中蔡汶使西川，还言川峡每春州县聚游人货药，谓之药市，望令禁止之。上曰：远方各从其俗，不可禁也。①

唐王昌遇，梓州人，得道，号易玄子，大中十三年（公元八七一年）九月九日上升，自是以来，天下货药辈皆于九月初集梓州城，八日夜，于州院街易玄龙冲地货其所贵药，川俗因谓之药市，迟明而散。逮宋朝天圣中，燕龙图肃知郡事，又展为三日，至十一日而罢，是则药市之起，自唐王昌遇始也，有碑叙其本末甚详。②

成都九月九日为药市，诘旦，尽一川所出药草异物与道人毕集，帅守置酒行市以乐之，别设酒以犒道人。是日早，士人尽入市中，相传以为吸药气愈疾，令人康宁。③

成都故事：岁以天中重阳时开大慈寺，多聚人物，出百货其间，号名药市者。④

可见药市并不是专售药材，而是"出百货其间"。成都另一庙会式的大集市是蚕市，主要是货卖育蚕用具与农器，实际上也是兼售百货，是一种普通的商业定期市：

〔正月〕二十三日，圣寿寺前蚕市，张公咏始，即寺为会，使

---

① 李焘：《续资治通鉴长编》卷七十三。
② 高承：《事物纪原》卷八，《药市》。
③ 陈元靓：《岁时广记》卷三十六，《吸药气》。
④ 蔡绦[20]：《铁围山丛谈》卷六。

民鬻农器。①

蜀中每春三月为蚕市，至时货易毕集，阛阓填委，蜀人称其繁盛。②

蜀有蚕市，每年正月至三月，州城及属县循环一十五处。……因是货蚕农之具及花木果草药什物。③

以上各种市都是在城内举行的，城外的农村中亦有集市，都是定时一聚、过时即散的临时市。这种临时市还保留着古代日中为市、交易而退的遗风，是农民交换剩余生产物的主要渠道，这种古老的传统一直保留在近代农村中，北方曰赶集，南方曰赶场。这种初级的农村市场，唐时名曰草市，至宋，有若干草市已发展为镇，但多数仍保留着固有的名称和性质。凡在城外的农村定期市仍名草市，如：

〔元祐七年（公元一○九二年）〕宿州，自唐以来，罗城狭小，居民多在城外。本朝承平百余年，人户安堵，不以城小为病。兼诸处似此城小人多，散在城外，谓之草市者甚众，岂可一一展筑外城。④

元祐改元季春戊申，明微茂中同出京兆之东南门，历兴道、务本二坊。张注曰：……二坊之地，今为京兆东西门外之草市，余为民田。⑤

〔熙宁七年（公元一○七四年）三月庚申〕诏京城门外草市百姓，亦排保甲，闻多是城里居民逐利去来，今为保伍，人情非所便安，况又不习武艺，排之亦无所用，可速罢之。⑥

草市中虽无常设店铺以零售日用百货，但饭馆酒店则是常设的，往来行人可随时在草市吃饭饮酒，如：

---

① 费著：《岁华纪丽谱》。
② 佚名：《五国故事》卷上。
③ 黄休复：《茅亭客话》卷九，《鬻龙骨》。
④ 苏轼：《东坡全集》卷三十五，《乞罢宿州修城状》。
⑤ 张礼：《游城南记》。
⑥ 李焘：《续资治通鉴长编》卷二百五十一。

〔淳熙四年（公元一一七七年）八月〕丙申，离东林，饭〔江州〕太平宫前草市中。①

先公言刘庄恪公平，初及第，为常州无锡尉。时有巨盗在境上未获。会岁旦日，入谒县宰。是时循国初故事，多用齐鲁鄙朴经生为县令，而无锡令又昏老之经生也。令厅吏赞簿尉廷趋，而端坐于厅事受之。平素尚气，不能堪，径趋厅事，捽而奋拳痛殴之，踣于座下，左右挽引以去。一邑喧传尉殴死令矣。平亦不顾，归而酣饮至醉。群盗闻尉殴令死，大喜，乘节日，至邑之草市饮酒。会有密报平者，乘大醉，亟呼弓手并市人径捕之。诸盗俱醉，且不虞尉能遽至也。平手杀五人，擒得者二十余人，全伙并获，凯旋归邑。②

比草市更低一级的农村小集市，都是定时在某地一聚，会毕即散，即历来称为墟或虚的农贸市场，以其不常聚而市上空无一人，故曰虚，西蜀称这种市为痎，言其如疟疾之间而复作，后江南人嫌痎之名不雅，乃改曰亥，并每于亥日集会：

城邑交易之地，通天下以市言，至村落则不然，约日以合，一哄而散，曰墟，以虚之日多，会之日少，故西蜀名墟曰痎，如疟之间而复作也。江南人嫌痎之名未美，而取其义，节文曰亥……荆吴之俗，取寅、申、巳、亥日集，故亥日为亥市。张祐诗曰：野桥经亥市，山路过申州。张籍江南曲有曰：江村亥日长为市。③

蜀有痎市，而间日一集，如痎疟之一发，则其俗又以冷热发歇为市喻。④

〔至道二年（公元九九六年）七月〕二十八日，上封者言：岭南村墟聚落间，日会集裨贩，谓之墟市，请降条约，令于城邑交易，冀增市算。帝曰：徒扰民尔，可仍其旧。⑤

〔乾道六年（公元一一七〇年）七月〕二十一日，过繁昌县，

① 范成大：《吴船录》卷下。
② 王铚：《默记》。
③ 陈郁：《藏一话腴》甲集卷上。
④ 吴处厚：《青箱杂记》卷三。
⑤ 《宋会要辑稿》，《食货一七之一三》。

南唐所置。初隶宣城，及置太平州，复割隶焉。晚泊荻港……荻港，盖繁昌小墟市也。①

〔淳熙二年（公元一一七五年）〕九月二十二日，臣僚言：乡落有号为虚市者，止是三数日一次市合，初无收税之法，州郡急于财赋，创为税场，令人户买扑纳钱，俾自收税。②

〔淳熙六年（公元一一七九年）〕十月八日，诏二广虚市，更相贸易，非江浙私置税场之比，可从民便，与免落地税钱，从前知高州何惟清请也。③

〔绍熙〕二年（公元一一九一年）正月二十三日，臣僚言：乞下二广诸州，除罢虚市收税。诏本路转运司措置省罢。以二广虚市初非省额坊场，皆是乡村自为聚落，从豪户买扑，岁纳官司不过百十缗故也。④

开禧元年（公元一二〇五年）六月二日，广东提举陈昊言：广州肇庆府惠州共管墟税八十三场，皆系乡村墟市，苛征虐取，甚至米粟亦且收钱，甚为民害。⑤

（四）宋代商人的行及其迅速发展的原因

宋代是工商业行的全盛时代。关于手工业者的行的各种情况，已见前章，其实手工业者的行中也有许多是商人的行，因为大部分手工业者都亦工亦商，那些以家庭手工业为基础的作坊店铺，都是自行销售其产品，大都以家的后部为作坊，家的前部就是兼营批发和零售的商店，所以手工业者同时也是商人。随着都市商业的发展和从业人数的增多，由同行业商人组成的纯商业性的行遂因之大增，或名为行，或名为市，或名为团，或名为作，诸行百市，名异而实同。在上文论述北宋开封和南宋杭州都市商业发达时，曾涉及许多行的名称，如北宋开封，据《梦华录》[21]所载，计有："十字街南去姜行"，"高头街北去纱行"，"八仙桥投西大街乃果子行，街北都亭驿相对梁家珠子铺，余皆卖时行纸画、花果铺席"，"出旧曹门朱家桥瓦子，以东牛行街，土

---

① 陆游：《入蜀记》卷二。
② 《宋会要辑稿》，《食货一八之八》。
③ 《宋会要辑稿》，《食货一八之一〇》。
④ 《宋会要辑稿》，《食货一八之一九》。
⑤ 《宋会要辑稿》，《食货一八之二三》。

市子北去乃马行街也，人烟浩闹"，"马行街东西两巷谓之大小货行，皆工作伎巧所居"，"马行北去乃小货巷"，"高头街姜行"，"坊老桥市皆有肉案（肉行），列三五人操刀，生熟肉从便索唤"，"鱼行卖生鱼，每日早惟新郑门、西水门、万胜门如此，生鱼有数千担入门"，其他如米行、鲞行以及大小商店铺席和形形色色的饮食摊贩等等，无不有自己所属的行或市。南宋的都市商业比北宋更发达，各种商人的行或市亦因之更多，据当时人记载，"京都有四百十四行"，略而言之，计有："川广生药市、象牙玳瑁市、金银市、珍珠市、丝绵市、生帛市、枕冠市、故衣市、衣绢市、花朵市、内市、米市、卦市、银朱彩色行、金漆卓凳行、南北猪行、青器行、处布行、青果行、海鲜行、纸扇行、麻线行、蟹行、鱼行、木行、竹行、果行、笋行……（下皆行名，从略）。"①

其实不仅各种商业经营者都有各自所属的行或市，就是一些服务性行业也都有自己的行，有自己的组织管理制度，连出卖劳动力的劳动者，亦各有行，据孟元老所记北宋东京的情形是：

> 锢路、钉铰、箍[22]桶、修整动使、掌鞋、刷腰带、修幞头帽子、补洗鱿角冠子。日供打香印者，则管定铺席人家牌额时节，即印施佛像等。……坊巷以有使漆、打钗环、荷大斧斫柴、换扇子柄、供香饼子、炭团。夏月则有洗毡、淘井者，举意皆在目前。②
>
> 若凶事出殡，自上而下，凶肆各有体例，如方相车舆结络彩帛，皆有定价，不须劳力。寻常街市干事，稍似路远倦行，逐坊巷桥市自有假赁鞍马者，不过百钱。③
>
> 倘欲修整屋宇，泥补墙壁，生辰忌日欲设斋，僧尼道士，即早晨桥市街巷口，皆有木竹匠人，谓之杂货工匠，以至杂作人夫、道士、僧人罗立会聚，候人请唤，谓之罗斋。竹木作料，亦有铺席，砖瓦泥匠，随手即就。④

南宋杭州服务性行业更多，吴自牧在《梦粱录》中所记只有几十种，大

---

① 《西湖老人繁盛录》，《诸行市》。
② 孟元老：《东京梦华录》卷三，《诸色杂卖》。
③ 孟元老：《东京梦华录》卷四，《杂赁》。
④ 孟元老：《东京梦华录》卷四，《修整杂货及斋僧请道》。

致与北宋相同①，周密在《武林旧事》中列举了一百七十余种②，《西湖老人繁盛录》所记四百十四行中从名称上看出是服务性行业的亦有一百余种。将以上各书所胪列的种类，综合起来，去掉重复，仍不下二百余种，真是无所不有。服务性行业的增多，乃是城市经济生活复杂化的一个重要标志。

一些出卖劳力的雇佣工人，也不是由个人自觅雇主，而系由行老、牙人代为接洽，并向雇主出具保证：

> 凡雇觅人力、干当人、酒食作匠之类，各有行老供雇；觅女使，即有引至牙人。③

> 凡雇倩人力及干当人……俱各有行老引领，如有逃闪，将带东西，有元地脚保识人前去跟寻。……或官员士夫等人欲出路、还乡、上官、赴任、游学，亦有出陆行老，雇倩脚夫脚从承揽，在途服役，无有失节。④

此外遇有吉凶筵席，则所有桌椅陈设、器皿盒盘、酒担动使之类的租赁，以及厨司、托盘、下请书、安排座次、服侍茶酒等"四司人"，都有专行承揽。其他如养马、养猫、养犬、养鱼，则有行人专送饲料；如挑水、出粪、送炭、斫柴、淘井、盘垃圾、供香盘等等，亦都有行的组织，并各有一定的地分和主顾，彼此不得互相侵夺，一有侵夺，必相争斗，"甚者经府大讼，胜而后已"⑤。

东京有一种服务性行业名报晓人，"每日交五更……打铁牌子或木鱼，循门报晓，亦各有分地，分日间求化"⑥。

宋代工商业者的行与欧洲中世纪的基尔特不同，不是一种严格的组织，没有监督制度，也没有干涉会员经济行为和人人必须遵守的规章条例，它只是一种松散的联合，各人对自己业务的经营管理是独立自主的，具有不受同行干预的完全自由。但是这种松散的联合也有少数几种不得不有的集体行动，

---

① 吴自牧：《梦粱录》卷十三，《诸色杂货》。
② 周密：《武林旧事》卷六，《小经纪》。
③ 孟元老：《东京梦华录》卷三，《雇觅人力》。
④ 吴自牧：《梦粱录》卷十九，《雇觅人力》。
⑤ 孟元老：《东京梦华录》卷三，《诸色杂卖》；吴自牧：《梦粱录》卷十三，《诸色杂货》。
⑥ 孟元老：《东京梦华录》卷三，《天晓诸人入市》。

表示出各行业仍有自己行的组织：其一是"当行"，即应付官府差使必须是联合行动，其情况当于下文详之；其二是"上行"，即各行业批发货物，皆有固定的交易地点，即雇觅人力也有一定的接洽场所，凡有交易或雇佣，供需双方皆于一定时间会集于行的所在地或其他场所，谓之上行，上文已根据米铺、鲞铺说明了向全城铺户批发上行的情况，吴自牧在《梦粱录》中曾概述这种情况说：

> 大抵杭城系行都之处，万物所聚，诸行百市，自和宁门权子外至观桥下，无一家不买卖者，行分最多。……更有儿童戏耍物件，亦有上行之所，每日街市，不知货几担也。①

其三是各行各有其特殊的服装，以表示自己属于某种行业：

> 凡百所卖饮食之人，装鲜净盘合器皿车檐动使奇巧可爱，食味和羹，不敢草略，其卖药卖卦，皆具冠带，至于乞丐者亦有规格，稍似懈怠，众所不容。其士农工商，诸行百户，衣装各有本色，不敢越外，谓如香铺裹香人，即顶披肩，质库掌事，即着皂衫角带不顶帽之类，街市行人便认得是何色目。②
>
> 杭城风俗，凡百货卖饮食之人，多是装饰车担[23]盘盒器皿，新洁精巧，以[炫]耀人耳目，盖效学汴京气象，及因高宗南渡后，常宣唤买市，所以不敢苟简，食味亦不敢草率也。且如士农工商、诸行百户，衣巾装着，皆有等差，香铺人顶帽披背子，质库掌事裹巾着皂衫角带，街市买卖人各有服色头巾，各可辨认是何名目人。自淳祐年来，衣冠更易，有一等晚年后生，不体旧规，裹奇巾异服，三五为群，斗美夸丽，殊令人厌见，非复旧时淳朴矣。③

其四是敬神赛会，这是各行的宗教活动和娱乐活动。后世各行各有其专供的祖师，但在宋代文献却找不到有关记载，据《东京梦华录》和《梦粱

---

① 吴自牧：《梦粱录》卷十三，《团行》。
② 孟元老：《东京梦华录》卷五，《民俗》。
③ 吴自牧：《梦粱录》卷十八，《民俗》。

录》等书所记北宋和南宋的都市情况来看，宋代工商业诸行及其他职业的行人，其宗教信仰与一般市民相同，并没有各行专供的神祇。北宋东京各行的宗教活动，有如下述：

> 六月六日，州北崔府君生日，多有献送，无盛如此。二十四日，州西灌口二郎生日，最为繁盛。庙在万胜门外一里许。……至二十四日五更，争烧头炉香者，有在庙止宿，夜半起以争先者。天晓，诸司及诸行百姓献送甚多。其社火呈于露台之上，所献之物，动以万数。①

> 其余宫观寺院皆放万姓烧香，如开宝景德大佛寺等处，皆有乐棚，作乐燃灯。……次则葆真宫有玉柱、玉帘窗隔灯，诸坊巷、马行诸香药铺席，茶坊酒肆灯烛，各出新奇。就中莲华王家香铺，灯火出群，而又命僧道场打花钹，弄椎鼓，游人无不驻足。②

> 又有虎头船十只，上有一锦衣人，执小旗，立船头上，余皆着青短衣，长顶头巾，齐舞棹，乃百姓卸在行人也。③

南宋时杭州各行迎神赛会的情形，又远比北宋开封为热烈，各行竞以本行所经营的货物为献神的祭品，五光十色，争奇斗艳，几乎变成一个商品博览会。遇其他节日庆祝，各行亦均参加赛会，其盛况亦过旧都。《梦粱录》对此记载甚多，这里酌引数例如下：

> 〔二月〕初八日，钱塘门外霍山路有神……庆十一日诞圣之辰……其日都城内外诣庙献送繁盛。……又有七宝行排列数卓珍异宝器珠玉殿亭，悉皆精巧。后苑诸作，呈献盘龙走凤，精细靴鞋，诸色巾帽，献贡不俗。④

> 三月二十八日，乃东岳天齐仁圣帝圣诞之日……或诸行铺户献异果名花精巧面食呈献者……舟车道路，络绎往来，无日无之。⑤

---

① 孟元老：《东京梦华录》卷八，《六月六日崔府君生日》。
② 孟元老：《东京梦华录》卷六，《正月十六日》。
③ 孟元老：《东京梦华录》卷七，《驾幸临水殿观争标锡宴》。
④ 吴自牧：《梦粱录》卷一，《八日祠山圣诞》。
⑤ 吴自牧，《梦粱录》卷二，《二十八日东岳圣帝诞辰》。

北极祐圣真君圣降及诞辰……诸行亦有献供之社。……每遇神圣诞日，诸行市户，俱有会迎献不一。如府第内官以马为社，七宝行献七宝玩具为社……青果行献时果社，东西马塍献异松怪柏奇花社，鱼儿活行以异样龟鱼呈献。①

临安府点检所管城内外诸酒库，每岁清明前开煮。……至期侵晨，各库排列整肃，前往州府教场伺候点呈。首以三丈余高白布，写某库选到有名高手酒匠造一色上等酝辣无比高酒。……以大长竹挂起，三五人扶之而行，次以大鼓及乐官数辈，后以所呈样酒数担，次八仙道人，诸行社队……行首各雇赁银鞍闹妆马匹，借倩宅院及诸司人家虞侯押番及唤集闲仆浪子，引马随逐……②

上引四条记载中前三条是各行自动参加的敬神赛会等宗教活动，后一条则是参加官库卖酒的一种宣传游行。因为这种游行也是一种赛会的性质，故各行皆结队参加，行头还租赁银鞍闹妆马，并倩借许多随从，以壮声势。

总之，宋代工商业者的行以及其他职业的行，虽记载了不少行的名称和种类，但对其具体组织则很少记载，也不见有任何营业活动的规章制度，可知其性质仍与过去相同，其主要作用乃是为了"当行"、"祗应"以及分摊负担，而不是为了管制同行的营业，完全没有欧洲基尔特的那些作用，其唯一表现行的集体活动的，除上述各点外，还有一点可以列入的，是各行使用不同的钱陌：

城市钱陌，官用七十七，街市通用七十五，鱼肉菜七十二陌，金银七十四，珍珠、雇婢妮、买虫蚁六十八，文字五十六陌，行市各有长短使用。③

宋代行的增加，除了商业发展和从业人员增多这一自然结果外，"当行"是行迅速发展的一个重要原因。因为宋代工商业行的突然大量增加，即促使各行业必须组织起来，每一个从业者都必须加入一种同业组织的行。这是被动的，而不是自动的；是强迫的，而不是自愿的。换言之，工商业者之所以

---

① 吴自牧：《梦粱录》卷十九，《社会》。
② 吴自牧：《梦粱录》卷二，《诸库迎煮》。
③ 孟元老：《东京梦华录》卷三，《都市钱陌》。

要组织行，不是从各人的经营需要出发，而是在外力强制下，不得不组织起来。这种强制力量来自两个方面：一是来自工商业自己，这是同业的工商业者为了应付官府的科索，为了祇应官差，而不得不组织起来，以便与官府打交道；二是来自政府，这是最直接的强制力量，即政府为了对工商业者进行科敛需索，为了便于征调工商业者的徭役或财物，以行政命令强制工商业者都必须按照其所属的行业组织起来，否则停止其营业，并予以法律制裁。

关于第一点，宋人说得很清楚：

> 市肆谓之行者，因官府科索而得此名，不以其物大小，但合充用者，皆置为行，虽医卜亦有职医克[24]择之差占，则与市肆当行同也，内有不当行而借名之者，如酒行、食饭行是也。又有名为团者，如城南之花团、泥路之青果团、江下之鲞团、后市街之柑子团是也。其他工伎之人，或名为作，如篦刀作、腰带作、金银镀作、钑作是也。又有异名者，如七宝谓之骨董作、浴堂谓之香水行是也。大抵都下万物所聚，如官巷之花行所聚，花朵冠梳钗环领抹极其工巧，古所无也。①

> 市肆谓之团行者，盖因官府回买而立此名，不以物之大小，皆置为团行，虽医卜工役，亦有差使，则与当行同也。然虽差役，则官司和雇，支给钱米，反胜于民间雇倩工钱，而工役之辈，则欢乐而往也。其中亦有不当行者，如酒行、食饭行，而借此名。有名为团者，如城西花团、泥路青果团、后市街柑子团、浑水闸鲞团。又有名为行者，如官巷方梳行、销金行、冠子行、城北鱼行、城东蟹行、姜行、菱行、北猪行、候潮门外南猪行、南土北土门菜行、坝子桥鲜鱼行、横河头布行、鸡鹅行。更有名为市者，如炭桥药市、官巷花市、融和西坊珠子市、修义坊肉市、城北米市。且如桔园亭书房，盐桥生帛，五间楼泉福糖蜜及荔枝圆眼汤等物。其他工役之人，或名为作分者，如碾玉作、钻卷作、篦刀作、腰带作、金银打钑作、里贴作、铺翠作、裱褙作、装銮作、油作、木作、砖瓦作、泥水作、石作、竹作、漆作、钉铰作、箍桶作、裁缝作、修香浇烛作、打纸作、冥器等作分。又有异名行者，如买卖七宝者谓之骨董

---

① 耐得翁：《都城纪胜》，《诸行》。

行，攒珠子者名曰散儿行，做靴鞋者名双线行，开浴堂者名香水行。大抵杭是行都之处，万物所聚，诸行百市，自和宁门权子外至观桥下，无一家不买卖者，行分最多，且言其一二：最是官巷花作所聚，奇异飞鸾走凤，七宝珠翠，首饰花朵冠梳，及锦绣罗帛，销金衣箱，描画领抹，极其工巧，前所罕有者，悉皆有之。更有儿童戏耍物件，亦有上行之所，每日街市不知货几担也。①

从以上两条记载可以看出：（1）宋代工商各业都有行的组织，但其名称却不一定叫做行，除多数以行命名者外，有不少行业名为"团""市""作"，名称虽异，而性质则一，都是工商业者按行业组成的团体；（2）工商业者不得不组成团体的原因，主要是为了共同应付官府，以整个行业来与官府打交道，因为任何一种行业都要对政府供应财物和祗应差使，故不得不组织起来以备"当行"。

关于第二点，即政府强制各种职业之人都必须加入由本行组成的行或团等，第一是为了便于科索，第二是为了便于进行"和买"或"和雇"，第三是在王安石实行新法后，便于征收免行钱。

科索包括物资和人力。在物质一方面，"不以其物大小，但合充用者皆置为行"，换言之，不论何物，不管大小贵贱，只要官家需要，就必须无偿地向官府供应，这是封建王朝对人民的赤裸裸掠夺。在人力方面，"虽医卜工役，亦有差使"，换言之，各色人等凡有一技之长，都有被官府征调服役的义务。但不论是科索物资，还是科索劳役，为了避免逐户讨索、征调之烦和逃避遗漏之弊，自以按各行业组织起来，由行头负责进行为最方便。特别是征调和解送应役工匠，是一项十分繁难的工作，前文曾指出，宋代规模庞大的官手工业，其所用技术工匠和普通工人，除少数来自"和雇"外，绝大部分都是从地方上征调的当行应役工匠，并辗转解送给政府的，如文思院"打造金银器皿，拘辖人匠造作"②。可见应役工匠都是被"拘辖"而来的。被役工匠常常"以其役苦，又禁军节级强被指射就役，非其情愿，故不胜忿而作难"③。由于这些工匠并不是单纯靠出卖劳力和手艺谋生的人，而大都是亦工亦商的独立营业者，他们被迫当行，更非情愿，故不胜忿而作难，并千方百计地企

---

① 吴自牧：《梦粱录》卷十三，《团行》。
② 《宋会要辑稿》，《职官二九之五》。
③ 李焘：《续资治通鉴长编》卷二百六十二，《熙宁八年夏四月己丑》。

图逃脱避免，据岳珂论述南宋时的情况是：

> 今世郡县官府营缮创缔，募匠庀役，凡木工率计在市之朴斫规矩者，虽扂楔之技无能逃，平日皆籍其姓名，鳞差以俟命，谓之当行。间有幸而脱，则其侪相与讼挽之不置，盖不出不止也，谓之纠差。其入役也，苟简钝拙，务闷其技巧，使人之不已知，务夸其工料，使人之不愿为，而亟其斥且毕，谓之官作。①

可见管理这些当行之人是极为麻烦的，为了防止逃脱，有时要在被役工匠的额上或手上刺字。例如："〔绍兴〕十六年（公元一一四六年）三月十八日，提辖制造御前军器所言：制造诸色军器，全借人匠趁办造作，其所管万全作坊人匠，数年以来，往往厌倦工役，将身逃走。欲乞将应今日已前逃亡工匠，特立首限百日，不以年岁深远，并许出首，或内有刺破手面之人，亦许令赴所，首身验实，如委是正身，特与免罪，依旧额内收管。"②

各级政府为了经常进行这样的征调、解送管理等工作，势不能逐户与工匠个人打交道，而不得不强制各行业组织起来，然后以整个行业为对手，责成各行的行头来负责进行。

除了科索物资和人力外，政府如需要处理变卖无用物品、拨兑现款、侦查刑事案件等等杂务，亦往往责成行户办理。例如：

> 文彦博知永兴军。起居舍人毌湜，鄂人也，至和中，湜上言：陕西铁钱，不便于民，乞一切废之。朝廷虽不从，其乡人多知之，争以铁钱买物，卖者不肯受。长安为之乱，民多闭肆。僚属请禁之。彦博曰：如此，是愈使惑扰也。召丝绢行人，出其家缣帛数百匹，使卖之，曰：纳其直，尽以铁钱，勿以铜钱也。于是众晓然知铁钱不废，市肆复安。③

> 接伴所得私觌物，尽货于此，物有定价，责付行人，尽取见钱，分附众车以北，岁岁如此。④

---

① 岳珂：《愧郯录》卷十三，《京师木工》。
② 《宋会要辑稿》，《职官一六之九》。
③ 司马光：《涑水记闻》卷十。
④ 楼钥：《北行日录》卷上，《乾道五年十二月十日》。

> 本镇酒课，日才一二百千，商旅如云，何患难办？乃于官课之
> 外，又多造白酒小酒，勒令行老，排担抑俵，立定额数，不容少亏，
> 所得之钱，不知何用。①

代官府出卖物品，推销官酒，也是一种差役，为"当行"的项目之一。此外，遇政府需要了解市场情况，或侦察盗匪、逃犯，亦常常传询行头，交边公务，这也是一种"当行"的差役，例如：

> 见今在市绝少斛斗，米价翔贵。本州见阙军粮，亦是贵价收籴
> 不行。寻勾到斛斗行人杨佶等，取向在市少米因。②
> 司县到任，体察奸细盗贼阴私谋害不明公事，密问三姑六婆，
> 茶房酒肆，妓馆食店，柜坊马牙，解库银铺旅店，各立行老，察知
> 物色名目，多必得情，密切告报，无不知也。③

政府于科索物资人力外，还常因紧急需要，向行户摊派见款，例如：

> 公奏曰：……臣近过邠、乾、泾、渭等州，所至人户，经臣有
> 状，称为不任科率，乞行减放。内潘原县郭下丝绢行人十余家，每
> 家配借钱七十贯文，哀诉求免。国用削弱，以至于此。缘转运司计
> 无所出，臣是以不敢邀爱民之誉，直行放免。④

"和买"亦是一种变相的科索，这是政府于各行业无偿供纳物资外，根据宫廷官府的需要，而不得不用现钱到市场上购买的物品。为了避免零星收购之烦，以及经手官吏为了便于从中勒索起见，自然也是以按行"和买"为最方便，由朝廷特设"杂买务"，派内臣直接"下行收买"。而且以整个行业所组成的行为"和买"对手，不但价格可以控制，能以低价强制收买，还可以任意侵夺，借饱私囊。关于这个制度产生的经过及其对行户的侵夺情形，可由下引记载看出：

---

① 真德秀：《真文忠公文集》卷七，《申御史台并户部照会罢黄池镇行铺状》。
② 苏轼：《东坡全集》卷三十三，《奏淮南闲籴状》。
③ 赵素：《居家必用事类全集》辛集，《史学指南、为政九要、为政第八》。
④ 韩琦：《韩魏公集》卷十一，《家传》。

杂买务、杂卖场：杂买务旧曰市买司，太平兴国四年（公元九七九年）改，至道中废，咸平中复置，以京朝及三班内侍三人监，掌和市百物，凡宫禁官物所需，以时供纳。杂卖务，景德四年（公元一〇〇七年）置，掌受内外弊余之物，计直以待出货，或准折支用，以内侍及三班二人监，后亦差文武朝官。[①]

〔太平兴国二年（公元九七七年）三月乙亥〕香药库使高唐、张逊建议，请置榷易局，大出官库香药宝货，稍增其价，许商人入金帛买之，岁可得钱五十万贯，以济国用，使外国物有所泄，上然之，一岁中果得三十万贯，自是岁有增羡，卒至五十万贯。[②]

真宗咸平二年（公元九九九年）五月十一日，诏：官中市物，勒行人于杂买务纳下，本务令人供应。[③]

〔大中祥符〕七年（公元一〇一四年）十一月，诏：内东门顺仪院、崇政资圣院、大和宫及房卧使臣买卖，许令通行收买，除官库所有物外，各仰行人等第给限供纳。是月，诏杂买务应下行买物人价钱，不得住滞邀乞，其外催受得买物关子等物价，通下行户置历，于监官处书押。[④]

景德三年（公元一〇〇六年）五月九日，内中降出见钱，合杂买务收买供应物色，自今便仰据数送下，依例下行收买供应，更不得将见钱转换不堪匹段兑卖。又内中所买羊肉，自今并令使臣上历，出给印押帖子，差辇官下行收买，诸宫院准此。[⑤]

天禧二年（公元一〇一八年）十二月，诏三司开封府指挥，自今令诸行铺人户，依先降条约，于旬假日齐集，定夺攻旬诸般物色见卖价，状赴府司，候入旬一日，牒送杂买务，仍别写一本，具言诸行户某年月日分时估，已于某年月日赴杂买务，通下取本务官吏于状前批凿收领月日，送提举诸司库务司置簿押上点检，府司如有违慢，许提举司勾干系人吏勘断。[⑥]

---

① 《宋会要辑稿》，《职官二七之五〇》。
② 李焘：《续资治通鉴长编》卷十八。
③ 《宋会要辑稿》，《食货五五之一五》，又《食货六四之四〇》。
④ 《宋会要辑稿》，《食货五五之一六》。
⑤ 《宋会要辑稿》，《食货五五之一五》。
⑥ 《宋会要辑稿》，《食货五五之一七》。

政府虽如此千方百计地加以防范，以免内使差役人等下行买物时，仗势勒索行户，不公平交易，不按旬价付款，但是事实上经手官吏对行户仍百般敲剥，这由下引诸例可略见梗概：

中书言欲令诸司库务系市易务，行人买纳上供物处，令提举市易司管辖。上曰：如此必致人言，以为所买物不良。王安石曰：不尔，则库务公人利于诸路科纳，必须非理邀索拣退，行人无由肯揽也。上曰：今行人扑买上供物亦易尔，前宋用臣修陵寺，令行人揽卖漆，比官买减半价，不知市易司何故致人纷纷如此，岂市易司所使多市井小人耶？①

至和元年（公元一〇五四年）十一月，知开封府蔡襄言：内东门市行人物，有累年未偿钱者。请自今并关杂买务以见钱市之，其降出物帛亦值直，于左藏库给钱，从之。②

进入南宋后，官吏通过"和买"制度，对行户敲诈勒索变本加厉，臣僚纷纷上言，而此弊不改，例如：

〔绍兴〕十一年（公元一一四一年）四月八日，臣僚言：州军县镇旧来行户立定时旬价直，令在任官买物，盖使知物价低昂，以防亏损。而贪污之吏，并缘为奸，贵价令作贱价，上等令作下等，所亏之直，不啻数倍，致人户赔费失所。……望下有司，严行禁止，依旧法量纳免行钱，从之。③

今官司以官价买物，行铺以时值计之，什不得二三。重以迁延岁月而不偿，胥卒并缘为奸，积日既久，类成白著，至有迁居以避其扰，改业以逃其害者。甚而日用所需琐琐之物，贩夫贩妇所资锥刀以营计斗者，亦皆以官价强取之，终日营之，而钱本俱成干[25]没。④

价直勿偿，凿空科取，无复有所谓买矣；送输稍缓，鞭挞即加，

---

① 《宋会要辑稿》，《食货三八之一》。
② 《宋会要辑稿》，《食货六四之四二》。
③ 《宋会要辑稿》，《食货六四之六六》。
④ 王圻：《续文献通考》卷二十五，《均输市易和买》引理宗嘉熙七年臣僚言。

无复有所谓和矣。[①]

照对黄池一镇，商贾所聚，市井贸易，稍稍繁盛，州县官凡有需索，皆取办于一镇之内，诸般百物，皆有行名。人户之挂名籍，终其身以至子孙，无由得脱，若使依价支钱，尚不免为胥吏减克，况名为和买，其实白科。今据张宣、赵义等四十三状所陈，诚可怜悯，以区区铺店，能有几许财本，而官司敷配，曾无虚日，诚何以堪。照得在法置市令司，自有明禁，朝廷属行申饬，不许创立行名，当司虽已严出榜文，不许州县抑勒行铺买物，然行名不除，终为人户之害。……嘉定八年（公元一二一五年）十二月，因巡历至黄池镇，民遮道以千数，陈诉监镇官史文林弥迥买物不偿价钱等事，已将镇吏押送邻郡根究，及申到判云：照对黄池之为镇，地据要冲，实舟车走集之会，前政运使孟侍郎，以武臣监镇，多不知书，申明于朝，易以左选，而史文林者首当其任，正望其以儒者忠厚之政，洗武臣饕虐之风，顾乃专事贪残，违戾法守，有武弁之所不敢为者。今据广德军等处勘到陈德新查文明等情节，如根刷牙铺，籍定姓名，置历科敷，抑令供纳缣帛、香货、鱼肉、蔬果之属，有偿其半直者，有仅偿些小者，有三分不偿其二者，有分文不支者。其所科买，非贵细之药材，则珍美之比果，纽计价值，为钱不资，刮民户之脂膏，充一己之溪[26]壑，至有不堪其命，赴水而死者，此其违法者一也。收买缣帛，先用灰汤煮熟，而后秤两数，科籴糯米，不用斗斛，而用大秤称盘，自古及今，未闻有此，公为培克，莫甚于斯，此其违法者二也。……监镇史文林违法病民，宜从按劾。[②]

上引各条，同类记载很多，这里选录的几条，各自反映一个问题，归纳起来是：第一，宫廷官府所用的物品，除直接向行户科索外，必须在市场上购买的，则以"和买"名义由杂买务或地方官派员下行收买。第二，商品价格不是市场上的零售价格，而是由各行户代表与主管官吏议定的定价，每十日议定一次，呈报主管官司核准备案。第三，官府买物时，名义上是按照议定的官价所谓"时估"，用现钱购买，实际上则百般敲剥，或者只付半价，

---

① 王圻：《续文献通考》卷二十五，引绍定时御史李鸣复奏。
② 真德秀：《真文忠公文集》卷七，《申御史合并户部照会罢黄池镇行铺状》。

或者"仅偿些小"，或者拖欠货款，累年不付；或者强行减价，即"贵价令作贱价，上等令作下等"；甚至分文不给，"类成白著"，"至有不堪命，赴水而死者"。这就是行户千方百计逃避入行的原因所在："每年行人为供官不给，辄走失数家，每纠一人入行，又辄词讼不已。"① 仅此一点，就充分说明中国古代工商业者的行与欧洲中世纪的行会制度没有共同之处。

为了改变这种虐民之政，王安石于神宗熙宁六年（公元一〇七三年）改行一种新的科敛方法，作为"熙宁新法"之一，名免行钱，即将行户各种负担，一律改用现钱折纳，政府不再下行买物，行户免除了各种义务，故名免行钱：

> 免行钱者，约京师百物诸行利入厚薄，皆令纳钱，与免行户祗应。②
>
> 熙宁六年四月七日，诏提举在京市易务及开封府司祭司，同详定诸行利害以闻。初，京师供百物有行，官司所须，皆并责办，下逮贫民浮费，类有陪折，故命官讲求，虽与外州军等，而官司上下须索，无虑十倍以上。凡诸行陪纳猥多，而赍牒输送之费在外，下逮裨贩贫民，亦多以故失职。至是肉行除中正等乞出免行役钱，更不供肉，故有是诏。③
>
> 熙宁六年五月二十六日，中书札子，详定行户利害条贯所奏：……据行人徐中正等状：屠户中下户二十六户，每年共出免行钱六百贯文赴官，更不供逐处肉。今据众行人状，定到下项：中户一十三户，共出钱四百贯文，一年十二月份，迄逐月送纳，每户纳钱二贯七十文；下户一十三户，共出钱二百贯文，一年十二月份，迄逐月送纳，每户纳钱一贯二百九十文。……准此，于当年九月初三日中书省札子，奉圣旨依奏。④

实行这个办法，对行户和政府都有利。在行户方面，过去实行旧办法时，正额负担已极沉重，而经手官吏的额外诛求，又常常十数倍于正额，其他赍

---

① 《宋会要辑稿》，《食货三七之一五》。
② 《宋史》卷三百二十七，《王安石传》。
③ 《宋会要辑稿》，《食货三八之二》。
④ 李焘：《续资治通鉴长编》卷二百四十五。

牒输送之费还不在内，改用现钱缴纳，不但负担固定，各行户可按等第平均分摊，而且可以不再受官司的上下需索和吏胥的追呼骚扰。在政府方面，实行这种折纳办法，一方面可以得一笔固定收入，有裨国用，政府除用以采购物品及和雇人力外，还可作其他用途，另一方面还可以免去经常向行户征敛之烦，实行免行钱后，诸弊尽除，过去每纠一人入行，辄词讼不已，现在反而情愿入行。正如王安石说："自立法以来，贩者比旧皆得见钱，行人比旧所费十减八九，官中又得美实。……今乃愿投行人，则其为官私便利可知。"①

在双方有利的情况下，新法免行钱遂得以顺利推行，而免行钱也成为宋代财政收入的一个组成部分，政府除用这笔钱采购物品及和雇人力外，还用作官俸开支：

〔熙宁六年（公元一〇七三年）〕令在京市易务及开封府司录同详度诸行利病，于是详定所请约诸行利入薄厚，输免行钱以禄吏，蠲其供官之物。禁中所须，并下杂卖场、杂买务。置市司估物价低昂，凡内外官司欲占物价，悉于是乎取决。从之。②

〔熙宁六年八月丙申〕详定行户利害所言：乞约诸行利入厚薄，纳免行钱以禄吏，与免行户祗应。自今禁中卖买，并下杂卖场、杂买务，仍置市司，估市物之低昂。凡内外官司，欲占物价，则取办焉，皆从之。③

〔元丰八年（公元一〇八五年）九月乙未〕按在京诸色行户，总六千四百有奇，免轮差官中祗应，一年共出绮钱四万三千三百有奇，数内约支二万六千九百有奇，充和雇诸色行人祗应等钱外，余一万六千四百有奇，榷货[27]务送纳，准备户部取拨，充还支过吏禄钱。④

政府为了增加免行钱收入，乃强制所有在城市谋生的各种职业的人，都必须加入行的组织，并于缴纳免行钱后始准许在市内营业：

---

① 《宋会要辑稿》，《食货三七之一六》。
② 《宋史》卷一百八十六，《食货志八》。
③ 李焘：《续资治通鉴长编》卷二百四十六。
④ 李焘：《续资治通鉴长编》卷三百五十九。

京城诸行，以计利者上言云：官中每所须索，或非民间用物，或虽民间用物，间或少缺，率皆数倍其价，收买供官。今立法：每年计官中合用之物，令行人众出钱，官为预收买，准备急时之用，如岁终不用即出卖，不过收二分之息，特与免行，所贵于行人，不至于急时枉用数倍之价，至于破坏钱本。此法固善……才立法随有指挥，元不系行之人，不得在街市卖易，与纳免行钱人争利，仰各自诣官投充行人，纳免行钱方得在市卖易，不赴官自投行者有罪，告者有赏。此指挥行，凡十余日之间，京师如街市提瓶者，必投充茶行，负水担粥，以至麻鞋头发之属，无敢不投行者。①

正是在这样的压力之下，不但有铺席或作坊的工商业者不得不赴官投行，即连提瓶卖茶、负水担粥的小商小贩以至麻鞋头发之属无敢不投行者，甚至各种服务性的苦力劳动者亦各有行的组织，其情况已见上文。即连不当行的教师和乞丐，也有行的组织，也须纳银：

霆在燕京，见差胡丞相来，黩货更可畏，下至教学行乞儿行亦银作差发。燕教学行有诗云："教学行中要纳银，生徒寥落太清贫，金马玉堂卢景善，明日清风范子仁。……相将共告胡丞相，免了之时撩杀因。"②

（五）官营商业

凡不便由私人经营的大宗货物或政府的禁榷物资，皆由宋朝政府直接经营。如茶、盐之类和对外贸易中的香药宝货，皆不许私人自由贩运。宋初即置榷货务，负责货卖官物，除自行发卖外，亦批发给行铺，听商人货卖，但不许私藏违禁香药犀牙：

榷货务，掌折博斛斗金帛之属。③

宋兴，既收南越之地，而交趾[28]奉贡职，海外之国，亦通关

---

① 郑侠：《西塘先生文集》卷一，《免行钱事》。
② 彭大雅撰，徐霆疏证，《黑鞑事略》。
③ 《宋史》卷一百六十五，《职官志五·太府寺》。

市，犀象珠玑百货之产，皆入于中国。府库既充，有司遂言宜出于民，始置榷易之场，岁收其直数十万贯，自此有加焉。①

由国外输入贡纳的香药犀象等珍奇宝货，历年积集，数量庞大，亟待出之于民，以增加收入。此外由政府禁榷的茶盐，更必须随时转贩于民，益有设置货卖机构的必要，置榷易之场遂成为当务之急：

> 榷货务旧在延康坊，后徙太平坊，掌受商人便钱给券，及入中茶盐，出卖香药象货之类，以朝官诸司使副内侍三人监。太平兴国中，以先平岭南，及交趾海南诸国连岁入贡，通关市，商人岁乘舶贩易外国物，自三佛齐、勃泥、占城犀象香药珍异之物，充盈府库，始议于京师置香药易院，增香药之直，听商人市之，命张逊为香药库使以主之，岁得钱五十万贯。大中祥符二年（公元一〇〇九年）二月，拨并入榷货务。②

政府严禁民间私藏香药犀牙等宝货，私贩者有罪：

> 〔太平兴国二年（公元九七七年）〕三月，监在京出卖香药场大理寺丞乐冲、著作佐郎陶邴言：乞禁止私贮香药犀牙。诏：自今禁买广南、占城、三佛齐、大食国、交州、泉州、两浙及诸蕃国所出香药犀牙。其余诸州府土产药物，即不得随例禁断，与限令取便货卖，如限满破货未尽，并令于本处州府中卖入官，限满不中卖，即逐处收捉勘罪，依新条断遣。诸回纲运并客旅见在香药犀牙，与限五十日，行铺与限一百日，令取便货卖，如限满破货不尽，即令于逐处中卖入官，官中收买香药犀牙，价钱折支，仍不得支给金银匹段。所折支物并价例，三司定夺支给。应犯私香药犀牙，据所犯物处时估价，纽足陌钱，依定罪断遣，所犯私香药犀牙并没官。如外国蕃客公私人违犯，收禁勘罪奏裁，不得依新条例断遣。应干配役人，并刺面配逐处重役，纵遇恩赦，如年限未满，不在放免之限。

---

① 曾巩：《元丰类稿》卷四十九。
② 《宋会要辑稿》，《食货五五之二二》。

应有犯者，令逐处勘鞫，当日内断遣，不得淹延禁系。妇人与免刺面，配本处针工充役，依所配年限满日放。二千以下百文已上，决臂杖十五；百文已下，逐处量事科断；二千已上，决臂杖二十；四千已上，决臂杖十五，配役一年；六千已上，决脊杖十七，配役一年半；八千已上，决脊杖十八，配役二年；十千已上，决脊杖二十，配役三年；十五千已上至二十千，决脊杖二十，大刺面，配沙门岛；二十千已上，决脊杖二十，大刺面，押来赴阙引见。应诸处进奉香药犀牙，即令于界首州军纳下，具数闻奏，其专人即赍表赴阙。先是，外国犀象香药，充牣京师，置官以鬻之，因有司上言，故有是诏。①

雍熙时又稍宽其禁，凡有隐藏违禁香药犀牙，惧罪未敢交出，特与限陈首，官场收买：

　　雍熙四年（公元九八七年）六月，诏两浙、漳、泉等州，自来贩舶商旅，藏隐违禁香药犀牙，惧罪未敢将出，与限陈首，官场收买。②

对其他禁榷物资如铁冶、茶、盐等，亦许商人于所在州军或在京榷货务入纳钱、银、匹帛、粮草等入中博买：

　　〔咸平三年（公元一○○○年）〕七月，诏：泽州大广铁冶，许商旅于泽潞威胜军入纳钱银匹帛粮草折博，及于在京榷货务入中博买。③

　　景祐三年（公元一○三六年）五月十四日，详定茶法所言：检详天圣元年（公元一○二三年）旧制，商人皆自东京榷货务纳钱，买荆南、海州榷货务茶，每价钱百贯，听纳实钱八十贯，如就本州榷货务纳钱者，每八十贯文增七贯，则荆南、海州茶货，显是人所愿买。昨自天圣四年（公元一○二六年），许令陕西路将粮草价钱交钞，直从本处批画，往彼算买，遂致东京榷货务更无见钱入纳，

①　《宋会要辑稿》，《食货三六之一——二》。
②　《宋会要辑稿》，《食货三六之二》。
③　《宋会要辑稿》，《食货五五之二二》。

隳坠旧法。今请举行天圣旧制，却令在京输纳见钱，仍比天圣元年（公元一〇二三年）价量减数贯，以利商旅。其陕西商人入中粮草，并勒执抄赴京，请领见钱，如愿算请茶货香药之类，及换外州军见钱不等，并听商人从便，毋得更于抄内批画去所，并从之。①

为了广行招募商人入中粮草和推销香药犀象茶盐等，庆历中又改行"四说之法"，其制如下：

〔庆历〕八年（公元一〇四八年）十二月，诏三司：河北沿边州军客人入粮草，改行四说之法，每以一百千为率，在京支见钱二十千，香药象牙十五千，在外支盐十五千，茶四十千。初权发遣三司盐铁判官董沔言：窃以今之天下，端拱、淳化之天下，今之税赋，不加耗于前，方端拱、淳化之时，太宗北伐燕蓟，西讨灵夏，以至真宗朝，二虏未和，用兵数十年，然犹帑藏充实，人民富庶，何以致其然哉？行三说入中之法尔。自西人扰边，国用不足，民力大匮，得非废三说之法也？语曰：变而不如前，易而多所败者，不可不复也。请依旧行三说，以救财用困乏之弊。于是下三司议，而旧法每百千支见钱三十千，香药象牙三十千，茶引四十千，至是，加以向南末盐，为四说而行之。②

进入南宋后，榷货务仍照旧设置，这里仅引下列几条记载为例，其具体内容不再申述：

〔建炎二年（公元一一二八年）春正月〕辛卯，置行在榷货务。③

〔绍兴六年（公元一一三六年）八月〕是月，诏榷货三务岁收及一千三百万缗，许推赏。大率盐钱居十之八，茶居其一，香矾杂收入又居其一焉。二十四年，收二千六十万有奇，三十二年，收二

---

① 《宋会要辑稿》，《食货三六之二七——二八》。
② 《宋会要辑稿》，《食货三六之二九》。
③ 《宋史》卷二十五，《高宗本纪二》。

千一百五十六万有奇。乾道六年（公元一一七〇年）三月癸丑立额。①

诸称禁物者榷货同，称榷货者，谓盐、矾、茶、乳香、酒、曲、铜、铅、锡、铜矿、鍮[29]石。②

官营商业的第二种形式也是最主要形式，是市易法，这是熙宁新法之一。其法由政府设都提举市易司，负责进行大宗商货的收购和批发业务，凡有利的商业经营无所不包，这与上文所述榷货务的性质和经营范围完全不同。前者所经营的都是禁榷物资，即由政府垄断不许私营的物资，故只能由政府专卖；市易法所经营的都是普通商货，原系由民间商贾自由买卖，现在由政府权物价之轻重，大宗购进，以防止市场的随时波动和物价的暴涨暴跌，特别是一些不易销售的滞销货由政府大量收进，以调节市场，所谓"敛市之不售，货之滞于民用者，乘时贸易，以平百物之直"。所收之货听商民向当局趸购，无见钱者可以赊贷，以田宅或金帛作抵，另有三人作保，即可由政府大宗批发货物，出息什之二，过期不输，息外每月加罚款百分之二。其组织与管理，可由所设官制看出：

都提举市易司，掌提点贸易货物，其上下界及诸州市易务、杂买务、杂卖场皆隶焉。市易上界，掌敛市之不售、货之滞于民用者，乘时贸易，以平百物之直。市易下界，掌飞钱给券，以通边籴。杂买务，掌和市百物，凡宫禁、官府所需，以时供纳。杂卖场，掌受内外币余之物，计直以待出货，或准折支用。③

市易之法，听人赊贷县官财货，以田宅或金帛为抵当，出息十分之二，过期不输，息外每月更加罚钱百分之二。④

市易之法，起于周之司市，汉之平准。今以百万缗之钱，权物之轻重，以通商而赏之，令民以岁入数万缗息。……市易之法成，则货贿通流，而国用饶矣。⑤

① 李心传：《建炎以来系年要录》卷一百四。
② 《庆元条法事类》卷二十八，《榷货总类·名例敕》。
③ 《宋史》卷一百六十五，《职官志五·太府寺》。
④ 《宋史》卷三百二十七，《王安石传》。
⑤ 王安石：《临川先生文集》卷四十一，《上五事札子》。

市易务在太平坊，隶都提举司，召人抵当借钱出息，乘时贸易，以通货财。监官之员，文武使臣充。[①]

市易法建置沿革及其经营情况，《宋史·食货志》记之颇详：

市易之设，本汉平准，将以制物之低昂而均通之。其弊也，以官府作贾区，公取牙侩之利，而民不胜其烦矣。熙宁三年（公元一〇七〇年），保平军节度推官王韶倡为缘边市易之说，丐假官钱为本。诏秦凤[30]路经略司以川交子物货给之，因命韶为本路帅司干[31]当兼领市易事。时欲移司于古渭城，李若愚等以为多聚货以启戎心，又妨秦州小马、大马私贸易，不可。文彦博、曾公亮、冯京皆难之，韩绛亦以去秦州为非，唯王安石曰："古渭置市易利害，臣虽不敢断，然如若愚奏，必充可虑。"七月，诏转运司详度，复问陈升之。升之谓古渭极边，恐启群羌[32]觊觎心。安石乃言："今蕃户富者，往往蓄缯钱二三十万，彼尚不畏劫夺，岂朝廷威灵，乃至衰弱如此？今欲连生羌，则形势欲张，应接欲近。古渭边寨，便于应接，商旅并集，居者愈多，因建为军，增兵马，择人守之，则形势张矣。且蕃部得与官市，边民无复逋负，足以怀来其心，因收其赢以助军费，更辟荒土，异日可以聚兵。"时王安石为政，汲汲焉以财利兵革为先，其市易之说，已见于熙宁二年（公元一〇六九年）建议立均输平准法之时，故王韶首迎合其意，而安石力主之，虽以李若愚、陈升之、韩绛诸人之议，而卒不可回。五年（公元一〇七二年），遂诏出内帑钱帛，置市易务于京师。先是，有魏继宗者，自称草泽，上言："京师百货无常价，贵贱相倾，富能夺，贫能与，乃可以为天下。今富人大姓，乘民之亟，牟利数倍，财既偏聚，国用亦屈。请假榷货务钱，置常平市易司，择通财之官任其责，求良贾为之转易，使审知市物之价，贱则增价市之，贵则损价鬻之，因收余息，以给公上。"于是中书奏在京置市易务官。凡货之可市及滞于民而不售者，平其价市之，愿以易官物者听。若欲市于官，则度其抵而贷之钱，责期使偿，半岁输息十一，及岁倍之。凡诸司配率，并

① 《宋会要辑稿》，《食货五五之三一》。

仰给焉。以吕嘉问为提举，赐内库钱百万缗、京东路钱八十七万缗
为本。三司请立市易条，有"兼并之家，较固取利，有害新法，本
务觉察，三司按治"之文，帝削去之。七月，以榷货务为西务下界，
市易务为东务上界，以在京税院、杂买务、杂卖场隶焉。又赐钱帛
五十万，于镇洮军置司。市易极苛细，道路怨谤者籍之，上以谕安
石，请宣示事实，帝以鬻冰、市梳朴等数事语之，安石皆辩解。后
帝复言："市易鬻果太烦碎，罢之如何？"安石谓："立法当论有害
于人与否，不当以烦碎废也。"自是诸州上供芦席、黄芦之类六十
色，悉令计直，从民愿鬻者市之以给用。①

　　神宗熙宁三年（公元一○七○年）二月十一日，同管勾秦凤路
经略使机宜文字王韶言：沿边州郡，惟秦凤一路与西蕃诸国连接，
蕃中物货四流，而归于我者岁不知几百千万，而商旅之利尽归民间，
欲于本路置市易司，借官钱为本，稍笼商贾之利，即一岁之入亦不
下一二千万贯。诏令将本司见管西川交子差人往彼转易物货，赴沿
边置场与西蕃市易，如合选差官，与王韶同共管勾，及应有经画事
件，仰转运司从长相度施行，仍件析以闻。②

　　从上引两条记载来看，王安石的市易法是汉桑弘羊平准法的再版，是整
个禁榷制度的一个组成部分。桑弘羊推行这个政策的目的，是为了给汉武帝
筹措讨伐匈奴的军费，所谓因"用度不足，故兴盐铁，设酒榷，置均输，蕃
货长财，以佐助边费"③，不惜将一切有利的工商业经营都网罗在政府之手，
不许私人染指；同样，王安石也是抱着富国强兵的目的，即"安石为政，汲
汲以财利兵革[33]为先"，遂完全接受了桑弘羊行之有效的平准之策，"不惜以
官府为贾区，公取牙侩之利"，实行的结果，在财政上也取得了很大成功，仅
秦凤一路，一岁之入即不下一二千万贯。但是财政上的巨大成功，正是经济
上的巨大失败，特别是对于正在发展之中的商品经济，是一股强大的扼杀力
量，它阻塞了商品经济自由发展的道路，窒息了商品经济滋长发育的生机，
使早已萌芽了的资本主义经济因素为之停滞萎缩。本来在以自然经济为基础
的封建社会中，商品经济的发展是带动整个社会经济发展的主要动力，扼杀

① 《宋史》卷一百八十六，《食货志下八·市易》
② 《宋会要辑稿》，《食货五五之三一》。
③ 《盐铁论·本议》。

了商品经济的发展，也就扼杀了整个社会经济发展的动力，所以从这个角度来看，桑弘羊实是妨碍社会经济发展的千古罪人，同时期的司马迁对于这种违背经济规律的经济政策深恶痛绝，他不给桑弘羊立传是很有识见的。王安石实行市易法的结果，亦立竿见影地产生有害结果，这由宋神宗与王安石之间的反复辩论可以略知其底蕴：

〔熙宁五年（公元一○七二年）闰七月丙辰〕先是，上批付王安石，闻市易买卖极苛细，市人籍籍怨谤，以为官司浸淫，尽收天下之货，自作经营，可指挥令只依魏继宗元臂画施行。于是安石留身白上曰：陛下所闻，必有事实，乞宣示。上曰：闻榷货卖冰，致民卖雪都不售。安石曰：卖冰乃四园苑，非市易务。上曰：又闻卖梳朴即梳朴贵，卖脂麻即脂麻贵。安石曰：今年西京及南京等处水脂麻不熟，自当贵，岂可责市易司？若买即致物贵，即诸物当尽贵，何故脂麻独贵？卖梳朴者为兼并所抑，久留京师，乃至经待漏乞指挥，臣谕令自经市易务，此事非中所管。寻闻吕嘉问才买梳朴，兼并即欲依新法占买，嘉问乃悉俵与近下梳铺，此所以通利商贾，抑兼并，榷估市井，元立法意政为此，不知更有何事。……安石曰：今兼并把持条贯，伺市易之隙者甚众，若违法抑勒，百姓岂肯己。……安石曰：今为天下立法，固有不便之者，陛下初欲更法度，先措置宗室条贯，非但宗室所不便，前后两省内臣以至大宗正司管勾所公人并官媒之类皆失职；既而修仓法，即自来说纲行赇之人又皆失职；既而修左藏内藏库法，即说纲行赇之人又皆失职……既而又修三班审官东西院流内铨法，即自来书铺计会差遣行赇之人又皆失职，今修市易法，即兼并之家以至自来开店停客之人并牙人又皆失职。兼并之家如茶一行，自来有十余户，若客人将茶到京，即先馈献设燕，乞为定价，此十余户所买茶更不敢取利，但得为定高价，即于下户倍取利以偿其费。今立市易法，即此十余户与下户买卖均一，此十余户所以不便新法，造谤议也。臣昨但见取得茶行人状如此，余行户盖皆如此，然问茶税，两月以来倍增，即商旅获利可知。……①

---

① 李焘：《续资治通鉴长编》卷二百三十六。

王安石虽多方辩解，但由官家垄断商业，一切经营尽网罗在官家之手，必然会造成商贾不行，民间商业陷于停顿，种种弊端，实无可避免：

> 今吕嘉问提举市易，乃差官于四方买物货，禁客旅，须俟官中买足，方得交易，以息钱多寡，为官吏殿最，故官吏牙人惟恐衰之不尽，而取息不夥，则是官中自为兼并，殊非置市易之本意也。①
>
> 〔熙宁七年（公元一〇七四年）三月〕先是帝出手诏付布，谓市易司市物，颇害小民之业，众言喧哗。布乃引监市易务魏继宗之言，以为吕嘉问多取息以干赏，商旅所有者尽收，市肆所无者必索，率贱市贵鬻，广裒赢余，是挟官府为兼并也。……帝寻复以手札赐布，令求对，布即上行人所诉，……且言："臣自立朝以来，每闻德音，未尝不欲以王道治天下，今市易之为虐，凛凛乎间架、除陌之事矣。……臣以谓如此政事，书之简牍，不独唐虞三代所无，历观秦汉以来衰乱之世，恐未之有也。"……既而中书奏事已，帝论及市易，且曰："朝廷设此，本欲为平准之法以便民，今正尔相反，使中下之民失业若此，宜修补其法。"②

官营商业的第三种方式是均输法，是照抄桑弘羊的办法，令发运之职灵活掌握运送上供之物，可以根据各地物价低昂，皆得徙贵就贱，用近易远，不一定固定输送原物，也可以预知在京仓库所当有而现已缺者，得以便宜蓄买。其具体经营方式大致如下：

> 均输法者，以发运之职改为均输，假以钱货，凡上供之物，皆得徙贵就贱，用近易远，预知在京仓库所当办者，得以便宜蓄买。③
>
> 〔熙宁二年（公元一〇六九年）七月〕十七日，从制置三司条例司言：立淮、浙、江、湖六路均输法，令薛问领之。十七日，制置三司条例司言：……窃观先王之法，自王畿之内，赋入精粗以百里为之差，而畿外邦国各以其所有为贡，又为通财移用之法以懋迁

---

① 魏泰：《东轩笔录》卷四。
② 《宋史》卷一百八十六，《食货志下八》。
③ 《宋史》卷三百二十七，《王安石传》。

之。其治市之货贿，则亡者使有，害者使亡，市之不售，货之滞于民用，则吏为敛之，以待不时而买者，凡此非专利也，盖聚天下之人而治之，则不可以无财，理天下之财，则不可以无义。夫以义理天下之财，则转输之劳逸不可以不均，用度之多寡不可以不通，货贿之有亡不可以不制，而轻重敛散之不可以无术也。今天下财用窘急无余，典领之官拘于弊法，内外不以相知，盈虚不以相补。诸路上供，岁有定额，丰年便道可以多致，而不敢取赢，年检物贵，艰于供亿，而不敢不足，远方有倍蓰之输，中都有半价之雠，三司发运使按簿书、促期会而已，无所可否增损于其间。至遇军国郊祀之大费，则遣使划刷，殆无留藏，诸路之财，平时往往巧为优匿，不敢实言，以备缓急。又忧年计之不足，则多为支移折变以取之，民纳租税数至或倍其本数，而朝廷百用之物，多求于不产，责于非时，富商大贾，因得乘公私之急，以擅轻重散敛之权。臣等以为发运使实总六路之赋入，而其职以制置茶盐酒税为事，军储国用，多所仰给，宜假以钱贷，继其用之不给，使周知六路财赋之有无而移用之，凡籴买税敛上供之物，昏得徙贵就贱，用近易远，令预知在京库藏年支见在之定数，所当供办者，得以从便变易蓄买，以待上令，稍收轻重敛散之权，归之公上，而制其有亡，以便转输，省劳费，去重敛，宽农民，庶几国可足用，民财不匮矣。①

均输法也是禁榷制度的一个组成部分，名义上只是在向中央输送上供物资时，可以徙贵就贱，用近易远，事实上则是由官家经营商业，进行买贱鬻贵的普通商业活动，直接与民间商贾争利，其对商业的损害作用与市易法不相上下，故臣僚们纷纷上书，加以抨击。这里仅引苏轼的《上皇帝书》中的一段：

　　昔汉武之世，财力匮竭，用贾人桑弘羊之说，买贱卖贵，谓之均输。于时商贾不行，盗贼滋炽，几至于乱。孝昭既立，学者争排其说，霍光顺民所欲，从而予之，天下归心，遂以无事。不意今者此论复兴。立法之初，其说尚浅，徒言徙贵就贱，用近易远，然而

---

① 《宋会要辑稿》，《职官五之二——三》。

广置官属，多出缗钱，豪商大贾，皆疑而不敢动，以为虽不明言贩卖，然既已许之变易，变易既行，而不与商贾争利，未之闻也。夫商贾之事，曲折难行，其买也，先期而与钱，其卖也，后期而取直，多方相济，委曲相通，倍称之息，由此而得。今官买是物，必先设官置吏，簿书廪禄，为费已厚，非良不售，非贿不行，是以官买之价，比民必贵，及其卖也，弊复如前，商贾之利，何缘而得？朝廷不知虑此，乃捐五百万缗以予之，此钱一出，恐不可复纵，使其间薄有所获，而征商之额，所损必多。……①

这是说官营商业既破坏了民间正常的商业经营，而官家也因费用浩大，得不偿失，故完全是有弊无利。

第二节　对外和对沿边少数民族地区的贸易

（一）对外贸易概况

宋代的对外贸易非常发达，在唐代的基础上又向深度和广度大大前进了一步，南宋又超过了北宋，成为对外贸易历史上的鼎盛时期。由于海上运输能力巨大，贸易量激增，从而改变了过去那种传奇式的远程商业贩运，即通过丝绸之路、经历艰难险阻、靠人背马驮而贩运小量单位价值极高而体积轻便的珍奇宝货等奢侈品，而变为在海上大量贩运人生日用品和原料品，其中虽仍有少数所谓"细色"，即各种珍宝，但绝大部分还是药材、布匹、贵重木材、染料、铜、铅、锡、鍮石、硫黄等，这就是说贸易的性质已经发生了根本变化。我们知道在十六世纪地理大发现以后发生了所谓商业革命，其主要就是指由陆上的小量运输变为海上的大量运输，从而改变了商品构成，使商业变为供应广大市场的大量销售的商业，只有在商业发生了这样的革命性变化之后，才能成为工业革命的历史前提。宋代的对外贸易正在发生着这种性质的变化——改变长期以来以赚取高额利润率为目的的小量奢侈品贩运而为大规模经营商业。但有一点与欧洲不同：欧洲在地理大发现后蓬勃发展起来的海上商业是自由贸易，是引向资本主义的一个直接前提，结果商业革命

---

①　苏轼：《东坡全集》卷二十五，《上神宗皇帝书》。

的开展为工业革命开辟了前进的道路。宋代的对外贸易则完全由国家垄断，成为禁榷制度的一个重要组成部分，所有进出口贸易都由政府设专官管制，输入的商品除由政府直接征收（抽解）一部分外，其余则由政府统购统销，即首先由政府全部收买，除将其中的某些商品完全或部分留用外，余则由政府增价公开出售，成为财政收入的一个重要来源，故政府对之极为重视，采取种种必要措施，广为招徕蕃商，力图贸易能不断发展。

这样的贸易本始于唐，开元间设市舶使，其目的是为了给皇帝搜罗珍宝，故以宦官为使。宋改市舶使为市舶司，专管对外贸易，为政府的正式官制，以知州为使，通判为判官，隶属转运使。宋初在广州置司，不久又在明州、杭州置司，故有三司之称。后来随着贸易的不断发展和外商蕃舶来者日多，又先后在泉州、温州、秀州、江阴、密州、镇江置司，并一度在澉浦接待蕃舶入口。由于对外贸易是在市舶司控制下进行的，可简称之为市舶贸易。《宋史·食货志》和《宋会要辑稿》均略述其梗概：

> 〔开宝〕四年（公元九七一年），置市舶司于广州，后又于杭、明州置司。凡大食、古逻、阇婆、占城、勃泥、麻逸、三佛齐诸蕃并通货易，以金、银、缗钱、杂色帛、瓷器市香、药、犀、象、珊瑚、琥珀、珠琲、镔铁、鼍皮、玳瑁、玛瑙、车渠、水精、蕃布、乌樠、苏木等物。太宗时，置榷署于京师，诏诸蕃香药宝货至广州、交阯、两浙、泉州，非出官库者，无得私相贸易。其后乃诏："自今惟珠、贝、玳瑁、犀、象、镔铁、鼍皮、珊瑚、玛瑙、乳香禁榷外，他药官市之余，听市于民。"[①]

> 市舶司掌市易，南蕃诸国物货航舶而至者，初于广州置司，以知州为使，通判为判官及转运使司掌其事，又遣京朝官三班内侍三人专领。之后，又于杭州置司。淳化中，徙置于明州定海县，命监察御史张肃主之。明年，肃上言非便，复于杭州置司。咸平中，又命杭、明州各置司，听蕃客从便，若舶至明州定海县，监官封船答堵送州。凡大食、古逻、阇婆、占城、勃泥、麻逸、三佛齐、宾同胧、沙里亭、丹流眉，并通货易，以金、银、缗钱、铅、锡、杂色帛、精粗瓷器，市易香、药、犀、象、珊瑚、琥珀、珠琲、宾铁、

---

① 《宋史》卷一百八十六，《食货志下八·互市舶法》。

鼍皮、玟瑰、玛瑙、车渠、水晶、蕃布、乌樠、苏木之物。太平兴
国初，京师置榷易院，乃诏：诸蕃国香药宝货至广州、交阯、泉州、
两浙，非出于官库者，不得私相市易。后又诏：民间药石之具，恐
或致阙，自今惟珠、贝、玟瑰、犀、牙、宾铁、鼍皮、珊瑚、玛瑙、
乳香禁榷外，他药官市之余，听市货于民。其后，二州知州领使，
如劝农之制，通判兼监，而罢判官之名。……大抵海舶至，十先征
其一，其价值酌蕃货轻重而差给之。①

对进口的香药宝货实行禁榷，政府可获得一大笔收入，岁入最高额达五
十万缗，政府自留的珠宝香药如犀、象、玟瑰、珊瑚、玛瑙、乳香等等尚不
在内，这笔财富不但数量大，而且得之甚易，不增加人民赋税负担，而国用
为之大饶。实行禁榷，最初是由臣僚建议实施的：

太平兴国初……再迁香药库使。岭南平后，交阯岁入贡，通关
市。并海商人遂浮舶贩易外国物，阇婆、三佛齐、渤泥、占城诸国
亦岁至朝贡，由是犀、象、香、药、珍异充溢府库。逊请于京置榷
易署，稍增其价，听商人入金帛市之，恣其贩鬻，岁可获钱五十万
缗，以济经费。太宗允之，一岁中果得三十万缗。自是岁有增羡，
至五十万。②

后又在臣僚的建议下改进收购办法，对进口物资加以区别，官家只收其
良者，余则听商人自卖：

李昌龄……太平兴国三年（公元九七八年）……知广州。广有
海舶之饶……昌龄上言："广州市舶，每岁商舶至，官尽增价买之，
良苦相杂，少利。自今请择其良者，官加价给之，苦者恣[34]其卖，
勿禁。"③

政府接受了这一合理建议，不久便改变办法，缩小禁榷范围，减少禁榷

---

① 《宋会要辑稿》，《职官四四之一》。
② 《宋史》卷二百六十八，《张逊传》。
③ 《宋史》卷二百八十七，《李昌龄传》。

物种类，禁榷物只有八种，其他三十七种为放通行药物，听民间自由贩易：

〔太平兴国〕七年（公元九八二年）闰十二月诏：闻在京及诸州府人民，或少药物食用，今以下项香药，止禁榷广南、漳、泉等州舶船上，不得侵越州府界，紊乱条法，如违，依条断遣。其在京并诸处，即依旧官场出卖，及许人兴贩。凡禁榷物八种：玳瑁、牙、犀、宾铁、鼊皮、珊瑚、玛瑙、乳香。放通行药物三十七种：木香、槟榔、石脂、硫黄、大腹、龙脑、沉香、檀香、丁香、丁香皮、桂、胡椒、阿魏、莳萝、荜澄茄、诃子、破故纸、豆[35]蔻花、白豆蔻、鹏沙、紫矿、胡芦芭、芦会、荜拨、益智子、海桐皮、缩沙、高良姜、草豆蔻、桂心苗、没药、煎香、安息香、黄熟香、乌樠木、降真香、琥珀。后紫矿亦禁榷。①

对三十七种进口货虽放宽禁榷，允许民间自由贩易，但对禁榷物则申严其禁，敢私与蕃客货易，则以严刑峻法加以制裁：

太宗太平兴国元年（公元九七六年）五月诏：敢与蕃客货易，计其直满一百文以上，量科其罪，过十五千以上，黥面配海岛，过此数者，押送赴阙。妇人犯者，配充针工。淳化五年（公元九九四年）二月，又申其禁，四贯以上徒一年，递加二十贯以上，黥面配本地充役兵。②

自各种珍奇宝货已由海舶大量进口，可以充分满足需要后，在国内搜寻珠宝已完全不必要，太宗雍熙初遂废止岭南诸州采珠场，所需珍珠完全仰赖舶来：

〔雍熙元年（公元九八四年）十二月〕丁亥，废岭南诸州采珠场，自是唯商船互市及受海外之贡。③

---

① 《宋会要辑稿》，《职官四四之二》。
② 《宋会要辑稿》，《职官四四之一》。
③ 李焘：《续资治通鉴长编》卷二十五。

市舶之入已成为政府的一个重要财源，政府遂锐意经营，神宗熙宁中，又计划于泉州置司：

熙宁五年（公元一〇七二年），诏发运使薛向曰："东南之利，舶商居其一。比言者请置司泉州，其创法讲求之"。①

神宗以后，国用浩繁，对市舶贸易仰赖尤切，更加督促主管官吏注意讲求。继起各朝直至南宋一代，关于市舶司建置沿革及各司经营情况，由下引史籍可以考见：

提举市舶司掌蕃货海舶征榷贸易之事，以来远人，通远物。元祐初，诏福建路于泉州置司。大观元年（公元一一〇七年），复置浙、广、福建三路市舶提举官。明年，御史中丞石公弼请以诸路提举市舶归之转运司，不报。建炎初，罢闽、浙市舶司归转运司，未几复置。绍兴二十九年（公元一一五九年），臣僚言："福建、广南各置务于一州，两浙市舶乃分建于五所。"乾道初，臣僚又言：两浙提举市舶一司抽解搔扰之弊，且言福建、广南皆有市舶，物资浩瀚，置官提举实宜，惟两浙冗蠹可罢。从之。仍委逐处知州、通判、知县、监官同检视，而转运司总之。②

市舶司者，祖宗时有之未广也。神宗时，始分闽、广、浙三路，各置提举官一员，本钱无虑千万缗，海货上供者山积。宣和后，悉归应奉。建炎初，李伯纪为相，省其事，归转运司，明年夏，复闽、浙二司，赐度牒直三十万缗，为博易本。四年（公元一一三〇年）春，复置广司。绍兴三年（公元一一三三年）秋，废闽司，寻并广、浙，提举官皆罢，已而闽、广复置。六年（公元一一三六年）冬，福建市舶司言，自建炎二年（公元一一二八年）至绍兴四年（公元一一三四年），收息钱九十八万缗，诏官其纲首。十四年（公元一一四四年），命蕃商之以香药至者，十取其四。十七年（公元一一四七年），诏于沉香、豆蔻、龙脑之属号细香药者，十取其一。

① 《宋史》卷一百八十六，《食货志下八·互市舶法》。
② 《宋史》卷一百六十七，《职官志七》。

至绍兴末，两舶司抽分及和买，岁得息钱二百万缗，隶版曹。然所谓乳香者，户部当以分数下诸路鬻之。郴州当湖湘穷处，程限颇急，宜章吏黄谷、射士李金数以此事受笞，不堪命。乾道元年（公元一一六五年）春，因啸聚峒民作乱，遂诏桂阳军，上命刘恭甫为帅，调鄂州兵讨平之。盖利之所在，害亦从此生，此可为理财者之戒。①

诸路市舶司屡被持不同政见者所罢废，但罢后收入顿减，市井萧条，遂又不得不复置，下引一例，可说明其事：

〔建炎二年（公元一一二八年）五月〕丁未，复置两浙、福建路提举市舶司，赐度牒直三十万缗为博易本。以尚书省言，市舶公私兼利，非取于民，自并归漕司，亏失数多，市井萧索，土人以并废为不便，故有是旨，其后遂并广西复之。②

南宋时，市舶之利占了财政收入的一个很大比重，故政府对之仰赖甚殷，君臣上下交赞市舶的重要性，认为是富国裕民的有效途径。从下引的几则言论中，可以看出朝廷对市舶的重视：

窃以州郡之富，全赖商贾，其什一之税则有益于公上，阜通之货则惠养于民庶，利固不一也。方今驻跸之所，宜招来此徒，少裨财用赡军之费。窃见广、泉二州市舶司南商充牣，每州一岁不下三五百万计，若令两州除纻麻、吉贝等粗色物货，许依旧抽解外，应细色权移就临安府抽解，候事定日依旧，庶得上供物货既皆真的，又免起发脚夫之用，是易十五之蠹耗为十全于行在也。加以四方商旅悉来奔辏，则投回二税，并在城下，茶盐钞法，当倍售于昔时，舶舡闻之，亦不必忻欢承命，以就利源，比之负担竭蹶，犹且趋向，况许以全船竭货而来哉。③

〔绍兴七年（公元一一三七年）〕闰十月三日，上曰："市舶之利最厚，若措置合宜，所得动以百万计，岂不胜取之于民？朕所以

---

① 李心传：《建炎以来朝野杂记》甲集卷十五，《市舶司本息》。
② 李心传：《建炎以来系年要录》卷十五。
③ 曹勋：《松隐文集》卷二十三，《上皇帝书十四事》。

留意于此，庶几可以少宽民力尔。"先是，诏令知广州连南夫条具市舶之弊，南夫奏至，其一项：市舶司全借[36]蕃商来往贸易，而大商蒲亚里者，既至广州，有右武大夫曾纳利其财，以妹嫁之，亚里因留不归。上今委南夫劝诱亚里归国，往来干运蕃货，故圣谕及之。①

〔绍兴十年（公元一一四〇年）夏四月〕丁卯，上谕大臣曰："广南市舶，利入甚厚，提举官宜得人而久任，庶蕃商肯来，动得百十万缗，皆宽民力也。"②

正由于市舶之利关系着国计民生，故朝廷对各市舶司的经营管理和有无措置不当之处，均密切注视，勤加督察，一发现问题，就迅速加以纠正，例如：

〔绍兴十六年（公元一一四六年）〕九月二十五日，宰执进呈广南市舶司缴进三佛齐国王寄市舶官书，且言近年商贩乳香颇有亏损。上曰："市舶之利，颇助国用，宜循旧法，以招徕远人，阜通货贿。"于是降右朝散大夫提举福建路常平茶事袁复一一官[37]，以前任广南市舶亏损蕃商物价，故有是命。十七年（公元一一四七年）十一月四日诏：三路市舶司，今后蕃商贩到龙脑、沉香、丁香、白豆蔻四色，并依旧抽解一分，余数依旧法施行。先是，绍兴十四年（公元一一四四年），一时措置抽解四分，以市舶司言蕃商陈诉，抽解太重，故降是旨。③

朝廷对来华贸易的蕃商，不仅十分欢迎，而且百般关照，给予种种优待，一入国境，朝廷即遣中使赐宴以劳之，对其回收买到诸色物货则给以免税的优待，蕃舶于到达某一口岸后，如欲转往他口，即由舶司给券，任其转口，如蕃商因种种原因来者不多，朝廷即遣使臣分往海南诸国邀其前来，诸如此类的情况，简述如下：

（1）设宴招待：

---

① 《宋会要辑稿》，《职官四四之二〇》；《建炎以来系年要录》卷一百十六。
② 《皇宋中兴两朝圣政》卷二十六，《广南市舶之利》。
③ 《宋会要辑稿》，《职官四四之二四》。

〔真宗朝〕知广州。……海舶久不至，使招来之，明年，至者倍其初，珍货大集，朝廷遣中使赐宴以劳之。是岁东封，亮敦谕大食、陀婆离、蒲含沙贡方物泰山下。①

〔绍兴〕十四年九月六日，提举福建路市舶楼璹[38]言：臣昨任广南市舶司，每年于十月内，依例支破官钱三百贯文，排办筵宴，系本司提举官同守臣犒设诸国蕃商等。今来福建市舶司，每年止量支钱委市舶监官备办宴设，委是礼意与广南不同，欲乞依广南市舶司体例，每年于遣发蕃舶之际，宴设诸国蕃商，以示朝廷招徕远人之意，从之。②

(2) 派使招徕：

雍熙四年（公元九八七年）五月，遣内侍八人赍敕书金帛，分四纲，各往海南诸蕃国，勾招进奉，博买香、药、犀、牙、真珠、龙脑，每纲赍空名诏书三道，于所至处赐之。③

〔天圣〕六年（公元一〇二八年）七月十六日，诏：广州近年蕃舶罕至，令本州与转运司招诱安存之。④

〔政和〕五年（公元一一一五年）七月八日，礼部奏：福建提举市舶司状：……本司已出给公据，付刘著等收执，前去罗斛、占城国说谕招纳，许令将宝货前来投进外，今然对慕化贡奉诸蕃国人等到来，合用迎接犒设……今措度欲乞诸蕃国贡奉使、副、判官、首领所至州军，乞用妓乐迎送，许乘轿或马至知通或监司客位候相见罢，赴客位上马，其余应干约束事件，并乞依蕃蛮入贡条例施行。……寻下鸿胪寺勘会，据本寺状称，契勘福建路市舶司依崇宁二年（公元一一〇三年）二月六日朝旨，招纳到占城、罗斛二国前来进奉，内占城先累赴阙，系是广州解发，外有罗斛国，自来不曾入贡市舶司，自合依政和令询问其国远近、大小、强弱，与已入贡何国为比，奏本部勘会。……八月十三日诏：提举福建路市舶施述

---

① 《宋史》卷二百九十八，《马亮传》。
② 《宋会要辑稿》，《职官四四之二四》。
③ 《宋会要辑稿》，《职官四四之二》。
④ 《宋会要辑稿》，《职官四四之四》。

与转一官，以招诱抽买宝货增美也。①

(3) 保护蕃舶：

元符二年（公元一〇九九年）五月十二日，户部言：蕃舶为风飘着沿海州界，若损败及舶主不在，官为拯救录物货，许其亲属召保认还，及立防守盗纵诈冒断罪法，从之。②

〔熙宁〕七年（公元一〇七四年）正月一日诏：诸舶船遇风信不便，飘至逐州界，速申所在官司，城下委知州，余委通判或职官与本县令佐，躬亲点检，除不系禁物税讫给付外，其系禁物即封堵，差人押赴随近市舶司勾收抽买。诸泉福缘海州有南蕃海南物货船到，并取公据验认，如已经抽买，有税务给到回引，即许通行。若无照证及买得未经抽买物货，即押赴随近市舶司勘验施行。……七月十八日诏：广东路提举司劾广州市易务勾当公事吕邈，以擅入市舶司构拦蕃商物故也。③

熙宁七年（公元一〇七四年），令舶船遇风至诸州界，亟报所隶，送近地舶司榷赋分买，泉、福濒海舟船未经赋买者，仍赴司勘验。时广州市舶岁亏课二十万缗，或以为市易司扰之，故海商不至，令提举司穷诘以闻。既而市易务吕邈入舶司阑取蕃商物，诏提举司劾之。④

(4) 蕃商回买货物减税：

天禧元年（公元一〇一七年）六月，三司言：大食国蕃客麻思利等回收买到诸物色，乞免缘路商税。今看详麻思利等将博买到真珠等，合经明州市舶司抽解外，赴阙进卖，今却作进奉名目，直来上京，其缘路商税，不合放免。诏特蠲其半。⑤

---

① 《宋会要辑稿》，《职官四四之一》。
② 《宋会要辑稿》，《职官四四之八》。
③ 《宋会要辑稿》，《职官四四之五》。
④ 《宋史》卷一百八十六，《食货志下八·互市舶法》。
⑤ 《宋会要辑稿》，《职官四四之三》。

对贩运有功蕃商封官褒赏：

〔绍兴〕六年（公元一一三六年）八月二十三日，提举福建路市舶司上言：大食蕃国蒲啰辛造船一只，般戴乳香，投泉州市舶，计抽解价钱三十万贯，委是勤劳，理当优异。诏蒲啰辛特补承信郎，仍赐公服履笏，仍开谕以朝廷存恤远人，优异推赏之意，候回本国，令说谕蕃商于行般贩乳香前来，如数目增多，依此推恩，余人除犒设外，更与支给银彩。①

〔绍兴〕六年十二月十三日诏：蕃舶纲首蔡景芳，特与补承信郎，以福建路提举市舶司言，景芳招诱贩到物货，自建炎元年（公元一一二七年）至绍兴四年（公元一一三四年），收净利钱九十八万余贯，乞推恩故也。②

朝廷对蕃商和贡使既如此优待，许多投机蕃商遂纷纷冒充贡使，中国历代皇帝向来是欢迎朝贡，一旦能以贡使身份入境，则处处受到国宾待遇，不仅政治地位特殊，而且在经济上也获得种种优惠，其所贡之物不过是一般香药宝货等进口货，而中国皇帝的回赠和赏赐则数倍于贡物之直，而贡使附带贩运的货物则予以免税优待。但多则乱，朝廷亦深知多数是假冒，这原是早已尽人皆知的公开秘密，在西汉时朝廷已明言，"奉献者皆行贾贱人，欲通货市买，以献为名"。宋朝政府亦屡诏有司严加防范，并拒绝接受其贡物，例如：

〔元丰元年（公元一○七八年）二月辛亥〕明州言，得日本国太宰府牒，称附使人孙忠遣僧仲回等进绢二百匹，水银五千两。本州勘会孙忠非所遣使臣，乃泛海商客，而贡奉之礼不循诸国例，乞以此牒报仍乞以所回赐钱物付仲回，从之。③

本部准尚书省札子：据广南市舶司奏：近据大食故临国进奉人使蒲亚里等状申，奉本国蕃首遣赍表章、真珠、犀、牙、乳香、龙

---

① 《宋会要辑稿》，《蕃夷四之九四》。
② 《宋会要辑稿》，《职官四四之一九》。
③ 李焘：《续资治通鉴长编》卷二百八十八。

涎、珊瑚、栀子、玻璃等物，前来进奉。七月十六日，三省枢密院奉圣旨、真珠等物，令市舶司估价回答，其龙涎、珊瑚、栀子、玻璃，津发赴行在，札付本部施行。臣契勘自来舶客利于分受回札，诱致蕃商，冒称蕃长姓名，前来进奉，朝廷止凭人使所持表奏，无从验实。又其所贡，多无用之物，赐答之费，数倍所得。臣窃以谓方朝廷汲汲于自治之时，而又陛下躬履俭素，珍奇之物，亦复何用？所有今来大食故临国进奉，伏望圣慈，令广州谕旨却之，以示圣明不宝远物，以格远人之意，兼免财用之侵蠹，道路之劳费。仍乞自今诸国似此称贡者，并令帅司谕遣，庶几渐省无益之事，取进止。①

〔建炎四年（公元一一三〇年）三月丙午〕宣抚措置使张浚奏：大食国进奉珠玉至熙州。己酉，上谓宰执曰："大观以来，川茶不以博马，惟市珠玉，故武备不修，今若复捐数十万缗，曷无用珠玉，曷[39]若惜财以养战士。"乃诏浚勿受，量赐以答其意。②

〔绍兴二十七年（公元一一五七年）〕十二月甲午，诏广南经略、市舶司察蕃商假托入贡。③

市舶之利究竟达到怎样程度，可由各市舶司的实际收入来略见其概：

天圣以来，象、犀、珠玉、香、药、宝货充牣府库，尝斥其余以易金帛、刍粟，县官用度实有助焉。而首市货数，视淳化则微有所损。皇祐中，总岁入象、犀、珠玉、香、药之类，其数五十三万有余，至治平中，又增十万。④

〔熙宁九年（公元一〇七六年）〕是年，杭、明、广三司市舶，收钱、粮、银、香、药等五十四万一百七十三缗、匹、斤、两、段、条、个、颗、脐、只、粒，支二十三万八千五十六缗、匹、斤、两、段、条、个、颗、脐、只、粒。⑤

---

① 张守：《毗陵集》卷二，《论大食故临国进奉札子》。
② 熊克：《中兴小记》卷八。
③ 《宋史》卷三十一，《高宗本纪八》。
④ 《宋史》卷一百八十六，《食货志下八·互市舶法》。
⑤ 《宋史》卷一百八十六，《食货志下八·互市舶法》。

进入南宋后，市舶贸易更为发达，输入大增：

〔绍兴二十九年（公元一〇五九年）〕九月壬午，上曰：朕尝问阐舶司岁入几何？阐言岁约二百万缗，如此即三路所入不少，皆在常赋之外，宜复取户部收支实数以闻。①

〔绍兴二十有九年九月〕壬午，诏委官详定闽、浙、广三路市舶司条法，用御史台主簿张阐请也。旧蕃商之以香药至者，十取其四。十四年（公元一一四四年），诏旨即贵细者十取其一，十七年（公元一一四七年）十一月，诏丁、蔻、沉香、龙脑皆十分抽一。阐前提举两浙市舶，还朝，为上言，三舶司岁抽及和买，约可得二百万缗。上谓辅臣曰：此皆在常赋之外，未知户部如何收支，可取见实数以闻。②

市舶贸易固为国家增加了不少收入，有裨国用，但是在经济上也产生了严重后果。因为市舶贸易是一种不平衡的贸易，输入多，输出少，出口货远远不足以抵补逆差，而不得不用现款购买。如前述大食蕃国蒲啰辛自造船一只，般载乳香，一次抽解价钱三十万贯，特予加官晋爵，以示奖励，而可能输出的货物则寥寥无几，仅有铅、锡、杂色帛、精粗瓷器数种，实远不足以补偿贸易差额，于是遂不得不输出金、银、缗钱，三者都不是作为货物输出的，而是作为货币支付货款输出的，换言之，这种贸易主要是以现款购买的。金、银、铜钱等硬通货大量外泄，造成了国内金融紧迫，朝廷曾下令禁止蕃商贩易金银，例如孝宗淳熙九年（公元一一八二年）九月乙未曾下诏："禁蕃舶贩易金银，著为令。"③ 但一纸禁令是不能阻止金银外泄的，特别是大量铜钱外泄，在国内造成"钱荒"，致物价飞涨，百业萧条，更直接影响一般人民的生产和生活，成为宋代特别是南宋社会经济的一个极端严重问题，其具体情况当于下文货币章中论述。本来对外贸易的发展，为国内商品生产开拓了海外市场，应成为商品经济迅速发展的一个有力杠杆，但宋代市舶贸易所造成的结果却适得其反，大量的金、银、铜钱的外流，耗尽了国内的资本积累，使本来可作为发展国内商品经济的机能资本，都因购买香药珠宝等无

---

① 熊克：《中兴小纪》卷三十八。
② 李心传：《建炎以来系年要录》卷一百八十三。
③ 《宋史》卷三十五，《孝宗本纪三》。

用之物而滚滚外流了。当时人已洞察到这一点，遂纷纷上书，要求停止这种贸易：

> 南渡，三路舶司岁入固不少，然金银铜铁，海舶飞运，所失良多，而铜钱之泄尤甚。法禁虽严，奸巧愈密，商人贪利而贸迁，黠吏受赇而纵释，其弊卒不可禁。①
>
> 王居安……淳熙十四年（公元一一八七年）举进士……知兴化军。既至……且言："蕃舶多得香、犀、象、翠，崇侈俗，泄铜镪，有损无益，宜遏绝禁止。"皆要务也。②
>
> 〔淳祐〕八年（公元一二四八年），监察御史陈求鲁言："议者谓楮便于运转，故钱废于蛰藏；自称提之屡更，故圜法为无用。急于扶楮者，至喉盗贼以窥人之闺奥，峻刑法以发人之窖藏，然不思患在于钱之荒，而不在于钱之积。夫钱贵则物宜贱，今物与钱俱重，此一世之所共忧也。蕃舶巨艘，形若山岳，乘风驾浪，深入遐陬。贩于中国者皆浮靡无用之异物，而泄于外夷者乃国家富贵之操柄。所得几何，所失者不可胜计矣。……香、药、象、犀之类异物之珍奇可悦者，本无适用之实，服御之间昭示俭德，自上化下，风俗丕变，则漏泄之弊少息矣，此端本澄清之道也。"③

陈求鲁之言，确是一针见血之论，以破坏国内金融稳定为代价，换取大量的香药宝货，确都是"浮靡无用之异物"，"本无适用之实"。特别是统治阶级和一些权豪贵族的大量香料消耗，其侈靡豪华达到令人难以置信的疯狂程度，这里姑举二三例以见一斑：

> 《国朝故事》：乘舆亲祠郊庙，拂翟后，以金盒贮龙脑，内侍捧之，布于黄道，重斋洁也。④
>
> 京师承平时，宗室戚里岁时入禁中，妇女上犊车，皆用二小鬟持香球在旁，而袖中又自持两小香球，车驰过，香烟如云，数里不

① 《宋史》卷一百八十六，《食货志下八·互市舶法》。
② 《宋史》卷四百五，《王居安传》。
③ 《宋史》卷一百八十，《食货志下二·钱币》。
④ 庞元英：《文昌杂录》卷三。

绝，尘土皆香。①

仆见一海贾鬻真龙涎香二钱，云三十万缗可售，鬻时明节皇后许酬以二十万缗不售，遂命开封府验其真赝，吏问何以为别？贾曰：浮于水则鱼集，熏衣则香不竭。果如所言。②

吴开正仲云：渠为从官，与数同列往见蔡京，坐于后阁，京谕女童使焚香，久之不至，坐客皆窃怪之，已而报云香满，蔡使卷帘，则见香气自他室而出，霭若云雾，蒙蒙满坐，几不相睹，而无烟火之烈。既归，衣冠芳馥，数日不歇，非数十两不能如是之浓也。其奢侈大抵如此。③

大量进口的香药宝货不都是由南海蕃商贩运来的，其中的一大部分是中国商人经营的。随着航海技术的进步和造船业的发达，能制造出航海巨舶，中国商人亦纷纷出海前往大食、南海诸岛国以及日本贩易；政府为了增加香药宝货的输入，对中国商人通蕃下海并不限制，但须于沿海市舶司登记，领取执照，并须有本地富户三人担保，不挟带兵器及违禁物品，回航时仍须于启舶州收舶，惟往高丽兴贩者则另有规定。其制如下：

端拱二年（公元九八九年）五月诏：自今商旅出海外蕃国贩易者，须于两浙市舶司陈牒，请官给券以行。违者，没入其宝货。④

元丰二年（公元一○七九年），贾人入高丽，赀及五千缗者，明州籍其名，岁责保给引发船，无引者如盗贩法。先是，禁人私贩，然不能绝，至是，复通中国，故明立是法。⑤

能自备海舶到海外进行大规模贸易的，都是富有赀财的富商大贾，在地方上更是有钱有势的豪门右姓，每每武断乡曲，陵轹官府，下引一段记载即其一例：

---

① 陆游：《老学庵笔记》卷二。
② 张知甫：《张氏可书》。
③ 庄季裕：《鸡肋编》卷下。
④ 《宋会要辑稿》，《职官四四之二》。
⑤ 《宋史》卷一百八十六，《食货志下八·互市舶法》。

苏缄字宜父，泉州晋江人也。举进士，为南海簿。广州领市舶司，每海商至，选官阅实资货，其商首皆州里右姓，至则陵轹官府，以客礼见主者。缄以选往，有大商樊氏入见，遽升阶就榻，缄捕系杖之。樊氏诉于州，州将召缄责以专，决罚，缄曰：主簿虽卑，邑官也，舶商虽富，部民也，部民有罪，而邑官杖之，安得为专？州将慰谕遣之。[1]

从这段故事可知出海兴贩的商人，都是拥有巨大财富的资本所有者，而海外商业的性质也决定了非有巨大资本不能从事这种经营。

元丰七年（公元一〇八四年）二月八日，知明州马玞言：准朝旨募商人于日本国市硫黄五十万斤，乞每十万斤为一纲，募官员管押，从之。[2]

元祐五年（公元一〇九〇年）十一月己丑，刑部言：商贾许由海道往外蕃兴贩，并具入船物货名数，所诣去处，申所在州，仍召本土有物力户三人委保，不夹带兵器，若违禁以堪充造军器物，并不越过所禁地分，州为验实牒送，愿发舶州置簿钞上，仍给公据，听行回日许于合发舶州住舶，公据纳市舶司，即不请公据而擅乘船自海道入界河及往高丽、新罗、登州界者徒二年，五百里编管，往北界者加二等，配一千里，并许人告捕，给船物半价充赏，其余在船人虽非船物主，并杖八十，即不请公据而未行者，徒一年，邻州编管，赏减擅行之半，保人并减犯人三等，从之。[3]

绍圣元年（公元一〇九四年）闰四月二十五日，三省枢密院言：商贾于海道兴贩，并具人船物货名数，所诣处经州投状。往高丽者财本必及三千万贯，船不许过两只，仍限次年回，召本土有物力户三人委保，物货内毋得夹带兵器，从之。[4]

蕃舶来中国通商，所贩皆其本国土特物产，原地成本不高，运到中国后

---

①　王称：《东都事略》卷一百十，《忠义传苏缄》。
②　《宋会要辑稿》，《食货三八之三三》。
③　李焘：《续资治通鉴长编》，卷四百五十一。
④　《宋会要辑稿》，《食货三八之三三》。

都是深受欢迎的珍奇宝货，若干珍异更是价值连城，正由于利润率很高，获利甚丰，故蕃商不惜冒风涛之险，远道前来。但是一入中国后，即全部被官家垄断，不能自由在公开市场上发售，政府把全部输入品不论精粗，一律作为禁榷物资，除按照所订条例抽解若干成之外，余则由政府统购统销，剩下一些政府不欲收的粗货，商人始能自行发卖。政府公开的抽解与和买，已成为商人的沉重负担，而经手官吏的任意侵克，层层敲剥，益使商人不堪忍受，往往使商人无利或少利，甚至赔累，因此造成商舶不来或少来，而舶司收入遂为之大减。朝廷深悉其弊，屡次下诏纠正，严禁额外抽解，对贪污官吏亦严立法禁，而贪婪之手并不因之少敛，仍然是百般敲剥，抽解则额外多抽，和买实不给一钱，以致珍珠、玛瑙、象齿、通犀、翠羽、沉脑诸香，太半落入舶司官吏之手，以之媚权贵、饰妻妾，而蕃商之赔累泣诉不顾也。蕃舶只有一去不返，商务遂为之一落千丈，使舶司形同虚设。故官吏的残酷剥削，成为妨碍对外贸易正常发展的一个严重障碍。当时臣僚为此纷纷上言，朝廷亦屡颁诏旨，故有关记载甚多，这里仅择要举例如下：

> 孝宗隆兴元年（公元一一六三年）十二月十三日，臣僚言：舶船物货已经抽解，不许再行收税，系是旧法，缘近来州郡密令场务勒商人将抽解余物重税，却致冒法透漏，所失倍多，宜行约束，庶官私无亏，兴贩益广。户部看详，在法应抽解物，不出州界货卖，更行收税者，以违制论，不以去官赦降原减。欲下广州、福建、两浙运司并市舶司，钤束所属州县场务，遵守见行条法指挥施行，从之。①

> 隆兴二年（公元一一六四年），臣僚言："熙宁初，立市舶以通物货，旧法抽解有定数，而取之不苛，输税宽其期而使之待价，怀远之意实寓焉。迩来抽解既多，又迫使之输，致货滞而价减，择其良者，如犀角、象齿十分抽二，又博买四分；珠十分抽一，又博买六分。舶户惧抽买数多，止买粗色杂货。若象齿、珠、犀比他货至重，乞十分抽一，更不博买。"②

> 〔开禧〕三年（公元一二〇七年）正月七日，前知南雄州聂周

---

① 《宋会要辑稿》，《职官四四之二六》。
② 《宋史》卷一百八十六，《食货志下八·互市舶法》。

臣言：泉、广各置舶司以通蕃商，比年蕃船抵岸，既有抽解，合许从便货卖，今所隶官司，择其精者，售以低价，诸司官属复相嘱托，名曰和买。获利既薄，怨望愈深，所以比年蕃船颇疏，征税暗损。乞申饬泉广市舶司，照条抽解和买入官外，其余货物不得毫发拘留，巧作名色，违法抑买，如违，许蕃商越诉，犯者计赃坐罪，仍令比近监司专一觉察，从之。①

提举福建市舶兼泉州。先是，浮海之商，以死易货，至则使者郡太守而下，惟所欲刮取之，命曰和买，实不给一钱，玭珠、象齿、通犀、翠羽、沉脑、薰陆诸珍怪物，太半落官吏手，媚权近，饰妻妾，视[40]以为常，而贾胡之御冤菇苦、抚膺啜泣者弗恤也。以故舶之至者滋少，供贡阙绝，郡赤立不可为。及是，公以选来，余亦代公守郡，相与划硋前弊，罢和买，镯重征，期季至者再倍，二年而三倍矣。②

〔嘉定十二年（公元一二一九年）〕十二月二十三日，臣僚言：泉广舶司日来蕃商浸[41]少，皆缘克剥太过，既已抽分和买，提举监官与州税务又复额外抽解和买，宜其惩创消折，悼于此来。乞严饬泉、广二司及诸州舶务，今后除依条抽分和市外，不得衷私抽买，如或不悛，则以赃论，从之。③

（二）几个重要的贸易港

1. 广州市舶司

广州特殊的地理位置决定了它长期以来一直是古代中国唯一的一个对外通商口岸，凡从海道来中国贸易的商人，都是以广州为其最后的目的地，故蕃舶交凑，商贾云集，一切进口物资主要都是从广州入口。早在秦汉年间，就因其"处近海，多犀、象、毒冒、珠玑、银、铜、果、布之凑，中国往商贾者多取富焉，番禺其一都会也"④。至唐在广州设市舶使，成为中国设置的第一个海关，贸易非常发达，常驻的外国商人为数众多，有关情况参看《中国封建社会经济史》第四卷。历五代至宋，盛况不减，依然是"广南东

---

① 《宋会要辑稿》，《职官四四之三三》。
② 真德秀：《真文忠公文集》卷四十三，《提举吏杂赵公墓志铭》。
③ 《宋会要辑稿》，《食货三八之二四》。
④ 《汉书》卷二十八下，《地理志》。

路：……有犀、象、玳瑁、珠玑、银、铜、果、布之产……岁有海舶贸易，商贾交凑"①。故宋于建国之初，即首先在广州设市舶使，"掌市易南蕃诸国物货航舶而至者"，这是沿袭唐制设置的第一个市舶使：

太祖开宝四年（公元九七一年）六月，命同知广州潘美、尹崇珂并充市舶使，以驾部员外郎通判广州，谢处玭兼市舶判官。②

〔太平兴国〕二年（公元九七七年）正月，命著作佐郎李鹏举充广南市舶使。③

设市舶使的目的是为了对进口的香药宝货实行禁榷，其禁榷办法如下：

淳化二年（公元九九一年）四月，诏：广州市舶每岁商人舶船，官尽增常价买之，良苦相杂，官益少利。自今除禁榷货外，他货择良者止市其半，如时价给之。粗恶者，恣其卖，勿禁。④

淳化二年，诏广州市舶，除榷货外，他货之良者止市其半。大抵海舶至，十先征其一，价直酌蕃货轻重而差给之，岁约获五十余万斤、条、株、颗。⑤

要保证禁榷制度的顺利进行，就必须严禁私人贩鬻外货，尤严禁文武官僚私遣亲信以走私方式进行地下买卖，如市舶司监官及知州通判等私买蕃商杂货及违禁物品，则性属监守自盗，一经查获，即重置于法：

至道元年（公元九九五年）三月，诏广州市舶司曰：朝廷绥抚远俗，禁止末游。比来食禄之家，不许与民争利。如官吏罔顾宪章，苟徇货财，潜通交易，阑出徼外，私市掌握之珍，公行道中；靡虞蕙茞之谤，永言贪冒，深纛彝伦。自今宜令诸路转运司指挥部内州县，专切纠察，内外文武官僚，敢遣亲信于化外贩鬻者，所在以姓

① 《宋史》卷九十，《地理志六》。
② 《宋会要辑稿》，《职官四四之一》。
③ 《宋会要辑稿》，《职官四四之二》。
④ 《宋会要辑稿》，《职官四四之二》。
⑤ 《宋史》卷一百八十六，《食货志下八·互市舶法》。

名闻。四月,令金部员外郎王瀚[42]与内侍杨守斌往两浙相度海舶路。六月,诏市舶司监官及知州通判等,今后不得收买蕃商杂货及违禁物色,如违当重置之法。先是,南海官员及经过使臣,多请托市舶官,如传语蕃长,所买香药,多亏价直。至是,左正言冯拯奏其事,故有是诏。九月,王瀚等使还,帝谕以言事者称,海商多由私路经贩,可令禁之。瀚等言,取私路贩海者不过小商,以鱼干为货。其大商自苏、杭取海路,顺风至淮楚间,物货既丰,收税复数倍,若设法禁小商,则大商亦不行矣。从之。①

若干进口货物的价值,由朝廷直接控制,其有订价不平者,即予纠正:

> 大中祥符二年(公元一〇〇九年)八月九日诏:杭、广、明州市舶司,自今蕃商赍鍮召至者,官为收市,斤给钱五百,以初立禁科也。时三司定直斤钱二百,诏特增其数。②

为了维持广州商务的繁荣及便于集中管理,朝廷反对将蕃商来舶分散于广西互市,以防止地方官借置市舶为名,从中渔利,如:

> 〔大中祥符五年(公元一〇一二年)六月〕甲子,广南西路转运使言,交州李公蕴乞发人船,直趋邕州互市。上曰:濒海之民,常惧交州侵扰,承前止令互市于广州及如洪镇,盖海隅有控扼之所,今若直趋内地,事颇非便,宜令本司,谨守旧制。③

至神宗元丰中,广州市舶司已修订条例,宜选官推行,朝廷遂正式选派朝官为广州、两浙、福建等市舶使,罢帅臣兼领:

> 〔元丰〕三年(公元一〇八〇年),中书言,广州市舶已修定条约,宜选官推行。
> 诏广东以转运使孙回、广西以陈倩、两浙以副使周直孺、福建

---

① 《宋会要辑稿》,《职官四四之二》。
② 《宋会要辑稿》,《职官四四之三》。
③ 李焘:《续资治通鉴长编》卷七十八。

以判官王子京，罢广东帅臣兼领。①

在蕃舶进口货物中，本有大量所谓"细色"，主要是犀角、象牙、珍珠、玳瑁、珊瑚、玛瑙、车渠、水晶、乳香、沉香、龙脑等等贵重物品，市舶于尽量抽解、和买之后，即派遣专差，押送京师，足够享用。但宋徽宗是一个侈靡无度，浪费惊人，而又不理国事的昏聩之主，对照例进奉的大量珍宝犹不餍足，又特诏广南市舶司岁贡珍珠、犀角，象齿等：

> 〔政和四年（公元一一一四年）十二月〕己未，诏广南市舶司岁贡真珠、犀角、象齿。②

关于广州港的船舶进出口与商船入港后市舶司官吏员司的具体措施，可由下引记载略见梗概：

> 广州自小海至凒洲七百里，凒洲有望舶巡检司，谓之一望。稍北又有第二、第三望，过凒洲则沧溟矣。商船去时至凒洲少需以诀，然后解去，谓之放洋。还至凒洲，则相庆贺，寨兵有酒肉之馈，并防护至广州，既至，泊船市舶亭下，五洲巡检司差兵监视，谓之编栏。凡舶至，帅漕与市舶监官苷阅其货而征之，谓之抽解，以十分为率，真珠、龙脑凡细色抽一分，玳瑁、苏木凡粗色抽三分，抽外官市各有差，然后商人得为己物。象牙重及三十斤，并乳香抽外尽官市，盖榷货也。商人有象牙稍大者，必截为三斤以下，规免官市，凡官中价微，又准他货与之，多折阅，故商人病之。舶至未经抽解敢私取物货者，虽一毫皆没其余货，科罪有差，故商人莫敢犯。③

2. 两浙市舶司

两浙是广州之外蕃舶常来贸易的又一重要地区，外商为逃避广州市舶官吏的过度克剥，即直航两浙，收舶于杭州、明州、秀州、温州、江阴军等处，

---

① 《宋史》卷一百八十六，《食货志下八·互市舶法》。
② 《宋史》卷二十一，《徽宗本纪三》。
③ 朱彧：《萍洲可谈》卷二，《抽解》。

而尤以杭州、明州为最多，史称："余杭、四明，通蕃互市，珠贝外国之物，颇充于中藏云。"① 故宋初即首先于明州置市舶司，旋又于杭州置司，与广州并称为三司：

> 淳化中，明州初置市舶司，与蕃客贸易，命知颙往经制之。②
> 真宗咸平二年（公元九九九年）九月，两浙转运使副王渭言：奉敕相度、杭明州市舶司，乞只就杭州一处抽解。诏：杭、明州各置市舶司，仍取蕃官稳便。③

神宗熙宁中臣僚建议取消杭、明州市舶司，只就广州市舶司一处抽解，下三司议，因各州各有利弊，议久不决：

> 〔熙宁九年（公元一〇七六年）五月丁巳〕中书门下言，给事中集贤殿修撰程师孟乞罢杭、明州市舶司，只就广州市舶司一处抽解，欲令师孟赴三司同共详议利害以闻。三司言：今与师孟详议广州、明州市舶利害，先次删定立抽解条约。诏恐逐州有未尽未便事件，令更取索重详定施行。④

至徽宗朝，始决定杭、明州依旧各置司：

> 徽宗崇宁元年（公元一一〇二年）七月十一日，诏：杭州、明州市舶司依旧复置，所有监官、专库、手分等，依逐处旧额。⑤
> 大观元年（公元一一〇七年）三月十七，诏：广南、福建、两浙市舶，依旧复置提举官。⑥

进入南宋后，两浙市舶司仍然是时兴时废。下引一段记载，概述了两浙市舶司在两宋时期的简单沿革：

---

① 《宋史》卷八十八，《地理志四》。
② 《宋史》卷四百六十六，《宦者一·石知颙传》。
③ 《宋会要辑稿》，《职官四四之三》。
④ 李焘：《续资治通鉴长编》卷二百七十五。
⑤ 《宋会要辑稿》，《职官四四之八》。
⑥ 《宋会要辑稿》，《职官四四之九》。

汉扬州、交州之域，东南际海，海外杂围，时候风潮，贾舶交至。唐有市舶使总其征，皇朝因之，置务于浙、于闽、于广。浙务初置杭州，淳化元年（公元九九〇年）徙明州，逾六年复故。咸平二年（公元九九九年），杭、明二州各置务，其后又增置于秀州、温州、江阴军。在浙者凡五务，光宗皇帝嗣服之初，禁贾至澉浦，则杭务废。宁宗皇帝更化之后，禁贾舶泊江阴及温、秀州，则三郡之务又废。凡中国之贾高丽、日本，诸蕃之至中国者，惟庆元得受而遣焉，初以知州为使，通判为判官，既而知州领使如劝农之制，通判兼监，而罢判官之名。元丰三年（公元一〇八〇年），令转运兼提举。大观元年（公元一一〇七年），专置提举官，三年，罢之，领以常平司，而通判主管焉。政和三年（公元一一一三年），再置提举。建炎元年（公元一一二七年），再罢，复归之于转运使。二年复置。乾道三年（公元一一六七年），乃竟罢之，而委知通知县监官同行监视，转运司提督。宝庆三年（公元一二二七年），尚书胡榘守郡，捐币以属通判蔡范，重建市舶务，并置厅事于郡东南之戚家桥。[①]

两浙市舶司之屡兴屡废，是由于商舶不经常前来，有时终年不至，以致所得不多，甚至收入不敷员司薪俸：

〔绍兴十三年（公元一一四三年）五月〕是月，罢两浙市舶司，以言者论两路市舶所得不过一万三千余贯，而一司官吏请给乃过于所收故也。[②]

乾道二年（公元一一六六年）五月十四日……先是，臣僚言：两浙路惟临安府、明州、秀州、温州、江阴军五处有市舶，祖宗旧制，有市舶处知州带兼提举市舶务，通判带主管，知县带监，而逐务又各有监官，市舶置司乃在华亭，近年遇明州舶船到，提举官者带一司公吏留明州数月，名为抽解，其实搔扰，余州瘠薄处，终任不到，可谓素餐。今福建、广南路皆有市舶司，物货浩瀚，置官提

---

① 罗濬：《宝庆四明志》卷六，《市舶》。
② 《皇宋中兴两朝圣政》卷二十九，《罢两浙舶司》。

举，诚所当宜，惟是两浙路置官，委是冗蠹，乞赐废罢，故有是命。①

关于明州市舶司，又有如下记载：

〔乾道〕三年（公元一一六七年）四月三日，姜诜言：明州市舶务，每岁夏汛，高丽、日本外国舶船到来，依例，提举市舶官于四月初亲去检察，抽解金珠等，起发上件，今来拨隶转运司提督，欲选差本司属官一员前去，从之。②

提举市舶衙旧在城中，淳化三年（公元九九二年）四月庚午，移杭州市舶司于明州定海县，以监察御史张肃领之。③

关于华亭市舶司，记载如下：

宣和元年（公元一一一九年）八月四日，又奏：政和三年（公元一一一三年）七月二十四日圣旨，于秀州华亭县兴置市舶务，抽解博买，专置监官一员，后来因青龙江浦堙塞，少有蕃商舶船前来，续承朝旨罢去正官，令本县官兼监。今因开修青龙江浦，通快蕃商舶船，辐凑往泊，虽是知县兼监，其华亭县系繁难去处，欲去依旧置监官一员管干，乞从本司奏辟，从之。④

户部一度欲将华亭市舶司移于通惠镇，两浙路市舶司主张依旧，遇通惠镇有船舶到岸，临时派员前往抽解：

〔建炎四年（公元一一三〇年）〕十月十四日，提举两浙路市舶刘无极言：近准户部符，仰从长相度，将秀州华亭县市舶务移就通惠镇，具经久可行事状，保明申请施行。今相度欲且存华亭县市舶务，却乞令通惠镇税务监官，招邀舶船到岸，即依市舶法就本州抽

---

① 《宋会要辑稿》，《职官四四之二八》。
② 《宋会要辑稿》，《职官四四之二九》。
③ 周淙：《乾道临安志》卷二，《廨舍》。
④ 《宋会要辑稿》，《职官四四之一一一》。

解，每月于市舶务轮差专秤一名，前去主管，候将来见得通惠镇商贾税般剥之劳，往来通快，物货兴盛，即将华亭市舶务移就本镇置立，诏依。①

〔绍兴二年（公元一一三二年）三月〕甲午，诏两浙市舶就秀州华亭县置司。②

关于江阴军市舶司，史云：

〔绍兴〕十五年（公元一一四五年）十二月十八日，诏：江阴军依温州例置市舶务，以见任官一员兼管，从本路提举市舶司请也。③

〔绍兴〕十八年（公元一一四八年）闰八月十七日，诏：明、秀州华亭市舶务监官除正官外，其添差官内许从市舶司每务移差官一员，前去温州、江阴军市舶务专充监官，主管抽买舶货，收支钱物，仍与理为本任，从提举市舶司周奕请也。④

关于镇江平江府暂设市舶司事：

〔政和〕七年（公元一一一七年）七月十八日，提举两浙路市舶张苑奏：欲乞镇江平江府，如有蕃商愿将舶货投卖入官，即令税务监官依市舶法博买，内上供之物依条附纲起发，不堪上供物货，关提刑司选官估卖，从之。⑤

从以上所述可以看出，两浙路是设置市舶司最多的一路，计有杭州、明州、温州、秀州华亭、江阴军、镇江平江府，此外还曾一度在澉浦设置监官，虽未正式设司，亦不断临时就地抽解博买。两浙设司虽多，但蕃舶来者并不多，抽解博买之数皆远不能与广南、福建相比。

---

① 《宋会要辑稿》，《职官四四之一三》。
② 李心传：《建炎以来系年要录》卷五十二。
③ 《宋会要辑稿》，《职官四四之二四》。
④ 《宋会要辑稿》，《职官四四之二五》。
⑤ 《宋会要辑稿》，《职官四四之一〇》。

3. 密州市舶司

在北方沿海州郡设有市舶司的只有密州一处。因密州濒海，不仅是两广、福建、淮浙和海外蕃商汇集之地，而且是内地各路州郡特别是京东西河北诸路商货的主要出海口，故内外商贾辐辏，交易繁夥。海商运来的香药宝货虽一切禁榷，但商贾逐利，巧计百端，透漏走私，十分严重，实有设置舶司，依法抽解博买的必要。地方官上书申述其理由甚详：

〔元丰六年（公元一〇八三年）十一月戊午〕知密州范锷言：辖下板桥镇隶高密县，正居大海之滨，其人烟市井，交易繁夥，商贾所聚，东则二广、福建、淮、浙之人，西则京东、河北三路之众，络绎往来。然海商至者类不过数月，即谋还归，而其物货间有未售，则富家大姓往往乘其急，而以贱价买之，在海商者十止得其四五之直，而富姓乃居积俟时，以邀倍称之利。欲乞于本州置市舶司，于板桥镇置抽解务，笼贾人专利之权以归之公上，其利有六：使商人入粟塞下以佐边费，于本州请香药杂物，与免路税，必有奔走应募者，一也；凡抽买犀角、象牙、乳香及诸宝货，每岁上供者既无道途劳费之役，又无舟行侵盗倾覆之弊，二也；抽解香药杂物，每遇大礼，内可以助京师，外可以助京东河北诸路赏给之费，三也；有余则以时变易，不数月坐有数倍称之息，四也；商旅乐于负贩，往来不绝，则京东河北数路郡县，税额增倍，五也；海道既通，则诸蕃宝货源源而来，每岁上供必数倍于明广二州，六也。有是六利，而官无横费杂集之功，庶可必行而充疑，况本州及四县常平库钱不下数十万缗，乞借为官本，限五年拨还。诏都转运使吴居厚悉意斟酌，条析以闻。居厚言其取予轻重之权，较然可见，于今无不可推行之理，欲稍出钱帛，议其取舍之便，考其赢缩之归，仍上置榷易务，差官吏牙保法，请自七年三月推行。①

〔元祐三年（公元一〇八八年）三月乙丑〕户部状：朝请郎金部员外郎范锷同京东路转运司奏：准朝皆前去京东路计会转运司同共相度密州市舶，保明闻奏。询访得本镇自来广南、福建、淮、浙商旅，乘海船贩到香药诸杂税物，乃至京东、河北、河东等路商客

---

① 李焘：《续资治通鉴长编》卷三百四十一。

般运见钱丝绵绫绢，往来交易，买卖极为繁盛。然海商之来，凡乳香、犀、象、珍宝之物，虽于法一切禁榷，缘小人逐利，梯山航海，巧计百端，必不能无欺隐透漏之弊，积弊既久，而严刑重赏所不能禁者，亦其势然也。故上下议论，皆以为与其禁榷，用幸隐匿，归之于私室，莫若公然设法招诱，俾乐输于官司，则公私两便。试言其略：一者板桥市舶之法，使他日就绪，则海外之物积于府库者，必倍于明、杭二州，何则？明、杭贸易，止于一路，而板桥有西北数路，商贾之交易，其丝绵缣帛又蕃商所欲之货，此南北之所以交驰而奔辐者从可知矣。二者商舶通行，既无冒禁枉陷刑辟之苦，而其赀财亦免有籍没穷悴之忧，非特此也，凡所至郡县，场务课额必大增羡。三省每岁市舶抽买物货，及诸蕃珍宝应上供者，即无数千里道途辇运之费，江淮风水沉溺之虞，其本镇变转有余者，亦可以就使移拨于他路，擘画发泄，或充折支赏给之用，凡此皆利源所出，莫非自然，无所侵扰，实为经久百世之利。今相度板桥镇委堪兴置市舶司。户部勘当，欲依范锷等奏，从之，改板桥镇为胶西县，军额以临海军为名。[①]

〔元祐〕三年三月十八日，密州板桥置市舶司。[②]

4. 泉州市舶司

泉州原来是仅次于广州的一个最大的贸易港，北宋时期就已蕃舶辐辏、商贾云集，史称："泉有蕃舶之饶，杂货山积。"[③] 泉州的地理位置，具有发展对外贸易的充分条件，据当时人称："维闽之泉，近接三吴，远连二广，万骑貔貅，千艘犀象"；"泉距京师五十有四驿，连海外之国三十有六岛，城内画坊八十，生齿无虑五十万"；"绕城植桐，故曰桐城（原注：泉州初筑城日，绕城植刺桐，故谓之桐城）。"[④] 哲宗元祐初，于泉州置市舶司：

哲宗元祐二年（公元一〇八七年）十月六日诏：泉州增置

---

① 李焘：《续资治通鉴长编》卷四百九。
② 《宋会要辑稿》，《职官四四之八》。
③ 《宋史》卷三百三十，《杜纯传》。
④ 王象之：《舆地纪胜》卷一百三十，《福建路泉州》。

市舶。①

南宋初，曾一度令福建市舶司职事改由提举茶盐司兼领，惟司仍设在泉州：

〔绍兴二年（公元一一三二年）九月〕庚辰，诏福建市舶司职事令提举茶盐司兼领，仍移司泉州。②

泉州为距行在较近的一个海港，而政府因财政困难，一切倚办海舶，故奖励招徕，不遗余力，因而泉州的贸易非常发达，来此通商的有五十余国，贸易的数量甚为巨大。宋亡后，泉州的对外贸易仍保持了固有繁荣，元初马可·波罗和稍后的伊本·巴都塔到泉州观光时，都赞叹泉州乃当时世界的最大商港，贸易量要超过亚历山大港或他港一百倍以上。马可·波罗描述刺桐城云：

离福州后，渡一河，在一甚美之地骑行五日，则抵刺桐城，城甚广大，隶属福州。……应知刺桐港即在此城，印度一切船舶运载香料及其他一切贵重货物咸荏此港，是亦为一切蛮子商人常至之港，由是商货宝石珍珠输入之多竟至不可思议，然后由此港转贩蛮子境内。我敢言亚历山大（Alexandrie）或他港运载胡椒一船赴诸基督教国，乃至此刺桐港者，则有船舶百余，所以大汗在此港征收税课，为额极巨。凡输入之商货，包括宝石、珍珠及细货在内，大汗课额十分取一，胡椒值百取四十四，沉香、檀香及其他粗货，值百取五十。③

按《刺木学本》此章叙述较详，兹录其一段，以资参考：

刺桐城港及亭州城：离漳州后先渡一河，然后向东南行五日，

---

①　《宋会要辑稿》，《职官四四之八》。
②　《皇宋中兴两朝圣政》卷十二，《移福建舶司》。
③　冯承钧译：《马可·波罗行纪》，商务印书馆版，中册，第六○九页。

见一美地……臣属大汗而隶漳州。行五日毕，则抵壮丽之城刺桐，此城有一名港在海洋上，乃不少船舶辐凑之所，诸船运载种种货物至此，然后分配于蛮子全境。所卸胡椒甚多，若以亚历山大运赴西方诸国者衡之，则彼数实微乎其微，盖其不及此港百分之一也。此城为世界最大良港之一，商人商货聚积之多，几难信有其事。[①]

亚历山大港是当时世界上著名的大港，其贸易量却仅为泉州港的百分之一，则泉州对外贸易的发达之状于此可见。

（三）输入与输出的商品构成

上文曾指出宋代的对外贸易，系以金、银、缗钱、铅、锡、杂色帛、精粗瓷器，市易香、药、犀、象、珊瑚、琥珀、珠𬘫、宾铁、鼉皮、玳瑁、玛瑙、车渠、水晶、蕃布、乌楠、苏木等物。这只是举例以说明输出入贸易的大概轮廓，至于输出入的具体商品构成，则因史籍记载简略，不得其详。在《宋会要辑稿》一书被发现以前，根本得不到任何详确记载，前人只能就宋代现有的史籍，作上文所列举的那样笼统叙述，明知进出口特别是进口货物的数量极为庞大，种类也十分繁多，但能举出的却寥寥无几，这样，就不足以说明贸易真相。《宋会要辑稿》发现较晚，是在整理故宫博物院藏书时，才于无意中发现的（过去一直被认为是《全唐文》）。《宋会要辑稿》与存世的其他各朝会要不同，书中所录都是政府各机关的原始档案，保持了当时各机关的公文原状。市舶司是政府的一个重要行政部门，各舶司皆定期向朝廷汇报本司经营情况，所报都是各司接纳进口货的全部清单，所有这些原始档案为前辈学者所不及见，兹特酌选一司奏札较完整者录其全文，以资参考：

绍兴十一年（公元一一四一年）十一月，户部言：重行裁定市舶香药名色，仰依合起发名件，须营依限起发，前来所是本处变卖物货，除将自来条格内该载合充循环本钱外，其余遵依已降指挥计置起发施行，不管违戾合赴行在送纳，可以出卖物色，细色：呵子、中笺香、没药、破故纸、丁香、木香、茴香、茯苓、玳瑁、硼砂、荜萝、紫矿、玛瑙、水银、天竺黄末、朱砂、人参、鼉皮、银子、

---

① 冯承钧译：《马可·波罗行纪》，商务印书馆版，中册，第六一〇——六一一页。

下篾香、芹子、铜器、银珠、熟速香、带根丁香、桔梗、泽泻、茯神、金舶、上茴香、中熟速香、玉、乳香、麝香、夹杂金、夹杂银、沉香、上篾香、次篾香、鹿茸、珊瑚、苏合油、牛黄、血蝎、腽肭脐、龙涎香、荜澄茄、安息香、琥珀、雄黄、钟乳石、蔷薇水、芦荟、阿魏、黑笃褥、鳖甲、笃褥香皮、笃褥香、没石子、雌黄、鸡舌香、香螺奄、葫芦芭、翡翠、金颜香、画黄、白豆蔻。龙脑有九等：熟脑、梅花脑、米脑、白苍脑、油脑、赤苍脑、脑泥、鹿速脑、木札脑。粗色：胡椒、檀香、夹篾香、黄蜡、黄熟香、吉贝布、袜面布、香米、缩砂、干姜、逢莪、术生香、断白香、藿香、荜拨、益智、木鳖子、降真香、桂皮、木绵、史君子、肉豆蔻、槟榔、青橘皮、小布、大布、白锡、甘草、荆三棱、碎篾香、防风、蒟酱、次黄熟香、乌里香、苓上香、中黄熟香、冒头香、三赖子、青苎布、下生香、丁香、海桐皮、蕃青班布、下等冒头香、下等五里香、苓牙簟、修割香、中生香、白附子、白熟布、白细布、山桂皮、暂香、带枝檀香、铅土、茴香、乌香、牛齿香、半夏、芎裤布、石碌、紫藤香、官桂、桂花、花藤、粗香、红豆、高良姜、藤黄、黄熟香头、叙藤、黄熟香片、螺头斩锉香、生香片、水藤皮、苍术、红花片藤、瑠琉、水盘头、赤鱼鳔、香缠、小片水盘头、杏仁、红橘皮、二香、大片香、糖霜、天南星、松子、麓小布、大片水盘香、中水盘香、獐脑、青桂香、斧口香、白苎布、鞋面布、丁香皮、草果、生苎布、土檀香、青花蕃布、莚蓉、螺、犀、随风子、绸、丁海母、龟同亚湿香、菩提子、鹿角、蛤蚧、洗银珠、花梨木、瑠璃珠、椰心簟、犀蹄、蕃糖师子、绥枝实。麓重枉费脚乘、宎木、大苏木、小苏木、硫磺、白藤棒、修截香、青桂头香、蕃苏木、苏木、镀铁白藤、麓铁、水藤坯子、大腹、子姜、黄麝香、木跳子、鸡骨香、大腹、檀香皮、把麻倭板、倭枋板、头薄板、板掘短板肩、椰子、长薄板、合簟、火丹子、蛙蚣干、倭合山枝子、白檀木、黄丹、麝、檀木、苎麻、苏木、稍靫、相思子、倭梨木、楛藤子、滑皮、松香、螺壳、连皮大腹、吉贝花布、吉贝纱、琼枝菜砂、黄麓生香、琉黄泥、黄木柱、短小零板、杉枋厚板、松枋、海松板木枋、厚板、令赤藤、厚枋、海松枋、长小零板、板头、松花小螺壳、麓里小布、杉板狭小枋、令团合杂木柱枝条、苏木、水藤蓂、三抄香团、铁脚珠、苏木、脚生羊梗、黄丝火枚煎盘、黑附子、油脑、药犀、青木香、白术、蕃小花狭簟、海南白布单、青蕃棋盘、小布、白芫荽、山茱萸、茅术、五苓脂、黄耆、毛施布、生熟香、石斛、大风油、秦皮、草豆蔻、乌药香、白芷、木兰茸、蕤仁、远志、海螺皮、生姜、黄芩[43]、龙骨草、枕头土、琥珀、冷饼密木、白眼香、裔香、铁熨斗、土锅、豆蔻花、砂鱼皮拍、还脑香、柏皮黄漆、滑石、蔓荆子、金毛狗脊、五加皮、榆甘子、菖蒲、土牛膝、甲香、加路香、石花菜、粗丝蛮头大价香、五倍、细辛、韶脑、旧香、御碌香、大风子、檀香皮、缠香皮、缠末、大食芎仑梅、薰陆香、召亭枝龟头犀香、豆根白脑香、生香片、舶上苏木水、盘头幽香、蕃头布、海南棋盘布、海南青花布、皮单、长木、长倭条短板肩。二十三日臣寮言：广东福建路转运司，遇舶船起发，差本司属官一员，临时点检，仍差不干碍官一员觉察至海口，俟其放洋方得回归，如所委官或纵容般载铜钱并乞显罚以为慢令之戒，诏下刑部立法。刑部立到法诸舶船起发所属先报转运司，差不干碍官一员躬亲点检，不得夹带铜钱出中国界，仍差通判一员复视，候其船放洋方得回归，诸舶船起发所委点检官覆视，官同容纵夹带铜钱出中国界首者，依知情引领停藏负载人法即覆视，官不候其船放洋而辄回者徒一年。从之。①

《宋会要辑稿》之外，有赵汝适的《诸蕃志》详细记载了各种香、药的名称、性能、生产和加工的过程，多不胜举，这里仅举二例，借以看出该书对各种商品的说明：

> 脑子，出渤泥国，又出宾窣国，世谓三佛齐亦有之，非也。但其国据诸蕃来往之要津，遂截断诸国之物，聚于其国，以竣蕃舶贸易耳。脑之树如杉，生于深山穷谷中，经千百年，支干不曾损动，则剩有之，否则脑随气泄。土人入山采脑，须数十为群，以木皮为衣，赍沙糊为粮，分路而去，遇脑树则以斧斫记，至十余株，然后截段均分，各以所得，解作板段，随其板旁横裂而成缝，脑出于缝中，劈而取之，其成片者谓之梅花脑，以状似梅花也，次谓之金脚

---

① 《宋会要辑稿》，《职官四四之二一——二三》。

脑，其碎者谓之米脑，碎与木屑相杂者，谓之苍脑。取脑已，净其杉片，谓之脑札。今人碎之与锯屑相和，置瓷器中，以器覆之，封固其缝，煨以热灰，气蒸结而成块，谓之聚脑，可作妇人花环等用。又有一种如油者，谓之脑油，其气劲而烈，祗可浸香合油。[①]

乳香，一名薰陆香，出大食之麻啰、拔施、曷奴发三国深山穷谷中，其树大概类榕，以斧斫株，脂溢于外，结而成香，聚而成块，以象挈之，至于大食，大食以舟载易他货于三佛齐，故香常聚于三佛齐。蕃商贸易至舶司，视香之多少为殿最，而香之品十有三。其最上者为拣香，圆大如指头，俗所谓滴乳是也。次曰瓶乳，其色亚于拣香。又次曰瓶香，言收时贵重之，置于瓶中，瓶香之中，又有上中下三等之别。又次曰袋香，言收时止置袋中，其品亦有三如瓶香焉。又次曰乳榻，盖香之杂于砂石者也。又次曰水湿黑榻，盖香在舟中，为水所浸渍，而气变色败者也。品杂而碎者曰斫削，簸扬为尘者曰缠末。此乳香之别也。[②]

（四）与宋朝有通商关系的国家和沿边少数民族地区

宋代政府采取了开放政策，凡来通商的国家和沿边少数民族地区，或冒充贡使前来进奉的人，都一律受到欢迎，由各市舶司优礼接待，其运来商货亦由其所停泊之地的市舶司依例抽解和买，有欲从一口转往他口货易者，政府即发给执照令其自由转口，并免其重复科税，故虽有官吏的克剥，而蕃商仍能获得高利，故来者日多，先后有通商关系的国家或沿边少数民族地区达五十多个。这时中国人的地理知识还很有限，对若干西亚或南海国家和地区的情况大都得之传闻，故史籍所记，只是一种大体轮廓：

主客所掌诸蕃，东方有四：其一曰高丽，出于夫余氏，殷道衰弱，箕子去之朝鲜，是其地也，在汉为乐浪郡。其二曰日本，倭奴国也，自以其国近日所出，故改之。其三曰渤海靺鞨，本高丽之别种。其四曰女真，渤海之别种。西方有九：其一曰夏国，世有银、夏、绥、宥、静五州之地，庆历中，册命为夏国。其二曰董毡，居

---

①　赵汝适：《诸蕃志》卷下。

②　赵汝适：《诸蕃志》卷下。

青唐城，与回鹘、夏国、于阗相接。其三曰于阗，西带葱岭，与婆罗门接。其四曰回鹘，本匈奴别裔，唐曰回纥，居甘沙西州。其五曰龟兹，住居延城，回鹘之别种，其国主自称师子王。其六曰天竺，旧名身毒，亦曰摩伽陀，又曰婆罗门。其七曰瓜沙门，汉敦煌故地[44]也。其八曰伊州，汉伊吾郡也。其九曰西州，本高昌国，汉车师前王之地，有高昌城，取其地势高、人昌盛以为名，贞观中，平其地为西州。南方十有五：其一曰交趾，本南越之地，唐交州总管也。其二曰渤泥，在京都之西南大海中，其三曰拂菻[45]，一名大秦，在西海之北。其四曰住辇，在广州之南，水行约四十万里，方至广州。其五曰真腊，在海中，本扶南之属国也。其六曰大食，本波斯之别种，在波斯国之西，其人目深，举体皆黑。其七曰占城，在真腊北。其八曰三佛齐，盖南蛮之别种，与占城为邻。其九曰阇婆，在大食之北。其十曰丹流眉，在真腊西。其十一曰陀罗离，南荒之国也。其十二曰大理，在海南，亦接川界。其十三曰层檀，东至海，西至胡卢没国，南至霞勿檀国，北至利吉蛮国。其十四曰勿巡，舟船顺风泛海，二十昼夜至层檀。其十五曰俞卢和，地在海南。又有西南五番，曰罗、龙、方、张、石凡五姓，本汉牂柯郡之地。又有荆湖路溪洞及邛部黎、雅等蛮僚。北方曰契丹，匈奴也，别隶枢密院。朝廷所以待远人之礼甚厚，皆著例录，付之有司，而诸番入贡，盖亦无虚岁焉。①

缘边各少数民族都是国内人民，不能划为外国，其专由各市舶司接待的所谓"航海外夷"，才属于对外贸易之列，其情况有如下述：

今天下沿海州郡，自东北而西南，其行至钦州止矣。沿海州郡类有市舶，国家绥怀外夷，于泉、广二州，置提举市舶司，故凡蕃商急难之欲赴诉者，必提举司也。岁十月，提举司大设蕃商而遣之，其来也，当夏至之后，提举司征其商而覆护焉。诸蕃国之富盛多宝货者，莫如大食国，其次阇婆国，其次三佛齐国，其次乃诸国耳。三佛齐者，诸国海道往来之要冲也。三佛齐之来也，正北行舟，历

_____

① 庞元英：《文昌杂录》卷一。

上下竺与交洋，乃至中国之境，其欲至广者入自屯门，欲至泉州者入自甲子门。阇婆之来也，稍西北行舟，过十二子石而与三佛齐海道合于竺屿之下。大食国之来也，以小舟运而南行，至故临国，易大舟而东行，至三佛齐国，乃复如三佛齐之入中国。其他占城、真腊之属，皆近在交阯洋之南，远不及三佛齐、阇婆之半，而三佛齐、阇婆，又不及大食国之半也。诸蕃国之入中国，一岁可以往返，唯大食必二年而后可。大抵蕃舶风便而行，一日千里，一遇朔风，为祸不测，幸泊于吾境，犹有保甲之法，苟泊外国，则人货俱没，若夫默加国、勿斯里等国，其远也不知其几万里矣。[①]

随着贸易的不断发展，不仅有大批外国商人络绎来华，也有不少中国商人远航外国，他们常因商务需要而长期侨居外国："北人过海外，是岁不还者，谓之住蕃；诸国人至广州，是岁不归者，谓之住唐。"[②] 在广州寄居的外国商人，由于人数众多，他们聚居之处自成一特殊居留区，谓之蕃坊，公举一人为蕃长，管理蕃坊公事，于蕃坊自营居室，并保持其生活习惯与宗教信仰，其人皆回教徒，故"勿食猪肉"，蕃人有罪，诣广州鞫实送蕃坊自行处理，其他有关情况，可见下述：

番禺有海獠杂居，其最豪者蒲姓，本占城之贵人也，后留中国，以通来往之货。居城中，屋室侈靡，富盛甲一时，性尚鬼而好洁，祈福有堂，堂中有碑，是为像主。凡会食时不用匕箸，以金银为巨槽，合鲑灵粱米为一，洒以蔷薇，置右手于裆下，群以左手攫取。[③]

广州蕃坊，海外诸国人聚居，置蕃长一人，管勾蕃坊公事，专切招邀蕃商入贡，用蕃官为之，巾袍履笏如华人。蕃人有罪，诣广州鞫实，送蕃坊行遣，缚之木梯上，以藤杖挞之，自踵至顶，每藤杖三下，折大杖一下，盖蕃人不衣裈袴、喜地坐，以仗臀为苦、反不畏杖脊。徒以上罪则广州决断。蕃人衣装与华异，饮食与华同。或云其先波巡，尝事瞿昙氏受戒，勿食猪肉，至今蕃人但不食猪肉而已。又曰，汝必欲食，当自杀自食，意谓使其割己肉自啖，至今

①　周去非：《岭外代答》卷三，《航海外夷》。
②　朱彧：《萍洲可谈》卷二。
③　佚名：《东南纪闻》卷三。

蕃人非手刃六畜则不食，若鱼鳖则不问生死皆食，其人手指皆带宝石，嵌以金锡，视其贫富，谓之指环子，交阯人尤重之，一环值百金，最上者号猫儿眼睛，乃玉石也，光焰动灼正如活者，究之无他异，不知佩袭之意如何。有摩娑石者，辟药虫毒，以为指环，遇毒则吮之立愈，此固可以卫生。①

大食、波斯等国商人之所以经常能从红海之滨横渡印度洋，越马六甲海峡，绕马来半岛东来广州贸易，除了由于造船业的进步，能造出巨大的航海船舶外，主要是由于这时已经应用了中国人早已发明的指南针，使舟人能在茫茫大海中辨认方向。下引两则记载，都明白述及罗盘对航海的作用——这是中国人民对人类文明的又一重大贡献：

海舶大者数百人，小者百余人，以巨商为纲首副纲首杂事，市舶司给朱记，许用笞治其徒，有死亡者籍其财。商人言船大人众则敢往……舶船深阔各数十丈，商人分占贮货，人得数尺许，下以贮物，夜卧其上，货多陶器，大小相套，无少隙地。海中不畏风涛，唯惧靠阁，谓之凑浅，则不复可脱，船忽发漏，既不可入治，令鬼奴持刀絮自外补之，鬼奴善游，入水不瞑。舟师识地理，夜则观星，昼则观日，阴晦观指南针，或以十丈绳钩取海底泥嗅之便知所至。②

浙江乃通江渡海之津道，且如海商之舰，大小不等，大者五千料，可载五六百人，中等二千料至一千料，亦可载二三百人；余者谓之钻风，大小八橹或六橹，每船可载百余人。此网鱼买卖，亦有名三板船。不论此等船，且论舶商之船。自入海门，便是海洋，茫无畔岸，其势诚险。盖神龙怪蜃之所宅，风雨晦冥时，唯凭针盘而行，乃火长掌之，毫厘不敢差误，盖一舟人命所系也。愚屡见大商贾人，言此甚详悉。……但海洋近山礁则水浅，撞礁必坏船。全凭南针，或有少差，即葬鱼腹。③

---

① 朱彧：《萍洲可谈》卷二
② 朱彧：《萍洲可谈》卷二。
③ 吴自牧：《梦粱录》卷十二，《江海船舰》。

第七章 货 币

第一节 宋代货币制度概况

两宋是中国古代货币经济在长期衰落之后的一个全面复兴时期。

金属货币的衰落始于东汉。在西汉年间还大量流通的黄金，进入东汉之后即退出流通领域，不再作货币使用；铜钱亦苟延残喘，名存实亡，除初年在重臣马援的再三陈请之下，勉强铸造了少量五铢钱外，以后各届政府不但不再铸造铜钱，而且君臣上下争相贬斥铜钱，主张废止，改用谷帛为币，成为中国货币史上实物交换取代货币交换的一个过渡阶段。后来经过汉末魏初大混乱，到魏文帝黄初二年（公元二二一年），便以国家法令形式正式取消了铜钱的货币资格，即史所谓"罢五铢钱，使百姓以谷帛为市"。从此，实物货币便完全取代了金属货币的历史地位，而取得了法定的主币资格。这种人为地使一种消费品即供日常消费之用的一种使用价值来充当一般的等价物的作法，其弊端当时就已明显地表现出来，即所谓"钱废，谷用既久，人间巧伪渐多，竟湿谷以要利，作薄绢以为市，虽处以严刑，而不能禁也"①。谷帛本是人的重要生活资料，而一旦变为交换手段，则便失去其本身的使用价值，变为无用之物。这样，以湿谷薄绢为市，实际上是在拿一种失去价值的废物来作货币使用，这显然是历史的大倒退。可是这一大倒退在中国却延续得非常长，直到唐初才开始有所扭转，前后历时四百余年，若从东汉算起，历时将近六百年。

这种历史的大倒退现象所以能延续这样长的时间，乃是由经济的和政治的原因共同造成的，关于这个问题的详细说明，在《中国封建社会经济史》秦汉三国卷和两晋南北朝卷中已有专章论述，这里仅简单指出：①商品经济

---

① 《晋书》卷二十六，《食货志》。

的极度衰落使金属货币失去作用；②铜钱的改铸频繁和盗铸猖獗，滥恶小钱充斥，使铜钱丧失掉货币应表现的各种功能，从而自己取消了自身的货币资格，造成"钱货不行"；③历代统治阶级之所以要废止铜钱，坚决推行布帛谷粟等实物货币，是因为废止了金属货币，事实上就废止了商品流通，亦即废止了商业，也就贯彻了传统的抑商政策。古人曾明言："千匹为货，事难于怀璧，万斛为市，未易于越乡，斯可使末技自禁，游食知反。"① 这是明言用笨重而不值钱的布帛谷粟为币，由于不便转手，不易流通，交易行为自必陷于停顿。至唐虽已开始有所扭转，正式恢复了铜钱的铸造和流通，但是实物货币并没有立即退出历史舞台，亦即铜钱并没有完全取代布帛谷粟所占据的货币地位，布帛谷粟仍然以货币的主要形态照旧流通，与铜钱并驾齐驱，而且政府还用法令维持其原有的货币作用，即当人民普遍欢迎铜钱，而乐于以钱为主要货币时，政府仍强制人民使用布帛，而不得专用铜钱。唐中叶以前就是这样。中唐以后，实物货币始逐渐走向自己的衰亡过程，金属货币的地位日益巩固，这时除铜钱外，白银也开始登上历史舞台，这样的历史变化由晚唐历五代至宋始完全确立。从此开始了以铜钱和白银为主要货币的历史时期。

宋代虽然完全恢复了金属货币，结束了长达六百年的极端落后的货币制度，但是宋代的货币制度却又非常不完善，首先是货币制度不统一，名义上是以钱币为主要货币，而钱币却非常庞杂，名目繁多，且频繁改制，其中有铜钱，有铁钱，有铅锡钱，铜钱中复有折二、折三、当五、折十等等，币值不同，流通区域亦不同。总之，任何一种，都不能通行全国。史称：

> 钱有铜、铁二等，而折二、折三、当五、折十，则随时立制。行之久者，唯小平钱。夹锡钱最后出，宋之钱法至是而坏。②

铜铁钱都不是全国通用的货币，各有自己固定的流通区域，彼此不得越界：

> 铜铁钱路分：一十三路行使铜钱，两路使铜铁钱（铜铁钱并用），四路行使铁钱。铜钱一十三路（原注：折二钱京畿里不行使，

---

① 《宋书》卷五十六，《孔琳之传》。
② 《宋史》卷一百八十，《食货志下二·钱币》。

府界并诸路并通行）：开封府界、京东路、京西路、河北路、淮南路、两浙路、福建路、江东路、江西路、湖南路、湖北路、广东路、广西路。铜铁钱两路（原注：陕西有折二钱、新铸至和饶阔棱大铜大铁钱，并当小铜钱二文，永为定制。河东铜钱有折三、折二钱）：陕府西路（大铁钱一文当十文）。成都府路、梓州路、利州路、夔州路。①

关于铜铁钱的铸造和流通情况，于下文分别论述，这里先引下列一段记载，来看一下宋初币制的混乱情况：

> 蜀平，听仍用铁钱。开宝中，诏雅州百丈县置监冶铸，禁铜钱入两川。太平兴国四年（公元九七九年），始开其禁，而铁钱不出境，令民输租及榷利，铁钱十纳铜钱一。时铜钱已竭，民甚苦之。商贾争以铜钱入川界与民互市，铜钱一得铁钱十四。明年，转运副使张谔言："川峡铁钱十直铜钱一，输租即十取二。旧用铁钱千易铜钱四百，自平蜀，沈伦等悉取铜钱上供，及增铸铁钱易民铜钱，益买金银装发，颇失裁制，物价滋长，铁钱弥贱，请市夷人铜，斤给铁钱千，可以大获铜铸钱，民租当输钱者，许且输银绢，候铜钱多，即渐令输之。"诏令市夷人铜，斤给铁钱五百，余皆从之。然铜卒难得，而转运副使聂咏、转运判官范祥皆言：民乐输铜钱，请岁递增一分，后十岁则全取铜钱。诏如所请。咏、祥等因以月俸所得铜钱市与民，厚取其直，于是增及三分，民益以为苦，或发古冢、毁佛像、器用，才得铜钱四五，坐罪者甚众。知益州辛仲甫具言其弊，诏使臣吴承勋驰传审度。仲甫集诸县令、佐问之，多潜持两端，莫敢正言。仲甫以大谊责之，乃皆言其不便。承勋复命。七年（公元九八二年），遂令川峡输租榷利勿复征铜钱。咏、祥等皆坐罪免。既而又从西川转运使刘度之请，官以铁钱四百易铜钱一百，后竟罢之。②
>
> 李煜旧用铁钱，于民不便。〔太平兴国二年（公元九七七年）〕

---

① 《宋会要辑稿》，《食货一一之九》。
② 《宋史》卷一百八十，《食货志下二》。

二月壬辰朔，若冰请置监于升、鄂、饶等州，大铸铜钱，凡山之出铜者，悉禁民采，并取以给官铸。诸州官所贮铜钱数，尽发以市金帛轻货上供及博籴麦。铜钱既不渡江，益以新钱，民间钱愈多，铁钱自当不用，悉铸为农器，以给江北流民之归附者，且除铜钱渡江之禁。诏从其请，民甚便之。(案：樊若冰，《宋史》作樊若水)①

第二节　铜　钱

从上引两条记载，可以看出宋在建国之初，承五代混乱之后，币制不统一，铸币种类庞杂，在流通上窒碍甚多。宋王朝对此极力加以整顿，首先是大力铸造铜钱，力求达到以铜钱为主要法偿币，故定鼎之后即开始铸造铜钱，每届王朝都以其年号为该朝所铸钱文的标志，以表示其所铸之钱为法定的主要法偿币，嗣后历代相沿不改，例如：

宋太祖初铸钱，文曰："宋通元宝"。太宗改元太平兴国，更铸"太平通宝"。淳化改铸，又亲书"淳化元宝"，作真、行、草三体。后改元更钱，皆曰元宝，而冠以年号。②

初，太宗改元太平兴国，更铸"太平通宝"，淳化改铸，又亲书"淳化元宝"，作真、行、草三体。后改元更铸，皆曰"元宝"，而冠以年号，至是改元宝元，文当曰"宝元元宝"，仁宗特命以"皇宋通宝"为文，庆历以后，复冠以年号如旧。③

〔天圣元年（公元一〇二三年）〕二月丙申，铸"天圣元宝"钱。④

〔明道二年（公元一〇三三年）春正月〕癸未，诏三司铸"明道元宝钱"。⑤

〔景祐元年（公元一〇三四年）春正月〕戊辰，诏三司铸"景

---

① 李焘：《续资治通鉴长编》卷十八。
② 《十驾斋养新录》卷七，《钱文纪年号》。
③ 《宋史》卷一百八十，《食货志下二》。
④ 李焘：《续资治通鉴长编》卷一百。
⑤ 李焘：《续资治通鉴长编》卷一百十二。

祐元宝钱"。①

　　〔宝元二年（公元一○三九年）三月〕丁巳，铸"皇宋通宝钱"。国朝钱文皆曰元宝，而冠以年号，及改号宝元，文当曰"宝元元宝"，诏学士院议，因请改曰"丰济元宝"，上特命以"皇宋通宝"为文。②

　　仁宗至和中，铸钱文曰"至和元宝""至和通宝"，皆真篆书二品，"至和重宝"，真书一品，仁宗嘉祐元年，铸钱文曰"嘉祐元宝""嘉祐通宝"，并真篆文二品。③

进入南宋后，仍沿用北宋历朝旧例，以年号为钱文：

　　〔建炎元年（公元一一二七年）九月壬辰〕铸"建炎通宝"钱。④

　　〔建炎元年九月壬辰〕诏江、池、饶、建州所祷钱，以"建炎通宝"为文。⑤

　　〔绍兴元年（公元一一三一年）八月〕铸绍兴钱。⑥

　　〔绍兴二十八年（公元一一五八年）秋七月〕先是，起居舍人洪遵论铸钱利害，上曰：遵论颇有可采，前后铜禁行之不严，殆成虚文。铜虽民间常用，设以他物代之亦可，今若上自公卿贵戚之家，以身率之，一切不用，然后申严法禁，宜无不戢者。于是有旨于御府出铜器千余，付外销毁，其士庶之家照子及寺观佛道像钟磬铙钹官司铜锣许存外，余并纳官。翌日，知枢密院陈诚之奏事，因及此，且曰：陛下以身率之，自然令行禁止。上曰：所得之铜固不多，徒欲使人知不用，即不复铸矣。⑦

这是政府为了尽可能多铸铜钱，遂以身作则号召民间不要用铜铸造器皿，

①　李焘：《续资治通鉴长编》卷一百十四。
②　李焘：《续资治通鉴长编》卷一百二十三。
③　李心传：《旧闻证误》卷二。
④　《宋史》卷二十四，《高宗本纪一》。
⑤　李心传：《建炎以来系年要录》卷九。
⑥　《宋史》卷二十六，《高宗本纪三》。
⑦　熊克：《中兴小纪》卷三十八。

虽然这次从御府中搜索出来的铜器不多，亦可聊借以表示决心，以禁民间再造铜器。民间铸造铜器，是销毁铜钱的一大漏洞，只有彻底堵塞了这个漏洞，才能防止铜钱的销毁，否则朝廷各监年年大量铸钱，而所铸之钱转瞬即从市面上消失，以致金融紧迫的情况永远不能改变。后改铸当二、当三钱，仍不足以缓和铜钱短缺的矛盾：

> 宝庆元年（公元一二二五年），新钱以"大宋元宝"为文。……嘉熙元年（公元一二三七年），新钱当二并小平钱并以"嘉熙通宝"为文，当三钱以"嘉熙重宝"为文。[①]

宋初始行铜钱，流通不广，国家置钱监亦不多，只于江、池、饶、建四州各置铸钱一，此外京师、升、鄂、杭州亦各有监，后皆废之，各监所铸皆不多，至真宗时，四监铸额有如下述：

> 时〔景德四年（公元一〇〇七年）〕铜钱有四监：饶州曰永平，池州曰永丰，江州曰广宁，建州曰丰国。京师、升、鄂、杭州、南安军旧皆有监，后废之。凡铸钱用铜三斤十两，铅一斤八两，锡八两，得钱千，重五斤。唯建州增铜五两，减铅如其数。至道中，岁铸八十万贯；景德中，增至一百八十三万贯。大中祥符后，铜坑多不发，天禧末，铸一百五万贯。[②]

其后于产铜各郡，皆置钱监，一时钱监遍天下，皆须以全力鼓铸。各监产量不等，但皆有定额，有专官监督，不得缺额，《宋会要辑稿》详载了各监定额：

> 江州广宁监，额三十四万贯，旧额二十万贯。池州永丰监，额四十四万五千贯，旧额四十万贯。建州丰国监，额二十万贯，旧额三十万贯。韶州永通监，额四十万贯大钱，内兼铸小钱八万贯。惠州阜民监，额三十五万。永兴军钱监，额一十万贯。华州钱监，额

---

① 《宋史》卷一百八十，《食货志下二》。
② 《宋史》卷一百八十，《食货志下二》。

一十万贯大钱。陕州钱监，额一十万贯。绛州垣曲钱监，额一十三万贯大钱。卫州黎阳监，额一十五万贯小钱，五万贯大钱。西京阜财监，额二十万贯。兴国军富民监，额二十万贯。衡州熙宁监，额一十五万贯。睦州神泉监，额一十五万贯。鄂州宝泉监，额一十万贯大钱。舒州同安监，额一十五万贯。虢州在城朱阳两监，额各一十二万五千贯文大钱。商州在城洛南两监，额各十二万五千贯大钱。兴州济众监，额四万贯文，旧额三万九千二百六十三贯二百五十文，每贯重一十二斤十二两。嘉州丰远监，额八万六千六百一十七贯，旧额四万贯。邛州惠民监，额一十万九千八百五十一贯，旧额十二万六百二十二贯。通远军威武镇钱监，额一十二万五千贯大钱。岷州滔山镇钱监，额一十二万五千贯大钱。已上并以文武京朝官使臣殿直已上，每监二员，至或用三员，或举用选人，或以州官兼领而已。铸钱每铸一贯省用铜二斤八两，铅一斤一十五两，锡三两，炭五斤。浸铜之法，先取生铁打成薄片，目为锅铁，入胆水槽，排次如鱼鳞，浸渍数日，铁片为胆水所薄，上生赤煤，取出刮洗钱煤，入炉烹炼，凡三炼方成铜。其未化铁却添新铁片再下槽排浸。饶州永平监额四十六万五千贯，池州永丰监，额三十四万五千贯。绍兴元年（公元一一三一年），拨并寄役赣州铸钱监本监官认铸额，建宁府丰国监，额二十五万四百贯，韶州永通监，额四万七千一十七贯，赣州铸钱监、严州神泉监以上并无定额。①

宋毕衍《备对》亦详载了各监钱数，与上述略有出入，可能是登记的时间不同，两者所记都是原始档案，今亦引其全文，以资对证：

诸路铸钱总二十七监，每年铸铜铁钱。铜钱逐监钱数：阜财监（西京）二十万贯。黎阳监二十万贯。永兴军华州陕府各铸二十万贯。垣曲监（绛州）二十六万贯。同安监（舒州）一十万贯。富民监（兴国军）二十万贯。熙宁监（衡州）二十万贯。宝泉监（鄂州）一十万贯。已上并应副本路，内熙宁五万贯应副坑冶买铜。广宁监（江州）三十四万贯。永丰监（池州）四十四万五千贯。永平

---

① 《宋会要辑稿》，《食货一一之二——三》。

监（饶州）六十一万五千贯。丰国监（建州）二十万贯。已上四监，每年二十万贯应副信州铅山场买银，三十五万贯赴内藏库，充添铸年额，一百五万贯上供，内藏库纳一十五万贯，左藏库纳外九十万，每拨三十三万余贯，内藏库封桩，候三年及一百万贯至南郊前拨与三司。永通监（韶州）八十万贯，阜民监（惠州）七十万贯，已上二州，并应副买铜，内惠州买铜剩钱，充小钱二十万贯，并更有剩钱，并起发上京内藏库纳。[①]

宋代历届朝廷对于铸钱，无不经之营之，倾其全力，以求增加铸额，有裨国帑，但是事实上则又公私窘迫，不敷支用，所铸之钱，为数不为不巨，铸出之钱转瞬即四散消失，政府又不得不尽一切力量，到处搜索铜铁铅锡等铸钱原料，命各监加额鼓铸，甚至不惜饮鸩止渴，滥铸大钱，以应急需，遂致百弊丛生，贻害无穷：

崇宁铸当十钱，始于陕西运判许天启，自长安进样，乌背赤文，请自禁中行用，自此盗铸遍天下不可禁，物价踊贵，商贾不行，冒禁而破家身死者众。后改为当五，其弊犹未革，乃改为当三。其原本于周武铸大布钱，以一当十，唐第五琦复蹈其法，铸"乾元重宝"，以一代十，物价腾踊，饥馑相望，琦坐是贬，天启不问也。[②]

这一次改铸当十大钱，没有解决铜钱短缺问题，却适得其反地成为一大扰民之政。《宋史·食货志》叙其经过甚详，兹引其全文，借以看出这一次改铸大钱所造成的纷乱骚扰之状：

〔崇宁元年（公元一一〇二年）〕户部尚书吴居厚言："江、池、饶、建钱额不敷，议减铜增铅、锡，岁可省铜五十余万斤，计增铸钱十五万九千余缗，所铸光明坚铺，与见行钱不异。"诏可。然课犹不登。二年（公元一一〇三年），居厚乃请检用前后上供铸钱条约，视其登耗之数，别定劝阻之法。会蔡京当政，将以利惑人主，托假

---

① 《宋会要辑稿》，《食货一一之八——九》。
② 朱翌：《猗觉寮杂记》卷下。

绍述，肆为纷更。有许天启者，京之党也，时为陕西转运副使，迎合京意，请铸当十钱。五月，始令陕西及江、池、饶、建州，以岁所铸小平钱增料改铸当五大铜钱，以"圣宋通宝"为文。继而并令舒、睦、衡、鄂钱监，用陕西式铸折十钱，限今岁铸三十万缗，铁钱二百万缗。募私铸人丁为官匠，并其家设营以居之，号铸钱院，谓得昔人招天下亡命即山铸钱之意。所铸铜钱通行诸路，而陕西、河东、四川系铁钱地者禁之，第铸于陕西铁钱地而已。自熙宁以来，折二钱虽行民间，法不许运至京师，故诸州所积甚多。至是发运司因请以官帑所有折二钱改铸折十钱。三年（公元一一〇四年），遂罢铸人平钱及折五钱。置监于京城所，复徐州、宝丰、卫州黎阳监，并改铸折二钱为折十，旧折二钱期一岁勿用。大严私铸之令，民间所用鍮[1]石器物，并官造鬻之，辄铸者依私有法加二等。命诸路转运司于沿流顺便地，随宜增置钱监，俾民以所有折二钱换纳于官，运致所增监改铸折十钱。……四年（公元一一〇五年），立钱纲验样法。崇宁监以所铸御书当十钱来上，缗用铜九斤七两有奇，铅半之，锡居三之一。诏颁其式于诸路，令赤仄乌背，书画分明。时赵挺之为门下侍郎……与蔡京议多不合，因极言当十钱不便，私铸浸[2]广。……其置铸钱院，盖将以尽收所在亡命盗铸之人，然犯法者不为止。乃命荆湖南北、江南东西、两浙并以折十钱为折五，旧折二钱仍旧。虑冒法入东北也，令以江为界，淮南重宝钱亦作当五用焉。五年（公元一一〇六年），两浙盗铸尤甚，小平钱益少，市易濡滞。遂命以折五、折十上供，小平钱留本路；江、池、饶、建、韶州钱监，岁课以八分铸小平钱，二分铸当十钱。……时钱币苦重，条序不一，私铸日甚。御史沈畸奏曰："小钱便民久矣，古者军兴，锡赏不断，或以一当百，或以一当千，此权时之宜，岂可行于太平无事之日哉？当十鼓铸，有数倍之息，虽日斩之，其势不可遏。"未几，诏当十钱止行于京师、陕西、河东、河北，俄并畿内用之。余路悉禁，期一季送官，偿以小钱，换纳到者输于元丰、崇宁库，而私钱亦限一季自致，计铜直增二分，偿以小钱，隐藏者论如法。寻诏郑州、西京亦听用折十钱，禁贸易为二价者。……折十钱为币既重，一旦更令，则民骤失厚利。又诸路或用或否，往往不尽输于官，冒法私贩，始令四辅、畿内、开封府许搜索舟车，赏视旧法增倍，水陆所由，官司失察者皆停替。而受纳不拣选、容私钱其间者，以差定罪法。……自当十钱行，抵冒者多。大观四年（公元一一一〇年），星变，赦天下，凡以私钱得罪，有司上名数，亡虑十余万人，蔡京罔上毒民，可谓烈矣。①

其实当时倡议铸造当十大钱时，廷臣即纷纷反对，这里仅引一例：

时叶清臣请商州置监铸大钱，以一当十。度奏曰："汉之五铢，唐之开元及国朝钱法，轻重大小，最为折中。历代改更，法虽精密，不能期年，即复改铸。议者欲绳以峻法，革其盗铸。昔汉变钱币，盗铸死者数十万。唐铸乾元及重轮乾元钱，钱轻币重，严刑不能禁止。今禁旅戍边，月给百钱，得大钱才十，不可畸用，旧钱不出，新钱愈轻，则刍粮增价。臣尝知湖州，民有抵茶禁者，受千钱立契代鞭背。在京西，有强盗杀人，取其弊衣，直不过数百钱。盗铸之利，不啻数倍。复有湖山绝处，凶魁啸聚，炉冶日滋，居则铸钱，急则为盗。民间铜铅之器，悉为大钱，何以禁止。"②

由上引记载可以充分说明，宋王朝企图以通货膨胀的办法，把小钱改铸为大钱，以增加货币的数量，借以缓和钱币不足的矛盾，结果是完全失败的。在举朝臣僚中包括直接管理钱货的各郡钱监，都不理解货币的各种功能，不理解货币流通有其自身的客观规律，不是人的主观意志所能任意摆布的，不可以随意将其扩大或缩小。宋神宗时一位有名的科学家沈括，对于货币问题亦有他的独到见解：

上尝问[3]公私钱币皆虚，钱之所以耗者，其咎安在？括对曰：钱之所以耗者八，而其不可救者两事而已。其可救者五，无足患者一。今天下生齿岁蕃，公私之用日蔓，以日蔓之费，奉岁蕃之民，钱币不足，此无足怪。又水火沦败，刊缺者莫知其几何，此不可救者二也。铜禁既开，销钱以为器者利至于十倍，则钱之在者几何其

---

① 《宋史》卷一百八十，《食货志下二》。
② 《宋史》卷二百九十二，《丁度传》。

不为器也。臣以谓铜不禁，钱且尽，不独耗而已，异日富家备寇攘水火之败，惟蓄盐钞，而以藏镪为不利，钞之在民以千万计，今钞法数易，民不坚信，不得已而售钞者，朝得则夕贸之，故钞不留而钱益不出。臣以谓钞法不可不坚，使民不疑于钞，则钞可以为币，而钱不待益而自轻矣。古为币之物金银珠玉龟贝皆是也，而不专赖于钱，今通贵于天下者金银独以为器而不为币，民贫而为器者寡，故价为之日轻，今若使应输钱者输金，高其估而受之，至其出也亦如之，则为币之路益广，而钱之利稍分矣。钱利于流，借十室之邑有钱十万而聚于一人之家，虽百岁固十万也，贸而迁之，使人馀十万之利遍于十室，则利百万矣，迁而不已，钱不可胜计，今至小之邑，常平之蓄，不减万缗，使流转于天下，何患钱之不多也。四夷皆仰中国之铜币，岁阑出塞外者不资。议者欲榷河北之盐，盐重则外盐日至，而中国之钱日北，京师百官之饔饩，他日取羊牛于私市者，惟以百货易之……而牛羊之来于外国，皆私易以中国之实钱，如此之比，泄中国之钱于北者，岁不知其几何，此皆作法以驱之私易如此者，首当禁也，此可以救者五也。河隍之间，孤绝一隅，岁运中都之币以实塞下者，无虑岁数十万缗，而洮岷间冶铁为币者又四十万缗，岁积于三州之境，物出于三州者有穷，异时粟斗百钱，今则四五倍矣，此钱多之为祸也，若不以术泄之，数十岁之后，刍粟何止率钟[4]而致石，今莫若泄之羌中，听其私易，贯率征钱数十，岁已得数万缗，以吾之滞积而得战马饩羊有用之物，岁入之刍粟遂减数倍之价，一术而数利，中都岁送之钱，但以券钞当之，不徒省山运之劳，而外之所泄，无过岷山之铁耳，此不足为害者一也。①

宋代由于货币制度不健全，因而在货币流通中产生了许多流弊，但是两宋历届政府确曾铸造了不少钱币，至于经常出现钱币短缺、金融紧迫的状况，甚至由于缺少钱币，出现百货不通现象，乃是由于铜钱外泄过多所造成，并不是供不应求的过错。两宋历届朝廷所铸钱币总额，有如下述：

东南诸路铸钱，国朝承南唐之旧，为之未广也。咸平三年（公

---

① 李焘：《续资治通鉴长编》卷二百八十三。

元一〇〇〇年），马忠肃亮以虞部员外郎出使，始于江、池、饶、建四州，岁铸钱百三十五万贯，铜铅皆有余羡。真宗即位，以忠肃为江南转运副使，兼都大提点江南福建路铸钱四监，凡役兵三千八百余人。大中祥符后，铜坑多不发，逮天禧末，所铸才一百五万。及蔡京为政，大观中，岁收铜乃六百六十余万斤，江湖闽广十监，每年共铸钱二百八十九万四百缗，计用铜一千一十一万五千斤。江州广宁二十四万、池州永丰三十四万五千、饶州永平四十六万五千、建州丰国三十四万四百，四监，一百三十四万缗上供。衡州、咸宁二十万、舒州同安十万、严州神泉十五万、鄂州宝泉十万、韶州永通八十三万、梧州元丰十八万，已上六监，一百五十六万缗，逐路支用。以所入约所用，计少铜三百三万五千斤。自渡江后，岁铸钱才八万缗，近岁始倍。盖铜铁铅锡之入，视旧才二十之一〔旧一千三百二十万斤，今七十余万斤〕，所铸钱视旧，亦才二十之一尔。[1]

蒋仲本论铸钱事云，熙宁元丰间，置十九监，岁铸六百余万贯，元祐初权罢十监，至四年（公元一〇八九年），又于江池饶三监权住添铸内藏库钱三十五万贯，见今十监，岁铸二百八十一万贯，而岁不及额，自开宝以来，铸宋通咸平太平钱，最为精好，今宋通钱每重四斤九两，国朝铸钱料例，凡四次增减，自咸平五年（公元一〇〇二年）后来用铜铅锡五斤八两，除火耗收净五斤，景祐三年（公元一〇三六年），依开通钱料例，每料用五斤三两，收净四斤十三两，庆历四年（公元一〇四四年），依太平钱料例，又减五两半，收净四斤八两，庆历七年（公元一〇四七年），以建州钱轻怯粗弱，遂却依景祐三年（公元一〇三六年）料例，至五年（公元一〇三八年），以锡不足，减锡添铅。嘉祐三年，以有铅气方始依旧，嘉祐四年，池州乞减铅锡各三两，添铜六两，治平元年（公元一〇六四年），江东转运司乞依旧减铜添铅锡，提点相度，乞且依池州擘画，省部以议论不一，遂依旧法用五斤八两，收净五斤，到今其说以为钱轻有利，则盗铸难禁，殊不知盗铸不缘料例，而开通钱自唐武德至今四百余年，岂可谓轻怯而易坏乎，缘物料宽剩，适足以资盗窃，今依景祐三年（公元一〇三六年）料例，据十监岁额二百八十一万

---

① 《宋会要辑稿》，《食货一一之一》。

贯，合减料八十七万八千余斤，可铸钱一十六万九千余贯。[1]

〔绍兴二年（公元一一三二年）八月〕癸巳，提点铸钱司言：江、池残破，远涉大江，乞权就虔、饶二州并工鼓铸，许之。旧制，江、池、饶、建四郡，岁铸钱百三十万缗，以赡中都（江州二十四万，池州三十四万，饶州四十六万余，建州二十五万余，共役兵三千六百余人）。其后皆不登此数，至是并广宁监于虔州，永丰监于饶州，四岁铸钱才八万缗。[2]

〔绍兴三十年（公元一一六〇年）五月丙戌〕初，直秘阁江淮等路提点坑冶铸钱李植以巡历过行在，言岁额钱内藏库二十三万缗，左藏库七十余万缗，皆是至道之后额数，自绍兴以来，岁收铜止及二十四万斤，铅二十万斤，锡五万斤，此最多之数，纽计铸钱一十万缗，外有拘到诸路铜器二百万斤，搭以铅锡，可铸六十万缗，乃暂时所拘，乞据逐年所产，权立为额……且以酌中之数五十万缗为额，从之。[3]

先是江、池、饶州、建宁府四监，岁铸钱百三十四万缗，充上供；衡、舒、严、鄂、韶、梧州六监，岁铸钱百五十六万缗，充逐路支用。建炎经兵，鼓铸皆废。绍兴初，并广宁监于虔州，并永丰监于饶州，岁铸才及八万缗。以铜、铁、铅、锡之入，不及于旧，而官吏稍廪工作之费，视前日自若也，每铸钱一千，率用本钱二千四百文。……泉司供给铜、锡六十五万余斤。六年（公元一一三六年），敛民间铜器，诏民私铸铜器者徒二年。赣、饶二监新额钱四十万缗，提点官赵伯瑜以为得不偿费，罢鼓铸，尽取木炭铜铅本钱及官吏阙额衣粮水脚之属凑为年计。十三年（公元一一四三年），韩球为使，复铸新钱，兴废坑冶，至于发冢墓，坏庐舍，籍冶户姓名，以胆水盛时浸铜之数为额。无铜可输者，至熔钱为铜，然所铸亦才及十万缗。[4]

可见进入南宋后，由于土地沦丧，坑冶尽失，因而铜铁铅锡等铸钱原料

---

① 庄季裕：《鸡肋篇》卷中。
② 李心传：《建炎以来系年要录》卷五十七，又见《皇宋中兴两朝圣政》卷十二。
③ 李心传：《建炎以来系年要录》卷一百八十五。
④ 《宋史》卷一百八十，《食货志下二》。

收入无几，各地钱监亦大都停废，以致造成钱荒。尽管政府为增加产额已罗掘俱穷，至于发冢墓，坏庐舍，但所铸仍寥寥无几，钱荒问题仍然严重。其实早在北宋前期，就已经出现由于钱荒造成的金融紧迫，物价高涨，甚至使商货不通。宋代币制本以铜钱为主，是个铜钱本位时代，其他如铁钱、夹锡钱虽也曾流通，但或限于个别区域，或通行时间很短。唯有小平钱始终为主要法偿币，历届政府无不倾其全力令全国各地钱监鼓铸，故产量少则数十万缗，多则百余万缗。每年如此之多的铜钱抛向市场，市面上本应钱货充斥、甚至造成通货膨胀，物价腾涌，但事实上却大谬不然，大量铜钱抛向市场后，有如水银泻地，转瞬即化为乌有。造成这种现象的原因主要是：①过多地销毁铜钱以铸造铜器，这是长期存在的老问题，过去历代王朝对之皆束手无策，即上引沈括所谓"销钱以为器者利至十倍，则钱之在者几何其不为器也"。②外泄过多。过去亦有类似情况，但为数不多，宋代则成为一个十分严重的问题，其钱币不仅流向沿边各少数民族地区，而且也流向海外。如契丹，即大量运回铜钱：

> 供备库使郑价使契丹还，言其给舆箱者钱，皆中国所铸。乃增严三路阑出之法。[1]

这个问题在北宋神宗时期已达到十分严重的程度：

> 于时（熙宁中）同、渭、秦、陇等州钱监，废置移徙不一，铜铁官多建言铸钱，事不尽行，而又自弛钱禁，民之销毁与夫阑出境外者为多。张方平尝极谏曰："禁铜造币，盗铸者抵罪至死，示不与天下共其利也。故事，诸监所铸钱悉入于王府，岁出其奇羡给之三司，方流布于天下。然自太祖平江南，江、池、饶、建置炉，岁鼓铸至百万缗。积百年所入，宜乎贯朽于中藏，充足于民间矣。比年公私上下，并苦乏钱，百货不通，人情窘迫，谓之钱荒。不知岁所铸钱，今将安在。夫铸钱禁铜之法旧矣，令敕具在，而自熙宁七年（公元一○七四年）颁行新敕，删去旧条，削除钱禁，以此边关重车而出，海舶饱载而回，闻沿边州军钱出外界，但每贯收税钱而已。

---

[1] 《宋史》卷一百八十，《食货志下二》。

钱本中国宝货，今乃与四夷共享。又自废罢铜禁，民间销毁无复可办，销熔十钱得精铜一两，造作器用，获利五倍。如此则逐州置炉，每炉增数，是犹畎浍之益，而供尾闾之泄也。"①

南宋时由于市舶贸易远盛于北宋，蕃舶往来众多，铜钱之泄尤甚，理宗时监察御史陈求鲁向朝廷进谏：

〔淳祐〕八年（公元一二四八年），监察御史陈求鲁言："议者谓楮便于运转，故钱废于蛰藏；自称提之屡更，故圜法为无用。急于扶楮者，至喋盗贼以窥人之闾奥，峻刑法以发人之窖藏，然不思患在于钱之荒，而不在于钱之积。夫钱贵则物宜贱，今物与钱俱重，此一世之所共忧也。蕃舶巨艘，形若山岳，乘风驾浪，深入遐陬。贩于中国者皆浮靡无用之异物，而泄于外夷者，乃国家富贵之操柄。所得几何，所失者不可胜计矣。京城之销金，衢、信之镂器，醴、泉之乐具，皆出于钱。临川、隆兴、桂林之铜工，尤多于诸郡。姑以长沙一郡言之，乌山铜炉之所六十有四，麻潭鹅羊山铜户数百余家，钱之不毁于器物者无几。今京邑镂铜器用之类，鬻卖公行于都市。畿甸之近，一绳以法，由内及外，观听聿新，则钰销之奸知畏矣。香、药、象、犀之类异物之珍奇可悦者，本无适用之实，服御之间，昭示俭德，自上化下，风俗丕变，则漏泄之弊少息矣。此端本澄原之道也。"有旨从之。②

淳祐四年（公元一二四四年），右谏议大夫刘晋之言："巨家停积，犹可以发泄，铜器钰[5]销，犹可以止遏，唯一入海舟，往而不返。"于是复申严漏泄之禁。③

可见蕃舶大量运载铜钱出口，是造成国内钱荒的另一主要原因。当然国内销毁铜钱铸造铜器，也是造成铜钱减少的原因之一，但远不能与"海舶饱载而回"相比，就是陆路外运即所谓"边关重载而出"也是小巫见大巫。航海巨舶从中国饱载铜钱而归，乍一看，是一个奇怪的现象，本来国际贸易在

---

① 《宋史》卷一百八十，《食货志下二》。
② 《宋史》卷一百八十，《食货志下二》。
③ 《宋史》卷一百八十，《食货志下二》。

性质上是物物交换，即以一国之出口来换取一国之进口，如进出口不能平衡，即一国的出口不足以抵补一国的进口时，入超国只有输出贵金属（黄金或白银）来支付逆差，其他形式的货币则是无用的，因一出国界就不再是货币了。但宋时的铜钱则比较特殊，因为不仅少数民族地区以铜钱为货币，就是远隔海洋与中国通商的海外诸国，也流通着中国铜钱，所以它们向中国大量输出香、药、犀、象、珍珠、玳瑁以及各种珍奇宝货，换取的并不是中国的物产，而多是铜钱。于是对中国方面来说铜钱就成了主要的出口物资，这样的贸易，在国际贸易史上是罕见的。

此外，在格雷襄法则作用下劣币驱逐良币，铜钱藏匿不出，也是造成钱荒的原因之一。这一点古人也能从生活实践上体会出来：

〔乾德二年（公元九六四年）三月〕初，唐废永通大钱，更用韩熙载之议，铸当二铁钱。……宰相严续数言铁钱不便，熙载争于朝堂，声色俱厉。左迁秘书监，不逾年，复拜吏部侍郎。是月，始用铁钱……民间多藏匿旧钱，旧钱益少，商贾出境，辄以铁钱十易铜钱一，官不能禁，因从其便。官吏皆增俸，而以铜钱兼之，由是物价益贵至数倍……[1]

陕西每铜钱一贯，用铁钱一贯三十文可换，后因常平司指挥诸州勿出铜钱，诸司遂效之，民间相传铁钱将不用矣，家家收蓄铜钱，轻用铁钱，由是钱贱而物加贵。[2]

第三节　铁钱与铅锡钱

宋以前也有铁钱，原系出于盗铸，用以仿造铜钱，并搀入铜钱之中蒙混使用，但为数不多。五代时江南使用铁钱，系以国家名义正式铸造，颁行境内作为法定通货。宋平定江南后，版图一统，而铁钱仍照旧流通。

江南李唐，旧用铁钱，盖因韩熙载建议，以铁钱六权铜钱四，

① 李焘：《续资治通鉴长编》卷五。
② 王定国：《随手杂录》。

然铜铁之价相去甚远，不可强也。江南末年，铁钱十仅直铜钱一，江南平，民间不肯行用。转运使樊若水请废之。太平兴国二年（公元九七七年）二月诏，官收民间铁钱，铸为农器，以给江北流民之归附者，于是江南铁钱尽矣。然川蜀陕西用之如故，川蜀每铁钱一贯，重二十五斤，铜钱一当十三，小民熔为器用，卖钱二千，于是官钱皆为小民盗销，不可禁止。大中祥符七年（公元一〇一四年），知益州凌策，请改铸，每贯重十二斤，铜钱一当十，民间无钰销之利，不复为矣。庆历初，知商州皮仲容，议采洛南红崖虢州青水铜，置阜民、朱阳二监，铸大钱，一可当小钱三，以三当十，民间趋利，盗铸灭已，至八年（公元一〇一五年），张方平、朱祁议以为当更，乃诏改铜钱当十。先是，庆历元年（公元一〇四一年）十一月诏，江、饶、池三州铸铁钱一百万贯，助陕西经费，所积尤多，钱重民苦之，至是并罢铸铁钱，其患方息。①

金陵平……改授江南转运使，……江南旧用铁钱，十当铜钱之一，物价翔踊，民不便，知古亦奏罢之。②

〔宋太祖〕乾德二年（公元九六四年），始用铁钱，民间多藏匿旧钱，旧钱益少，商贾多以十铁钱易一铜钱出境，官不可禁。煜因下令以一当十。③

保大末，兵窘财乏，钟谟改铸大钱，以一当十，文曰"永通泉货"，径寸七分，重十八铢，字八分书，背面肉好，皆有周郭。谟诛，遂废。至是有铁钱之议，每十钱，以铁钱六，杂铜钱四，既而不用铜钱，民间但以铁钱贸易，物价增涌，民复盗铸，颇多芒刺，不及官场圆净，虽重其法，犯者益众。至末年，铜钱一当铁钱十。礼部侍郎汤悦上言，泉布属变，乱之招也。且豪民富商不保其资，则日益思乱。累数百言不报。④

对五代末年几个亡国小朝廷原已十分混乱的货币制度，宋王朝并没有加以任何改革，就原封不动地搬用，并且变本加厉地扩大了固有的混乱。宋初，

① 王栐：《燕翼贻谋录》卷三。
② 《宋史》卷二百七十六，《樊知古传》。
③ 《新五代史》卷六十二，《南唐世家》。
④ 马令：《南唐书》卷五，《后主书》。

虽定制以铜钱为主，全国重要地区行使铜钱者十三路[6]，但历届王朝却又大量鼓铸铁钱，专用铁钱者就有四路，铜铁钱并用者有两路。行使铜钱的十三路已见上文，行使铁钱四路系成都府路、梓州路、利州路、夔州路，并用铜铁钱两路为陕西路和河东路。

宋初铁钱仅有三监，铸额不大：

> 铁钱有三监：邛州曰惠民，嘉州曰丰远，兴州曰济众。益州、雅州旧亦有监，后并废。大钱贯十二斤十两，以准铜钱。嘉、邛二州所铸钱，贯二十五斤八两，铜钱一当小铁钱十兼用。后以铁重，多盗熔为器，每二十五斤鬻之直二千。大中祥符七年（公元一〇一四年），知益州凌策言："钱轻则易赍[7]，铁少则熔者鲜利。"于是诏减景德之制，其见使旧钱仍用如故。岁铸总二十一万贯……①

嗣后历届王朝即不停地铸造铁钱，例如：

> 〔景德二年（公元一〇〇五年）〕二月，嘉、邛州铸大铁钱。②
>
> 〔景德二年二月庚辰〕先是益、邛、嘉、眉等州，岁铸钱五十余万贯，自李顺作乱，遂罢铸，民间钱益少，私以交子为市，奸弊百出，狱讼滋多。乃诏知益州张咏与转运使黄观同议，于嘉、邛二州铸景德大铁钱，如福州之制，每贯用铁三十斤，取二十五斤八两成，每钱值铜钱一，小铁钱十，相兼行用，民甚便之。③
>
> 〔大中祥符七年（公元一〇一四年）二月〕乙亥，益州铸大铁钱。④
>
> 〔大中祥符七年（公元一〇一四年）二月〕西川用景德新铸钱将十年，以铁重，民多熔为器，每一千得铁二十五斤，鬻之直二千。转运使赵祯言其非便，请铸大铜钱，一当十，诏三司议未决，知益州凌策，请减景德之制，别铸大铁钱，每一千重十二斤十两，仍一当十，其旧钱亦许兼用，且言钱轻则行者易赍，铁少则熔者鲜利。

---

① 《宋史》卷一百八十，《食货志下二》。
② 《宋史》卷七，《真宗本纪二》。
③ 李焘：《续资治通鉴长编》卷五十九。
④ 《宋史》卷八，《真宗本纪三》。

乙亥，诏从其请。①

〔庆历元年（公元一○四一年）十一月〕是月，令江、饶、池三州铸铁钱。②

可见有宋一代各届朝廷都大铸铁钱，因而不仅专用铁钱的路分[8]，而且全国皆遍行铁钱，后来连各铜钱监亦改铸铁钱。这样，宋代名义上是以铜钱为主，实际上则是劣等铁钱成为主币，如江、池、饶、建原都是铜钱监，后亦大量铸造铁钱：

> 康定元年（公元一○四○年），因陕西移用不足，屯田员外郎皮仲容建议增监冶铸，因敕江南铸大钱，而江、池、虢、饶州又铸小铁钱，悉辇致关中。③
>
> 庆历元年（公元一○四一年）十一月，诏江、饶、池三州铸铁钱三百万缗，备陕西军费。④
>
> 〔庆历元年〕九月壬子，命河东铸大铁钱。⑤
>
> 皇祐中……嘉、邛、兴三州铸大铁钱二十七万缗。至治平中，饶、池、江、建、韶、仪六州铸钱百七十万缗，而嘉、邛以率买铁炭为扰，自嘉祐四年停铸十年，以休民力，至是独兴州铸钱三万缗。熙宁初，同、华二州积小铁钱凡四十万缗，诏赐河东，以铁偿之。⑥

政府设炉铸钱，大都不敷成本，得不偿失。铸钱工皆拘籍而来，强制服役，生产效率很低，有时须购买铁炭，常赔累不堪，每因之拖欠额铁，受官府督责，禁锢棰楚，曾无虚日，结果铸钱完全成了虐民之政。吕陶在一篇奏疏中曾略陈其状云：

> 臣伏见兴州济众监自兴置以来，岁铸钱六万二千贯，至嘉祐三

① 李焘：《续资治通鉴长编》卷八十二。
② 《宋史》卷十一，《仁宗本纪三》。
③ 《宋会要辑稿》，《食货一一之六》。
④ 《宋会要辑稿》，《食货一一之六》。
⑤ 《宋史》卷十一，《仁宗本纪三》。
⑥ 《宋史》卷一百八十，《食货志下二》。

年（公元一〇五八年），减半鼓铸，其所用生铁，并在衙前酒场和买，每斤支十四文，虽有赔费，缘酒场利息稍丰，未见破产。自卖酒场后以来，本州劝诱炼铁之家，通抵产预借钱，每斤支三十文。彼时山林不远，可以就便置炉炼铁，应副足用，续又以银绢折支，渐亏实价。至元丰三年（公元一〇八〇年），顿添四万九千贯，以三万贯借充茶本。四年（公元一〇八一年），又添二万贯，每年共铸十万贯文，其铁每斤又减六文。其炉户为累年采矿颇多，土窟深恶，并林箐疏浅，烧炭渐稀，倍有劳费。兼数遭大水，漂坏冶灶，破荡抵产，逃避亦多。现今本州与三泉西县炉户，拖欠额铁四百余万斤，禁锢棰楚，曾无虚日。缘地产有限，民力甚困，每岁鼓铸不已，虽百计督责，愈有逋负。况今来已蒙朝旨，更张茶法，则本钱三万贯更不须借，自可岁减钱额。仍乞下本路相度量减料例，铸六万二千贯，庶使数郡之民，不为钱铁所坏，稍得休息，即于本路支用，亦无阙乏。①

以上是北宋各朝推行铁钱的大概情况。无疑，铁钱是一种落后的货币，其种种弊端是尽人可见的。上引吕陶奏疏，所论只是兴州一监，其他各监的情况皆可以此类推，或殆有过之无不及。宋代系以钱币为主要货币，铜钱原属主币，却因漏泄过多、过快，且无法遏止，因而钱荒日趋严重，朝廷不得已乃改铸铁钱。铁钱笨重质劣，行使不便，而且种种弊端随之而生，但铁币使用后货币外泄却不遏自止，钱荒问题亦因之自然解决，故政府明知不便，亦不停地增监加铸。进入南宋后，其势不衰，如：

〔绍兴十有五年（公元一一四五年）秋七月〕戊申，复置利州绍兴监，岁铸钱十万缗，以救钱引之弊，用四川宣抚副使郑刚中请也。刚中言：祖宗朝立法，约四川所有见钱对数印造钱引，使轻重相权，昨因军兴，调度滋广，印造浸多，又有司申请为阙鼓铸本钱，遂废罢钱监，其金州一带铜钱，迤逦透入国路，相兼转用，铜钱不多有，而民间铸造农器锅釜，及供应官中军器，积日累月，销熔川钱殆尽，以致剑外州县，全阙见钱行使，窃恐称提不行，牵连以里

---

① 吕陶：《净德集》卷四，《奉使回奏十事状》。

州县，引法弊坏，有误国事。疏奏，不待报遂行。刚中以利州山林多铁炭易集，乃命本路转运判官王陟董其事，置监官检勘监门物料库官等六员，军匠五百人，后增铸至十五万缗，大钱千重十二斤，小钱千重七斤有半，岁用盐官钱七万缗，三路称提钱二十四万为本，率费钱二千而去千钱云。[①]

〔绍兴二十有三年（公元一一五三年）夏四月〕乙酉，诏利州岁铸钱以九万缗为额，视旧额减五分之二，仍并铸折二钱。[②]

〔绍兴三十一年（公元一一六一年）二月〕戊申，诏邛州复置惠民监，岁铸铁钱三万缗，利州六万缗为额，内大小钱各半。初，议者请复嘉、邛二州鼓铸，四川安抚制置使王刚中言：嘉州无铁可用，乞令邛州以所造日额衣甲铁炭改铸夹锡钱，而令利州以铸钱所余铁炭，对数打造衣甲，委遂州守臣提举措置，仍隶属总领所，从之。利州六万缗，计用本钱十一万四千余缗，邛州三万缗，计用本钱三万九千七百余缗，淳熙六年（公元一一七九年）十月并改铸一折三钱。[③]

〔乾道六年（公元一一七〇年）二月〕丁亥，复置舒州同安监，铸铁钱。……六月癸酉，置蕲州蕲春监、黄州齐安监，铸铁钱。[④]

〔乾道六年闰五月〕置舒州铁钱监，从发遣使史正志之请也，每岁以五十万贯为额。[⑤]

〔乾道六年十二月〕甲子，置江州广宁监、临江军丰余监、抚州裕国监，铸铁钱。[⑥]

〔乾道八年（公元一一七二年）九月〕是月定江西四监铁钱额，每岁共铸三十万贯，江州广宁监、兴国军富民监，各一十万贯，临江军丰余监、抚州裕国监，各五万贯。[⑦]

〔乾道〕六年，先是以和州旧有钱监，舒州山口镇亦有古监，诏司农丞许子中往淮西措置。于是子中以舒、蕲、黄皆产铁，请各

① 李心传：《建炎以来系年要录》卷一百五十四。
② 李心传：《建炎以来系年要录》卷一百六十四。
③ 李心传：《建炎以来系年要录》卷一百八十八。
④ 《宋史》卷三十四，《孝宗本纪二》。
⑤ 《皇宋中兴两朝圣政》卷四十八。
⑥ 《宋史》卷三十四，《孝宗本纪二》。
⑦ 《皇宋中兴两朝圣政》卷五十一。

置监，且铸折二钱，以发运司通领四监，子中所领三监，岁各认三十万贯，其大小铁钱，令两淮通行。七年（公元一一七一年），舒、蕲守臣皆以铸钱增羡迁官，然淮民为之大扰。八年，以江州兴国军铁冶额亏，守贰及大冶知县各降一官。淳熙五年（公元一一七八年），诏舒州岁增铸十万贯，以三十万贯为额，蕲州增铸五万贯，以十五万贯为额，如更增铸，优与推赏。御史黄洽言："兴天下之利者，不穷天下之力。舒、蕲岁铸四十五万，不易为也。又有增铸之赏，恐其难继。"诏除之。八年（公元一一八一年），以舒州水远，薪炭不便，减额五万贯。明年，又减十万贯，与蕲州并以十五万贯为额。十年（公元一一八三年），并舒州之宿城监入同安监。十二年（公元一一八五年），诏舒、蕲铸铁钱并增五万贯，以"淳熙通宝"为文。光宗绍熙二年（公元一一九一年），减蕲春、同安两监岁铸各十万贯。嘉泰三年（公元一二〇三年），罢舒、蕲鼓铸；开禧三年（公元一二〇七年），复之。[1]

以上择要选录了南宋各朝大力铸造铁钱的事例，仅系例证，远不是铸造铁钱的全部纪录。可以看出，南宋各朝因财政困难，国用不足，遂大量铸造铁钱，用滥发通货的办法，来应付急需。铁钱币质低劣，价值不高，各监所铸又形制不一，大小厚薄不等，行使时弊端百出，给人民造成极大不便。用金属货币代替实物货币本系一大进步，而宋代低劣的钱币反而是发展商品经济和货币经济的一大障碍，这里引叶适《论铁钱五事状》一疏，以略窥其梗概：

  臣窃见近岁私铸铁钱，散漫江淮，公私受弊，人情摇动，其事多端。辛蒙朝廷不惜厚费，特与收换，始得宁贴。臣昨在蕲州，目见利害，询探吏民，颇为亲切。今暂领兼司，所当随时捕缉，务使淮人迄臻安静。谨具奏闻，其事有五：一曰开民间行使之路，二曰责州县关防之要，三曰审朝廷称提之政，四曰谨诸监铸造之法，五曰评冶司废置之宜。何谓开民间行使之路？始初铁钱，不分官私，民间不辨好恶，得钱便使。自禁私钱，百姓惩创，买卖交关，文文

---

① 《宋史》卷一百八十，《食货志下二》。

拣择，或将官钱指为私钱，不肯收受，或只要一色样钱，谓如舒、蕲人各只使本监字号钱之类，或只要新铸官钱，且免拣择，民旅持钱买物，一贯之中常退出三四百，至以米谷他物，自相酬准。城市尚可，村落尤甚，缘此行用艰难，物货稀少。朝廷禁断私钱，本要流通官钱，若官钱方更疑惑，岂得稳便？臣近以乾道同安、蕲春、大冶、宿松、汉阳、定城新旧诸样官钱，钉板印榜，晓谕民间，令其从便行使，亦立私钱样，令拣选不用，令各州签听官委诸县钉样于都保，又别差官亲至村落，委曲劝喻，欲其耳目接熟，用钱不疑，须待官钱流通，物价复旧，方见禁断私钱之利。……近因还司过蕲口镇，镇民诣臣称：扬、真、泰州凡绍熙元年、二年（公元一一九〇年、一一九一年）蕲春监所铸钱，皆嫌粗恶，拣退不使，臣寻令拆辨拣择，其字模糊尤甚，十居二三，见已关会诸处，别议措置。……欲乞自朝廷降样行下，永远照使，要令村落僻远，认识不疑，民旅交易，流通无碍，如此则既扰之精神可以收回，人亦知收换之实利矣。……何谓审朝廷称提之政？始作铁钱，非要添此一项泉币，盖专以绝铜钱渗漏之患尔。铜钱过江北，既有铁钱以易之矣，铁钱过江南，亦必有铜钱易之可也。今为铜钱地，而不为铁钱地，事不均平，岂行法以来偶未之思欤？故江北自行铁钱之后，金银官会无不高贵，富商大贾财本隔碍，而淮旁之民只是往来两岸洲夹之内，铜钱是用，风波滞留，便已盘费消折，安居虽久，仍旧凋疏，淮人叹息，以为朝廷缘铜钱之故，致令江北不得自在，空怀抑郁，无与上闻。……若要称提得所，义理均平，当使铁钱之过江南，亦如铜钱之过江北，皆有兑换之处，两无废弃之虞。于江南沿江州郡，以铜钱、会子中半，或一分铜钱，二分会子，直行兑换铁钱，计其所收，或科拨付总领所，或仍换铜钱，则可以减诸监岁铸之额，或付两淮和籴桩积马料，修城则更不支降交会，亦于朝廷初无所失，淮人知铁钱过江有兑换之处，自加贵重，商旅之在淮南者，亦不敢轻贱铁钱，则金银官会及其他物货自当抵小，如此称提虽行铁钱，可以经久无弊。……何谓谨诸监铸造之法？臣切详兴监以来，所铸铁钱，其轻重薄厚精粗大小，略为相等……〔淳熙〕十五、六年（公元一一八八年、一一八九年）以至绍熙元二（公元一一九一年），则顿成粗恶，习久生弊，势亦宜然。昨铁冶司急欲取胜，盗铸者遂翻新样，四季别为字文，旧重四斤十二两，今增为五斤八两，新钱比旧大几一轮。臣窃以钱文宜一，轻重大小宜均，则民听不疑，行用不惑。季别一样，自铸工不能记忆，民间何由辨认，而又新钱特大，形迹旧钱，常人之情，喜新厌旧，所以有只要新钱之说，岂可旧钱遂成无用。……臣已行下诸监，只以蕲春监淳熙七、八、九年（公元一一八〇年、一一八一年、一一八二年）钱样为准，务令精好，更不添两数及四季翻样。欲乞更赐圣裁，庶几民听不疑，新旧一等。①

南宋时期，淮南是行使铁钱的主要区域，其行使的经过，可由下引记载知其梗概：

> 淮上旧铸铜钱，兵火后，舒州不复铸钱，但行饶、建等钱而已。乾道初，林枢密安宅为右谏议大夫，议以铜钱多入北境，请禁之，而即蜀中取铁钱行之淮上，事既行，洪景伯参政，言其不可，上问之，景伯曰："今每州不得千缗，一州以万户计之，每家才得数百，恐民间无以贸易，且客旅无回货，盐场有大利害。"上以为是，乃不行。但即蜀中取十五万缗，行之费和三州而已。五年（公元一一六九年）秋，王公明使蜀，复伸前议。六年（公元一一七〇年）夏，遂命司农寺丞许子中往淮西措置，即温、蕲二州铸夹锡铁钱，舒州同安监岁二十五万缗，蕲州新春监十五万缗。淳熙七年（公元一一八〇年）春，舒守赵子蒙、蕲守施温舒皆以铸钱增羡迁官，然淮民大以为扰。八年（公元一一八一年）秋，王谦仲知舒州，入见，为上言之，遂减舒州钱额十万缗，与蕲州通三十万缗。后逾月，又诏权罢鼓铸一年。二州既复铸钱，因命淮西漕臣兼提点江淮湖北铁冶铸钱公事，增岁额至六十万缗，然淮钱日夥，而又著令不许过江，人甚贱之，乃复减为四十万。②

铅锡钱从来没有正式当作钱币使用，过去历代王朝也没有以国家名义正

---

① 叶适：《淮西论铁钱五事状》，《水心集》卷二。
② 李心传：《建炎以来朝野杂记》甲集卷十六。

式铸造过。它都是出于盗铸,夹在铜钱缗贯中蒙混使用。政府曾三令五申严禁盗铸此种劣币,违者罪之。宋初各朝对此亦查禁甚严,私贩二贯者徒一年,三贯以上弃市,此类诏令属颁,举其要者如:

> 盖自五代以来,相承周唐旧钱,其别铸者殊鲜。太祖初铸钱,文曰"宋通元宝"。凡诸州轻小恶钱及铁镴钱悉禁之,诏到限一月送官,限满不送官者罪有差。其私铸者皆弃市。铜钱阑出江南、塞外及南蕃诸国,差定其法,至二贯者徒一年,三贯以上弃市,募告者赏之。江南钱不得至江北。①
>
> 〔乾德五年(公元九六七年)十二月丙辰诏〕:钱刀所以通贸易,布帛所以备财用,民之急务,不可阙焉。故币之轻奸,国家所禁,物之枉滥,律令甚明。近闻都市之中,贾人作伪,或刮铜取铅,盗铸公行,或涂粉入药,诈欺规利。是致货帛日弊,偷薄萌生,禁而止之,抑惟旧典。自今京城及诸道州府,不得行用新小铅镴等钱,兼不得以疏恶绵帛入粉药,违者重置其罪。②
>
> 〔乾德五年〕十二月丙辰,诏诸州轻小恶钱及铁镴钱等,限一月悉送官,限满不送者罪之有差,敢私铸者弃市。时开封府言,民间新小钱每十钱才重五钱半,其极小薄者重二钱半,侵紊法制,莫甚于此故也。③
>
> 太平兴国七年(公元九八二年)四月,禁河南诸州私铸铅锡恶钱及轻小钱。④

北宋至徽宗时朝政混乱,权奸蔡京当政,蛊惑人主,更改币制,以谋私利,大量鼓铸铅锡钱即其虐政之一。铅锡钱从来不是正式货币,过去历代土朝及宋初各朝皆查禁甚严。但至徽宗,挥霍无度,唯利是求,在蔡京奸党愚弄蛊惑下于崇宁四年(公元一一〇五年)下诏于陕西、河东、河北、京西置监铸当二夹锡铁钱,强制推行:

---

① 《宋史》卷一百八十,《食货志下二》。

② 《禁新小铅镴等钱及疏恶绵帛入粉药诏》,《宋大诏令集》卷一百九十八。

③ 李焘:《续资治通鉴长编》卷八。

④ 《宋史》卷四,《太宗本纪一》。

〔崇宁四年闰二月〕甲申，置陕西、河东、河北、京西监，铸当二夹锡铁钱。①

〔政和〕二年（公元一一一二年），蔡京复得政，条奏广、惠、康、贺、衡、鄂、舒州昨铸夹锡钱精善，请复铸如故。广西、湖北、淮东如之，且命诸路以铜钱监复改铸夹锡，遂以政和钱颁式焉。夹锡钱既复推行，钱轻不与铜等，而法必欲其重，乃严擅易抬减之令。凡以金银、丝帛等物贸易，有弗受夹锡、须要铜钱者，听人告论，以法惩治。市井细民朝夕鬻饼饵熟食以自给者，或不免于告罚。未几，以夹锡钱不以何路所铸，并听通行。②

初，蔡京主行夹锡钱，诏铸于陕西，亦命转运副使许天启推行。其法以夹锡钱一折铜钱二，每缗用铜八斤，黑铅半之，白锡又半之。既而河东转运使洪中孚请通行于天下，京欲用其言，会罢政。大观元年（公元一一〇七年），京复相，遂降钱式及锡母于铸钱之路，铸钱院专用鼓铸，若产铜地始听兼铸小平钱。复命转运司及提刑司参领其事，衡州熙宁、鄂州宝泉、舒州同安监暨广南皆铸焉，二年（公元一一〇八年），江南东西、福建、两浙许铸使铁钱。三年（公元一一〇九年），京复罢政，诏以两浙铸夹锡钱扰民，凡东南所铸皆罢。明年，并河北、河东、京东等路罢之，所在监、院皆废。唯河东三路听存旧监，以铸铜、铁钱；产铜郡县听存，用改铸小平钱。③

这说明铅锡钱的寿命是非常短促的，完全是蔡京一人所坚持，他一罢相，铅锡钱即全部停铸：

〔大观三年（公元一一〇九年）〕十二月，诏东南罢铸夹锡钱。④

〔大观四年（公元一一一〇年）二月〕壬辰，罢河东、河北、京东铸夹锡铁钱。⑤

---

① 《宋史》卷二十，《徽征宗本纪二》。
② 《宋史》卷一百八十，《食货志下二》。
③ 《宋史》卷一百八十，《食货志下二》。
④ 王称：《东都事略》卷十。
⑤ 《宋史》卷二十，《徽宗本纪二》。

第四节　白　银

宋代货币经济的最大成就，是贵金属白银成为主要货币。从此中国的银本位制度遂完全确立，结束了长期以实物作货币的时代。所谓银本位制度，是说白银是各种货币（铜钱、铁钱、铅锡钱、楮币等）中的主要货币，一切货币的最终职能都是以白银来表现的，当其他种货币在流通中出现这样或那样的问题而窒碍难行、流通不畅时，唯独白银是人人欢迎、亟求获得的一种货财，所以虽然国家并没有以法律明文宣布白银为法币，但事实上则在起着法币的作用。白银的流通历史与黄金同样悠久，《史记·平准书》所谓"虞夏之币金为三品：或黄、或白、或赤"，就是指金、银、铜三种金属货币，不过白银不一定是纯银，而系银锡合金。秦始皇改革币制时，确定了金、铜并用的复本位制，停止了白银的货币资格，从此白银退出流通领域，只作为器饰宝藏使用。后来在实物货币长期占据货币舞台时，白银只偶尔在交、广之域当作贵重物品作交换媒介，内地州郡是完全不用的；唐中叶以后，亦只作贵重物品在民间交易，并不认为是货币，五代时才逐渐流通，至宋才具有真正货币资格，并被认为是各种货币中的最主要货币。总之，银本位的历史帷幕是到宋才正式揭开的。

白银的使用主要是用于大宗的价值支付，如敌对政权的一方在兵力不足以抗衡的情况下，为了乞求对方缓兵，必须进行贿赂性的馈赠，这时价值低廉、品质粗劣的铜铁钱均不适用，只有价值贵重的白银，才够得上一份重礼。而且贡银之数颇大，少则数千两，多则数万两。宋初南方小国就以这种手段苟延数年之命：

> 淮南平。唐主畏太祖威名，用间于世宗，遣使遗太祖书，馈白金三千两，太祖悉输之内府，间乃不行。[1]
>
> 〔建隆元年（公元九六○年）秋七月〕乙丑，南唐进白金，贺平泽、潞。[2]
>
> 〔乾德元年（公元九六三年）〕十一月乙卯，荆南节度使高继冲

---

[1] 《宋史》卷一，《太祖本纪一》。
[2] 《宋史》卷一，《太祖本纪一》。

进郊祀银万两。①

〔乾德元年十一月〕丙寅，南唐进贺南郊、尊号银绢万计。〔十二月〕己亥，泉州陈洪进遣使贡白金千两，乳香、茶、药皆万计。②

〔乾德二年（公元九六四年）十二月甲子〕南唐进银二万两、金银器皿数百事。③

〔乾德三年（公元九六五年）夏四月癸丑〕南唐进贺收蜀银绢以万计。

〔四年（公元九六六年）〕五月，南唐贺文明殿成，进银万两。④

〔开宝八年（公元九七五年）冬十月丁巳〕江南主贡银五万两、绢五万匹，乞缓师。⑤

〔开宝九年（公元九七六年）二月〕己未，吴越国王钱俶偕子惟濬等朝于崇德殿，进银绢以万计。……壬戌，钱俶进贺平升[9]州银、绢、乳香、吴绫、绸绵、钱茶、犀、象、香、药，皆亿万计。……三月己巳，俶进助南郊银、绢、乳香以万计。⑥

两浙钱俶遣使入贡，遗普书，及物十罂[10]，太祖幸其第，适见而问之，普以实对。太祖曰：此必海味也。即令启之，皆满贮瓜子金也。普谢曰：臣未发书，实不知也。太祖笑曰：但收之，无害也，彼谓国家事皆由汝书生耳。又江南李煜亦以白金五万两遗普，普以白太祖，太祖曰：第受之，使之勿测也。既而煜遣其弟从善朝于京师，太祖于常锡外复赐金如所以遗普者，江南君臣骇服。⑦

〔太平兴国三年（公元九七八年）〕王至京师，敕诏皇太弟开封尹廷美赐宴于迎春苑，仍遣赐王对衣八事，玉排方腰带金器一千两，银器一万两。……五月三日，遣内使赐王汤药四金盒，金器二百两，银三千两。……六年六月十一日，王复贡黄金三千两，白金二万两。……

八年（公元九八三年）秋八月二十三日，遣使赐王生辰礼物，

① 《宋史》卷一，《太祖本纪一》。
② 《宋史》卷一，《太祖本纪一》。
③ 《宋史》卷一，《太祖本纪一》。
④ 《宋史》卷二，《太祖本纪二》。
⑤ 《宋史》卷三，《太祖本纪三》。
⑥ 《宋史》卷三，《太祖本纪三》。
⑦ 王称：《东都事略》卷二十六，《列传·赵普》。

翌日，王遣世子惟濬[11]贡上白龙脑香一百斤，金银陶器五百事，银二万两，黄金一千两。……端拱元年（公元九八八年）三月，王遣子惟治表贺贡上金饰玳瑁器皿五百事，玉器二十事，水晶盘四事，金二千两，银二万两。……王自国初供奉之数无复文案，今不得而书，惟太祖、太宗两朝入贡，记之颇备，谓之贡奉录，今但取其大者……黄金九万五千余两，银一百一十万二千余两。……太祖太宗所赐金器并金物六万四千七百余两，银器四十八万八千八百余两。……①

上引江南垂危的几个小朝廷所进奉的白银，显然都是作为货币来支付的，也只有作为货币使用，才能起到贿赂或馈赠所能起到的作用，如作为器饰宝藏等玩好礼物来赠送，则性质就完全不同了。

赏赐亦系一种馈赠，特别是皇帝用以赏赐功臣，数目皆甚巨大，铜铁钱价值微小，笨重难致，用于赏赐，无法转交，故公私赏赐馈赠势不得不全用白银：

〔太平兴国三年（公元九七八年）秋七月〕赐武宁节度使陈洪进银万两，令市宅。②

〔太平兴国三年冬十月〕庚申，幸武功郡王德昭邸，遂幸齐王邸，赐齐王银万两，绢万匹，德昭、德芳有差。③

先是太宗念缘边征戍者劳苦，月赐士卒白金，军中谓之月头银。德超乃诬枢密使曹彬，秉政岁久，得士众心，臣从塞上来，皆言月头银曹公所致，微曹公我辈当馁死矣。又巧诬以它事，太宗疑之，彬不自辨，遂罢。④

以上都是北宋时期用大量白银馈赠或赏赐的事例，以下再举三例来说明南宋时的情况：

---

① 范坰、林禹：《吴越备史补遗》。
② 李焘：《续资治通鉴长编》卷十九。
③ 《宋史》卷四，《太宗本纪一》。
④ 王称：《东都事略》卷三十三，《列传·弭德超》。

〔建炎四年（公元一一三〇年）五月癸丑〕以白金三万两赐韩世忠军，赠战殁将孙世询、严永吉、张渊等官。①

〔建炎四年（公元一一三〇年）五月癸丑〕诏户部赐韩世忠白金三万两，为犒军之用。②

秦桧以绍兴十五年（公元一一四五年）四月丙子朔，赐第望仙桥，丁丑，赐银绢万匹两钱千万，彩千缣，有诏就第赐燕，假以教坊优伶，宰执咸与。③

再，白银还发挥了货币的贮藏职能。铜铁钱不仅价值低微，体积庞大，而且体制不定，改铸频繁，时时有贬值或废弃不用之虞，因此不适于以之积累财富。白银系贵金属，本身的金属价值变动不大，没有变质和贬值的危险，自然成为人们遂争贮存[12]的对象。在古代没有银行制度、没有其他有效保险组织的情况下，唯一有效的保险办法，就是在无人知晓、也不易发现的情况下埋入地下以窖藏起来。地下究竟埋了多少纹银，无人可知，甚至本人死后，其后人也不知，故至今仍不断在地下发现白银。此类故事，古籍中记载甚多，有些类似神话，实际上皆为实录，这里仅择引数例：

蜀州江源县村甿王盛者，凶暴人也，与贼王小波、李顺为侣。甲午岁据益州……驱迫在城贫民指引豪家收藏地窖，因掘得一处古藏银，皆笋铤，金若墨铤，珠玉器皿之属皆是古制，寻将指引者杀之，负其金帛三十余担往江源山窖埋之，同埋者寻亦杀之，恐泄于外也。④

福州余丞相贵盛时，家藏金多率以银百铤为一窖，以土坚覆之，砖蒙其上。余公死，其子待制日章将买田，发其一窖。⑤

宋嘉熙庚子（嘉熙四年，公元一二四〇年），赵知县崇迪任建宁府推官，大参徐清叟欲易推衙以广其居，赵为申府得请。拆除之日，徐参亲临监视，乃于厅前花砌上掘得一大瓮，得白金二百

---

① 《宋史》卷二十六，《高宗本纪三》。
② 李心传：《建炎以来系年要录》卷三十三。
③ 岳珂：《桯史》卷七。
④ 黄休复：《茅亭客话》卷六。
⑤ 洪迈：《夷坚甲志》卷十八。

余锭。①

张府主奉位洒库屋，其左则蒙古平章之居，一日蒙古欲展地丈余，主奉者不获已与之，彼方毁旧垣，再筑于旧基，得乌银数十大笏，皆掩有之，盖张氏之宿藏也。②

京师人鲁時，绍兴十一年（公元一一四一年）在临安，送所亲于北闸下，忘携钱，行解衣质于库，见主人如旧熟识……盖数年前所常见丐者也。其人本豪民，遭乱家破，与妻行乞于市，使三子拾杨梅核椎取其实以卖。少子尝见一白鼠在聚核下。……迨旦，母与偕至故处，果见鼠，逐之，及涌金门墙下入穴中而灭。母立不去，遣子归取锸，劚[13]地深可二尺，望鼠尾犹可见，俄得一青石，独去之，下有大瓮，白金满中，遽奔告其父，父至不敢启，亟诣府自列，愿以半与官，而乞府吏获取。府主从其言，得银凡五千两，持所得即又鬻之，买屋以居，而用其钱为子本，遂成富家，即质库主人也。③

富人将多余不用之银埋入土中，窖藏起来，以便无限期地保存财富。在一般人的日常生活中白银也是一个最好的价值尺度和支付手段。白银与黄金有类似的特性，可以无限分割而不损其价值，既可以作大宗的价值支付，也可以分两、分钱地零星花费，故一般人不愿保留钱币，而愿保留白银，于是银遂成为人人欲得之物，遇有危难，则视为保命之资。下引一些零星记载，可分别说明这种情况：

巢谷字元修，眉州眉山人也……与韩存宝颇相善也。熙宁中，存宝为河州将……及存宝得罪，将就逮，自料必死，谓谷曰：我泾原武夫，死非所惜，顾妻子不免寒饿，橐中有银数百两，非君莫使遗之者。谷许诺，即变姓名，怀银步行，往授其子，人无知者。④

窦禹钧，范阳人，为左谏议大夫致仕，诸子登第，义风家法，为一时标表。……尝因元夕往延庆寺，于后殿阶侧得遗银二百两，

① 洪迈：《夷坚续志》，《前集》卷一。
② 周密：《癸辛杂识》，《续集下》。
③ 洪迈：《夷坚乙志》卷十一。
④ 王称：《东都事略》卷一百十七，《卓行传·巢谷》。

金三十两，持归。明日侵晨，诣寺，候失物者，须史一人果涕泣而至，禹钧问之，对曰：父罪犯至大辟，遍恳亲知，贷得金银，将赎父罪，昨暮以一亲置酒，酒昏忽失去，今父罪不复赎矣。公验其实，遂同归以旧物还之，加以悯恻，复有赠赂。①

建安人叶德孚，幼失二亲，唯祖母鞠育拊视，又竭力治生。……建炎三年（公元一一二九年），因避寇徙居州城，而城为寇所陷。时叶二十一岁矣，祖母年七十不能行，尽以所蓄金五十两，银三十铤付之，使与二奴婢先出城，戒曰：复回挟我出，勿得弃我，我虽死必诉汝于地下。叶果不复入，祖母遂死寇手。及乱定，已不可寻访。叶用其物，买田贩茶，生理日富。②

梅洋季梢与人驾舟入栀，至中途，泊岸登厕，见有人遗下一青囊，有银子在内，遂取入舟，以俟寻者。未几，见一人仓皇而至，寻取原物不见，大呼数声，解绦欲缢于厕。季急登岸询之，答曰：某本县解子也，解银入州，今既失去，唯有死耳。季诘其他有何物，曰：无他物，止有银子若干。季悉还之，解子感激，即欲分与数两，至州折阅，不过受杖，岂不胜于一死？季坚不领。③

韩洙者，洺州人，流离南来，寓家信州弋阳县大郴村，独往县东二十里地名荆山开酒肆及客邸。乾道七年（公元一一七一年）季冬，南方举人赴省试，来往甚盛。琼州黎秀才宿其邸，旦而行，遗小布囊于房，店仆持白洙，洙曰谨守之，俟来取时，审细分付。黎生行，至丫头岩，既一驿矣，始觉，亟回韩店，径趋卧室内翻揭席荐，无所见而出，面色如墨，目瞪口哆，不复能言。洙曰：岂非有遗忘物乎？愀然曰：家在海外，相去五千里，仅有少物以给道费，一夕失之，必死于道路，不归骨矣。洙笑曰：为君收得，不必忧。命仆取以还，封记如初，解视之，凡为银四十四两，金五两，又金钗一双，黎奉银五两致谢，拒不收，黎感泣而去。④

以上各条说明，银两已被社会公认为主要货币，不论是大宗支出，还是

---

① 李元纲：《厚德录》卷一。
② 洪迈：《夷坚丁志》卷六。
③ 《夷坚续志》，《前集》卷一。
④ 洪迈：《夷坚丁志》卷七。

小额零用，都使用白银，几乎所有货币应表现的各种职能，白银是首膺其选。而且国家虽然大量铸造铜铁钱，但实际收入和支出的则主要为白银。史籍中有关北宋的此类记载连篇累牍，这里亦择要举例，以见一斑：

〔景德元年（公元一〇〇四年）〕九月，诏出内库银三十万两，付三司，送天雄军博籴军储。……闰九月，内出银三十万两付河北转运使，贸易军粮，命国子博士张绅、秘书丞陈纲、大理评事秘阁校理刘筠与转运使经度其事。①

〔景祐四年（公元一〇三七年）秋七月〕辛酉，诏三司出银十五万两下河北路，绢十万下河东路，助籴军粮。②

〔宝元二年（公元一〇三九年）九月〕乙卯，出内库银四万两易粟，振益、梓、利、夔路饥民。③

〔庆历四年（公元一〇四四年）〕二月丙辰，出奉宸库银三万两，振陕西饥民。④

〔嘉祐元年（公元一〇五六年）秋七月〕己丑，出内藏库绢二十万匹，银十万两，赈贷河北水灾州军，其人户预买绸绢，权与倚阁。⑤

〔嘉祐元年〕冬十月丁卯，出内藏库银十万两，绢二十万匹，钱一十万贯，下河北，市籴军储。⑥

〔庆历二年（公元一〇四二年）〕六月甲戌，出内藏库银一百万两，绸绢各一百万匹，下三司以给边费。⑦

内藏库的大量存银，其来源不外：一是通过赋税、上贡等各种形式，迫使人民用银缴纳；二是由各产银州军的银冶缴纳岁课。

〔治平〕二年（公元一〇六五年）九月二十七日，诏三司指挥

---

① 《宋会要辑稿》，《食货三九之四》。
② 李焘：《续资治通鉴长编》卷一百二十。
③ 《宋史》卷十，《仁宗本纪二》。
④ 《宋史》卷十一，《仁宗本纪三》。
⑤ 李焘：《续资治通鉴长编》卷一百八十三。
⑥ 李焘：《续资治通鉴长编》卷一百八十四。
⑦ 李焘：《续资治通鉴长编》卷一百三十七。

诸路，金银数并纳左藏库，令左藏库逐年支金三百两，银五十万两，赴内藏库，永为年额。①

〔熙宁二年（公元一〇六九年）〕九月六日，制置三司条例司言：乞令江淮等路发运司于六路诸杂上供钱内，截留三二百万贯，令籴买上供之物，其借过内藏库钱及变转过合系内藏库年额物帛，却令发运司认数，逐年支金三百两，银五十万两，赴内藏库，永为年额。②

〔熙宁六年（公元一〇七三年）夏四月〕辛巳，诏进士诸科及第等人入谢，免进银。故事，既赐第，诣阁门谢恩，进银三百两，至是罢之。③

〔元丰元年（公元一〇七八年）秋七月丁酉〕江浙等路提点坑冶铸钱公事钱昌武言：潭州浏阳县永兴银场，自去年银铜兴发，乞下诸路转运司应副本司收买铜银，增铸钱，从之。仍借支湖南上供钱十万缗，候所铸钱拨还，及令司农寺于认还内藏库岁额钱支挪十万缗，专买银赴京。④

南宋情况与北宋完全相同，朝廷内藏库亦藏有大量白银，而且也经常从内藏库或左藏库支出大批银两供作政费或军费：

〔绍兴三十一年（公元一一六一年）夏四月丁巳〕出天申节银十万两，加充户部籴本。⑤

〔隆兴元年（公元一一六三年）夏四月〕癸未，诏以白金二十五万两，给江、淮都督府军费。⑥

〔隆兴二年（公元一一六四年）九月辛丑〕以久雨，出内库白金四十万两，籴米赈贫民。⑦

〔隆兴二年〕闰十一月二十日，诏于内藏库支借银一十万两，

① 《宋会要辑稿》，《食货五一之二五》。
② 《宋会要辑稿》，《食货五一之五》。
③ 李焘：《续资治通鉴长编》卷二百四十四。
④ 李焘：《续资治通鉴长编》卷二百九十。
⑤ 《宋史》卷三十二，《高宗本纪九》。
⑥ 《宋史》卷三十三，《孝宗本纪一》。
⑦ 《宋史》卷三十三，《孝宗本纪一》。

应副户部支遣，日后令本部收簇拨还。①

银坑冶炼是国库收入银两的来源之一，但是事实上各监的产额都不大，其应供年额都是地方官从民间以官价强制收买的，几乎所有各路州军都是买银上供的，这不仅是人民的一种沉重负担，而且是对人民的一大骚扰：

〔景祐二年（公元一○三五年）冬十月丁卯〕诏江东五万绢自今并市绸绢绵，福建、广东各十万，广西八万，并市银上供，淮南、湖北各五万，两浙五万五千输缗钱如故。②

建炎三年（公元一一二九年），诏：访闻福建、广南自崇宁以来，岁收买上供银数浩瀚，陪备骚扰，民力不堪，可自后岁减三分之一，以示远方宽恤之意。③

输银扰民之害，尤以福建为烈，下引两件奏疏，以概其余：

福建路往时银价，每两不过千钱，故有司以每岁上供之钱买银入贡，非徒省便，亦以抑商贾兼并之势，其始固善也。近岁缘所买数多，银价倍贵，法虽不得科配抑勒，并须差官买场和买，价直既高，客无复铢两入卖，逐年二十七万两数，并系于五等税户配买取足。夫七闽地狭人稠，为生艰难，非他处比；深山穷谷，固有生而未尝识银者，每岁科买，自占产分文以上皆不免，故少不下一二两，至有合买数百两者。其所居城邑，或有三五程至十数程者，以十数程之远，卖三二两银入官，加之荒远无所从得，官中期限，急于星火，于是猾胥豪民，相为表里，有曰银铺户者，预借官钱，贩蓄银宝，乘平民一旦之急，每两取钱五六百至七八百，急则有至倍其价者。民间苟脱一时刑责，束手听命。及官中支钱，此曹每两请官价钱一贯四百文足，分文无亏。是故平民常受抑勒陪费之苦，公家空负骚扰之谤，而猾胥奸民常坐享十五之利。所买银搬运至都下，官

---

① 《宋会要辑稿》，《食货五一之四六》。
② 李焘：《续资治通鉴长编》卷一百十七。
③ 《宋会要辑稿》，《食货六四之六一》。

中每两已费二千，及颁给赏赉，得者货卖，每两不过一千六七百市陌，较之官中原买价已亏数百。故前所谓铺户豪民，往往复走都下，买归所属，算取倍息，又贵卖入官，取利无已，而为害无穷。……盖福建路虽号产银，要之坑冶岁自有额，仍法禁私买甚严，如此，是银常在官，民间安得多有。今本路八州军，皆岁入官银各有数，而南剑独抱四分之一，正为本州多银场之故，此尤无谓。若银宝大概出于福建，久例不可预改，姑以此二十七万两之半或三之一致见钱于都下，而均南剑之数于本路，诸郡亦足以少苏重困之民，不然恐银日益少，价日益高，将有不胜其病者矣。①

某尝仕于闽，见其民之贫者，莫甚于上四州，其为害者，莫若二事，一曰钞盐钱，二曰上供银。是二者无岁不有诉讼，省部阴知其说，监司明睹其患，以经费所在为不可去，曾不知其弊亦有可去者焉，请试陈之。……所谓上供银者，祖宗以来，福建有岁额钱二十万贯，熙宁二年（公元一〇六九年），始令买银，时价低小，一贯止得一两，故为银二十万两。其后银价虽增，而银额不减，蔡京修崇宁上供格，遂定为福建路上供银。建炎初，宣谕朱廪尝指言之，州县犹有余钱陪贴收买，以及二十万两之数。近年科名日增，银价日倍，州县不复有余矣，故下四州之银取于僧寺，上四州之银取于民户。其取于僧寺者，不过削其徒之食，犹未甚害，取于民户者则以盐折之，而仅偿其半价。拘催督迫，铢两必输，器物钗珥，杂然并陈，受纳之际，恻然可哀。议者徒知买银违法，不知势亦当如此也。……近者转运判官王瀹、陈弥作等始见上供银之弊，又献本司钱二十七万余缗以代上四州今岁上供银，使不得科敛，为监司者用心亦可嘉矣。然止是暂宽州县目前之急，不能为一路永远之利。今欲为一路永远之利者，莫若以钞盐钱俾漕司岁认其半，其余责之州县，则于朝廷经费初无所损，而州县实受其赐也。……②

以上所引两段文件，都是陈述福建贡银之弊，其实各路州县无不如此，同样是地方上一大弊政，例如：

---

① 廖刚：《投省论和买银札子》，《高峰文集》卷一。
② 韩元吉：《上周侍御札子》，《南涧甲乙稿》卷十。

绍兴三十二年（公元一一六二年），寿皇登极，诸路帅臣监司郡守进贡，总数为金约百五十两，为银约一十九万一千七百六十三两有奇。①

这样为数巨大的金银，无疑多是向人民强制科敛征购的。

第五节　贵金属货币的突然消失

贵金属货币突然消失，这是中国货币史上一个非常奇特的现象，它使宋代正在兴旺发展的货币经济和与之相辅而行的商品经济突然夭折。本来有全面起飞可能的宋代社会经济，遂为之一蹶不振，使几百年来蓄积起来的经济跃跃欲飞的形势，一下子被完全扑灭了。过去历代王朝都有形式不同、程度不同的大大小小的外患，但没有一个像北宋那样亡国亡得如此之惨。宋徽宗的昏聩无能，使金人轻而易举地渡过了黄河，又轻而易举地攻陷了开封，他们大肆抢劫公私财物，并向宋室索取巨额数字的军费赔偿，并须以金银交纳。公库所蓄金银已全部献出，还要向民间索取，凡富民窖藏、商贾流动资金、妇女钗环珥钏以至微小的金银首饰，皆须限期交官。私藏者有罪，许人告。这样一来，宋人公私星星点点的金银都被罗掘一空，从此，宋王朝顿然成了一个无金银之国，不但不再有金银货币，连一点微小的首饰也没有了。请看下引记载：

〔靖康元年（公元一一二六年）正月二十五日〕圣旨：朝廷近为大金攻围京国，方议讲和，须借[14]金银、币帛数目，金银最为紧急，虽各分定抛认之数，尚虑告谕一节，或为民害，遂令除去。下令以事，权豪殊不体念国家之急，所纳之数，金银稀少，可自今月十七日为始，应京城蓄金之家，所有之数，或以埋藏，或以寄附，并限两日尽数赴元丰库、大观库、左藏库、榷货市易务都茶场送纳，金每两价钱二十贯，银每两一贯五百文，先次出给凭据由公据，候事定支还，若限满不赴官送纳，并许诸色人告陈，于告金银内二分，一分充赏，犯人取旨重刑断遣，知情不告与同罪。除开封府见于豪

① 张端义：《贵耳集》卷中。

民之家分认数目送纳外，余遂色目逐家已行科定金银数目指挥，更不施行。①

〔靖康元年十二月〕十一日，有诏：大金军兵已登城，敛兵不下，保安社稷，全活生灵，恩德至厚，今来京城公私所有，本皆大金军前之物，义当竭其所有，尽以犒军。已降圣旨拘收，戚里权贵豪富之家，金帛钱粮犒设大军，自皇后为头。又诏：有能率先竭财犒设大军兵者，令开封府具名奏闻，当议优与官爵。今已差官遍行根括外，切虑人户未能通知，尚且藏匿窖埋，致使本朝有亏信义，或敢如前埋藏，并行军法。②

〔靖康元年（公元一一二六年）十二月〕十四日，士庶纳金帛者纷然，朝廷又命开封府及使臣等于交质库金银匹帛诸铺家至户到摊认拘籍，一铺动以千万两计。③

〔靖康元年十二月二十一日〕是日根括金银，尚未敷数，又诏质库户质金银，并拘入官。④

〔靖康元年十二月〕二十一日，粘罕遣人入城出榜通衢曰：元帅奉北国皇帝圣旨，今者兵马远来，所议事理，业已两国通和，要得金一百二十万两，银一百五十万两。于是金人执开封府尹何㮚分厢拘括民户金银钗钏环钿等，纤悉无遗，如有藏匿不赍出者，动则杀害。⑤

在如此严刑威逼下，人们有一星一点的金银也不敢藏匿，这样搜括起来的金银自然数量巨大：

〔靖康二年（公元一一二七年）正月〕十九日，令权位纳金银，开封府申根括到金十六万两，银二百万两，闻二帅有喜色。是日……开封府以城中金银尽具数结，遂申军前，上极喜，但莫知虏意如何。又云：金凡十三万八千两，银六百万两，表段一百万匹。⑥

① 徐梦莘：《三朝北盟会编》卷三十二。
② 丁特起：《靖康纪闻》。
③ 丁特起：《靖康纪闻》。
④ 丁特起：《靖康纪闻》。
⑤ 辛弃疾：《南渡录》卷一。
⑥ 佚名：《靖康要录》卷十五。

〔靖康二年（公元一一二七年）三月〕十二日，金使移文索金银表段又峻，且云金银表段所须十分未及一分，仰开封府在京坊巷见在人户等数配，限三日纳足，如不服之人，全家押赴军前。先是，金人索在京户口数目，开封府报以七百万户，军中询李若水亦以此对，金人无厌之欲，见京城户口之众，至是乃令将坊巷人户等数配，意欲于七百万户中尽行数配，所得不可胜计也。开封府奉行，莫敢论辨，乃以见在人户随高下配之，欲数原敕，虽细民亦不下金三十锭，银一百锭，表里五百匹，家至户到，分到成数，揭榜门首，督责于日下送纳，小民自知所配太甚，复事出于众，且相戏谑云：假使变甄釜为金银，化屋宇为表段，亦岂能如是敷纳。但金人自以为必得，而准望督责者继踵不绝也。①

北宋亡国后，高宗逃往江南，几经迁播，始定都临安，兵力孱弱，不足以抵挡金兵南下，为求苟安，不得已而赔款求和，岁币为数巨大，主要是金银，全国搜括犹不敷应纳之数，哀求少减：

维宣和五年（公元一一二三年），岁次癸卯，三月甲寅朔，四日丁巳，大宋皇帝致誓书于大金大圣皇帝阙下。……昨以大金大圣皇帝创兴，并有辽国，遣使计议。五代以后陷入契丹燕地，幸感好意，特与燕京、涿、易、檀、顺、景、蓟并属县及所管民户，缘辽国尚为大金所有，以自来与契丹银二十万两，绢三十万匹，并燕京每年所出税利五六分中只算一分，计钱一百万贯文，合值物色，常年般送南京界首交割，色数已载前后往复议定国书，每年并交绿矾二千栲栳，两界侧近人户不得交侵，盗贼逃人彼此无令停止，亦不得密切间谍，诱扰边人。……②

大宋皇帝致问大金皇子郎君辄有诚意，幸加聪察。兹者大军南来，再约盟好，恩义之厚，笔舌难言，赏军之物，又蒙减定，深见委曲欢和之意，叙佩不已。累日下令，于民间根刷金银，告谕之法，不问奴婢亲戚，隐藏之罪，至于籍没家资，专命大臣，明谕祸福，

---

① 丁特起：《靖康纪闻》。
② 佚名：《大金吊伐录》卷一，《南宋誓书》。

分遣庶僚，广行敛取，再得金二十余万两，银二百余万两，通前已报之数，金共五十一万七千余两，银共一千四百三十万二千余两，虽未足六停之数，而实已竭尽公私之藏。金银地宝，生发有时，矿淘沙渍，计以铢两，自非中都宝货所聚，太平积累之久，亦何能有万数之多也。自此朝廷宴设，止有丹漆之器，而市肆饮酌，皆埏埴之资，谅惟皇子郎君通明，必知此详尽，而不在多辞。今者通和大事，既荷讲成，赏军物色，岂敢较计多寡，但以力屈财殚，无可求索，其肯吝惜，以取疑二。若蒙仁哲，深照此情，伏维大军旋斾，且无留滞，又使本朝誓言，永无亏失，全此二美，不亦善乎。……今有府库累世所藏珠、玉、犀、象宝器等物，并金银丝合等物，悉令知枢密院事李梲持去，倘蒙容留，许以准折，尤所愿幸，一听裁决也，其余细琐，令李梲等面布，并少微意，亦令就达左右，伏幸照察。春律尚寒，惟冀加慎，白。①

〔宣和八年（公元一一二六年）正月十日〕诏李梲奉使，郑望之、高世则副之，是日梲至金人军中……斡离不遣燕人王汭等传道语言，谓……今议和，须犒师之物，金五百万两，银五千万两，绢彩各一百万匹，驼[15]骡驴之属各以万计。②

〔宣和八年（公元一一二六年）正月十日〕圣旨：大金国重兵攻打京城，欲尽行杀戮，般取财物，朝廷以生灵为念，遣使议和，只要金银犒设，人马方肯退回，朝廷将一应官司库务见在并文武臣僚之家金银应副外，尚未敷数，今来事不获已，理须权宜措置，庶免吾民肝脑涂地，可应在京士庶之家，将见在金银权行借用，限日下于左藏库送纳，如有隐漏藏匿，并当籍没家财，仍许人告，以所藏之物给半充赏，如纳数多，当议量度于文武官内安排，与理选限，不碍正法，理为官户注授，优便差遣。③

〔宣和八年正月〕二十六日，宰执等裒聚金银，自乘舆服御宗庙供具六宫官府器皿皆竭。又送以服御犀玉腰带，珍珠宝器，珍禽、香茶、锦绮、酒果之类，并以祖宗以来宝藏珠玉等准折，复索之于臣庶之家，金仅及三十万两，银仅及八百万两，于是王孝迪建议，

---

① 佚名：《大金吊伐录》卷一，《遗李梲持宝货物折充金银书》。
② 佚名：《靖康要录》卷一。
③ 佚名：《靖康要录》卷一。

欲尽括在京官吏军民金银，以收籍犒设大金军兵，所为名揭长榜于通衢，立限俾悉输之官，限满不输者斩，许奴婢及亲属诸色人告，以其半偿之，都城大扰。限既满，得金二十余万两，而民间藏蓄，为之一空。①

〔绍兴十一年（公元一一四一年）十一月〕是月，与金国和议成，立盟书，约以淮水中流画疆，割唐、邓二州界之，岁奉银二十五万两，绢二十五万匹，休兵息民，各守境土。②

两宋是古代商品经济蓬勃发展的时期，完全有可能飞跃到一个新的阶段。造成发展的原因，除其他各种条件外，白银取代实物货币而成为本位币资格，是许多原因中的一个重要原因。以前各卷曾多次指出，贵金属的增多是资本主义发展的一个历史前提，宋代正具有了这个前提，不料竟被罗掘得成为一个无金银之国，被搜括得连一星半点也没有了。

第六节　楮　币

楮币就是纸币，是铜钱或铁钱的代用券，因为是用楮皮制造的高级纸张印成的，故简称楮币。原来是模仿唐之飞钱印行的。唐之飞钱不同于现代的银行券——纸币，纸币原是作为黄金的代表，代替黄金在市场上不停地流通转手的，由于黄金在流通中磨损很快，不久便使金币的实际含金量与它的名义重量脱节，从而丧失掉法定价值。为了减少金币的磨损，于是遂以低级金属为辅币或用纸印成黄金代用券。纸币最初都是兑现的，即可随时拿纸币到银行兑换黄金。后来随着各国金本位的放弃，宣布黄金国有，纸币才成为不兑换纸币。但是这种不兑换纸币仍能照样流通无阻，并不像德国经济学家克楠普（Knapp）的"国家货币说"（The State Theory[16] of Money）所解释那样，"不兑换纸币的价值是由国家赋予的"，而是以外汇或其他方式与黄金直接或间接保持着千丝万缕的联系，即保持着某种历史渊源。宋代的楮币不是一般的不兑换纸币——由兑换纸币逐步演变而成的不兑换纸币。宋人把它解释为"纸钱"倒是很确当的：

---

① 佚名：《靖康要录》卷一。
② 《宋史》卷二十九，《高宗本纪六》。

古有三币：珠玉为上，金次之，钱为下。自秦汉专以钱为币，近岁用会子，盖四川交子法持官券耳，不知何人目为楮币，自以为雅通，上下皆效之。……若正言之，犹纸钱也。①

（一）交子

所谓官券，即由官府或由官府特许的私人印发的一种有价证券。《宋史》说："会子、交子之法，盖有取于唐之飞钱。"这个解释是正确的，唐代的飞钱就是近代的汇票，汇款者将现款付银行或其他金融机构后，即可持汇票到指定地点的银行等分支机构兑取现款，从而可以免去自行携带巨款，长途跋涉导致的困难和危险。唐代各郡、州、府每年都必须向中央政府运送财赋和上贡物资，它们在京都皆设有办事机构，商贾行旅如需向外地运送现款，可就近将款交付各州郡在京机构，由其书发票据——飞钱，商贾行旅即可携之轻装走四方，公私两便，这是唐代货币金融制度的一大成就。宋代的交子即仿其意行之，最初由私人开办，后因财力不支，不能兑现，政府才插手接办，改为官营，其经过如下：

会子、交子之法，盖有取于唐之飞钱。真宗时，张咏镇蜀，患蜀人铁钱重，不便贸易，设质剂之法，一交一缗，以三年为一界而换之。六十五年为二十二界，谓之交子，富民十六户主之。后富民资稍衰，不能偿所负，争讼不息。转运使薛田、张若谷请置益州交子务，以榷其出入，私造者禁之。仁宗从其议，界以百二十五万六千三百四十缗为额。②

政府正式接办，是在仁宗天圣元年（公元一〇二三年）：

〔天圣元年（公元一〇二三年）十一月〕戊午，置益州交子务。③

交子务为什么首先设在四川，是经过朝廷反复讨论，并在臣僚中经过一

---

① 周必大：《二老堂杂志》卷四。
② 《宋史》卷一百八十一，《食货志下三》。
③ 《宋史》卷九，《仁宗本纪一》。

番争执之后才确定的，关于益州交子务设置的原因、建立经过以及印制发行情况，可参见下列文献：

〔天圣元年（公元一○二三年）十一月〕初蜀民以铁钱重，私为券谓之交子，以便贸易，富民十六户主之，其后富者资稍衰，不能偿所负，争讼数起。大中祥符末，薛田为转运使，请官置交子务以榷其出入，久不报。寇瑊守蜀，遂乞废交子不复用，会瑊去而田代之，诏田与转运使张若谷度其利害。田、若谷议废交子不复用，则贸易非便，但请官为置务，禁民私造。又诏梓州路提点刑狱官与田、若谷共议，田等议如前，戊午诏从其请，始置益州交子务。[①]

始益州豪民十余万户，连保作交子，每年与官中出夏秋仓盘量人夫。及出修糜枣堰，丁夫物料，诸豪以时聚首，同用一色纸印造，印文用屋木人物。铺户押字，各自隐密题号，朱墨间错，以为私记。书填贯，不限多少，收入人户见钱，便给交子，无远近行用，动及万百贯。街市交易，如将交子要取见钱，每贯割落三十文为利。每岁丝蚕米麦将熟，又印交子一两番，捷如铸钱，收买蓄积，广置邸店、屋宇、园田、宝货，亦有诈伪者，兴行词讼不少，或人户众，来要钱，聚头取索印，关闭门户不出，以至聚众争闹，官为差官拦约，每一贯，多只得七八百，侵欺贫民。知府事谏议大夫寇瑊奏："臣到任诱劝交子户王昌懿等，令收闭交子铺，封印卓，更不书放。直至今年春，方始支还人上钱了当。其余外县，有交子户，并皆诉纳，将印卓毁弃讫。乞下益州，今后民间，更不得似日前置交子铺。"奉圣旨，令转运使张若谷、知益州薛田，同共定夺。奏称："川界用铁钱。小钱每十贯重六十五斤，折大钱一贯，重十二斤。街市买卖，至三五贯文，即难以携持。自来交子之法，久为民便，今街市并无交子行用，合是交子之法，归于官中，臣等相度，欲于益州，就系官廨宇，保差京朝官别置一务。选差专副曹司，拣掏子逐日侵早入务。委本州同判，专一提辖。其交子，一依自来百姓出给者，阔狭大小，仍使本州铜印印记。若民间伪造，许人陈告，支小钱五百贯，犯人决讫，配铜钱界。"奉敕：令梓路提刑王继明与薛

---

① 李焘：《续资治通鉴长编》卷一百一。

田、张若谷同定夺闻，奏称："自住交子后，来市肆经营买卖寥索，今若废私交子，官中置造，甚为稳便。"仍乞铸益州交子务铜印一面。降下益州，付本务行使，仍使益州观察使印记。仍起置簿历。逐道交子，上书出钱数，自一贯至十贯文，合用印过上簿，封押，逐旋纳监官处收掌。候有人户，将到见钱，不拘大小铁钱，依例准折，交纳置库收锁。据合同字号，给付人户，取便行使，每小铁钱一贯文，依例，克[17]下三十文入官。其回纳交子，逐旋毁抹合同簿历。天圣元年（公元一〇二三年）十一月二十八日，到本府，至二年二月二十日，起首书旋。一周年，共书放第二界，三百八十八万四千六百贯。景祐三年（公元一〇三六年），置监官二员轮宿。皇祐三年（公元一〇五一年）二月三日，三司使田况奏："自天圣元年，薛田擘划，兴置益州交子，至今累有臣僚，讲求利害，乞行废罢。然以行用既久，卒难改更，兼自秦州，两次借却交子六十万贯，并无见钱椿管，只是虚行刷印，发往秦州，入中粮草。今来散在民间，转用艰阻，已是坏邻元法，为弊至深。转运司虽收积余钱拨还，更五七年未得了当。却勒第十三界，书造交子，兑换行用，凭虚无信，一至于此。"乞今后更不许秦州借支。奉圣旨依奏。熙宁元年（公元一〇六八年），转运司奏："逐界交子，十分内，纽定六分，书造一贯文。四分书造五百文。重轻相权，易为流转。"奉圣旨依行。①

四川使铁钱，小钱每十贯重六十五斤，折大钱一贯，重十二斤，买卖交易，三五贯是个微小数目，即难以携致，更大的交易，实无法进行，如不用便于携带的代用物，则商业将归于消灭，事理非常明显，而朝廷之上，仍然议论纷纷：

〔真宗朝〕用丁谓奏，起通判亳州。迁殿中侍御史、权三司度支判官，改侍御史、益州路转运使。民间以铁钱重，私为券以便交易，谓之交子，而富家专之，数致争讼。田请置交子务，以榷其出

---

① 李攸：《宋朝事实》卷十五。

入，未报。及寇瑊守益州，卒奏用其议，蜀人便之。①

孙甫字之翰……再举进士及第，为华州推官。……徙知永昌县，监益州交子务，再迁太常博士。蜀用铁钱，民苦转贸重，故设法书纸代钱，以便市易。转运使以伪造交子多犯法，欲废不用。甫曰："交子可以伪造，钱亦可以私铸，私铸有犯，钱可废乎？但严治之，不当以小仁废大利。"后卒不能废。②

蜀人以铁钱重，私为文券，谓之交子，以便贸易。既久，而或不能偿，民讼不已。天圣中，知益州寇瑊请禁之。上曰：蜀民用交子久矣，罢之，可乎？下使者议，以为官置务，则可以利民而止其欺。上曰：果利民，其行之。③

圣策曰：改币以赡邦用，或谓铁不如楮。臣以为楮币今之权宜，不可行之于久，久而可行，不若蜀交子之制，庶几无伪造之弊矣。仁宗时，益州寇瑊欲禁民为交子，仁宗曰：蜀民贸易有无，用交子久矣，一旦罢之可乎？下使者议，以为官置务可以利民而止其争欺，此祖宗用币之意也。为当今之计，用蜀之制必治其欺伪之罪，使猾吏不能欺，而奸人不敢伪，又以今之钱币兼而用之，申冶人销毁之禁，严边鄙遗弃之制，行之于久，可以无弊。④

陕西是行使交子的重点区域，因发行太多，遂造成严重的通货膨胀。神宗熙宁中，旧券届期未收回，又发新界，于是交子同时发两界，现钱不足，物价大涨，给人民造成极大损失，经过争论，终于在熙宁四年（公元一〇七一年）罢陕西见行交子法：

〔熙宁四年夏四月癸亥〕诏罢陕西见行交子法。先是陕西军兴，转运司患钱不足，沈起请限以半岁，令民尽纳铜铁钱于官，而易以交子，候三五岁边事既息，复还民钱，宣抚司奏行之，知邠州张靖数言其不便，会李评、张景宪出使延州，因令访利害，评等奏如靖言，景宪谓交子之法，可行于蜀，不可行于陕西，将使细民流离失

① 《宋史》卷三百一，《薛田传》。
② 《宋史》卷二百九十五，《孙甫传》。
③ 曾巩：《隆平集》卷三。
④ 蔡戡：《定斋集》卷十一，《廷对策》。

业，无以为生，故罢之。①

〔熙宁〕五年（公元一○七二年），交子二十二界将易，而后界给用已多，诏更造二十五界者百二十五万，以偿二十三界之数，交子有两界自此始。时交子给多而钱不足，致价太贱，既而竟无实钱，法不可行。而措置熙河财利孙迥言："商人买贩，牟利于官，且损钞价。"于是，罢陕西交子法。②

〔熙宁七年（公元一○七四年）六月壬辰〕中书言，陕西缘边熙宁六年（公元一○七三年）入纳钱五百二十三万余缗，给盐钞九十万二千七百一十六席，而民间实用四十二万八千六百一席，余皆虚钞，虽有条约，须纳钱方给钞，以钱市粮草，缘官中阙钱，监籴之官务办年计，不免止以钞折兑粮草，虽有臣僚上言乞复行交子，多云每年出钱可百万缗，此不知行交子之意，今若于陕西用交子，止当据官所有见钱之数印造，假如于边上入中万缗，却愿于某州军纳换，即须某州军纳换处有钱万缗画时应副支给，如此则交子与钱行用无异，即可救缓急及免多出盐钞虚抬边籴之弊。诏永兴路皮公弼、秦凤路熊本并兼提举，推行本路交子，仍以知邠州朱迪提举永兴秦凤两路推行交子。③

南宋时期，交子、会子主要行使于两淮地区，亦因印发太多，致商贾不行，淮民为之大困，政府遂不得不极力整顿，其发行情况有如下述：

两淮会子者，乾道二年（公元一一六六年）夏，初令户部印给二百万缗，谓之交子，不得过江。八年（公元一一七二年）秋，以交子易坏，始出行在会子收兑。绍兴三年（公元一一三三年）夏，议者以淮上铁钱多，欲革其币，会赵子直为吏部尚书，与从官陈进叔、罗春伯、谢子肃等合奏，乞印造两淮会子三万贯付于两路，每贯铁钱七百七十，淮东二分，淮西一分，依湖北例，三年一对，更不申展，事下两省台谏议，而尤延之等议以为可，遂施行之。其会

---

① 李焘：《续资治通鉴长编》卷二百二十二。
② 《宋史》卷一百八十一，《食货志下三》。
③ 李焘：《续资治通鉴长编》卷二百五十四。

子仍分一贯、五百、二百者，凡三等，许转至江、池、太平、常州、建康、镇江府、兴国、江阴军界内行应用，两淮上供，及户部钱物，并榷发见钱。三年，令淮南漕司桩管，而沿江八州军合发上供一半会子，则许用交子通融，起发于江淮东西所桩管焉。盖自绍兴辛巳（绍兴三十一年，公元一一六一年）二月以后，至绍兴壬子（绍兴三十二年，公元一一六二年）[18]八月以前，行在湖北两淮，创行交会，总为四千九百六十余万缗，已敌蜀中之数矣。①

绍兴末，会子未有两淮、湖广之分，其后会子太多而本钱不足，遂致有弊。乾道二年，诏别印二百、三百、五百、一贯交子三百万，止行用于两淮，其旧会听对易。凡入输买卖，并以交子及钱中半。如往来不便，诏给交子、会子各二十万，付镇江、建康府榷货务，使淮人之过江、江南人之渡淮者，皆得对易循环以用。然自绍兴末年，铜钱禁用于淮而易以铁钱，会子既用于淮而易以交子，于是商贾不行，淮民以困。右司谏陈良佑言交子不便，诏两淮郡守、漕臣条其利害，皆谓所降交子数多，而铜钱并会子不过江，是致民旅未便。于是诏铜钱并会子依旧过江行用，民间交子许作见钱输官，凡官交，尽数输行在左藏库。三年（公元一一六七年），诏造新交子一百三十万，付淮南漕司分给州军对换行使，不限以年；其运司见储交子，先付南库交收。绍熙三年（公元一一九二年），诏新造交子三百万贯，以二百万付淮东，一百万付淮西，每贯准铁钱七百七十文足，以三年为界。庆元四年（公元一一九八年），诏两淮第二界会子限满，明年六月，更展一界。嘉定十一年（公元一二一八年）造两淮交子二百万，增印三百万。十三年（公元一二二〇年），印二百万，增印一百五十万。十四年、十五年（公元一二二一年、一二二二年），皆及三百万。自是其数日增，价亦日损，称提无术，但屡与展界而已。②

〔乾道二年（公元一一六六年）〕是夏初令户部印给交子三百万缗，行于两淮，不得过江南。③

① 李心传：《建炎以来朝野杂记》甲集卷十六。
② 《宋史》卷一百八十一，《食货志下三》。
③ 《皇宋中兴两朝圣政》卷二十九。

〔绍熙三年〕八月甲寅，诏两淮行铁钱交子。[①]

〔嘉泰三年（公元一二〇三年）夏四月〕丙午，出封桩库两淮交子一百万，命转运司收民间铁钱。[②]

（二）会 子

南宋时印行的楮币名为会子，是将川钱法行之于东南诸路。高宗绍兴三十年（公元一一六〇年）开始印行，初印时数量不多，与铜钱并用，且随时以银、钱兑换，故信用颇佳，流通甚畅，特在京城临安置行在会子务，用特种纸张，精工印制，与铜钱并行，所有上供、军需、一切财赋收入和支出，并同见钱，票面额亦不大，分一千、二千、三千凡三等，特赐左帑钱十万缗为本，以随时兑换，故发行后迅即流行于淮、浙、湖北、京西诸州，这是宋代楮币中最受欢迎的一种，在市面上供不应求，其发行经过及初行情况，可由下引记载中看出：

〔绍兴三十年（公元一一六〇年）〕十二月乙巳朔，初行会子于东南。[③]

〔绍兴三十年十二月〕令临安府印造会子于城内外，与铜钱并行。[④]

〔绍兴三十一年（公元一一六一年）二月〕丙辰，置行在会子务，后隶都茶场，悉视川钱法行之东南诸路，凡上供军需，并同见钱，仍分一千、二千、三千凡三等，盖权户部侍郎钱端礼主行之，仍赐左帑钱十万缗为本。初命徽州造会子纸，其后造于成都。[⑤]

会子库：在本务，绍兴三十一年，诏临安府置会子务，隶都茶场，悉视川钱法行之，用户部侍郎兼知临安府钱端礼之请也。中经省并，以榷务门官兼领。绍定三年（公元一二三〇年）复，五年（公元一二三二年）因毁重建，以都司官提领，工匠凡二百四人，日印则取纸于左帑，而以会归之。自咸淳以来，朝廷措置住造，钱

① 《宋史》卷三十六，《光宗本纪》。
② 《宋史》卷三十八，《宁宗本纪二》。
③ 《宋史》卷三十一，《高宗本纪八》。
④ 刘时举：《续宋编年资治通鉴》卷六。
⑤ 李心传：《建炎以来系年要录》卷一百八十八。

关止于元年（公元一二六五年）之五月，十八界止于三年（公元一二六八年）之三月。①

〔绍兴三十一年秋七月〕乙未，行新造会子于淮、浙、湖北、京西诸州。②

〔绍兴三十有一年秋七月〕乙未，诏新造会子，许于淮、浙、湖北、京西路州军行使，除亭户盐本钱并支见钱外，其不通水路州军，上供等钱，许尽用会子解发，沿流诸州军，钱会各半，其诸军起发等钱，并以会子品搭支给，用户部请也。③

为了防止奸人伪造仿制，特颁布《伪造会子法》。所用会纸，系由徽、池特别精工制造，后又造于成都和临安。会子初行时范围不广，只限于淮、浙、湖北、京西，一时凡不通漕运之处，不能用舟船将上供物资运往京都之处，上供等钱许尽输会子，其后沿流州军，钱、会中半，至于民间典卖田宅、牛马、舟车等皆可以不使铜钱，完全用会子支付，这时会子发挥着货币的各种功能。

〔绍兴〕三十二年（公元一一六二年），定伪造会子法。犯人处斩，赏钱千贯，不愿受者补进义校尉。若徒中及庇匿者能告首，免罪受赏，愿补官者听。当时会纸取于徽、池，续造于成都，又造于临安。会子初行，止于两浙，后通行于淮、浙、湖北、京西。除亭户盐本用钱，其路不通舟处上供等钱许尽输会子；其沿流州军，钱、会中半；民间典卖田宅、马牛、舟车等如之，全用会子者听。④

孝宗隆兴元年（公元一一六三年），诏会子以"隆兴尚书户部官印会子之印"为文，更造五百文会，又造二百、三百文会。置江州会子务。⑤

会子代替铜钱畅通无阻，这在货币制度上是一个很大的进步。有了携带

---

① 潜说友：《咸淳临安志》卷九，《监当诸局》。
② 《宋史》卷三十二，《高宗本纪九》。
③ 李心传：《建炎以来系年要录》卷一百九十一。
④ 《宋史》卷一百八十一，《食货志下三》。
⑤ 《宋史》卷一百八十一，《食货志下三》。

方便的会子，商贾行旅解除了铜钱笨重难致，不便携带的困难，从此千百万巨款变为几张会纸，可以携之轻装趋四方，而商货亦可从此不停地从一个市场转往另一个市场，可以真正做到富商大贾，周流天下。由货币经济的发展，带动整个商品经济的发展是完全可能的。其次，由于会子代替了铜钱当作主要货币，从而大大降低了铜钱的流通速度和流通数量，这样一向无法制止的铜钱外泄便自然停止：

> 逆虏每以土产之微物，于榷场多方换易铜钱，彼无用也，徒以国家以此为宝，故欲多藏以困我。今闻会子可以代铜钱，已足以伐其谋矣。愿陛下于此更加审订，使其流通无弊，然后可以为经久之利。臣谓若许民间输纳官赋、交易物产、典解出赎尽用会子，更立法以禁其减价，则会子可以通行矣。若使民间全用会子输官，则富家将以所蓄之铜钱买会子矣，会子既出，则铜钱必盈溢于官库，是亦收铜钱之一法也。①

绍兴三十一年（公元一一六一年），初行会子时，系银钱与会子品搭行使，国库须有充足的现金准备，遇到会子在各地周转不畅时，即须由国库降银钱收之。而收换破会，亦须有大量现款。国库经常要有百分之百的准备，是不符合纸币发行原则的，到孝宗时，臣僚议论纷纷，建议改革，且"印造之权既长，印造之数日益"。在藏库，须随时降银钱收之，则等于是在流通银钱，而不是在流通会子，更失去了发行会子的意义，故改革势在必行。其前后经过情形，大致如下：

> 〔绍兴三十年（公元一一六〇年）十有二月乙巳〕初，命临安府印造会子，许于城内外与铜钱并行，至是权户部侍郎兼知府事钱端礼乞令左藏库应支见钱，并以会子分数品搭应副，从之，东南用会子自此始。②
>
> 初，襄、郢等处大军支请，以钱银品搭。孝宗隆兴元年（公元一一六三年），始措置于大军库储见钱，印造五百并一贯直便会子，

---

① 史浩：《临陛辞日进内修八事札子：不废会子》，《鄮峰真隐漫录》卷九。
② 李心传：《建炎以来系年要录》卷一百八十七。

发赴军前，并当见钱流转。印造之权既专，印造之数日益；且总所所给止行于本路，而荆南水陆要冲，商贾必由之地，流通不便。乾道三年（公元一一六七年），收其会子印板。四年（公元一一六八年），以淮西总所关子二十万，都茶场钞引八十万，付湖北漕司收换，输左藏库，又命降银钱收之。五年（公元一一六九年），诏户部给行在会子五十万，付荆南府兑换。淳熙七年（公元一一八〇年），诏，会子库先造会子一百万，降付湖广总所收换破会。十一年（公元一一八四年），臣僚言："湖北会子创于隆兴初，迄今二十二年，不曾兑易，称提不行。"诏湖广总领同帅、漕议经久利便。帅、漕、总领言："乞印给一贯、五百例湖北会子二百万贯，收换旧会，庶几流转通快，经久可行。"从之。十三年（公元一一八六年），诏湖广会子仍以三年为界。绍熙元年（公元一一九〇年），诏湖广总所将见行及桩贮新旧会取数，仿行在例立界收换。饷臣梁总奏："自来不曾立界，但破损者即行换易，除累易外，尚有五百四十余万，见在民间行用。乞别样制作两界，印造收换。"从之。嘉定五年（公元一二一二年），湖广饷臣王釜，请以度牒、茶引兑第五界旧会、每度牒一道，价千五百缗，又贴搭茶引一千五百缗，方许收买，期以一月。然京湖二十一州，止置三场，不便。制臣刘光祖乃总所以第六界新会五万缗，令军民以旧楮二而易其一；继又令军民以一楮半而易其一；又请于朝添给新楮十万，军民赖之。十四（公元一二二一年）年，造湖广会子三十万易破会。十七年（公元一二二四年），造湖广第六界会子二百万。嘉熙二年（公元一二三八年），拨第七界湖会九百万付督视参政行府。宝祐二年（公元一二五四年），拨第八界湖会三百万贯付湖广总所，易两界破会，自后因仍行之。①

〔乾道二年（公元一一六六年）十一月〕己酉，尽出内藏及南库银以易会子，官司并以钱银支遣，民间从便。两淮总领所许自造会子。鬻诸路营田。②

〔乾道三年（公元一一六七年）正月甲辰〕中书门下省言，昨来支降交子，付两淮行使，缘所降数目过多，及铜钱并会子不许过

---

① 《宋史》卷一百八十一，《食货志下三》。
② 《宋史》卷三十三，《孝宗本纪一》。

江，是致民旅未便，今措置令铜钱会子依旧任便行使，应官司见在未支交子，今差人管押，赴左藏库交纳。①

乾道三年，除起居舍人兼权中书舍人，迁起居郎。寻除左司谏。首言会子之弊，愿捐内帑以纾细民之急。上曰："朕积财何用，能散可也。"慨然发内府白金数万两收换会子，收铜板勿造，军民翕然。未几，户部得请，改造五百万。又奏："陛下号令在前，不能持半岁久，以此令民，谁能信之？岂有不印交子五百万，遂不可为国乎？"既而又欲造会子二千万，屡争之不得，遂请以五百万换旧会，俟通行渐收之，当使不越千万之数。②

〔淳熙二年（公元一一七五年）三月〕是月降会子五十万贯付两淮收换铜钱。③

〔乾道五年（公元一一六九年）十二月〕降会子二十万贯行两淮漕司，收换铜钱，两淮州郡，并以铁钱及会子付使。④

尽管政府经常以银钱收兑会子，而会子流通中仍有种种弊端，宋人文集中讨论这一类问题的文章多不胜举，这里引彭龟年文集中一个短篇为例，以略见当时对这个问题的议论纷纭情况：

臣窃惟国家兴创会子，所以济钱币之乏，若官司有以权之，使之流通不壅，然后缓急可恃。臣闻湖广总领所会子，当来立法，止是许于湖北京西界内行使，其襄汉[19]戍兵月得料钱，全靠客旅贸易，其会子止到鄂州便著兑使，而官司无以权之，遂使坐贾之人乘其急遽，低价以售，用是一贯会子止可得五百左右现钱。会子既轻，商旅不行，故戍兵所得会子愈难变转，而会子益轻矣，万一缓急，岂不害事？欲望圣慈，行下湖广总领所，多方措置，须使现钱会子官私流通，便商旅兴贩之利，免戍卒折阅之怨，不胜幸甚。⑤

---

① 《皇宋中兴两朝圣政》卷四十六。
② 《宋史》卷三百八十八，《陈良祐传》。
③ 《皇宋中兴两朝圣政》卷五十四。
④ 《皇宋中兴两朝圣政》卷四十七。
⑤ 彭龟年：《止堂集》卷六，《论湖北京西楮币疏》。

彭龟年所论述的虽然止是湖北、京西情况，其他各地均与此大同小异。政府开支浩繁，收入有限，迫于急需，又不得不印行纸币，"朝廷给会子数多"，郡县即难免科配，强制推行，种种弊端，由此而生，甚至造成"民皆闭门牢避，行旅持券终日，有不获一物者"。弄得会子满天飞，已形同废纸，臣僚们各抒己见，纷纷陈奏，事态的发展情况和问题的严重性，有如下述：

〔淳熙五年（公元一一七八年）三月〕是春诏会子以一千万缗为一界，寻又诏如川钱引例，两界相袭行。①

〔乾道六年（公元一一七〇年）闰五月〕是月诏诸州入纳解发，并用钱会中半。②

〔淳熙十年（公元一一八三年）十一月丁丑〕言者谓自乾道五年（公元一一六九年）降会子付两淮收换铜钱，又节次支舒蕲铁钱换易，凡十六次指挥，至今十五年，私渡铜钱常自若也，乞多给会子，立限尽换，诏两淮各支降会子一十万贯，限两月收换，其换到铜钱，淮东赴镇江，淮西赴建康，送纳桩管。③

〔庆元元年（公元一一九五年）〕七月，除户部郎官，湖广总领……又论钱币甚悉，谓资泉取其流通，今自裂而三之，东南则用行在会子，两淮则用铁钱会子，湖北会子则又异于二者，是使商旅不通，嗟怨相闻，不若罢两淮湖北会子，其在民间，用行在官会收之，俟收两处会子尽绝，则官会通行，实为利便。④

自军兴费广，朝廷给会子数多，至是折阅日甚。朝论颇严称提，民愈不售，郡县科配，民皆闭门牢避。行旅持券，终日有不获一钱一物者。诏令侍从、台省，条上所见。畴若奏曰："物少则贵，多则贱，理之常也。曷若令郡县姑以渐称提，先收十一界者消毁，勿复支出。上下流通，则不待称提矣。"由是峻急之令少宽。⑤

官会子之作，始于绍兴三十年（公元一一六〇年）。钱端礼为户部侍郎，委徽州创样撩造纸五十万，边幅皆不剪裁。初以分数给

<hr>

① 《皇宋中兴两朝圣政》卷五十六。
② 《皇宋中兴两朝圣政》卷四十八。
③ 《皇宋中兴两朝圣政》卷六十。
④ 楼钥：《文华阁待制杨公行状》，《攻愧集》卷九十一。
⑤ 《宋史》卷四百十五，《黄畴若传》。

朝士俸，而于市肆要闹处置五场，辇见钱收换，每一千别输钱十，以为吏卒用。商贾入纳，外郡纲运，悉同见钱。无欠数陪偿及脚乘之费，公私便之。既而印造益多，而实钱浸少，至于十而损一，未及十年，不胜其弊。寿皇念其弗便，出内库银二百万两售于市，以钱易楮焚弃之，仅解一时之急，时乾道三年（公元一一六七年）也。淳熙十二年（公元一一八五年），迈自婺召还，见临安人揭小帖，以七百五十钱兑一楮，因入对言之，喜其复行。天语云："此事惟卿知之，朕以会子之故，几乎十年睡不著。"然是后囊弊又生，且伪造者所在有之。及其败获，又未尝正治其诛，故行用愈轻。迨庆元乙卯（庆元元年，公元一一九五年），多换六百二十，朝廷以为忧。诏江浙诸道必以七百七十钱买楮币一道。此意固善而不深思，用钱易纸，非有微利，谁肯为之？因记崇宁四年（公元一一〇五年）有旨，在京市户市商人交子，凡一千许损至九百五十，外路九百七十，得贸鬻如法，毋得辄损，愿增价者听。盖有所赢缩，则可通行，此理固易晓也。[①]

（三）关　子

关子是南宋高宗绍兴元年（公元一一三一年）在浙江婺州行使的一种纸币。发行这种纸币的原因，是由于在婺州屯兵，所需军费理须桩办，但行在至婺州不通水路，无法用舟船搬运，遂仿行过去实行过的便钱之法，印行见钱关子，降付婺州，召人入中。婺州当局收到入中钱粮后，发给见钱关子，可赴杭越榷货务兑取见款。这本是一种汇票性质的发货单据，以其可到杭越榷货务兑取见款，故亦在市场以一种有价证券性质，当作货币流通，在兑取见款时，每千钱搭十钱为优润，是一种汇费性质。其发行经过，有如下述：

〔绍兴元年（公元一一三一年）冬十月〕壬午，初置见钱关子，招人入中，以给军食。[②]

高宗绍兴元年，有司因婺州屯兵，请桩办合用钱，而路不通舟，钱重难致。乃造关子付婺州，召商人入中，执关于榷货务请钱，愿

---

① 洪迈：《容斋三笔》卷十四，《官会折阅》。
② 《宋史》卷二十六，《高宗本纪三》。

得茶、盐、香货、钞引者听。于是州县以关子充籴本，未免抑配，而榷货务又止以日输三分之一偿之，人皆嗟怨。六年（公元一一三六年），诏置行在交子务。臣僚言："朝廷措置见钱关子，有司浸失本意，改为交子，官无本钱，民何以信？"于是罢交子务，令榷货务储见钱印造关子。二十九年（公元一一五九年），印公据、关子，付三路总领所：淮西、湖广关子各八十万缗，淮东公据四十万缗，皆自十千至百千，凡五等。内关子作三年行使，公据二年，许钱银中半入纳。①

〔绍兴元年冬十月〕壬午，尚书省言，近分拨神武右军往婺州屯驻，合用钱理须桩办，缘行在至婺州不通水路，难以津搬，契勘便钱之法，自祖宗以来行于诸路，公私为便。比年有司奉行，不务经久，致失信于民，今来军兴调度，与寻常事体不同，理当别行措置。诏户部印押见钱关子降付婺州，召人入中，执关子赴杭越榷货务请钱，每千搭十钱为优润，有伪造者依川钱引抵罪，东南会子法盖张本于此。②

〔绍兴六年五月〕乙酉，改交子为关子，罢交子务。③

〔绍兴六年六月乙卯〕诏交子务官吏依已降指挥并罢，初用台谏及近臣议改交子为籴本关子，而榷货务提辖官魏彦弼言，本路受纳钱物浩瀚，若印押关子，委与职事相妨，乞且令交子务印造，朝廷从之。言者论自巡幸以来，凡用见钱关子并系本务印造，而彦弼避事，妄有陈乞，勒令分析，于是遂罢。④

〔绍兴二十九年（公元一一五九年）五月〕丁卯，命印给三总领所见钱公据、关子，许商人入纳。⑤

关子初行时，系向榷货务入纳见钱，兑换关子，故称见钱关子，作用同于见钱，而无铜铁钱运致之劳，故颇受商民欢迎，流通甚畅，但是政府不能坚守信用，榷货务不能桩入足够籴本，商民以见钱入中后，不能取得足额见

①　《宋史》卷一百八十一，《食货志下三》。
②　《皇宋中兴两朝圣政》卷十。
③　《宋史》卷二十八，《高宗本纪五》。
④　《皇宋中兴两朝圣政》卷十九。
⑤　《宋史》卷三十一，《高宗本纪八》。

款，榷货务止以日纳钱三分之一偿之，阻滞者多，人皆怨嗟，而关子积压难出，又不免向民间以等第科俵，及执关子赴临安府榷货务请领见钱，而官中却无见钱兑现，除有等守留滞之患外，而所得才能六七，诸如此类的弊端不一而足，人民怨咨，关子滞行，有关情况有如下述：

〔绍兴五年（公元一一三五年）春正月丁巳〕诏榷货务每日入纳钱以其半支给见钱关子，用权户部尚书章谊请也。时州县以关子抑配民间，充籴本，榷货务又止以日纳钱三分之一偿之，阻滞者多，人皆嗟怨，故谊以为请。①

〔绍兴五年二月乙亥〕殿中侍御史张绚言……臣契勘军兴之际，诸路除预借坊场折帛钱米外……又有贴纳关子……此朝廷所不知也。贴纳关子钱者，当时户部之意，止谓搬运见钱脚重，民间却有愿来临安府就请者，乃以关子为公私两便之用。今乃不然，民间多有不愿兑便者，州县不免以等第科俵，及执关子赴临安府榷货务请领，则官司却无见钱，惟有等守留滞之患，而所得十才六七。……所以浙西之民，多有怨咨。②

〔绍兴二十有九年（公元一一五九年）五月丁卯〕户部侍郎赵令让等言，诸路屯驻大军，例当贴降钱应副，欲下榷货务场印给公据关子，赴三路总领所，招诱客人等，请淮西、湖广各关子八十万缗，淮东公据四十万，皆自十千至百千凡五等，内关子作三年行使，公据作二年，许钱银中半入纳，依自来国润分数，从之。③

〔绍兴三十年（公元一一六〇年）〕六月庚戌，复出诸军见钱关子三百万缗，听商贾以钱银请买。④

咸淳四年（公元一二六八年），以近颁见钱关子，贯作七百七十文足，十八界每道作二百五十七文足，三道准关子一贯，同见钱转使，公私擅减者，官以赃论，吏则配籍。五年（公元一一六九年），复申严关子减落之禁。七年（公元一一七一年），以行在纸局

① 李心传：《建炎以来系年要录》卷八十四。
② 李心传：《建炎以来系年要录》卷八十五
③ 李心传：《建炎以来系年要录》卷一百八十二。
④ 《宋史》卷三十一，《高宗本纪八》。

所造关子纸不精，命四川制使抄造输送，每岁以二千万作四纲。[①]

(四) 钱 引

钱引是由四川印发的一种纸币，其前身就是交子，后因交子滥发过多而大量贬值，变成了一些一文不值的烂纸，以致无法收拾，乃取消交子，改印钱引。钱引，意谓与钱并用，可随时兑见。其最初印制情况，下文曾略叙其梗概：

> 四川钱引，旧成都豪民十六户主之，天圣元年（公元一〇二三年）冬，始置官交子务，每四年两界印给一百二十五万。崇观间，陕西用兵，增印至二千四百三十万缗，由是引法大坏，每兑界以四引而易其一，蔡京患之。大观元年（公元一一〇七年）夏，改交子为钱引，旧交子皆毋得兑，三年（公元一一〇九年）秋，诏复以天圣年额为准。建炎初，靳博文为益漕，以军食不继，始以便宜增印钱引六十三万缗，其后张忠献、卢立之、席大光相继为帅，率增印矣。绍兴七年（公元一一三七年）夏，诏四川不得泛印钱引，然边备空虚，泛印卒如故。十年（公元一一四〇年）春，用楼仲辉议，诏印钱引者徒二年，不以赦免。未数月，以赡军钱阙，又命印五百万缗。十二年（公元一一四二年），郑亨仲复奏增四百万缗，三十年（公元一一六〇年），军事将起，王赡叔增印一百七十万缗，明年，虞并甫宣谕川、陕，亦增印一百万缗。绍熙二年（公元一一九一年），以年兑界，增还计所一百七十万缗。庆元三年（公元一一九七年），三路旱，复减放，又增一百万缗。今前后两界共尽收钱引四千九百万缗有奇。其法自一千至五百凡二等，每引钱一千，民间直铁钱七百已上，而输官则一千二百八十云。[②]

四川改行钱引后，最初还能履行诺言，并大量鼓铸铜钱，规定："官买银两，听民以钱引或铜钱买之，凡民钱当入官者，并听用引折纳，官支出亦如是。民用钱引购物时，在一千并五百以上，许从价增高其值，惟不得减削"，

---

① 《宋史》卷一百八十一，《食货志下三》。
② 李心传：《建炎以来朝野杂记》甲集卷十六，《四川钱引》。

可见钱引在市场比银、钱还受欢迎。由于印数有限，引不易得，益为群众所宝贵。其概况可由下引看出：

〔开〕又法成都府法，于秦州置钱引务，兴州鼓铸铜钱，官卖银绢，听民以钱引或铜钱买之。凡民钱当入官者，并听用引折纳，官支出亦如之。民私用引为市，于一千并五百上许从便增高其直，惟不得减削。法既流通，民以为便。初，钱引两科通行才二百五十万有奇，至是添印至四千一百九十余万，人亦不厌其多，价亦不削。宣司获伪引三十万，盗五十人，〔张〕浚欲从有司议当以死，开白浚曰："相君误矣。使引伪，加宣抚使印其上即为真。黥其徒使治币，是相君一日获三十万之钱，而起五十人之死也。"浚称善，悉如开言。①

〔绍兴三年（公元一一三三年）冬十月甲午〕川、陕宣抚司随军转运使赵开增印钱引二百万缗，于夔路市粮及金银，以宣抚司于恭、涪州籴米三十万斛故也。俄又增印二百万缗。②

〔绍兴六年（公元一一三六年）冬十月〕壬子，四川制置大使席益，以便宜增印钱引三百万缗市军储，制司增印钱引始此。③

但是好景不长，随着钱引的滥发，上述情况转瞬即逝。地方当局和驻军统帅竞相增印，钱引亦和其他三种纸币一样，为害无穷。对此，一时议论纷纭，各陈改弊之由和挽救之策：

〔建炎二年（公元一一二八年）六月〕乙卯，成都府路转运判官靳博文权罢邛州铸铁钱，以其岁用本钱二十一万缗，而所铸才十一万缗，得不偿费故也。先是成都府钱引务，每届书放钱引一百二十五万余缗，崇观间，西事既起，由是泛印，增多至二千六百万余缗，而引法大坏，朝廷知之，乃诏以天圣为印所准，至是博文以利州路增屯西兵，军食不继，权罢鼓铸，不待报遂行，复以便宜增印

---

① 《宋史》卷三百七十四，《赵开传》。
② 李心传：《建炎以来系年要录》卷六十九。
③ 《皇宋中兴两朝圣政》卷二十。

钱引六十二万缗，自后诸大臣相继视师，率增印矣。①

〔建炎三年（公元一一二九年）十有一月〕己酉，宣抚处置使张浚以便宜增印钱引一百万缗，以助军食，其后八年间累增二千五十四万缗，浚又置钱引务于秦州，以佐边用。②

〔绍兴七年（公元一一三七年）五月己丑〕中书言，四川钱引，近来印数多虑害成法，诏禁止，令置制大使司觉察，如违重置典宪。四川钱引，旧书放两界，为二百五十一万余缗，至是通行三界，为三千七百八十余万缗，故条约焉。③

〔绍兴十年（公元一一四〇年）三月〕戊子，诏成都府钱引务增印钱引五百万道，付宣抚司，以四川转运副使陈远猷言，赡军钱阙四百二十万缗故也。④

〔绍兴〕十五年（公元一一四五年），置利州绍兴监，岁铸钱十万缗以救钱引。⑤

川引自张浚开宣府，赵开为总饷，以供籴本，以给军需，增印日多，莫能禁止。……盖前宋时，蜀交出放两界，每界一百二十余万。今三界通行，为三千七百八十余万，至绍兴末，积至四千一百四十七万余贯；所贮铁钱，仅及七十万贯，以盐酒等阴为称提。是以饷臣王之望亦谓添印钱引以救目前，不得不为朝廷远虑。诏添印三百万，之望止添印一百万。⑥

窃见近降指挥西川总领所，于见管铸到绍兴铁钱内，起一百方赴淮东西总领所纳，应副行使者。两浙曲折，虽不能尽知，难以遥度，惟是四川见今行使钱引，全借见钱为之秤提，民间方通贸易。自天圣间，官置交子务之后，禁民私造，每界印一百二十五万六千有奇，三年一界，当满则以新换旧，至熙宁五年（公元一〇七二年），已兼放新旧两界。又自绍圣、崇观以来，至于今日，节次增印，通两界共四千三百余万道，而鼓铸铁钱场监，惟嘉、邛、利三

① 李心传：《建炎以来系年要录》卷十六。
② 《皇宋中兴两朝圣政》卷六。
③ 李心传：《建炎以来系年要录》卷一百十一。
④ 李心传：《建炎以来系年要录》卷一百三十四。
⑤ 《宋史》卷一百八十，《食货志下二》。
⑥ 《宋史》卷一百八十一，《食货志下三》。

州，又以工役薪炭锡铁，所费不资，不能常铸，其于秤提，较之所印钱引，百无一二。今钱引日增，见钱日削，则官司给纳，民间贸易，合零凑数，何以相济？盖八九百之直须假钱引，或四五百之数必以见钱，傥见钱日削，贸易不成，恐虽有钱引，民不能用，是钱引之法，自此坏矣。[1]

可见交子、会子、关子、钱引等先后发行的纸币，最初都是有保证、可兑换的，故初行时都受到人民群众的欢迎，这样的情况原是很自然的。因为铜钱虽是主币，铸造数量亦为数巨大，但由于大量销毁和外泄，一经投放市场，转瞬即四散消失，致铜钱异常短阙，事实上等于没有铜钱在流通，不得已乃大量铸铁钱。这种低劣货币，价值微小，三五贯所值无几，体积笨重，无法携带。交易中没有货币，交易必然中断，在一个商品经济正在跃起发展的时期，没有一个便利的货币制度与之相辅而行是不可想象的。适应着这一客观需要，纸币遂应运而生，交子等四种纸币最初都受到人民欢迎就不难理解，可以说是宋人对货币制度的一大贡献，使中国成为世界上使用纸币最早的国家之一。可惜主持发行的朝廷和地方官府，不了解货币原理，不懂得发行纸币必须遵守的原则，不守信用，完全根据财政需要而无限制滥发，故一种纸币刚刚畅行之后，即迅速贬值到一文不值，结果，每一种纸币都是以成功开始，以彻底失败告终。

---

[1]　汪应辰：《乞免解发铁钱赴两淮书》，《文定集》卷十三。

第八章　农业中商品生产的发展与资本主义经济因素的增长及消灭

第一节　宋代茶叶产销的空前发展

茶是农业中首先发展起来的商品，茶的种植成为一种专业化的农业生产，茶的焙制作为一种农产品加工，是农业中唯一的一种专门化的商品生产。

中国人饮茶起源很早。茶亦很早即见诸记载，惟普遍饮茶系开始于唐，中唐以后，茶成了人们的生活必需品，史称"嗜好之切，无异米盐"，故当时周流天下的富商大贾，十之八九都是贩运茶叶的茶商。茶在唐时不仅有广大的国内市场，并有广大的国外市场。茶的生产成为很有发展前途的一种商品生产，具有缓慢地向资本主义转化的可能。可惜在安史之乱以后，唐代的社会动荡不定，继之以晚唐的大混乱、大屠杀，这样，一点微弱的商品经济和初露端倪的一点资本主义经济因素，便首当其冲地被扑灭净尽。

进入宋代以后，一切破坏因素都消失了。茶是农产品，在新的阳光雨露之下又茁壮生长了。新的社会环境、新的社会风尚、新的生活习惯，对茶的需求突然增加了，而且增加之势又异常迅猛，各地的名茶在国内市场和国外市场上都是供不应求，成为市场上的紧俏商品。国内外市场对茶的数量和品质需求，使各地名茶不仅力求产量多，而且力求焙制精，因而在焙制技术上达到登峰造极的地步。宋徽宗曾著有《大观茶论》二十篇，对全国各地名茶一一品评其优劣，指出各自的特点，成为中国最早的一部评论茶的专书。叙文中首先论述了宋代饮茶之风特别兴盛的原因和焙制技术的高超：

> 尝谓首地而倒生，所以供人之求者，其类不一，后粟之于饥，丝枲之于寒，虽庸人孺子皆知常须而日用，不以岁时之逴遰，而可以兴废也。至若茶之为物，擅瓯闽之秀气，钟山川之灵禀，祛襟涤滞，致清导和，则非庸人孺子之可得而知矣；冲澹简洁，韵高致静，

则非遑遽之时而好尚矣。本朝之兴，岁修建溪之贡，龙团凤饼，名冠天下，婺源之品，亦自此盛。延及于今，百废俱举，海内晏然，垂拱密勿，俱致无为，荐绅之士，韦布之流，沐浴膏泽，薰陶德化，咸以高雅相从事茗饮，故近岁以来，采择之精、制作之工、品第之胜、烹点之妙，莫不咸造其极。且物之兴废，固有自然，亦系乎时之污隆，时或遑遽，人怀劳悴，则向所谓常须而日用犹且汲汲营求，惟恐不获，饮茶何暇议哉！世既累洽，人恬物熙，则常须而日用者，因而厌饫狼藉，而天下之士厉志清白，竞为闲暇修索之玩，莫不碎玉锵金，啜英咀华，校篚笥之精，争鉴裁之妙，虽否士于此时不以蓄茶为羞，可谓盛世之清尚也。呜呼！至治之世，岂惟人得以尽其材，而草木之灵者，亦以尽其用矣。偶因暇日，研究精微所得之妙，人有不自知为利害者，叙本末列于二十篇，号曰"茶论"。①

文中指出饮茶之风所以特别兴盛，是与当时社会秩序安定、人民生活优裕安闲分不开的。所论并非毫无根据，因为人们只有物质生活上得到了满足，才能进而要求提高精神文明、力求生活美化，即所谓"天下之士厉志清白，竞为闲暇修索之玩，莫不碎玉锵金，啜英咀华"。讲究品茶，遂成为人人追求的一种雅玩。

宋代茶叶产销的大发展，第一表现在产地的增多。在唐代，名茶产地屈指可数，据李肇《国史补》称："剑南有蒙顶、石花，或小方，或散牙，号为第一。湖州有顾渚之紫笋，东川有神泉、小团、昌明、兽目。峡州有碧涧、明月、芳蕊、茱萸簝。福州有方山之生芽，夔州有香山，江陵有南木，湖南有衡山，岳州有㵛湖之含膏，常州有义兴之紫笋，婺州有东白，睦州有鸠坑，洪州有西山之白露，寿州有霍山之黄芽，蕲州有蕲门团黄，而浮梁之商货不在焉。"② 这与宋代相比，实微不足道。宋于实行榷茶之制后，茶由官统购统销，"择要会之地，曰江陵府、曰真州、曰海州、曰汉阳军、曰无为军、曰蕲州之蕲口，为榷货务六"。在产茶州县设官茶场，谓之山场，所采之茶须全部卖给官家：

---

① 宋徽宗：《大观茶论》，录自《说郛》卷五十二。
② 李肇：《国史补》卷下，《叙诸茶品目》。

在淮南，则蕲、黄、庐、舒、寿、光六州，官自为场，置吏总之，谓之山场者十三，六州采茶之民皆隶焉，谓之园户。岁课作茶输其租，余官悉市之。其售于官皆先受钱而后入茶，谓之本钱，又有百姓岁输税者亦折为茶，谓之折茶。总为税课八百六十五万余斤，其出鬻皆就本场。在江南，则宣、歙、江、池、饶、信、洪、抚、筠、袁十州，广德、兴国、临江、建昌、南康五军。两浙则杭、苏、明、越、婺、处、温、台、湖、常、衢、睦十二州。荆湖则荆、潭、澧、鼎、鄂、岳、归、峡八州，荆门军。

福建则建、剑二州。岁如山场输租折税，余则官悉市而敛之。总为岁课江南千二十七万余斤，两浙百二十七万九千余斤，荆湖二百四十七万余斤，福建三十九万二千余斤，皆转输要会之地，曰江陵府、曰真州、曰海州、曰汉阳军、曰无为军、曰蕲州蕲口为榷货务。[1]

这是六州十三山场每岁所收园户岁课作茶输租及收购园户所余之茶的总额，但实际所产远不止此数，全国诸路各州府产茶之地与各地茶场的实际产额，官方有详细记载，兹引述如下，可以从中看出宋代茶的产地之多及产额之大：

两浙东路：

绍兴府：会稽、山阴、余姚、上虞、萧山、新昌、诸暨、嵊，三十八万五千六十斤。

明州：慈溪、定海、象山、昌国、奉化、鄞，五十一万四百三十五斤。

台州：临海、宁海、天台、仙居、黄岩，一万九千二百五十八斤一十一两七钱。

温州：永嘉、平阳、乐清、瑞安，五万六千五百一十一斤。

衢州：西安、江山、龙游、常山、开化，九千五百斤。

婺州：金华、兰溪、东阳、永康、浦江、武义、义乌，六万三千一百七十四斤九两二钱。

---

① 李焘：《续资治通鉴长编》卷一百。

处州：丽水、龙泉、松阳、遂昌、缙云，一万九千八十二斤。

两浙西路：

临安府：钱塘、于潜、临安、余杭、新城、富阳，二百一十九万六百三十二斤二十三两。

湖州：乌程、归安、德清、武康、长兴、安吉，一十六万一千五百一斤。

严州：建德、寿昌、淳安、遂安、桐庐、分水，二百一十二万一百六十斤。

平江府：吴县，六千二百斤。

常州：宜兴，六千一百二十二斤。

江南东路：

太平州：繁昌二百斤。

宁国府：宣城、南陵、太平、宁国、旌德、泾，一百一十二万六百五十二斤。

徽州：休宁、婺源、绩溪、祁门、黟歙，二百一十万二千五百四十斤一十四两。

池州：贵溪、青阳、石埭、建德，二十八万四百八十九斤。

饶州：鄱阳、浮梁、德兴，一十三万五千五百五十五斤三两。

信州：上饶、铅山、弋阳、玉山、永丰、贵溪[1]，一万九百三十一斤一十五两。

南康军：星子、建昌，三万九千一百四十九斤。

广德军：广德、建平，六万九千七百一十斤。

江南西路：

隆兴府：靖安、新建、分宁、奉新，二百八十一万九千四百二十五斤。

建昌军：南城、南丰、新城、广昌，九千五百八十斤。

赣州：瑞金、赣，一万四百斤。

吉州：庐陵、永新、永丰、太和、安福、万安、吉水、龙泉，一万七百八十斤。

抚州：临川、崇仁、宜黄、金谿，二万一千七百三十六斤一十二两四钱。

袁州：宜春、萍乡、万载、分宜，九万六百八十三斤二两。

江州：德化、瑞昌、德安，一百四十六万五千二百五十斤。

筠州：高安、新昌、上高，八千三百一十六斤。

兴国军：永兴、通山，九十三万六千五百五十五斤。

南安军：大庾、上犹、南康，四千一百五十斤。

临江军：清江、新喻、新淦，六千六百三斤。

荆湖南路：

潭州：善化、长沙、浏阳、湘阴、澧泉、衡山、宁乡、湘潭、安化、益阳、湘乡、攸，一百三万四千八百二十七斤一十二两五钱。

衡州：耒阳、安仁、常宁、茶陵，一千六百七十五斤。

永州：零陵，二万三百一十斤。

邵州：邵阳、新化，六千二百五十斤一十三两五钱。

全州：清湘、灌阳，三千八百五十斤一十三两。

郴州：永兴、宜章、桂阳、郴，一万九百九十四斤。

桂阳军：平阳、监山，一千三百二十五斤。

武冈军：武冈，四万六千六百一十五斤。

荆湖北路：

常德府：武陵、桃源、龙阳，十三万六百八十斤。

荆南：江陵、松滋、石首、枝江，三千二十五斤八两。

荆门军：当阳，一百斤。

沅州：庐阳、麻阳，三百七十一斤。

归州：秭归、巴东、兴山，四万八千五百斤。

辰州：沅溪、辰溪，二千三百三十九斤一十两。

澧州：澧阳、石门、兹利，一万一千五百斤。

峡州：夷陵、宜都、长阳、远安，三万八百八十斤。

岳州：巴陵、平江、临湘、华容，五十万一千二百四十斤。

鄂州：蒲圻、江夏、通城、武昌、嘉鱼、咸宁、崇阳，一十七万七千七百一十斤一十二两。

福建路：

南剑州：将乐、尤溪、剑浦、顺昌沙，一万一百斤。

福州：古田，二百一十斤。

建宁府：建阳、崇安、浦城、松溪、政和、欧宁、建安，九十五万斤。

汀州：宁化、上杭、清流、武平、长汀、连城，一万一百斤。

邵武军：泰宁、邵武、建宁、广泽，一万一千二百五十九斤八两。

淮南西路：

舒州：怀宁、太湖、宿松、桐城，一万三百三十九斤五两。

庐州：舒城，二百二十六斤八两五钱。

蕲州：蕲春、广济、黄梅、蕲水、罗田，七千一百三十二斤三两五钱。

寿春府：六安，一千五百六十斤。

广南东路：

循州：龙川，一千七百斤。

南雄州：保昌，九百斤。

广南西路：

融州：融水，二千斤。

静江府：临桂、灵州、兴安、荔蒲，义宁、永福、古修仁，七万二千二百八十六斤六两。

浔州：平南，一千一百斤。

郁林州：南流、兴业，六千二百斤。

宾州：岭方，六百五十斤。

昭州：立山，七千五百斤。[①]

由六榷货务卖茶收入之多，说明政府收购数量之大，可作为茶产销两旺的旁证。数字载于政府档案，可知是确实的：

卖茶额：江陵府务受本府及潭、赣、澧、鼎、归、峡州茶，租额三十一万五千一百四十八贯三百七十五文。真州务受洪、宣、歙、抚、吉、饶、江、池、筠、袁、潭、岳州、临江、兴国军茶，租额五十一万四千二十三贯九百三十三文。海州务受杭、越、苏、湖、明、婺、常、温、台、衢、睦州茶，租额三十万八千七百三贯六百七十六文。蕲州蕲口务受洪、潭、建、剑州、兴国军茶，租额三十六万七千[2]百六十七贯一百二十四文。无为军务受洪、宣、歙、饶、池、江、筠、袁、潭、岳、建州、南康、兴国军茶，租额四十三万五百四十一贯五百四十文。汉阳军务受鄂州茶，租额二十一万八千三百一十一贯五十一文。凡六榷货务掌受诸州军买纳茶，以给商人，于内军及本务入纳见钱算清。[②]

上文只记载了茶价总额，未载明具体卖茶数量。下引一文则更为全面，详载了售茶数量、茶的种类和收入的茶价总额：

国朝六榷货务、十三山场，都卖茶岁一千五十三万三千七百四十七斤半，租额钱二百二十五万四千四十七贯一十，其六榷货务取最中，嘉祐六年（公元一〇六一年）抛占茶五百七十三万六千七百八十六斤半，租额钱一百九十六万四千六百四十七贯二百七十八，

---

① 《宋会要辑稿》，《食货二九之二——五》。

② 《宋会要辑稿》，《食货二九之七》。

荆南府租额钱三十一万五千一百四十八贯三百七十五，受纳潭、鼎、澧、岳、归、峡州、荆南府片散茶共八十七万五千三百五十七斤，汉阳军租额钱二十一万八千三百二十一贯五十一，受纳鄂州片茶二十三万八千三百斤半，蕲州蕲口租额钱三十五万九千八百三十九贯八百一十四，受纳潭、建州、兴国军片茶五十万斤，无为军租额钱三十四万八千六百二十贯四百三十，受纳潭、筠、袁、池、饶、律、歙、江、洪州、南康、兴国军片散茶共八十四万二千三百三十三斤，真州租额钱五十一万四千二十二贯九百三十二，受纳潭、袁、池、饶、歙、建、抚、筠、宣、江、吉、洪州、兴国、临江、南康军片散茶共二百八十五万六千二百六斤，海州租额钱三十万八千七百三贯六百七十六，受纳睦、湖、杭、越、衢、温、婺、台、常、明、饶、歙州片散茶共四十二万四千五百九十斤。十三山场租额钱共二十八万九千三百九十九贯七百三十二，共买茶四百七十九万六千九百六十一斤。光州光山场买茶三十万七千二百十六斤，卖钱一万二千四百五十六贯。子安场买茶二十二万八千二十斤，卖钱一万三千六百八十九贯三百四十八。商城场买茶四十万五百五十三斤，卖钱二万七千七十九贯四百四十六。寿州麻步场买茶三十三万一千八百三十三斤，卖钱二万四千八百一十一贯三百五十。霍山场买茶五十三万二千三百九斤，卖钱三万五千五百九十五贯四百八十九。开顺场买茶二十六万九千九百七十七斤，卖钱一万七千一百三十贯。庐州王同场买茶二十九万七千三百二十八斤，卖钱一万四千三百五十七贯六百四十二。黄州麻城场买茶二十八万四千二百七十四斤，卖钱一万二千五百四十贯。舒州罗源场买茶一十八万五千八百二斤，卖钱一万四百六十九贯七百八十五。太湖场买茶八十二万九千三十二斤，卖钱三万六千九十六贯六百八十。蕲州洗马场买茶四十万斤，卖钱二万六千三百六十贯。王祺场买茶一十八万二千二百二十七斤，卖钱一万一千九百五十三贯九百九十二。石桥场买茶五十五万斤，卖钱三万六千八十贯。[①]

宋代茶叶产销的大发展，第二是表现在焙制技术的高超上。名茶场的焙

---

① 沈括：《梦溪笔谈》卷十二。

茶工匠，各具独得的惊人技巧和焙制各种茶的丰富经验。如上文所指出，全国产茶之地实多不胜举，由于各地水土气候条件不同，所产之茶遂各有不同的特点，茶的色、香、味因产地不同而大相悬殊；同产一地亦往往因一山一水之隔亦可以影响茶之质量；即使系同一茶园，亦有因采摘时间有先后，茶的色、香、味会有显著的差别。茶之极品产地不多，产量亦有限，只能焙制少量特别精致的高级贡茶，贡奉皇帝。其实在民间市场上出售的普通茶亦有很多是高档货。各地名茶品类繁多，即同一品类，亦有许多不同的等级，价格悬殊：

> 买腊茶斤自二十钱至一百九十钱有十六等，片茶大片自六十五钱至二百五钱，有五十五等，散茶斤自十六钱至三十八钱五分，有五十九等，鬻腊茶斤自四十七钱至四百二十钱有十二等，片茶自十七钱至九百一十七钱有六十五等，散茶自十五钱至一百二十一钱有一百九等。[①]

唐时盛行的川茶至宋则为江南各地名茶所取代。在建州北苑茶未著名以前，名茶皆江、浙所产，而顾渚之紫笋，毗陵之阳羡，绍兴之日铸，皆为绝品。而尤以顾渚之紫笋为最著名，专作贡品，极为名贵。

> 当是时，茶之产于东南者，浙东西、江东西、湖南北、福建、淮南、广东西，路十，州六十有六，县二百四十有二。雪川顾渚生石上者谓之紫笋，毗陵之阳美，绍兴之日铸，婺源之谢源，隆兴之黄龙、双井，皆绝品也。[②]
>
> 古人论茶，唯言阳美、顾渚、天柱、蒙顶之类，都未言建溪。然唐人重串茶粘黑者，则已近乎建饼矣。建茶皆乔木，吴、蜀、淮南唯丛茭而已，品自居下。建茶胜处曰郝源、曾坑，其间又岔根，山顶二品尤胜，李氏时，号为北苑，置使领之。[③]
>
> 腊茶出于剑建，草茶盛于两浙。两浙之品，日注为第一，自景祐以后，洪州双井、白芽渐盛，近岁制作尤精，囊以红纱，不过一

---

① 《宋史》卷一百八十三，《食货志下五·茶上》。
② 《宋史》卷一百八十四，《食货志下六·茶下》。
③ 沈括：《梦溪笔谈》卷二十五，《阳羡茶·建茶》。

二两，以常茶十数斤养之，用辟暑湿之气。其品远出日注上，遂为草茶第一。①

蔡宽夫诗话，唐茶品虽多，亦以蜀茶为重，惟湖州紫笋入贡，每岁以清明日贡到，先荐宗庙，然后分赐近臣。紫笋生顾渚，在湖、常之二境间，当采时，两郡守毕至，最为盛会。②

苕溪渔隐曰：唐茶惟湖州紫笋入贡，每岁以清明日贡到，先荐宗庙，然后分赐近臣。紫笋生顾渚，在湖、常二境之间，当采茶时，两郡守至，最为盛集，此蔡宽夫诗话之言也。蔡但知其一，而不知其二。按陆羽《茶经》云：浙西以湖州上，常州次。湖州生长兴县顾渚山中，常州生义兴县君山悬脚岭北峰下。唐义兴县《重修茶舍记》云：义兴贡茶非旧也，前此故御史大夫李栖筠，实典是邦，山僧有献佳茗者，会客尝之，野人陆羽以为芬香甘辣，冠于他境，可荐于上，栖筠从之，始进万两，此其滥觞也。厥后因之，征献浸广，遂任土之贡，与常赋之邦侔矣，故玉川子诗云"天子须尝阳羡茶，百草不敢先开花"，正谓是也。当时顾渚、义兴皆贡茶，又邻壤相接……③

陆羽《茶经》云：江左日近，方有蜡面之号，李氏别取乳作片，或号京挺的乳及骨子。又云浙西湖州为上，常州次之。湖州出长城（今长兴）顾渚山中，常州出义兴（今宜兴）君山悬脚岭北岸下。唐《重修茶舍记》：贡茶，御史大夫李栖筠典郡日，陆羽以为冠于他境，栖筠始进。故事：湖州紫笋以清明日到，先荐宗庙，后分赐近臣。紫笋生顾渚，在湖、常间，当茶时，两郡太守毕至，为盛集，见蔡宽夫诗话。玉川子谢孟谏议寄新茶，有"手阅月团三百片"，又云"天子须尝阳羡茶"，则孟所寄乃阳羡茶也。又湖守袁高诗云"捣声皆击辰，众功何枯栌"，则阳羡[3]又知是饼茶，不特始于李氏也。袁诗又云："黎氓辍耕耘，采掇实苦辛。一夫且当役，尽室皆同臻。扪葛上欹壁，蓬头入荒榛。终朝不盈掬，手足皆鳞皴。悲嗟遍空山，草木为不春。阴岭茶未吐，使曹牒已频。"今人不复为

---

① 欧阳修：《归田录》卷一。
② 陈元靓：《岁时广记》卷十七，《贡紫笋》。
③ 胡仔：《苕溪渔隐丛话后集》卷十一。

饼，岂坐是耶？[①]

一列入贡品，即成为当地人民的一种沉重负担，这时茶的采摘和焙制，已经不是商品生产，而是只应官差，系统治者对人民的一种剥削，于是名茶产地已经不是在为人民生产财富，而是在制造苦难了。其实不仅茶系如此，其他任何生产品一旦被选中为贡品，就成了永远摆脱不掉的苦难。湖州除顾渚外，他处所产，亦多为名茶：

> 湖州：长兴县金沙泉，按《郡国志》云，即每岁造茶所也。按茶产在邑界，有生顾渚生中者者，与峡州、光州同；生山桑、儒师二坞，自茅山县脚山岭者，与荆、襄、申三州同；生凤[4]亭山伏翼阁飞云、曲水二寺，青岘、喙本二岭者，与寿州同。[②]

> 越州：余姚县，瀑布岭，《茶经》云：越州余姚茶生瀑布岭者，号曰仙茗，大者殊异，小者与襄州同。[③]

江、浙各州产名茶之地甚多，其著者如：

> 茶：宝云茶、香林茶、白云茶。又宝严院、垂云亭亦产。东坡以诗戏云："妙供来香积，珍烹具大官。拣牙分雀舌，赐茗出龙团。"盖南北两山、七邑诸山皆产。径山采谷雨前茗，以小岳贮馈之。[④]

> 茶：岁贡见旧志，载钱塘宝庵产者名宝云茶。下天竺香林洞产者名香林茶。上天竺白云峰产者名白云茶。东坡诗云："白云峰下两枪新。"又宝严院垂云亭亦产茶，东坡有怡然以垂云新茶见饷，报以大龙团，戏作小诗："妙供来香积，珍烹具太官。拣芽分雀舌，赐茗出龙团。"又游诸佛舍，一日饮酽茶七盏，戏书有云："何须魏帝一丸药，且尽卢同七碗茶。"盖南北两山及外七邑诸名山，大抵皆产

---

① 赵彦卫：《云麓漫钞》卷四。
② 乐史：《太平寰宇记》卷九十四。
③ 乐史：《太平寰宇记》卷九十六。
④ 吴自牧：《梦粱录》卷十八，《物产》。

茶，近日径山寺僧采谷雨前者，以小缶贮送。①

洞庭山出美茶，旧入为贡。《茶经》云：长洲县生洞庭山者，与金州、蕲州味同，近年山僧尤善制茗，谓之水月茶，以院为名也，颇为吴人所贵。②

茶，洪之双井，越之日注，登莱鳆鱼，明越江瑶柱，莫能相先后，而强为之第者，皆胜心耳。③

蔡君谟好茗顾，又精于藻鉴，答程公辟简云：问得双井四两，其时人还未试，叙谢不悉，寻烹治之，色香味皆精好，是为茗芽之冠，非日注宝云可并也。④

会稽日铸山茶品冠江浙，山去县几百里，有上灶、下灶，盖越王铸剑之地。……山有寺，其泉甘美，尤宜茶。山顶谓之油车岭，茶尤奇，所收绝少，其真者牙长寸余，自有麝气。越人或以沸汤沃麝，乘热涤瓶焙干以茶牙，密封之，伪称日铸。开瓶麝气袭人，殊混真，人往往不能辨。或云日注，以日所射注处云。⑤

短笺欣见小龙蛇，谏省初颁越岭茶。瓷缶秘香蒙翠箬，蜡封承印湿丹砂。清风洒落曾谁比，正味森严更可嘉。堪笑云台方忍睡，强行松径嚼新芽。⑥

日铸岭，在县东南五十五里，地产茶最佳。欧阳文忠《归田录》：草茶盛于两浙，两浙之品，日铸第一。黄氏《青箱记》云：日铸茶江南第一。华初平云：日铸山茗，天真清烈，有类龙培。昔瓯冶子铸五剑，采金铜之精于山下，时溪涸而无云，千载之远，佳气不泄，蒸于草芽，发为英荣，淳味幽香，为人资养也。⑦

日铸岭在会稽县东南五十五里，岭下有僧寺，名资寿，其阳坡名油车，朝暮常有日，产茶绝奇，故谓之日铸。然茶之尤者，顾渚、蜀冈、蒙顶、皖山、宝云，皆见于唐以来记录或[5]诗章中，日铸有名颇晚，吴越贡奉中朝，土毛毕入，亦不闻有日铸，则日铸之出，

① 潜说友：《咸淳临安志》卷五十八，《物产》。
② 朱长文：《吴郡图经续记》卷下。
③ 陈师道：《后山丛谈》三，《后山先生集》卷二十三。
④ 胡仔：《苕溪渔隐丛话后集》卷十一。
⑤ 杨彦龄：《杨公笔录》。
⑥ 张镃：《南湖集》卷六，《许深父送日铸茶》。
⑦ 施宿：《嘉泰会稽志》卷九。

殆在吴越国除之后。《归田录》云："草茶盛于两浙，两浙之品，日铸第一。"《青箱记》亦云："越州日铸茶为江南第一。"范文正公汲清白堂西山泉，以建溪、日铸、卧龙、云门之品试之云："甘液华滋悦，人襟灵茶经。"余姚茶生瀑布岭，昔号仙茗，大者殊异，与襄州同。按今会稽产茶，极多佳品，惟卧龙一种，得名亦盛，几与日铸相亚。卧龙者，出卧龙山，或谓茶种初亦出日铸，盖有知茶者，谓二山土脉相类，及艺成，信亦佳品。然日铸芽纤白而长，其绝品长至三二寸，不过十数株，余虽不逮，亦非他产所可望，味甘软而永，多啜宜人，无停滞酸噎之患。卧龙则芽差短，色微紫黑，类蒙顶、紫笋，味颇森严，其涤烦破睡之功，则虽日铸有不能及，顾其品终在日铸下。自顷二者皆或充包贡，卧龙则易其名曰瑞龙，盖自近岁始也。其次则天衣山之丁垤茶，陶宴岭之高坞茶（一曰[6]金家隩茶），秦望山之小朵茶，东土乡之雁路茶，会稽山之茶山茶，兰亭之花坞茶，诸暨之石笕茶，余姚之化安瀑布茶，此其梗概也，其余犹不可殚举。①

越之剡溪、天台亦产茶，品亦极佳，种类亦较多，这里各引一例：

前志载越中茶品甚详，而独遗剡茶。按唐僧清昼诗："越人遗我剡溪茗，采得金芽爨金鼎"，则剡茶自唐已著名矣。华镇剡中瀑布岭仙茶诗云："烟霞密迩神仙府，草木微滋亦有灵"，则剡茶见称，不特清昼而已。剡茶有九：曰西太白山瀑布岭仙茶、曰五龙茶、曰真如茶、曰紫岩茶、曰鹿苑茶、曰大昆茶、曰小昆茶、曰焙坑茶，曰细坑茶。②

按陆羽《茶经》台越下注云：生赤城山者与歙同。桑庄《茹芝续谱》云：天台茶有三品，紫凝为上，魏岭次之，小溪又次之。紫凝今普门也，魏岭天封也，小溪国清也。而宋公祁答如吉茶诗有"佛天雨露，帝苑仙浆"之语，盖盛称茶美，而不言其所出之处。今紫凝之外，临海言延峰山，仙居言白马山，黄岩言紫高山，宁海

---

① 施宿：《嘉泰会稽志》卷十七。
② 张淏：《宝庆续会稽志》卷四。

言茶山，皆号最珍，而紫高茶山昔以为在日铸之上者也。①

江南各地茶的产量亦略可考见，由其产量之大，可知茶如听其自由经营，自谋发展，将是最有发展前途的一种商品生产。由这里带动整个国民经济的飞速发展，是完全可能的。在实行官营之后，民多盗贩，数百为群，进行武装走私，正说明茶的市场需要量之大，贩茶是最容易发财致富的。有关情况可由下引一段综述，知其梗概：

> 江茶在东南草茶内，最为上品，岁产一百四十六万斤，其茶行于东南诸路，士大夫贵之。隆兴亦产茶二百二十八万斤，临安二百十九万斤，严州二百十二万斤，徽州二百十万斤，宁国一百十二万斤，潭州一百三万斤，其他皆不登此数目。江南产茶既盛，民多盗贩，数百为群，稍诘之，则起而为盗。淳熙二年（公元一一七五年），茶寇赖文政反于湖北，转入湖南、江西，侵犯广东，官军数为所败。辛弃疾幼安，时为江西提刑，督诸军讨捕，命属吏黄倬、钱之望诱致，既而杀之，江州都统制皇甫倜因招降其党隶军。今东南茶，皆自榷场转入房中，亦有私渡淮者，虽严为讥禁，而终不免于透漏焉。②

四川是江、浙之外第二个重要产茶区，在唐代即已驰名，唐之名茶，十九皆系川茶。川茶[7]到宋代仍保持着固有地位，有不少名产，而尤以雅州蒙顶为最著名，雅州之外，其他各地亦多产茶，并自有其特点。下引记载可分别说明这种情况：

> 蜀茶之细者，其品视南方已下，惟广汉之赵坡，合州之水南，峨眉之白牙，雅安之蒙顶，土人亦珍之，但所产甚微，非江、建比也。③
>
> 《东斋记事》云：蜀中数处产茶，雅州蒙顶最佳，其生最晚，

---

① 陈耆卿：《嘉定赤城志》卷三十六，《土贡》。
② 李心传：《建炎以来朝野杂记》甲集卷十四，《江茶》。
③ 《宋史》卷一百八十四，《食货志下六》。

在春夏之交，其地即书所谓蔡蒙旅平者也。方茶之生，云雾覆其上，若有神物护持之。①

雅州蒙山常阴雨，谓之漏天，茶产极佳，味如建品，〔范〕纯夫有诗云："漏天常泄雨，蒙顶半藏云"，为此也。②

蜀之产茶凡八处：雅州之蒙顶、蜀州之味江、邛州之火井、嘉州之中峰、彭州之堋口、汉州之杨村、绵州之兽目、利州之罗村，然蒙顶为最佳也。其生最晚，常在春夏之交，其芽长二寸许，其色白，味甘美，而其性温暖，非他茶之比。蒙顶者，书所谓蔡蒙旅平者也。李景初与予书言，方茶之生，云雾覆其上，若有神物护持之。其次罗村，茶色绿而味亦甘美。③

王象之《舆地纪胜》中对蒙顶茶多所记载，并引录名家诗文，盛赞蒙顶茶质之美：

蒙山《通典》引《书·禹贡》云："蔡蒙旅平。"《元和志》云："在严道县南十里，今岁贡茶，为蜀之最。"《雅安志》云："属名山县，山有五顶，前一峰最高，曰上清峰，有甘露茶，山上常有瑞相影现，又有蒙泉。"范蜀公亦云："常有瑞云护其上。"

蒙顶茶：《寰宇记》云："蒙山在名山县西七十里，北连罗绳山，南接严道县。"《九洲记》云："蒙山者沐也，言雨露尝蒙，因以为名，山顶受全阳气，其茶香芳。"《茶谱》云："山有五顶，顶有茶园，中顶曰上清峰，所谓蒙顶茶也。"又白乐天《琴茶行》云："李丞相德裕入蜀，得蒙饼，以沃于汤饼之上，移时尽化，以验其真。"

白乐天《琴茶诗》："琴里知闻维绿水，茶中故旧是蒙山。"

文彦博《谢惠蒙顶茶》："旧谱最称蒙顶味，露芽云液胜醍醐。"

梅圣俞诗："陆羽旧茶经，一童重蒙顶。"

文同《蒙顶茶诗》："蜀土茶称盛，蒙山味独珍。灵根托高顶，胜地发先春。"

---

① 胡仔：《苕溪渔隐丛话前集》卷四十六。
② 晁说之：《晁氏客语》。
③ 范镇：《东斋记事》卷四。

吴中复《谢惠茶》："我闻蒙山之巅多秀岭，烟岩抱合五峰顶，岷峨气象压西垂，恶草不生生菣茗。"①

蜀中其他名茶见于记载者有以下几种，虽产量不多，行销不远，但亦各有特色，为地方名产：

绵州绿茶：茶之贵白，东坡能言之，独绵州彰明县茶色绿。白乐天诗云："渴尝一盏绿昌明"，彰明即唐昌明县。卢仝诗云："天子初尝阳羡茶"，当时建茶未有名也。②

剑南西道：彭州，土产茶。按《茶谱》云：彭州有蒲村堋口、灌口，其园名仙崖、石花等，其茶饼小，而布嫩芽如六出花者尤妙。又《茶经》云：茶出彭州九陇县马鞍山、至德寺、堋口镇者，与襄州茶同味。③

剑南西道：眉州，土产茶。按《茶经》云：眉州洪雅、昌阖、州棱，其茶如蒙顶制饼茶法，其散者叶大而黄，味颇甘苦，亦片甲蝉翼之次也。④

剑南西道：邛州，土产茶。按《茶经》云：临邛数邑，茶有火前、火后及嫩绿、黄芽等号，又有茶饼曰火番饼，每饼重四十两，入西蕃、党项重之，如中国名山者，其味自苦。⑤

蜀州，土产茶。按《茶经》云：青城县有散茶、末茶尤好。又《茶谱》云：蜀州晋原、洞口、横源、味江、青城，其横源雀舌、鸟嘴、麦颗，盖取嫩芽所造，以其似之也。又有片甲者，即是早春黄芽茶，叶相抱如片甲。蝉翼者，其叶嫩薄如蝉翼。皆散茶之最上也。⑥

剑南东道：泸州，土产茶。按《茶经》云：泸州之茶树，獠常携瓢具穴其侧，每登树采摘芽茶，必含于口，待其展，然后置于瓢中，旋塞其窍。归必置于暖处，其味极佳。又有粗者，其味辛而性

---

① 王象之：《舆地纪胜》卷一百四十七，《成都府路·雅州》。
② 吴曾：《能改斋漫录》卷十五，《绵州绿茶》。
③ 乐史：《太平寰宇记》卷七十三。
④ 乐史：《太平寰宇记》卷七十四。
⑤ 乐史：《太平寰宇记》卷七十四。
⑥ 乐史：《太平寰宇记》卷七十五。

热，彼人饮之疗风，通呼为泸茶。①

　　山南西道：巴州，土产茶。按《广雅》云：荆、巴、阆采茶作饼。煮饼先炙令色赤，捣末，置瓷器中，以汤覆之，用葱、姜芼之，即茶始说也。②

　　福建是第三个重要产茶区。北苑龙凤团茶被誉为天下第一，其尤精者列为贡品，焙制极精，产量甚少，专贡奉皇帝，虽王公近臣亦不能轻易获得，只遇有重大庆典时，始被特赐少量，获得者则视为殊荣，敬谨保藏，不敢饮用。就是行销于民间市场上的普通建茶，亦皆精美异常，为其他各地所产之茶所不能比。宋代诗文中对建茶的品评称赞，多不胜举，这里择要举例，借[8]以说明建茶兴起的经过和举国上下视为瑰宝的原因，以及建茶从栽培、采摘、焙制的全部过程。

　　〔太平兴国八年（公元九八三年）六月辛亥〕赐宰相文明、翰林枢密直学士中书舍人、节度观察使建州所贡新茶。③

　　〔至道二年（公元九九六年）九月〕乙未，诏建州岁贡龙凤茶。先是，研茶丁夫悉剃去须发，自今但幅巾，先涤手爪，给新净衣。吏敢违者论其罪。④

　　茶为物之至精，而小团又其精者，录叙所谓上品龙茶者是也。盖自君谟始造而岁贡焉，仁宗尤所珍惜，虽辅相之臣未尝辄赐，惟南郊大礼致斋之夕，中书枢密院各四人共赐一饼，宫人剪金为龙凤花草贴其上，两府八家分割以归，不敢碾试，但家藏以为宝，时有佳客，出而传玩尔。至嘉祐七年（公元一〇六二年），亲享明堂，致斋夕始人赐一饼，余亦恭预，至今藏之。余自以谏官供奉仗内，至登二府，二十余年，才获一赐。而丹成龙驾，舐鼎莫及，每一捧玩，清血交零而已。因君谟著录，辄附于后，庶知小团自君谟始而可贵如此。⑤

----

①　乐史：《太平寰宇记》卷八十八。
②　乐史：《太平寰宇记》卷一百三十九。
③　《太宗皇帝实录》卷二十六。
④　李焘：《续资治通鉴长编》卷四十。
⑤　欧阳修：《欧阳文忠公文集》卷六十五，《龙茶录后序》。

茶之品莫贵于龙凤，谓之团茶，凡八饼重一斤。庆历中，蔡君谟为福建路转运使，始造小片龙茶以进，其品绝精，谓之小团。凡二十饼重一斤，其价直金二两。然金可有，而茶不可得，每因南郊致斋，中书枢密院各赐一饼，四人分之，宫人往往缕金花于其上，盖其贵重如此。①

杨文公《谈苑》云：蜡茶出建州，陆羽《茶经》尚未知之，但言福建等州未详，往往得之，其味极佳，江左日近方有蜡面之号。丁谓《北苑茶录》曰：创造之始，莫有知者，质之三馆检讨杜镐，亦曰在江左日，始记有研膏茶。欧阳修《归田录》亦云出福建，不言所起。按唐氏诸家说中，往往有蜡面茶之语，则是自唐有之也。②

库部林郎中说，建州上春采茶时，茶园人无数，击鼓闻数十里，然亦园中才间垄，茶品高下已相远，又况山园之异邪。太府贾少卿云，昔为福建转运使，五月中，朝旨令上供龙茶数百斤，已过时，不复有此新芽。有一老匠言，但如数买山铸[9]，入汤煮研二万杵，以龙脑水洒之，亦可就。遂依此制造，既成，颇如岁进者。是年，南郊大礼，多分赐宗室近臣，然稍减常价，犹足为精品也。③

建安北苑茶，始于太宗朝，太平兴国二年遣使造之，取像于龙凤，以别庶饮，由此入贡，至道间，添造石乳，其后大小龙茶又起于丁谓，而成于蔡君谟。谓之将漕闽中，实董其事，赋北苑焙新茶诗，其序云：天下产茶者，将七十郡半，每岁入贡，皆以社前、火前为名，悉无其实，惟建州出茶有焙，焙有三十六，三十六中，惟北苑发早而味尤佳，社前十五日，即采其芽，日数千工聚而造之，逼社即入贡，工甚大，造甚精，皆载于所撰《建阳茶录》，仿作诗以大其事云："北苑龙茶者，甘鲜的是珍。四方惟数此，万物更无新。才吐微芒绿，初沾少许春。散寻索树遍，急采上山频。宿叶寒犹在，芳芽冷未伸。茅茨溪口焙，篮笼雨中陈。长疾勾萌并，开齐分两均。带烟蒸雀舌，和露叠龙鳞。作贡胜诸道，先尝只一人。缄封瞻阙下，邮传渡江滨。特旨留丹禁，殊恩赐近臣。啜为灵药助，用与上樽亲。头进英华尽，初烹气味醇。细香胜却麝，浅色过于筠。

---

① 欧阳修：《归田录》卷二。
② 高承：《物纪原》卷九，《蜡茶》。
③ 庞元英：《文昌杂录》卷四。

顾渚惭投木，宜都愧积薪。年年号供御，天产壮此瓯闽。"诗叙贡茶
颇为详尽，亦可见当时之事也。又君谟《茶录序》云："臣前因奏
事，伏蒙陛下谕臣先任福建转运使日所进上品龙茶，最为精好，臣
退念草木之微，首辱陛下知鉴，若处之得地则能尽其材，昔陆羽
《茶经》不第建安之品，丁谓《茶图》独论采造之本，至于烹试，
曾未有闻，辄条数事，简而易明，勒成二篇，名曰《茶录》。"至
宣、政间，郑可简以贡茶进用，久领漕计，创添续入，其数浸广，
今犹因之。细色茶五纲，凡四十三品，形制各异，共七千余饼，其
间贡新、试新、龙团、胜雪白茶、御苑玉芽，此五品乃水拣为第一，
余乃生拣次之。又有粗色茶七纲，凡五品，大小龙凤并拣芽，悉入
龙脑和膏为团饼茶……即今粗色红绫袋饼八者是也。盖水拣茶即社
前者，生拣茶即火前者，粗色茶即雨前者。闽中地暖，雨前茶已老
而味加重矣。……又有石门、乳吉、香口三外焙，亦隶于北苑，皆
采摘茶芽送官焙添造，每岁縻金共二万余缗，日役千夫，凡两月方
能迄事。第所造之茶，不许过数，入贡之后，市无货者，人所罕得，
惟壑源诸处私焙茶，其绝品亦可敌官焙，自昔至今，亦皆入贡，其
流贩四方，悉私焙茶耳。苏、黄皆有诗称道壑源茶，盖壑源与北苑
为邻，山阜相接，才二里余，其茶甘香，特在诸私焙之上。[①]

建溪[10]龙茶，始江南李氏，号北苑龙焙者，在一山之中间，其
周遭则诸叶地也。居是山号正焙，一出是山之外，则曰外焙。正焙
外焙，色香必回殊，此亦山秀地灵所钟之有异已。龙培又号官焙，
始但有龙凤大团二品而已，仁庙朝伯父君谟名知茶，因进小龙团，
为时珍贵，因有大团小团之别。小龙团见于欧阳文忠公《归田录》，
至神祖时，即龙焙又进密云龙，密云龙者，其云纹细密，更精绝于
小龙团也。及哲宗朝，益复进瑞云翔龙者，御府岁止得十二饼焉。
其后祐陵雅好尚，大观初，龙焙于岁贡色目外，乃进御苑玉芽万寿
龙芽，政和间且增以长寿玉圭，玉圭凡廑盈寸，大抵北苑绝品，曾
不过是，岁但可十百饼，然名益新，品益出，而旧格递降于凡劣尔。
又茶茁其芽，贵在于[11]社前则已进御，自是迤逦，宣和间皆占冬至
而尝新茗，是率人力为之，反不近自然矣。茶之尚，盖自唐人始，

———

① 胡仔：《苕溪渔隐丛话后集》卷十一。

至本朝为盛，而本朝又至祐陵时益穷极新出而无以加矣。①

北苑茶正所产为曾坑，谓之正焙，非曾坑为沙溪，谓之外焙，二地相去不远，而茶种悬绝，沙溪色白，过于曾坑，但味短而微涩，试茶者一啜如别泾渭也。余始疑地气土宜不应顿异如此，及来山中，每开辟经路，刳治岩窦，有寻丈之间，土色各殊，肥瘠紧缓燥润亦从而不同，并植两木于数步之间，封培灌溉略等，而生死丰瘁如二物者，然后知事不经见，不可必信也。草茶极品，惟双井顾渚亦不过各有数亩，双井在分宁县，其地属黄氏鲁直家也。元祐间，鲁直力推赏于京师，族人交致之，然岁仅得一二斤尔。顾渚在长兴县，所谓吉祥寺也，其半为今刘侍郎希范家所有，两地所产，岁亦止五六斤，近岁寺僧求之者多不暇精择，不及刘氏远甚。余岁求于刘氏，过半斤则不复佳，盖茶味虽均，其精者在嫩芽，取其初萌如雀舌者，谓之枪，稍敷而为叶者谓之旗，旗非所贵，不得已取一枪一旗犹可，过是则老矣，此所以为难得也。②

从以上所引，可以略知建茶兴起之由来以及朝廷为什么对它如此珍视。建茶之所以被评为天下第一，原因在于其产地具有特殊的自然条件，可谓得天独厚，为他处所无法企及，而且其生产的各个环节无不精心讲求。下引一文系建茶从栽培到焙制成茶的全部生产过程：

建安之东三十里，有山曰凤凰，其下直北苑，旁联诸焙，厥土赤壤，厥茶惟上上，太平兴国中，初为御焙，岁模龙凤，以差贡篚，益表珍异。庆历中，漕台益重其事，品数日增，制度日精，厥今茶自北苑上者独冠天下，非人间所可得也。方其春虫震蛰，千夫雷动，一时之盛，诚为伟观。

御园：九窠十二陇、麦窠、壤园、龙游窠，小苦竹、苦竹里、鸡薮窠、苦竹、苦竹源、鼯鼠窠、教练垅、凤凰山、大小焊、横坑、猿游陇、张坑、带园、焙东、中历、东际西际、官平、上下官坑、石碎窠、虎膝窠、楼陇、蕉窠、新园、夫楼基、阮坑、曾坑、黄际、

---

① 蔡绦[12]：《铁围山丛谈》卷六。
② 叶梦得：《避暑录话》卷下。

马鞍山、林园、和尚园、黄淡窠、吴彦山、罗汉山、水桑窠、师姑园、铜场、灵滋、范马园、高畬、大窠头、小山。

右四十六所，方广衰三十余里，自官平而上为内园，官坑而下为外园，方春灵芽莩坼，常先民焙十余日，如九窠、十二陇、龙游窠、小苦竹、张坑、西际，又为禁园之先也。

开焙：惊蛰节万物始萌，每岁常以前三日开焙，遇闰则反之，以其气候稍迟故也。按《建安志》，候当惊蛰，万物始萌，漕司常前三日开焙，令春夫啖山以助和气，遇闰则后二日。

采茶：采茶之法，须是侵晨，不可见日。侵晨夜露未晞，茶芽肥润，见日则为阳气所薄，使芽之膏腴内耗，至受水而不鲜明，故每日常以五更机樋[13]鼓，集群夫于凤凰山（山有打鼓停），监采官人给一牌入山，至辰刻，则复鸣锣以聚之，恐其逾时贪多务得也。大抵采茶亦须习熟，募夫之际，必择土著及谙晓之人，非特识茶早晚所在，而于采摘亦知其指要，盖以指而不以甲，则多温而易损，以甲而不以指，则速断而不柔。故采夫欲其习熟，政为是耳。

拣茶：茶有小芽、有中芽、有紫芽、有白合、有乌蒂，此不可不辨。小芽者，其小如鹰爪，初造龙园胜雪白茶，以其芽先次蒸熟，置之水盆中，剔取其精英，仅如针小，谓之水芽，是芽中之最精者也。中芽，古谓之一枪一旗是也。紫芽，叶之紫者是也。白合，乃小芽有两叶抱而生者是也。乌蒂，茶之蒂头是也。凡茶以水芽为上，小芽次之，中芽又次之，紫芽、白合、乌蒂皆在所不取。使其择焉而精，则茶之色味无不佳，万一杂之以所不取，则首面不匀，色浊而味重也。

《西溪丛语》，建州龙培，有一泉极清澹，谓之御泉，用其池水造茶，即坏茶味，惟龙园胜雪白茶二种，谓之水芽，先蒸后拣，每一芽先去外两小叶，谓之乌蒂，又次去两嫩叶，谓之白合，留小心芽置于水中，呼为水芽，聚之稍多，即研焙为二品，即龙园胜雪白茶也。茶之极精好者无出于此，每胯计工价近三十千，其它茶虽好，皆先拣而后蒸研，其味次第减也。

蒸茶：茶芽再四洗涤，取令洁净，然后入甑，俟沸汤蒸之，然蒸有过熟之患，有不熟之患，过熟则色黄而味淡，不熟则色青易沉而有草木之气，唯在得中之为当也。

515

榨茶：茶既熟，谓茶黄，须淋洗数过，方入小榨以去其水，又入大榨出其膏，先是包以布帛，束以竹皮，然后入大榨压之，至中夜取出揉匀，复如前入榨，谓之翻榨，彻晓奋击，必至于干净而后已。盖建茶味远而力厚，非江茶之比，江茶畏流其膏，建茶惟恐其膏之不尽，膏不尽，则色味重浊矣。

研茶：研茶之具，以柯为杵，以瓦为盆，分团酌水，亦皆有数，上而胜雪白茶，以十六水，下而拣茶之水六，小龙凤四，大龙凤二，其余以十二焉。自十二水以上，日研一团，自六水而下，日研三团至七团，每水研之，必至于水干茶熟而已，水不干则茶不熟，茶不熟则首面不匀，煎试易沉，故研夫犹贵于强而有力者也。尝谓天下之理未不相须而成者，有北苑之芽，而后有龙井之水，其深不以丈尺，清而且甘，昼夜酌之而不竭，凡茶自北苑上者皆资焉，亦犹锦之于蜀江，胶之于阿井，讵不信然？

造茶：造茶旧分四局，匠者起好胜之心，彼此相夸，不能无弊，遂并而为二焉，故茶堂有东局、西局之名，茶铸有东作、西作之号，凡茶之初出研盆，荡之欲其匀，揉之欲其腻，然后入圈制铸，随笪过黄，有方铸，有花铸，有大龙，有小龙，品色不同，其名亦异，故随纲系之于贡茶之。

过黄：茶之过黄，初入烈火焙之，次过沸汤爁[14]之，凡如是者三，而后宿一火，至望日遂过烟焙焉，然烟焙之火不欲烈，烈则面炮而色黑，又不欲烟，烟则香尽而味焦，但取其温温而已。凡火数之多寡，皆视其铸之厚薄，铸之厚者，有十火至于十五火，铸之薄者，亦八火至于六火。火数既足，然后过汤上出色，出色之后，当置之密室，急以扇扇之，则色自然光莹矣。

外焙：石门、乳吉、香口，右三焙常后北苑五七日兴工，每日采蒸榨以过黄，悉送北苑并造。①

这是北苑茶的鼎盛时期。至神宗朝，又造密云龙，以后累朝皆有新制，精益求精，到徽宗朝遂登峰造极，茶的质量又有了很大提高，完全如宋徽宗《大观茶论》所说，"采择之精，制作之工，品第之胜，烹点之妙，莫不咸造

---

① 赵汝砺：《北苑别录》。

其极"。这从下引一段记载中可知其梗概：

陆羽《茶经》，裴汶《茶述》，皆不第建品，说者但谓二子未尝至闽，而不知物之发也，固自有时。盖昔者山川尚阂，灵芽未露，至于唐末，然后北苑出为之最，是时伪蜀词臣毛文锡作茶谱，亦第言建有紫笋，而腊面乃产于福。五代之季，建属南唐，岁率诸县民采茶北苑，初造研膏，继造腊面，既又制其佳者，号曰京铤。圣朝开宝末，下南唐，太平兴国初，特制龙凤模，遣使即北苑造团茶，以别庶饮，龙凤茶盖始于此。又一种茶丛生石崖，枝叶尤茂。至道初有诏造之，别号石乳。又一种号的乳，又一种号白乳，盖自龙凤与京石的白四种继出，而腊面降为下矣。盖龙凤等茶，皆太宗朝所制，至咸平初，丁晋公漕闽，始载之于《茶录》。庆历中，蔡君谟将漕，创造小龙团以进，被旨仍岁贡之。自小团出，而龙凤遂为次矣。元丰间有旨造密云龙，其品又加于小团之上。绍圣间改为瑞云翔龙。至大观初，今上亲制茶论二十篇，以白茶与常茶不同，偶然生出，非人力可致，于是白茶遂为第一。既又制三色细芽，又试新銙，贡新銙。自三色细芽出，而瑞云翔龙顾居下矣。凡茶芽数品，最上曰小芽，如雀舌鹰爪，以其劲直纤锐，故号芽茶。次曰中芽，乃一芽带一叶者，号一枪一旗；次曰紫身，乃一芽带两叶者，号一枪两旗；其带三叶四叶，皆渐老矣。芽茶早春极少，景德中，建守周绛，为补茶经，言芽茶只作早茶驰奉，万乘尝之可矣。如一枪一旗，可谓奇茶也，故一枪一旗号拣茶，最为挺特光正。舒王送人官闽中诗云"新茗斋中试一旗"，谓拣芽也。或者乃谓茶芽未展为枪，已展为旗，指舒王此诗为误，盖不知有所为拣芽也。夫拣芽犹贵重如此，而况芽茶以供天子之新尝者乎。芽茶绝矣，至于水芽，则旷古未之闻也。宣和庚子岁，漕臣郑公可简始创为银线水芽，盖将已拣熟芽再剔去，只[15]取其心一缕，用珍器贮清泉渍之，光明莹洁，若银线然，其制方寸新銙，有小龙蜿蜒其上，号龙园胜雪，又废白、的、石三乳，鼎造花銙二十余色。初贡茶皆入龙脑，至是虑夺其真味，始不用焉。盖茶之妙至胜雪极矣，故合为首冠，然犹在白茶之次者，以白茶上之所好也，异时郡人黄儒撰品茶要录，极称当时灵芽之富，谓使陆羽数子见之，必爽然自失。蕃亦谓使黄君而阅今日，

517

则前乎此者，未足诧焉。然龙焙初兴，贡数殊少（太平兴国初才贡五十片），累增至元符，以片计者一万八千，视初已加数倍，而犹未盛，今则为四万七千一百片有奇矣。自白茶胜雪以次，厥名实繁，今列于左，使好事者得以观焉。①

使用大量雇佣劳动，实行大规模生产，是宋茶产销发展的第三个方面的表现。

宋代，茶的栽培已成为独立的农业生产部门或独立的农业生产区域，而且茶的焙制，都是大规模的作坊手工业，雇佣有大批的工资劳动者，在同一的资本指挥下，进行着同种的商品生产。不论是官营或私营，由生产的性质决定了生产的规模，所有采摘、焙制等各个环节，都必须雇佣大量工人加紧进行，尤其是采摘，受着严格的节令限制，必须在一定时间内加紧进行，过时茶芽即老，已不能用以焙制特级名茶，采摘愈迟，则品级愈下，故采茶时，茶园雇工多在千人以上，有时还超过万人。由下引各条记载可知其梗概：

采茶：

> 建安三千里，京师三月尝新茶。……年穷腊尽春欲动，蛰雷未起驱龙蛇。夜间击鼓满山谷，千人助叫声喊呀！②
>
> 库部林郎中说，建州上春采茶时，茶园人无数，击鼓闻数十里。③
>
> 采茶之法，须是侵晨，不可见日。侵晨则夜露未晞，茶芽肥润，……故每日常以五更挝鼓，集群夫于凤凰山（山有打鼓亭），监采官人给一牌入山，至晨刻，则复鸣锣以聚之，恐其逾时贪多务得也。④
>
> 顾山，《元和郡县志》云，在长兴县北四十里，正元已后，每岁进奏顾山紫笋茶，役工三万人，累月方毕。《唐志》长城县下顾山有茶。⑤

---

① 熊蕃：《宣和北苑贡茶录》。
② 欧阳修：《欧阳文忠公集》卷七，《尝新茶呈圣谕[16]》。
③ 庞元英：《文昌杂录》卷四。
④ 赵汝砺：《北苑别录》，《采茶》。
⑤ 王象之：《舆地纪胜》卷四，《两浙西路安吉州》。

韩岊知刚，福州长乐人，尝监建茶场，云：……采茶工匠几千人，日支钱七十足。①

焙茶：

又有石、乳吉、香口三外焙，亦隶于北苑，皆采摘茶芽，送官焙添造，每岁縻金共二万余缗，日役千夫，凡两月方能迄事，第所造之茶，不许过数，入贡之后，市无货者，人所罕得……其流贩四方，悉私焙茶耳。②

建州出茶有焙，焙有三十六，三十六中，惟北苑发早而味尤佳，社前十五日即采其芽，日数千工聚而造之，逼社即入贡，工甚大，造甚精。③

孝宗隆兴元年（公元一一六三年）四月六日，上封事者言：建州北苑焙所产腊茶，每岁漕司费钱四五万缗，役夫一千余人，往往以进贡为名，过数制造，显是违法。诏福建转运司常切觉察，仍具每年造茶的实合用钱数闻奏。④

可见不论茶的采摘还是焙制，都是规模宏大，雇工均在千人以上，甚至多达三万人，这样一种大规模生产，在生产结构的性质上自然就会产生一种新的变化，这就是马克思所说："资本主义生产实际上是在同一个资本同时雇用较多的工人，因而劳动过程扩大了自己的规模并提供了较大量的产品的时候才开始的。较多的工人在同一时间、同一空间（或者说同一劳动场所），为了生产同种商品，在同一资木家的指挥下工作，这在历史上和逻辑上都是资本主义生产的起点。"⑤又说："即使劳动方式不变，同时使用较多的工人，也会在劳动过程的物质条件上引起革命。"⑥我们说宋代茶的产销是一种含有资本主义因素的商品生产，是有充分的理论根据和事实根据的。

---

① 庄季裕：《鸡肋编》卷下。
② 胡仔：《苕溪渔隐丛话后集》卷十一。
③ 胡仔：《苕溪渔隐丛话后集》卷十一。
④ 《宋会要辑稿》，《食货三一之一五》。
⑤ 马克思：《资本论》第一卷，第三五八页。
⑥ 马克思：《资本论》第一卷，第三六〇页。

第二节　茶的禁榷与茶的自由经营被扼杀

（一）宋代的茶法

产销两旺的宋代茶，由于"采摘之精、制作之工"，而又各地名茶丛出，因而开拓了广大的国内外市场，销售量巨大，使茶成为宋代最兴旺发达的一种大规模的商品生产，具有广阔的发展前途。但是好景不长，转瞬即受到致命的打击。早在宋初太祖朝即开始在江南实行榷茶，把茶的产销收归官营。茶之被收归官营，完全由政府垄断，原是在意料之中的，它必然会成为历代王朝一致奉行的传统财政政策，一般言利之臣也必然以此献计献策，以裕国用。这个政策在增加财政收入上是成功的，但对社会经济的发展特别是商品经济的发展则是有害的。西汉武帝时桑弘羊建议实行这个制度是有其特殊的背景的，实行的结果在财政上取得了巨大的成功，作到了民不加赋而国用饶足，达到了汉武帝企图达到的目的。后世历代王朝必然要仿行这个制度，是因为在封建社会中，政府的财政收入主要是田赋，而田赋收入则是固定的，不但不能任意增加，而且常随着天灾人祸的频仍和人口的流移死亡而不断减少。于是禁榷制度就被认为是理财的最好途径，虽明知由官家垄断一切有利经营，会对社会经济产生严重有害的结果，但为眼前的一点小利，还是不惜断送国家的根本利益和发展前途，甚至行之唯恐不力，收益唯恐不大，至于正在发展中的社会经济特别是商品经济由此遭到破坏，就完全不闻不问了。

在封建社会中，要使停滞状态的社会经济能自动有所发展，就要解除由封建礼法制度加在人民身上的种种精神枷锁，取消传统的经济平均主义、经济干涉主义，使人民有自由营业的可能，有获得经济利益的权利。这样，人们的生产积极性才会油然而生，才会自行选择为个人条件所允许的谋利之途，也才会出现亚当·斯密所说的每个人背后都好像有一只"看不见的手"，在推动着人们奔向有利之途。重农学派把这样的一种客观经济规律称为"自然秩序"。这个自然秩序包括：享受财产所得的权利，从事劳动的权利，以及享有不妨碍他人的追求个人利益的自由。中国早在两千多年以前的西汉初期，伟大历史学家司马迁对此就已进行了系统的阐述，与亚当·斯密的观点基本相同。他认为人们追求个人最大的经济利益，是人类的本能，而这种营利的本能，正是促使社会经济发展的动力。这与重农学派所谓"自然秩序"具有相同的含义。他在《货殖列传》一文中反复申述："人各任其能，竭其力，以得所欲，故物贱之征[17]贵，贵之征贱，各劝其业，乐其事，若水之趋下，日夜无休时，不召而自来，不求而民出之，岂非道之所符，而自然之验耶？"又说："富者人之情性，所不学而俱欲者也"；又说："农工商贾畜长固求富益货也，此有知尽能索耳，终不余力而让财矣"；又说："凡编户之民，富相什则卑下之，伯则畏惮之，千则役，万则仆，物之理也。"社会是个人的集合体，个人富与社会富，两者是一致的。《周书》亦曰："农不出则乏其食，工不出则乏其事，商不出则三宝绝，虞不出则财匮少，财匮少而山泽不辟矣。此四者民所衣食之原也，原大则饶，原小则鲜，上则富国，下则富家，贫富之道，莫之夺予，而巧者有余，拙者不足。"所谓"巧者有余，拙者不足"，乃是自由竞争的结果，国家机构对个人的经济行为，最好是因势利导，促其自由发展，绝不可用政治权力横加干涉，如再与民争利，那更是妨碍经济发展的下策了。

这样一种简单的经济原理，过去的封建统治者是不可能理解的。历代帝王除极少数开国之君外，其余的非尸位素餐、昏庸无能之辈，即骄奢淫逸、挥霍浪费之徒，为了满足他们腐朽侈靡生活的需要，其斤斤计较的是如何增加眼前的收入，以应付急需，而不是如何发展经济，以求富国裕民，作长治久安之计。因此，后世历代王朝对桑弘羊的道路是很欢迎的，并逐渐扩大和完善其内容。不论农、工、商、虞，只要其产品有广大销路，能获得丰厚利润，就立即收归官营，这已经不是与民争利，而是将一切有利事业加以垄断。茶是从唐代中叶兴起的，而榷茶制度也始于此时。宋代茶的产销之盛更远过于唐，故宋代的榷茶制度亦远比唐代为严格。宋从初年起，即开始榷茶：

> 乾德初，国用未丰，苏晓为淮漕，欲议尽榷舒、庐、蕲、黄、寿五州茶货，置四十四场，一萌一蘖，尽搜其利，岁衍百余万缗，淮俗苦之。后晓舟败溺，淮民比屋相贺。①

实行禁榷，是以严刑峻法为后盾的，触犯茶法，量其重轻，自没收、罚款、杖流，直至处死：

---

① 文莹：《玉壶野史》卷二。

〔乾德二年（公元九六四年）八月〕辛酉，初令京师、建安、汉阳、蕲口，并置场榷茶。自唐武宗始禁民私卖茶，自十斤至三百斤，定纳钱决杖之法。于是令民茶折税外悉官买，民敢藏匿而不送官及私贩鬻者，没入之。计其直，百钱以上者，杖七十，八贯加役流。主吏以官茶贸易者，计其直，五百钱流二千里，一贯五百及持杖贩易私茶为官司擒捕者，皆死。①

太平兴国二年（公元九七七年），有司奏：江南诸州榷茶，于沿江州军置八务，民有匿而不闻，许邻里告，给赏。诏从之。自唐建中四年（公元七八三年），赵赞判度支，始税竹木茶漆，其后户部侍郎张滂，遂请移山茶根于茶园，旧茶悉焚弃，天下怨之。九年（公元七八八年），王涯诛，令孤楚代涯，请入其租于户部，人莫不悦。乾德后，虽禁民私卖，而茶之利尽入县官，民不以为扰。②

凡民茶折税外，匿不送官及私贩鬻者没入之，计其直论罪。园户辄毁败茶树者，计所出茶论如法。旧茶园荒薄，采造不充其数者，蠲之。当以茶代税而无茶者，许输他物。主吏私以官茶贸易，及一贯五百者死。自后定法，务从轻减。③

淳化五年（公元九九四年），转西京作坊使。初，产茶之地，民输赋者悉计其直，官售之，精粗不校，咸输榷务。商人弗肯售，久即焚之。允恭曰："竭民利而取之，积腐而弃之，非善计也。"④

为减少边防馈粮之劳，乃募商人入粟麦材木于边郡，给文券，谓之交引，商人可持之于沿江榷务市茶，即实行以粮易茶，这样，既可以减轻政府馈边粮之劳，又可以推销各榷务囤积不售之茶，原属公私两利，但须辗转经过官府，种种留难，商人困难重重，且受中间商人——交引铺的勒索，其大概情况可见下文：

国朝自乾兴二年（公元一〇二三年）置榷茶务，诸州民有茶，除折税钱外，官悉市之，许民于东京输金银钱帛，官给券，就榷务

---

① 李焘：《续资治通鉴长编》卷五。
② 曾巩：《隆平集》卷三。
③ 《宋史》卷一百八十三，《食货志下五·茶上》。
④ 《宋史》卷三百九，《杨允恭传》。

以茶偿之。后以西北用兵，又募商人入粟麦材木于边郡，给文券，谓之交引，许就沿江榷务自请射茶。边郡所入直十五六千至二十千者，即给茶直百千，谓之加抬钱。然入粟木者亦有不知茶利，至京多以交引鬻于茶州，百千裁得二十余缗，谓之实钱。辇下坐贾，逐蓄交引以射利，谓之交引炼。岁月滋深，沿江榷务交引坌至，茶不充给，计岁入新茶，一二年不能偿其数，其弊也如此。至是边陲罢兵，储峙丰积，言事者多云榷茶非便，遂命特等议更其法。特等召茶商十数辈，犒以醪馔，讲贯公私之利，乃谓依时价官收交引，每茶价及百千，人纳实钱五十千，其见执交引，至榷务已得茶者，量抽十之一，但三年并赴务买茶，即于正茶外兼还所抽，以平其价。行之一年，帝虑未尽其要，命枢密直学士李溶[18]、刘综知杂御史王济与三司同较其利害。时边郡所入时估实价不一，遂且以新法从事，而榷务纳金帛，岁较其数，已多于前，而上封者复言，新法始行，又命比较，商旅眩惑，不敢以时贸易，及特等奏入，即令权罢比较焉。①

景德中，茶法既弊，命与林特、刘承珪更定法，募人入金帛京师，入刍粟塞下，与东南茶皆倍其数，即以薄制置江、淮等路茶盐矾税兼发运事，使推行之。岁课缗钱，果增其旧，特等皆受赏。……然茶法行之数年，课复损于旧。②

至太宗至道末，几个重要产茶区尽被禁榷，只有川峡、广南听民自买卖，只禁其出境：

民之欲茶者售于官，其给日用者，谓之食茶，出境则给券。商贾贸易，入钱若金帛京师榷货务，以射六务、十三场茶，给券随所射与之，愿就东南入钱若金帛者听，计直予茶如京师。至道末，鬻钱二百八十五万二千九百余贯，天禧末，增四十五万余贯。天下茶皆禁，唯川峡、广南听民自买卖，禁其出境。③

天圣元年（公元一〇二三年）春正月癸未，国朝惟川峡广南茶

---

① 《宋会要辑稿》，《食货三六之八》。
② 《宋史》卷二百九十九，《李溥传》。
③ 《宋史》卷一八三，《食货志下五·茶上》。

听民自买卖，禁其出境，余悉榷，犯者有刑。在淮南则蕲、黄、庐、舒、寿、光六州，官自为场，置吏总之，谓之山场者十三，六州采茶之民皆隶焉。谓之园户、岁课作茶，输其租，余官悉市之，其售于官，皆先受钱而后入茶，谓之本钱，又有百姓岁输税者，亦折为茶，谓之折茶，总为税课八百六十五万余斤，其出鬻皆就本场。在江南则宣、歙、江、池、饶、信、洪、抚、筠、袁十州，广德、兴国、临江、建昌、南康五军，两浙则杭、苏、明、越、婺、处、温、台、湖、常、衢、睦十二州，荆湖则荆、潭、澧、鼎、鄂、岳、归、峡八州，荆门军，福建则建、剑二州，岁如山场输租折税，余则官悉市而敛之，总为岁课，江南千二十七万余斤，两浙百二十七万九千余[19]斤，荆湖二百四十七万余斤，福建三十九万二千余斤，皆转输要会之地，曰江陵府，曰真州，曰海州，曰汉阳军，曰无为军，曰蕲州蕲口，为榷货务。凡民欲茶者皆售其官，其以给日用者谓之食茶，出境则给券，商贾之欲买易者，入钱若金帛京师榷货务，以射六务十三场茶，给券随所射与之，谓之交引；愿就东南入钱若金帛者听，入金帛者计直予茶如京师。凡茶入官以轻估，其出以重估，县官之利甚溥，而商贾买转于西北，以至散于夷狄，其利又特厚焉。县官鬻茶，岁课缗钱虽赢缩不常，景德中至三百六十万余，此其最厚者也。然自西北宿兵既多，馈饷不足，因募商人入中刍粟，度地里远近，增其虚估，给券以茶偿之，后又益以东南缗钱香药象齿，谓之三税，而塞下急于兵食，欲广储峙，不受虚估，入中者以虚钱得实利，人竞趋焉。及其法既弊，则虚估日益高，茶日益贱，入实钱金帛日益寡。而入中者非尽行商，多其土人，既不知茶利厚薄，且急于售钱，得券则转鬻于茶商，或京师坐贾，号交引铺者，获利无几。茶商及交引铺或以券取茶，或收蓄贸易以射厚利，由是虚估之利皆入豪商巨贾，券之滞积，虽二三年茶不足以偿。而入中者以利薄不趋，边备日蹙，茶法大坏。景德中，丁谓为三司使，尝计其得失，以为边籴才及五十万，而东南三百六十余万茶利尽归商贾，当时以为至论，厥后虽屡变以救之，然不能无弊。①

---

① 李焘：《续资治通鉴长编》卷一百。

（二）榷茶之害和茶的商品经济的发展被扼杀

茶的产销应由民间自由经营，不宜由官家垄断，道理是非常明显的。政府实行榷茶的目的，原是为了增加一点现成收入，事实上收入并没有增加多少，而社会经济已明显地遭到破坏。茶法，既有损于民，又无益于国。由此，刑狱日繁，严刑难禁，徒滋纷扰，得不偿失。宋人李觏曾有一篇十分中肯的言论，详细阐述了这种明显的利害形势：

> 或曰：天下之货，茶最后出，而国用赖焉，今兹有说乎？曰：茶非古也，源于江左，流于天下，浸淫于近代，君子小人靡不嗜也，富贵贫贱靡不用也，有国者从而笼之，利一孔矣。而世之所贵，家之所蓄，则非有公茶者何？公茶滥恶，不味于口故也。每岁之春，芽者既撷，焙者既出，则吏呼而买之，民挽而输之矣。民之淳或以利而奸也，吏之察或以贿而暗也，于是乎行滥入焉。草耶、木耶，唯恐器之不盈也，尘耶、煤耶，唯恐行之不昂也。商算而行或不售也，则贩者鲜矣；仓储之久或腐败也，则水火乘之矣。是以邦之泉布竭于市估，而积之亡用之地，息未收而本或丧矣。若东南列郡，则吏自斥卖，课不甚多，时或不登焉，而民之自用常数倍矣。来有甚远，价有甚贵，而人争取之者，味美也；涂有甚险，法有甚重，而人争贩之者，利厚也。巡按之使，逐捕之卒，日驰于野，黥额之吏，鞭背之人，日满于庭，愁怨愈多而奸不可禁，督责愈重而财不可阜，势之所运，末如之何也已。今日之宜，亦莫如一切通商，官勿卖买，听其自为，而籍茶山之租，科商人之税，以此校彼，殊涂一致。且商人自市，则所择必精，所择精则卖之必售，卖之售则商人众，商人众，则入税多矣。又昔之所以被草莽、怀兵刃、务私贩者，禁严故也。既已通商，则当安行夷路，自实官府，亦入税多矣。况不滞本泉，不烦威狱，利国便人，莫善于此。或曰：子通茶盐之商，其如逐末何？曰：昔之未通商也，文峻而网密，富厚重慎之子罔游其间，故蚩蚩细民，以身易财者入焉，若法通商，则大贾蓄家，射时而趋，细民何利焉，非逐末之路也。于戏！盐始于汉，茶始于唐，取以济时，事非师古，异日邦财饶衍，王道浸昌，弃之于民，

不胜大愿。①

这是一篇符合财政原理的科学论文，作者认为国家的财政基础，系建立在国民经济的兴旺发达上。经济发达则财源充沛，收入自多，如把收入的源泉放在对现有财富的榨取上，就成为财政的一种慢性自杀。竭泽而渔或杀鸡取卵，虽暂时增加了一点现成收入，但无源之水，转瞬即涸。茶已成为人民大众的生活必需品——所谓"无异米盐"，一旦由官家垄断，则利之所在，私贩蜂起，为严刑所不能禁，即上文所谓："巡按之使，逐捕之卒，日驰于野，鬻额之吏，鞭背之人，日满于庭，愁怨愈多而奸不可禁，督责愈重而财不可阜。"如果废止禁榷，听其自为，则市场机制和经济规律就恢复正常作用。改禁榷为征税，因系使"商人自市，所择必精，所择精则卖之必售，卖之售则商人众，商人众则入税多矣"。自由通商之后，税收反而增多，同时经济也搞活了。可见禁榷则公私两害，自由通商则公私两利，使经济与财政成一种良性循环，随着国民经济的不断发展，使财政收入不断增长。但是这种进步言论，不为朝廷当局所重视，更不被邀功幸进的言利之臣所接受。不过也有不少深明事理的大臣对朝廷为目前一点小利而采取与民争利的下策深表不满，主张取消，实行自由通商，以利国利民。有的还列举出大量数字，以有力地证明禁榷并不比普通税收有较多的收入。例如：

〔景祐三年（公元一〇三六年）三月丙午〕权判户部勾院叶清臣请弛茶禁，以岁所课均赋城郭乡村人户。其疏曰："山泽有产，天资惠民，自兵食不充，财臣兼利，草芽木叶，私不得专，封园置吏，随处立管，一切官禁，人犯则刑，既夺其资，又加之罪，鬻流日报，逾冒不悛。诚有厚利，无费资，能济国用，圣仁恤隐，矜赦无辜，犹将弛禁缓刑，为民除害。度支费用甚大，榷易所收甚薄，刳剥园户，资奉商人，使朝廷有聚敛之名，官曹滋滥虐之罚，虚张名数，刻蠹黎元。建国以来，法弊辄改，载详改法之由，非有为国之实，皆商人协计，倒持利权，幸在更张，倍求奇美，富人豪族，坐以贾赢，薄贩下估，日皆脧削，官私之际，俱非远策。臣窃尝校计茶利岁入，以景祐元年（公元一〇三四年）为率，除本钱外，实收息钱

----

① 李觏：《直讲李先生文集》卷十六，《富国策第十》。

五十九万余缗。又天下所售食茶，并本息岁课，亦只及三十四万缗，而茶商见通行六十五州军，所收税钱，已及五十七万缗，若令天下通商，只收税钱，自及数倍，即榷务山场及食茶之利，尽可陇取，又况不费度支之本，不置榷易之官，不兴辇运之劳，不滥徒黥之辟。臣意生民之弊，有时而穷；盛德之事，俟圣不惑。议者谓榷卖有定率，征税无规准，通商之后，必亏岁计。臣案管氏盐铁法，计口受赋，茶为人用与盐铁均，必令天下通行，以口定赋，民获善利，又去严刑，口数出钱，人不厌取。景祐元年天下户千二十九万六千五百六十五，丁二千六百二十万五千四百四十一，三分其一为产茶州军，内外郭乡又居五分之一，丁赋钱三十，村乡丁赋二十，不产茶州军郭村乡如前计之，又第损一钱，岁计已及缗钱四十余万，榷茶之利凡止五十余万缗，通商收税，且以三倍旧税为率，可以得百七十余万缗，更加口赋之入，乃有二百一十余万缗，或更于收税则例微加增益，即所增至鲜，所聚愈厚，比于官自榷易，驱民就刑，利病相须，炳然可察"。诏三司与详定所相度以闻。皆以为不可行，及嘉祐四年（公元一○五九年），卒行之。[1]

王安石亦反对榷茶，神宗时上书，主张罢榷法，使民自贩。王安石的上书是对榷茶之制的一个严厉批判，其详如下：

> 国家罢榷茶之法，而使民得自贩，于方今实为便，于古义实为宜。而有非之者，盖聚敛之臣将尽财利于毫末之间，而不知与之为取之过也。夫茶之为民用，等于米盐，不可一日以无，而今官场所出皆粗恶不可食，故民之所食，大率皆私贩者。夫夺民之所甘而使不得食，则严刑峻法有不能止者，故鞭扑流徒之罪，未尝少弛，而私贩私市者亦未尝绝于道路也。既罢榷之法，则凡此之为患，皆可以无矣。然则虽尽充岁入之利，亦为国者之所当务也，况关市之入，自足侔昔日之利乎？昔桑弘羊兴榷酤之议，当时以为财用待此而给，万世不可易者，然至霍光不学无术之人，遂能屈其论而罢其法，盖义之胜利久矣。今朝廷之治，方欲划百代之弊，而复尧舜之功，而

---

① 李焘：《续资治通鉴长编》卷一百十八。

其为法度，乃欲出于霍光之所羞为者，则可乎？以今之势，虽未能尽罢榷货，而能缓其一，亦所以示上之人恤民之深，而兴治之渐也。彼区区聚敛之臣务以求利为功，而不知与之为取，上之人亦当断以义，岂可以人人合其私说然后行哉？杨雄曰：为人父而榷其子，纵利如子何？以雄之聪明，其讲天下之利害，宜可信，然则今虽国用甚不足，亦不可以复易已行之法矣。是以国家之势，苟修其法度，以使本盛而末衰，则天下之财不胜用，庸诅而必区区于此哉？[①]

兴元府南郑县丞李新以其目睹禁茶虐民之惨状和得不偿失的实际情况，力主废止榷法，以苏民困：

> 元符三年（公元一一〇〇年）五月十一日，兴元府南郑县丞李新谨昧死百拜上书皇帝陛下。"……方今利孔百出，臣不敢遍举，独指虐民之大者一事，为陛下略陈之。且摘山以为茶，民之朝暮不可阙也，议者以谓户部之计茶利，岁入不资，边防之用，仰此以为喉吻之哺，故朝廷假其权，大臣怙其势，而司其事者过桀跖之徒，奉其法者行水火之政。臣官汉中，目击其事。利之所在，民赖以衣食，得之则生，弗得则死，未易可遏也。而比年禁其私贩，五木巨械，钳首贯足，考一逮十，考十连百，囹圄无虚，刑余半道，而冤痛之声，至不忍闻。夫腊茶之直，数十倍于草茶，而其罪惟均，细民轻以触法，自昔然也。今官践其直以市，园户不吾市者为私售，酷其威以胁，州县不吾从者为沮法。陛下试令诸路提刑司具断狱以上闻，则缘茶事坐者，十倍其他也。交通贫富，贸迁有无，商贾之职也，茶事半天下，则商贾不通，商贾不通，则关市之征废，他司岁计日朘削矣。而又月计军储官吏之费，岁总侵欺失陷之数，其所得者仅偿所亡，是所谓朝四暮三，割肤肉以啖口者也。至于县官，苟日夕之谴，则抑配良民，以津积滞，而他司按劾所不得与。铺兵为盗贼之渊，则转寇良民以资口腹，而有司坐视所不敢问。故每茶使一过，则聚骂族诽，思脔其肉嚼其脐，呼天而诅，操矛而逐之，何啻十目所视，十手所指，奈何朝廷益重而委之。臣所谓财利之臣进者，斯

人之徒与？陛下之远民忍不听此而矜恒之耶？问阎王之疾苦，此其大者。如陛下以为盐池之坏未复，国用尤急于茶利，又神考已施之迹不忍遂辍，则宜求长厚之吏以补使者，少缓法禁，支计博买外，许之通商，则德泽下流，孰有远迩耶。"①

在臣僚交章陈奏，众愿难违的情况下，宋廷[20]终于接受了群臣意见，下诏尽弛茶禁：

> 自唐建中始有茶禁，近岁为患尤甚，官受滥恶，而民间私藏盗贩，犯者实繁，严刑重诛，无有虚日，于是降诏，尽弛此禁，俾通商利，历此之弊，一旦除去，天下莫不称颂。②
>
> 〔嘉祐四年（公元一〇五九年）二月〕敕：古者山泽之利，与民共之，故民足于下，而君裕于上，国家无事，刑罚以清。自唐末流，始有茶禁，上下规利，垂二百年。如闻比来为患益甚，民被诛求之困，日惟咨嗟，官受滥恶之入，岁以陈积，私藏盗贩，犯者实繁，严刑重诛，情所不忍，使田间不安其业，商贾不通于行。呜呼！允若兹，是以江湖之间幅员数千里，为陷阱以害吾民也。朕心恻然，念兹久矣。间遣使者，往就问之，而皆欢然，愿弛榷法，岁入之课，以时上官。一二近臣，件析其状，朕嘉览于再，犹若慊然，又于岁输，裁减其数，使得饶阜，以相为生，划去禁条，俾通商贾，历世之弊，一旦以除，著为经常，弗复更制，损上益下，以休吾民，尚虑喜于立异之人，缘而为奸之党，妄陈奏议，以惑官司，必置明刑，用戒狂谬，布告遐迩，体朕意焉。③

王安石的"与之为取"的思想，源渊于老子的"将欲取之，必固与之"的说法。其应用到财政政策上，就是要对人民有所取，首先要对人民有所与，用现在的话来说，就是要使财政收入有充足的来源，首先要使国民经济有充分的发展，破坏了人民的经济，就枯竭了财政来源。换言之，如对人民只取不与，那就是杀鸡取卵，就是竭泽而渔。但是这个基本的财政原则，为一般

---

① 李新：《跨鳌集》卷十九，《上皇帝万言书》。
② 韩琦：《韩魏公集》卷十四，《家传》。
③ 《宋大诏令集》卷一百八十四，《通商茶法诏》。

言利之臣所不易懂、也听不进，他们所斤斤计较的，是眼前具体收入的多寡，而缺乏安邦定国、长治久安的深谋远虑。果然，茶禁一弛，一般言利之臣即纷纷反对，名臣欧阳修亦参与其列，与知制诰刘敞共同成为这一派的代言人。欧阳修本系一著名的文学家，却无半点财政经济的知识，故所论极为迂阔，他认为弛茶禁仅有省刑之一利，却因之产生了五害，一利不足以敌五害，故不应轻改祖宗旧制。奏疏原文甚冗长，这里仅录其比较弛茶禁利害的一段：

> "臣窃闻议者谓茶之新法既行，而民无私贩之罪，岁省刑人甚多，此一利也。然而为害者五焉：江南、荆湖、两浙数路之民，旧纳茶税，今变租钱，使民破产亡家，怨嗟愁苦，不可堪忍，或举族而逃，或自经而死，此其为害一也；自新法既用，小商所贩至少，大商绝不通行，前世为法以抑豪商，不使过侵国利与为僭侈而已，至于通流货财，虽三代至治，犹分四民，以相利养，今乃断绝商旅，此其为害二也；自新法之行，税茶路分犹有旧茶之税，而新茶之税绝少，年岁之间，旧茶税尽，新税不登，则顿亏国用，此其为害三也；往时官茶，容民入杂，故茶多而贱，遍行天下，今民自买卖，须要真茶，真茶不多，其价遂贵，小商不能多贩，又不暇远行，故近茶之处，顿食贵茶，远茶之方，向去更无茶食，此其为害四也；近年河北军粮用见钱之法，民入米于州县，钞钞算茶于京师，三司为于诸场务中择近上场分，特留八处，专应副河北入米之人翻钞算请，今场务尽废，然犹有旧茶可算，所以河北和籴日下未妨，窃闻自明年以后，旧茶当尽，无可算请，则河北和籴，实要见钱，不惟客旅得钱变转不动，兼亦自京师岁岁辇钱于河北和籴，理必不能，此其为害五也。一利不足以补五害，今虽欲减放租钱，以救其弊，此得宽民之一端尔，然未尽公私之利害也。伏望圣慈，特诏主议之臣，不护前失，深思今害，黜其遂非之心，无袭诋谤之迹，除去前令，许人献说，亟加详定，精求其当，庶几不失祖宗之旧制……"①

任何一种制度的改革或推行一种新的制度，都有一个新旧交替过程，有一个互相适应过程。而推行新政，又往往缺乏经验，产生一些技术上的困难

---

① 欧阳修：《欧阳文忠公文集》卷一百十二，《论茶法奏状》。

或错误，是完全可以理解的，不能用这些枝节上暂时出现的矛盾来否定改革本身。欧阳修提出弛茶禁有五害，有些显然是不真实的或者是不近情理的，例如说"自新法既用，小商所贩至少，大商绝不通行"，这种情况显然不是事实，而且不近情理。在茶禁甚严时，私贩盛行，虽严刑峻法不能禁，"五木巨械，钳首贯足，考一逮十，考十连百，囹圄无虚，刑余半道，冤痛之声，至不忍闻"，刑罚如此严酷，私贩不因之少衰，今一切禁令废除，许其自由通商，反而是"小商所贩至少，大商绝不通行"，岂非咄咄怪事？其他各点，亦皆类此。欧阳修原是反对王安石变法的顽固派，论茶法一事，亦反映了同一思想，所谓五害，都是虚构不实的。

由于反对派的群起非难，而言利之徒又百般蛊惑，朝廷对嘉祐变茶法遂开始动摇，终于到徽宗崇宁初，在蔡京主持下，又正式恢复了榷茶旧制：

徽宗崇宁元年（公元一一〇二年）十二月八日，尚书右仆射蔡京等言："荆湖南北、江南东西，淮南、两浙、福建七路产茶，自乾德二年（公元九六四年）立法禁榷，官置场收买，许商贾就京师榷货务纳钱给钞，赴十三山场、六榷货务。三朝国史食货志十三场，蕲州王琪一也，石桥二也，洗马三也，黄梅场四也，黄州麻城五也，庐州王同六也，舒州太湖七也，罗源八也，寿州霍山九也，麻步十也，开顺口十一也，商城十二也，子安十三也。六榷货务，江陵府务一也，真州务二也，海州务三也，汉阳军务四也，无为军务五也，蕲州之蕲口务六也。至祥符中，岁收息五百余万缗，庆历以来，法制浸坏，嘉祐初，遂罢禁榷，行便商之法，客人园户私相贸易，公私不给，利源浸销，岁入不过八十余万。元丰中，先帝尝命有司讲求，而法废已久，议者不能上承圣志，议未及行。窃考在昔茶法之弊，盖缘科配人户，不计丰凶，州县催迫，人多逃避。嘉祐改法，指以为说。今欲将荆湖江淮两浙福建七路州军所产茶，依旧禁榷，选官置司，提举措置，并于产茶州县随处置场，官为收买，更不于人户税上科纳，禁客人与园户私相交易。所置场处，委官籍记园户姓名。所有置场茶本钱，欲降度牒二千道，末盐钞二百万贯，更特于逐路朝廷诸色封桩钱并坊场常平剩钱内，共借四十万贯，共三百万贯，令逐路分擘，充买茶本钱，差官分路措置。湖南北路欲差一员，江东西路欲差一员，淮南、两浙路欲差一员，福建路欲差一员。

将来措置就绪，即共差都大提举七路茶事二员总之，余官并罢。其勾集园户，籍会户数，酌量年例所出，约人户可卖之数，年终立为茶额，所有复行禁榷条法，检会大中祥符所行旧法，并庆历后来私贩害公之弊，取今日可行者，酌中修立，接续为法，颁降施行。"从之。①

从此，茶之禁榷便一直贯彻下去。

---

① 《宋会要辑稿》，《食货三〇之三一——三二》。

第九章　劳　动

第一节　奴隶劳动

宋代社会经济结构依赖的人力资源，仍然是由历久相沿的奴隶劳动、雇佣劳动和徭役劳动三种传统的项目所构成。这样一种结构至少到东周中叶以后就完全确立了，以后长期延续下来。其中奴隶劳动起源最早，据说夏商时代是古典奴隶制度的主要时期。其实这是一种没有确切根据的传说，谁也不清楚这种古典奴隶制度的具体容。进入东周后，奴隶制成为一种明显的社会制度，即一定的生产方式，但是这个奴隶制度却是新生的，不是古老制度的延续，是在土地私有制度确立后随着土地兼并的发展而发展的。战国以后，土地私有制度一代胜过一代，土地兼并的进行也是一代比一代激烈，丧失土地的人一代比一代多，于是卖身为奴的人自然就一代胜过一代。宋代处于这个漫长历史发展的中间阶段。这种历史悠久的漫长过程谁也不可能改变，维持这种不变并使之僵化成为一成不变的传统反而对封建统治更为有利。马克思曾深入分析过这种支配思想产生的经济根源：

原封不动地保持旧的生产方式，却是过去的一切工业阶级生存的首要条件。①

为了原封不动地保持旧的生产方式，就要求把一切关系都僵化为一成不变的传统，并使人们的一切行为都墨守成规。马克思说：

但是，很清楚，在这种社会生产关系以及与之相适应的生产方

_____

① 马克思、恩格斯：《共产党宣言》，《马克思恩格斯选集》第一卷，第二五四页。

式所借以建立的自然形成的不发达的状态中，传统必然起着非常重要的作用。其次，很清楚，在这里，并且到处都一样，社会上占统治地位的那部分人的利益，总是要把现状作为法律加以神圣化……在生产过程以及与之相适应的社会关系的停滞状态中，一种生产方式所以能取得这个形式，只是由于它本身的反复的再生产。如果一种生产方式持续一个时期，那么，它就会作为习惯和传统固定下来，最后被作为明文的法律加以神圣化。①

从奴隶制度发展的全部历史来看，宋代是这个历史长河的间歇时期，公私畜养的奴婢都非常少，不但远不能与早期的战国、秦、汉相比，也不能与前朝唐代相比，而且亦无法与后来的元朝相比。过去那种一代超过一代的发展势头，到宋而突然衰落下去了。可是元灭宋以后，带来了落后生产和生活方式，并准备把被压迫民族都沦为奴隶。所以只有宋代是中国奴隶制度的一个衰歇时期。

宋初即禁止买卖奴婢，朝廷不但屡下诏令，甚而制订刑律，制止役使奴隶。

〔开宝四年（公元九七一年）三月〕丙申诏：广南有买人男女为奴婢转佣利者，并放免；伪政有害于民者具以闻，除之。②

昔汉高祖既定天下，乃诏民以饥饿自卖为奴婢者，皆免为庶人，盖革污俗之弊。眷[1]惟岭表，方已削平，犹习余风，所宜禁止。广南诸州县民家，有收买到男女奴婢，使转将佣顾以输其利者，自今并令放免，有敢不如诏旨者，当决杖配流。③

〔至道二年（公元九九六年）闰七月〕庚寅诏：江、浙、福建民负人钱没入男女者还其家，敢匿者有罪。④

〔仁宗朝〕提点广南东路刑狱。初，江、湖民略良人，鬻岭外为奴婢。湛至，设方略搜捕，又听其自陈，得男女二千六百人，给

---

① 马克思：《资本论》第三卷，第八九三——八九四页。
② 《宋史》卷二，《太祖本纪二》。
③ 《宋大诏令集》卷一百九十八，《禁广南奴婢诏》。
④ 《宋史》卷五，《太宗本纪》。

饮食还其家。①

湖南之人掠良人，逾岭卖为奴婢，周湛为广东提点刑狱，下令捉搦，及令自陈，得男女二千六百余人，还其家，而世少知之，盖亦古之良吏也。②

《刑统》皆汉唐旧文，法家之五经也，当国初尝修之，颇存南北朝之法，及五代一时旨挥，如奴婢不得与齐民伍，有奴婢贱人类同畜产之语……不可为训，皆当删去。③

宋代虽然奴隶制度突然衰歇下去，但初期买卖奴婢的"余风"仍时有发生。

〔太平兴国二年（公元九七七年）春正月丙寅〕五代藩镇，多遣亲吏往诸道回图贩易，所过皆免其算。既多财，则务为奢僭，养马至千余匹，童仆亦千余人。④

但此时的奴隶，家奴婢占了绝大多数。他们主要从事家内服役，很少从事生产性劳动。在全部农业人口中奴隶所占的比重是微不足道的。下引两例可见一斑：

国初士大夫戏作语云："眼前何日赤，腰下几时黄？"谓朱衣吏及金带也。宣和间，亲王、公主及他近属戚里，入宫辄得金带关子。得者旋填姓名卖之，价五百千。虽卒伍屠酤，自一命以上皆可得。方腊破钱唐时，朔日，太守客次有服金带者数十人，皆朱勔家奴也。时谚曰："金腰带，银腰带，赵家世界朱家坏。"⑤

都下买婢，谓未尝入人家者为一生人，喜其多淳谨也。予在蜀中，与何撢之同阅报状，见新进骤用者，撢之曰："渠是一生人，宜其速进。"予怪而诘之，撢之曰："曾为朝者，既为人所忌嫉，又多

① 《宋史》卷三百，《周湛传》。
② 范镇：《东斋记事》卷三。
③ 赵彦卫：《云麓漫钞》卷四。
④ 李焘：《续资治通鉴长编》卷十八。
⑤ 陆游：《老学庵笔记》卷一。

谤，故惟新进者无患。"盖有激也。①

官奴婢的数量和作用也很有限。"东坡在黄冈，每用官奴侑觞，群姬持纸乞歌词，不违其意而予之。"② 除了官奴外，见诸记载的还有城奴——一种地方官衙的奴仆和杂役。故真正从事生产劳动的奴婢很少。

由于商品经济的发展，雇佣劳动的增多，加上禁止买卖奴婢，占有奴婢的人在对待奴婢的态度上亦有所改善。

> 杨诚斋夫人罗氏，年七十余，每寒月黎明即起，诣厨躬作粥一釜，编[2]享奴婢，然后使之服役。其子东山先生启曰：天寒何自苦如此？夫人曰：奴婢亦人子也，清晨寒冷，须使其腹中略有火气，乃堪服役耳。③

但是在某些雇佣劳动较少的偏僻地区，豪族大姓役使佃户犹如奴隶现象仍很严重，佃户不堪奴役，往往聚众反抗：

> 川陕豪民多旁户，以小民役属者为佃客，使之如奴隶，家或数十户，凡租调庸敛，悉佃客承之。④
> ……时有言李顺之乱，皆旁户鸠集，请择旁户为三耆长选主之，畴岁劳则授以官，诏师道使两川议其事。师道以为迭使主领则争忿滋多，署以名级又重增扰害，廷奏非便，卒罢之。⑤

第二节 雇佣劳动

在中国古代的劳动制度中，雇佣劳动是最古老的结构内容之一，早在春秋战国时期就已经正式见于记载。它是随着土地私有制度的确立和土地兼并

---

① 陆游：《老学庵笔记》卷六。
② 周辉：《清波杂志》卷五。
③ 《夷坚续志前集》卷一，《治家勤俭条》。
④ 《宋史》卷三百四，《刘师道传》。
⑤ 《宋史》卷三百四，《刘师道传》。

的出现而出现的，这是中国劳动制度的一大特点，与欧洲的情况是迥然不同的。欧洲的雇佣劳动制度产生很晚——十四世纪下半叶，并且是随着资本主义的产生而产生的，即适应着资本主义生产方式产生的需要。在资本原始积累过程中，无数小农在经济的和超经济的力量剥夺下，失去了生产资料，变成如马克思所说"除了自己的皮以外便一无所有"的无产自由民。要生存，只有把自己仅有的一点劳动力出卖，所以雇佣劳动的产生过程，就是资本主义的产生过程。故恩格斯便直截了当地以有没有雇佣劳动制的出现来作为判断资本主义萌芽是否产生的标志。而在中国则不同，中国古代雇佣劳动制的产生，并不是资本原始积累的结果，也不是为适应资本主义的需要应运而生的。而是与上文第一节所论述的奴隶劳动同一个根源，即两者都是土地兼并的结果。

当小农民丧失生产资料，变成无立锥之地的贫民以后，如果他佃耕不到地主的土地，又不愿离开家乡去逃亡，那就只有把自己的身体当作商品去出卖。一个人出卖自己的身体，第一步自然是先零星出卖自己的劳动力，而不是自己的人身。零星出卖，就是受雇于人，也就是所谓雇佣劳动。在古代典籍中时常见到的"佣""佣耕""佣保""流佣"等等，都是这一类性质的雇佣劳动。

中国的这种雇佣劳动因为远在资本主义还没有出现以前就已经出现了，所以雇人佣作的雇主不是经营工商业的资本家，而是一般富贵人家。他们根据需要临时雇人作些服务性工作和辅助性工作。故早期出现的雇佣都是这一类性质的服务性帮工。后来，随着经营商品生产的工矿企业的不断发展，并且其中还有不少是大规模经营，如盐、铁、炼铜、铸[3]钱等等。这些动则千余人的大场矿，所需劳力当然都是雇佣劳力，不可能是其他种类。因为所有进行商品生产和贸易的工商企业都属私人经营，它们不可能征调徭役，无偿地使用别人的劳动力，而且也不可能使用成本高、效率低的奴隶劳动。这是说雇佣劳动在最初出现时本与商品经济无关，但当商品经济已经有了进一步发展时，雇佣劳动使用的多少，却反映了商品经济的发展程度，两者开始密切相关了。这就是说，商品经济——特别是进行商品生产的农产品加工和各以经营商品生产的工矿企业一旦有所发展，则使用雇佣劳动就成为必要。宋代的雇佣劳动正是这样一种情况，这也是宋代雇佣劳动制度与过去历代大不相同的一个显著特点。

宋代的雇佣劳动制，是远超过以前历代王朝而最为发达的一个时代。其原因，第一是所有官家的公共工程如水土开发工程、运河溉渠的开凿疏浚工程、宫室苑囿的土木营建工程等，过去历代王朝多数是以徭役方式，强制征调人民服无偿劳役，宋代多是以"和雇"名义招募工资劳动者；第二，各种官营手工业，从军用品制造（如军器监和地方作院所制造的甲胄、弓弩、刀枪及其他种类繁多的军用器）到锦绮绫罗服装文绣以及各种高贵的奢侈品玩好（如文思院上下界所属各场），其所使的工人基本上都是从民间和雇来的工资劳动者，特别是其中的所谓"高手匠人"——有高超技术的熟练工匠，更都是以高工钱从民间选雇的工资劳动者；第三，宋代由于商品经济有了较大程度的发展，随着都市商业的繁荣，北宋的开封和南宋的杭州都有门类繁多的第三产业，并且都有行的组织，各有固定的上行地点（接洽雇佣条件的聚会地），等待接受各种服务性的雇佣。

雇佣劳动又叫做自由劳动。这里所说的自由，包含两个意思：一是说他从一切财产所有中自由出来，"赤条条来去无牵挂"；二是说他的人身不属于他自己以外的任何人，他可以完全根据意志来选择雇主，从事他所愿做的任何工作。这一类的零星雇佣，在宋代雇佣劳动大军中占了一个很大的比重，这里仅举数例：

> 郭进，深州博野人也，少贫贱，依邢州巨鹿富人家佣作。[1]
> 遂州小溪县石城镇仙女垭村民程翁名君友，家数口，垦耕力作，常于乡里佣力织草履自给。……[2]
> 张约斋甫初建园宅，佣工甚众，内有一人貌虽瘠而神采不凡者，张颇异之，因讯其所以，则云本象人，以事至京，留滞无以归，且无以得食，故不免为此。张问其果欲归否，答曰：虽欲归，奈无路途之费。张曰：然则所用几何？遂如数赒之，且去，不复可知其如何也。[3]
> 兖州有民家妇姓贺氏，里人谓之贺织女。父母以农为业，其夫则负担兴贩，往来州郡。贺初为妇，未旬浃，其夫出外经求，每一出，数年方归，归则数日复出，不闻一钱济其母、给其妻，家贫，无赖间老呼为不孝之子。……其姑老且病，冻馁切骨，妇则佣织以

---

① 王称：《东都事略》卷二十九，《列传·郭进》。
② 黄休复：《茅亭客话》卷一，《程君友》。
③ 周密：《癸辛杂识后集》，《张约斋佣者》。

资之，所得佣直，尽归其姑，己则寒不营衣，饥不饱食。①

吾乡白石村民，为人织纱于十里外，负机轴夜归。……②

凡顾觅人力，干当人，酒食作匠之类，各有行老供顾。觅女使，即有引至牙人。③

宋代官府的各种营建工程，乃至漕粮运输，多是以和雇方式，招募民间人工从事，支给工钱：

〔大中祥符元年（公元一〇〇八年）二月〕江淮运粮，多和雇客船。上谓宰相曰："商旅趋利，若此必阻贸易，又恐都下粒食增价。"乙卯，令有司勿复和雇。④

〔明道元年（公元一〇三二年）十二月〕己未，上封者言，比诏淮南，民饥有以男女雇人者，官为赎还之，今民间不敢雇佣人，而贫者或无以自处，望听其便，从之。⑤

〔治平四年（公元一〇六七年）春正月丙寅〕山陵使言，嘉祐八年（公元一〇六三年）山陵所役卒四万六千四百余人，今乞差三万五千人，诸路转运司和雇石匠四千人，从之。⑥

宣仁圣烈皇后以元祐癸酉（元祐八年，公元一〇九三年）九月三日戊寅上仙，太史奏请以来岁二月七日山陵复土，诏以丞相吕公为之使，安持受命与如京使林元，庄宅副使麦文昞同董役于缑山，即以其月癸卯开山，凡取巨细石一万有畸，而讫于十一月之壬午，四十日而功毕，用石匠二千九百七十四人。按故事鸠工十六万五千二十有六，当用四千人，期以两月，而京师匠者十无一二，余悉取于诸路，议者患其回远，不能以时至，盖开山之日，始有来者三百六十四人而已。至十月四日，才得一千二百九十九人。逮逾月然后及二千九百七十四人，止以是数，又十日而讫事，余悉遣之，所省

---

① 李元纲：《厚德录》卷二。
② 洪迈：《夷坚志乙集》卷八，《无颏鬼》。
③ 孟元老：《东京梦华录》卷三，《雇觅人力》。
④ 李焘：《续资治通鉴长编》卷六十八。
⑤ 李焘：《续资治通鉴长编》卷一百十一。
⑥ 李焘：《续资治通鉴长编》卷二百九。

八万九十九功。前此工不集，上下忧之，乃募作者能倍功即赏之，优给其值，于是人情忻然，罔不悉心，不待有司董戒程督，竭日力而后止，故无逃者，晨起为糜粥煮药，时其食饮，而严禁其攘窃，架竹引泉，使无渴饥，故少病者。为密室南向，以就天阳，有病则遣官挟太医胗视，相属于途，不谨则严其罚，故鲜死者。盖自癸卯至壬午，吏民兵匠毋虑，五千余人而无一人逃者，以疾毙者三人而已，横逆者无有也。①

但各级官吏常常借和雇之机，拖欠或克扣工匠工钱，朝廷虽屡明言禁止，然仍时有发生，"虽有和雇之名，其实扰人"。

〔太平兴国〕八年（公元九八三年）九月四日……先是岁漕江浙熟米四百万硕赴京，以备军食，皆和雇百姓驾船。虽有和雇之名，其实扰人。太宗闻之，时令给每船所用人数雇召之直，委主网者取便雇人，不得更差扰百姓。②

守信累任节镇，专务聚敛，积财巨万。尤信奉释氏，在西京建崇德寺，募民辇瓦木，驱迫甚急，而佣直不给，人多苦之。③

〔元符元年（公元一〇九八年）二月〕甲申，权工部侍郎郭知章，员外郎梁铸进对言，和雇工匠雇直多不时给，乞立限支给。上曰："细民仰以为生，不可缓也。"④

〔靖康元年（公元一一二六年）五月十二日〕手诏……州县市户，非圣节不许借惜，自有定制，比来贪吏以和雇、和赁为名，须索无厌，或经隔年岁，不为给还，又容纵公吏典卖使用，以致民户供应不前，穷困失业，仰诸路提转觉察，除借惜依法断罪外，其借惜市户以和雇和赁为名者，依借惜法，雇赁人船车乘准此。⑤

南宋的情况与北宋完全相同，这里仅引录两条记载为例：

---

① 王昶：《金石萃编》卷一百四十，《宣仁后山陵采石记》。
② 《宋会要辑稿》，《食货四二之一》。
③ 《宋史》卷二百五十，《石守信传》。
④ 李焘：《续资治通鉴长编》卷四百九十四。
⑤ 佚名：《靖康要录》卷七。

淳祐元年（公元一二四一年）十月余参政委淘沙：本月初十日兴工，至二十六日毕。自马家营至堰上水口，共五百十三丈，为工四千，每工支官会五百文，米二升半，省官会计二千五百贯文十七界，米一百石；本月十三日兴工，至二十日毕，为工一千，每工支官会一贯五百文，不支米钱，计一百二十贯文足，十一月回沙闸成，陈大卿再委淘沙；本月二十四日兴工，至十一月初八日毕，为工一千九百三十二，每工支官会一贯五百文，不支米，官会计四千九百五十一贯二百文十七界。①

淳祐二年（公元一二四二年）八月，内陈大卿委提督建造，始九月初八日至十一月七日毕，同提督制干林元晋正奏名安刘闸三眼，长三丈九尺，高一丈零五寸，中一眼阔一丈二尺八寸，两旁各阔一丈一尺，柱位四尺，东臂石岸八丈，石锤十五层，西臂石岸一十八丈，石锤十五层，石匠工钱，每工支官会二贯八百文，米二升二合，计工钱二千九百三贯二百文十七界，杂夫每工支官会一贯五百文，计工钱四千四十九贯五百文十七界，砌粗石每工支官会二贯三百文，计工钱一百二十九贯一百文十七界。买石及松桩石工杂夫官会，共计二万六百二十贯七十一文十七界。②

所有官私进行的大规模营建工程，所用人力多是以和雇方式从民间招募来的工资劳动者，则所进行的各种大规模工程项目愈多，一般工资劳动者的就业机会就愈多。特别是在荒歉饥馑之年，政府动用公帑，大修城池苑囿，开凿运河或灌溉渠道，也是一种赈济政策，因人民有工可作，即有饭可食，即使因此使财政出现赤字，亦不足为虞。而传统经济思想却恰恰与此相反，并且以敢于直言极谏，力阻帝王大兴土木而受人尊敬，其实这是一种阻止社会经济发展的保守落后思想。宋代范仲淹就主张在荒歉之年大兴土木，实行所谓"以工代赈"。有人因此劾奏他"不恤荒政，游宴兴作，伤财劳民"，但他却无所畏惧，仍然大兴土木。这说明范仲淹是宋代一个有远见卓识的政治家。

---

① 魏岘：《四明它山水利备览》卷上，《淳祐元年十月余参政委淘沙》。
② 魏岘：《四明它山水利备览》卷上，《建回沙》。

宋皇祐间，吴中大饥。范文正公领浙西，乃纵民竞渡，与僚佐日出燕湖上，谕绪守以荒岁价廉，可大兴土木，于是诸寺工作鼎新，又新仓廒吏舍，日夜千夫，监司劾奏杭州不恤荒政，游宴兴作，伤财劳民。公乃条奏所以如此，正欲发有余之财以惠贫者，使工技佣力之人，皆得仰食于公私，不至转徙填壑，荒政之施，莫此为大。是岁，惟杭饥而不害。近时莆阳一视，规建大塔，工费巨万，或告侍郎陈正仲曰："当此荒岁，寺僧剥敛民财，兴无益之土木，公为此邦之望，盍白郡禁止之？"正仲笑曰："子过矣，建塔之役，寺僧能自为之乎？莫非佣此邦之人为之也。敛之于富饶之家，散之于贫窭之辈，是小民借[4]此以得食，而盈得一塔耳。当此荒岁，惟恐僧之不为塔也，子乃欲禁之乎？"①

宋代雇佣劳动工值，因工匠技能高低不同，给予工钱亦有差别，民匠则往往高于军匠。如规模最大的官手工业机构文思院，造作的种类繁多，产量巨大，内部分工极细，所制造的各种不同物品，都自成一个独立的工种。对于手艺高低不同的工人，分别给与不同等级的工钱：

> 除戎器，戒不虞，聚而有防也。大使丞相吴公，既建武藏以藏兵，敕乃甲胄敔乃干，无敢不吊，遂以庆元府甲仗库帐前库应管军器，并改隶制置大使司。院有十三作：曰大炉作、曰小炉作、曰穿联作、曰磨锃作、曰磨擦结裹作、曰头魁作、曰熟皮作、曰头魁衣子作、曰弓弩作、曰箭作、曰漆作、曰木弩桩作、曰木枪作。曰役军民匠□□□人，军匠日支钱三百文，米二升、酒一升，民匠一贯五百文，诸军子弟匠五百文，米酒视军匠之数。以民匠劳逸不均，则下定海鄞县奉化照籍轮差，每四十日一替，起程钱各五贯，回程十贯，由是人皆乐赴其役。军需物料官给直，无取于民。院有受给库而又有子库，以受日造之物。凡创造到诸色军器衣装等物，总十一万九千五百件，缮修者不与焉。②
>
> 〔绍兴元年（公元一一三一年）〕八月三日，工部奏：文思院见

---

① 罗大经：《鹤林玉露》卷十三，《救荒》。
② 梅应发、刘锡：《开庆四明续志》卷六，《作院》。

造明堂大礼法物，除分擘官工制造外，所有合行和雇钱，欲乞下户部限日下支，给和雇趁限造作，从之。①

〔淳熙九年（公元一一八二年）七月十三日〕文思院上界打造金银器皿，自来止凭作家和雇百姓作匠承揽，掌管金银等，拘辖人匠造作，以致作弊，今乞将合用打作作头等，令本院召募有家业及五百贯以上人充，仍召临安府元籍定有物力金银铺户二名委保，如有作过人，令保人均陪。若召募未足，即令籍定前项铺户，权行隔别承揽掌管，从之。②

〔绍兴二十六年（公元一一五六年）〕十二月三日，工部言：据文思院界申，本院逐时造作诸官司应奉生活，最为重害，即日对工除豁，所支工钱低小，其手高人匠，往往不肯前来就雇，缘上界已免对工除豁，其下界亦合一体，今欲依已降指挥，立定工限，作分钱数，与免对工除豁，支破工钱，庶得易为和雇手高人匠造作生活，从之。③

地方设立的官手工业机构，不论是属于文思院体系或军器监系统，统名曰"作院"，其用工匠亦是从民间招募来的工资劳动者，其应付工资皆按传统办法给付：

〔元丰二年（公元一○七九年）〕二月庚子朔，诏保州作院募民为工匠，其给银鞋钱及南郊赏赐，视厢军以诸州军作院所给，旧并系厢军投换故也。④

官营铸钱业是一项大规模的冶炼业，各州军铸钱监都设在铜铁矿所在地，并邻近山林，有伐薪烧炭之便。每年铸钱额都相当巨大，故各钱监皆规模宏大，人工众多，所用人工，亦多是从民间招募有冶炼铜铁技术的人，技术不熟练的，令学习鼓铸，在作学徒工期间，只收工三分，一个月后收半工，再经一年，即收全工，应得工资也随之增长：

① 《宋会要辑稿》，《职官二九之二》。
② 《宋会要辑稿》，《职官二九之五》。
③ 《宋会要辑稿》，《职官二九之三》。
④ 李焘：《续资治通鉴长编》卷二百九十六。

〔崇宁二年（公元一一〇三年）〕……令舒、睦、衡、鄂钱监，用陕西式铸折十钱，限今岁铸三十万缗，铁钱二百万缗。募私铸人丁为官匠，并其家设营以居之，号铸钱院，谓得昔人招天下亡命即山铸钱之意，所铸铜钱通行诸路。……其置铸钱院，盖将以尽收所在亡命盗铸之人，然犯法者不为止。……五年（公元一一〇六年），两浙盗铸尤甚。……俄诏……其创置铸钱院及招置钱户并停[5]。①

〔元祐六年（公元一〇九一年）八月〕庚子，荆湖南路提刑司言，钱监工役，朝暮鼓铸，最为劳苦，其招后投换犯罪刺配及划刷厢军之人，既非素习，若令习学鼓铸，例收全工，免稽滞工限，欲乞相度，自到作日给与请给，且令习学鼓铸，收工三分，及三十日与收半工，再经一年，即收全工，从之。②

宋代铜铁器是应用很广的金属器皿，经营铜铁器制造是一项有利的商品生产。一般有技艺的铜铁匠，都不愿应募到官营钱监中作铸钱工，所以招募铸钱工是带有若干强制性质的。在臣僚中即有人提出反对意见：

〔绍兴二十有六年（公元一一五六年）秋七月庚戌〕御史中丞汤鹏举言："近因臣僚奏请，乞根括铜匠，招入铸钱监充役，户部看详下提刑司委诸通判括责，籍定铸造铜器人姓名，听候指挥。臣契勘诸州县铜匠，无虑千百家，家有十数口，若尽行拘籍，即是一旦驱数千人转徙异乡，复当重役，似非国家忠厚之意。况来臣下奏请止欲禁人销钱为器，只合申严条制，戒饬州县，常切禁戢，俟其违犯，决配铸钱监可也。今来见有祖宗成法，又未有犯法者，遽然押付铸钱司，有如工役之重，固所不论，而养赡不足，失所者多矣，窃恐于法未有允当，伏乞申严禁戢销熔钱货条令，严切施行，若已成坏而未铸者，已铸而出卖者，臣拟欲并许诸色人告首，尽以家业充赏，然后断配钱监，庶几行法用刑，有以慰安民心。"从之。③

因此，政府对于铸钱工特别给予优待，如缩短全年的工作时间，给予相

---

① 《宋史》卷一百八十，《食货志下二》。
② 李焘：《续资治通鉴长编》卷四百六十四。
③ 李心传：《建炎以来系年要录》卷一百七十三。

当长的假期，给予医药，后又令每十日停作一日：

> 鼓铸钱刀，素有程限，悯其劳苦，特示矜宽。自今五月一日至八月一日，止收半工，仍令本司，每岁量支率分钱，以备医药。[①]
>
> 景德四年（公元一○○七年），诏曰："鼓铸钱刀，素有程限，悯其劳苦，特示矜宽。自今五月一日至八月一日止收半功，本司每岁量支率分钱，以备医药。"十二月，令铸匠每旬停作一日。[②]

铸钱业由于规模宏大，人工众多，而且由炼铜炼铁到铸成钱币，要经几个不同的工序，因此在铜铁钱监中都有一定的技术分工，这里就铜铁钱各举一例：

> ……今天子嗣位之二十七年，特诏翰林学士叶公清臣、宋公祁，经度山泽之禁，以资国用，乃金作奏曰：谨校郡国产铜和市之数，惟韶为多，而夐处岭厄，由江淮资本钱以酬其直，实为迥远，谓宜即韶置监，分遣金工以往模之，岁用铜百万斤，可得成币三巨万，三分其一以上供，余复市铜，几得二百万，如是则其息无穷矣。诏下其议于广东，于时转运使直太史傅公惟知韶州，比曹副郎栾公温故协恭承诏，以经厥始。郡有故堞，号为西州，遗址高平，宛出郭外，乃相厥土，墨则食焉。凡栋宇之制，管库之严，询于故实，断以心匠。模沙冶金，分作有八，刀错水莹，离局为二，并立门钥，乐有堤防，当其中扃，控以厅事，谁何警察，目无逃形，其铅锡之备用，薪炭之兼蓄，别藏异室，布于两序，出内谨密，前为大阅，冶官别署于阅之南，群工屯营于垣之外，市材于山，市甓于陶，雇工于巧，凡手指之勤，筋力之用，率评价而与之金，不发帑资，不徭民籍，而功用成。为屋八百楹，最材木铁石陶旐之用，凡一百四十万，惟材木六千资于连山，钉十万出自真阳，余悉督办于韶之境，而民不知役。……董旧巧，募新习，勖怠励勤，授以程准，日课千缗，不怼于素。初郡之铜山五，岁共市七万，前太守潘公一岁市百

---

① 《宋大诏令集》卷一百八十三，《铸钱暑月收半工诏》。
② 《宋史》卷一百八十，《食货志下二》。

万，及栾公继之，乃市三百万，明年又差倍之，岁运美铜三百万以赡岭北诸冶。……且韶被山带海，杂产五金，四方之人弃农亩、持兵器慕利而至者，不下十万。穷则公剽，怒则私斗，轻生抵禁，亡所忌惮……

按碑在广东曲江与乐昌之游泷溪石室记并余靖撰，黄昌龄正书，后题天子亲享明堂之岁，盖皇祐二年（公元一〇五〇年），仁宗即位之二十八年，韶之置监，成于皇祐元年（公元一〇四九年）八月，二年四月赐名永通，十月撰记立石。……玉海庆历八年（公元一〇四八年）九月，韶州置铸钱监，皇祐元年二月，以韶州新置监为永通监。……《宋史·食货志》：庆历末，韶州天兴铜大发，岁采铜二十五万斤，诏即其州置永通监，今以碑记考之，韶州置监之议，始于三司使叶清臣、宋祁，而转运使傅惟国、知韶州栾温故成之，清臣、祁本传皆未及记。又云：初，郡之铜山五岁共市七万，前太守潘君一岁市百万，栾君继之，市三百万，明年又差倍之，岁运美铜三百万以赡岭北诸冶，则岁采之数亦不止二十五万斤矣。[1]

蕲春铁钱监，五月至七月，号为铁冻，例阁炉鞴。本钱四可铸十，铁炭稍贵，六可铸十，工雇费皆在焉。其用工之序有三：曰沙模作，次曰磨钱作，末曰排整作。以一监约之，日役三百人，十日可铸一万缗，一岁用功九月，可得二十七万缗。[2]

宋代盐的生产基本上控制在国家手里，由政府垄断，按产地生产条件之不同，盐户大致可分为畦户、亭户与井户三大类，佣工之人亦是雇佣劳动者。

畦户主要集中于解池周围，雇佣当地居民及旁州民给役，由官给钱米，旁州畦户，如河中府、庆成军者，三年一替，"天圣以来，两池畦户总三百八十"，"户岁出夫二人"。[3]

亭户主要指民制煮海者，盐场拘籍亭户煎盐，官给煎盘草荡，而计丁输课，官给以盐本钱。似是扶植，但由于官场腐败，诸多减克，勒索苛抽，致使盐户所得甚微，被迫逃亡，屡见不鲜，下引情况可见一斑：

---

① 陆耀遹：《金石续编》卷十四，《韶州永通监记》。
② 张世南：《游宦纪闻》卷二。
③ 《宋史》卷一百八十三，《食货志下三》。

宋制原规定亭户如遇阙食或阙耕牛柴本动使之类，得预借盐本钱，以资应副，依规定并得以盐折还。宋初，盐场亭户无牛具者，许召三人以上作保，赴都盐仓监官处印验，收入簿帐，给与耕牛，贬损牛价，由亭户以盐折偿，咸平二年（公元九九九年）敕，牛值每钱一千折盐二石，谓之牛盐。

支给盐本钱之法，本分上下二次，先以上次五分，发下催煎场，呼名支散。下次五分留买纳场，候称到盐货实数，始照数贴支。绍兴二十九年（公元一一五九年）指挥，将盐本钱拨下买纳场桩垛，称到盐货始行支给，贫民下户，无力支持，不免逃移。乾道元年（公元一一六五年），又改旧制，但实际上，亭户本钱，未尝以时支给，往往"买到盐出卖，获称称息数倍，乃犹占吝，不肯给还元价，纵或支偿，十未一二，几于白纳而后已"。又"自皇祐以来，屡下诏书，命亭户给官本皆以实钱，其售额外盐者，给粟帛必良"。惟是"灶户煎盐，与官为市，盐场不时偿其值"。诸多减克，或大秤斤重，或交秤迟绥，甚则盐场官自将钱物诈称他人的，或纵令亲戚放债与亭户取利，支到盐本，抑勒就还。苛抽之钱，以供盐官馈遗宴集者有"厅用"，供盐官秩满裹粮之费，则有"花带"。种种名称，不一而足。亭户售盐，所得已微，又复诸多克削阻滞，所以亭户负欠额盐潜逃他方之事，在宋代数见不鲜，无法追取，往往下诏蠲免。[1]

井户，四川是井盐的主要产地，秦汉时已见诸记载。蜀井向来"土民干鬻，如数输课，听往旁境贩卖，惟不得出川峡"[2]。四川各地山谷间多有盐泉，凿深至十余丈至数十丈，找到盐泉后，即穿大粗竹为筒，汲取盐水，熬之成盐，为利甚厚。此种盐井皆系由私人经营，一家多则一二十井，少亦不下七八井。工人都是招募来的工资劳动者，一家至少须招募工匠三五十人至四五十人，其来源都是附近各州县无地可耕的失业农民。而官府认为在深山幽谷之中，经常聚集着大批"浮浪无根著之徒"（即无业游民），最易为非作歹，乃是社会的一种隐患。下引北宋时文同的一件奏疏，于详陈利害后，主

---

① 戴裔煊：《宋代钞盐制度研究》第三十五页，中华书局一九八四年版。
② 《文献通考》卷十五，《征榷二》。

张加设县治，以资弹压。从这个奏疏中可以看出井盐是如何以资本主义的商品生产方式经营盐以及在中国历史上最早出现的雇佣工人的同盟罢工情况：

> 伏见管内井研县去州治百里，地势深险，最号僻漏，在昔至为山中小邑，于今已谓要剧索治之处。盖自庆历以来，始因土人，凿地植竹，为之卓筒井以取咸泉，鬻炼盐色。后来其民尽能此法，为者甚众，遂与官中略出少月课，乃倚之为奸，恣用镵琢，广专山泽之利，以供侈靡之费。访闻豪者一家，至有一二十井，其次亦不减七八。曩时朝廷尝亦知其如此，创置无已，深虑寖久，事有不便，遂下本路转运司止绝，不许容开造。今本县界内，已仅及百家。其所谓卓筒井者，以其临时易为藏掩，官司悉不能知其的实多少数目。每一家须没工匠四五十人至三二十人者，此人皆是他州别县浮浪无根著之徒，抵罪逋逃，变易名姓尽来就此，佣身赁力。平居无事，则俯伏低折，与主人营作，一不如意，则递相扇诱，群党哗噪，算索工直，偃蹇求去，聚墟落，入镇市，饮博奸盗，靡所不至，已复又投一处，习以为业。切缘井户各须借人驱使，虽知其如此横滑，实亦无术可制，但务姑息，滋其狡暴。况复更与嘉州并梓州路荣州疆境甚密，彼效亦皆有似此卓筒盐井者颇多，相去尽不远三二十里，连溪接谷，灶居鳞次，又不知与彼二州者工匠移人合为几千万人矣。幸今累岁丰稔，无少间隙，纵有强[6]狯，自安饱暖，万一或恐遭罹歉旱，民下艰食，此辈当不肯更顾一役之利，必能相与唱和，跳梁山谷间，化为盗贼耳。当是时，彼井研者区区小县，一二选人为之令佐，将何以御之哉？此臣所以日夜置心于其间，不能少忘者矣。①

茶的采摘和焙制，是宋代一项含有资本主义性质的农产品加工工业。由于茶的生产有极强的季节性，所有采摘和焙制，都必须在一定的时期内完成，时期稍过，即影响茶之品质，特别是福建的建茶。因此官私茶场都必须雇佣大批采茶工人和焙制工匠，以抢时间，争速度，有的茶场雇佣的采茶工人可达三万人。关于茶的采制、推销和焙茶雇佣劳动情况，前文已有专章论述，这里从略。

---

① 文同：《丹渊集》卷三十四，《奏为乞差京朝官知井研县事》。

糖是从宋代开始普遍销售的新商品，制糖业虽然还与农业有密切联系，但它本身却是一种专门性手工业，既需要一定的技术，也需要相当多的生产工具，所以"糖霜户"都是富有资本的"上户"。到了熬糖季节，规模稍大的作坊，普通都需要雇用一、二十名工人，并在不同程序上进行简单的分工，如削皮、锉蔗、入碾、蒸泊、煎糖水①等等。

采矿冶金业（坑冶）向来就是大规模经营，宋代的坑冶业又远比过去为发达，曾设有四监、十二冶、二十务、二十五场，到天禧时产铁量达到八百余万斤，其公私铁冶雇工自百余人至五六百人不等。其情形可由下引记载中看出：

> 〔徐〕州之东北七十余里，即利国监，自古为铁官……凡三十六冶，冶各百余人，采矿伐炭，多饥寒亡命、强力鸷忍之民也。②
>
> 且韶〔州〕被山带海，杂产五金，四方之人弃农亩、持兵器慕利而至者，不下十万。③
>
> 麻地去宿松三十里，有山可薪，革得之，稍招合流徒者治炭其中，起铁冶其居旁。……冶下多逋逃群盗……有众五百。④

被雇佣的都是"饥寒亡命、强力鸷忍之民"，说明这些人都是除劳动力外，别无所有的无产者。

宋代大都市中有各种第三产业，专作各种专业性的服务工作。他们作为一个有组织的雇佣劳动团体，集体地或个别地接受雇佣，为人服役，这是宋代都市中特有的一种行业。这种有组织的专门服务性行业，种类繁多，举凡都市人民生活中所需要的各种服务性劳务，皆有一种劳动者组织专门供应。它完全代替了过去富贵人家中成群的奴婢作用，并远比购买、畜养奴隶的代价为低廉，故这类行业普遍受到百姓的欢迎。北宋时这类行业已很发达，南宋时又胜过北宋。现以北宋开封为例：

> 倘欲修整屋宇，泥补墙壁，生辰忌日欲设斋，僧尼道士，即早

---

① 王灼：《糖霜谱》，《原委第四》。
② 苏轼：《经进东坡文集事略》卷三十三，《徐州上皇帝书》。
③ 陆耀遹：《金石续编》卷十四，《韶州永通监记》。
④ 岳珂：《桯史》卷六，《汪革谣谶》。

辰桥市街巷口，皆有木竹匠人，谓之杂货工匠，以至杂作人夫道士僧人，罗立会聚，候人请唤，谓之罗斋，竹木作料，亦有铺席，砖瓦泥匠，随手即就。①

若养马，则有两人日供切草，养犬则供锡糟，养猫则供猫食并小鱼。其铟路钉铰箍桶修整动使，掌鞋刷腰带，修幞头帽子，补洗鱿[7]角冠子，日供打香印者，则管定铺席人家牌额时节，即印施佛像等，其供人家打水者各有地分，坊巷以有使漆，打钗环，荷大斧斫柴，换扇子柄，供香饼子、炭团，夏月则有洗毡淘井者，举意皆在目前。②

从民间吉凶筵会，椅卓陈设，器皿合盘，酒檐动使之类，自有茶酒司管赁，吃食下酒，自有厨司，以至托盘下请书安排坐次，尊前执事，歌说劝酒，谓之白席人，总谓之四司人，欲就园馆亭榭寺院游赏命客之类，举意便办。亦各有地分，承揽排备，自有则例，亦不敢过越取钱。虽百十分，厅馆整肃，主人只出钱而已，不用费力。③

南宋杭州的第三产业，门类又远比北宋为多，组织也比过去更为严密，服务效率更高。

凡雇倩人力及干当人，如解库掌事，贴窗铺席，主管酒肆食店博士铛头，行菜过买外出醫儿，酒家人师公大伯等人，又有府第宅舍内诸司都知，太尉直殿御药御带内监寺厅分，雇觅大夫书表司厅子，虞侯押番门子，直头轿番小厮儿，厨子火头，直香灯道人，园丁等人，更有六房院府判提点，五房院承旨太尉，诸内司殿管判司幕士，六部朝奉雇倩私身轿番安童等人，或药铺要当铺郎中前后作药生作，下及门面铺席要当铺里主管后作，上门下番当直安童，俱各有行老引领。如有逃闪，将带东西，有元地脚保识人，前去跟寻。如府宅官员，豪富人家，欲买食宠妾、歌童、舞女、厨娘、针线供过、粗细婢妮，亦有官私牙嫂，及引置等人，但指挥便行踏逐下来。

---

① 孟元老：《东京梦华录》卷四，《修整杂货及斋僧请道》。
② 孟元老：《东京梦华录》卷三，《诸色杂实》。
③ 孟元老：《东京梦华录》卷四，《筵会假赁》。

或官员士夫等人，欲出路、还乡、上官、赴任、游学，亦有出陆行老，雇倩脚夫脚从承揽在途服役，无有失节。①

官府贵家置四司六局，各有所业，故筵席排当，凡事整齐，都下街市亦有之。常时人户每遇礼席，以钱倩之，皆可办也。四司者，帐设司、庖厨司、茶酒司、台盘司也，排办局也。凡四司六局人只应惯熟，便省宾主一半力。②

官府贵家，置四司六局，各有所掌，故筵席排当，凡事整齐，都下街市亦有之，常时人户每遇礼席，以钱倩之，皆可办也。帐设司专掌仰尘缴壁卓帏搭席帘幕梁窗屏风绣额书画簇子之类。〔缺〕专掌打料批切烹炮下食调和节次。茶酒司专掌宾客茶汤腰荡筛酒请坐咨席开盏歇坐揭席迎送应干节次。台盘司专掌托盘打送斋擎劝酒出食按盏等事。果子局专掌装簇盘钉看果时果，准备劝酒。蜜煎局专掌糖蜜花果碱酸劝酒之属。菜蔬局专掌瓯钉菜蔬糟藏之属。油烛局专掌灯火照耀立台剪烛壁灯烛笼装香簇炭之类。香药局专掌药楪香球火箱香饼，听候索唤诸般奇香及醒酒汤药之类。排办局专掌佳画插花扫洒打渲拭抹供过之事。凡四司六局人只应惯熟，便省宾主一半力，故常谚曰：烧香点茶，挂画插花，四般闲事，不许戾家。若其失忘支节，皆是只应等人不学之过，只如结席喝犒，亦合依次第，先厨子，次茶酒，三乐人。③

凡官府春宴，或乡会，或遇鹿鸣宴，文武官试中设同年宴，及圣节满散祝寿公筵，如遇宴席，官府各将人吏，差拨四司六局人员督责，各有所掌，无致苟简。或府第斋舍，亦于官司差借执役，如富豪士庶，吉筵凶席，合用椅、桌、陈设书画，器皿盘合动事之类，则雇唤局分人员，俱可圆备，凡事毋[8]苟。且课四司六局所掌何职役，开列于后。如帐设司，专掌仰尘、绿压、桌帏、搭席、帘幕、缴额、罘罳、屏风、书画、簇子、画帐等；如茶酒司，官有所用，名宾客司，掌客过茶汤、斟酒、上食、喝揖而已，民庶等客俱用茶酒司掌管筵席，合用金银酒茶器具及直汤暖荡，斟酒请坐，语席开话，斟酒食上，喝揖喝坐席，迎送亲姻，吉筵庆寿，邀宾筵会，丧

① 吴自牧：《梦粱录》卷十九，《雇觅人力》。
② 耐得翁：《古杭梦游录》。
③ 耐得翁：《都城纪胜》。

葬斋筵，修设僧道斋供，传语取覆，上书请客，送聘礼合，成姻礼仪，先次迎请等事；厨司事前后掌筵席，生熟看食，妆钉合食，前后筵九盏食，品坐歇坐，泛劝品件，放料批切，调和精细美味羹汤，精巧簇花龙凤劝盘等事；台盘司，掌把盘打送赍擎劝盘出食碗碟等；果子局，掌装簇钉盘看果，时新水果，南北京果，海腊肥脯，商切，像生花果，劝酒品件；蜜煎局掌簇钉看盘果套山子，蜜煎像生窠儿；菜蔬局，掌筵上簇钉看盘菜蔬，供筵泛供异品果蔬，时新品味，糟藏像生件段等；油烛局，掌灯火照耀、上烛修烛，点照压灯、办席立台，手把、豆台、竹笼、灯台、装火、簇炭；香药局，掌管龙涎沉脑清和清福异香香垒、香炉、香球、装香簇烬细灰效事，听候换香，酒后索唤异品醒酒汤药饼儿；排办局，掌椅桌、交椅、桌凳、书桌，及洒扫打渲，拭抹供过之职。盖四司六局等人，只直惯熟，不致失节，省主者之劳也。欲就名园异馆、寺观亭台，或湖舫会宾，但指挥局分，立可办集，皆能如仪。俗谚云：“烧香点茶，挂画插花，四般闲事，不宜累家。”若有失节者，是只役人不精故耳。且如筵会，不拘大小，或众官筵上喝犒，亦有次第，先茶酒，次厨司，三伎乐，四局分，五本主人从。此虽末事，因笔述之耳。[1]

花檐、酒檐、首饰、衣服、被卧、轿子、布囊、酒器、帏设、动用、盘合、丧具，凡吉凶之事，自有所谓茶酒厨子，专任饮食请客宴席之事，凡合用之物，一切赁至，不劳余力，虽广席盛设，亦可咄嗟办也。[2]

第三节　徭役劳动

（一）宋代徭役的发展变化

宋代由于商品经济和雇佣劳动的发展，徭役劳动亦有很大变化。徭役劳动是封建朝廷及各级官府剥削人民的重要内容。举凡皇室的各项建筑工程、地方政府的公共工程以及官府的各种杂役等等，无一不是借助民力来完成。

---

① 吴自牧：《梦粱录》卷十九，《四司六局筵会假赁》。
② 周密：《武林旧事》卷六。

封建统治者凭借特权任意征调人民去服无偿劳役，成为封建经济不可缺少的内容。宋代在人口、城市经济、商品经济、货币经济、手工业经济、农业经济都得到新的发展的条件下，自然引起封建统治者许多新的要求，徭役亦随之发展到一个新阶段，即由现役过渡到代役。

官府征调的力役融于两税。"力役之征"转化为两税，税实物或货币，所谓"凡众役，多以厢军给之，罕调丁男"①。但事实上，政府尤其是各级地方官府征发夫役杂徭并没有因两税之中已经包括了"庸"而停止。尽管宋时的力役征发较前代已不再是阻碍农业生产发展的重大障碍，多少减缓了统治阶级和农民的矛盾，但由于宋代是封建专制政权高度集中的一个朝代，封建国家机器的专制作用大大加强，官僚机构日益膨胀，例行事务亦愈加繁重，政府对各级官衙中可供差遣役使的低级小吏及各色杂役人员也愈来愈感到缺乏，为此，职役作为一种新的劳役征发形式被列入役法之中。

（二）宋代徭役的主要项目

1. 夫役

唐之建中定两税法时，代表力役之庸钱已并入两税征收，理应不复存在力役。但实际上，整个宋代，力役仍时有征发，称为"夫役"。

宋代的夫役，多为地方政府的无偿差遣，分为"春夫"和"急夫"两种。"岁有常役，则调春夫，非春时则调急夫，否则纳夫钱。"② 说明夫役起码在春季农闲时要征调，已成常役。朝廷曾屡下诏令禁止随意调丁给役，如"大中祥符五年（公元一〇一二年），提点刑狱府界段惟几发中牟县夫二百修马监仓，群牧制置使代以厩卒，因下诏禁之"③；"天禧元年（公元一〇一七年），又诏治河勿调丁夫以役充"④。但又并不严禁，"惟诏令有大兴作而后调丁夫"⑤。这就为地方征调丁夫充役留下了余地。宋代征发夫役"以营土木，则亲畚锸，疲筋力"⑥。史载甚多，今摘举若干条以佐证：

---

① 《文献通考》卷十二，《职役考一》，《历代乡党版籍职役》。
② 晁说之：《嵩山文集》卷一，"元符三年应诏封事"条。
③ 《宋史》卷一百七十七，《食货志上五·役法上》。
④ 《文献通考》卷十二，《职役考一》，《历代乡党版籍职役》。
⑤ 《宋史》卷一百七十七，《食货志上五·役法上》。
⑥ 《文献通考》卷十二。

〔太平兴国五年（公元九八〇年）〕冬十月戊寅，大发兵屯关南及镇、定州。己丑，发京师至雄州民治道。①

〔太平兴国中〕迁供奉官、监阳平都木务兼造船场。旧官造舟既成，以河流湍悍，备其漂失，凡一舟调三户守之，岁役户数千。平遂穿池引水，系舟其中，不复调民。②

〔真宗朝〕时京师大建宫观，伐材木于南方。有司责期会，工徒至有死者，诬以亡命，收系妻子。夷简请缓其役，从之。又言："盛冬挽运艰苦，须河流渐通，以卒番送。"③

〔真宗朝〕出为陕路转运副使。先是沿江水递，岁役民丁甚众，颇废农作，防悉以城卒代之。④

〔开宝中〕出为潼关监军。延信以关路严险，奏易道路及填禁坑，役工四十余万。⑤

〔太平兴国中〕自荆、渚至桂州，水递铺夫数千户，困于邮役，衣食多不给，论奏减其半。⑥

〔咸平中〕又命提总京城四排岸，领护汴河兼督辇运。前是，岁役浚河夫三十万……⑦

〔大中祥符元年（公元一〇〇八年）正月〕甲戌，大雪，停汴口、蔡河夫役。⑧

〔仁宗朝〕邓州美阳堰岁役工数十万，溉州县职田，而利不及民，湛奏罢之。⑨

宋代，官户、形势户[9]免征赋役，主户中的上三等户（以中、小地主为主）因承担职役也不再负担夫役，按户口、人丁科派的夫役只由主户中的四、五等户（即自耕农、半自耕农）和客户（即佃农等）负担。

力役的名亡实存且征调无度，给广大贫苦农民造成极大的损失。由于负

---

① 《宋史》卷四，《太宗本纪一》。
② 《宋史》卷二百七十六，《张平传》。
③ 《宋史》卷三百十一，《吕夷简传》。
④ 《宋史》卷三百三，《李防传》。
⑤ 《宋史》卷三百九，《常延信传》。
⑥ 《宋史》卷二百六十五，《张齐贤传》。
⑦ 《宋史》卷三百九，《谢德权传》
⑧ 《宋史》卷七，《真宗本纪》。
⑨ 《宋史》卷三百，《周湛传》。

担夫役的农户都只有少量土地或无地，全家人的活命主要依靠劳动力，故抽调人丁充役往往使农户抛荒田地，丧失生活来源。

宋代的徭役中仍包括力役部分，但由于名义上已不存在，朝廷和各级地方政府不得不有所顾忌，较以往各朝，力役的无偿征调还是大有减少，徭役中力役的比重已明显下降。

2. 职役

宋代徭役的一大特点，便是职役以其明显的劳役性质，成为徭役的主要内容之一，并成为一项重要法度。

自古以来，封建国家的财政收入和对人民的剥削主要依靠"赋""役"两大途径。宋代的官僚机构臃肿庞大，边关烽火经年不断，日常开支和军费开支都颇为可观。同时由于官僚大量增加，免赋役户亦随之增多，据统计，北宋时全国垦田只有十分之三承担赋税。① 由此，普通农户的田赋负担十分沉重。在此情况下，各地方官衙所需的吏役杂差来源，最符合节省开支精神的便是吃自己饭、供官衙支使应差的职役了。职役从无须[10]俸钱这方面看，节省了一大笔开支；从财政收入方面来看，尽管没有入帐便直接支出了，但仍不失为一大笔收入。职役的重大财政意义在王安石变差役法为募役法后取得巨额收入时最为一目了然。

宋代职役的科差和户等直接相关，大官僚、大地主多以官户、形势户之名免役，"命官、刑势占田无限，皆得免役，衙前将吏得免里正户长"②，客户因完全无地也不负担职役，只有既不属于统治阶级但又有土地的农户——多是只有很少土地的农户——才负担职役。在负担职役的农户中，服役人数最多的是四、五等户，即自耕农和半自耕农。如：熙宁前全国职役总人数为五十三万六千余人③，据推算，约有四十八万余人出自四、五等户。④ 其他史籍也多有记载，如说"今官户田多，差役并免，其所差役，无非物力低小贫下之民"⑤；"小民田日减而保役不休，大官田日增而保役不及"⑥；"小民百

---

① 《文献通考》卷四，《田赋考四》。

② 《宋史》卷一百七十七，《食货志上五·役法上》。

③ 刘安世：《尽言集》卷十一，《论役法之弊》。

④ 以《淳熙三山志》所载，熙宁、元丰年间福州所用役人比例情况推算，衙前以下各役总计约为四十八万余人。

⑤ 李心传：《建炎以来系年要录》卷一百八十一。

⑥ 《宋史》卷一百七十三，《食货志上一·农田》。

亩之田，频年差充保役"①。由此可见，职役的主要承担者是自耕农、半自耕农，他们以"役"的形式又一次交了地租。

职役主要分以下几类：

- 主管官物的衙前；
- 督课赋税的里正、户长、乡书手；
- 管逐捕盗贼的耆长、弓手、壮丁；
- 供官府驱使的承符、人力、手力、散从等。

自这几类差役均由民间按户等及人丁多少轮流充任。按规定，衙前、里正须由乡里"上等人户"应役，耆长以下由下户即贫苦农民充任。所谓"上等人户"实际上主要是中、小地主或经济状况较好的自耕农，正如欧阳修所述："民有幸而不役于人，能有田而自耕者，下自二顷至一顷皆等书于籍，而役之多者为大役，少者为小役。"②

职役对于应役农户，实无异于天灾人祸，"二三年内已总遍差，才得归农，即复应役，直至破尽家业方得休闲，所以人户惧见稍有田产，典卖与形势之家以避徭役"③。"民避役者，或窜名浮图籍，号为出家，赵州至千余人。"④ 宋代职役至重至苦，莫过于衙前，"主典府库或辇运官物"，要包赔损失，"往往破产"⑤。为逃避此役，农户往往"弃田与人，以免上等，或非分求死，以就单丁"，"至有嫠母改嫁，亲族分居"⑥ 者。如"京东有父子二人将为衙前，其父告其子云：'吾当求死，使汝曹免冻馁。'自经而死"；"江南有嫁其祖母及与母析居以避役者"⑦。

宋之职役，凡经数变。马端临曾言："差役古法也。其弊也，差役不公，渔取无艺，故转而为雇。雇役，熙宁之法也。其弊也，庸钱白输，苦役如故，故转而为义。义役中兴以来，江浙诸郡民户自相与者究之法也。其弊也，豪强专制，寡弱受凌，故复反而为差。"⑧ 宋代役法之转变，大致经过这么几个阶段。不过，不管是"差"，是"雇"，还是"义"，都不是全国清一色实行，

---

① 《宋史》卷一百七十三，《食货志上一·农田》。
② 欧阳修：《欧阳文忠公文集》卷五十九，《原弊》。
③ 《文献通考》卷十二，《职役考一》。
④ 《宋史》卷一百七十七，《食货志上五》。
⑤ 《文献通考》卷十二，《职役考一》。
⑥ 《文献通考》卷十二，《职役考一》。
⑦ 《文献通考》卷十二，《职役考一》。
⑧ 《文献通考》卷十三，《职役考二》。

多是诸法并行。而无论实行哪一种役法，负担总是大部分落在贫苦农民身上。马端临曾比较宋之役法："以事体之便民者观之，雇便于差，义便于雇，至于义而复有弊，则末如之何也已。"① 其实，归根结蒂，役法的转变不是为了便民，也不是为了体恤民情、减轻农户负担，而是以使民户不得逃役，增加财政收入为目的。

① 《文献通考》卷十三，《职役考二》。

后 记

　　1979 年全国社会科学规划会议决定，由傅筑夫先生承担撰写"中国封建社会经济史"七卷本任务。傅筑夫先生长期从事中国经济史的研究，早在（20 世纪）30 年代就曾搜集整理有关经济史的资料，但得到撰写的机会时，已是 70 年代后期。时先生已至耄耋，疾病缠身，尤其因心绞痛，常常不得不被迫住院诊治。为了在有生之年完成这项工作，他忍疾隐痛，争分夺秒，放弃了一切娱乐及其他活动，整日埋头书案，这种执着忘我的拼搏精神，深深感动着与他接触的所有同志。深以为憾的是，先生抱病写完第五卷后，终因心力衰竭于 1985 年 1 月与世长辞。

　　傅筑夫先生在事业上鞠躬尽瘁的精神，以及未能全酬壮志完成全书的憾事，正如许涤新同志在悼念时所说："目骋中西，尚千里志，闻病榻弥勒，佳著未完何遽逝；心潜今古，成一家言，望史林竞秀，后贤有责敢追攀。"这反映了众多学者与读者的心情。

　　为完成本书，北京经济学院毛挥、刘克勤同志和我花大量时间对书稿做了校核。

　　人民出版社张作耀、张维训等同志进行了审阅，谨此表示诚挚的感谢。

北京经济学院　李兆超

一九八六年一月

校勘记

校勘说明

1. 本书以傅筑夫著《中国封建社会经济史（第五卷）》（人民出版社 1989 年 6 月第一版）（以下称"原书"）为底本，重新加以编校整理。对原书开本、版式进行了调整，并按照现今标点符号使用规则和习惯，对原书的标点符号做了修改。

2. 对于原书中一些具有当时时代特点的用词、数字用法和表述方式，不属错误且不影响文义理解的（比如，原书公元纪年的书写采取汉字而非阿拉伯数字方式；页下注中所引用图书页码的标注采用汉字而非阿拉伯数字方式；等等），均不做修改，以尽最大可能保留原书风貌。

3. 对于原书中个别用字按照今天的使用习惯进行了修改，如将"象""那"等改为"像""哪"，"做""作"的用法按照今习惯用法做了调整等。因上述修改不影响原文意思，凡属此情况均直接加以修改，不再特别说明。

4. 对于原书中将"它"或"它们"误用为"他"或"他们"等不规范之处，直接做了修改，不再加以标注说明。

5. 对于原书中的少数表述，如加上"了""的""是"等字，或是简单调整词语在句子中的位置，或是做一些简单修改即可使表述更为顺畅且不影响文义时，直接做了修改，不再特别加以说明。对于较多改动或改动处需要加以说明的，则在全书最后的校勘记中加以说明。

6. 原书中所引大量古代文献，大多数未注明具体版本，编校中以保留原书引文文字原貌为主，对于未标注引书版本的页下注，保留原貌；少数引文存疑处，依照所引文献的现今通行版本进行核对和修改，并以校勘记的形式加以说明。

7. 原书中的古今地名对照，未按照今行政区划和名称做修改，均保留原书文字。

8. 上述情况之外对原书文字所做的修改需要说明的，以校勘记的形式加以说明。

校勘记

第一章

［1］原书作"遁"，当误，今依文义改为"道"。

［2］原书作"回"，当误，今依文义改为"四"。

［3］原书作"外"，当误，今依文义改为"对"。

［4］原书作"紬"，为"绸"的异体字，今改为"绸"。本章后文此种情况均如此修改，不再一一说明。

［5］原书作"苧"，为"苎"的异体字，今改为"苎"。本章后文此种情况均如此修改，不再一一说明。

［6］原书作"练"，为不规范简化字，今改为"練"。

［7］原书作"咸丰"，当误，据中华书局 1977 年版《宋史》卷八十九《地理志五》改为"咸平"。

［8］原书作"锺"，为"钟"的繁体字，今改为简化字"钟"。本章后文此种情况均如此修改，不再一一说明。

［9］原书作"寖"，为"浸"的异体字，今改为"浸"。

［10］原书作"密"，当误，今改为"蜜"。

［11］原书作"全国各地产的全貌"，有误，依文义改为"全国各地物产的全貌"。

［12］原书作"廥"，为"麇"的异体字，今改为"麇"。

［13］原书作"一个大商都会"，有误，依文义改为"一个大商业都会"。

［14］原书作"藉"，为"借"的异体字，今改为"借"。

［15］原书作"一千二百九十七千四百三十八"，疑有误，依文义改为"一千二百九十万七千四百三十八"。

［16］原书作"濬"，为"浚"的异体字，今改为"浚"。

第二章

［1］原书作"慂"，为"恿"的繁体字，今改为"恿"。

［2］原书作"《开元和国计图》"，疑为"《元和国计图》"之误。

［3］原书作"藉"，为"借"的异体字，今改为"借"。本章后文此种情况均如此修改，不再一一说明。

［4］原书作"濬"，为"浚"的异体字，今改为"浚"。本章后文此种情况均如此修改，不再一一说明。

［5］原书作"摺"，为"折"的异体字，今改为"折"。

［6］原书作"尅"，为"克"的异体字，今改为"克"。

［7］原文作"鉏"，为"锄"的异体字，今改为"锄"。

［8］原书作"旆"，疑误，今依四库全书本《隆平集》卷三改为"旃"。

［9］原书作"催"，查四库全书本《历代制度详说》卷四，亦作"催"，疑为"榷"字之误。今保留原字不改。

［10］原书作"隋"，误。依国立北平图书馆宋会要编印委员会编辑的《宋会要稿》，《方域一七之一〇》改为"随"。

［11］原书作"齦"，为"龈"的繁体字，今改为"龈"。

［12］原书作"馇"，为"餫"的不规范简化字，今改为"餫"。本章后文此种情况均如此修改，不再一一说明。

［13］原书作"榻"，查国立北平图书馆宋会要编印委员会编辑的《宋会要稿》，《方域一〇之一》作"搨"，疑为"塌"之误。今保留原书文字。

［14］原书作"贯通川、陕的褒、斜剑客道"，疑为"贯通川、陕的褒、斜栈道"之误。此处保留原文。

［15］原书作"褒叙"，当误，今依文义改为"褒斜"。

［16］原书作"要公"，依文义改为"公要"。

［17］原书作"大略此此"，当误，据中华书局1977年版《宋史》卷一百七十五《食货志上三·漕运》改为"如此"。

［18］原书作"枕籍"，当为"枕藉"之误。查四库全书本《建炎以来系年要录》亦作"枕籍"，此处保留原文文字不改。

［19］原书作"现"，当误，今依文义改为"观"。

第三章

［1］原书作"经济财"，当误，依文义改为"经济财产"。

［2］原书作"藩扞"，当误，据中华书局1977年版《宋史》卷一百九十《兵制四·乡兵一》改为"藩扞"。

［3］原书作"时代"，今依文义改为"朝代"。

［4］原书作"联绵"，依今用法改为"连绵"。

［5］原书无"钱"字，据中华书局 1977 年版《宋史》卷一百七十六《食货志上四·屯田》加。

［6］原书无"上"字，当误，依前注释加。

［7］原书作"代"，当误，依文义及中华书局 1977 年版《宋史》卷一百七十六《食货志上四·屯田》改为"伐"。

［8］原书作"濬"，为"浚"的异体字，今改为"浚"。

［9］原书作"不持"，依文义，当是"不仅、不但"的意思。作者此处用法与今用法不同，暂保留原文用字。

［10］原书作"尅"，为"克"的异体字，今改为"克"。

［11］原书作"藉"，为"借"的异体字，今改为"借"。本章后文此种情况均如此修改，不再一一说明。

［12］原书作"六"，当为"一六"之误。

［13］原书作"闲"，当误，依四库全书本《建炎以来系年要录》卷一百九改为"间"。

［14］原书作"田上"，当误，依四库全书本《庆元条法事类》卷四十九《劝农桑·户婚》改为"田土"。

［15］原书作"不"，当误，依四库全书本《定斋集》卷三《论屯田利害状》改为"大"。

［16］原书作"餂"，为"餂"的繁体字，今改为"餂"。

［17］原书作"於"，按照今习惯用法改为"于"。本章后文此种情况均如此修改，不再一一说明。

［18］原书作"釐"，为"厘"的异体字，今改为"厘"。

［19］原书作"垅"，为"壠"的不规范简化字，"壠"为"垄"的异体字，今改为"垄"。

［20］原书作"荒间"，当误，依文义改为"荒闲"。

［21］原书作"天圣之年"，依国立北平图书馆宋会要编印委员会编辑的《宋会要稿》，《食货一之二二》改为"天圣元年"。

［22］原书句子少主语，依文义加"政府"二字。

［23］原书作"爱"，当误，依四库全书本《止堂集》卷六《乞寝罢卖田指挥疏》，改为"忧"。

［24］原书作"真宗朝"，依《宋史·李若谷传》，所记此事当在仁宗朝，不知作者何据，姑保留原文文字。

　［25］原书作"睸"，为"视"的异体字，今改为"视"。

　［26］原书作"夙"，当误，改为"凤"字。

　［27］原书作"篗"，为不规范简化字，今改为"簴"。

　［28］原书作"硁"，为"砲"的繁体字，今改为"砲"。

　［29］原书作"役钱文学"，误，依四库全书本《太平治迹统类》卷二十一《熙宁元祐议役法变更》改为"役钱文字"。

　［30］原书作"慼"，为"戚"的异体字，今改为"戚"。

　［31］原书作"牛朱"，当为"牛米"之误，今改。

　［32］本段引文原书注引自永亨《搜采异闻录》卷一。疑有误，该文见于洪迈《容斋随笔》卷四"牛米"条。

　［33］原书有"一样"二字，今删掉，以使句子更为通顺。

　［34］原文作"收入多募"，误，改为"收入多寡"。

　［35］原书作"霑"，为"沾"的异体字，今改为"沾"。

　［36］原书作"三"，当误，据四库全书本《温国文正司马公文集》卷二十《劝农札子》改为"之"字。

　第四章

　［1］原文作"疆"，疑为"彊"字之误，"彊"为"强"的异体字。今改为"强"。

　［2］原文无"时"字，依文义改为"当时"。

　［3］原书作"濼"，为"泺"的繁体字，今改为"泺"。本章后文此种情况均如此修改，不再一一说明。

　［4］原书作"山"，当误，依文义改为"先"。

　［5］原书作"力"，当误，依文义改为"刀"。

　［6］原书作"燦"，依四库全书本《小畜集》卷八《畲田词有序》改为"燥"。

　［7］原书作"诔"，依四库全书本《小畜集》卷八《畲田词有序》改为"噪"。

　［8］原书作"劚"，为"副"的异体字，今改为"副"。本章后文此种情况均如此修改，不再一一说明。

　［9］原书作"畆"，为"亩"的异体字，今改为"亩"。

　［10］原书作"藉"，为"借"的异体字，今改为"借"。本章后文此种情况均如此修改，不再一一说明。

［11］原书作"濬"，为"浚"的异体字，今改为"浚"。

［12］原书作"於"，按照今习惯用法改为"于"。

［13］原书作"蠲其税税"，疑误，据中华书局1977年版《宋史》卷三百八十四《叶衡传》改为"蠲租税"。

［14］原书作"餘"，依今更常用用法改为"余"。本章后文此种情况均如此修改，不再一一说明。

［15］原书作"壖"，为"堧"的异体字，今改为"堧"。

［16］原书作"齧"，为"啮"的异体字，今改为"啮"。

［17］原书作"脩"，为"修"的异体字，今改为"修"。

［18］原书作"之闲"。"闲"字疑为"间"字之误。中华书局1995年版《续资治通鉴长编》卷一百四十三无"之闲"二字。此处保留原书用字以备查考。

［19］原书无"日"字，依文义加。

［20］原书作"乾"，依文义，当为"干"的繁体字，今改为"干"。

［21］原书作"坡"，依文义改为"陂"。

［22］原书作"鍾"，为"钟"的繁体字，今改为简化字"钟"。本章后文此种情况均如此修改，不再一一说明。

［23］原书作"向"，依国立北平图书馆宋会要编印委员会编辑的《宋会要稿》，《食货七之二五》改为"问"。

［24］原书作"来"，疑为"采"字之误。核国立北平图书馆宋会要编印委员会编辑的《宋会要稿》，《食货七之一〇》亦作"来"。此处保留原书用字。

［25］原书作"巳"，当误，据中华书局1977年版《宋史》卷三百《王沿传》改为"己"。

［26］原书作"襄"，当误，据中华书局1977年版《宋史》卷三百《王沿传》改为"衰"。

［27］原书作"澱"，为"淀"的繁体字，今改为"淀"。

［28］原书作"鏻"，为"磷"的繁体字，今改为"磷"。

［29］原书无"员"字，当误，据中华书局1977年版《宋史》卷二百八十四《陈尧佐传附兄尧叟》加。

［30］原书作"芒"，误，据中华书局1977年版《宋史》卷二百八十四《陈尧佐传附兄尧叟》改为"艺"。

［31］原书作"槀"，为"槁"的异体字，今改为"槁"。

［32］原书作"武允诚"，据中华书局 1977 年版《宋史》卷一百七十三《食货志上一·农田》改为"武允成"。

第五章

［1］原书作"钑"，为"鈒"的不规范简化字，今改为"鈒"。本章后文此种情况均如此修改，不再一一说明。

［2］原书作"絛"，为"绦"的异体字，今改为"绦"。本章后文此种情况均如此修改，不再一一说明。

［3］原书作"尅"，为"克"的异体字，今改为"克"。

［4］原书作"《续资治通鉴表编》"，误，改为"《续资治通鉴长编》"。

［5］原书作"屬"，为"屙"的繁体字，今改为"屙"。

［6］原书作"鏺"，为"鏺"的不规范简化字，今改为"鏺"。

［7］原书作"禅"，当误，依文义改为"裨"。

［8］原书作"瑜石"，依国立北平图书馆宋会要编印委员会编辑的《宋会要稿》，《食货五五之一九》改为"鍮石"。

［9］原书作"鍮"，为"鍮"的不规范简化字，今改为"鍮"。本章后文此种情况均如此修改，不再一一说明。

［10］原书作"大中详符"，误，改为"大中祥符"。

［11］原书作"緉"，为不规范简化字，今改为"緉"。

［12］原书作"有"，误，改为"洧"。

［13］原书缺文字，加□。

［14］原书作"两"，疑为"斤"字之误。核国立北平图书馆宋会要编印委员会编辑的《宋会要稿》，《食货三三之十九》亦作"两"。此处保留原书用字。

［15］原书作"斤"，依国立北平图书馆宋会要编印委员会编辑的《宋会要稿》，《食货三三之十九》改为"千"字。

［16］原书作"提换"，今习惯用法为"置换"。

［17］原书作"能与"，疑为"参与"之误。

［18］原书作"交址"，依四库全书本周去非《岭外代答》卷七《生金》改为"交阯"。

［19］原书作"藉"，为"借"的异体字，今改为"借"。

［20］原书作"醞"，为"酝"的繁体字，今改为"酝"。本章下文此种

情况均如此修改，不再一一说明。

［21］原书作"馀"，依今更常用用法改为"余"。

［22］原书作"醝"，为"醝"的繁体字，今改为"醝"。

［23］原书作"輠"，为"輠"的不规范简化字，今改为"輠"。

［24］原书作"毕升"，依《辞海》改为"毕昇"。本章下文此种情况均如此修改，不再一一说明。

［25］原书作"甚"，误，依文义改为"堪"。

［26］原书作"向"，当误，依四库全书本《翠微南征录》卷二《邻女搔绵吟》改为"问"。

［27］原书作"棉"，误，依四库全书本《翠微南征录》卷二《邻女搔绵吟》改为"绵"。

［28］原书作"紬"，为"绸"的异体字，今改为"绸"。

［29］原书作"练"，为"練"的不规范简化字，今改为"練"。

［30］原书作"鍾"，为"钟"的繁体字，今改为简化字"钟"。

［31］原书作"匹"，当误，依文义改为"匠"。

［32］原书作"勾容"，依四库全书本《筠谿集》卷三《户部乞禁铜器札子》改为"句容"。

［33］原书作"钰"，为"鉦"的不规范简化字，今改为"鉦"。

［34］原书作"未"，误，依四库全书本《独醒杂志》卷四改为"来"。

［35］原书作"母"，误，依文义改为"毌"。本章下文此种情况均如此修改，不再一一说明。

［36］原书作"於"，按照今习惯用法改为"于"。

［37］原书作"向"，当误，依文义改为"问"。

［38］原书作"糖露"，当误，依文义改为"糖霜"。

［39］原文作：盛产糖霜的遂宁人王灼著《糖霜谱》……，语法有问题，易产生歧义，改为：遂宁盛产糖霜，遂宁人王灼著《糖霜谱》……

［40］原书作"潘"，为"沈"的异体字，今改为"沈"。

［41］原书作"狮凤"，当误，依四库全书本《清异录》卷下《研光小本》改为"狮凤"。

［42］原书作"搥"，为"捶"的异体字，今改为"捶"。

［43］原书作"文"，当误，依文义改为"丈"。

［44］原书作"勾"，为"丐"的异体字，今改为"丐"。

［45］原书作"凤辇"，误，依文义改为"凤辇"。

［46］原书作"迤迣"，今依四库全书本《武林旧事》卷二《元夕》改为"迤逦"。

［47］原书作"经"，当误，依四库全书本《武林旧事》卷二《元夕》改为"径。"

［48］原书作"夙翔"，当误，依四库全书本《清异录》卷下《漆宅》改为"凤翔"。

第六章

［1］原文少主语，依文义加"这种管制"四字。

［2］原书作"濬"，为"浚"的异体字，今改为"浚"。本章下文此种情况均如此修改，不再一一说明。

［3］原书作"以"，当误，依文义改为"以及"。

［4］原书作"妳"，为"奶"的异体字，今改为"奶"。

［5］原书作"蔔"，为"卜"的繁体字，今改为"卜"。

［6］原书作"昇"，为"升"的异体字，今改为"升"。

［7］原书作"鳙"，依四库全书本《梦粱录》卷十三《铺席》改为"蟆"。

［8］原书作"仉"，依四库全书本《梦粱录》卷十三《铺席》改为"倪"。

［9］原书作"摺"，为"折"的异体字，今改为"折"。

［10］原书作"馀"，依今更常用用法改为"余"。本章后文此种情况均如此修改，不再一一说明。

［11］原书作"鰕"，四库全书本《梦粱录》卷十三《夜市》为"虾"字，不知作者所据何版本，今保留原书用字。

［12］原书作"焐"，四库全书本《梦粱录》卷十三《夜市》此字缺，不知作者所据何版本，今保留原书用字。

［13］原书作"潼"，四库全书本《梦粱录》卷十三《夜市》为"甫"字，不知作者所据何版本，今依四库本改为"甫"字。本章后文此种情况均如此修改，不再一一说明。

［14］原书作"簾"，为"帘"的繁体字，今改为"帘"。本章后文此种情况均如此修改，不再一一说明。

［15］原书作"繭"，为"茧"的繁体字，今改为"茧"。

［16］原书作"秈"，为"籼"的异体字，今改为"籼"。

［17］原书和四库全书本《梦粱录》中均作"刱"，疑同"剙"字。此处保留原书用字。

［18］原书作"辐凑"，据四库全书本《梦粱录》卷十三《两赤县市镇》改为"辐辏"。

［19］原书作"逆"，当误，依文义改为"遂"。

［20］原书作"縧"，为"绦"的异体字，今改为"绦"。

［21］原书作《梦粱录》，当误，此处引文见《东京梦华录》卷二《东角楼街巷》，今改为《梦华录》。

［22］原书作"簡"，依四库全书本《东京梦华录》卷三《诸色杂卖》改为"箍"。

［23］原书作"擔"，为"担"的繁体字，今改为"担"。

［24］原书作"尅"，为"克"的异体字，今改为"克"。本章下文此种情况均如此修改，不再一一说明。

［25］原书作"乾"，依文义，当为"干"的异体字，今改为"干"。本章下文此种情况均如此修改，不再一一说明。

［26］原书作"谿"，为"溪"的异体字，今改为"溪"。

［27］原书作"榷贷"，当误，依中华书局1995年版《续资治通鉴长编》卷三百五十九改为"榷货"。

［28］原书作"交址"。依四库全书曾巩《元丰类稿》卷四十九改为"交趾"。

［29］原书作"锄"，为"鋤"的不规范简化字，今改为"鋤"。本章下文此种情况均如此修改，不再一一说明。

［30］原书作"凤"，当误，改为"凤"字。

［31］原书作"幹"，依文义，当为"干"的繁体字，今改为"干"。本章下文此种情况均如此修改，不再一一说明。

［32］原书作"闚"，为"窥"的异体字，今改为"窥"。

［33］原书作"兵草"，当误，依文义改为"兵革"。

［34］原书作"姿"，当误，据中华书局1977年版《宋史》卷二百八十七《李昌龄传》改为"恣"。

［35］原书作"荳"，为"豆"的异体字，今改为"豆"。本章下文此种情况均如此修改，不再一一说明。

［36］原书作"藉"，为"借"的异体字，今改为"借"。

［37］原书如此，核国立北平图书馆宋会要编印委员会编辑的《宋会要稿》，《职官四四之二四》亦与原书文字同。

［38］原书作"琦"，为"璹"的不规范简化字，今改为"璹"。

［39］原书作"易"，当误，依商务印书馆"国学基本丛书"《中兴小记》卷八改为"曷"。

［40］原书作"眂"，为"视"的异体字，今改为"视"。

［41］原书作"寖"，为"浸"的异体字，今改为"浸"。

［42］原书作"澣"，为"浣"的异体字，因文中为古人人名，为避免歧义，保留原用字。本章下文此种情况均如此修改，不再一一说明。

［43］原书作"黄芩"。依国立北平图书馆宋会要编印委员会编辑的《宋会要稿》，《职官四四之二十三》改为"黄芩"。

［44］原书无"地"字，文义不通，依四库全书本《文昌杂录》卷一加"地"字。

［45］原书作"㷊"，疑误，依四库全书本《文昌杂录》卷一改为"拂菻"。

第七章

［1］原书作"锸"，为"鍤"的不规范简化字，今改为"鍤"。本章下文此种情况均如此修改，不再一一说明。

［2］原书作"寖"，为"浸"的异体字，今改为"浸"。本章下文此种情况均如此修改，不再一一说明。

［3］原书作"向"，当为"问"字之误。今依文义改为"问"。

［4］原书作"鍾"，为"钟"的繁体字，今改为"钟"。

［5］原书作"钚"，为"鈈"的不规范简化字，今改为"鈈"。

［6］原书作"什十三路"，"什"字衍，删掉。

［7］原书作"斋"，据中华书局1977年版《宋史》卷一百八十《食货志下二》，当为"齏"字之误，"齏"为"赍"的异体字，今改为"赍"。

［8］原书如此，疑有误。

［9］原书作"昇"，为"升"的异体字，今改为"升"。

［10］原书作"�"，为"嚣"的异体字，今改为"嚣"。

［11］原书作"濬"，为"浚"的异体字，因文中为人名，此处保留原字。

［12］原书作"遂争贮存"，当为"竞相贮存"之义。

［13］原书作"劚"，为"剾"的异体字，今改为"剾"。

［14］原书作"藉"，为"借"的异体字，今改为"借"。本章下文此种情况均如此修改，不再一一说明。

［15］原书作"馳"，为"驼"的异体字，今改为"驼"。

［16］原书英文拼写错误，今改为"Theory"。

［17］原书作"尅"，为"克"的异体字，今改为"克"。

［18］原书作"壬子"，四库全书本《建炎以来朝野杂记》甲集卷十六《两淮会子》亦作"壬子"，当为"壬午"之误。绍兴壬午年，即绍兴三十二年（公元1162年）。

［19］原书作"漠"，误，依四库全书本《止堂集》卷六《论湖北京西楮币疏》改为"汉"。

第八章

［1］原书如此。"池州"条下亦有"贵溪"。核国立北平图书馆宋会要编印委员会编辑的《宋会要稿》，《食货二九之二》亦如此。

［2］原书如此。核国立北平图书馆宋会要编印委员会编辑的《宋会要稿》，《食货二九之七》亦如此。

［3］原书作"阳羡湖"，"湖"字疑衍。依四库全书本《云麓漫钞》卷四删掉"湖"字。

［4］原书作"夙"，误，依四库全书本《太平寰宇记》卷九十四改为"凤"字。

［5］原书作"式"，误，依四库全书本《嘉泰会稽志》卷十七改为"或"。

［6］原书作"日"，当误，依文义改为"曰"。

［7］原书无"川茶"二字，少主语，依文义加。

［8］原书作"藉"，为"借"的异体字，今改为"借"。

［9］原书作"铐"，为"銙"的不规范简化字，今改为"銙"。本章下文此种情况均如此修改，不再一一说明。

［10］原书作"谿"，为"溪"的异体字，今改为"溪"。

［11］原书作"於"，按照今习惯用法改为"于"。

［12］原书作"絛"，为"绦"的异体字，今改为"绦"。

［13］原书作"樀"，为不规范用字，今改为"擿"。

［14］原书作“燗”，为“爁”的不规范简化字，今改为“爁”。

［15］原书作“衹”，为“只”的异体字，今改为“只”。

［16］原书作“圣俞”，当误，依文义改为“圣谕”。

［17］原书作“徵”，为“征”的异体字，今改为“征”。

［18］原书作“濬”，为“浚”的异体字，因文中为人名，此处保留原字。

［19］原书作“馀”，依今更常用用法改为“余”。

［20］原书少主语，依文义加“宋廷”二字。

第九章

［1］原书作“睠”，为“眷”的异体字，今改为“眷”。

［2］原书作“编”，疑为“遍”字之误。

［3］原书无“铸”字，依文义加。

［4］原书作“藉”，为“借”的异体字，今改为“借”。本章下文此种情况均如此修改，不再一一说明。

［5］原书作“仃”，误，据中华书局1977年版《宋史》卷一百八十《食货志下二》改为“停”。

［6］原书作“疆”，误，依四库全书本《丹渊集》卷三十四《奏为乞差京朝官知井研县事》改为“强”（原文为“彊”，“强”的异体字）。

［7］原书作“鱿”，为“魷”的不规范简化字，今改为“魷”。

［8］原书作“母”，误，据四库全书本《梦粱录》卷十九《四司六局筵会假赁》改为“毋”。

［9］原书作“刑势户”，当误，依文义改为“形势户”。本章下文此种情况均如此修改，不再一一说明。

［10］原书作“毋需”，依今习惯用法改为“无须”。